O LEGADO DE MANUELA SILVA

O LEGADO DE MANUELA SILVA

UM DESAFIO PARA O FUTURO

Comissão Editorial
Carlos Farinha Rodrigues
José Manuel Zorro Mendes
Manuel Brandão Alves

ALMEDINA

O LEGADO DE MANUELA SILVA
UM DESAFIO PARA O FUTURO

COMISSÃO EDITORIAL
Carlos Farinha Rodrigues
José Manuel Zorro Mendes
Manuel Brandão Alves

EDITOR
EDIÇÕES ALMEDINA, S.A.
Avenida Emídio Navarro, 81, 3D
3000-151 Coimbra
Tel.: 239 851 904 · Fax: 239 851 901
www.almedina.net · editora@almedina.net

DESIGN DE CAPA
EDIÇÕES ALMEDINA, S.A.

PRÉ-IMPRESSÃO
João Jegundo

IMPRESSÃO E ACABAMENTO
ACD Print, S. A.

Setembro, 2022

DEPÓSITO LEGAL
505262/22

ALMEDINA | GRUPOALMEDINA

BIBLIOTECA NACIONAL DE PORTUGAL – CATALOGAÇÃO NA PUBLICAÇÃO

O LEGADO DE MANUELA SILVA

O legado de Manuela Silva : um desafio para o futuro / ed. Carlos Farinha Rodrigues, José Manuel Zorro Mendes, Manuel Brandão Alves
ISBN 978-989-40-0532-2

I – RODRIGUES, Carlos Farinha, 1962-
II – MENDES, José Manuel Zorro, 1964-
III - ALVES, Manuel Brandão

CDU 33

Organização das contribuições

Não foi com surpresa, mas foi com agradável satisfação que, após o seu apelo para contribuições para esta Homenagem à Prof.ª Manuela Silva, os membros da Comissão Editorial se confrontaram com numerosas, diversificadas e valiosas respostas por parte de amigos e membros da comunidade académica. Esta circunstância levou-os a classificar os textos recebidos em três categorias, embora nem sempre tivesse sido fácil poder dizer que um texto tinha apenas características de uma das categorias.

Perante esta dificuldade entendemos que um texto deveria ser classificado na categoria cujas características possuísse predominantemente. As categorias adoptadas foram as seguintes:

I – Testemunhos
II – A Vida, o Pensamento e a Obra
III – Outros Desenvolvimentos

A Comissão Editorial

Índice

3. OUTROS DESENVOLVIMENTOS

Intervenção de Sua Excelência o Presidente da República, na Cerimónia de Homenagem à Senhora Profª Doutora Manuela Silva

Excelências,
Minhas Senhoras e Meus Senhores,
Caras Amigas e Caros Amigos.

Pensada há muito tempo, esta homenagem a Manuela Silva só agora se concretiza. É pena. Porque deveria ter-se antecipado à sua partida.

E, no entanto, apesar da generosa diligência de tantos, como Jorge Wemans, as razões foram-se somando para um adiamento, tão português – o estado de saúde, cada vez mais precário, as dificuldades no tempo, no lugar, na escolha entre a repetição ou quase de um cerimonial académico já ocorrido, e a procura de uma justificação que ultrapassasse as suas reservas de maneira de ser e, sobretudo, de fragilidade física crescente.

Penitenciando-me por, tendo aderido, desde logo, à ideia, me haver resignado a adiamentos que, como se viu, poderiam ser irreversíveis, aqui venho, hoje, secundar, solidariamente, esta justíssima evocação.

Em que – tal como no seu simples mas tocante funeral – o que mais importa são as presenças e o espírito dessas presenças.

Por isso, serei muito breve.

Todos sabemos de Manuela Silva economista, professora, investigadora, pedagoga de exceção.

Todos sabemos de Manuela Silva militante social, cultural, política sem tréguas, incansável, indomável, a tudo resistente, intocável na sua coerência e na sua coragem.

Todos sabemos de Manuela Silva mulher de Fé, Fé em Deus e nas mulheres e nos homens portadores de libertação, de luta contra a iniquidade, a miséria, a injustiça, de promoção da paz, da fraternidade, da igualdade, da dignidade da pessoa e das pessoas.

Todos conhecemos as suas *Bem-Aventuranças, escritas em Betânia.*

Mas será que todos conhecemos essas outras múltiplas dádivas concretas, discretas, feitas de devoção diária e anónima e humilde, nas quais a excecional economista e militante social e política, e mulher de Fé, mostrava que as obras valem muito mais do que as palavras, os gestos pesam muito mais do que as intenções, os minutos de doação de vida significam muito mais do que os anos de ensino, de escrita, de desempenho de cargos públicos?

Será que todos conhecemos, por exemplo, a *Casa de Betânia* e o que ela lhe deu da sua vida, anos a fio? E o que isso marcou a realização pessoal de quem, de outro modo, ficaria nas margens da comunidade, ou seja, da vida?

Se conhecemos, então conhecemos quase toda a Manuela Silva. Se não, temos ainda muito de andar para, verdadeiramente, a compreender...

Neste dia, em que nos encontramos para a evocar e no seu exemplo buscarmos razões acrescidas para os caminhos que nos aguardam – e são eles bem diferentes – no desafio quotidiano de fazer avançar, uns milímetros que seja, as *Bem-Aventuranças* que foram a razão de existir da nossa para sempre evocada, o que pode o Presidente da República fazer, em nome de todos os Portugueses, que seja um sinal de gratidão, mesmo se tardia, e de incentivo, mesmo se modesto?

Pode entregar à sua Família, toda ela, a do sangue, e, com ela, a do compromisso diário, um símbolo pequeno para uma Mulher tão grande – Grã-Cruz da Ordem da Instrução Pública. Pois não foi essa grande Mulher, grande Professora nas ideias e nos atos, grande Portuguesa, uma Mestra que nos instruiu, nos guiou, nos motivou, nos deu o rumo para uma sociedade mais humana, para um Portugal bem melhor?

Nota de Abertura

O Legado de Manuela Silva: um desafio para o futuro

Carlos Farinha Rodrigues[1]

A partida da Manuela Silva deixou um vazio difícil de preencher na sociedade portuguesa e esta minha breve homenagem deverá ser entendida como uma forma de preservar e aprofundar o seu legado de nunca desistir de lutar por uma sociedade mais justa, equitativa, solidária e sem pobreza ou exclusão social. O testemunho prestado ao seu percurso não é predominantemente um revisitar do passado: as convicções por que Manuela Silva sempre lutou permanecem vivas naqueles que com ela aprenderam, trabalharam ou simplesmente partilharam ideias. A sua visão de uma economia ao serviço das pessoas, a necessidade de um desenvolvimento socioeconómico sustentado e inclusivo permanecem hoje como um desafio para o futuro, como um guia para todos aqueles que partilham dessa mesma visão.

Permitam-me que comece com uma nota pessoal. A Manuela Silva foi das pessoas que mais marcou a minha vida pessoal e académica durante os últimos 40 anos. Foi minha professora no Mestrado em Economia do ISEG, orientadora da minha tese de Mestrado e coorientadora (com o Prof. Tony Atkinson) da minha tese de Doutoramento. Tive o privilégio de trabalhar com ela no CISEP, no CRC, no grupo Economia e Sociedade e em múltiplas atividades no ISEG.

---

[1] Uma versão preliminar deste texto foi publicada na Revista Faces de Eva da FCSH da Universidade Nova de Lisboa em 2019.

Ao longo desta caminhada comum que ela me proporcionou, aprendi muito do ponto de vista académico e beneficiei largamente da sua energia resplandecente e contagiante, capaz de galvanizar e mobilizar vontades e de conferir sempre uma utilidade social ao trabalho desenvolvido. Mas, acima de tudo, aprendi com ela uma visão profundamente humanista da sociedade e do mundo, em que a atividade humana somente ganha o seu verdadeiro sentido se se traduzir num serviço à comunidade em que estamos inseridos e, em particular, aos seus elementos mais desfavorecidos. Com a partida da Manuela Silva perdi uma amiga sempre presente, alguém que nas pequenas e nas grandes questões constituía sempre uma luz esclarecida quanto ao caminho a trilhar e às formas de o percorrer. Ficam-nos os seus ensinamentos, a memória do seu amor à vida e ao próximo.

Descrever o percurso de Manuela Silva, ainda que duma forma muito sucinta e incompleta, não é tarefa fácil. A profundidade da sua reflexão sobre a sociedade e a vida, diferentes espaços em que a sua ação se desenvolveu, profunda energia que colocava em tudo que fazia e a enorme capacidade de mobilizar a participação de outros, conjuntamente com a enorme coerência das ideias e práticas desenvolvidas ao longo dos anos, inviabilizam qualquer tentativa de segmentar cada uma das vertentes da atuação do seu trabalho.

As várias facetas que dela conhecemos são inseparáveis: a economista brilhante que sempre foi, a cidadã ativamente empenhada numa sociedade mais justa, a professora universitária sempre atenta ao papel da Universidade na sociedade, a católica profundamente marcada pela doutrina social da igreja.

Maria Manuela da Silva nasceu em Cascais em 1932. O seu percurso académico inicia-se na Escola Comercial de Ferreira Borges e no Instituto Comercial de Lisboa, ingressando no ISCEF, agora Instituto Superior de Economia e Gestão (ISEG) da Universidade de Lisboa, em 1949.

O seu tempo de estudante universitária não é somente despendido com as atividades académicas. Cedo encontra forma de as conjugar com uma participação intensa na Juventude Universitária

Católica Feminina onde, entre outras atividades, é responsável pela realização do primeiro inquérito à condição dos estudantes universitários em Portugal.

A sua entrada no ISCEF coincide com o lançamento da primeira licenciatura em Economia em Portugal. Cinco anos depois torna-se a primeira mulher licenciada em Economia por uma universidade portuguesa, obtendo a classificação mais elevada do seu curso (17,3 valores). Não obstante, e ao contrário dos restantes três primeiros Licenciados em Economia (todos homens), Manuela Silva não é convidada para a carreira docente unicamente por ser mulher.

Afastada da Universidade, Manuela Silva inicia a sua vida profissional. Entre 1955 e 1960 desempenha funções no Ministério das Corporações e Previdência Social, nos Serviços de Ação Social e no Centro de Estudos Sociais e Corporativos da Junta de Ação Social. Tendo a incumbência de acompanhar as relações laborais, particularmente a situação das mulheres no mercado de trabalho, cedo se destaca aquela que se tornaria uma das vertentes essenciais da sua visão e atividade em todos os organismos por onde passou: a profunda preocupação social com os diferentes aspetos da economia.

Essa preocupação social está presente logo nos primeiros artigos que publica, ainda nos anos 50, onde a temática dos salários, e da sua justa determinação, surge claramente vincada: "Contribuição ao estudo do salário na indústria transformadora portuguesa" em 1956, "Sobre a análise económica do salário" e "O salário e a reforma da empresa" em 1957, "Critérios económicos e fixação de salários nas economias livres" em 1959 e "Sobre o princípio de trabalho igual salário igual" em 1960.

Na década de 60 participa ativamente no Graal, movimento internacional de mulheres católicas, onde desenvolve um projeto pioneiro no estudo do desenvolvimento comunitário em Portugal na zona de Portalegre. Além da identificação das principais carências da população, o projeto promove iniciativas de alfabetização e de consciencialização social.

A sua participação em iniciativas de desenvolvimento comunitário ganha uma consistência acrescida ao fazer parte da equipa de "Estudos e experimentação em desenvolvimento comunitário" promovida pela Associação Industrial Portuguesa (1960-64), continuando com a sua nomeação primeiro para Diretora do Gabinete de Estudos Sociais do Ministério da Saúde e depois para Chefe dos Serviços de Ação Social Comunitária do mesmo Ministério.

O trabalho de desenvolvimento comunitário implementado nas freguesias de Benedita e Bárrio no concelho de Alcobaça constitui um estudo marcante e inovador de levantamento socioeconómico e demonstra as potencialidades do planeamento do desenvolvimento local participado. Mais, reflete uma visão inovadora da própria noção de desenvolvimento já claramente consolidada em Manuela Silva.

A sua atividade profícua é testemunhada por diversos artigos: "Oportunidade do desenvolvimento comunitário em Portugal" e "Assimetrias espaciais do progresso no continente português" em 1964, "O desenvolvimento económico e a política social" em 1970 e "Os discursos de planificação social e os sistemas de exclusão que os demarcam" em 1976.

Em 1970, Manuela Silva volta ao ISEG, agora como docente, onde é responsável pela reorganização, criação e lecionação das disciplinas de Planeamento Social, Teoria e Técnicas de Planeamento e Política Económica (todas da licenciatura em Economia) e de Planeamento (do Mestrado em Economia).

Esta preocupação crescente com as questões do planeamento e a política social é refletida em diversas obras deste período: "O Desenvolvimento Económico e a Política Social" em 1970, "Análise Sistémica, Modelização Social e Planificação" em 1973 e "Os Discursos de Planificação Social e os Sistemas de Exclusão que os Demarcam" em 1976.

A importância que confere à necessidade tanto de repensar as questões do desenvolvimento (económico, social, ambiental) como do Planeamento como respostas aos desafios do desenvolvimento ganha um novo espaço de intervenção cívica com a sua nomeação para Secretária de Estado para o Planeamento no I Governo Constitucional em 1976-77. Sob a sua orientação é elaborado um plano nacional de desenvolvimento económico e social (Plano de Médio

Prazo 77-80) assente numa estratégia de desenvolvimento segundo as necessidades básicas. Apesar de nunca ter sido aprovado e implementado, este plano representa um esforço ímpar da administração pública pós 25 de abril de identificação dos principais estrangulamentos da economia e da sociedade e de encontrar soluções capazes de promover um desenvolvimento sustentado do nosso país.

Terminada a experiência governativa, Manuela Silva volta à docência e investigação no ISEG. Entre 1982-85 é diretora da Revista Estudos de Economia e preside ao Conselho Pedagógico. Manuela Silva assume igualmente um papel de destaque na criação do CISEP (Centro de Investigação sobre Economia Portuguesa), sendo seu membro fundador e também membro da sua primeira Comissão Diretiva. No final dos anos 80 é responsável pela criação de uma pós-graduação e dum mestrado em Economia e Política Social.

É também na década de 80 que Manuela Silva coordena os primeiros estudos científicos sobre a pobreza realizados em Portugal: "Uma Estimativa da Pobreza em Portugal em abril de 1974" em 1984, "A Pobreza em Portugal" em 1985, "Pobreza Urbana em Portugal" em 1987 e "A pobreza infantil em Portugal" em 1991. Não poderia aqui deixar de referir a sua colaboração com Alfredo Bruto da Costa, outro nome inevitável na realização destes estudos.

Manuela Silva é igualmente pioneira nos estudos sobre desigualdade da repartição do rendimento e sobre igualdade de género: "Desenvolvimento Económico e Repartição do Rendimento" e "O Emprego das Mulheres em Portugal – A Mão invisível na Discriminação Sexual no Emprego" em 1983 e "A Repartição do rendimento em Portugal no Pós abril 74 – Tópicos para um Debate" em 1985.

Manuela Silva aposenta-se como Professora Catedrática convidada do ISEG em 1993, mas a sua ligação ativa com a Universidade mantem-se durante vários anos, quer como orientadora de doutoramento de vários jovens assistentes, quer como membro do Conselho Geral da Universidade Técnica de Lisboa, onde desempenha um papel de relevo no processo de fusão da Universidade Técnica de Lisboa e da Universidade de Lisboa. Em 2013, a Universidade de

Lisboa atribui-lhe o "Doutoramento Honoris Causa", sob proposta do Conselho Científico do ISEG.

No entanto, a atividade de Manuela Silva nunca esteve exclusivamente confinada aos muros da Universidade. A criação de diversos centros de investigação e de reflexão foi uma constante do seu processo de vivenciar e disseminar as ideias e os valores em que acreditava e por que se batia, de construir espaços múltiplos de debate e de mobilização na defesa de uma sociedade mais democrática, mais justa, de um desenvolvimento sustentável e de uma economia ao serviço das pessoas. Muitas dessas iniciativas são indissociáveis do seu envolvimento no seio da Igreja Católica onde foi sempre uma voz atuante e participante, mas igualmente crítica.

Em 1975 cria o CRC (Centro de Reflexão Cristã) de que é presidente durante vários anos e diretora da Revista "Reflexão Cristã", para a qual escreve múltiplos artigos. Em 1992 funda o CESIS (Centro de Estudos para a Intervenção Social) com o objetivo explícito de "analisar, para compreender, a realidade social nas suas diferentes dimensões e de intervir para promover a coesão social". Entre 1983 e 1987 é presidente do Movimento Internacional dos Intelectuais Católicos / Pax Romana. Entre 2006 e 2008 preside à Comissão Nacional Justiça e Paz (CNJP).

Um dos aspetos mais salientes da sua atividade na CNJP é, em 2008, a apresentação na Assembleia da República de uma proposta em que se reclama a definição da pobreza como uma violação de direitos humanos e que dessa definição se deva retirar as necessárias consequências nos planos político e jurídico. O projeto foi aprovado por unanimidade, mas as suas implicações práticas foram, infelizmente, quase nulas.

Nos anos mais recentes, a reflexão e a ação de Manuela Silva desdobram-se prioritariamente por três instituições: a Fundação Betânia, a "Rede Cuidar da Casa Comum" e Grupo de Reflexão "Economia e Sociedade".

A Fundação Betânia, de que é fundadora e foi Presidente vitalícia, é um espaço que se propõe "a procura de novos alicerces culturais e espirituais, que conduzam à realização harmoniosa do ser humano, na sua globalidade, e abram caminhos a modos de vida e a relações sociais orientadas segundo o Primado do Amor". Nesse espaço, Manuela Silva desenvolve e publica mensalmente no *site* da fundação muitos dos seus textos de cariz mais espiritual e religioso, reunidos em livros como "Ouvi do Vento" de 2010 (textos de 2003-09). Outras obras marcantes desta vertente da reflexão são "No Jardim do Peixe" em 2014 e "Resiliência Criatividade Beleza" em 2018.

Em 2018 Manuela Silva funda e dinamiza a "Rede Cuidar da Casa Comum" com o objetivo de aprofundar e difundir a encíclica "*Laudato si'* – Sobre o cuidado da casa comum" do Papa Francisco, e onde o debate sobre as questões ecológicas de âmbito nacional e mundial e o sugerir de caminhos de atuação para uma ecologia integral são as preocupações fundamentais.

Também criado e dinamizado por Manuela Silva, "Economia e Sociedade" é um grupo de reflexão cujas tomadas de posição procuram contribuir para o debate de questões relevantes e oportunas para o desenvolvimento da economia e da sociedade portuguesa e para a construção de uma nova economia ao serviço dum desenvolvimento humano e sustentável.

Das suas atividades recentes destacam-se os amplos debates nacionais sobre temas como "Pensar a Educação" em 2015, "Por onde vai o ensino da Economia?" e "Economia e Sociedade – Pensar o Futuro", ambos em 2019. Estes debates, assentes em estudos aprofundados amplamente discutidos em reuniões preparatórias e posteriormente publicados, traduzem fidedignamente algumas das preocupações centrais do pensamento de Manuela Silva ao longo de toda a sua vida: o papel da educação, em particular, o do ensino da economia, e o modelo de sociedade e de desenvolvimento.

A descrição, ainda que incompleta, a que procedemos do percurso de Manuela Silva permite-nos ter uma visão da importância que ela teve na identificação dos problemas sociais que afetam a nossa sociedade, da sua luta por uma sociedade mais justa onde a pobreza seja erradicada e as desigualdades fortemente reduzidas, na defesa de uma economia ao serviço das pessoas e de uma noção de desenvolvimento sustentado do ponto de vista social, económico e ambiental.

Mas aqueles que com ela percorreram parte desse percurso guardam adicionalmente o testemunho da sua enorme capacidade de refletir sobre os problemas e de encontrar soluções, da coragem com sempre defendeu as suas ideias, do seu talento para ouvir, mas também de envolver os outros, do enorme capital de esperança transformadora que transmitia a tudo em que se envolvia. Como Manuela Silva descreve no seu livro "Ouvi do Vento" "*Há pessoas cuja presença é, por si mesma, um feixe de luz que irradia, tanto para os lugares onde habitam como para as outras pessoas à sua volta*". Manuela Silva era, inquestionavelmente, uma dessas vidas luminosas.

O principal legado que Manuela Silva nos deixa é um desafio para nos inquietarmos, para não baixar os braços, para continuar o seu combate por uma economia ao serviço das pessoas, que preserve a casa comum que todos hoje habitamos e onde novas gerações irão habitar no futuro e que assegure um desenvolvimento socioeconómico sustentado e inclusivo.

MANUELA SILVA

UMA BIBLIOGRAFIA

Entrevista com Maria Manuela Silva*

Revista 'Faces de Eva' nº 11, 2004 (FCSH-UNL)

Economista. Licenciada com a nota mais alta do *Instituto Superior de Economia*, em 1954, não foi convidada para docente do Instituto "por ser mulher". Dedicou-se, então, a iniciativas que se coadunavam com os interesses já manifestados nos tempos de estudante: os aspectos sociais da economia, salários e repartição do rendimento, planeamento sócio-económico e experimentação, em Portugal, das técnicas de desenvolvimento comunitário.

Nos anos sessenta, promoveu a criação e chefiou o Serviço de Promoção Social Comunitária, no Instituto de Assistência à Família e desenvolveu projectos de desenvolvimento comunitário nas várias regiões-plano então definidas. Também participou em várias iniciativas de promoção educativa e cultural, promovidas pelo Graal de que se destacam as campanhas de alfabetização e conscientização da realidade social por parte das próprias pessoas. Essa experiência pioneira incidiu na zona de Portalegre, no Alentejo, bem como em bairros periféricos de Lisboa.

Foi a primeira directora do Gabinete de Estudos Sociais no *Ministério da Saúde e Assistência* que dirigiu até à sua extinção pelo Ministro Baltazar Rebelo de Sousa.

---

* A Comissão Editorial deste livro agradece à Direção da Revista Faces de Eva, não somente a permissão para (re)publicar a entrevista concedida pela Professora Manuela Silva àquela Revista em 2044, como o apoio claro e entusiástico à realização desta obra.

Entrou como professora convidada para o *Instituto Superior de Economia* em 1970 e, depois do 25 de Abril, foi presidente do conselho directivo, presidente da Assembleia Geral de Escola e presidente do Conselho Pedagógico em sucessivos mandatos.

Participou da criação da Revista "Estudos de Economia" de que foi directora e membro do respectivo Conselho Editorial.

Foi membro fundador do Centro de Estudos sobre Economia Portuguesa (CISEP) e sua presidente.

Em Outubro de 1974, foi nomeada presidente da Direcção do *Instituto de Tecnologia Educativa.*

Ocupou o cargo de Secretária de Estado do Planeamento no *I Governo Constitucional* entre Julho de 1976 e Agosto de 1977, onde se distinguiu pela segurança técnica das suas intervenções na Assembleia da República.

Está aposentada do lugar de Professora Catedrática Convidada do *Instituto Superior de Economia e Gestão da Universidade Técnica de Lisboa.*

Tem vários livros publicados no domínio da economia e das ciências sociais, de que se destacam: *A estrutura dos salários na indústria portuguesa; O emprego das mulheres em Portugal: a "mão invisível" na discriminação sexual no emprego; Desenvolvimento comunitário, uma técnica de progresso social; Portugal contemporâneo: problemas e perspectivas (org. e colaboração); O sistema de ensino em Portugal* (org. e colaboração); *O planeamento económico em Portugal* (org. e col); *A pobreza em Portugal* (em colaboração); *A pobreza urbana em Portugal* (em colaboração); *Política Económica: questões metodológicas* (em colaboração); *Desenvolvimento económico e repartição do rendimento* (org., trad. e prefácio); *Aspectos sociais e éticos da economia* (org., trad. e prefácio). Tem artigos publicados em várias revistas e obras colectivas da especialidade.

Tem vários trabalhos publicados no âmbito da igualdade de género com destaque para: *Oportunidades de formação profissional para as mulheres; As portuguesas e a União Europeia: prospectiva para a acção; A igualdade de género. Caminhos e atalhos para uma sociedade inclusiva; "As mulheres face aos desafios da globalização*, comunicação apresentada no I Curso livre de Estudos sobre a Mulher, organizado pelo Centro de Estudos Faces de Eva, Estudos sobre a Mulher, da FCSH da Universidade Nova de Lisboa.

No domínio da teologia, contam-se vários artigos em publicações diversas e dois livros editados pela Multinova: *Pelos caminhos da fé. À esquina do terceiro milénio* e *Utopia cristã e aventura humana*.

Católica praticante, foi presidente da JUCF, presidente do Movimento Internacional dos Intelectuais Católicos (*Pax Romana*), envolveu-se activamente no Movimento do *Graal*, onde desenvolveu um trabalho notório em prol das mulheres portuguesas, foi uma das fundadoras do *Centro de Reflexão Cristã*, em 1975 e sua presidente durante vários mandatos; foi directora da revista "Reflexão Cristã" e impulsionadora e directora do Departamento de Pesquisa Social daquele Centro onde se iniciaram os primeiros estudos de carácter científico sobre a pobreza em Portugal.

Presentemente, é vice-presidente da *Comissão Nacional Justiça e Paz*

Foi condecorada com a Grã-Cruz do Infante Dom Henrique.

Manuela Silva afirma que «é a fé que unifica todos os compromissos tomados ao longo da sua vida e lhe vai permitindo discernir, em cada situação concreta, as saídas possíveis e desejáveis [...] e que procura através da fé, iluminar a vida pessoal, que é sempre uma vida de busca, busca de ser, de coerência, de verdade e de maior solidariedade e comunhão com os outros».

Falámos de tudo isso na entrevista que amavelmente concedeu a *Faces de Eva*.

Manuela Silva, gostava que nos falasse do seu percurso de vida

Se quiserem, começo por dizer que nasci em Cascais, em 1932, passei a minha infância sempre em Cascais, nesse tempo não havia ensino pré-primário, entrei para a escola com sete anos e, como já levava de casa os conhecimentos que se adquirem na primeira classe, passei logo para a segunda. Quando completei a quarta classe, toda aquela zona estava desprovida de ensino secundário, nos concelhos de Cascais e Oeiras não havia Liceus nem Escolas Técnicas. Em Cascais, o único recurso era um colégio particular, católico, e, não sei por que razão, os meus pais optaram por me matricular numa escola pública, no Curso Comercial da *Escola Ferreira Borges*, em Lisboa, portanto. Foi assim que, com dez anos, uns dez anos muito infantis, comecei a fazer as viagens de Cascais – Lisboa – Cascais, numa altura em que os comboios tinham uma frequência de mais de uma hora de intervalo, levavam uma hora e tal de percurso e em que as aulas começavam às oito e meia da manhã. Tive o treino de uma vida bastante exigente.

Também é interessante notar que, durante o meu primeiro trimestre, não conhecia ninguém de Cascais que fosse para a Escola Ferreira Borges, só depois encontrei um rapazinho, que também morava em Cascais; tornámo-nos colegas o que foi óptimo, os meus pais ficaram mais descansados porque tinha uma companhia da minha idade.

Concluído o Curso Comercial, que tinha na altura uma duração de quatro anos, preparei-me, nas férias de verão, para a admissão ao *Instituto Comercial* que frequentei durante os dois anos necessários para poder ingressar na Universidade, no então *Instituto Superior de Ciências Económicas e Financeiras*. Entrei na Universidade com dezassete anos. Era o primeiro curso de uma reforma que começava nesse mesmo ano de 1949, era bastante exigente porque, pela primeira vez, em relação a anos anteriores, se introduziram cadeiras eliminatórias. Dos trezentos e dez alunos que nós éramos no primeiro ano, passámos trinta e um para o segundo ano e desses ficaram apenas dezanove em todas as cadeiras do terceiro ano. Quando tivemos que nos dividir entre o Curso de Economia e o Curso de Finanças, eu optei por Economia. Fiz os três últimos anos do curso já dentro dessa especialização e, então, éramos apenas quatro: três rapazes e eu. Concluí a licenciatura em julho de 1954.

Quem eram os três colegas?

Os três colegas eram o Vasco Nunes da Silva, já era um homem amadurecido que tinha vindo da Escola Náutica, o Ricardo Faria Blanc e o José Viegas Dias.

Havia competição entre os quatro "resistentes"?

Éramos os quatro bastante unidos, trabalhávamos em conjunto e os professores também nos tratavam com muita deferência, porque nós, de alguma maneira, éramos vistos como os heróis, depois daquela mortandade. Lembro-me de um professor, em particular, que tinha alguma dificuldade em lidar connosco, porque era suposto termos um grande conhecimento de Matemática e ele, coitado, não tinha, pelo que, de quando em vez, nos recordava a sua ignorância nessa área, como para prevenir que lhe fizéssemos determinadas perguntas. Em contrapartida, levava-nos à Biblioteca e despejava as estantes para nos saciar a curiosidade.

Devo dizer que o período em que estudei na Universidade foi um período riquíssimo para mim, não só pelas matérias estudadas, mas sobretudo por me ter permitido encontrar pessoas de uma grande craveira intelectual. Quero lembrar, em particular, duas pessoas que já faleceram, o Adérito Sedas Nunes e o Francisco Pereira de Moura, que me marcaram muito no ponto de vista intelectual, cultural e espiritual. Aí percebi, pela vida deles, uma relação muito profunda entre a fé cristã e o empenhamento no mundo, especialmente no domínio da cultura.

Já que focou esse ponto, gostávamos que nos falasse do seu trabalho na Juventude Universitária Católica, que não faz parte da vida académica, mas que se relaciona com ela ...

Pois com certeza, porque isso é um vector extremamente importante na minha vida pessoal daquele tempo e que me marcou para o resto da vida. Nessa altura, a Juventude Universitária Católica Feminina era um movimento muito activo na Universidade. Aliás, em grande parte, isso deve-se à Ivone Leal, que já tinha formado uma geração de universitárias católicas, a geração com a qual eu lidei mais de perto.

O seu primeiro contacto com a JUCF foi, salvo erro, num Campo de Férias da JUCF, na Nazaré, era ainda muito jovem, mas dizia-se que tinha tirado dezanove de nota na Faculdade, uma grande proeza para a época...

Foi o meu primeiro contacto com a JUCF, porque a Juventude Católica Feminina na minha Faculdade não me entusiasmava muito e embora também me relacionasse com as raparigas jucistas dava-me, sim, com os colegas da Juventude Universitária Católica e participava das actividades comuns, exactamente por essa dimensão intelectual e cultural que me deixava deslumbrada. Comecei a ler os livros que eles liam e a dialogar sobre os vários temas que nos interessavam. Mas foi sobretudo nesse primeiro campo de férias, aonde eu fui, aliás numa situação ainda um pouco fragilizada porque tinha perdido o meu pai, de uma forma inesperada, em Janeiro desse ano. Tinha finalizado o ano lectivo com boas médias e surgiu aquela oportunidade, ofereceram-me a ida ao Campo de Férias e penso que, a partir daí, nunca mais deixei de estar ligada à JUCF, enquanto estive no meio universitário. No meu segundo ano, fui militante e no terceiro presidente; depois, fui presidente diocesana de Lisboa e já depois de licenciada presidente geral.

Fez toda a careira, passo a passo...

Fiz toda a "carreira", e aconteceu também uma coisa particularmente importante nesse tempo que foi a organização de um Congresso sobre a Universidade, por iniciativa dos jovens da Juventude Universitária Católica e da Juventude Universitária Católica Feminina. Hoje, falar de congressos é banalidade, todos os dias há congressos, os esquemas já estão todos montados, há quem os financie, etc. Naquela altura não era assim. Eu acho que ouvi a palavra "congresso", pela primeira vez, quando alguém propôs essa iniciativa. Organizámos tudo de uma maneira voluntária e trabalhamos por equipas. A mim coube-me, nessa preparação do congresso, uma tarefa que eu considero importantíssima e que contribuiu imenso para a minha formação: colaborar na elaboração do primeiro inquérito que se fez à condição dos estudantes universitários, em Portugal. O congresso não comportava só teses teóricas, nós procurámos conhecer também a realidade universitária. É preciso dizer, ainda, que todos nós partimos para essa tarefa sem saber absolutamente nada de Sociologia (uma disciplina proscrita pelo Estado Novo), absolutamente nada de inquéritos, nada de nada, serviu-nos apenas a nossa criatividade; contudo, ainda hoje, se pode olhar para aqueles modelos de inquérito que nós fizemos e encontrar neles algum valor metodológico. Não sei donde nos veio aquele conhecimento. Hoje, não há ninguém que não faça o tratamento de inquéritos e entrevistas, para doutoramentos e outros fins, através dos computadores. Nós, porém, tratámos, manualmente, dois mil inquéritos individuais e cerca de meia centena de inquéritos de equipe recolhidos junto dos estudantes universitários de Lisboa, Porto e Coimbra. Acresce que, com a nossa falta de experiência, esses inquéritos se estendiam por folhas e folhas de perguntas. Apesar disso, a iniciativa foi bem acolhida no meio universitário, tivemos muitíssimas respostas e tudo foi apurado à mão, com risquinhos feitos em papel almaço colado nas paredes das águas–furtadas da casa de um colega e colaborador José Manuel Antelo, risquinhos que se foram contando, fazendo cruzamentos, etc. Foi uma experiência absolutamente inesquecível e que me deixou um grande empenho na vida universitária, uma grande convicção de que ser universitário não é apenas acumular matéria, mas é, fundamentalmente, uma atitude diante da vida, uma atitude de serviço, de serviço e de investigação, em permanente procura de novas respostas para os problemas que as pessoas têm, que as sociedades vivem.

Como é que, sendo economista, se começou a interessar pelos Estudos Sociais?

Comecei a interessar-me mais por essa vertente social a partir do fim do meu segundo ano da licenciatura, porque os programas dos dois primeiros anos do Curso eram muito abstractos e, ao fim do segundo ano, perguntei-me se era mesmo aquele o curso que eu queria tirar. Depois, por reflexão pessoal e conversa com algumas pessoas, apercebi-me de que aquelas matérias eram ferramentas que serviam para intervir na sociedade. E, a partir daí, não tive dúvidas de que aquele curso me convinha e passei a interessar-me pelas matérias na perspectiva das suas implicações no social. O meu primeiro trabalho de investigação foi, exactamente, «A Estrutura dos Salários na Indústria Portuguesa», o que demonstra que já então revelava que o meu interesse não ia tanto para os problemas da banca ou das finanças, mas para a realidade social.

Podemos lembrar os projectos que desenvolveu no "Graal", da sua experiência na Holanda...

Isso vai passar-se bastante mais tarde. O Movimento do *Graal* é um movimento internacional, um movimento de mulheres, um movimento católico, cristão como se diz hoje. O *Graal* apareceu na minha vida como confluência dos meus interesses profundos: era um movimento de mulheres e eu já nessa altura assumia a minha feminilidade e o meu papel de mulher na sociedade, era um movimento que tinha uma matriz cristã de aprofundamento da fé e do mistério cristão e que operava privilegiando a ligação entre a fé e a vida com o objectivo de contribuir para a transformação das sociedades especialmente nos aspectos que se relacionavam com a situação das mulheres. Nesse tempo, o movimento do *Graal* tinha uma componente comunitária forte, permitia um estilo de vida em comum, inclusivamente a partilha de bens, era um compromisso para a vida. Tudo isso formava um conjunto de vectores que correspondiam aos meus interesses fundamentais. A minha adesão ao *Graal* possibilitou-me contactos internacionais valiosíssimos na Europa e, sobretudo, contactos de abertura a outros países, como os Estados Unidos, América Latina, África e Ásia. Foi um período de grande enriquecimento pessoal e beneficiei de um ano de formação num Centro Internacional do Movimento na Holanda.

Em Portugal, a sua actividade, nesse âmbito, também foi marcante...

Aqui em Portugal, a minha ligação ao *Graal* durou cerca de dez anos e, nesse período, envolvi-me, fundamentalmente, em dois tipos de projectos: a criação e direcção de um Centro de Arte e Cultura em Coimbra que se assumia como um espaço de diálogo pela via da arte e de debate cultural com o meio académico de Coimbra e um projecto de promoção humana e desenvolvimento das comunidades, inspirado nas metodologias de desenvolvimento comunitário. Este projecto desenvolveu-se numa zona à volta de Portalegre.

Esse projecto, de um pioneirismo relevante, foi também um levantamento de carências, incluiu a prática de alfabetização e consciencialização social...

Eu acho que a pergunta tem toda a razão de ser, aquilo foi um trabalho de facto pioneiro em Portugal. Teve duas componentes fortes: a primeira, foi um programa de alfabetização, segundo a metodologia de Paulo Freire. E convém aqui recordar que essa metodologia de Paulo Freire assenta, fundamentalmente, na conscientização das pessoas que querem ser alfabetizadas. Logo, a outra componente seria a conscientização que passa por assumir a realidade não só pessoal, como contextual, ou seja, a relação com a sociedade, sob o ponto de vista da posição que têm as pessoas, das relações, da propriedade, etc., o que supõe a interdisciplinaridade.

A alfabetização resultou numa experiência muitíssimo interessante, porque contou com a contribuição não só de sociólogos como também de linguistas, em que o destaque vai todo para o Prof. Doutor Lindley Sintra que, desde logo, compreendeu o alcance deste projecto e que, com a maior das humildades e disponibilidades, nos apoiou no levantamento do vocabulário a partir do qual se fazia depois a alfabetização. Assim, foi possível criar um vocabulário–chave constituído por um conjunto de 23 ou 24 palavras-chave que depois se desdobravam em sílabas, e com a combinação das sílabas era possível construir novas palavras de vocabulário corrente.

A motivação para cada trabalho de alfabetização partia sempre de uma realidade conhecida e de interesse local. Posso dar um exemplo. A primeira sessão partia da palavra "tijolo". E tijolo porquê? Porque a casa e a falta dela eram realidades vividas pelas pessoas e, por outro lado, a construção civil era uma actividade que florescia na região. Cada sessão começava sempre pela projecção de cenas ligadas ao processo de construção de casas a que se seguia um debate em torno de toda essa problemática: como é que as pessoas viam a sua casa, que sabiam da construção, porque é que uns têm boas casa e outros não, etc. Só depois do diálogo em torno desse centro de interesses comuns é que partíamos para a apresentação da palavra "tijolo" para então, se construir uma série de declinações, em que todas as vogais se ligavam às consoantes da palavra. No exemplo escolhido, aprendiam a dizer e depois a escrever "ta, te, ti, to, tu"; ja, je, ji, jo ju. E assim por diante. Era uma maneira de fazer alfabetização que empenhava a todos. Eu não fiz alfabetização directamente, mas uma animadora contou-me, muito emocionada, que uma das mulheres do curso só com a palavra "tijolo", logo na primeira sessão, construiu a frase "tu já lê" e teve uma alegria, uma euforia, um contentamento, absolutamente fora de série. Houve experiências extraordinárias nesse programa de alfabetização.

A alfabetização decorreu em que anos?

Começou em 1962, creio, e durou até alguns anos depois do 25 de Abril. Quando as pessoas já sabiam ler e escrever, aprendiam as matérias do programa de instrução primária e faziam os seus exames, normalmente. Ainda tentámos fazer programas adaptados à mentalidade dos alunos adultos, para as disciplinas de Matemática, Geografia e História, a partir de problemas concretos do seu quotidiano. Era um trabalho muito interessante porque envolvíamos no projecto, como voluntários, estudantes universitários e recém-licenciados de

Lisboa e de Coimbra nessas aulas. Era nos campos de férias, onde nos reuníamos, que estas matérias se discutiam e planeavam. Estou convicta de que foi a partir daí é que se começou a pensar em programas mais gerais que se intitulavam *Evangelização e Desenvolvimento Humano*, onde se procurava que as pessoas se consciencializassem relativamente às necessidades que experimentavam, aos recursos de que dispunham e que se organizassem para mobilizar esses recursos em ordem à satisfação das suas necessidades. Foi assim que nasceram iniciativas interessantes como centros sociais comunitários, cooperativas de tecelagem, de colchas de *crochet*, entre outras.

Conte-nos sobre a sua vida profissional, acabou o curso de Económicas e ficou a leccionar no Instituto?

É uma pergunta malévola? É que essa história já foi contada tantas vezes...

Não, decorre da lógica do seu "curriculum" escolar

Tudo levava a crer que sim. Eu terminei o curso em 1954 com a melhor média do curso. Só eu e outro colega é que tivemos 17.3 valores. Era expectável que fôssemos convidados para assistentes. Os meus três colegas foram convidados, até aquele que só tinha quinze valores de média, mas eu não fui. Em vez disso, o professor encarregado da cadeira chamou-me ao seu gabinete para me dar uma explicação – sentiu necessidade de dar uma explicação -, reiterava a imensa consideração que tinha por mim (ainda estou a ouvir as suas palavras) mas eu era rapariga e como rapariga, podia não ser capaz de manter a disciplina.

Nunca tínhamos ouvido uma história como essa!

Foi a explicação que me foi dada com mais ou menos pormenores. Afirmava que não tinha dúvidas de que eu faria uma boa carreira universitária, mas que não ficasse preocupada que me ia arranjar uma bolsa e, de facto, arranjou-me uma bolsa no *Centro de Estudos de Estatística* onde trabalhava o Prof. Teixeira Ribeiro da Universidade de Coimbra. Foi com essa bolsa que eu me vi no final do curso, era uma bolsa de mil escudos, muito menos do que o vencimento de assistente, mas não me importei nada com isso. O que acho mais curioso no meio disto tudo é que eu compreendi perfeitamente o professor e achei que ele até gostava de mim e tomara tal atitude para meu bem...

Mas a história não ficou por aqui, tem aspectos ainda mais interessantes. Pouco tempo depois, o Prof. Gonçalves Pereira, então director da Faculdade, chamou-me para me convidar para assistente. Era um homem que se pretendia aberto, tinha vindo dos Estados Unidos onde tinha observado experiências universitárias muito interessantes. Durante a conversa, foi-me dizendo que me contratava com a categoria de assistente, mas eu não tinha que dar aulas no Curso de Economia, deveria ocupar-me apenas da formação feminina das alunas, a quem, no seu entender, era muito importante ensinar culinária e jardinagem. A Faculdade tinha um grande jardim onde eventualmente se fariam as práticas de jardinagem...

Mas isso é, no mínimo, hilariante...

É preciso dizer que o Prof. Gonçalves Pereira era, por esse tempo, o administrador do Gás Cidla, empresa que patrocinava cursos gratuitos de culinária, o que justifica o seu interesse em que eu organizasse esses cursos na faculdade. Na verdade, acabaram por decorrer, em Económicas, alguns cursos de culinária, mas sem a minha intervenção. É que eu tive algum bom senso e recusei o convite, embora eu compreenda que ele me foi feito com as melhores das intenções.

Continuou, portanto, no Centro de Estudos de Estatística, o que a motivou e o que desenvolveu no âmbito dessa bolsa?

Com a bolsa, sentia-me livre para estudar o que eu quisesse e escolhi como tema de investigação «A Estrutura dos Salários na Indústria em Portugal». Escusado será dizer que orientação não tive quase nenhuma, o professor ia lá de vez em quando, mas o trabalho permitiu-me conhecer em profundidade as estatísticas, reflectir sobre as questões do salário, aperceber-me da desigualdade que havia entre salários de homens e mulheres, conhecimentos que me foram úteis para outros estudos que já não tinham nada a ver com esta bolsa e que estiveram na base do livro *O emprego das mulheres em Portugal: a "mão invisível" na discriminação sexual no emprego.*

Entretanto, complementava o orçamento com algumas explicações que, aliás, já vinha dando desde o primeiro ano da Faculdade. A partir do falecimento de meu pai dava muitas horas de explicações, cheguei às 25 horas por semana! Claro que, entretanto, eu andava à procura de emprego. Aconteceu que, em meados de 1955, eu e um grupo de outras jucistas, acompanhado pelo nosso assistente Pe. Domingos Maurício, íamos de comboio para a Inglaterra, a fim de participarmos num Encontro do Movimento *Pax Romana*. Por coincidência, ia, na primeira classe desse comboio, o Dr. Veiga de Macedo, então Ministro das Corporações. O Pe. Maurício soube e quis apresentar-me ao ministro. Lá fui, com roupa de viagem, possivelmente de lencinho atado na cabeça, como então se usava, à presença do ministro. É preciso recordar que, naquela altura, conhecer um ministro era uma coisa muito importante, os ministros estavam no poder de pedra e cal. Lá fui apresentada pelo Pe. Maurício com grandes referências onde não faltaram alusões às minhas notas, etc. etc., como era hábito dele nestas ocasiões. Fui para a Inglaterra com o encargo de, no regresso, procurar o Sr. ministro no seu gabinete e assim fiz. Depois desse encontro, o ministro nomeou-me assistente dos Serviços de Acção Social. Mais uma vez, me vi numa posição insólita, porque nesses serviços eu era a única mulher assistente, os restantes eram homens. Mais, eles eram todos formados em Direito eu era a única economista. Foi então que experimentei o que é criar o seu próprio lugar. Eu não era de Direito, não ia fazer o que eles faziam.

Qual era, então, a tarefa que a esperava?

Eu ia com a incumbência de me ocupar sobretudo do trabalho das mulheres.

Comecei por inventariar a situação (metodologia que tinha aprendido na JUCF) e a partir daí passei a criar e a pôr em marcha algumas medidas de protecção das mulheres trabalhadoras. No âmbito desse meu trabalho, fez-se uma actualização da legislação portuguesa em função das Convenções da *Organização Internacional do Trabalho*, no que diz respeito à protecção à maternidade – na altura não se falava na protecção à paternidade – introduzindo melhorias na legislação, recuperando também alguma legislação importante da Primeira República. Fizemos outra coisa que estava prevista na lei, mas não era aplicada: a criação de secções femininas nos sindicatos onde havia maior percentagem de mulheres. E o meu trabalho acabou por incidir muito na criação e no acompanhamento dessas secções bem como na formação das suas dirigentes.

Eu tinha cartão de inspectora, entrava nas fábricas quando queria e como queria, podia mandar chamar as operárias e conversar com elas, e assim conheci Portugal, de Norte a Sul, e contactei com a dura realidade do trabalho fabril de então. Acho que ouvi falar de aborto pela primeira vez e soube que havia assédio sexual nas empresas, quando as mulheres se me vinham queixar de serem molestadas pelos seus chefes e patrões.

Esta tarefa junto das mulheres permitia um trabalho transversal com todos os meus onze colegas dos diferentes sectores da actividade económica. Foi uma actividade extremamente importante para mim e dou graças a Deus por, a seguir ao curso, não ter ficado assistente da Faculdade, porque nunca teria tido a oportunidade dessa experiência do real que decorreu entre os meus vinte e dois e vinte oito anos.

Foi, na verdade, um trabalho muito compensador, e como eu era a única economista, tornou-se, também, um capital importante para o grupo. Na altura, havia nos Serviços de Acção Social o hábito do chefe reservar as manhãs de sábado para debate intelectual interno: cada um dos assistentes apresentava um trabalho e durante toda a manhã todos nós o discutíamos. A propósito, recordo o Dr. Francisco Sousa Tavares, que também era assistente, era normalmente pouco assíduo, mas nunca faltava a essas sessões, todos nós admirávamos o seu brilho intelectual e arrojo político, pois fazia questão de afirmar a sua oposição ao regímen.

Um dia calhou-me animar o debate, com a elaboração prévia de um texto de reflexão sobre a economia portuguesa e, ao que parece, também foi muito apreciado. E foi assim que comecei a ter lugar e respeito naquele ambiente de trabalho, inicialmente de reserva, mas, depois, de uma excelente camaradagem e cooperação.

Daí é que saiu para docente da Faculdade de Economia?

Fiz este trabalho *no Ministério das Corporações* durante cinco anos e depois interrompi para ir para o Movimento do *Graal*. Quando voltei tinha feito uma especialização em Paris, em «Desenvolvimento Comunitário», e vinha com a intenção de experimentar em Portugal os conhecimentos adquiridos. Em 1961, aproveitando os interstícios informais que a ditadura permitia, através de contactos pessoais, encabecei uma equipa que se denominava "Equipe de Estudos e Experimentação em Desenvolvimento Comunitário". Era uma equipa multidisciplinar, na qual participavam representantes de vários serviços, além de uma colaboração do Centro de Estudos de Economia Agrária da *Fundação Gulbenkian*, que, além de um engenheiro agrónomo, disponibilizou um conjunto de bolsas de estudo para assistentes sociais a trabalhar no terreno. O meu enquadramento institucional e o da Equipe era no *Centro de Estudos de Economia Portuguesa* dirigido pelo Professor Francisco Pereira de Moura. Com a influência do Pereira de Moura e com o respaldo do *Centro de Estudos de Econo-*

mia Agrária, nós conseguimos ter um engenheiro agrónomo cedido pela *Junta de Colonização Interna*, um engenheiro de infraestruturas cedido pelo *Ministério das Obras Publicas*, uma médica pertencente ao *Instituto Maternal*, uma enfermeira da *Misericórdia de Lisboa* e, ainda, a colaboração de um técnico do *Departamento de Planeamento*. Conseguimos uma equipa coesa, interdisciplinar, que fez uma experiência de desenvolvimento comunitário em duas freguesias do concelho de Alcobaça, a Benedita e o Bárrio.

Foi um trabalho de equipa que durou cerca de 5 anos e que permitiu ver que, afinal, existiam recursos e serviços apropriados ao planeamento do desenvolvimento local participado e que os técnicos, quando motivados, trabalhavam de outra maneira.

Foi uma experiência que me deu a base teórica para o projecto do *Graal* de promoção de desenvolvimento humano.

Não havia, porém, um serviço específico de enquadramento para o pessoal de serviço social, o qual não podia continuar indefinidamente dependente das bolsas e da boa vontade dos responsáveis de estágio das suas escolas. Entretanto, o Doutor Francisco Neto de Carvalho, que tinha sido Diretor-geral do Trabalho e com quem eu tinha trabalhado no *Ministério das Corporações*, tinha sido nomeado Ministro da Saúde e pretendia reformar aquele Ministério. Aproveitei e fiz uma proposta ao Ministro da Saúde no sentido de se criar um Serviço de Promoção Social Comunitária. O serviço foi criado e eu fui chefiá-lo com a condição, imposta pelo ministro, de eu assegurar, simultaneamente, a direcção do *Centro de Estudos Sociais* que ele desejava criar no seu *Ministério*, para promover a investigação no domínio da acção social. De princípio reagi negativamente, porque não queria a acumulação, insisti bastante em que essa tarefa fosse entregue ao Prof. Sedas Nunes a quem o ministro acabou por convidar, mas sem êxito. Fiquei, então, a assegurar os dois serviços.

Isto para dizer que, em 1970, eu já tinha não só *curriculum* experiencial, mas também *curriculum* científico, tinha artigos publicados na revista do Gabinete de Estudos Corporativos e na Revista do *Centro de Estudos Sociais e Corporativos*, era directora de um Centro de Estudos e da sua revista, "Informação Social". Foi nessa altura que o Francisco

Pereira de Moura, que estava a introduzir no ISEG uma reforma não formal do plano de estudos, através do desdobramento das cadeiras que já existiam, fez um desdobramento na cadeira de Planeamento, para incluir uma matéria de Planeamento Social. E eu fui convidada para professora auxiliar, para criar essa cadeira e a desenvolver. Foi assim que eu entrei no ISEG no ano lectivo de 1970-1971.

Depois, com o governo de Marcelo Caetano como decorreram as suas actividades no Gabinete de Estudos Sociais?

Em boa hora entrei para o ISEG porque, com a primavera marcelista, em Março de 1971, a nova equipa ministerial que se ocupava da Pasta da saúde era bem mais fechada do que a anterior, designadamente no que tocava às relações com as autarquias e os poderes locais e acabou por desmantelar os serviços mais inovadores que tinham sido criados na Direcção Geral de Assistência e estavam em regímen de instalação e afastar os seus quadros dirigentes. O Gabinete de Estudos Sociais não foi excepção. Através de um despacho lacónico "por conveniência de serviço", fiquei a saber que o Gabinete era extinto e se dava por terminada a prestação de serviço da sua directora. Foi uma experiência de injustiça e impotência de que me ficou uma certa raiva, por ver como se pode destruir impunemente trabalho válido e necessário, por causa de mesquinhos interesses políticos. Protestei junto dos amigos e conhecidos com algum poder político; fiz chegar a pressão possível junto do Chefe do Governo, mas de nada valeu.

Por essa altura, eu estava já a leccionar no velho Quelhas há meio ano. Com a minha demissão, foi possível dedicar-me ainda com mais gosto às funções de investigação e docência. Em paralelo, criei e desenvolvi outros interesses de investigação-acção: a defesa dos consumidores; o papel das cooperativas; os indicadores sociais, etc.

Acumulei com a actividade da docência em outras escolas de ensino superior, designadamente, o Instituto Superior de Serviço Social de Lisboa e o Instituto de Sociologia de Évora.

Houve alguma razão, em especial, para não se preocupar em fazer um doutoramento?

Num olhar retrospectivo, julgo que não me doutorei porque sempre me pautei pelo princípio de que cada coisa tem o seu tempo. É preciso dizer que eu entrei em Económicas como professora auxiliar e isso é o primeiro factor, depois, sempre dei prioridade às coisas que fui considerando mais importantes em cada momento e o doutoramento acabou por ser um projecto que estava apenas no meu horizonte longínquo. Em 1973, pensei a sério no doutoramento: escolhi um tema que se relacionava com os meus interesses anteriores, a repartição do rendimento; escolhi como orientador um professor francês da Universidade de Nanterre, o Prof. Guy Caire; as coisas estavam bem encaminhadas. De setembro de 1973 a janeiro de 1974, estive em França, com uma bolsa, fazendo investigação nessa área. No dia 24 de abril de 1974, tinha encontro marcado com o então governador do Banco de Portugal, o Prof. Jacinto Nunes, o professor que, na minha escola, me pareceu a pessoa mais próxima para me orientar, a fim de lhe falar da tese, da minha proposta de um co-orientador francês e levar-lhe um esquema pormenorizado da mesma. Nesse dia, de manhã, fui dar aulas ao *Instituto Superior de Economia* e *Sociologia de Évora,* onde era docente da cadeira de Desenvolvimento e de Planeamento Social, entre outras. A entrevista com o professor era às seis horas da tarde. No regresso, porém, tive um furo que me fez perder algum tempo, mas lá segui viagem. Só que, uns quilómetros adiante, tive outro furo, sem o primeiro arranjado. Não há memória de ter dois furos numa estrada quase deserta. Então, não havia telemóveis. Fiquei no descampado do Alentejo, dependente de uma boleia que me levasse a tratar da substituição dos dois pneus inutilizados. Com todos estes percalços não era possível chegar a tempo à entrevista marcada. Alterar uma reunião é uma coisa normal, contei o que tinha acontecido e a justificação ficou dada e aceite; não me lembro se marcámos logo outra data. Só que isto passava-se na tarde do dia que viria a ser a véspera do 25 de Abril. Deu-se a Revolução e nos tempos que se lhe seguiram não mais me lembrei do doutoramento, empenhada que estava com outras tarefas. À medida que o tempo passava, menos me interessava por um eventual grau de doutoramento. Também, em rigor, nunca precisei dele, graças a Deus.

Depois do 25 de Abril como lidou com os movimentos estudantis que se seguiram?

Depois do 25 de Abril, os alunos criaram uma Comissão Directiva e elegeram-me presidente dessa Comissão. O Francisco Pereira de Moura estava na política como *Ministro da Presidência*, creio, senão teria sido ele com certeza que teria sido escolhido para a presidir; na falta dele, fui eu a escolhida. Recordo que, então, eu era professora auxiliar. Nas reuniões, de professores e outras, havia professores extraordinários e catedráticos, alunos, de todas as tendências políticas, brasileiros e cubanos, coitados, que estavam refugiados dos seus países e queriam a todo o custo entrar para a Faculdade, e os funcionários também eles com os seus problemas e divisões político partidárias. Foi uma tarefa delicada que, afinal, feito o balanço, a estes anos de distância, acho que correu muito bem.

Não houve, portanto, problemas semelhantes aos que decorreram noutras Universidades...

Nada, nada, tudo decorreu com muita civilidade, os professores mais comprometidos com o regímen anterior foram os primeiros a achar que se deviam distanciar. Claro que havia que lidar com as dificuldades próprias do momento, mas havia um funcionamento relativamente normal. Para mais numa escola onde se tinha visto um estudante ser assassinado poucos meses antes da revolução de Abril.

Para além de docente universitária que outros interesses profissionais a moveram, a partir daí?

Durante esse ano lectivo (1974-1975), convidaram-me para presidente do *Instituto de Tecnologia Educativa,* era Secretário de Estado da Orientação Pedagógica o Professor Rui Grácio, que eu não conhecia fora dessa situação política e que se mostrou sempre uma pessoa muito inteligente e de trato muito agradável. Acontece que eu não sabia nada de tecnologia educativa, absolutamente nada, também nunca me tinha visto com responsabilidades de gestão numa casa com a dimensão daquele Instituto que, na altura, já tinha um orçamento bem alto, basta lembrar que superintendia na Telescola. Senti-me a fazer o meu "serviço cívico", assumi que tinha que dar o meu contributo à Pátria... Aceitei o mandato para pôr a casa em ordem, mas apenas por um ano, pois era minha intenção voltar a docente de Económicas e assim aconteceu.

Que balanço faz, hoje, desse trabalho?

O *Instituto* estava muito minado politicamente. Agora, recuando no tempo, até percebo as várias forças que ali havia. Mas funcionava e consegui acabar com muitos privilégios estabelecidos. Foi possível trazer para o Instituto pessoas de muita qualidade, como foi o caso do Bártolo Campos, a Maria Emília Brederode Santos, a Helena Amorim, a Isabel Tamen, o Marques Lito, o Melo, entre outras pessoas, que eu consegui colocar à frente dos vários departamentos. Penso que foi um trabalho interessante e correspondeu às minhas expectativas. Saí quando expirou o tempo que tinha concedido a mim mesma para fazer aquele trabalho. Não gostaria de ter ficado mais tempo.

Integrou o Primeiro Governo Constitucional, como Secretária de Estado do Planeamento, quer falar dessa experiência?

Voltei a leccionar em Económicas no ano lectivo de 1975/76. Em Junho de 1976, fui convidada para o cargo de Secretária de Estado do Planeamento no *I Governo Constitucional*, onde também estive um ano, mas aí eu ia sem um prazo pré-estabelecido ou melhor com o prazo de uma legislatura e com o intuito de pôr em prática o Programa do Governo que eu própria ajudara a redigir na parte que me cabia. Foi o que tentei fazer e alguns marcos terão ficado, como seja a criação e entrada em funcionamento de Comissões de Planeamento em todos os Ministérios, a definição e implementação de uma orgânica de planeamento regional e a elaboração de um plano de desenvolvimento de médio prazo, segundo uma estratégia de prioridade de satisfação de necessidades básicas da população e emprego. Parecia que se iam estabelecendo consensos e formando vontade política para os levar à prática. Mas os constrangimentos financeiros e os acordos com o FMI empurraram o barco em direcção oposta. Ofereci a resistência possível, que era, aliás, particularmente débil, dada a minha condição de independente. A dada altura, apercebi-me que não tinha condições políticas para continuar. Concluí que não estava a fazer nada no Governo e por duas vezes, por razões bem precisas, pedi a minha demissão. O primeiro-ministro recusou, mas à terceira tentativa dei-a por irrevogável. Foi uma experiência interessantíssima na minha vida, porque foi a experiência política mais próxima do poder que eu tive. Devo confessar que não me reconheço qualidades políticas particulares. No entanto, reconheço que sempre quis fazer o meu trabalho da maneira honrada, séria e o mais isenta possível. Foi um trabalho interessante e motivador para todas as pessoas que nele se empenharam. Também penso que o trabalho que fizemos durante vários meses e que ficou documentado em doze volumes, veio a servir de referência na formação de muita gente, quer nas Faculdades (na minha serviu) quer a nível dos organismos da Administração Pública. Por tudo isto não dei por mal-empregado o tempo. Acho que poderia ter continuado se as circunstâncias fossem outras.

Falámos da sua vida pessoal, da sua vida profissional, do voluntariado da sua vida política e tudo isso está ligado, falemos do seu envolvimento na Igreja e como se liga com o resto

Não falei nessa questão porque ela é a chave do entendimento de tudo, nada é fragmentado, há uma unidade por detrás deste percurso e essa unidade é a minha fé em Jesus Cristo e na Igreja, é a minha fé que unifica todos estes compromissos e também é a minha fé que me vai permitindo discernir em cada situação concreta, as saídas possíveis ou desejáveis. Eu acredito que cada pessoa é única, irrepetível e singular, mas essa singularidade é sempre uma singularidade situada, no tempo, no espaço, no feixe de relações, situada numa cultura também. É isso que eu procuro: através da fé, iluminar essa vida pessoal, que é sempre uma vida de busca, busca de ser, de coerência, de verdade e de maior solidariedade e comunhão com os outros.

Ocupa-se, no entanto, de funções ligadas directamente com o serviço da Igreja, como por exemplo a Comissão de Justiça e Paz

Sim, já antes disso tive outras funções na Igreja, umas mais visíveis, outras menos. No trabalho da Igreja não tem que se ter sempre visibilidade de expoente. No entanto, como católica, gostaria de destacar dois compromissos que acho importantes: o meu compromisso no *Movimento Internacional dos Intelectuais Católicos (Pax Romana)*, de que fui presidente durante um mandato. Outro compromisso é com o *Centro de Reflexão Cristã*, que eu e outras pessoas, entre elas a Ivone Leal, criámos, em 1975, e que se mostrou uma iniciativa muito importante por várias razões: primeiro, porque partiu de leigos, que quiseram assumir a sua plena responsabilidade de membros da Igreja. É, portanto, uma iniciativa de leigos, conduzido sob a sua responsabilidade e tendo como preocupação promover, estimular e fazer surgir, uma reflexão sobre a realidade do ponto de vista da fé. Fui presidente durante vários anos do *Centro de Reflexão Cristã* e directora da Revista "Reflexão Cristã" também durante alguns anos. Acho que o CRC é uma iniciativa que, do ponto de vista da Igreja e de Portugal, não pode ser ignorada, pela sua originalidade e pelo impacto que teve no debate sobre temáticas de fronteira e na criação de plataformas de entendimento com pessoas que se situam nas franjas da Igreja. São disso exemplo as sucessivas Conferências de Maio. Neste contexto, merecem também destaque as iniciativas, pioneiras em Portugal, de criar espaço de reflexão e debate em torno da situação e da missão das mulheres na Igreja. Estão publicados os trabalhos desses seminários e encontros.

Nos últimos tempos, tenho desenvolvido uma tarefa escondida que, de resto, faço com muito gosto: ajudar as congregações religiosas, inclusive na preparação de alguns capítulos provinciais e gerais, nos seus processos de *aggiornamento* e de formação permanente dos seus membros. É um sinal promissor, penso, em relação ao futuro.

1
TESTEMUNHOS

Manuela Silva: Homenagem a uma "Universitária Preocupada"

António Romão[*]

1. A publicação de um livro com contributos em Homenagem à Prof.ª Manuela Silva, por iniciativa do Departamento de Economia do ISEG, é uma justíssima causa, que rende jus à Vida e Obra da Homenageada, como qualifica aqueles que tomaram a iniciativa.

2. Em Março de 2020, aquando da realização no ISEG de uma Jornada de Homenagem à Prof.ª Manuela Silva não pude estar presente, por razões de saúde, e fazer uma intervenção acertada entre mim e o Colega Manuel Brandão Alves. Ainda bem que essa lacuna pode agora ser superada.

3. Falar da Prof.ª Manuela Silva é simultaneamente fácil e muito complexo, dada a sua postura clara e determinada, mas também a dimensão, amplitude e o empenhamento que sempre revelou na sua Acção.

4. Neste pequeno texto tentarei deixar um Depoimento que traduz a sua acção nalguns vectores na Universidade, embora a sua actividade universitária não possa ser desligada da sua actividade integral/global noutros domínios, desde logo na Área da Cidadania e da sua posição de Católica militante, numa perspectiva de progresso humano.

5. A Prof.ª Manuela Silva desenvolveu na Universidade uma parte importante da sua actividade enquanto "Pessoa Preocupada" com Portugal, com o Mundo e a Humanidade, desde o Ensino, à Investigação, passando pela Pedagogia e pela Actividade Editorial.

---

[*] Professor Catedrático Aposentado. *ISEG/Universidade de Lisboa.*

6. Conheci-a mais de perto numa altura em que já era uma "Figura Pública" (como agora se diz...) e com ela comecei a trabalhar em conjunto nalguns projectos na década de 80, como por exemplo num livro editado pelo INA – Portugal

Contemporâneo-, num grande projecto de investigação sobre as Relações Portugal-Espanha, coordenado pelo Instituto de Estudos para o Desenvolvimento (IED) e no ISEG desenvolvido no âmbito do Centro de Investigação sobre Economia Portuguesa (CISEP). O nosso conhecimento já vinha da década anterior, embora fosse bastante ténue, mas desde logo me impressionou a sua determinação e a sua integridade moral e ética.

7. A sua acção no âmbito do ISEG (ISE, na altura) após o "25ABR74" manifestou-se de forma clara e empenhada, participando activamente em 1974/75 numa Comissão Executiva do Conselho Directivo do ISE que, formalmente, era presidida pelo Prof. Bento Murteira, mas, efectivamente, liderada por ela. É necessário ter presente que o ISE vivia na altura uma situação muito complexa e de grande incerteza, já que havia forças, internas e externas, oficiais e não oficiais, que defendiam, na prática, a marginalização e a progressiva irrelevância da Escola até, eventualmente, a sua extinção. Aliás a própria alteração da sua designação de ISCEF para ISE, em 1972, foi um sinal nesse sentido, bem como a criação/transformação de novas instituições/cursos (v.g. Faculdade de Economia da UNL, que actualmente mais parece uma Parceria público-privada, ISCTE, Curso de Economia no ISCSP...).

8. A Continuidade e depois a Consolidação e Desenvolvimento do ISE muito se deve ao trabalho, sobretudo naquela altura, de um Grupo de Professores, uns de Carreira, como por exemplo, Bento Murteira, F. Pereira de Moura, Cruz Vidal, A. Simões Lopes, outros Convidados, como era o caso da Manuela Silva. Com a entrada do Prof. Pereira de Moura no Governo Provisório, mais se exigia aos que continuaram na Escola.

Em 1974/75 o Conselho Directivo do ISE nomeou uma Comissão Técnica de Coordenação Pedagógica Global Provisória para preparar esse Ano Lectivo, que foi presidida pela Prof.ª Manuela Silva. Aliás, é importante assinalar que ela foi a 1.ª Mulher em Portugal a desempenhar as funções de Professora em Escolas de Ciências Económicas, tendo chegado a Professora Catedrática Convidada, categoria na qual se aposentou.

9. Após várias alterações legislativas nos pós- "25ABR74" sobre Gestão Universitária, é publicado o Decreto-Lei n.º 781-A/76 de 28 de Outubro que cria Cinco Órgãos de Gestão nas Escolas, a saber: Assembleia de Escola, herdada do período anterior mais conturbado, Assembleia de Representantes e Conselhos Directivo (CD), Científico (CC) e Pedagógico (CP).

É neste quadro legal que a Prof.ª Manuela Silva vem a ser eleita a 3.ª Presidente da Assembleia de Representantes para o período 1979-1981 (nesta altura estava eu em Grenoble a preparar o Doutoramento), e, mais tarde foi eleita também a 3.ª Presidente do Conselho Pedagógico para o período 1982-1985.

Após o meu regresso de França, em 1982, fui designado Professor Encarregado da Biblioteca (era assim que as "coisas" funcionavam na altura...) pelo CP presidido pela Manuela Silva e a partir daí tivemos um contacto mais estreito, ela no CP e eu no CD em 1983-1985, como Vice-Presidente e em 1985-1987, como Presidente.

A Prof.ª Manuela Silva é, entretanto, designada pelo CC Directora da Revista do ISE, "Estudos de Economia" de 1984-1989, e nessa condição fomos institucionalmente "obrigados" a contactos frequentes. Em 1989 ainda a reencontrei na Direcção da Revista, cujo conteúdo ela melhorou substancialmente, quando voltei a Presidente do CD em 1989-1990 e depois continuámos a encontrar-nos regularmente nas reuniões do Departamento de Economia.

10. Mudando agora um pouco o quadro de referência, embora em registo idêntico ou equivalente, relembro um Encontro em que ambos participámos, entre um conjunto vasto de Colegas universitários, alguns jornalistas da área da Economia, gestores e outras personalidades conhecidas. Foi em Novembro de 2007, no Patriarcado de Lisboa, a convite do saudoso Cardeal-Patriarca de Lisboa D. José Policarpo, mesmo para quem não é católico. O convite chegou-me através do amigo, Padre Jardim Gonçalves, que conheci na OIKOS

e nas andanças por África. O objectivo do Encontro era assinalar os 40 anos da Encíclica do Papa Paulo VI sobre o "Desenvolvimento dos Povos" – a *Populorum Progressio* -. Sendo a Manuela Silva uma militante católica e eu um não católico, isso não impediu que após as nossas intervenções, e numa frugal e rápida refeição, ela me tenha procurado para me manifestar o seu apreço pelo conteúdo da minha intervenção – que, no fundo, punha em evidência que 40 anos após a publicação da Encíclica, o Mundo**, em termos absolutos** estaria melhor, mas que também se verificava um maior **distanciamento relativo,** "gaps" que se agravaram na concentração da Riqueza (Stock) e do Rendimento (Fluxos) com o processo de globalização económico-financeira em curso. A sua intervenção tinha ido no mesmo sentido, acrescentando que à Igreja Católica cabem responsabilidades especiais, quer na formação dos seus membros e com uma perspectiva crítica sobre o Mundo, quer porque há muitos cristãos presentes nas estruturas de gestão e administração das empresas (cito).

Ou seja, com origens e percursos diferentes convergíamos na avaliação que fazíamos, cada um à sua maneira. Fiquei lisonjeado, tal como também a felicitei.

É só um pequeno apontamento.

11. Gostaria, para terminar este pequeno Depoimento, de deixar **Cinco Notas Finais**:

1. Como em todas as situações, uma coisa são as competências formais dos Órgãos (neste caso Universitários), outra coisa, bem diferente, é a influência desses Órgãos em função da Personalidade de quem os dirige e representa. E aqui estamos perante um caso claro desse desfasamento, entre o "formal" e o "real".
2. A passagem durante tantos anos da Prof.ª Manuela Silva pelo ISEG foi altamente positiva, não só em termos de Gestão, como de Ensino e Investigação para a Escola, para a Universidade e para o País. Basta recordar alguns dos seus temas preferidos, adaptados ao longo do tempo, a Abordagem das Necessidades Básicas, a preocupação com a muito desigual distribuição da Riqueza e do Rendimento, o Papel do Estado,

com forte componente interventiva e não meramente orientadora e as Questões Sociais em geral. Este é também mais um legado que ela nos deixou. Ainda desempenhou, como se sabe, em 1976-77 as funções de Secretária de Estado do Planeamento no I Governo Constitucional, onde deixou obra feita, porém inacabada, e que infelizmente para o País não teve continuidade. Sofremos ainda hoje consequências dessa lacuna/opção política.

3. Era uma Mulher com uma personalidade bem vincada e, por isso, de relacionamento nem sempre fácil, cuja contrapartida eram a lealdade, a frontalidade e a competência. Estou fortemente convencido que ela corroboraria esta minha asserção.
4. Devo assinalar o seu desempenho de elevada Qualidade, em todos os assunto/matérias/áreas em que se envolvia, com Resultados, porque não era pessoa para "fazer de conta", para "fingir" que fazia. FAZIA mesmo!
5. Finalmente, é justo assinalar que foi uma "Universitária Preocupada", i.e., não acomodada, que se revoltava perante as injustiças, que lutava activamente por causas nobres, que visavam melhorar as condições de vida e abrir perspectivas aos mais frágeis e vulneráveis, seja a nível local, nacional ou internacional, dando-lhes uma Dignidade que não tinham.

O ISEG e a UNIVERSIDADE devem-lhe MUITO; NÓS, que com ela privámos em diferentes graus e circunstâncias, TAMBÉM; o PAÍS precisa de mais Pessoas como a Prof.ª Manuela Silva.

Manuela Silva: abertura e coerência

*Cláudio Teixeira**

O que se segue é mais um testemunho do relacionamento que tive com Manuela Silva do que uma análise de ideias e posições suas.

Não me lembro de quando conheci pessoalmente Manuela Silva, mas o contacto pessoal que, em primeiro lugar, me vem à memória é aquele em que ela se encontrou comigo na sede da Sociedade Central de Cervejas, junto à Portugália, na Av. Almirante Reis, onde eu então trabalhava na Direcção de Serviços de Pessoal. Ela trazia um texto destinado à constituição da SEDES que eu assinei. A SEDES – Associação para o desenvolvimento económico e social – foi fundada em 2 de Outubro de 1970. Tal encontro pressupõe outros contactos directos anteriores, mas de que não me recordo.

Eu sabia, quando pertenci à JUC (Juventude Universitária Católica) quem era Manuela Silva. Para contextualizar, vale a pena lembrar que já desde 1958/1959 se começara a verificar alguma movimentação cívica e política de católicos no sentido de crítica e oposição ao Estado Novo. Esta movimentação aumentou nos anos 60 com o Concílio Vaticano II e especialmente depois da encíclica *Pacem in Terris* de 1963. Destaco nesta movimentação a formação da Cooperativa *Pragma* ("Cooperativa de Difusão Cultural e Acção Comunitária") em Abril de 1964 e também uns poucos anos antes o início da publicação da revista *O Tempo e o Modo*. Embora tanto num caso como no outro fosse saliente a participação de católicos – mais tarde chamados "católicos progressistas" –, a participação de outros crentes e não crentes era

* Professor Associado do ISCTE – IUL (aposentado). Membro do Grupo Economia e Sociedade.

grande, em ambiente de diálogo e abertura. A sede da *Pragma* foi fechada pela PIDE em 1967, mas continuámos com a sua actuação, por vezes informal ou mesmo clandestina. Uma vigília pela paz em 1968 na igreja de São Domingos em Lisboa e, mais tarde, a vigília na Capela do Rato foram acontecimentos marcantes nesse ambiente de contestação ao regime e de crítica à guerra nas colónias em África.

Alguma flexibilidade de Marcello Caetano foi aproveitada para movimentações com vista a constituir-se a SEDES – Associação para o desenvolvimento económico e social. O contacto de Manuela Silva para a formação da SEDES levou-me a pôr no título deste testemunho a palavra *abertura*. De facto, esse gesto de Manuela Silva manifesta a sua abertura à intervenção cívica.

É interessante notar que a perspectiva de desenvolvimento económico e social, com uma dimensão participativa, já tinha sido posta em prática no processo-piloto de desenvolvimento comunitário na freguesia de Benedita iniciado em 1962 e animado por uma equipa liderada por Manuela Silva. Esse processo foi pioneiro em Portugal. Já depois do 25 de Abril, numa discussão na SEDES em que eu defendia uma forte participação dos trabalhadores na gestão das empresas e sobre a qual Vítor Constâncio ironizara com referências à "cogestão à jugoslava", Manuela Silva terá observado: "o Cláudio Teixeira tem razão".

De Abril a Junho de 1976, estive no Gabinete do Ministro dos Transportes do VI Governo Provisório como assessor para as questões laborais. O ministro pediu-me uma análise e opinião sobre aspectos de política económica que iriam ser discutidos em Conselho de Ministros. Telefonei a Manuela Silva que, depois, com Aurora Murteira, me recebeu no então ISCEF. Face à maneira como eu interpretava os problemas, lembro-me de que lá para o fim da conversa me disseram que eu deveria ter mais intervenção política.

Em 1978 convidei Manuela Silva para animar a primeira sessão do primeiro Curso de Gestão de Recursos Humanos da série de cursos que organizei e animei durante anos no CIFAG (Centro de Informação, Formação e Aperfeiçoamento em Gestão) do então IPE – Instituto das Participações do Estado. A sessão teve por tema

"A Evolução do Meio Social em Portugal". Lembro-me de que foi muito animada, com várias questões postas pelos participantes. Descobri, agora entre os meus papeis, o texto da intervenção de Manuela Silva. O texto dactilografado a partir da gravação da sua exposição oral foi, por ela, cuidadosamente corrigido e reorganizado. Assinalando ela não ser socióloga, não tenho dúvidas em afirmar que é uma magnífica análise da evolução socioeconómica de Portugal nos 4 anos de 1974-1978. Não é possível reproduzir aqui esse texto, mas, desde a maneira como ela justificou a escolha do tema para primeira sessão de um Curso de Gestão dos Recursos Humanos aos aspectos demográficos (saliente-se o então recente aumento populacional com os mais de 500000 "retornados"), às incertezas de evolução institucional, nomeadamente de repartição da gestão económica entre sector público e privado, a profundidade e a actualidade (pois infelizmente algumas debilidades estruturais continuam presentes...) da análise de Manuela Silva é admirável.

Não participei no Centro de Reflexão Cristã – que Manuela Silva fundou –, estive numa das primeiras reuniões, mas não continuei, o que hoje lamento. Depois de se reformar, Manuela Silva criou a Fundação Betânia. Os encontros e seminários que a Fundação organizou – e em muitos dos quais participei, só ou com minha mulher Almerinda Teixeira – eram ocasião não só de oração e aprofundamento da fé, mas também de reflexão sobre aspectos da vida, sobretudo na dimensão social e económica e de vivência da "Casa Comum". Senti-me gratificado quando ela me convidou para animar uma sessão sobre Muhamad Yunus e a forma como ele desenvolveu, especialmente com mulheres, no Bangladesh, o micro-crédito "capacitador", diria eu.

A luta de Manuela Silva pela erradicação da pobreza e de a pobreza ser considerada uma violação dos direitos humanos, e que resultou numa resolução unânime da Assembleia da República em 2008, são um exemplo inesquecível da coerência desta cristã que pôs no centro da sua militância a luta pela justiça social e pela concretização do amor ao próximo, como que ecoando o "...tive fome e destes-me de comer, tive sede e destes-me de beber, estava nu e vestistes-me..." (Mt, 25, 35-45). Tolstoi, num dos seus contos intitulado "Onde está o Amor, aí está Deus", aplica estas frases de Jesus à história do sapateiro Martin, que ajudou Jesus sem o saber. Coerentemente Manuela Silva fez da satisfação das necessidades básicas da população um dos pilares do Planeamento.

Não sei em que ano Manuela Silva criou o hoje chamada Grupo Economia e Sociedade (GES). Mas mais um sinal da sua abertura tive-o quando, em Setúbal, depois de uma sessão sobre problemática do Trabalho, em Maio ou Junho de 2006, Manuela Silva me convidou para integrar o Grupo e secundarizou a minha observação "mas eu não sou católico praticante".

Nas discussões do GES, algumas vezes (poucas) discordei dela. E lembro-me de ele uma vez me ter dito frontalmente não ter gostado do estilo de um *post* por mim publicado no nosso *blog areiadosdias*. Tive pena (e dei-o a entender) que o GES não se focasse mais no potencial do conceito "Ecologia integral" da encíclica *Laudato sì*. Mas certamente Manuela Silva já estaria então empenhada na criação da "Rede Cuidar da Casa Comum". A coerência cristã também tem a ver com o viver quotidiano e, a propósito volto a lembrar os 3 S: *Sobriedade, Simplicidade, Solidariedade* por ela formulados em ***Utopia cristã** e aventura humana* – RISCOS, DESAFIOS, PROPOSTAS, pp. 71-82, ed. MULTINOVA, 2002.

Logo que ela foi nomeada Presidente da Comissão Nacional Justiça e Paz, telefonei-lhe de manhã a felicitá-la. E recordo com saudade a sua voz jovial: "foste o primeiro a telefonar-me!". A indefinível vivacidade do olhar da Manuela e a jovialidade da sua voz! Que saudades!

Um Breve Testemunho em Memória de Manuela Silva

Deolinda Machado

Não vimos falar do que foi a vida e a obra da Professora Manuela Silva. Sobre isso outros, muito mais habilitados o farão, dando um retrato amplo do que foi a sua vida e a sua obra, o seu empenhamento incessante no combate pela justiça social, o seu papel enquanto professora na formação dos que tiveram o privilégio de poderem aprender e apreender com os seus ensinamentos.

O Movimento Erradicar a Pobreza pretende apenas, neste texto, dar o seu testemunho da importância da Professora Manuela Silva para a sua existência, da sua disponibilidade para o apoio de ações desenvolvidas e a marca que deixou naqueles que com ela privaram no âmbito de ações levadas a cabo.

Estávamos em maio de 2014, perante uma gravíssima situação social. Um conjunto de pessoas, preocupadas com os dramas com que se deparavam decidiram lançar um Manifesto/Apelo com o objetivo de alargar a consciência coletiva para as injustiças sociais que eram um flagelo diário para cerca de 3 milhões de pessoas no nosso país.

Entre os que constituíram esse grupo encontrava-se Manuela Silva, dando o seu importante contributo.

Este Manifesto/Apelo, que se inicia dizendo *"É o meu apelo, é o nosso apelo. O apelo de pessoas que diariamente intervêm em diferentes áreas sociais, em permanente contacto e confronto com os dramas e os anseios de milhares de portugueses e das suas famílias"*, dizendo quase no fim, *"somos pessoas que acreditam e têm esperança. Somos pessoas que procuram ser solidárias na vida e na prática. Por isso, recusamos ficar parados e acomodados perante o afundamento do nosso País"*. Pensamos que aquele documento, que juntou os impulsionadores do Movimento, corresponde a princípios que pautaram a vida de Manuela Silva.

Daquele documento, subscrito por um conjunto de pessoas que se constituíram em Comissão Promotora nasceu o Movimento Erradicar a Pobreza, com a participação empenhada de Manuela Silva.

Mesmo o nome da organização lhe é devido. Quando o grupo dinamizador se inclinava para Movimento pela Erradicação da Pobreza, ela interveio dizendo que em vez de Pela Erradicação devia ser Erradicar. Fundamentou que era a força que devia ter, a afirmação de que é preciso acabar com este flagelo. Assim ficou.

Mais tarde, quando a 24 de janeiro de 2019, no Plenário da Assembleia da República foi discutida a nossa petição intitulada "A pobreza viola os direitos Humanos", apesar de já se encontrar muito doente fez questão de estar connosco nas galerias, destinadas ao público, para assistir à discussão.

Diga-se, que esta petição apresentada pelo nosso Movimento veio na sequência de duas Resoluções da Assembleia da República (10/2008 (de 19 de março) e 31/2008 (de 23 de julho) onde era declarado que a pobreza conduzia à violação dos direitos humanos e que o limiar de pobreza estabelecido servisse de referência obrigatória à definição das políticas públicas de erradicação da pobreza, assumindo o Parlamento a missão específica de observação permanente e acompanhamento da situação da pobreza em Portugal, o que até então não tinha passado do papel, apesar de aprovado por unanimidade.

Essas Resoluções tiveram na sua origem a ação da Comissão Nacional Justiça e Paz, então presidida por Manuela Silva.

Quando nesse ano de 2019, nas iniciativas destinadas a assinalar o Dia Internacional para a Erradicação da Pobreza, 17 de outubro, prevíamos realizar um debate sobre o tema em que fosse a oradora, comunicou que não tinha condições físicas para poder estar presente, vindo a falecer no dia 7 desse mesmo mês.

Foram mais de cinco anos de ligação afetiva e ativa com este movimento, desde o seu embrião até ao fim da vida.

De tudo, o que perdura mais fortemente na nossa memória é uma vida exemplar, voz ativa, firme e persistente na defesa dos seus princípios e convicções.

No Movimento Erradicar a Pobreza será sempre recordada como uma das suas obreiras e com afeto por todos os que tiveram o privilégio de com ela se terem cruzado.

Uma vida dedicada ao próximo

Ivo Gomes Francisco

Nas décadas de 1970, 80 e parte da de 90, do plano de estudos da licenciatura em Economia do ISEG fazia parte uma unidade lectiva sobre contabilidade nacional, de que fui o responsável de equipa durante a década de 80. Data dessa altura o meu primeiro contacto com a professora Manuela Silva, numa reunião de coordenação de conteúdos e metodologias de ensino.

Numa das reuniões seguintes, e sabendo ela da quase inexistência de bibliografia em português sobre a matéria, e muito especialmente actualizada, não perdeu desde logo a oportunidade de me motivar a, na sua opinião, "preencher uma lacuna grave na literatura económica portuguesa", palavras com que inicia o prefácio que me dedicou no livro "Compreender a Contabilidade Nacional", editado em 1990.

Na sequência de algumas trocas de correspondência, e mesmo sabendo que eu residia (como resido) a mais de duzentos quilómetros de Lisboa, não deixou de me convidar a fazer parte do Grupo Economia e Sociedade (GES) acarretando no mínimo uma deslocação por mês à capital do país. Convite que, vindo de quem vinha, aceitei com gosto e a convicção de que só teria a enriquecer, cultural e afectivamente.

Isto porque nas suas relações com os outros, Manuela Silva combinava na perfeição o entusiasmo contagiante, a delicadeza de linguagem, o rigor nos propósitos a que se propunha e uma integridade de carácter absolutamente exemplar.

Se a estas características juntarmos a sua permanente preocupação com os mais desfavorecidos e a (in)justiça social (considerava, e bem, a pobreza uma violação dos direitos humanos e um obstáculo ao desenvolvimento e à própria democracia), temos um quadro quase completo de uma vida que se pautou basicamente pela dedicação ao próximo.

Surge assim como "natural" o seu envolvimento em projectos como a Experiência de Desenvolvimento Comunitário, o Serviço de Promoção Social Comunitária ou a Comissão Nacional Justiça e Paz, para citar apenas três das muitas causas que abraçou, quer como académica respeitada, cidadã empenhada ou militante activa da Igreja Católica.

Mas há ainda duas características da personalidade de Manuela Silva que, na minha opinião, são motivo mais que suficiente de admiração. Enquanto intelectual não se limitava à investigação, análise e produção teórica. Não: Manuela Silva, sempre que as circunstâncias o permitiam, passava à acção. Provam-no as inúmeras iniciativas que tomou ao longo da sua vida. Contribuiu, pois, como poucos para o engrandecimento da Academia e do país.

Por outro lado, soube sempre ver e empenhar-se nos problemas do seu tempo. É assim que nos últimos anos de vida dedica muito de si às questões ambientais, abraçando o conceito de ecologia integral, proposto pelo Papa Francisco na sua encíclica *Laudato Si*. Razão bastante para, fazendo uso da sua enorme capacidade mobilizadora, fundar a rede Cuidar da Casa Comum, para uma mais ampla consciencialização da sociedade portuguesa.

Num dos seus múltiplos textos de natureza espiritual, escrevia a certa altura: "Há pessoas cuja presença é, por si mesma, um feixe de luz que irradia, tanto para os lugares onde habitam como para as outras pessoas à sua volta. São pessoas com quem nos sentimos bem. Delas nos vem inspiração e energia para conduzirmos a nossa própria vida. Com elas intuímos realidades que estão para além daquelas que os nossos olhos vêem ou as nossas mãos tocam. Junto delas nos sentimos como gente que é reconhecida, acolhida e amada."

Pois bem: não encontro melhores palavras para descrever a personalidade da autora. A ela, que contribuiu de forma tão intensa para que o mundo seja um pouco melhor, fica o meu reconhecido e sincero agradecimento.

Fé Cristã, Profecia e Cidadania

José Leitão[*]

A forma de viver a fé cristã por parte de Manuela Silva (Cascais, 1932-2019) traduziu-se numa atitude de crítica profética, atenta ao grito das pessoas e da Terra. A oração e a meditação conduziam à palavra e à escrita, que procuravam contribuir para mudar a vida e mudar o mundo.

Manuela Silva não militou em nenhum partido político, mas desempenhou funções de natureza política, tendo sido Secretária de Estado para o Planeamento no I Governo Constitucional presidido por Mário Soares. Iniciou funções a 28 de julho de 1976 e pediu a demissão do cargo, cessando funções em setembro de 1977. Este episódio é muito importante na sua biografia, e merece, só por si, uma análise aprofundada. Talvez daí tenha surgido alguma consciência dos limites da intervenção política, pelo menos a nível da ação dos governos.

Recorde-se que integrou o grupo "Socialismo em Liberdade", formado antes do 25 de Abril, com Oliveira Cruz, Teresa Ambrósio e outras personalidades e que, em 1976, editou o livro *Um País, Um Projeto, Caminhos e atalhos da via socialista portuguesa*, reunindo documentos e artigos da autoria de elementos do grupo escritos entre maio de 1974 e março de 1975[1].

---

[*] Advogado, Presidente da Direção do CRC – Centro de Reflexão Cristã, Professor Auxiliar Convidado do Mestrado de Migrações, Inter-Etnicidades e Transnacionalismo da NOVA FCSH, Lisboa.

[1] João Miguel Almeida, «Silva, Manuela», António Reis, Maria Inácia Rezola e Paula Borges dos Santos, *Dicionário da História de Portugal. O 25 de Abril*, vol. 7, Porto, Figueirinhas, 2018, pp. 390-392.

Nos últimos vinte anos da sua vida, Manuela Silva desenvolveu uma intensa atividade como militante cristã que sempre foi, com um magistério cada vez mais reconhecido como tal pelos diferentes grupos de católicos de diversas inspirações. Essa atividade foi sendo vertida em livros e artigos publicados com regularidade. Estes são muito importantes para perceber o seu itinerário espiritual, sendo uma chave para a sua decifração, para usar uma palavra de que gostava.

Refiro-me a artigos publicados na revista *Reflexão Cristã* e a textos reunidos nos seguintes livros: *Pelos Caminhos da fé, À Esquina do Terceiro Milénio* (1999); *Utopia Cristã e Aventura Humana, Riscos, Desafios e Propostas* (2002); *Dizer Deus: Imagens e Linguagens: Os Textos da Fé na Leitura das Mulheres* (2003); *Teologia e Género* (2006); *Ouvi do Vento* (2009); *No Jardim do Peixe* (2014); *Resiliência, Criatividade e Beleza* (2018).

São esses os textos que procurei aqui analisar. Não ignoro que, devendo ser lidos pelo seu conteúdo, não podemos esquecer que Manuela Silva não é apenas autora dos textos coligidos, uma vez que esteve permanentemente ativa, promovendo as mais diversas iniciativas, criando a Fundação Betânia, a Rede Cuidar a Casa Comum e tomando posição, de diversas formas, sobre questões que considerava importantes para a vida comum.

Uma intervenção profética

Entre os cristãos continua a existir uma certa incompreensão, para usar uma expressão suave, entre os que consideram que a presença no mundo se deve reduzir à afirmação da vida cristã e à proclamação dos valores cristãos, e os que consideram que não se deve prescindir de uma intervenção política, inclusive um empenhamento partidário, sob pena da preocupação de isenção, de manter as mãos limpas, conduzir à impotência e à demissão – a não ter mãos. Os personalistas, na linha de Emmanuel Mounier, distinguiam e falavam da tensão entre o "polo profético" e o "polo político".

Significativo da forma como a questão era vivida é esta abordagem de Étienne Borne num artigo publicado no jornal *Encontro*:[2] "(...) O testemunho e a ação do cristão estão dialeticamente tensos entre dois polos: um que podemos designar por evangélico, profético, apocalíptico, o outro mais propriamente político que visa o melhoramento da condição humana pelo progresso das leis e das instituições. (...)".

Em nosso entender é no quadro desta tensão vivida na sua vida que podemos decifrar o significado das suas múltiplas formas intervenção, que tinham, contudo, uma característica comum, a preocupação em ter um efeito performativo, em mudar a vida e o mundo.

Isabel Allegro de Magalhães, num depoimento publicado na revista *Reflexão Cristã*, refere que, desde o final dos anos 50, "Manuela Silva assumiu um papel que manterá até aos últimos dias da sua vida: o papel de profeta. E profeta na dupla aceção que a cultura judaica –ou bíblica – atribui à missão profética: a de denunciar e de anunciar"[3]. Creio que esta se me afigura ser a chave para decifrar a sua atitude perante a vida e inclusive perante a política, em sentido amplo.

Ver, julgar e agir face aos sinais dos tempos

Manuela Silva publicou *Pelos Caminhos da Fé, À Esquina do terceiro Milénio*,[4] com textos destinados a diversas audiências cristãs, que traduzem uma lúcida e rigorosa análise da mutação social e cultural no limiar do século XXI e das exigências que comportam para os cristãos, por parte de alguém que há muito tinha descoberto o caminho interior de acesso e fidelidade ao ser essencial. Os textos

---

[2] *Encontro*, jornal universitário (órgão da J.U.C. e J.U.C.F.), ano 12, n.º 69 (dezembro de 1967), pp.1 e10.

[3] *Reflexão Cristã*, n.º 53-54 (2019-2020), pp. 36-41.

[4] *Pelos Caminhos da Fé, À Esquina do Terceiro Milénio*, Lisboa, Multinova, 1999.

estão reunidos em quatro partes: ser cristão hoje; a opção preferencial pelos pobres; o dever de partilhar; incursões no futuro.

Como afirma, ao desenhar o lugar dos cristãos na sociedade e na Igreja do século XXI, opta deliberadamente por "fazer um percurso de cariz essencialmente profético, isto é, numa tentativa de fidelidade ao espírito de Deus a sua novidade na leitura dos sinais dos tempos"[5] e pretende contribuir para a construção de uma nova civilização assente em quatro pilares: a sobriedade, a autorresponsabilização pelo todo, a solidariedade (na partilha dos bens materiais, do conhecimento e do progresso tecnológico, bem como na assunção dos respetivos custos), a prioridade ao Ser.[6]

O que está em causa é como ser cristã ou cristão hoje, num contexto de desilusão face à modernidade, o que exige lucidez e discernimento. Para isso o fortalecimento de uma experiência pessoal da fé em Jesus Cristo terá de assentar na Palavra de Deus e no testemunho daquelas e daqueles que nos precederam na fé. Os escritos de Manuela Silva, reunidos neste e outros livros, podem ser um contributo muito importante para o nosso processo pessoal de conversão permanente.

Manuela Silva tem sempre presente a necessidade de combater as desigualdades crescentes, quer à escala mundial, quer no interior do nosso próprio País, não esquecendo a necessidade de nos questionarmos a nós próprios sobre o nosso estilo de vida, o nosso grau de envolvimento na correção das desigualdades e da exclusão social, a nossa gestão do tempo.

Não podemos ignorar que estamos confrontados com uma crise estrutural, em que, como refere, a globalização da economia, com hegemonia do capital financeiro, é acompanhada por fenómenos de exclusão social de considerável envergadura e em que o crescimento económico se faz à custa "de desequilíbrios ecológicos graves, impondo um pesado ónus às gerações futuras"[7], referindo-se ao ar, água, acumulação de lixos, de resíduos tóxicos e a degradação física

[5] *Ibidem*, p.16.
[6] *Ibidem*, p.21.
[7] *Ibidem*, p.37.

e social dos habitats. Sublinho-o porque nela a consciência ecológica está presente desde sempre na sua crítica ao capitalismo.

Não pretendendo ficar pela análise das situações, vai oferecendo algumas pistas de solução a considerar, tais como: a necessidade de repensar a repartição do trabalho e, indiretamente, uma repartição equitativa dos rendimentos e das oportunidades de participação no progresso material comum; de assegurar a paridade entre homens e mulheres; uma real parceria de género; harmonizar a vida privada com a vida pública que, entendia, podem contribuir para contrariar o desinvestimento na vida política e em outras formas de serviço à comunidade, aos vários níveis; favorecer o desenvolvimento de novas formas de solidariedade.

Os cristãos neste contexto não devem constituir um grupo à parte, emprestando a designação de cristão a partidos, empresas, planos de intervenção no social e outra qualquer realidade humana, devem juntar-se aos esforços dos outros homens ou mulheres, mas "não é menos certo que podem – e devem – transportar consigo um conjunto de valores, convicções, esperanças, que lhes são próprios e que decorrem da sua fé"[8].

Pode dizer-se que para Manuela Silva está também sempre presente a esperança no "testemunho de iniciativas concretas portadoras de futuro, nomeadamente iniciativas que comportem a criação de espaços onde floresça a vida simples e sem ambições desmesuradas (...), onde a pessoa humana encontre horizontes de realização pessoal e de criatividade (...) onde o acolhimento do outro seja manifesto (...), onde a solidariedade e a comunhão sejam prática corrente (...) onde, através da inovação e da criatividade, floresça e se renove a esperança".[9]

Participar em iniciativas destas era uma aspiração íntima, profunda que animava a sua vida à medida que ela avançava. Daí que o CRC-Centro de Reflexão Cristã, do qual foi uma das criadoras e sempre uma sócia solidária e participante[10], não preencheu todas as

[8] *Ibidem*, p.43.

[9] *Ibidem*, p.45.

[10] Vide, José Leitão, "Manuela Silva, Uma das criadoras do CRC", *Reflexão Cristã*, n.os 53-54 (2019-2020), pp.17-24.

suas aspirações nesta dimensão e tenha criado a Fundação Betânia. Fê-lo na esperança, estou certo, de concretizar esta aspiração a uma partilha de vida mais intensa e profunda, que percebeu não ser sentida da mesma forma pela maioria dos restantes sócios.

Como economista, Manuela Silva sabia e afirmava, em 1999, que "no atual quadro do desenvolvimento científico-tecnológico e económico-político, a pobreza não é uma fatalidade, mas sim o produto de diferentes formas de exploração que ainda subsistem e quiçá, se agravaram por efeito da correlação das forças em presença"[11].

Manuela Silva levava para as reuniões com os diferentes grupos de cristãos, não só a sua competência de economista, que recusava o neoliberalismo reinante, mas também uma perspetiva cristã para ver, julgar e agir, por exemplo, face às múltiplas expressões da pobreza e da exclusão.

Manuela Silva foi aliás pioneira, com Alfredo Bruto da Costa, nos estudos sobre a pobreza e a exclusão social,[12] no quadro do Departamento de Pesquisa Social do CRC, Centro de Reflexão Cristã, que viria a dar origem ao CESIS. No livro *Pelos Caminhos da Fé. À Esquina do terceiro Milénio,* define o que devemos entender por exclusão social, a sua especificidade como problema social, os mecanismos que a geram, a cultura de exclusão. Procura mobilizar para ação, para a necessidade de assegurar um suporte popular para as medidas que a visam combater, "dando voz aos próprios excluídos e aqueles que se solidarizarem com a sua causa (...)"[13].

A pobreza em meio urbano, que atingia então 1/5 da população da cidade, não resulta de falta de recursos, é o reverso de um certo tipo de crescimento económico, exige respostas novas e é isso que Manuela Silva procura desenhar tendo em conta neste caso o papel das Comunidades de Vida Cristã (CVC).

---

[11]*Pelos Caminhos da Fé...*, p.47.

[12] Alfredo Bruto da Costa, Manuela et al, *A Pobreza em Portugal*, Lisboa, Caritas, 1985 e Manuela Silva, Ana Cardoso, Manuel Pimenta, et al, *A Pobreza Urbana em Portugal*, Lisboa, Editores- Centro de Reflexão Cristã -Departamento de Pesquisa Social – Caritas Portuguesa, 1989.

[13] *Pelos Caminhos da Fé...*, p.72.

Dirigindo-se aos institutos de vida consagrada (CNIR/FNIRF), a sua abordagem da pobreza parte da ambiguidade da expressão na tradição cristã, da evolução do pensamento da Igreja.

Em paralelo, analisa a pobreza no debate socioeconómico contemporâneo, as formas mais comuns de pobreza não exclusivamente material, os mecanismos de empobrecimento, no Terceiro Mundo e nos países industrializados, as expressões diferentes e as causas comuns. Procura despertar para a ação a vida consagrada, através de cinco linhas de atuação: a afirmação da dignidade dos pobres, a visibilidade da pobreza e denúncia dos mecanismos da sua produção, a solidariedade ativa com os mais pobres, o serviço dos pobres, a educação para a justiça e a paz: "Viver e comunicar a paixão por uma sociedade onde reine a justiça e a fraternidade, viver e comunicar a paixão de construir a paz são, certamente, componentes intrínsecas da vida consagrada".[14]

O dever de partilhar, tema central de vários textos, não é apenas uma exigência fundamental da nossa identidade cristã, "[o] dever de partilhar praticado no quotidiano é, talvez, uma pedra basilar na construção dos caminhos da utopia em direção a uma sociedade inteligente e autogerida no futuro".[15]

Manuela Silva partilhava ela própria a sua reflexão com os mais diferentes grupos cristãos – o Movimento Vida Ascendente, a "Voz do Trabalho", os "Encontros do Lumiar" das Monjas Dominicanas, o Movimentos dos Focolares aos Fins-de-semana de Espiritualidade Inaciana –, por todos era ouvida, a todos ensinava.

Para cada um tinha a palavra adequada. No caso do Movimento Vida Ascendente, partiu da escuta da palavra, da interrogação sobre o que partilhar, com quem partilhar, como partilhar, o jeito evangélico de partilhar, para sublinhar o alcance para o nosso futuro coletivo de uma nova cultura voltada para a solidariedade e assente na responsabilidade pessoal de olhar o que se tem e o que se é.

---

[14] *Ibidem*, p.96.

[15] *Ibidem*, p.97.

Num artigo inicialmente publicado no jornal *Voz do Trabalho*, dirigindo-se a trabalhadores cristãos, defende e explica porquê o dever de partilha de trabalho é "novo nome da solidariedade".[16]

A lógica da partilha contrapõe-se ao neoliberalismo vigente, como sistema de regulação económica e política, como ela sublinha recordando a crítica do capitalismo pelo pensamento social da Igreja expresso quer em encíclicas, quer noutras tomadas de posição.[17]

Manifesta um grande interesse na possibilidade da economia de comunhão, tal como a defende Chiara Lubich, poder vir a contribuir para um novo paradigma de racionalidade económica. Falar de "cultura do dar" ou da "economia de comunhão" é, seguramente, para Manuela Silva, "erguer uma voz profética, com todo o peso e incómodo a que, por via de regra, a profecia está associada."[18]

Num registo marcado pela espiritualidade inaciana, promove uma meditação sobre o pecado social. Depois de um breve enquadramento teológico-bíblico, dá-nos um olhar sobre o mal do mundo, considerando a grande e crescente desigualdade de situação e de oportunidades entre as pessoas e entre os povos no acesso aos bens materiais, ao progresso tecnológico, ao poder económico e à cultura, a pobreza e a exclusão social no mundo, a violência e as guerras, as agressões ecológicas, o neoliberalismo económico. O escrito termina com pistas concretas para o autoquestionamento da nossa atitude face ao mal.

Termina o livro *Pelos Caminhos da Fé, À Esquina do terceiro Milénio*, que reúne no que designa como «4.ª parte: Incursões no Futuro», com textos que procuram ser instrumentos e práticas de reflexão que ajudem a abrir horizontes de futuro, a partir de uma compreensão não superficial da realidade, nas suas próprias palavras.

---

[16] *Ibidem*, p.115.

[17] É interessante recordar esta afirmação, que cita da encíclica *Centesimus Annus* de João Paulo II: "(...) é inaceitável a afirmação de que a derrocada do denominado socialismo real deixe o capitalismo como único modelo de organização económica. (...)" (*Ibidem*, p.123).

[18] *Ibidem*, p.125.

Dirigindo-se a pessoas já reformadas explica, com muita clareza, que a descoberta e a fidelidade ao projeto pessoal é um desafio para todas as idades, sendo a reforma uma etapa de vida tão desafiante como qualquer outra.[19]

Falando a religiosas, reflete sobre o cruzamento das fronteiras culturais, a interdependência, no que designa como uma aldeia global em formação num mundo fraturado. Procura explicitar as implicações para a missão no quadro desta realidade, a necessidade de inculturação, de discernimento espiritual, de testemunho da prática da justiça, da importância do estilo de vida das comunidades cristãs para a evangelização, no empenhamento direto na construção de culturas mais humanizadas e mais humanizantes.[20]

Num texto preparado para uma conferência inaugural da *Pax Romana*, procura lançar um olhar positivo, lúcido e solidário sobre a mundialização e o seu clima de violência, a necessidade de uma regulação política da economia mundial, chamando a atenção para o desemprego enquanto sinal de alerta do mal-estar social, refletindo sobre as perspetivas abertas pela entrada das mulheres na cena económica e política. Termina com uma reflexão sobre a espiritualidade laical que "(..) não pode viver-se a contramão da modernidade e suas derivas. É para a sociedade como 'o fermento que uma mulher tomou e deitou em três medidas de farinha até que todas a massa tenha levedado' (LC, 13, 21)".[21]

Manuela Silva publicou em seguida o livro *Utopia Cristã e Aventura Humana, Riscos, Desafios, Propostas*,[22] ainda na perspetiva dos desafios no começo do Terceiro Milénio, dedicado às vítimas dos atentados do 11 de setembro, às vítimas da violência estrutural, desconsideradas e silenciadas, aos seres humanos que cada dia sofrem as consequências das guerras, fome, doenças evitáveis e morte pre-

[19] *Ibidem*, pp.147-158.

[20] *Ibidem*, pp.159-172.

[21] *Ibidem*, pp.186.

[22] *Utopia Cristã e Aventura Humana, Riscos, Desafios, Propostas*, Lisboa, Multinova, 2002.

matura, às mulheres e aos homens que se empenham, com risco da própria vida, a alisar as veredas da justiça e da paz.

Tem a consciência de que "nos encontramos às portas de um novo ciclo civilizacional, cultural e geopolítico, ainda que não vislumbremos quais serão os seus contornos e por onde irão passar as pontes entre o presente e as margens de uma realização humana mais feliz no futuro".[23]

A utopia cristã e a aventura humana voltam a cruzar-se neste cotovelo da história, marcado pela mundialização, da globalização da economia à revolução científico-tecnológica, a caminho da sociedade de informação. Parcerias e redes aparecem como duas palavras-chave, quando já não basta a ação dos governos. São necessárias novas formas de cidadania: "Os cidadãos e as cidadãs terão de tornar-se muito mais intervenientes em todas as esferas que digam respeito à organização dos seus quotidianos e terão de aprender a saber organizar estrategicamente o seu protagonismo nas sociedades a que pertencem".[24]

E qual o lugar para a utopia cristã? Manuela Silva faz, ao longo do livro, várias aproximações ao que poderá ser um sentido para a vida. Desde logo considera que se exige dos cristãos uma postura de serviço, uma ética de responsabilidade e de cuidado pelo todo, um ministério assumido de reavivar a esperança com um empenhamento pessoal e eclesial "na construção de um mundo em que seja bom viver".[25]

As bem-aventuranças aparecem como elemento integrante dessa utopia cristã, como uma opção de vida e um risco, já que podem ser lidas não apenas como uma chave de leitura para uma melhor compreensão do reino de Deus, mas simultaneamente, um guia para a felicidade. Há que procurar os sinais que nos permitem identificar a atualidade do discurso evangélico na experiência das nossas vidas de mulheres e homens do século XXI.

---

[23] *Ibidem*, p.11.

[24] *Ibidem*, pp.22-23.

[25] *Ibidem*, p.34.

No quadro de um capitalismo generalizado[26], é necessário um olhar crítico da parte dos cristãos, desde logo da dominante financeira do sistema, das desigualdades crescentes e em níveis perigosos para a estabilidade social, dos riscos de exclusão social massiva nos países mais desenvolvidos, da asfixia das potencialidades de um desenvolvimento humano nos países de economia atrasada, bem como o desequilíbrio ecológico.

Com vista a um projeto coletivo que lhes responda, há que substituir a cultura do ter por uma cultura do ser, ser solidário e viver esta solidariedade no quotidiano, assegurar a igualdade de género e partenariado entre mulheres e homens. Dois exemplos de mudanças estruturais a promover serão mudar o quadro institucional das empresas pondo em causa o poder excessivo detido pelos proprietários do grande capital e ousar cria nichos de uma racionalidade económica ao serviço do humano. A fé cristã está confrontada com o desafio de viver humanamente no quadro de um capitalismo generalizado.

Torna-se necessária uma nova forma de viver, que Manuela Silva resume em três esses: simplicidade, sobriedade e solidariedade.[27]

Para um compromisso pascal na busca de comunhão e de fraternidade e de combate à exclusão, há que analisar as diferentes exclusões sociais na sociedade contemporânea, percebendo os mecanismos que a geram, por exemplo, como o sistema económico vigente, o ordenamento do espaço urbano, a publicidade e o consumismo, a escola quando não ataca com eficácia o insucesso escolar e o abandono precoce, que podem contribuir para gerar situações de exclusão. O compromisso com um mundo mais inclusivo exige também perce-

---

[26] Manuela Silva considera que estamos face a um capitalismo generalizado, constatando: "Há mais de uma década que o nosso mundo deixou de ser um local de confronto entre dois sistemas económicos concorrentes: o socialismo, de um lado, e o capitalismo, de outro. O primeiro ruiu com a queda do Muro de Berlim em 1989; o segundo estende-se rapidamente e por múltiplas vias às diferentes economias do planeta, incluindo aquelas que pertencem a estados cuja ideologia política é contrária ao próprio capitalismo" (*Ibidem*, p. 49).

[27] *Ibidem*, pp.71-82.

ber quais são os grupos mais vulneráveis à exclusão e colocarmo-nos ao serviço de uma sociedade onde não caiba a exclusão.

Torna-se necessário repensar a caridade cristã, a linguagem, as práticas, ao encontro dos desafios do mundo atual, acolhendo os sinais do tempo presentes na cultura e nas práticas de solidariedade contemporâneas.

A necessidade de não esquecer a dimensão social do Jubileu 2000, sob pena de não cumprir todo o seu sentido, foi bem traduzida numa reflexão, registada neste livro, em que se identificam gestos concretos de conversão do coração em tempo jubilar: o perdão da dívida dos países em desenvolvimento, a partilha de trabalho, a reconciliação com a natureza, o acolhimento dos estrangeiros, a construção da paz. Para além do Jubileu, a preocupação da autora era o fomento de uma cultura de solidariedade e de corresponsabilidade.

Alguns dos textos assumem uma dimensão muito prática. É o caso do que analisa os desafios à construção da Igreja em Portugal.

Manuela Silva privilegiou três desafios ligados à construção da Igreja do futuro, na sua tríplice dimensão de comunhão, serviço e anúncio do Evangelho: a superação das desigualdades e da exclusão social através de um desenvolvimento humano sustentável; o reconhecimento da igualdade de género e da maior participação das mulheres na sociedade; a elaboração, difusão e aprendizagem de uma cultura e de uma práxis democráticas. Ao fazê-lo não deixou de referir a problemática do que poderemos designar por era pós-cristã, deixando pistas para novos e desafiantes debates acerca da ação pastoral, mas sempre animada pela esperança da ação de Cristo na história.

Manuela Silva foi uma feminista na sociedade e na Igreja. A forma discreta como agia faz com que não exista ainda o devido reconhecimento desta dimensão da sua intervenção.[28]

---

[28] Recordemos o seu ensaio pioneiro contra a desigualdade salarial das mulheres, *O emprego das mulheres em Portugal: a "mão invisível" na discriminação sexual no emprego* (1983). Entre outros, são de referir com a chancela da CIG (Comissão para a Cidadania e a Igualdade Género) *A Igualdade de género, Caminhos e atalhos para uma sociedade inclusiva* (1999) e *As Portuguesas e a União Europeia- Prospectiva Para a Ação* (1995), em parceria com Heloísa Perista.

O seu texto "Para uma Igreja mais laical e feminina"[29] parte da análise da situação eclesial, refere os diferentes modelos teológicos que se foram sucedendo e as suas implicações na construção de uma Igreja mais laical. Aborda, de seguida, os caminhos de mudança para uma Igreja mais laica e feminina, e conclui com sugestões para ativar a mudança do paradigma eclesial vigente no sentido de uma Igreja mais laical e feminina.

Na mesma linha deve ler-se um texto de uma grande clareza e lucidez, "Diaconia no feminino".[30]

Partindo de uma leitura do papel de Marta e de Maria na narrativa lucana, analisa a diaconia feminina na Igreja primitiva, bem como a presença das mulheres ao serviço da Igreja hoje.

Como bem refere, "(...) a esta presença massiva e diversificada das mulheres no serviço eclesial não corresponde uma equivalente presença nas estruturas de governo e de poder na Igreja e, indiretamente, não se observa uma adequada visibilidade feminina na imagem para o exterior que a Igreja dá de si mesma."[31]

Termina com um olhar prospetivo:" (..) cabe às comunidades cristãs desenvolver um olhar profético acerca das novas necessidades de acolhimento, de formação, de entreajuda, concebendo, organizando e assegurando serviços apropriados em resposta à dinâmica do Espírito".[32]

A necessidade da consciência de que temos uma missão a cumprir implica uma exigência de conversão pessoal, que tem uma dimensão social. A evangelização exige uma prévia conversão pessoal.

Hoje a evangelização tem vários espaços e a Europa é um desses espaços. Antes de analisarmos os desafios à evangelização na Europa,

---

[29] *Utopia Cristã e Aventura Humana...*, pp.145-162.

[30] *Ibidem*, pp.175-190.

[31] *Ibidem*, p.184. Manuela Silva refere justamente numa anotação o trabalho pioneiro do Centro de Reflexão Cristã nesta temática, promovendo iniciativas várias de que dão conta, entre outras, as seguintes publicações: «Mulheres na Igreja. Que perspetivas», *Cadernos de Reflexão Cristã*, n.º 7 (outubro 1988); «Mulheres na Igreja», *Reflexão Cristã*, n.º 66/67 (outubro-dezembro, 1989); «Mulheres na Igreja: que lugar? Que missão?», *Reflexão Cristã*, n.º especial (1995), (*Ibidem*, nota 38, p.186).

[32] *Ibidem*, p.188.

temos de refletir sobre a essência da evangelização. A evangelização na Europa é um desafio para a Igreja, para que esta se apresente "ao mundo serva e pobre, profética e dialogante, uma Igreja sensível às alegrias e angústias da humanidade, mas sempre portadora de Esperança, uma Igreja que se compromete com gestos coerentes com o anúncio do reino e que conferem à Palavra a força da autenticidade". [33]

Educar para os valores: desafios e propostas, assim intitulou uma reflexão com professores. Após assumir que falava a partir de uma cultura pós-moderna, numa perspetiva eurocêntrica, e de ter analisado como a modernidade afirmou o direito e a ciência em detrimento das religiões, bem como a multiplicidade dos impactos das diferentes fontes de valores, sublinhando a relevância dos media, de uma cultura de "tudo já" e da ausência de uma âncora para um projeto de vida com sentido, Manuela Silva enumera os valores que fazem falta para uma vida pessoal com sentido.

Considera como valores que fazem falta: a consciência de si e a descoberta de um "eu-profundo", a primazia do ser sobre o ter, a liberdade na corresponsabilidade pelo todo, o amor como princípio unificador da existência e sentido para a vida.

Colocando-se na perspetiva de uma civilização do futuro mais humana e solidária, considera como valores que fazem falta: a afirmação da dignidade do ser humano, mulher e homem; a justiça nas relações sociais e na partilha de bens; a solidariedade para além das fronteiras do pequeno grupo (para uma mundialização da solidariedade); a igualdade de género e a complementaridade entre mulheres e homens; o cuidado com o todo, pela salvaguarda do equilíbrio ecológico, a tolerância e o compromisso ativo na construção de uma paz justa e duradoura.

Educar para os valores não é transmitir um conjunto de princípios éticos, é educar para o discernimento, à luz da razão e da fé.

Encerra o livro com um apelo à missão, intitulado «Os Leigos e os desafios da missão no começo do III Milénio». Em tempo de

[33] *Ibidem*, p.202.

mudança, ousar fazer-se ao largo, refletindo sobre o que significa fazer-se ao largo, vivendo com paixão o presente, abrindo-se com confiança ao futuro.

Manuela Silva enumera os desafios que considera mais relevantes no começo do novo milénio. Não por acaso inclui, "um particular empenho na salvaguarda do Planeta Terra, em todas as suas vertentes, vida biológica, vida humana e vida espiritual". Termina considerando a necessidade de uma nova consciência da missão entre os leigos e os desafios específicos da missão *ad gentes*, concluindo que os outros vivem hoje também no meio de nós e que são necessárias vocações missionárias específicas que vão junto desses grupos humanos.

O lugar e a voz das mulheres na Igreja

O lugar das mulheres na sociedade e na Igreja foi sempre, como já referimos, um combate exigente para Manuela Silva, figura incontornável na luta pelos direitos das mulheres. Também dentro da Igreja, Manuela Silva nunca se resignou ao facto de a palavra das mulheres ser subestimada, reprimida ou mesmo ocultada. Na luta pela visibilidade das mulheres na Igreja, o primeiro marco foi o trabalho desenvolvido pelo Centro de Reflexão Cristã entre 1982 e 1995, como refere na apresentação do livro *Dizer Deus – Imagens e Linguagens, os textos da fé na leitura das mulheres.*[34] Este livro pioneiro, coordenado por Manuela Silva, dá a voz a mulheres, e apenas a mulheres, com diferentes sensibilidades e distintas perspetivas hermenêuticas, para falarem de Deus e da sua relação com o transcendente. Manuela Silva contribui com um texto intitulado «Dizer Deus, Hoje: contributos da reflexão teológica feminista».[35]

Nele reflete em torno das dificuldades do "dizer Deus", sobre o superar do incómodo da exclusão na reflexão teológica feminista, as metáforas de Deus na mundividência das mulheres, a visão femi-

[34] *Dizer Deus – Imagens e Linguagens, os textos da fé na leitura das mulheres*, Lisboa, Gótica, 2003.

[35] *Ibidem*, pp.43-66.

nista de Deus e a *praxis* política. Nessa linha, considera que "[o] dizer Deus das mulheres abre os diques das estruturas sociais fortemente hierarquizadas, centralizadas e elitistas e prepara vias para novas formas de participação social abertas à cidadania participativa e à inclusividade por que aspiram as cidadãs e os cidadãos que não se reveem no modelo de globalização assente no capitalismo financeiro neoliberal reinante".[36]

Passados três anos, coordena, com Fernanda Henriques, um novo livro intitulado *Teologia e Género, Perspetivas, ruídos, novas construções,*[37] associando desta vez alguns homens nesta empresa de desocultação da perspetiva de género na reflexão teológica.

Na apresentação dos textos nele reunidos, que assina com Fernanda Henriques, apesar de reconhecer que alguns passos já foram dados no sentido de uma maior participação das mulheres como sujeitos da produção da reflexão teológica, Manuela Silva considera que é ainda muito pobre o património acumulado que cruza as aquisições da teologia com os avanços na perspetiva da igualdade género, o que conduz a "um empobrecimento efetivo no entendimento da fé, na leitura hermenêutica da Revelação, nos fundamentos da espiritualidade ou da ética, em toda a Igreja em Portugal, com reflexos indiretos na própria sociedade portuguesa".[38] Este livro nasceu da vontade de incentivar a reflexão teológica de algumas mulheres e dar visibilidade a esse seu labor, como afirmaram na apresentação.

Espiritualidade e Cidadania

Os seus últimos três livros, *Ouvi do Vento* (2009); *No Jardim do Peixe* (2014); *Resiliência, Criatividade e Beleza* (2018) em que reúne textos mais curtos, previamente publicados no sítio da Fundação Betânia e

---

[36] *Ibidem*, p.64.

[37] *Teologia e Género, Perspetivas, ruídos, novas construções*, Coimbra, Ariadne Editora, 2006.

[38] *Ibidem*, p.18.

no blogue Ouvido do Vento, são obras de profunda espiritualidade e beleza literária.

No primeiro, *Ouvi do Vento*, Manuela Silva reúne pequenos escritos, publicados de junho de 2003 a junho de 2009, no sítio da Fundação Betânia.

Em jeito de apresentação deste livro Manuela Silva afirmou: "Betânia quer ser um convite ao repouso e ao recentramento no essencial, para que seja possível espreitar novos horizontes e decantar as perguntas que sempre assomam a nossa existência."[39] Partindo, muitas vezes, de situações e acontecimentos concretos, pretendem convidar-nos à mudança.

Apresentada a chave de leitura, para Manuela Silva "cabe ao leitor/a tarefa principal da decifração e projeção, sem a qual um texto é apenas proposta sem rosto ou letra morta."[40]

As suas palavras pretendem levar-nos a fazer coisas, são animadas pela sabedoria do coração que se exercita "em práticas inovadoras, capazes de relançar horizontes de futuro para uma humanidade mais humana, mais solidária e também por isso mais feliz".[41]

Isabel Allegro de Magalhães, num texto belíssimo intitulado «Aprendizagem do ouvido...», refere justamente que "(...) este movimento do texto é de natureza profética, ao denunciar o que há e ao anunciar o possível, através da decifração que o Vento vem e que nos transporta para além do imediato confinado, na procura de esse Sentido maior que habita a realidade, mas que a transcende. Isto é repetidamente acentuado".[42]

As temáticas dos escritos são "ao gosto de Betânia (vida simples, escuta e contemplação, o cuidado das relações com os outros, como lugar para a beleza; o compromisso responsável com a transformação do mundo (...)",[43] como escreve Manuela Silva.

---

[39] *Ouvi do Vento*, Pedra Angular,2009, p.13.

[40] *Ibidem*, p.14.

[41] *Ibidem*, p.18.

[42] In https://www.snpcultura.org/vol_ouvi_do_vento.html

[43] *Ouvi do tempo*, p.142.

A transformação do mundo está presente nestes escritos, mas a partir de recentramento no essencial, designadamente, viver é dar-se,[44] ir além de uma "felicidade paradoxal" (Gilles Lipovetsky)[45], aprender o valor de uma vida simples[46] ou a busca do silêncio,[47] um modo de vida justo.[48]

É necessário, como sugere, citando D. Helder Câmara, "começar por colocar o ouvido no chão para escutar a realidade" [49] e aprender a ler "os sinais dos tempos".[50]

Nada disto nos pode remeter para a passividade, mas conduz-nos à ação, a aprender a saber dizer não, que é um caminho de sabedoria pessoal e de construção social.[51]

Precisamos de pessoas "cuja presença é, por si mesma, um feixe de luz que irradia, tanto para os lugares onde habitam como para as pessoas à sua volta (...). O nosso mundo precisa de vidas luminosas que brilhem nos locais de trabalho, nas escolas, nas instituições, nos serviços públicos, nos média, nas instâncias de decisão política ou, simplesmente, nos olhares que se cruzam nas ruas das nossas cidades e aldeias."[52]

A intervenção política está presente como uma das dimensões da nossa existência [53]

Manuela Silva afirma que é necessária a construção "de uma ordem económica mundial onde prevaleça a justiça nas relações comerciais, a transparência dos sistemas financeiros mundiais, a justa coesão social e a solidariedade entre todos os povos que habitam o Planeta, incluindo o respeito pelo ambiente ecológico. Não serão só os governos (...) que só por si desempenharão um papel de tal complexidade

[44] *Ibidem*, pp.24-25.

[45] *Ibidem*, pp.138-139.

[46] *Ibidem*, p.143.

[47] *Ibidem*, pp.146-148.

[48] *Ibidem*, pp.173-174.

[49] *Ibidem*, p.174.

[50] *Ibidem*, pp.187-188.

[51] *Ibidem*, pp.175-177.

[52] *Ibidem*, pp.192-193.

[53] *Ibidem*, pp. 25, 40, 86 e 91.

e alcance: há que apelar, cada vez mais, à participação da sociedade civil e ao aprofundamento e reforço dos valores humanos comuns".[54]

O segundo dos livros de Manuela Silva que reúne textos publicados no sítio da Fundação Betânia e no blogue Ouvido do Vento poderá ser classificado, como refere Joaquim Cerqueira Gonçalves OFM no prefácio, por uns, como um texto de espiritualidade, ou por outros, de reflexão de ética.[55]

É um texto de espiritualidade e uma reflexão de ética comprometida em desassossegar-nos relativamente a tudo o que estraga as vidas e nos mobiliza para agir.

Pretende "ir além de uma ética de mínimos e ter a ousadia e o profetismo e apontar metas de uma ética de máximos, uma *ética agápica*, que encontra suporte no projeto evangélico, onde conste a gratuidade, a partilha generosa, o amor, a beleza, a comunhão".[56]

Esta espiritualidade tem os pés no chão, o agir assenta num olhar lúcido e na convicção da necessidade de passar de um "eu egoísta" para um "nós plural".

Nas palavras de Manuela Silva: "(...) é cada vez maior a convicção de que estamos vivendo uma crise sistémica, de contornos múltiplos e interligados, uma crise económica sem dúvida, mas também crise social, cultural e política e que, por isso, só um novo paradigma de desenvolvimento poderá abrir caminho para um outro patamar civilizacional".[57]

A preocupação pelo sofrimento do outro, a procura da felicidade e da vida boa são motivações para o agir: "Quantas opções geoestratégicas, quantas políticas macroeconómicas, quantas reformas de gestão empresarial e de organização de trabalho (...) – interroga Manuela Silva – vêm acrescentando sofrimento aos mais vulneráveis, aos pobres, aos imigrantes, aos desempregados, aos idosos, aos dependentes de serviços públicos de proteção social (...)".[58]

---

[54] *Ibidem*, p. 132.

[55] *No Jardim do Peixe*, Fundação Betânia, 2014, p.7.

[56] *Ibidem*, pp.102-103.

[57] *Ibidem*, p.23.

[58] *Ibidem*, p.31.

A propósito da crise dirá ainda: "Colocar a felicidade e o seu corolário de vida boa, no centro das nossas agendas pessoais e políticas, contribuirá para enfrentar a presente crise, de forma mais sadia não confinando o debate em torno de pacotes de mero equilíbrio financeiro e permitirá encontrar razões de viver e novos estilos de vida mais gratificantes e sustentáveis".[59]

É preciso um novo olhar sistémico, à luz do qual "reapreciaremos a cultura, a religião, a economia, a organização sociopolítica".[60]

A necessidade de uma ética de humanização e de convivialidade, para Manuela Silva, fazendo suas as palavras de Pedro Casaldáglia, Bispo de São Félix de Araguaia, "pede-nos hoje, sobretudo, um testemunho coerente, uma proximidade samaritana, uma presença profética".[61]

A erradicação da pobreza, por exemplo, constitui "um desafio cívico, mas também uma exigência espiritual".[62]

Somos chamados a mais do que a uma participação cívica, a ser *uma pequenina luz bruxuleante* "em sua casa, no seu meio de trabalho, na sua cidade ou aldeia, junto dos amigos ou dos concidadãos de partido político, na escola, nos centros de saúde ou nos transportes públicos, nas suas redes sociais ou na comunicação social [que] assume, transfigura e recria, tudo quanto está ao seu alcance".[63]

No seu último livro, *Resiliência, Criatividade, Beleza*,[64] Manuela Silva publica um escrito que exprime a abordagem à realidade nessa altura e confirma o que já escrevemos sobre a sua atitude perante o mundo contemporâneo. Intitulado "Profetas que nos ensinem a pensar e a agir bem", o texto começa com uma citação de Luigino Bruni: "Enquanto, numa comunidade pervertida, houver um profeta que fala, ainda há uma possibilidade de futuro."[65]

---

[59] *Ibidem*, p.53.

[60] *Ibidem*, p.136.

[61] *Ibidem*, p.105.

[62] *Ibidem*, p.88.

[63] *Ibidem*, p.134.

[64] *Resiliência, Criatividade, Beleza*, Abrigada, Editora Cidade Nova, 2018.

[65] *Ibidem*, p.30.

Seguindo muito de perto Luigino Bruni, um economista muito identificado com os Focolares, Manuela Siva assume um registo de profeta e tem uma atitude crítica face ao que qualifica como ideologia. Nas suas palavras: "(...) precisamos de profetas que nos ajudem a olhar a realidade a partir do lugar das vítimas, os mais pobres e marginalizados, e a desenvolver sentimentos de justiça de solidariedade e compaixão que superem as falsas racionalidades de certa cultura dominante. Acrescenta, por último, que carecemos de profetas que nos mostrem que, em tempos de crise, a ideologia é usada pelos poderosos para fazer passar ideias, sentimentos, ilusões coletivas, que sejam favoráveis à salvaguarda dos seus interesses de classe dominante".[66] Prossegue com uma citação de Luigino Bruni de crítica às ideologias em geral que, segundo afirma, "têm em comum a criação artificial de uma realidade paralela que é apresentada como perfeita e que, progressivamente, faz perder o contacto com a realidade imperfeita e verdadeira".[67]

Coerentemente este escrito não termina com um apelo à intervenção cívica ou política, mas a depositar a sua esperança em "(...) criar espaços de relação e de comunidade que sejam propícios ao pensar bem, ao fortalecimento e purificação da vontade para bem discernir e à perseverança no agir em espírito e verdade".[68]

Aliás, na apresentação do livro, Manuela Silva analisa criticamente muitos aspetos do mundo contemporâneo procurando "contrapor, aos vendavais do século, uma 'estranha ventania', sopro suave, ligeira brisa, que comove entranhas e suscita engenhosas e criativas soluções para atravessar em santidade, cada um por seu caminho. Para tanto, convoco a Palavra, nas palavras de profetas, de sábios e de santos, linhas de transporte do sopro Criador em permanência até aos nossos dias. Convido, à resiliência, à criatividade e à beleza (...)".[69]

---

[66] *Ibidem*, p.32.

[67] *Ibidem*, p.33.

[68] *Ibidem*, p.34.

[69] *Ibidem*, p.2.

Fernanda Henriques ensaia, no prefácio deste livro, uma leitura dos textos do livro, indo para além do que dizem os próprios textos, e tendo em conta outras publicações e outros trabalhos e ações. Considera assim que eles podem ser lidos como um guia para viver uma espiritualidade comprometida, sobretudo para os cristãos, e, igualmente, um guia de cidadania na medida em que aponta para a construção de uma sociedade melhor e mais justa. Essa cidadania assenta nas suas palavras "no dever participar na vida coletiva quer em termos de denunciar o que não está bem, quer colaborando na construção de soluções".[70]

Manuela Silva, nos textos que publica neste seu último livro, privilegia uma intervenção não diretamente política, antes uma forma de participação que "procura ser faúlha que pegue fogo a outras consciências e obrigue os detentores do poder político a dele usar para que a vida rompa onde a morte vive".[71]

Um certo desencanto face aos limites da política não a tornou menos lúcida na análise dos sinais dos tempos: as mudanças tecnológicas profundas, as alterações de estilo de vida, a pobreza no meio da abundância mundial, o perigoso e crescente grau de concentração do rendimento e da riqueza (tanto no interior de cada país, como à escala mundial, como está bem documentado no livro de Piketty, *Le Capital au XXI éme siècle*[72], que cita), dos refugiados e movimentos migratórios, das alterações climáticas, da crise ecológica de âmbito mundial, das brechas nos direitos humanos e no sentido de vida.

Muito significativa do seu desencanto perante o desenrolar do processo histórico é o seu texto "Melhorar o Mundo: Uma Missão ainda possível?"[73]. Embora reconhecendo que as esperanças e expetativas colocadas nos anos 50, 60 e 70, pelos cristãos que militavam nos Movimentos da Ação Católica e pelos seus contemporâneos não--crentes na construção de um mundo melhor, não foram inteiramente falsas, enumerando muito do que de positivo foi alcançado, sublinha

[70] *Ibidem*, p.8.

[71] *Ibidem*, pp.142-143.

[72] *Ibidem*, p.162.

[73] *Ibidem*, pp.149-151.

os novos desafios e as cores sombrias quanto ao futuro. Afirma, por exemplo: "A democracia consolidou-se e com ela o reconhecimento do direito à liberdade, à cidadania, à participação e dos direitos humanos universais."[74] Não conclui, contudo, por um qualquer apelo à participação política, mas sim, num registo mais espiritualista: "Escutar a Palavra com que Deus aponta no caminho da salvação, através de todos os tempos? Abrir o coração ao Outro e acolhê-lo como dom?".[75]

Valorizando, e muito bem, a compaixão e a inteligência amorosa, Manuela Silva faz suas as palavras da filósofa Júlia Kristeva, que passo a citar: "nenhuma ação política poderá substituir-se ao humanismo – ele próprio em sofrimento – se não dispuser de meios para reinventar 'esta inteligência amorosa' saída e inseparável da compaixão do Homem de dor, e que se confunde com o próprio divino. É esse o desafio da era planetária".[76]

A encíclica *Laudato Si, Sobre o Cuidado da Casa Comum,* do Papa Francisco, impeliu-a para o seu último grande combate por uma ecologia integral. São numerosas neste seu último livro as referências a esta encíclica; é igualmente conhecido o seu papel na sua última grande criação, a Rede Cuidar da Casa Comum, iniciativa de um conjunto de instituições, organizações, obras, movimentos da Igreja católica e de outras igrejas cristãs, bem como de pessoas a título individual, com o objetivo, nomeadamente, de aprofundar e difundir a encíclica *Laudato Si, Sobre o Cuidado da Casa Comum,* de acompanhar as questões ecológicas de âmbito nacional e mundial, promover uma efetiva conversão ecológica e sugerir caminhos de atuação concreta com vista a uma ecologia integral.[77]

Manuela Silva não se limitou neste último período da sua vida, que foi marcado pela doença, à meditação, à reflexão e à oração. Estas estiveram sempre ligadas, como ao longo de toda a sua vida a uma intervenção transformadora procurando melhorar a vida e o mundo. A sua atitude profética nunca esteve dissociada da participação cidadã, incluindo de intervenção política.

---

[74] *Ibidem,* p.149.

[75] *Ibidem,* p.151.

[76] *Ibidem,* p.171.

[77] https://casacomum.pt/a-rede/

Aprender com Manuela Silva

Margarida Chagas Lopes

Primeira Lição – A Senhora

Apreensão, era o que sentia naquela tarde de Janeiro de 2014, já lá vão tantos anos. Era a primeira vez que ia a sua casa, tinha-me convidado para um chá a pretexto de um desafio que disse querer fazer-me... e nunca a Columbano me tinha parecido tão comprida como naquele dia.

Ela mesma veio abrir a porta e dispor o tabuleiro com o chá e os biscoitos. Agradeceu, espantada, o antúrio que lhe levava e que colocou na jarra com água. Depois, arrumou a mesa onde nos sentámos a trabalhar. À sua frente, um bloco de rascunho e uma esferográfica, era tudo de que precisava. O portátil, do qual me tinha munido, não cheguei a tirá-lo da pasta. E começámos ali mesmo a "partir pedra", sem mais, num ambiente que era ao mesmo tempo simples e de uma enorme serenidade. A luz da rua, velada pelas cortinas, entrava em tons de cinza-azulada, em toda a casa havia um silêncio calmo e eu começava pouco a pouco a compenetrar-me de que estava mesmo ali. Aquela Senhora, figura pública de referência, professora emérita já antes de qualquer título, chamada à política como precursora em domínios fundamentais, humanista de dimensão enorme, coordenadora de variados grupos de reflexão e intervenção, cidadã exemplar... aquela Senhora recebia assim.

E sempre assim foi, anfitriã em sua casa ou em qualquer dos muitos encontros que promoveu e coordenou, nos órgãos de aconselhamento a que pertencia, nos meios de comunicação onde aparecia regularmente, nos encontros de amigos em que me deu a honra de participar, no lançamento dos seus numerosos livros e outros trabalhos: sempre se destacou, desde logo, pela grandeza da simplicidade.

Deu-me o privilégio de a acompanhar em várias reuniões que teve com outras figuras de referência, presidentes de fundações, reitores, membros do governo, presidentes de conselhos nacionais, deputados da República. Era, então, a intelectual exigente, conhecedora profunda dos aspectos a abordar, ciente da sua autoridade para propor ou exigir, oferecendo em cada caso a generosidade do muito saber que detinha e constituía à sua volta, inquirindo, de toda a vez que a sua condição de cidadã lho impunha ... com a mesma simplicidade com que dispensava o carro de serviço que no momento punham à sua disposição ou o lugar de destaque na assembleia em que de direito participava.

Esta, pois, a primeira e a maior das lições que aprendi com Manuela Silva: a da simplicidade dos grandes!

A dinamizadora social – Segunda Lição

Falava eu, atrás, no desafio que Manuela Silva me tinha querido propor...

Por essa altura já eu pertencia ao GES – Grupo Economia e Sociedade – por ela fundado e coordenado, e começava a pensar a sério em pedir a aposentação no ISEG. Não tinha ainda o tempo de serviço completo, mas várias razões me faziam inclinar para aquela decisão: a saúde deteriorava-se com as aulas, as regras de cálculo das pensões de reforma estavam em progressiva revisão em baixa e eu, que pertencia ao grupo dos que tinham, décadas antes, optado pelo ensino "por paixão", é o termo consagrado, começava a não suportar a decepção profunda que a profissão me trazia agora, fruto daquilo em que se tinha transformado. Contas de outro rosário que não vêm agora ao caso.

O certo é que, mesmo podendo continuar em investigação no centro a que pertencia e ainda pertenço, o SOCIUS, eu sabia que precisava de mais outro tipo de estímulos e não arriscaria deixar o ensino se estes não me aparecessem... Não creio que tenha chegado a falar sobre isto com Manuela Silva, não a incomodaria com as minhas minudências. Mas, mesmo sem isso, ter-se-á apercebido:

– "Oh Margarida, não percebo o que se passa que quase não se ouve falar em Educação! E sei bem os problemas que há, os amigos vêm a todo o momento falar-me nisso. É altura de fazermos mudar isto. Quero lançar um grande projecto de reflexão nacional sobre Educação e é consigo que conto para me ajudar a animá-lo."

Felizmente eu estava sentada. O ambiente era sereno e tranquilo como descrevi, penso que terei pedido uma segunda chávena de chá e ... respirei fundo.

– "Dos seus conhecimentos da Economia da Educação e das Políticas Públicas de Educação, quem poderemos chamar para isto?" Continuava... "Estamos em princípio de Janeiro, que me diz de até ao fim do mês, digamos Fevereiro no máximo, termos gente contactada, com garantia de participação, capaz de reflectir sobre os principais problemas dos diferentes graus e áreas de ensino? Conceberemos entre as duas um guião, uma ou duas semanas chegam para isso, iremos ambas pensando em nomes para constituirmos uma pequena equipa, além de nomes a convidar como especialistas, propriamente ditos. Bom, ficamos assim. Para qualquer dúvida trocaremos emails". E foi tudo, naquela tarde.

Pelo caminho de regresso, misturava na cabeça nomes de possíveis contactos com as linhas gerais de um esquema a propor. Ao mesmo tempo, tentava arredar a enorme inquietação em que tinha ficado, a dúvida, que me atrevo a confessar, se Manuela Silva se teria bem dado conta da empreitada em que se e me estava a envolver e, sobretudo, do que a teria levado a depositar em mim tamanha dose de confiança... Que dia, que dias de tormento! E de tão grande orgulho, ao mesmo tempo. É claro que não podia decepcioná-la, iria trabalhar como nunca, contactar com conhecidos e através deles chegar a outros perfis adequados. E, desde logo, pensaria no esboço do guião dos tópicos fundamentais, a enviar antes da próxima reunião. Esta seria a prova dos nove... o primeiro *output* que lhe apresentaria tinha que ser preparado com tudo o que o meu conhecimento e dedicação, explorados ao máximo, pudessem permitir. Toca ao trabalho.

Aspectos teóricos, casos práticos, experiências de outros países, relatórios internacionais, pareceres e opiniões de órgãos de aconselhamento, de comissões parlamentares, de críticas de associações de professores e pais, da opinião pública... Durante uma semana e pouco – tinha conseguido que a reunião seguinte fosse só daí a duas semanas – constituíram o foco de toda a minha concentração e apreciação crítica. E redigi um esboço de tópicos de abordagem, minimamente estruturado e articulado em programa de actividades. Começara, entretanto, a desenvolver alguns contactos com os meus interlocutores mais próximos, colegas das universidades, de centros de investigação com linhas dedicadas aos aspectos educativos, co-orientadores de doutoramentos em certos casos, alguns técnicos dos Ministérios da Educação e do Ensino Superior...

Depositava Manuela Silva grande expectativa nos meus conhecimentos e contactos. E é certo que a maioria deles eram as pessoas chave face a cada problema concreto. Mas, assoberbados com o trabalho que cada vez mais vem cabendo a professores e investigadores, nem sempre as suas respostas, quando convidados, eram as mais interessantes:

– "Que trabalho é que vamos ter que fazer? Se for participar em seminários ou mesas-redondas, sem comunicação, tudo bem. Agora, se é suposto termos de entregar relatórios em prazos determinados e coordenar as respectivas equipas... custa-me muito dizer que não, mas não estou a ver que consiga." E eu, desanimada, não tinha como levar outra resposta ...

Entretanto, Manuela Silva tinha dirigido convites aos membros do que viria a ser a Comissão Executiva do projecto: Belmiro Cabrito, Eduarda Ribeiro, Graça Leão Fernandes, Maria do Rosário Carneiro e eu própria, que viemos a dar corpo e seguimento aos trabalhos a desencadear daí em diante.

A nossa segunda reunião consistia, então, em confrontarmos os esboços que ambas tínhamos concebido para programa de trabalhos. De novo em sua casa, o coração caiu-me aos pés quando sobre a mesa reconheci o texto que tinha redigido e enviado com antecedência: era todo ele uma anotação pegada, sublinhados e rasuras, notas de chamadas de atenção...e eu a pensar que, com toda a certeza, a tal prova dos nove em que tanto me empenhara tinha sido, então, considerada um desastre completo. "Tenta acalmar-te e reagir com a maior dignidade, é só o que podes fazer", pensava para mim mesma. Começa a reunião e... os elogios. Que muito bem, tinha superado as suas expectativas, estava ali um excelente ponto de partida, alguns daqueles aspectos não lhe teriam ocorrido e que já tinha tomado a liberdade de o partilhar com os membros da futura Comissão Executiva. Estaria eu a ouvir bem?! Em seguida, os pormenores de correcção, um a um, com indicação de emendar e não apenas como sugestão. E assim foi sempre.

Chega-se à questão dos contactos e relação das infelizes respostas... Mas não, de maneira nenhuma era razão para se ficar parado, apenas haveria que insistir sendo que eram esses os contactos de referência. "Agora já sabem do que se trata e o que queremos. Pois vou eu mesma fazer as insistências! Têm que perceber que a sua responsabilidade passa também pela intervenção no debate público, é um exercício de cidadania".

E se assim o disse, melhor o fez. A 27 de Fevereiro de 2014, cerca de mês e meio depois da nossa primeira reunião, a Comissão Executiva de "Pensar a Educação – Portugal 2015" reuniu pela primeira vez, definiu seis das grandes sete áreas temáticas que o projecto viria a integrar e atribuiu cada uma delas aos especialistas já devidamente convencidos, encarregues por sua vez de constituir as suas equipas de trabalho.

Uma segunda grande lição ficava eu a aprender: as pessoas superiores, pelo rigor do conhecimento que detêm e pelo exemplo de vida que transmitem não conhecem, nem admitem, impossíveis.

A coordenadora de investigação – Terceira Lição

A fase seguinte do "Pensar a Educação. Portugal 2015" consistiu num trabalho extremamente dedicado de todos os intervenientes no projecto. A cada uma das sete equipas temáticas foi solicitado um primeiro relatório, depois apreciado pela Comissão Executiva e, em seguida, discutido entre esta e os autores – coordenadores e equipas de trabalho. Entre estes encontravam-se professores catedráticos jubilados, ex-administradores universitários, antigos deputados, membros de comissões de aconselhamento e anteriores membros do Conselho Nacional de Educação, professores e investigadores com créditos firmados. E a todos eles foram pedidas correcções dos respectivos relatórios, uma vez discutidos, fixados prazos para uma segunda apresentação, feitas insistências para que se conformassem às datas marcadas. E todos esses grupos e personalidades cumpriram o que Manuela Silva, directamente ou por nosso intermédio, lhes tinha atribuído como tarefa. Do mesmo modo que, numa etapa subsequente, aceitaram apresentar e discutir os trabalhos de cada uma das áreas em seminários temáticos abertos a públicos especializados e... a novas críticas e correcções. Estavam lançadas as bases para a realização do desígnio final, a realização de uma Conferência Nacional. Faltava apenas contactar e convidar os oradores principais – um ex-ministro e um ex-secretário de Estado da educação, o reitor da universidade de Lisboa e o ex-reitor da universidade do Algarve, que prepararam intervenções escritas. A Conferência Pensar a Educação. Portugal 2015, realizou-se por fim, vindo a encher o auditório principal da Fundação Calouste Gulbenkian durante todo o dia 15 de Maio de 2015. Deu ainda lugar à obra colectiva, com o mesmo título, editada por aquela Fundação em 2016[1].

A grande questão que importa aqui colocar é esta: como foi possível? Como se conseguiu que, num prazo relativamente curto face à dimensão do projecto, se tivessem feito convergir vontades, conciliar agendas de trabalho pesadíssimas, articular profissionais de referência e levá-los a constituir equipas, elaborar, expor publi-

[1] Trata-se do livro Manuela Silva (org.) e outros (2016). Pensar a Educação. Portugal 2015. Lisboa: Fundação Calouste Gulbenkian. Nele se integram todos os textos do projecto, por áreas temáticas, as intervenções dos oradores na Conferência e, ainda, a apresentação do projecto e a síntese e conclusões da autoria de Manuela Silva.

camente e rever relatórios de enorme qualidade técnica e razoável dimensão, culminando naquela Conferência e no subsequente livro?

Sim, porque os intervenientes não estavam sujeitos a qualquer tutela profissional ou administrativa, a sua intervenção fez-se em moldes totalmente *pro bono*, a maioria dos participantes estavam assoberbados com trabalho profissional de aulas na universidade, investigação, orientações de dissertações, coordenação de estágios...

Conseguiu-se porque era Manuela Silva a inspiradora e impulsionadora do trabalho, servida por uma Comissão Executiva muito esforçada, é certo.

E daqui podemos retirar, e com isso aprendemos, uma nova lição: não é qualquer um, ou uma neste caso, que está apto a coordenar equipas. Não o conseguirá, ou não o fará bem, de facto, se não se revestir de um conjunto de recursos indispensáveis:

- um carisma fortíssimo, alimentado por um profundo e rigoroso conhecimento técnico, a par de uma ética de cidadania exemplar;
- uma força de vontade férrea, aliada à capacidade de mobilização pelo exemplo, pelo desafio constante, pelo ensinamento exigente e, ao mesmo tempo, generoso;
- o peso de ser e de se saber uma referência incontornável, unanimemente aceite como tal e, por isso mesmo, capaz de mobilizar vontades por vezes difíceis, contactos privilegiados e o interlocutor certo no espaço e momento exactos ...

É obra!

A Professora – Quarta Lição

Entusiasmo! Entusiasmo para dar e vender, era uma das suas características fundamentais. E que sempre manteve, mesmo quando a saúde lhe assistia menos. Entusiasmo contagiante que, muitas vezes, nos perguntávamos onde o iria buscar.

Já era assim quando, em fases anteriores, nos convidava para intervir em sessões que coordenava no então Departamento de Pesquisa Social, hoje CESIS, ou no GES, ainda antes de eu aí ter entrado, em todas as sessões com convidados, nacionais e estrangeiros, que trazia para nos apresentarem e connosco discutirem os seus pontos de vista. Entusiasmo até só quando connosco partilhava leituras que tanto a tinham empolgado, como a encíclica *Laudato Sì*, ou os textos da Economia de Francisco, entre outros escritos e livros. Entusiasmo em tudo que coordenava, desde as reuniões abertas da Fundação Betânia, aos múltiplos e diversificados grupos de estudo e análise, com especial destaque também, ultimamente, para o Cuidar da Casa Comum, tão inspirado no pensamento do actual Papa e, especialmente, no conceito fundador de Ecologia Integral.

Um dos projectos que coordenou no âmbito do GES e em que tive também o privilégio de participar teve a ver com o repensar do ensino da Economia. Era muito sensível à ideia de que há "uma economia que mata", de novo inspirada nas reflexões de Francisco, em que a enorme desigualdade na repartição dos rendimentos e no acesso aos bens públicos e serviços sociais se torna responsável pela fome, pobreza e tantas outras formas de injustiça social deste nosso mundo. Criticava o enviesamento cada vez maior do pensamento económico, a favor das correntes neoliberais, e, com isso, o desvirtuamento da Economia face aos seus objectivos e missão primordiais. Lamentava profundamente que se tivesse perdido a abordagem pluridisciplinar e a multiplicidade de perspectivas e de pontos de vista, entristecia-a a quase total ausência de contextualização histórica e epistemológica, a inexistência de confronto com a realidade. E, talvez antes de tudo o mais, revoltava-a a indiferença a que o ensino da Economia votava aspectos de aprendizagem e reflexão que deveriam servir de eixo a toda a restante aprendizagem, em especial a Ética e a deontologia profissional.

A iniciativa do projecto de passar em revista e análise crítica os programas, bibliografias, metodologia de aulas e regime de avaliação de conhecimentos das disciplinas-chave de cinco das mais representativas licenciaturas em Economia em Portugal, projecto desenvolvido no âmbito do GES, tomou-a a Professora numa fase já bastante crítica da evolução do seu estado de saúde. A decepção que sentiu ao aperceber-se da deriva de vários daqueles programas disciplinares, que também se verificava em estudos pós-graduados como outras equipas de investigação próximas estavam a concluir, só foi amenizada pela informação sobre o aparecimento de correntes críticas inovadoras como, por exemplo, as associadas ao Institute for New Economic Thinking e a movimentos de intervenção crítica como o Rethinking Economics, já com alguma expressão entre estudantes de Economia em Portugal. O que, uma vez mais, a conseguiu ainda entusiasmar.

Tivesse o projecto continuado e a Professora podido acompanhá-lo e, talvez, viesse a encontrar algumas novas razões para optimismo nas inovações entretanto ocorridas na sua escola de sempre, o ISEG, inovações com as quais infelizmente já não lhe foi possível ter contacto.

As muitas lições de Manuela Silva

É muito difícil escrever sobre uma personalidade tão rica e multifacetada. Ainda mais quando a relaçao de amizade não torna possível o aconselhável distanciamento. Também o é porque a enormidade da sua perda física ainda não permitiu por completo fazer o luto e ganhar em objectividade.

A todo o momento, em questões de reflexão e de opção mais difícil, dou comigo a pensar ainda: "Como o faria? O que teria pensado disto? No meu lugar, como teria agido?"

A Professora Manuela Silva foi, e será sempre, uma das maiores referências da minha vida, em praticamente todos os domínios. Atrás, limitei-me a sistematizar as principais lições que dela recebi ao trabalhar na sua proximidade, nos mesmos projectos até. Pobre quinhão este, face à riqueza da sua personalidade, mas de valor para mim incalculável.

Tanto mais poderia ainda acrescentar... o cuidado com as nossas condições de saúde e a dos nossos familiares mais próximos, a felicidade genuína com que nos ouvia, a seu pedido, descrever os pequenos sucessos profissionais e escolares dos nossos filhos e netos, a preocupação com a necessidade de descanso e férias que teríamos de ter, férias que ela mesma nunca tirava...

Por outro lado, como excelente gestora de equipas, era dotada de uma sensibilidade especial para dirimir e, sobretudo, evitar por antecipação conflitos potenciais, dissolvendo-os sem necessidade de os por a nu e evitando quase sempre que se chegasse ao confronto directo.

O profundo conhecimento dos dossiês e das temáticas que propunha e aceitava como linhas de trabalho permitia-lhe, por sua vez, evitar com enorme mestria que o confronto entre alternativas caísse num impasse: ocorria-lhe sempre uma dimensão mais ampla da problemática que podia servir de enquadramento geral das diversas alternativas; ou, então, escalonava sabiamente os temas em investigação, de modo a ir ao encontro dos diversos pontos de vista, reservando para si o trabalho de articulação final dos mesmos, o que fazia de forma notável! Estou convencida que estes procedimentos os colocava, a si própria, como desafios.

A sua exigência como Professora é proverbial. Naturalmente, este é um dos aspectos em que mais com ela se podia aprender, embora tenha tido a preocupação de mostrar neste contributo que estava longe de ser o único. Cultivando o rigor em todos os domínios, ensinava, corrigia, reapreciava e criticava sem piedade sempre que era necessário. Mas com que justiça o fazia, que grau de preocupação colocava na forma de intervir de modo a não humilhar nem rebaixar quem criticava sempre que esse, ou essa, lhe merecia consideração e respeito...

É também da maior justiça que me refira ainda à sua grande tolerância para quem pensava de modo diferente e tivesse optado por formas bem distintas de estar na vida. Isso era especialmente patente no que respeita à atitude perante a religião e, especialmente, face à igreja católica. Estar-se afastado dessas práticas, ser-lhes indiferente ou até crítico, nunca constituiu para ela factor impeditivo de trabalhar com quem assim pensava, desde que um tal interlocutor, ou interlocutora, o assumisse com sinceridade. Pelo contrário, nunca lhe vi qualquer tentativa de proselitismo, embora se mostrasse sempre disponível para esclarecer as dúvidas que sobre esses aspectos lhe poderiam ser colocadas... e eram-no tantas vezes.

Tenho para mim que escrever é um acto de emoção, envolve ou deve envolver sentimentos, estados de espírito, comoção até. E é enorme a comoção com que redijo este contributo. Não consigo deixar de pensar que nunca lhe agradeci o suficiente, eu que tanto lhe devo. Anima-me a certeza de que, lá na dimensão onde estiver, lhe chegará um reflexo ténue do meu estado de alma. Ela sabê-lo-á entender.

Manuela Silva no cruzamento da ética, da estética, da política e da espiritualidade

Maria Luísa Ribeiro Ferreira

Manuela Silva é uma figura marcante da cultura portuguesa. Uso o presente como o tempo verbal que melhor se lhe aplica, pois, a sua vida e a sua obra continuam a marcar-nos nos dias de hoje. Tendo completado o Curso Comercial na Escola Ferreira Borges, realizou os seus estudos preparatórios no Instituto Comercial de Lisboa e ingressou, em 1949, no Instituto Superior de Economia e Gestão, concluindo a licenciatura em economia em 1954. A sua carreira académica foi tardia pois embora se formasse com a classificação mais alta do seu curso, o facto de ser mulher impediu-a de leccionar numa instituição onde apenas elementos masculinos eram considerados aptos para o ensino universitário. No entanto as provas que durante a vida foi prestando em inúmeros domínios, nomeadamente nos campos social, económico e político, levaram-na a partir de 1971 a integrar-se na carreira académica e a iniciar-se como docente no Curso de Económicas, acumulando esta actividade com aulas noutras instituições do Ensino Superior. Terminou o seu percurso universitário como Professora Catedrática Convidada do Instituto Superior de Economia e Gestão da Universidade Técnica de Lisboa.

Paralelamente a esta actividade foi ocupando múltiplos cargos que desempenhou em diferentes domínios nos campos social, eclesial e político. Investigadora incansável, foram particularmente importantes os trabalhos que dedicou ao desenvolvimento socioeconómico, à repartição do rendimento, à pobreza e à exclusão, bem como a outras temáticas de política social. O seu pensamento nestas áreas está expresso nos livros que publicou, nas muitas revistas das quais foi colaboradora (destacamos, entre outras, *Análise Social*, *Informação Social*, *Planeamento*, *Seara Nova*, *Brotéria*, *Estudos de Economia*) bem como nas múltiplas conferências que fez ao longo da vida, fruto do seu empenhamento social e político. Os problemas da pobreza e da exclusão social, do desenvolvimento socioeconómico e comunitário, da necessidade de uma repartição mais justa do rendimento e outros afins, foram temáticas centrais da sua investigação durante anos, cruzando-se sempre com áreas diversificadas como a cultura, a arte, a promoção humana e o desenvolvimento social, espiritual e comunitário. O facto de ter integrado o Primeiro Governo Constitucional em 1976, como Secretária de Estado do Planeamento, conferiu-lhe um saber e uma experiência não só sobre as necessidades da população portuguesa como sobre toda uma série de problemas que urgia resolver. E, paulatinamente, devido a um estudo fundamentado na prática de vida, foi construindo um leque de perspectivas onde as dimensões éticas e sociais mantiveram um diálogo permanente com a estética e com a política. Na verdade, nas obras que publicou nessas áreas, a beleza sempre ocupou um papel relevante e o cuidado da Natureza foi encarado como preceito ético, susceptível de preencher o desejo humano de uma realização plena para a qual contribuíram diferentes domínios como a ética, a estética, a política e a espiritualidade. O diálogo harmonioso destas diferentes instâncias foi uma preocupação que permanentemente acompanhou a vida e os diferentes projectos de Manuela Silva.

Uma ética de empenhamento social concretizada em diferentes realizações

Numa entrevista publicada na Revista *Faces de Eva* [1] Manuela Silva fala-nos do modo como se começou a interessar pelos estudos sociais, aplicando o seu saber à realidade que habitava e levando

[1] *Faces de Eva*, n.º 11, 2004 (FCSH-UNL), págs.. 129-145.

muito(a)s a participar nos projectos que desenvolveu. Por este testemunho ficámos a conhecer projectos pioneiros como foi o caso da alfabetização de adultos, empreendida com a colaboração de sociólogos e de linguistas. De igual modo relevante foi o seu empenhamento no campo da protecção e da defesa do trabalho das mulheres, bem como no planeamento do desenvolvimento local, actuações empreendidas em duas freguesias do concelho de Alcobaça – o Bárrio e a Benedita. Realizada em 1961, esta actuação deixou marcas até aos nossos dias. Assim, no funeral de Manuela Silva houve o testemunho tocante de uma habitante da Benedita, afirmando que ainda hoje esta experiência era lembrada com reconhecimento por parte da população.

Dos múltiplos cargos e actividades que desempenhou destacamos o período de 1960 a 1964 em que integrou a Equipa de Estudos e Experimentação em Desenvolvimento Comunitário, da Associação Industrial Portuguesa. De 1965 a 1970 foi Directora do Gabinete de Estudos Sociais do Ministério da Saúde e Chefe dos Serviços de Acção Social Comunitária do mesmo Ministério, funções que acumulou com a leccionação no ISEG, enquanto Professora Convidada. Durante o ano da Revolução de Abril foi Presidente do Instituto de Tecnologia Educativa e de 1975 a 1993 foi Inspectora Geral de Educação. Enquanto Professora Catedrática Convidada do Instituto Superior de Economia e Gestão da Universidade Técnica de Lisboa leccionou, até 1993, as disciplinas de Planeamento, Política Económica, Política Social, Economia Portuguesa, Desenvolvimento Sócio-Económico e Desenvolvimento Comunitário. Em toda esta actividade de cariz académico, social e político destacamos como factor determinante a ligação estreita que sempre teve com a Igreja Católica, concretizada na participação no *Graal*, no *Movimento Internacional dos Intelectuais Católicos* (*Pax Romana*) e no *Centro de Reflexão Cristã*, do qual foi Presidente, tendo dirigido durante alguns anos a revista *Reflexão Cristã*. Manuela Silva censurou à cultura contemporânea o papel que esta assumiu na definição dos nossos padrões de felicidade e nos diferentes estilos de vida que nos impôs. E alertou-nos para a necessidade de uma atenção vigilante, de modo a sermos criativos na apresentação de novas formas de estar no mundo. Demonstrou-o concretamente com a criação de duas instituições que continuaram activas para além da vida da sua fundadora – a *Fundação Betânia* e a *Rede Cuidar da Casa Comum*, para as quais trabalhou incessantemente. Na véspera da sua morte ainda ultimava orientações para a Rede *Cuidar da Casa Comum*.

Se quiséssemos escolher uma atitude que melhor definiria a Manuela Silva daríamos um lugar cimeiro à resiliência. De facto, foi resiliente nas muitas causas que abraçou, aliando essa atitude à criatividade e ao desejo de construir um mundo melhor e mais belo. Um dos livros que publicou tem precisamente por título *Resiliência, Criatividade, Beleza*, um título significativo do conteúdo da obra, mas que igualmente retrata as linhas fundamentais de uma vida na qual se destacam as atitudes de procura, de escuta e de compromisso. [2] Nos diferentes textos que integram este volume, perpassa a esperança de que é possível uma vida diferente, mais amiga dos outros e da terra que habitamos. O que implica um estudo aprofundado da realidade, uma persistência em construir visões do mundo consentâneas com uma permanente mudança, e o cultivar de um optimismo realista que acredita no poder de homens e mulheres capazes de alterar o *status quo*. A tese dominante é a de que é possível ver mais fundo e mais longe, tomando como companheiras as vozes dos profetas que nos ensinam a pensar e a agir e que nos defendem da exploração dos medos. A felicidade torna-se não só um direito, mas também um dever que a todos interpela. E a vigilância é uma atitude que se impõe como norma de vida. A resiliência é a resposta adequada às incertezas e às crises, uma atitude que Manuela Silva cultivou permanentemente, convidando amigos e amigas a acompanhá-la nessa luta. Vejamos como esse desiderato foi concretizado na *Fundação Betânia*.

---

[2] Manuela Silva, *Resiliência.Criatividade.Beleza*, Abrigada, Cidade Nova, 2018.

Uma estética da frugalidade em que a beleza ocupa um lugar central

Desde cedo Manuela Silva defendeu a tese de que espiritualidade e ecologia deveriam ser vertentes determinantes de uma vivência cristã. Uma das suas realizações mais conseguidas foi a *Fundação Betânia*, um espaço de encontro e de partilha, numa zona privilegiada onde o campo e o mar se encontram. Situada na Azóia (freguesia de Colares) a *Fundação* foi criada em Outubro de 1990 e desde o seu início acolheu gente de diversos quadrantes, proporcionando-lhes um espaço de lazer e de estudo. É uma organização que tem como objectivo a realização harmoniosa do ser humano. Nesse sentido, fomenta a criação de relações sociais e de modos de vida orientados segundo o primado do amor. Aqui cada pessoa é convidada a encontrar-se com os outros, com a Natureza e com o Absoluto.

Ao longo dos anos a *Fundação Betânia* tem realizado inúmeras conferências, retiros e encontros, convidando oradoras e oradores nacionais e estrangeiros. Delas resultou a publicação de trinta e sete cadernos de autores diversificados como Corina Capozzo, Emma Ocaña, Isabel Gomez-Acebo, Luciano Manicardi, Ana Luísa Teixeira, Armindo Vaz, Céu Tostão, João Lourenço, Maria Luísa Ribeiro Ferreira, Nicoletta Crosti, Dimas de Almeida, Tomás Halík.

Estes muitos convidados a quem a Manuela pediu colaboração têm proporcionado aos membros da *Fundação Betânia* um olhar diferente e inovador sobre a sociedade, a política, a cultura e a espiritualidade, abrindo caminhos de realização e de partilha. Porque um dos objectivos desta instituição é precisamente criar espaços de silêncio, onde se abra a cada pessoa a possibilidade de um encontro com a transcendência, consigo mesma e com os outros.

O estilo de vida predominante nas nossas sociedades e o progresso económico alcançado, não favorece o contacto próximo com a realidade envolvente pois incentiva o consumismo desenfreado e esquece a dimensão relacional do ser humano. De onde a adesão dos sócios e dos amigos da Fundação Betânia ao projecto inovador da mesma, procurando encontrar modos de vida susceptíveis de proporcionar o predomínio do "ser" sobre o "ter" e em que o mistério se coloque como um desafio libertador.

Das múltiplas actividades desenvolvidas pela Fundação Betânia lembramos o verão de 2017, no qual Manuela Silva propôs como tema de estudo e de meditação o tema ***"Amar a Terra como a si mesmo"***, desafiando-nos a cultivar uma eco-espiritualidade em sintonia com as exigências ecológicas deste primeiro quartel do século XXI.

Manuela Silva apostou na procura de estilos diferentes de vida. Deste modo, a simplicidade, a gratuidade e a disponibilidade marcam os encontros e as actividades que aqui ocorrem. Na multiplicidade dos temas abordados perpassa o convite a uma vida despojada onde o Ser tem predomínio sobre o Ter e onde a solidariedade, a sustentabilidade e o cuidado surgem como caminhos possíveis para uma vida diferente, inspirada nas bem-aventuranças dos Evangelhos.

O hedonismo e o individualismo têm uma forte presença no "modus vivendi" dominante nas sociedades tecnicamente mais avançadas. Na Fundação Betânia estimula-se a procura de uma vida simples, em que todos se sintam partes da Natureza e a respeitem, sem por isso abdicar de uma fruição estética da mesma. Daí a preocupação de manter um toque de beleza em todas actividades propostas no seu programa de acção. Encontramo-la no arranjo do espaço em que decorrem, nas refeições partilhadas, nas orações rezadas em comum, nos gestos que se trocam, no convite à meditação tendo os campos e o mar como pano de fundo. Atenta à beleza da Terra, Manuela Silva foi também sensível à sua presença na vida social, assente na diferença entre as pessoas e as culturas. E procurou dar um especial relevo à dimensão criativa de cada um, rentabilizando os seus diferentes talentos.

Quando na sua obra *O Idiota*, Dostoievski põe na boca de Hipólito a pergunta ao Príncipe Michkine se haverá uma beleza que salve o mundo, não obtém resposta, mas apenas silêncio. É também de silêncio que nos fala Georges Steiner, lembrando que não podemos descurar a arte, a criatividade, a graça, a emoção e o espírito, devendo, no entanto, acrescentar-lhes o cuidado e a atenção. E se é verdade que há muito barulho à nossa volta, urge aprender a ouvir, de modo que a indiferença e a idolatria não ocupem o espaço do sentido e da dignidade do ser. Por isso devemos valorizar um silêncio que nos permita ouvir uns aos outros, e distinguir o que tem valor daquilo que é um mero adorno supérfluo.[3] É nessa linha que a Fundação Betânia se propõe criar espaços de beleza, de silêncio, de interioridade e de comunhão, que incentivem o encontro mais fundo de cada pessoa consigo própria e com os outros.

Num texto sobre hospitalidade Manuela Silva cita Marco dal Corso que nos exorta a convidar o estrangeiro, abrindo as portas: " Antes de tudo manter a porta aberta. A tenda de Abraão não tem chaves para fechá-la, mas portas que abrem."[4] E o despojamento a que nos convida a Fundação Betânia não prescinde da dimensão estética, integra a beleza e cultiva-a como uma das chaves conducentes à realização de cada um. A hospitalidade surge como imperativo ético, como atitude de abertura ao outro procurando construir um terreno comum que apague a diferença que nos separa. E esse terreno comum passa pela fruição partilhada da beleza e pelo acolhimento dos mais pobres.

Uma política de atenção aos mais desfavorecidos

Economista de formação e de profissão, as questões sociais foram sempre um tema central das preocupações de Manuela Silva. Daí o muito que se interessou pela temática da pobreza. Analisou-a genericamente como um fenómeno a combater, quer a nível mundial, quer no que respeita ao estatuto dos pobres no nosso país.[5] Quanto

---

[3] George Steiner, *Linguagem e Silêncio – Ensaios sobre a Literatura, a Linguagem e o Inumano*, Lisboa, Gradiva, 2014.

[4] Manuela Silva, *Resiliência, Criatividade, Beleza*, p. 101.

[5] Lembramos neste caso alguns textos marcantes que escreveu como por exemplo "A Pobreza em Portugal" (1985); "Agentes económicos em situação de exclusão: os pobres" (1986); "Pobreza Urbana em Portugal" (1987); "Integração e exclusão social: Portugal e as duas europas da Europa" (1998); "Economia, Sociedade e Ética" (1993).

a esta situação concreta damos uma especial importância ao texto que publicou na revista *Análise Social*, em 1982, determinante para a compreensão do nosso atraso na luta pela erradicação da pobreza.[6] Nele se procuram as causas do fraco crescimento económico de Portugal num determinado período de tempo e se analisam quer as causas da pobreza quer a ausência de alterações que permitiriam combatê-la. É uma visão crítica do pressuposto então vigente, ou seja, da tese de que é necessário "crescer primeiro para repartir depois." É um texto inovador visto que se debruça sobre o real crescimento económico ocorrido nesse período, fenómeno que, no entanto, não levou à diminuição da pobreza, surgindo mesmo como um factor de agravamento da mesma.

Contrariamente ao que se passou noutros países no intervalo de tempo entre os anos 50 e 70 do século passado, a pobreza em Portugal manteve-se, em contraste nítido com o crescimento da economia. E Manuela Silva considera chocante o facto de que, embora se verificasse um aumento do crescimento económico, grande parte da população portuguesa se mostrasse incapaz de satisfazer as necessidades básicas de alimentação, habitação e saúde. Na verdade, nesse período, os salários são insuficientes sendo altas as taxas do analfabetismo, da mortalidade infantil e do desemprego.

Note-se que as populações rurais foram as mais afectadas por este estado de coisas dado que os equipamentos sociais eram escassos e a agricultura obsoleta. O abandono do campo intensificou-se e as cidades principais acolheram milhares de pessoas que passaram a habitá-las em condições precárias durante gerações. A migração para o exterior também se agravou.

Neste texto Manuela Silva denuncia a política governamental da época, acusando-a de ter deliberadamente ignorado a situação dramática em que vivia a maior parte dos portugueses. E é igualmente crítica quanto à ausência de uma reforma agrária, uma medida que deveria ter acompanhado o processo de industrialização. A inércia no que concerne à educação das classes mais desfavorecidas contrasta

[6] "Crescimento Económico e Pobreza em Portugal (1950-74)", *Análise Social*, XVIII (72-73-74), 1982, págs.. 1077-1086

flagrantemente com o elitismo conferido ao ensino superior. E o olhar da economista é severo para com os grandes investimentos realizados nessa época, criticando o favorecimento de um número reduzido de grupos financeiros e a marginalização da agricultura.

Anos mais tarde retoma os mesmos problemas, agora acrescidos de um olhar sobre a igualdade de género. Em *Caminhos e Atalhos para uma Sociedade Inclusiva* [7] Manuela Silva analisa o papel das mulheres na construção de um novo conceito de cidadania. Os textos que integram este volume debruçam-se sobre a necessidade de defender a igualdade de género nas políticas públicas, atendendo nomeadamente à participação das mulheres no poder político. Particularmente interessante é o desejo expresso de corrigir as desigualdades vigentes, propondo soluções que não tomem como referência a norma masculina até então dominante. Doravante, importa aceitar a vida dos cidadãos, entendendo-os como realidades concretas e tendo sempre presente o papel que homens e mulheres poderão desempenhar numa sociedade que se pretende mais equitativa. Porque há que colocar definitivamente de lado a norma implicitamente aceite de que "o que é bom para os homens é também bom para todos."[8]

Manuela Silva defende medidas que favorecem especificamente as mulheres, denunciando o chamado "padrão neutro" que mais não é do que um favorecimento masculino disfarçado. Segundo ela há que desenvolver uma nova concepção de democracia em que as mulheres sejam cidadãs de pleno direito. O que exige uma série de requisitos legais até então inexistentes. É uma mudança de mentalidade que implica o desenvolvimento de diferentes sinergias e que desafia a criatividade dos investigadores sociais bem como uma permanente avaliação das técnicas e instrumentos utilizados nesse processo.

Urge perceber que a prossecução da igualdade de género não é um problema especificamente feminino, mas globalmente social. Trata-se de uma luta que todo(a)s têm a obrigação de desenvolver em prol da protecção dos direitos humanos. E enquanto cientista e

---

[7] Manuela Silva, *Caminhos e Atalhos para uma Sociedade Inclusiva*, Lisboa, Comissão para a Igualdade e para os Direitos das Mulheres, 1999.

[8] Ob. cit. p. 22.

investigadora, Manuela Silva nunca esquece a sua dimensão cristã, recorrendo às teologias feministas que em muito ajudaram a reconhecer o papel das mulheres nas sociedades contemporâneas. Este é o tema sobre o qual se debruça no capítulo final de *A Igualdade de Género*, lembrando o contributo relevante de teólogas como Elisabeth Cady Stanton, Elisabeth Schüssler Fiorenza e Mercedes Navarro.

Uma espiritualidade que abrange diferentes domínios, nomeadamente a ecologia

Outra das iniciativas de Manuela Silva foi a criação da *Rede Cuidar da Casa Comum* (www.casacomum.pt), com o objectivo de colocar a Igreja ao serviço de uma ecologia integral. Profundamente marcada pela *Laudato Si'*, esta Rede pretende pôr em prática a conversão ecológica que esta *Encíclica* nos propõe, criticando o modo como habitamos a nossa casa comum que é a Terra. A *Rede* é um conjunto de organizações, de obras, de movimentos da Igreja Católica e de pessoas a título individual. É uma plataforma aberta à participação ecuménica, dinamizada por uma Comissão Executiva e apoiada por uma Comissão Teológica e Científica. O seu principal objectivo é dar a conhecer e aprofundar a *Laudato Si'*, e na sequência da sua leitura promover acções que alertem para a urgência de um modo diferente de estar na Terra, criando pontes de diálogo com vista à construção de uma ecologia integral. O relacionamento saudável com a Terra em que vivemos exige a alteração de muitos dos nossos comportamentos individuais e colectivos. Urge perceber que não somos proprietários do mundo em que vivemos. Nós mesmos somos terra e devemos entender a criação como uma rede social de Deus. Uma das missões essenciais da Rede é alertar as pessoas para uma alteração de comportamentos relativamente à terra em que habitam, trazendo os problemas ecológicos para as celebrações, homilias, orações e catequese de crianças e de adultos.

Acompanhando as preocupações do Papa Francisco, a Rede alerta-nos para procedermos a um exame de consciência em que reconheçamos o uso irresponsável que presentemente fazemos dos bens da terra, no sentido de alterarmos o consumo excessivo que nos leva a delapidá-la. Acompanhando os conselhos e alertas do Papa, a *Rede Cuidar da Casa Comum* insiste na necessidade de uma educação e de uma espiritualidade ecológicas. O que leva ao questionamento dos modos como produzimos, como consumimos, como nos deslocamos, como nos relacionamos uns com os outros, como organizamos a vida em comum. Uma das ideias chave da Encíclica *Laudato si* é o reconhecimento de que os habitantes deste planeta têm direito à felicidade, usando comedidamente os bens da terra. Há que criticar o actual paradigma económico e financeiro que sobrevaloriza o dinheiro e desrespeita o trabalho humano. É nosso dever inventar um novo modelo civilizacional. Daí serem objectivos da *Rede* contribuir para um melhor conhecimento do que está a acontecer à nossa casa comum e promover uma real e operativa consciência da urgência do cuidado da terra. A teologia da criação deverá ser aprofundada e divulgada, concretizando-se em gestos e práticas quotidianas que a lembrem, bem como na criação de *Focos de Conversão Ecológica* – agrupamentos de pessoas que se propõem reflectir sobre a ecologia, integrando nela uma dimensão espiritual e fomentando uma maneira diferente e não consumista de viver. Na etapa final da sua vida Manuela Silva foi a grande animadora destes *Focos*, levando a mensagem da *Laudato si'* a diferentes zonas do país onde promoveu sessões de apresentação da Rede, numa colaboração com Câmaras, com Juntas de Freguesia e com as populações locais, de modo a alterar comportamentos e a promover uma maior vigência de uma ecologia integral. A implantação de *Focos* em diferentes paróquias tem sensibilizado os seus participantes para a necessidade de estudar e resolver questões ecológicas como a poluição ambiental, as alterações climáticas, a perda da biodiversidade e também a exclusão social. É sua missão criar pontes de diálogo para introduzir nos comportamentos individuais a vivência de uma ecologia diferente.

Fruto de um esforço inicial da Manuela Silva e secundado posteriormente por um grande número de pessoas que a apoiaram nessa tarefa, existe actualmente uma dezena de Focos de Conversão Ecológica, bem como diversos outros grupos que embora não tendo essa designação fazem uma caminhada paralela e estão de alguma forma ligados à *Rede Cuidar da Casa Comum*. A actuação dos mesmos e as alterações que provocaram no seu ambiente circundante são a melhor prova de que vale a pena lutar por um mundo mais solidário, mais justo e mais amigo da Terra. Foi esta uma das últimas grandes causas em que a Manuela Silva se empenhou.

Caminhos Cruzados (Vivências 1962-2019)

Miguel Caetano

Introdução

É natural que ao falar das minhas "vivências" o faça com entusiasmo e manifeste pena quando elas tiveram que parar por mudanças políticas ou "desencontros". Tal não significa que eu esteja convencido que eramos nós que estávamos no caminho certo e que todos os que se atravessaram no nosso caminho ou que nos sucederam estavam errados e fizeram pior trabalho.

As circunstâncias em cada momento permitem que haja avaliações diversas e escolhas diferentes dos caminhos a seguir. Por outro lado, acompanhei à distância evoluções posteriores de projectos em que estive envolvido, em que vi retomar com grande qualidade a organização e gestão de áreas em que eu colaborara.

Também quero esclarecer, o que aliás é evidente para todos os que conheceram a Manuela Silva, que a intervenção da Manuela na sociedade portuguesa foi muito para além das nossas comuns vivências.

Por último, sendo impossível citar todos os nomes que ao longo dos anos estiveram envolvidos nos nossos percursos, assumo a responsabilidade por qualquer omissão, que tanto pode resultar de falta de espaço, como de falha da memória.

1. Uma Geração

No início dos anos sessenta, grupos de jovens começaram a conversar sobre o que se podia fazer pelo país, dentro do sistema político em que vivíamos. Decidem concentrar o trabalho sobre a doutrina social da Igreja, tomando como base um livro de Adérito Sedas Nunes publicado em 1958: o respeito e promoção da eminente dignidade da pessoa humana, a função social da propriedade, a responsabilidade do Estado na prossecução do Bem Comum....

Estávamos convencidos que era possível e desejável transformar a sociedade portuguesa pelo desenvolvimento económico, pelos movimentos cívicos, pelas cooperativas e nisso nos fomos envolvendo. Fazíamos parte de uma geração que entendeu sempre que era possível fazer melhor – não escolhemos fazer uma revolução, mas apostámos que a transformação de Portugal passava por agarrar todas as oportunidades de fazer coisas novas, de encontrar novos caminhos, que nos conduzissem a ser um país mais moderno, através de mais criação de riqueza e da sua melhor distribuição.

E no final de Dezembro de 1961 foi convocado o Concílio Vaticano II.

É neste contexto que quero recordar que a orientação da minha vida cívico-profissional muito ficou a dever a ter encontrado, pessoal e profissionalmente, a Manuela Silva e o João Salgueiro.

A realização do bem comum, o olhar para o mundo dizendo que é possível fazer melhor e vamos fazê-lo, a capacidade de mobilizar e organizar equipas, equipas multidisciplinares, para atingir esses objectivos, marcou a minha geração.

No meu caso, o meu interesse pessoal e profissional (nunca fui capaz de distinguir/separar estas duas dimensões da minha vida) estava claramente dirigido para as questões do desenvolvimento económico-social. Entendia que tinha obrigação moral de intervir para melhorar a situação do meu país, entendimento que resultava da minha educação nos princípios da doutrina cristã. Na Universidade, não me senti atraído pela JUC (Juventude Universitária Católica), talvez por não gostar de me sentir muito enquadrado, mas não recusei um desafio para ser membro da Conferência de S. Vicente de Paulo da minha Faculdade, o que me obrigou a confrontar-me com a situação de pobreza de muitas famílias lisboetas. Era a caridade, quase reduzida a "dar de comer a quem tem fome", o que sendo uma obrigação irrecusável, não resolve o problema social.

E foi neste enquadramento que resolvi concorrer para técnico do Gabinete de Estudos do Banco de Fomento Nacional, onde fui admitido como estagiário no início de 1960 e encontrei o João Salgueiro. E é logo no início dos anos sessenta que ele me propõe constituir um pequeno grupo de reflexão sobre o país e a doutrina social da Igreja, grupo que passa a reunir com regularidade durante alguns meses e onde eu assumo o estudo e apresentação do já referido livro da autoria de Adérito Sedas Nunes, com prefácio do Bispo do Porto, intitulado "Princípios de Doutrina Social". É aí que começámos a definir uma metodologia de intervenção – definir objectivos, pensar estratégias, propor programas de acção, criar grupos de intervenção.

Entretanto, no Gabinete de Estudos do BFN fui integrado numa equipa que elaborou estudos sobre as possibilidades de desenvolvimento da região alentejana, estudos confrontados com a realidade "no terreno" através de múltiplas visitas e inquéritos na Região. Na sequência, fui fazer um estágio sobre problemas de desenvolvimento regional, de dois meses (Outubro/Novembro de 1961), na SVIMEZ – Associazione per lo Sviluppo Dell'Indústria nel Mezzogiorno, em Roma.

2. Do Desenvolvimento Comunitário até à SEDES (1962-1974)

2.1. Experiência do desenvolvimento comunitário – valores adquiridos

No início de 1962, Maria Manuela Silva, economista e que fora Presidente Geral da Juventude Católica Feminina, lança um projecto inovador em Portugal de aplicação de técnicas de desenvolvimento comunitário.

Pediu o apoio de algumas instituições, entre as quais a Junta de Colonização Interna e o Banco de Fomento Nacional[1]. Fui indicado pelo Banco, como especialista em planeamento regional, para dar apoio à equipa em constituição, sendo dispensado nos sábados de manhã para participar nas reuniões, que se realizavam na sede da Junta.

Como nos explicava a Manuela Silva "O desenvolvimento não é um fenómeno meramente quantitativo, uma questão de – «mais ter»; é, igualmente, um fenómeno qualitativo – deve traduzir-se, portanto, por «mais ser» ou «melhor ser» (expressões do P.e Lebret e do Círculo de Economie et Humanisme). Só um processo que mergulhe as suas raízes na mentalidade da população e seja capaz de operar nela uma transformação suficientemente profunda terá garantia de ser eficaz e de ter continuidade".

Estávamos a criar uma equipa de experimentação, tínhamos que aprender as técnicas e escolher o local. A força de vontade da Manuela Silva, a sua convicção de que este era o caminho, convenceram-me. Senti-me mobilizado.

Tinha sido publicado há pouco tempo, pelo Centro de Economia Agrária da Fundação Gulbenkian, um estudo sobre "A Região a Oeste da Serra dos Candeeiros", e foi a partir dele que se iniciou a nossa procura. A primeira parte do trabalho consistiu na leitura e resumo do nosso estudo-base – a região a Oeste... era demasiado vasta para a nossa acção e, discutidos em reunião os trabalhos feitos, seleccionámos dois locais, o Bárrio e a Benedita, ambos do concelho de Alcobaça.

Avançámos um ou dois domingos para um reconhecimento local, e decidimo-nos começar pela Benedita. Os dados dos estudos realizados e o contacto com a população e "as forças vivas locais" levaram-nos a concentrar aí o nosso trabalho. Já não me lembro em pormenor das diversas situações, mas recordo-me que para além da

[1] Para além destas, os nossos trabalhos também foram patrocinados pela Associação Industrial Portuguesa, Fundação Calouste Gulbenkian, Misericórdia de Lisboa, Gabinete de Investigações Económicas e Federação das Caixas de Previdência.

agro-pecuária, existia na terra uma tradição de cutelaria e fabrico de sapatos, muito de forma artesanal, que nos iriam servir de ponto de partida.

E, cito, "*sem perda da unidade do seu plano de actuação – a qual se considera indispensável – e da parte da iniciativa e espontaneidade da população – que igualmente se reputa insubstituível num projecto deste tipo – definiram-se na Equipa diferentes sectores especializados:*

– actividades agrícolas (Eng.º Oliveira e Silva)

– actividades económicas não agrícolas e infra-estruturas (Dr.ª Manuela Silva, Dr. Miguel Caetano, Dr.ª Idalina Neves de Sousa)

– educação popular e serviços sociais (Assistentes Sociais Dr.ª Maria Susana Gaspar de Almeida e Maria Helena Brazão Santos)

– saúde (Enfermeira de Saúde Pública Maria José Simeão)

– habitação (Arq. Justino Morais)

– investigação de princípios e técnicas (Dr.ª Manuela Silva)

Estes sectores trabalham em estreita coordenação e de acordo com um plano de acção definido em conjunto com base nas necessidades sentidas e expressas pela população."

As reuniões ao sábado de manhã, as tais para que o Banco me dispensara, multiplicaram-se, à minha conta, em visitas aos fins-de-semana, idas à Benedita à noite, arrancando de Lisboa depois das 18 horas (no meu carro), para reunir, no meu caso, com os artesãos do calçado, ajudando a criar uma cooperativa de produção. Em Lisboa, procurávamos assegurar o apoio técnico, através dum protocolo informal com o Instituto Nacional de Investigação Industrial, programando para mais tarde a mobilização do Fundo de Fomento de Exportação. Entretanto, para o trabalho de mobilização das populações contou-se com o apoio dum núcleo de jovens assistentes sociais, que iam fazer o seu estágio residindo na própria Benedita.

Foi um ano vivido intensamente. Cumpria o horário do Banco, onde o Gabinete de Estudos tinha cada vez menos interesse, e concentrava todos os tempos livres na experiência da Benedita.

Na sequência dos contactos estabelecidos com as comunidades, apresentámos em Janeiro de 1963, o "Plano de Acção para as Freguesias do Benedita e do Bárrio", acção já em pleno desenvolvimento, organizámos em Março de 1963, um Seminário de Estudos de Desenvolvimento Comunitário, realizado numa das salas da Feira Internacional de Lisboa. A Equipa apresentou Relatórios de Avaliação semestrais até meados 1965. Em 1966 já a experiência se tinha alargado a outras regiões do Distrito de Leiria, como, por exemplo, o Vale do Lena. No final do ano de 1967, realizou-se um Seminário na Foz do Arelho (Caldas da Rainha), que contou com a participação de Manuela Silva, então Chefe do Serviço de Promoção Social Comunitária do Ministério da Saúde[2].

Entretanto, no início do ano de 1963 a minha vida profissional "obrigou-me" a ir trabalhar e viver fora de Lisboa. Até ao início de 1967 trabalhei em empresas do sector industrial e agro- pecuário, procurando sempre ter presente os interesses da comunidade.

De facto, a minha passagem pela Equipa de Experimentação de Desenvolvimento Comunitário marcou a minha abordagem nos vários campos profissionais, quer em empresas, quer no serviço público, quer em movimentos associativos. O projecto apresentado pela Manuela Silva trazia uma novidade: tínhamos que transmitir a uma comunidade as ferramentas necessárias para que a própria população encontrasse os caminhos do desenvolvimento. Como fazer isso. Era preciso definir os objectivos, construir uma estratégia, encontrar o local em que iriamos concentrar os nossos esforços, avançando então com o planeamento, definindo os caminhos, os meios, os prazos, a sequência das acções a desenvolver. E sempre no terreno, em contacto com uma população.

Pensámos que a perspectiva do desenvolvimento comunitário podia prestar valioso contributo em Portugal, fomentando o equipamento colectivo das comunidades locais, a reorganização da agricultura, a educação de base e contribuindo, deste modo, para a correcção dos desequilíbrios regionais e para a melhoria das condições de vida. E sempre com a participação da própria comunidade.

---

[2] Em 2011, organizaram-se na Benedita as celebrações dos 50 anos do projecto de desenvolvimento comunitário ocorrido no início dos anos 60 do século XX. Manuela Silva foi convidada em representação de toda a Equipa.

2.2. O III Plano de Fomento – o espírito do desenvolvimento comunitário no planeamento regional e no ordenamento do território

Regressei a Lisboa para, a convite do João Salgueiro, coordenar um grupo de estudos "ad hoc" que tinha por objectivo realizar os estudos necessários à definição de uma política de desenvolvimento regional aplicável no território metropolitano.

João Salgueiro exercia então as funções de Director dos Serviços de Planeamento, o Secretariado Técnico, organismo central de planeamento económico-social, e era responsável pela preparação do III Plano de Fomento (1968/74).

Nesse período, de preparação e começo de execução do III Plano, o Grupo do Regional propôs e fez aprovar a criação das regiões de planeamento e da respectiva orgânica regional, que implementou. Numa perspectiva de mais longo prazo, tentámos com a definição duma política de ordenamento do território criar as bases para a participação das populações no desenvolvimento das suas comunidades, organizando a intervenção no território desde os maiores centros urbano aos centros de apoio rural, desde os polos industriais aos parques industriais junto das pequenas cidades.

Com essa finalidade, logo a partir de 1967, a Divisão de Planeamento Regional do STPC procurou divulgar as bases dos seus trabalhos e mobilizar as elites técnicas e sociais através da realização ou participação em colóquios nas cidades do interior, sobre desenvolvimento económico-social e regionalização, procurando também assegurar a representação dos interesses locais nos grupos de trabalho que compunham a Comissão Interministerial. E para o fazer, a equipa do Regional "desceu ao terreno", ajudando a implementar as comissões de planeamento regional e solicitando-lhes uma análise crítica e o aprofundamento, em relação a cada região-plano, do relatório sobre ordenamento do território de 1970. Tal levou a que as diversas regiões elaborassem relatórios sobre as opções de desenvolvimento das regiões, que foram considerados na preparação do IV Plano.

2.3. A SEDES, porquê?

Mas ao mesmo tempo que colaborava com João Salgueiro nos trabalhos do III Plano de Fomento, fui desafiado por ele, que também tinha sido presidente das Juventudes Católicas, para participar em grupos de reflexão/acção constituídos por antigos militantes da Acção Católica. Salgueiro, embora não tivesse sido fundador da CODES, era amigo da maioria dos seus sócios. O mesmo se passava com os que se reuniam e trabalhavam na revista *O Tempo e o Modo*, fundada por António Alçada Baptista. Quanto à *PRAGMA*, o seu nome figurava entre os fundadores, fazendo parte dos seus corpos gerentes. Tive, assim, em 1968 e 1969, ocasião de reencontrar a Manuela Silva num desses grupos e de participar em reuniões que conduziram à fundação da SEDES em 1970.

A substituição de Salazar por Marcello Caetano e o seu lema "renovação na continuidade, tinham mobilizado muitos da geração do pós-concilio Vaticano II. Recusando a violência, não escolheram fazer uma revolução, mas continuavam a apostar que a transformação de Portugal passava por agarrar todas as oportunidades de inovar, de encontrar novos caminhos, que conduzissem a ser um país mais moderno, através de mais criação de riqueza e da sua melhor distribuição, cada vez mais perto da Europa. Reafirmo.

Tínhamos consciência que sem resolver a questão da guerra colonial todos os progressos noutros domínios estavam condicionados, mas decidimos avançar.

E assim decidimos fundar uma associação cívica, a SEDES-Associação para o Desenvolvimento Económico e Social, cujos Estatutos foram aprovados em Outubro de 1970. O grupo fundador teria dez membros, os subscritores foram cento e quarenta e nove, em pouco tempo éramos centenas.

O João Salgueiro, a Manuela Silva e eu, fizemos normalmente parte dos órgãos ou grupos que mais participaram na dinamização da Associação, cujos objectivos poderíamos assim elencar:

«a) a obtenção de níveis elevados de desenvolvimento técnico, económico e cultural do País e a correspondente garantia de satisfação das necessidades individuais e colectivas;

b) a definição de esquemas de participação activa das populações, através de estruturas pluralistas, na construção e gestão da comunidade económica, social e política;

c) a obtenção de iguais oportunidades económicas e culturais para toda a população e o desaparecimento de grupos sociais privilegiados;

d) a organização de estruturas que permitam uma ampla e livre expressão das capacidades criadoras individuais, embora condicionadas pelos limites decorrentes da vida em sociedade;

e) a colaboração da comunidade nacional na construção e funcionamento da ordem internacional.»

Enquanto João Salgueiro e Manuela Silva são de imediato eleitos para os corpos gerentes da Associação[3] e, com muitos outros, divulgam a mensagem da SEDES participando em entrevistas e em colóquios por todo o País. Eu escolhi, por razões pessoais, dar o meu apoio em trabalhos de retaguarda.

"Diagnóstico e Projecto da Sociedade Portuguesa"
e
"Portugal, para onde vais – os cenários do futuro"

[3] Entre a entrega do pedido e a realização da primeira assembleia geral (em 12 de Dezembro desse ano) a SEDES foi gerida por uma COMISSÃO ORGANIZADORA composta por Carlos Augusto Fernandes de Almeida, Manuel Costa Belchior, Mário Jorge Bruxelas, Miguel de Barros Caetano, Júlio Castro Caldas, José Manuel Pinto Correia, Manuel Cabeçadas Ataíde Ferreira, António Sousa Gomes, Joaquim Silva Lourenço, Joaquim Magalhães Mota, Mário Campos Pinto, António Machado Rodrigues, João Maurício Salgueiro, Emílio Rui Vilar. Em seguida, os primeiros escolhidos para os Corpos Gerentes *Conselho Coordenador:* Emílio Rui Vilar (presidente), Américo Silva Ramalho, Carlos Augusto Almeida, João Maurício Salgueiro, Manuel Ataíde Ferreira, Manuel Bidarra de Almeida, Mário Jorge Bruxelas, Mário de Campos Pinto e António Sousa Gomes (secretário-geral). Secretariado-Geral: António Machado Rodrigues, Henrique Santa Clara Gomes, Luís Marques do Carmo e Maria Manuela Silva.

É neste contexto que logo em 1971 se lança uma primeira iniciativa de participação de base, o «Diagnóstico-Projecto da Sociedade Portuguesa», pretendendo-se com esta actividade estabelecer um processo de participação da massa associativa na definição das opções subjacentes à constituição da sociedade portuguesa. Foi elaborado e ensaiado, discutido um temário por um grupo-piloto, e de seguida foi objecto de discussão por grupos de sócios (mais de uma centena). Neste grupo coordenador e relator desta iniciativa (uma dúzia de sócios) colaborei intensamente com a Manuela Silva, e introduzimos novas preocupações, procurando sempre manter a esperança dum Mundo Melhor. O Relatório Final ficou pronto em Abril de 1972.

E foi tão grande o interesse que esta acção despertou, que o grupo se lançou de imediato num novo projecto. Os tempos políticos tinham mudado, tornava-se cada vez mais evidente para nós a necessidade de procurar novos caminhos. Durante o ano de 1973, um grupo de sócios preparou uma nova actividade, «PORTUGAL PARA ONDE VAIS?», construindo quatro cenários sobre o futuro do País.

Em Setembro desse ano, o Grupo Coordenador[4] convidou os sócios a organizarem-se em grupos de trabalho, podendo escolher apenas um dos cenários propostos ou conjugar dois ou mais, ou mesmo propor novos cenários. De novo, mais duma centena de sócios se mobilizou, apresentando as suas conclusões. Nos primeiros meses de 1974, o Grupo Coordenador elaborou um relatório síntese, que foi apresentado em Abril de 1974.

3. Do 25 de Abril até à Queda do I Governo Provisório (1974-1977)

O Grupo SL – Socialismo em Liberdade

Entretanto, Manuela Silva, Miguel Caetano e Eduardo Gomes Cardoso, para além de fazerem parte do Grupo Coordenador quiseram também participar num Grupo que escolheu o Cenário IV,

[4] António Machado Rodrigues, António Sousa Gomes, Eduardo Gomes Cardoso, Emílio Rui Vilar, João Botequilha, Luís Marques do Carmo, Manuela Silva, Miguel Caetano.

"Um Outro Socialismo – A Cidade é de todos". Juntamente com Carlos Oliveira e Cruz, Emílio Rosa, João Nascimento Baptista, José de Almeida Fernandes (muitos anos presidente da Liga para a Protecção da Natureza), Teresa Bastos Ambrósio, Vítor Rodrigues Pessoa e Maria do Ceu Esteves, acabaram por criar um grupo permanente. Em Novembro de 1974, este grupo afasta-se da SEDES e assume a colaboração semanal num jornal diário, pronunciando-se sobre a evolução política e económica do País.

Coerentemente, a escolha do Cenário "A Cidade é de todos" era a afirmação do nosso caminho para a utopia comunitária. Viviam-se tempos novos, o confronto entre a esquerda totalitária e os outros partidos socialistas e sociais-democratas leva o Grupo a assumir como denominação S. L. – Socialismo em Liberdade.

Defendíamos então um processo de democratização na vida económica e social -descentralizando a administração central e local, criando condições de gestão mais democráticas nas empresas públicas e privadas, lançando experiências-piloto em vias autogestionárias em empresas públicas, corrigindo as desigualdades de distribuição de rendimentos, conquistando a população para um consenso maioritário em torno da construção de uma sociedade mais justa, dentro de uma linha socialista.

Os acontecimentos desencadeados no País a partir de Março de 1975 levaram o Grupo a pensar que se aproximava um período em que não haveria possibilidade de compatibilizar o seu projecto com a dominante política que se esboçava. Era preciso apoiar as forças políticas que lutavam pela democratização e desse período nasceram as comunicações apresentadas ao colóquio organizado pela Associação António Sérgio (Julho 75) e a colaboração com o Partido Socialista na elaboração de um Programa Económico de Transição (Agosto 75).

Entretanto, o Grupo tinha consciência que o seu projecto só seria viável no quadro de um plano económico-social, como instrumento actuante de uma nova política, definindo os objectivos do modelo de desenvolvimento social em que se pretende caminhar, os sectores de actuação prioritária, etc., assim como se afirmava a necessidade de modificar profundamente as condições de funcionamento da administração pública, adequando-a à dimensão e à qualidade de intervenção exigidas pela realização de todo o processo.

Durante o ano de 1976, o Grupo desenvolveu regularmente um trabalho de aprofundamento das suas propostas, à volta de temas como " O Plano e o modelo de transição", "Os Preços e o modelo de transição", procurando sempre reflectir a relação entre os quadros teóricos e a evolução da realidade. E chegamos assim às eleições de 76, à estratégia do Partido Socialista de ser governo sem alianças, à tomada de posição do Grupo perante os dados da situação na altura.

O 1.º Governo Constitucional e o Plano 77-80 (o fim de um percurso: da Esperança para a Austeridade)

Naturalmente, no governo do PS que tomou posse em 1976, em que António Sousa Gomes era Ministro do Plano e da Coordenação Económica, o SL viu-se desafiado e envolvido.

Em Julho de 1976, Carlos Oliveira Cruz toma posse como secretário de Estado da Coordenação Económica (apresentando a sua demissão em Março de 1977), Manuela Silva toma posse como secretária de Estado do Planeamento, Eduardo Gomes Cardoso é nomeado presidente do IPE – Instituto das Participações do Estado.

Manuela Silva nomeia como assessores do seu Gabinete, entre outros, Vítor Pessoa, Lídia Barreiros, Maria do Céu Esteves, Mário Abreu e Miguel Caetano, cabendo a este fazer a articulação do sector empresarial do Estado no âmbito dos trabalhos de elaboração do Plano para 1977 e à preparação do Plano 77-80. E tem o apoio institucional e pessoal de toda a equipa técnica do Departamento Central de Planeamento (DCP).

Era o 1.º Governo Constitucional e era preciso encontrar novos caminhos.

Ainda em Dezembro 1976, Manuela Silva consegue que a Assembleia aprove as grandes opções do Plano 1977, que foram definidas com base num relatório sobre a situação socioeconómica do País elaborado pelo DCP.

Entretanto, e dando cumprimento ao estabelecido na Constituição Portuguesa aprovada em Maio de 1976, nomeia um grupo, que me coube coordenar, para elaborar o "projecto de Lei sobre Sistema e Orgânica de Planeamento e Composição do Conselho Nacional do Plano". Tal foi feito e a Lei n.º 31-77 foi aprovada em Março e promulgada em Abril de 1977. No seguimento do que a Lei estabelecia, o mesmo grupo que preparou a Lei sobre Sistema e Orgânica de Planeamento e Composição do Conselho Nacional do Plano" (início de 1977), recebe mandato de Manuela Silva para elaborar: – Proposta de Lei sobre Delimitação das Regiões-Plano e orgânica de Planeamento Regional; – Projecto de Decreto-Lei sobre a organização, competência e funcionamento dos Departamentos Sectoriais de Planeamento. – Projecto de Decreto-Lei sobre os Conselhos Sectoriais de Planeamento – o Projecto de Lei Orgânica dos Serviços do Conselho Nacional do Plano, aprovado pelo Decreto-Lei n.º 433/77, de 17 de Outubro.

Entretanto, em Abril de 1977 a assembleia aprova as "Grandes Opções do Plano" e no início de Setembro de 1977 o essencial dos trabalhos para concluir o Plano estava concluído.

> "Apontam-se como objectivos a prosseguir, no médio prazo, os seguintes:
>
> – A satisfação das necessidades básicas da população e a redução das desigualdades verificadas em relação aos estratos economicamente desfavorecidos;
>
> – A absorção progressiva do desemprego;
>
> – A redução do desequilíbrio económico face ao exterior;
>
> – A correcção das injustiças relativas no domínio da repartição do rendimento e dos desequilíbrios regionais;
>
> – A preparação da adesão à Comunidade Europeia.
>
> Os objectivos atrás referidos marcam a orientação a imprimir à política económica e social que o Governo se propõe seguir no quadriénio e determinam a estratégia de desenvolvimento a adoptar pelo Plano 77-80."

Faltava concluir o quadro orçamental, trabalho em curso com a colaboração da Secretaria do Estado do Orçamento. Entretanto, o Banco de Portugal, com conhecimento do Ministério das Finanças, negociava com o Fundo Monetário Internacional um novo pacote de medidas de austeridade.

E eis que o Governo decide que o Orçamento para 1978 deixará de respeitar as Grandes Opções do Plano 77-80, integrando as medidas de austeridade que nos foram impostas.

E é neste quadro que Manuela Silva apresenta a sua demissão e é extinta a secretaria de Estado do Planeamento, em Setembro de 1977 os onze volumes com os trabalhos preparatórios do Plano 77-80 desaparecem, o governo cai na assembleia e surge um novo governo PS-CDS.

Respeitando a Constituição, tínhamos pensado dar conteúdo ao novo sistema e orgânica de planeamento, propondo objectivos, definindo estratégias, regulamentando e ajudando a implementar os novos órgãos de planeamento. Chegámos onde nos deixaram. Plano, programas, orçamento, faltou-nos a tesouraria. Ficou em marcha a reestruturação do Departamento Central de Planeamento, que ainda continuou por algum tempo, sob a direcção do Vítor Pessoa.

E ficámos marcados pelas "políticas de austeridade", sempre resultantes de má gestão no período anterior e que se pretendiam aplicar sem ser no quadro duma política de desenvolvimento económico-social que tivesse em conta a protecção dos mais desfavorecidos.

4. A Morte do SL ou a Fénix Renascida (1978-1982)

Os projectos do futuro

E voltamos ao S.L. Em Outubro de 1977, fizemos o ponto da situação: "No ano que passou o Grupo foi tão longe quanto pôde na sua contribuição para a experiência histórica do P.S. no Governo, já caracterizada. Sabia-se, à partida, que a possibilidade de êxito era pequena e exigia um projecto coerente e mobilizador. Tentou-se introduzir essa dimensão, juntando-lhe sempre a preocupação da viabilidade, condicionada esta por uma determinada evolução político-social. Uma vez que a partir de certo momento o Governo P.S. deixou de acreditar na possibilidade dessa evolução, deixou de haver sintonia entre as nossas propostas e as do Governo P.S. ao nível global".

"Teríamos agora que iniciar a reflexão sobre a viragem de percurso, pensar como pode evoluir um sistema cultural para conter a "dominante socialização", como se podem desencadear novas formas institucionais, que permitam a prática da democracia pela base, como devem evoluir as relações de produção. Pensar, na realidade da nossa situação, o que é isso do "sector da propriedade social" do movimento cooperativo, das empresas em autogestão, das unidades colectivas de produção; o que é a descentralização territorial, o que são as comissões de moradores, as comissões de trabalhadores, o que significam as associações de base em geral."

Sentimos que seria difícil com sistema político-partidário existente avançarmos globalmente com os nossos projectos de desenvolvimento da comunidade. A luta pelo poder e as condicionantes externas tinham-se tornado dominantes. Talvez o caminho fosse agora o de concentrar os nossos esforços nas causas que achávamos importantes. Escolhemos duas:

- a correcção das desigualdades de distribuição de rendimentos;
- o aparecimento como força política de movimentos ecológicos, opondo-se frontalmente à civilização industrial que caracteriza os modelos sociais tanto do Leste como do Oeste."

E assim terminámos os trabalhos do nosso Grupo, mas os nossos caminhos cruzados continuaram.

O IED – Instituto de Estudos para o Desenvolvimento, nova base de apoio

Ainda no seguimento dos trabalhos realizados enquanto Manuela Silva fora secretária de estado do planeamento, Salgado Zenha, que fora eleito presidente do Conselho Nacional do Plano, convidou Carlos Oliveira Cruz, Miguel Caetano e Teresa Ambrósio para fazerem parte da comissão instaladora desse Conselho.

Instalada a Comissão, Zenha desafiou esse grupo para, em conjunto com ele, criarem um instituto de estudos, que seria patrocinado pela Fundação Friedrich Ebert, fundação que pertencia ao universo do Partido Social-Democrata Alemão.

Foi criado o Instituto e em Março de 1979 realizou-se a primeira assembleia geral do IED-Instituto de Estudos para o Desenvolvimento. Da sua direcção, presidida por Salgado Zenha, vieram a fazer parte, Teresa Ambrósio, Miguel Caetano, Oliveira Cruz, Sousa Gomes, Silva Lopes, Jorge Sampaio, Vítor Pessoa, Nascimento Baptista.

Manuela Silva colaborou na organização e desenvolvimento do programa de estudos iniciais[5].

O IED tinha dois departamentos: Estudos Sociopolíticos e Estudos Económicos. Definidas as áreas de interesse, apoiávamos a elaboração e edição dos trabalhos que tínhamos seleccionado e, se tal se justificasse, organizávamos colóquios e seminários com base nesses trabalhos.

Saliento aqui dois dos trabalhos em que a Manuela participou e nos quais surjo envolvido:

- RENDIMENTO E RIQUEZA DESIGUAIS (ensaio de análise espacial), Manuela Silva e Anabela Santos (IED 1980), que a Manuela me oferece com a seguinte dedicatória *"Ao Miguel Caetano, com o meu reconhecimento pelo incentivo recebido e as críticas quanto ao percurso"*.
- ANÁLISE DAS DISPARIDADES SOCIAIS NO PÓS 25 DE ABRIL DE 1974, da autoria de Maria Lúcia Leitão e Vera de Freitas, que abre com uma Nota de Apresentação de Miguel Caetano e é prefaciado por Manuela Silva (Moraes Editores/ IED 1982).

[5] Grande parte dos nomes indicados tinham colaborado na SEDES, no Grupo SL e/ou no Plano 77/80. Tiveram ainda grande relevo na vida do IED, Maria do Ceu Esteves e Luis Marques do Carmo, nomes que também já referimos.

5. Desenvolvimento Económico-Social e Sistemas Democráticos (1982-1985)

Conflitos políticos: PS, PSD, CDS contra Ramalho Eanes

Entretanto, a situação política evoluíra: a reeleição de Ramalho Eanes apoiou-se num movimento onde se misturavam militantes do PS, militantes do PSD descontentes, e muitos independentes socialistas ou sociais-democratas. No Verão de 1980 foi criada a CNARPE – Comissão Nacional de Apoio à Reeleição do Presidente Eanes, que teve como dirigentes alguns dos elementos do grupo dos Cenários da SEDES e outros do Grupo S.L..[6]

Manuela Silva andava então envolvida no regresso à vida académica e na abertura de novas frentes de batalha na promoção do bem comum.

Acontece que, por múltiplas e variadas razões da evolução político-partidária, Eanes vence a eleição por maioria absoluta na primeira volta e um ano depois está acossado por uma maioria PS, PSD, CDS (Mário Soares, Francisco Balsemão, Freitas do Amaral), situação que deixou muitos dos que o tinham apoiado em 1980 com o sentimento de que estavam a ser enganados. Com base na organização da CNARPE, surge um movimento de apoio a Ramalho Eanes contra as jogadas partidárias que punham em causa a vontade expressa por uma maioria de eleitores.

Ao mesmo tempo, em 1982/1983 Portugal atravessa um período de crise económica, com a subida do desemprego e o aumento da inflação. A greve geral avança e o bispo de Setúbal, D. Manuel Martins alerta, denunciando que havia fome no distrito e no país.

[6] João Botequilha, Miguel Caetano, Eduardo Gomes Cardoso, Luís Marques do Carmo, Emílio Rosa, Vítor Pessoa...

O Movimento Renovador Democrático, de novo a Esperança, e as campanhas presidenciais de 1986, a desilusão

Em 1984 surge o MRD, Movimento Renovador Democrático, criado para apoiar a eleição dum candidato presidencial em 1986 e pretendendo contribuir, a médio prazo, para a reforma do sistema partidário.

Mais uma vez, João Botequilha, Miguel Caetano, Luís Marques do Carmo, estão envolvidos. Pensámos que era a altura de apoiar um movimento, um presidente, uma nova política de desenvolvimento económico social.

Manuela Silva é convidada para, juntamente com Miguel Caetano, coordenar e relatar na sua forma final uma parte da Declaração de Princípios do novo Movimento. Era, para nós, uma oportunidade de reafirmar os objectivos que tínhamos assumido nos trabalhos finais do Grupo SL – a correcção das desigualdades de distribuição de rendimentos e a afirmação duma nova política ambiental.

Começámos por reflectir sobre a interligação entre os sistemas democráticos e o desenvolvimento económico-social, procurando assegurar uma economia ao serviço do homem, e não uma economia caracterizada por grave recessão económica, com pronunciada quebra do investimento produtivo, desregulação profunda dos mecanismos económicos e financeiros, surgimento de formas de rentismo parasitário e de especulação financeira desenfreada, excessiva dependência financeira do exterior, obrigando, de novo, a políticas de austeridade. Como consequência, eram então visíveis sinais de aprofundamento das desigualdades sociais, com acentuação clara dos fenómenos de desemprego e de pobreza, por um lado, e das manifestações de ostentação, por outro. E afirmámos:

"A nova política económica assume como objectivo nuclear o desenvolvimento económico-social de que o Pais urgentemente carece. Entende-se o desenvolvimento como um processo de valorização e pleno emprego de todos os recursos nacionais imateriais, financeiros, humanos e tecnológicos, orientado prioritariamente para a produção de bens e serviços que proporcionam melhoria efectiva das condições de vida, nomeadamente a satisfação das necessidades básicas da população. O crescimento económico é, para tal uma condição necessária, mas não suficiente.

Tal como entendemos, o desenvolvimento assume claramente que, aos vários níveis, os cidadãos são os sujeitos activos da criação da riqueza, pelo trabalho, o investimento, a inovação tecnológica, a organização e a iniciativa. E pressupõe, também, que os mesmos cidadãos veem assegurada uma parte equitativa nos frutos do progresso.

Um processo harmonioso de desenvolvimento exige, ainda, que sejam respeitados o meio ambiente e a natureza, de modo que o crescimento económico de hoje não comprometa o equilíbrio ecológico de amanhã.

Para concretizar estes objectivos é urgente inverter o sentido da política económica até agora seguido, recusando as medidas de tipo recessivo e assumindo a tarefa patriótica de imprimir à economia uma nova orientação e uma nova dinâmica, na qual deverão estar empenhados, o Estado, os agentes económicos e as forças sociais, sobretudo as que representam os interesses dos trabalhadores, bem como os cidadãos em geral.

O Estado tem de governar melhor para não ter de administrar em excesso, como hoje sucede, devendo caber-lhe sobretudo uma intervenção criteriosa na definição das regras de funcionamento da economia e do quadro de responsabilização dos vários agentes económicos".

Tal decorre em 1983/1984. No segundo semestre de 1984, Manuela concentra-se no apoio à candidatura de Maria de Lourdes Pintasilgo a Belém, convencida que esta teria o apoio de Ramalho Eanes e do MRD.

Entretanto, a ameaça de novas eleições legislativas precipita a transformação do Movimento em Partido e as suas bases dividem-se na escolha do candidato a apoiar. Em Setembro de 1985, o PRD, depois de obter um resultado histórico nas legislativas, decide apoiar a candidatura presidencial de Francisco Salgado Zenha. Depois duma primeira volta renhida, passam a segunda e decisiva volta apenas Diogo Freitas do Amaral e Mário Soares, que vem a triunfar.

Terminámos aqui o nosso percurso político comum. Eu afastara-me do PRD em Setembro, desanimado com o seu funcionamento e as escolhas feitas. A Manuela acompanhara a candidatura de Pintasilgo até o seu final.

A nossa participação no Movimento Renovador Democrático, tinha-nos de novo prometido a Esperança, mas a sua evolução e as campanhas presidenciais de 1985/86 deixaram-nos, mais uma vez, a desilusão. A Declaração de Princípios, em que colaborámos mais não foi do que isso: uma declaração de princípios, mas mais uma vez apontava o caminho para o desenvolvimento participado da comunidade.

6. E Ficou a Amizade – A Nossa Amiga Manuela (1985-2019)

Terminámos aqui o nosso percurso político comum, mas continuámos a manter uma relação de amizade muito activa. Pouco tempo depois, a Manuela passou a viver no caminho para o Cabo da Roca, perto do Linhó, onde eu vivia com a minha mulher, Maria José. Em 1990, aí criou a Fundação Betânia, um "centro apostólico de acolhimento e formação". Fomos sempre acompanhando, tal como nos considerámos sempre incluídos no apoio às causas escolhidas pela Manuela, que eram o prolongamento de anos de acção comum.

Investigadora e professora catedrática no Instituto Superior de Economia e Gestão, membro activo da Igreja Católica, presidente do Movimento Internacional dos Intelectuais Católicos/Pax Romana (1983-87) e da Comissão Nacional Justiça e Paz, da Igreja Católica (2006-08), procurou sempre pôr em prática a mensagem do Evangelho, o Sermão da Montanha, a Doutrina Social, os apelos dos Papas.

Logo em 1986, juntamente com o nosso comum amigo Alfredo Bruto da Costa, realizou o primeiro grande estudo sobre a pobreza em Portugal. Como ela afirmava: "era preciso "pôr a pobreza em primeiro plano". Até porque, "a pobreza afecta os pobres, mas também a qualidade da democracia". Manuela Silva "contribuiu para mudar esta mentalidade no sentido de não aceitar a pobreza como uma fatalidade".

Em nome da Fundação Betânia, criou o blogue **"Ouvido do Vento"**, desafiando a participação cívica de todos os interessados.

Participou activamente na fundação do "**Grupo Economia e Sociedade"** e do seu blogue "**A Areia dos Dias"**, "espaço de reflexão e debate, aberto a quem quiser contribuir com os seus grãos de conhecimento para uma nova economia ao serviço de um desenvolvimento humano e sustentável".

Vencido um período de doença em 2014, Manuela recebe com entusiasmo a "Carta encíclica Laudato si'", do Papa Francisco sobre o cuidar da casa comum, publicada em Junho de 2015. Dois anos depois, após uma reflexão partilhada em encontros da Fundação Betânia, no Verão de 2017, em que sobressaiu como era importante e urgente aprofundar a mensagem do Papa e agir, lutando sempre pela "economia ao serviço do Homem", Manuela Silva tomou a iniciativa de mobilizar interessados, conseguindo lançar a rede "Cuidar da Casa Comum" em Novembro desse ano, ficando célebre a promoção que fez desta iniciativa quando entrevistada no programa a **Fé dos Homens** em Janeiro de 2018.

Sempre em actividade, mesmo quando já debilitada pela doença, morreu em 7 de Outubro de 2019.

Até ao final, acompanhámos a Manuela. Conta o Fernando Gomes da Silva que a sua última frase foi: "Diz aos meus amigos que eu gostei muito de viver".

É verdade, Manuela, todos nós gostámos muito de termos tido o privilégio de poder partilhar a nossa vida contigo.

O Que Movia Manuela Silva

Pedro Vaz Patto[*]

Não sou certamente a pessoa indicada para abordar a questão do legado de Manuela Silva no plano académico ou no plano político. Gostaria, antes, de dizer algo do que estou convicto ser a mais profunda fonte inspiradora de todo o seu empenho social e cívico. Essa fonte era a sua fé cristã, era esta que a movia e dava sentido à sua ação.

Penso que essa sua ação ilustra bem o que afirma, a propósito da dimensão social e política do amor ao irmão. a encíclica do Papa Francisco *Fratelli Tutti* (n.156): «*É caridade acompanhar uma pessoa que sofre, mas é caridade também tudo o que se realiza – mesmo sem ter contacto direto com essa pessoa – para modificar as condições sociais que provocam o seu sofrimento. Alguém ajuda um idoso a atravessar um rio, e isto é caridade primorosa; mas o político constrói-lhe uma ponte, e isto também é caridade. É caridade se alguém ajuda outra pessoa fornecendo-lhe comida, mas o político cria-lhe um emprego, exercendo uma forma sublime de caridade que enobrece a sua ação política.*».

O que movia Manuela Silva era o mandamento evangélico do amor ao irmão. Procurava viver aquele amor de proximidade a que cada um de nós, sem esperar a ação do Estado ou de outras instituições, é chamado. Mas era esse mesmo amor evangélico ao irmão que a levava a combater pela justiça social, concretizando, assim, a dimensão social e política desse amor. Próximos a quem amar eram, para ela, todas as vítimas da injustiça de um sistema económico.

---

[*] Juiz Desembargador. Presidente da Comissão Nacional Justiça e Paz.

Tive ocasião de o comprovar acompanhando a sua ação na Comissão Nacional Justiça e Paz, um organismo dependente da Conferência Episcopal Portuguesa que tem por missão contribuir, à luz do Evangelho e da doutrina social da Igreja, a partir da leitura da atualidade nacional e internacional, para a formação da opinião na Igreja e na sociedade portuguesas no sentido da promoção da justiça e da paz.

Fui convidado para ser vogal da Comissão Nacional Justiça e Paz há cerca de vinte anos por Armando Sales Luís. Da equipa que então se formou, faziam parte, como vice-presidentes, Alfredo Bruto da Costa e Manuela Silva. No final desse mandato (de três anos), esta assumiu a presidência da Comissão, por mais dois mandatos (seis anos, portanto), e nos dois mandatos seguintes foi Alfredo Bruto da Costa quem assumiu essa presidência. Fui vogal da Comissão durante todo esse período. Desde então, venho assumindo a sua presidência.

Quando penso nestas três figuras de meus antecessores, vem-me à mente aquela imagem, muitas vezes evocada em diferentes contextos, do anão em cima de gigantes. Sinto que os três contribuíram para que na Igreja e na sociedade portuguesas se criassem expetativas a respeito da missão da Comissão Nacional Justiça e Paz que representam, para os que hoje dela somos membros, uma grande responsabilidade. Sabemos que somos "anões", mas também que beneficiamos do trabalho dos "gigantes" que nos precederam.

De Alfredo Bruto da Costa e Manuela Silva já muito se escreveu sublinhando o papel que tiveram na sociedade portuguesa, muito para além da esfera eclesial. Podemos dizer que foi um papel histórico, pois foram dos primeiros a estudar o fenómeno da pobreza em Portugal e a despertar a Igreja e a sociedade civil para a urgência de o erradicar, como violação da dignidade humana que é.

Poderei partilhar um pouco da minha experiência de convivência com Manuela Silva durante o período em que fui vogal da Comissão Nacional Justiça e Paz. Muito haveria a dizer a este respeito. Poderei, por exemplo, salientar como ela e Alfredo Bruto da Costa, de maneiras muito diferentes, trabalhavam e levavam os outros a trabalhar com eles: ele mais contido nas propostas e iniciativas, ela mais dinâmica, quase "imparável".

Posso, pois, testemunhar, no que a Manuela Silva diz respeito, a sua extraordinária capacidade de iniciativa, de criatividade, de dinamismo e de coordenação de trabalho em equipa. Não poupava esforços. Não se resignava a rotinas. Trabalhava com ardor e entusiamo e levava os outros a trabalhar com ela com o mesmo ardor e entusiasmo. O seu ardor e entusiamo eram, pois, naturalmente contagiantes e, por isso, as suas exigências de trabalho não eram sentidas pelos outros membros da Comissão como uma imposição ou um peso (eu nunca o senti).

Para Manuela Silva (como também para Alfredo Bruto da Costa), as causas da justiça e da paz constituíam um objetivo a que dedicavam, de forma absolutamente desinteressada e sem reservas, boa parte das suas vidas. Conhecendo-os mais de perto, posso assegurar como essa dedicação era uma consequência da sua fé cristã. Era esta que os movia e lhes dava força. Por detrás dos empenhos sociais e, nalguns casos, também políticos, estava uma profunda vida espiritual de união com Deus. Era isso que eu podia detetar nas suas palavras e atitudes.

Por outro lado, as exigências de justiça e de serviço aos pobres não eram algo que, para qualquer deles, se traduzisse apenas (como muitas vezes sucede) em reivindicações a apresentar às instâncias do poder, ou em opções ideológicas sem consequência no plano da vida pessoal. Eles próprios, sem disso fazerem qualquer publicidade, davam um testemunho pessoal de uma vida sóbria e de serviço aos pobres. Recordo muito bem, por exemplo, o caso de uma jovem angolana que fez estudos universitários graças à ajuda regular de Manuela Silva (como uma verdadeira bolsa de estudo), que para tal reservava parte da sua pensão de reforma.

Eram as exigências evangélicas do amor ao irmão que faziam com que, para Manuela Silva (como também para Alfredo Bruto da Costa) a pobreza, enquanto privação das necessidades básicas exigidas pela dignidade da pessoa, não devesse ser encarada como uma fatalidade irremediável e devesse ser considerada uma violação dos direitos humanos. Não bastava limitar os efeitos mais chocantes da pobreza, havia que a erradicar. Essa erradicação não deveria ser um objetivo secundário da ação política, deveria ser uma prioridade anterior a outros objetivos (mesmo que importantes) dessa ação (o que, verdadeiramente, nunca se verificou entre nós). E a erradicação da pobreza não poderia ser alcançada sem a justiça na distribuição dos rendimentos.

Que a pobreza deve ser considerada uma violação dos direitos humanos, foi solenemente declarado numa resolução da Assembleia da República (a resolução n.º 31/2008, de 4 de agosto), aprovada por unanimidade, que seguiu uma proposta da Comissão Nacional Justiça e Paz devida à iniciativa de Manuela Silva e Alfredo Bruto da Costa. A resolução não se limita, porém, a proclamar tal verdade (o que já seria da máxima relevância); recomenda a definição de um limiar de pobreza em função do nível de rendimento nacional e das condições de vida padrão na nossa sociedade, a avaliação regular das políticas públicas de erradicação da pobreza e que esse limiar de pobreza estabelecido sirva de referência obrigatória à definição e à avaliação dessas políticas. Apesar da unanimidade na aprovação destas recomendações, elas têm sido esquecidas desde então.

Os interesses e preocupações de Manuela Silva estendiam-se, porém, a uma muito vasta gama de questões, que são abarcadas pelo campo de missão da Comissão Nacional Justiça e Paz: a paz nas relações internacionais, os direitos humanos em geral, a promoção da mulher na sociedade e na Igreja, o projeto de unidade europeia, a educação, *etc*.

Sempre que eu que lhe enviava algum texto que a pudesse interessar, não deixava de o ler e de me enviar um comentário como resposta. Nem sempre estivemos de acordo em tudo, apesar de ambos nos guiarmos pelos princípios da doutrina social da Igreja. Mas isso nunca ensombrou a nossa amizade, o diálogo nunca se quebrou e ela sempre procurou colocar em luz aquilo em que concordávamos.

Para além de ter conhecido Manuela Silva através da Comissão Nacional Justiça e Paz, também a conheci através do Movimento dos Focolares (um movimento católico com abertura ecuménica no mais amplo sentido desta palavra), porque ela participou várias vezes em encontros de lançamento e divulgação do projeto de Economia de Comunhão (nascido no âmbito desse movimento) a que mais tarde veio a ser dado relevo na encíclica *Caritas in Veritate* de Bento XVI. De certa forma, ela foi quem em Portugal deu "aval" académico a esse projeto, em que via também um modo de viver o Evangelho no âmbito das empresas e a quem, desde o início, atribuiu uma dimensão "profética".

A Economia de Comunhão é um projeto de empresas inseridas no mercado que se propõem destinar os lucros da sua atividade aos pobres (em ajudas tendentes a assegurar uma sua futura auto-suficiência), a atividades formativas no âmbito de uma cultura da doação e da partilha e a investimentos que promovam o seu crescimento como empresa. Este projeto pretende, pois, testemunhar que a economia não tem de reger-se necessariamente pela lógica do interesse individual, como se a doação e a gratuidade devessem ser sempre relegadas para fora do seu âmbito.

Sobre este projeto, afirmou Manuela Silva num colóquio que decorreu na Torre do Tombo, em Lisboa, a 23 de junho de 1998[1]:

> «*Diante de uma imensa multidão de marginalizados e excluídos (figurados na coroa dos favelados em torno da próspera cidade de São Paulo), Clara*[2] *ousa afirmar que não pode deixar de existir um outro modo de organizar a economia.*
>
> *Imbuída do espírito do Evangelho, acredita que este tem implicações não só no plano da transformação da vida pessoal dos crentes, como também deve penetrar a vida colectiva onde as pessoas estão presentes, incluindo a organização da própria autonomia.*
>
> *Conhecedora do Pensamento Social da Igreja, acredita que este se pode converter em boa prática de organização empresarial, assegurar a melhor*

[1] «A "Economia de Comunhão" – Um Novo Paradigma de Racionalidade Económica», *in "Cultura do Dar" Da Solidariedade à Reciprocidade Projeto para uma "Economia de Comunhão"*, Edição A.M.U. – Ações para um Mundo Unido, Lisboa 1999, págs. 37 a 44.

[2] Refere-se à fundadora do Movimento dos Focolares, Chiara (Clara) Lubich.

valorização dos recursos, incluindo os recursos humanos, e presidir às relações económicas.

Destas premissas decorre o seu apelo a uma "economia de comunhão".

O Movimento que fundou e a que preside acolheu o desafio e há quase uma década vem ensaiando aparentemente com êxito, uma nova racionalidade económica a partir da empresa e suas relações com outros agentes económicos.

Está chegada a hora, penso, de reflectir sobre a possibilidade de uma maior generalização do experimento. Nomeadamente, caberá saber se ele é viável para além das fronteiras do grupo específico em que tem tido sucesso.

Não seria a primeira vez na História que comunidades espirituais, fiéis ao seu carisma próprio, estariam na génese de alterações profundas na vida económica e sócio-cultural e política das populações em que estavam inseridas. É o caso, por exemplo, da ação dos monges de Cister. Em Portugal, decorrem, nestes dias, celebrações dos 900 anos da fundação da ordem de Cister. É reconhecido o impacte que os cistercienses tiveram no desenvolvimento das populações rurais, através de uma verdadeira revolução no modelo de organização da agricultura de então.

Por que não perspectivar o projecto da "economia de comunhão" em termos de ele poder vira ater um efeito ampliado num modelo económico, de raiz humanista e solidária, para o século XXI?

Penso que o modelo é propício.

Face à gravidade das disfunções do modelo vigente e a que aludimos, começam a emergir, aqui e além, iniciativas que pretendem contrariar a "racionalidade" económica dominante e pôr em causa os seus fundamentos.

(...)

O modelo económico vigente conseguiu impor a sua "racionalidade" como única a fazê-la referendar cientificamente. Fê-lo à custa do silenciamento das variáveis que definem o bem-estar humano, a solidariedade, o equilíbrio ecológico e a paz social, como se a economia fosse dotada de autonomia e justificação em si mesma e não devesse estar ao serviço daqueles bens superiores.

Assim, mesmo quando dá conta das perversidades e horrores económicos, considera-os como fenómenos acidentais e inevitáveis, meras desregulações que o tempo ajudará a corrigir.

Outro dos vícios do pensamento dominante é que ele ignora a relação existente entre economia e ética, colocando a economia em posição de definira as suas próprias finalidades no sistema fechado dos seus próprios critérios. Descodificar esta relação e trazer à luz dos pressupostos implícitos nestes juízos constitui um passo importante na procura de uma nova racionalidade económica.

Por último, queria pôr grande ênfase na necessidade de cuidar da formação de quantos tomam parte na "economia de comunhão". É que a "racionalidade" económica dominante vai a par com uma dada cultura, a qual impregna a mentalidade corrente de um individualismo extremo, de materialismo prático e de propensão ao consumismo, à desresponsabilização face ao colectivo e à insolidariedade para com outros grupos e povos. Num tal quadro de referência, não faz qualquer sentido falar de "economia de comunhão". Assim sendo, só uma nova mundividência, que assente na valorização da pessoa humana, sua dignidade e liberdade, no valor da fraternidade e da solidariedade entre todos os povos, no respeito pela Natureza e na auto-responsabilização, pode viabilizar e sustentar uma nova racionalidade económica, ao estilo da "economia de comunhão".

Nunca a economia e a cultura, tanto as dominantes como as subversivas, estiveram tão estreitamente associadas.

Importa tomar consciência desta relação íntima e fazer acompanhar os projectos de "economia de comunhão" dos sinais reveladores da nova cultura que os sustenta. São eles que permitirão ir fazendo caminho no sentido de despertar e formar a consciência colectiva: no sentido da maior humanização, solidariedade e auto-responsabilização face ao Presente e face ao Futuro.»

Nestas palavras, podemos verificar como Manuela Silva identificava no projeto de Economia de Comunhão a sua raiz evangélica, aquela que também inspirava o seu próprio empenho cívico, como vimos. O Evangelho não deve inspirar apenas a vida pessoal, mas contém em si uma potência transformadora das estruturas sociais.

Manuela Silva identificava também nesse projeto o germe de uma nova racionalidade económica e de uma nova cultura. Nesse sentido, atribuía-lhe um alcance "profético".

Alguns anos mais tarde (em 2009), a encíclica do Papa Bento XVI *Caritas in Veritate* veio a salientar a relevância da nova racionalidade económica proposta pela Economia de Comunhão (e certamente por outros projetos e iniciativas análogos). Ou seja: que que a economia não tem de reger-se necessariamente pela lógica do interesse individual, como se a doação e a gratuidade devessem ser sempre relegadas para fora do seu âmbito

Vejamos o que afirma a este respeito a encíclica *Caritas in Veritate*:

> «*36. A atividade económica não pode resolver todos os problemas sociais através da simples extensão da* lógica mercantil. *Esta há de ter como* finalidade a prossecução do bem comum, *do qual se deve ocupar também e sobretudo a comunidade política. Por isso, tenha-se presente que é causa de graves desequilíbrios separar o agir económico – ao qual competiria apenas produzir riqueza – do agir político, cuja função seria buscar a justiça através da redistribuição.*
>
> *Desde sempre a Igreja defende que não se há de considerar o agir económico como anti-social. De per si o mercado não é, nem se deve tornar, o lugar da prepotência do forte sobre o débil. A sociedade não tem que se proteger do mercado, como se o desenvolvimento deste implicasse* ipso facto *a morte das relações autenticamente humanas. É verdade que o mercado pode ser orientado de modo negativo, não porque isso esteja na sua natureza, mas porque uma certa ideologia pode dirigi-lo em tal sentido. Não se deve esquecer que o mercado, em estado puro, não existe; mas toma forma a partir das configurações culturais que o especificam e orientam. Com efeito, a economia e as finanças, enquanto instrumentos, podem ser mal utilizadas se quem as gere tiver apenas referimentos egoístas. Deste modo é possível conseguir transformar instrumentos* de per se *bons em instrumentos danosos; mas é a razão obscurecida do homem que produz estas consequências, não o instrumento por si mesmo. Por isso, não é o instrumento que deve ser chamado em causa, mas o homem, a sua consciência moral e a sua responsabilidade pessoal e social.*
>
> *A doutrina social da Igreja considera possível viver relações autenticamente humanas de amizade e camaradagem, de solidariedade e reciprocidade, mesmo no âmbito da atividade económica e não apenas fora dela ou "depois" dela. A área económica não é eticamente neutra nem de natureza desumana e anti-social. Pertence à atividade do homem; e, precisamente porque humana, deve ser eticamente estruturada e institucionalizada.*
>
> *O grande desafio que temos diante de nós – resultante das problemáticas do desenvolvimento neste tempo de globalização, mas revestindo-se de maior*

exigência com a crise económico-financeira – é mostrar, a nível tanto de pensamento como de comportamentos, que não só não podem ser transcurados ou atenuados os princípios tradicionais da ética social, como a transparência, a honestidade e a responsabilidade, mas também que, nas relações comerciais, *o* princípio de gratuidade *e a lógica do dom como expressão da fraternidade podem e devem* encontrar lugar dentro da atividade económica normal. *Isto é uma exigência do homem no tempo atual, mas também da própria razão económica. Trata-se de uma exigência simultaneamente da caridade e da verdade.*

37. A doutrina social da Igreja sempre defendeu que a justiça diz respeito a todas as fases da atividade económica, *porque esta sempre tem a ver com o homem e com as suas exigências. A angariação dos recursos, os financiamentos, a produção, o consumo e todas as outras fases do ciclo económico têm inevitavelmente implicações morais. Deste modo cada decisão económica tem consequências de carácter moral. Tudo isto encontra confirmação também nas ciências sociais e nas tendências da economia atual. Outrora talvez se pudesse pensar, primeiro, em confiar à economia a produção de riqueza para, depois, atribuir à política a tarefa de a distribuir; hoje tudo isto se apresenta mais difícil, porque, enquanto as atividades económicas deixaram de estar circunscritas no âmbito dos limites territoriais, a autoridade dos governos continua a ser sobretudo local. Por isso, os cânones da justiça devem ser respeitados desde o início enquanto se desenrola o processo económico, e não depois ou marginalmente. Além disso, é preciso que, no mercado, se abram espaços para atividades económicas realizadas por sujeitos que livremente escolhem configurar o próprio agir segundo princípios diversos do puro lucro, sem por isso renunciar a produzir valor económico. As numerosas expressões de economia que tiveram origem em iniciativas religiosas e laicas demonstram que isto é concretamente possível.*

Na época da globalização, a economia denota a influência de modelos competitivos ligados a culturas muito diversas entre si. Os comportamentos económico-empresariais daí resultantes possuem, na sua maioria, um ponto de encontro no respeito da justiça comutativa. A vida económica *tem, sem dúvida, necessidade do* contrato, *para regular as relações de transação entre valores equivalentes; mas precisa igualmente de* leis justas *e de* formas de redistribuição *guiadas pela política, para além de obras que tragam impresso o espírito do dom. A economia globalizada parece privilegiar a primeira lógica, ou seja, a da transação contratual, mas direta ou indiretamente dá provas de necessitar também das outras duas: a lógica política e a lógica do dom sem contrapartida.*

38. O meu antecessor João Paulo II sublinhara esta problemática, quando, na Centesimus annus, *destacou a necessidade de um sistema com três sujeitos: o* mercado, *o* Estado *e a* sociedade civil. *Ele tinha identificado na sociedade civil o âmbito mais apropriado para uma* economia da gratuidade *e da fraternidade, mas sem pretender negá-la nos outros dois âmbitos. Hoje, podemos dizer que a vida económica deve ser entendida como uma realidade com várias dimensões: em todas deve estar presente, embora em medida diversa e com modalidades específicas, o aspeto da reciprocidade fraterna. Na época da globalização, a atividade económica não pode prescindir da gratuidade, que difunde e alimenta a solidariedade e a responsabilidade pela justiça e o bem comum em seus diversos sujeitos e atores. Trata-se, em última análise, de uma forma concreta e profunda de democracia económica. A solidariedade consiste primariamente em que todos se sintam responsáveis por todos e, por conseguinte, não pode ser delegada só ao Estado. Se, no passado, era possível pensar que havia necessidade primeiro de procurar a justiça e que a gratuidade intervinha depois como um complemento, hoje é preciso afirmar que, sem a gratuidade, não se consegue sequer realizar a justiça. Assim, temos necessidade de um mercado, no qual possam operar, livremente e em condições de igual oportunidade, empresas que persigam fins institucionais diversos. Ao lado da empresa privada orientada para o lucro e dos vários tipos de empresa pública, devem poder-se radicar e exprimir as organizações produtivas que perseguem fins mutualistas e sociais. Do seu recíproco confronto no mercado, pode-se esperar uma espécie de hibridização dos comportamentos de empresa e, consequentemente, uma atenção sensível à civilização da economia. Neste caso, caridade na verdade significa que é preciso dar forma e organização àquelas iniciativas económicas que, embora sem negar o lucro, pretendam ir mais além da lógica da troca de equivalentes e do lucro como fim em si mesmo.»*

Perante estas afirmações, atrevo-me a exprimir a minha pouco autorizada opinião de que Manuela Silva identificou já em 1988 exigências de uma nova racionalidade económica que vieram a ser postas em relevo anos mais tarde pela encíclica *Caritas in Veritate*.

Dos meus relacionamentos com Manuela Silva, e do que a partir daí posso testemunhar, quero, pois, destacar a sua fé cristã como fonte inspiradora da sua vida pessoal e do seu empenho cívico. Posso dizer que ela se entregou a uma missão a que se sentia chamada por Deus.

A propósito dessa sua capacidade de entrega à missão a que se sentia chamada por Deus, impõe-se fazer referência ao último período da sua vida terrena, que também acompanhei. Ela nunca esmoreceu nessa capacidade de entrega com o avançar da idade (faleceu com 87 anos). Nunca pensou gozar o merecido repouso de quem atinge a idade da reforma. E também não esmoreceu com a manifestação da doença que a veio a vitimar.

Depois de superada uma primeira fase dessa doença (fase que a obrigou a suspender todas as suas intensas atividades precedentes), foi a alma inspiradora e a principal impulsionadora da rede "Cuidar da Casa Comum – a Igreja ao serviço da Ecologia Integral", uma rede que pretende responder aos apelos da encíclica *Laudato Si`* no sentido de uma "conversão ecológica" e de uma "ecologia da vida quotidiana", e a que ela quis associar, desde o seu início, também a Comissão Nacional Justiça e Paz. Em poucos meses, conseguiu congregar nessa rede (com a ajuda de outras pessoas, certamente, mas sendo o seu contributo decisivo) mais de quarenta instituições. Isso porque levou muito a sério esses apelos do Papa, que para ela não podiam permanecer letra morta. E porque parecia não querer desperdiçar nenhum momento da sua vida, nem mesmo os últimos.

Quando a nova fase da doença, que veio a ser fatal, a obrigou de novo a suspender as suas atividades, e apesar da extrema dureza da sua situação, não deixou de acompanhar e encorajar as atividades dessa rede. Quando, com um amigo, a visitei poucos dias antes do seu falecimento, não deixou de dar sugestões para a preparação do encontro *A economia de Francisco,* para o qual o Papa Francisco convocou jovens estudantes de economia e jovens empreendedores, em ordem a uma nova economia ao serviço da pessoa, dos pobres e da integridade da Criação (precisamente, um objetivo que orientou sempre a sua vida académica e a sua intervenção cívica).

2

A VIDA, O PENSAMENTO E A OBRA

Na esteira de Manuela Silva: Um olhar sensível ao género sobre a pobreza urbana em Portugal

Ana Cardoso; Heloísa Perista[*]

Os primeiros estudos sobre a pobreza em Portugal, desenvolvidos sob a coordenação de Manuela Silva e Alfredo Bruto da Costa, nomeadamente a investigação sobre 'Pobreza urbana em Portugal: um inquérito a famílias em *habitat* degradado, nas cidades de Lisboa, Porto e Setúbal', e a publicação dos respetivos resultados sob a forma de livro nos finais da década de 80 do século XX, tiveram um grande impacto, a nível político e social, revelando a dimensão e os contornos da pobreza na sociedade portuguesa.

Estes trabalhos pioneiros abriram caminho para uma tomada de consciência coletiva[1] de que a pobreza constitui uma violação dos direitos humanos, tal como consagrado na Carta das Nações Unidas e na Declaração Universal dos Direitos Humanos. Todas as mulheres e todos os homens têm direito a estes direitos, sem discriminação. 'Todos os seres humanos podem invocar os direitos e as liberdades proclamados na presente Declaração, sem distinção alguma, nomeadamente de raça, de cor, de sexo, de língua, de religião, de opinião política ou outra, de origem nacional ou social, de fortuna, de nascimento ou de qualquer outra situação' (artigo 2.º da Declaração Universal dos Direitos Humanos[2]).

---

[*] CESIS – Centro de Estudos para a Intervenção Social.

[1] Caminho este que, porém, carece ainda hoje de continuar a ser trilhado.

[2] Disponível em: https://unric.org/pt/declaracao-universal-dos-direitos-humanos.

Em boa medida graças à influência persistente e determinada de Manuela Silva, em 4 de julho de 2008 foi aprovada no Parlamento português a Resolução da Assembleia da República n.º 31/2008 que vem 'declarar solenemente que a pobreza conduz à violação dos direitos humanos'[3].

É nesta senda que, volvidas mais de três décadas sobre as primeiras publicações sobre a pobreza em Portugal, nós – que, nessa altura, eramos duas sociólogas da jovem equipa do Departamento de Pesquisa Social do Centro de Reflexão Cristã e encetávamos a nossa iniciação no labor de investigação científica, o que em muito beneficiou do acompanhamento rigoroso e exigente mas sempre presente, pedagógico e formativo da Professora Manuela Silva – nos propomos, na ocasião presente, revisitar algumas das principais conclusões destes estudos, atualizando-as e discutindo-as.

Continua a ser sobejamente reconhecido que 'a maior parte da população em risco de pobreza reside nas cidades' (Observatório Nacional de Luta contra a Pobreza, 2021: 42). Assim, entendemos colocar o nosso enfoque nas duas maiores cidades do país, Lisboa e Porto (embora com as limitações impostas pela informação disponível, nalguns casos, por exemplo, relativa não à cidade mas à Área Metropolitana de Lisboa ou, em muitos casos, apenas disponível para a Região Norte, e não para o Porto).

Se é certo que, em 2019, a taxa de risco de pobreza era, na Área Metropolitana de Lisboa, a menor no contexto do país – 11,1 % e 16,2 %, respetivamente, em contrapartida, é também na Área Metropolitana de Lisboa que se regista uma muito forte desigualdade na distribuição de rendimentos (medida através do coeficiente de Gini) – 30,8 %, apenas ultrapassada na Região Autónoma dos Açores: 34,5 % (INE, Inquérito às Condições de Vida e Rendimento, ICOR – EU SILC 2020).

As estatísticas oficiais disponíveis ainda não permitem medir os impactes da Covid-19 ao nível da evolução da pobreza. Contudo,

---

[3] Disponível em: https://dre.pt/dre/detalhe/resolucao-assembleia-republica/31-2008-454368.

estudos recentes concluem que a situação pandémica contribuiu para agravar desigualdades sociais e económicas pré-existentes, assumindo repercussões mais severas entre grupos sociais mais vulneráveis e acentuando as desigualdades entre mulheres e homens (ver, por exemplo, a este respeito, EIGE, 2021; Eurofound, 2020, 2021).

Afigura-se, pois, seriamente comprometida a prossecução da Agenda 2030 e dos Objetivos de Desenvolvimento Sustentável (doravante, ODS)[4], em particular no que respeita ao ODS 1 – 'Erradicar a pobreza em todas as suas formas, em todos os lugares'.

Escrever um texto curto, num domínio tão amplo como este, implica fazer escolhas e definir prioridades em relação às áreas temáticas a abordar. Nas páginas que se seguem, o nosso enfoque recairá particularmente sobre questões relacionadas com a habitação; abordaremos também aspetos nos domínios da educação e do trabalho e emprego; sendo estes três domínios nos quais radicam algumas das principais causas estruturais da pobreza.

A partir dos primeiros estudos sobre a pobreza urbana em Portugal, e graças ao olhar sempre atento de Manuela Silva às desigualdades entre mulheres e homens, tornou-se evidente a particular vulnerabilidade das mulheres à pobreza, bem como as especificidades da vivência da pobreza no feminino. Tal veio a ser objeto de pesquisa no âmbito do estudo 'A pobreza no feminino na cidade de Lisboa', que, sob a coordenação de Manuela Silva, foi publicado em 1992. Também nós adotaremos neste texto, sempre que as fontes assim o permitam, uma perspetiva sensível ao género.

1. Habitação

Reconhecendo que a pobreza urbana é uma realidade complexa e pluriforme, o estudo coordenado por Manuela Silva e Alfredo Bruto da Costa foca-se num dos seus tipos, que é a pobreza característica de

---

[4] Disponível em: https://unric.org/pt/Objetivos-de-Desenvolvimento-Sustentavel/.

espaços urbanos degradados. O *habitat* pode, pois, constituir-se como indicador e fator de pobreza, assumindo-se que 'o mero facto de se habitar, involuntariamente, em áreas onde não existem infraestruturas urbanas mínimas e em habitações rudimentares desprovidas de padrões de conforto aceitável é, por si só, uma condição de pobreza' (Silva e Bruto da Costa, coord., 1989: 14).

Concluía-se, na altura, que a incidência da pobreza entre a população então inquirida residente em *habitat* urbano degradado nunca era inferior a 57 % e atingia 94 % nas famílias mais numerosas (com cinco ou mais elementos) (*ibidem*).

De acordo com a tipologia definida no estudo, foram identificadas quatro categorias de *habitat* urbano degradado: i) *habitat* espontâneo; ii) bairros camarários de *status* ou condições precárias; iii) bairros de realojamento definitivo; e iv) prédios e casas velhas degradadas dispersas no tecido da cidade.

Face à ausência de dados fiáveis acerca do universo de fogos (e, logo, de unidades domésticas) abrangidos por estas categorias de *habitat*, nas áreas territoriais de Lisboa, Porto e Setúbal, foi na altura (em 1986-1987) feito um levantamento prévio junto de entidades relevantes e pessoas observadoras privilegiadas, conjugado com visitas ao terreno. Deste levantamento resultou a identificação de um universo de 73 306 fogos, dos quais 53 249 na cidade de Lisboa e em freguesias limítrofes dos concelhos de Amadora, Loures, Oeiras e Almada, e 14 409 na cidade do Porto.

Este panorama conheceu uma transformação significativa nas últimas décadas, sobretudo com a implementação do Programa Especial de Realojamento – PER, criado em 1993[5], que teve como objetivo central proceder à erradicação das barracas existentes e ao, consequente, realojamento de quem as ocupava em habitações de custos controlados nas áreas metropolitanas de Lisboa e Porto.

Contudo, o levantamento nacional das necessidades de realojamento habitacional realizado pelo Instituto da Habitação e da Reabi-

---

[5] Decreto-Lei n.º 163/93, de 7 de maio. Disponível em: https://files.dre.pt/1s/1993/05/106a00/23802383.pdf.

litação Urbana – IHRU revelava que, em 2018, persistiam situações de grave carência habitacional no país e, em particular, nas áreas metropolitanas. Nesta data, as áreas metropolitanas concentravam 74 % do total de famílias a realojar, o que corresponde a 13 828 famílias na Área Metropolitana de Lisboa e 5 222 na Área Metropolitana do Porto (IHRU, 2018). Entre estas, perdura um número significativo de famílias que residem em barracas e construções precárias e em acampamentos.

Ainda, a taxa de privação severa das condições da habitação situava-se em 4,1 %, no país, em 2018, o que quer dizer que mais de quatro em cada 100 agregados domésticos apresentavam pelo menos um dos seguintes problemas: não dispor de instalações de banho ou duche no interior do alojamento; não dispor de sanita completa no interior do alojamento; ter problemas de respasse de água ou apodrecimento de janelas e soalhos; ou não dispor de iluminação natural insuficiente. Esta taxa aumenta para 8,7 % entre as pessoas que se encontravam em risco de pobreza monetária. (Observatório das Desigualdades, 2019a)

Constituindo, como se dizia acima citando o estudo da pobreza urbana, o viver em *habitat* degradado, por si só, um indicador de pobreza, a persistência de condições habitacionais precárias contraria o direito consagrado no artigo 25.º da Declaração Universal dos Direitos Humanos, negando a todas as pessoas – mulheres, homens e crianças – que vivem nessas condições, o direito a 'um nível de vida suficiente para assegurar a si e à sua família a saúde e o bem-estar, nomeadamente quanto ao alojamento'.

Ainda que condições de habitabilidade possam estar garantidas, quando a casa se integra em bairros de realojamento, pode presumir-se que o direito acima enunciado continua a ser comprometido, na medida em que a generalidade das pessoas que residem nestes bairros não serão autossuficientes para garantir o acesso a uma casa, em condições dignas, no mercado regular de habitação.

A concentração de pessoas em risco de pobreza ou exclusão social em bairros sociais de realojamento é tornada evidente pelos resultados do EU-SILC 2020 que revelam que, em 2019, 37,4 % das pessoas arrendatárias com renda a preço reduzido ou gratuita estavam em risco de pobreza ou exclusão social (enquanto esta taxa era de 27,6 % das pessoas arrendatárias com renda a preço de mercado e de cerca de 12 % entre quem é proprietário/a de uma habitação com hipoteca ou crédito) (Observatório Nacional de Luta contra a Pobreza, 2021: 21).

É, por outro lado, sobejamente reconhecido que residir em *habitat* urbano degradado se constitui como fator de pobreza, desde logo na sua relação com a saúde. A habitação é, sem dúvida, um dos principais determinantes da saúde (ver, por exemplo, a este respeito, WHO, 2018). Más condições de habitabilidade expõem as pessoas a riscos vários, em termos físicos – por exemplo, risco acrescido de problemas respiratórios e cardiovasculares, muitas vezes associado a uma situação de pobreza energética[6] – mas também no que respeita ao seu bem-estar mental e psicológico. Refira-se, ainda, que construções pouco seguras e com recurso a materiais de pior qualidade podem representar um maior risco de acidentes, em particular, para crianças, pessoas idosas e pessoas com incapacidade ou deficiência.

Recuperemos, agora, a perspetiva da Organização Mundial de Saúde (WHO, 2018) de que a casa deverá ser sinónimo de lar, sentimento de pertença e de segurança, fatores essenciais para 'tornar as cidades e comunidades inclusivas, seguras, resilientes e sustentáveis', tal como preconiza o ODS 11. No entanto, este é um objetivo, em larga medida, por cumprir.

Escrevia-se em 1989, no estudo sobre a pobreza urbana, que 'embora fisicamente segregados e socialmente marginalizados, é importante ter presente que tal situação marginal é provocada não por uma deficiente integração por parte dos pobres, mas por uma estigmatização e exclusão de um sistema que é socialmente fechado e que permite que existam pessoas que ainda dizem "o meu filho não

[6] De acordo com dados provisórios relativos a 2020 do ICOR, 17,4 % das pessoas residentes em Portugal não tinham capacidade para manter a casa adequadamente aquecida. Disponível em: https://www.ine.pt/xportal/xmain?xpid=INE&xpgid=ine_destaques&DESTAQUESdest_boui=415625695&DESTAQUESmodo=2.

traz colegas cá a casa, porque tem vergonha de dizer onde mora"' (Silva e Bruto da Costa, coord., 1989: 166). Ora, ainda que, entre outros fatores, o crescimento das cidades e a expansão da malha urbana tenham atenuado o isolamento físico de alguns bairros de realojamento, viver nestes contextos continua, ainda hoje, a estar associado a processos de estigmatização que dificultam a inclusão de quem neles mora, nomeadamente, na escola e no mercado de trabalho.

Veja-se, por exemplo, como na cidade do Porto a designação 'moradores dos bairros' é uma expressão que significa segregação, isolamento e exclusão (SINCLAB, 2019).

Ou como, na cidade de Lisboa, 'apesar de a habitação social ser uma solução para condições indignas de alojamento, o realojamento com frequência não tem sido fator de inclusão social. Pelo contrário, os bairros de realojamento mantêm-se como territórios socialmente vulneráveis e a população que neles reside é vista, pela cidade, na sua diferença negativa. Na visibilidade dessa diferença, as mulheres são grandes protagonistas: porque são elas que mais frequentam os serviços e equipamentos (...) porque estão mais pelo bairro já que são, também elas, as mais afetadas pelo desemprego ou subemprego.' (CESIS / CML, 2019: 99). Esta última constatação já, em 1992, era feita no estudo coordenado por Manuela Silva sobre a pobreza no feminino na cidade de Lisboa (Perista *et al.*, 1992).

A estigmatização de pessoas e grupos sociais residentes em *habitat* urbano degradado, em determinados momentos, e em particular em territórios onde há uma forte visibilidade de pessoas ciganas, conhece novos e reforçados contornos, tal como foi o caso durante o período inicial da pandemia da Covid-19. Alguns destes territórios foram, por certos atores sociais e políticos, encarados como focos de contágio e de propagação da infeção por SARS-COV 2, dada a perceção de incumprimento das regras sanitárias de uso de máscara, lavagem frequente das mãos e distanciamento físico por parte das pessoas que neles residem.

Entre os efeitos da crise financeira global de 2007-2008, em Portugal, a habitação evidencia-se como um fator acrescido de vulnerabilidade e de empobrecimento das famílias. O aumento do desemprego então registado – tendo atingido um pico em 2013, com uma taxa de desemprego de 16,2 % (16 % para os homens e 16,4 % para as mulheres) (INE, Inquérito ao Emprego) -, associado ao aumento dos custos com a habitação, conduziu a situações dramáticas de sobre-endividamento e de incumprimento em relação a créditos bancários à habitação. Observando o número de devedores/as de empréstimos concedidos pelo setor financeiro a famílias com a finalidade habitação, no período 2009-2020, verifica-se que este alcançou o seu valor máximo em 2011, em particular na Área Metropolitana de Lisboa – 744,6, que apresenta uma percentagem de devedores/as superior à média nacional (o número de devedores/as em Portugal era de 2 270, em 2011) (Observatório das Desigualdades, 2019b).

Ao longo da última década, os custos com a habitação, tanto ao nível das rendas como das vendas de alojamentos familiares, conheceram um crescimento vertiginoso em Portugal, designadamente nas cidades de Lisboa e Porto, o que veio acentuar as dificuldades de acesso à habitação, em particular por parte das famílias com mais baixos rendimentos. Quanto ao valor de novos contratos de arrendamento de alojamentos familiares, em 2017, a cidade de Lisboa apresentou o valor mais elevado do país: 9,62 € por metro quadrado; no segundo trimestre de 2021 este valor tinha crescido para 11 € por metro quadrado; no Porto, assistiu-se também a um crescimento do valor de novos contratos de arrendamento de alojamentos familiares no mesmo período, tendo aumentado de 6,77 € por metro quadrado em 2017 para 8,77 € por metro quadrado no segundo trimestre de 2021 (INE, Estatísticas de Rendas da Habitação ao nível local). O crescimento do valor mediano das vendas de alojamentos familiares por metro quadrado é ainda mais expressivo: em Lisboa este valor era de 1875 € em 2016 e de 3299 € no primeiro trimestre de 2021, o que representa um aumento de quase 76 %; no Porto, o crescimento foi ainda maior, uma vez que este valor era de 1088 € em 2016 e de 2233 € no primeiro trimestre de 2021, o que representa um aumento de 105 % (INE, Estatísticas de Preços da Habitação ao nível local).

Os impactes da crise social e económica provocada pela pandemia da Covid-19 ao nível da garantia do direito à habitação estão ainda por avaliar, tendo em conta os efeitos que ainda se fazem sentir da implementação de medidas extraordinárias, de carácter temporário, de resposta à situação pandémica tais como as moratórias bancárias e o regime excecional para as situações de mora de arrendatários/as habitacionais no pagamento de rendas.

Entre as tendências recentes de transformação da malha habitacional nos grandes centros urbanos, cabe ainda destacar a elevada pressão sobre o imobiliário, sobretudo em áreas cobiçadas, pela sua localização e/ou vista privilegiada, que se fez sentir graças ao aumento do turismo (um processo de algum modo interrompido com a situação pandémica). A transformação de casas arrendadas para fins de habitação permanente em unidades de alojamento local, associada à reabilitação de edifícios e consequente grande aumento das rendas, esteve na origem de um significativo processo de gentrificação dos bairros históricos dos centros das cidades de Lisboa e Porto. Assistiu-se, deste modo, à reorganização da geografia social das cidades, com a substituição da função residencial para fins permanentes por alojamento temporário, e dos grupos sociais que aí residiam desde há muito (sobretudo pessoas mais velhas e/ou com poucos recursos económicos) por outros, que transportam consigo novos estilos de vida e de consumo. Refira-se, a título de exemplo, que, em boa parte na sequência destes processos, as freguesias do centro histórico de Lisboa, nomeadamente Misericórdia e Santa Maria Maior, perderam pouco mais de 14 % dos/as seus/suas eleitores/as entre 2013 e 2017 (Mendes, s.d.).

Reconhecendo o imperativo de apoiar a promoção de soluções habitacionais, que vão para além do realojamento em bairros com forte concentração de pessoas pobres, para pessoas que vivem em condições habitacionais indignas e que não dispõem de capacidade financeira para suportar o custo do acesso a uma habitação adequada, foi criado pelo Decreto-Lei n.º 37/2018, de 4 de junho, o 1.º Direito – Programa de Apoio ao Acesso à Habitação.[7] A própria designação deste programa enuncia o direito à habitação como base para acesso a outros direitos económicos e sociais.

---

[7] Disponível em: https://www.portaldahabitacao.pt/1.%C2%BA-direito.

Nos termos deste Decreto-Lei são consideradas como vivendo em condições indignas, designadamente, as pessoas sem-abrigo.

Retomando a ideia-chave, acima enunciada, de que a pobreza urbana é uma realidade complexa e pluriforme, uma das suas expressões mais visíveis é a das pessoas em situação de sem-abrigo. Não tendo sido este grupo objeto de análise no âmbito do inquérito à pobreza urbana, veio posteriormente a merecer atenção específica no estudo sobre 'os sem-abrigo' da cidade de Lisboa (Pimenta, 1989). Este estudo, de natureza qualitativa, incidiu sobre pessoas a viverem na rua, tendo identificado algumas características que ainda hoje se mantêm, grosso modo, no retrato predominante entre as pessoas sem teto, de acordo com o conceito adotado na Estratégia Nacional para a Integração de Pessoas em Situação de Sem-Abrigo – ENIPSSA 2017-2023: maioritariamente homens, solteiros, de nacionalidade portuguesa, em situação de desemprego. Em contrapartida, a ENIPSSA sinaliza um maior peso relativo de mulheres, bem como de pessoas com dependência de álcool ou substâncias psicoativas. Em 31 de dezembro de 2020 foram contabilizadas 447 pessoas sem teto no concelho de Lisboa e 192 no concelho do Porto, face a um total de 3 420 pessoas sem teto no Continente (ENIPSSA, 2021).

Garantir o acesso de todas as pessoas a uma habitação segura, adequada e a preço acessível, meta explícita do ODS 11, é, como se viu, algo que está ainda longe de ser concretizado em Portugal. O não cumprimento integral deste objetivo compromete, nomeadamente, a sustentabilidade das cidades e é sinal de que a pobreza persiste.

2. Educação

No inquérito à pobreza urbana em Portugal de 1987, um dos resultados que mais se salientou foi um muito elevado analfabetismo entre as pessoas (com mais de 12 anos) residentes em *habitat* urbano degradado: 22 % em Lisboa e 16 % no Porto. Por outro lado, as gerações mais jovens abandonavam a escola muito cedo: nove em cada 10 jovens com atividade económica tinham abandonado a escola no fim ou mesmo antes do cumprimento da escolaridade obrigatória. (Silva e Bruto da Costa, coord., 1989)

A relação entre um baixo nível de instrução, o rendimento e a pobreza identificada nestes primeiros estudos persiste de forma clara, apesar de o nível de qualificação escolar da população portuguesa em geral, incluindo da população pobre, ter aumentado significativamente desde então. Observando o ganho médio mensal, por nível de instrução, nas cidades de Lisboa e Porto, em 2019, constata-se que o ganho de trabalhadores/as por conta de outrem com um nível de instrução superior é 2,8 vezes maior do que o daqueles/as que não completaram qualquer ciclo de ensino em Lisboa e 2,4 vezes maior no Porto (Pordata – GEP, MTSSS).

Com efeito, tem sido sobejamente identificado que quanto menor o nível de escolaridade, maior o risco de pobreza ou exclusão social. O grupo com maior exposição ao risco de pobreza é a população com ensino básico ou sem qualquer grau de ensino e, em particular, a população feminina com esse nível de escolaridade. Em 2020, 29.4 % das mulheres que possuíam no máximo o ensino básico estavam em risco de pobreza ou exclusão social, comparativamente com 24.4 % dos homens com esse nível de escolaridade. (Observatório Nacional de Luta contra a Pobreza, 2021)

Por outro lado, estar em situação de pobreza influencia decisivamente o sucesso/insucesso educativo, o nível de instrução atingido, bem como aquele ao qual se aspira.

O estudo sobre o 'Estado da Educação 2019', promovido pelo Conselho Nacional de Educação, veio confirmar que existe uma associação positiva inequívoca entre recursos económicos e sociais e o sucesso académico. Portugal está entre os países que registam uma percentagem elevada da variação dos resultados dos/as alunos/as, na ordem dos 13,5 %, que é explicada pelos recursos das famílias – o nível de escolaridade e a qualificação profissional dos pais e das mães e a existência de um conjunto de bens domésticos e culturais em casa. O efeito do estatuto económico, social e cultural (*Economic, Social and Cultural Status* – ESCS) faz-se também sentir de modo significativo ao nível da retenção: os alunos e as alunas portugueses/as de contextos socialmente mais desfavorecidos têm uma probabilidade de retenção de 0,45, enquanto os/as de contextos mais favorecidos têm uma probabilidade de retenção de 0,08. Refira-se, ainda, que o impacto do ESCS também se manifesta nas expetativas dos alunos e das alunas relativamente à prossecução da sua formação escolar; em Portugal, 50 % de alunos/as com ESCS baixo e 93 % de alunos/as com ESCS elevado tencionam vir a completar o ensino superior, o que representa uma diferença de 43 pontos percentuais. (CNE, 2020)

Estes dados exprimem de forma clara a persistência de desigualdades no acesso ao sucesso educativo e a tendência para que famílias pobres gerem crianças menos escolarizadas, comprometendo-se assim o corte de um ciclo de reprodução intergeracional da pobreza. Ou, dito por outras palavras, 'mantendo estas pessoas na pobreza e a pobreza na nossa sociedade. Deste modo, entre todas as medidas de política de combate à pobreza em *habitat* degradado, lugar de destaque deverá ser dado às políticas que visam diretamente as crianças e jovens' (Cardoso, 1993: 117).

Nesse sentido, em 20 de fevereiro de 2013 foi publicada a Recomendação da Comissão Europeia 'Investir nas crianças para quebrar o ciclo vicioso da desigualdade' (2013/112/EU)[8], que acentuava a necessidade de tornar os sistemas educativos mais aptos a fazer com que todas as crianças usufruam de uma educação inclusiva e de qualidade, que contribua para o seu desenvolvimento físico, cognitivo, social e emocional.

Toda a pessoa tem direito à educação, afirma o artigo 26.º da Declaração Universal dos Direitos Humanos. Complementarmente, a educação de qualidade constitui o ODS 4. Este contempla, entre outras, a meta de, até 2030, garantir que todas as meninas e meninos completam o ensino primário e secundário.

A este propósito, importa recordar a situação das meninas ciganas. De acordo com o 'Perfil Escolar da Comunidade Cigana', da responsabilidade da Direção Geral de Estatísticas da Educação, no

[8] Disponível em: https://eur-lex.europa.eu/legal-content/PT/TXT/PDF/?uri=CELEX:32013H0112&from=EN.

ano letivo 2016/2017, estavam matriculadas nas escolas públicas do Ministério da Educação na Área Metropolitana de Lisboa um total de 3 394 crianças ciganas (1 665 meninas e 1 729 meninos), particularmente concentradas no ensino básico. Estes números revelam que é residual o número tanto de raparigas como de rapazes ciganas/os que prosseguem a sua escolaridade para além do ensino básico. No entanto, quando se considera o abandono no ensino básico verifica-se que este é um fenómeno mais acentuado entre as meninas ciganas. Os dados publicados pelo Ministério da Educação revelam que a percentagem de abandono escolar entre alunas/os da comunidade cigana no ensino básico é de 11,1 % para as meninas e de 6,8 % para os meninos. No 3.º ciclo do ensino básico essas percentagens sobem para 25,1 % e 9,2 %, respetivamente. (CESIS / CML, 2019)

Retomando a análise dos resultados obtidos através do inquérito à pobreza urbana em Portugal de 1987, mas considerando agora a situação de mulheres e homens na cidade de Lisboa, estes indicavam que o analfabetismo atingia então 35 % das mulheres, proporção que representava mais do dobro da dos homens, 17 %, residentes em *habitat* urbano degradado. Por outro lado, 48 % dos homens e 42 % das mulheres abandonaram a escola com menos de 14 anos e, destes/as, uma parte significativa, em particular das mulheres, fê-lo com menos de 10 anos. (Perista *et al.*, 1992)

Esta é uma situação que se terá invertido nas últimas décadas, com o crescente investimento escolar das mulheres e a sua sobre-escolarização em relação aos homens, no total da população residente em Portugal. Entre 2000 e 2020 é notável a redução da proporção de mulheres e homens empregados/as (15-64 anos) com o nível de escolaridade mais baixo (até ao ensino básico – 3.º ciclo). Porém, enquanto 46,7 % dos homens empregados ainda detêm, em 2020, o nível mínimo de escolaridade, 37,5 % das mulheres empregadas detêm atualmente um nível de escolaridade superior. Este valor triplicou em relação ao registado em 2000 e é maior em 14,5 pontos percentuais ao dos homens com ensino superior. (INE, Inquérito ao Emprego)

Constata-se, todavia, que o investimento escolar das mulheres não tem um retorno equivalente ao dos homens em termos dos rendimentos do trabalho. Observando o ganho médio mensal de mulheres e de homens, por nível de instrução, nas cidades de Lisboa e Porto, em 2019, constata-se que o ganho dos homens trabalhadores por conta de outrem com um nível de instrução superior é 3 vezes maior do que o daqueles que não completaram qualquer ciclo de ensino em Lisboa e 2,6 vezes maior no Porto. E o ganho das mulheres trabalhadoras por conta de outrem com um nível de instrução superior é 2,6 vezes maior do que o daquelas que não completaram qualquer ciclo de ensino em Lisboa e 2,1 vezes maior no Porto. (Pordata – GEP/MTSSS)

Por outro lado, o risco de pobreza das mulheres é sempre superior ao dos homens independentemente do nível de escolaridade, mas esta diferença é ainda mais elevada entre a população com ensino superior. Considerando a população dos 18 aos 64 anos, o risco de pobreza das mulheres com ensino superior é 33 % mais elevado do que o dos homens com este grau de ensino. (Observatório Nacional de Luta contra a Pobreza, 2021)

O efeito protetor do investimento em educação em relação à pobreza, apesar de importante, é, pois, relativo e tem a marca do género.

Por outro lado, percursos escolares mais curtos estão associados a entradas precoces no mercado de trabalho, muitas vezes de modo informal, o que representa 'uma forma clara de reprodução intergeracional de pobreza na medida em que os filhos herdam dos pais profissões socialmente desqualificadas e associadas a elevada probabilidade de precariedade no emprego e a baixos salários' (Diogo, 2015, cit. em Diogo, coord., 2021b: 152).

3. Trabalho e emprego

O estudo sobre a pobreza urbana em Portugal abrangeu, entre as mulheres e os homens então inquiridas/os, quase um terço (32 %) de pessoas que se encontravam a trabalhar. Era, paralelamente, evidente a forte concentração das mesmas em atividades que pagavam baixos salários, tais como a construção, os serviços domésticos e algumas indústrias tradicionais. (Silva e Bruto da Costa, coord., 1989)

Por sua vez, o estudo sobre a pobreza no feminino na cidade de Lisboa concluía que, apesar da percentagem de famílias pobres ser mais baixa quando os dois elementos do casal (em caso de família biparental) se encontravam a trabalhar, a pobreza absoluta atingia, ainda assim, 36 % destas famílias de duplo rendimento (Perista *et al.*, 1992).

O direito ao trabalho, nos termos consagrados no artigo 23.º da Declaração Universal dos Direitos Humanos, de que 'quem trabalha tem direito a uma remuneração equitativa e satisfatória, que lhe permita e à sua família uma existência conforme com a dignidade humana', encontra-se, pois, ameaçado, quando se assiste a uma expressão significativa de trabalhadores e trabalhadoras pobres.

Com efeito, se, em Portugal, a condição perante o trabalho é um fator importante de diferenciação no que respeita ao risco de pobreza, e a taxa de pobreza mais baixa é observada no grupo das pessoas com emprego, todavia, os dados estatísticos oficiais mais recentes, relativos a 2019, apontam para uma taxa de risco de pobreza da população empregada de 9,6 % (INE, ICOR).

Numa outra perspetiva de análise, adotada no estudo recentemente publicado sobre as faces da pobreza em Portugal (Diogo, coord., 2021b), que toma por referência não a totalidade da população trabalhadora mas a totalidade da população adulta em situação de pobreza, conclui-se que 32,9 % das pessoas pobres em Portugal são trabalhadoras (ICOR 2017).

'Em qualquer dos casos, esta constatação sugere que ter um trabalho (em muitos casos um emprego) não é garantia para se sair da situação de pobreza' (Diogo, coord., 2021b: 19).

A este respeito, e associando-o com a dimensão fundamental do 'trabalho digno' (ODS 8), importa referir que as últimas décadas em Portugal têm sido marcadas por dinâmicas de precarização e flexibilização das relações laborais. Persiste, em paralelo, um contexto de baixos salários.

E, retomando o artigo 23.º da Declaração Universal dos Direitos Humanos, quando afirma que todas as pessoas 'têm direito, sem discriminação alguma, a salário igual por trabalho igual' (princípio, aliás, plasmado em diversos instrumentos legais e normativos, a nível nacional, europeu e internacional, e em muitos casos ampliado para trabalho de valor igual), importa introduzir na nossa reflexão o efeito das disparidades remuneratórias em desfavor das mulheres na maior vulnerabilidade destas em relação à pobreza. Em Lisboa e no Porto, esta disparidade (medida através do ganho médio mensal relativo a 2019) atinge valores superiores ao do país no seu conjunto: 20,3 % em Lisboa e 20,9 % no Porto, face a17,2 % no país. E a dimensão da disparidade remuneratória é ainda maior quando se considera apenas as mulheres e os homens com nível de instrução superior: 24,8 % em Lisboa e 23,6 % no Porto (Pordata – GEP, MTSSS).

A igualdade de género, enquanto objetivo de desenvolvimento sustentável (ODS 5), surge, pois, uma vez mais, em causa. Por um lado, como vimos acima, em relação ao trabalho pago, exercido a título de atividade profissional, com base no indicador sobre a disparidade remuneratória, mas também no domínio do trabalho não pago de cuidado e doméstico.

O inquérito nacional aos usos do tempo de mulheres e homens (INUT), promovido em 2015 pelo CESIS – Centro de Estudos para a Intervenção Social em parceria com a CITE – Comissão para a Igualdade no Trabalho e no Emprego, permite quantificar as assimetrias de género na afetação de tempo às diferentes formas de trabalho nas áreas metropolitanas de Lisboa e do Porto, considerando pessoas pobres e não pobres.

É na Área Metropolitana do Porto que as mulheres pobres com atividade profissional acumulam ao seu tempo de trabalho remunerado uma jornada diária de trabalho não pago mais longa, que ultrapassa (em termos médios) as cinco horas, e na qual o trabalho de prestação de cuidados a pessoas que, por razão de idade ou condição de saúde, deles carecem assume particular expressão relativa. Neste mesmo território, os homens pobres com atividade profissional afetam, em média em cada dia, menos três horas e quatro minutos do que as mulheres ao trabalho não pago de cuidado e doméstico.

A merecer, ainda, referência particular a situação face ao tempo afeto ao trabalho pago, sobretudo, das mulheres pobres na Área

Metropolitana de Lisboa. Se o seu tempo médio diário de trabalho pago é de sete horas e dezassete minutos, este valor médio deve ser lido com cautela, na medida em que os resultados do inquérito apontam para uma elevada dispersão dos tempos de trabalho pago das mulheres pobres residentes neste território. Isto poderá sugerir, por um lado, situações de subemprego e, por outro, a acumulação de mais do que um emprego como estratégia para tentar garantir a subsistência de si próprias e das suas famílias.

Nota conclusiva

Este breve olhar sobre a pobreza urbana em Portugal permitiu concluir que, apesar de, ao longo das últimas décadas, a pobreza ter vindo a assumir diferentes contornos e expressões, se assiste à persistência de traços que marcam quem está em situação de pobreza, bem como de obstáculos no acesso a recursos por parte das mulheres e dos homens pobres.

Persiste, em paralelo, uma inequívoca natureza estrutural da pobreza em Portugal (Baptista e Perista, 2010; Diogo, coord., 2021b).

E, como sempre dizia Manuela Silva, não basta reduzir a pobreza; é indispensável erradicá-la, atuando nas suas raízes, nas suas causas estruturais.

Referências Bibliográficas

Cardoso, Ana (1993). A outra face da cidade: pobreza em bairros degradados de Lisboa. Lisboa: Câmara Municipal de Lisboa.

CESIS – Centro de Estudos para a Intervenção Social / CML – Câmara Municipal de Lisboa (2019). I Plano Municipal para a Igualdade de Género | PMIG. Disponível em: https://cidadania.lisboa.pt/fileadmin/agenda/municipio/user_upload/Plano_Municipal_para_Igualdade_de_Genero_do_Municipio_de_Lisboa_2020-2021.pdf.

CNE – Conselho Nacional de Educação (2020). Estado da Educação 2019. Disponível em: https://www.cnedu.pt/content/edicoes/estado_da_educacao/EE2019_Digital_Site.pdf.

Diogo, Fernando, coord. (2021a). A pobreza em Portugal. Trajetos e quotidianos. Disponível em: https://www.ffms.pt/FileDownload/e605ad78-e8e6-49ea-a443-d8bb8fa83659/a-pobreza-em-portugal-trajetos-e-quotidianos.

Diogo, Fernando, coord. (2021b). Faces da pobreza em Portugal. Disponível em: https://www.ffms.pt/FileDownload/6e8cd87d-5021-47ea-aa3e-6d4870aa8b2b/faces-da-pobreza-em-portugal.

EIGE (2021). Gender equality and the socio-economic impact of the COVID-19 pandemic. Disponível em: https://eige.europa.eu/publications/gender-equality-and-socio-economic-impact-covid-19-pandemic.

EUROFOUND (2020). Living, working and Covid-19. Disponível em: https://www.eurofound.europa.eu/publications/report/2020/living-working-and-covid-19.

EUROFOUND (2021). Living, working and COVID-19 (Update April 2021): Mental health and trust decline across EU as pandemic enters another year. Disponível em: https://www.eurofound.europa.eu/publications/report/2021/living-working-and-covid-19-update-april-2021-mental-health-and-trust-decline-across-eu-as-pandemic

ENIPSSA (2021). Inquérito de caracterização das pessoas em situação de sem-abrigo – 31 de dezembro 2020. Disponível em: http://www.enipssa.pt/documents/10180/11876/Inqu%C3%A9rito+de+caracteriza%C3%A7%C3%A3o+das+pessoas+em+situa%C3%A7%C3%A3o+de+sem-abrigo+%E2%80%93+31+de+dezembro+2020+%E2%80%93+Dados/f24216a3-476c-4e18-95f4-a8584b741f27.

IHRU – Instituto da Habitação e da Reabilitação Urbana (2018). Levantamento nacional das necessidades de realojamento habitacional. Disponível em: https://www.portaldahabitacao.pt/opencms/export/sites/portal/pt/portal/habitacao/levantamento_necessidades_habitacionais/Relatorio_Final_Necessidades_Realojamento.pdf.

Mendes, Luís (s.d.) Gentrificação turística em Lisboa: o imperativo da capacidade de carga turística. Disponível em: https://ecoxxi.abae.pt/wp-content/uploads/sites/5/2019/03/09_gentrifica%C3%A7%C3%A3o-APA.pdf.

Observatório das Desigualdades (2019a). Taxa de privação severa das condições da habitação. Disponível em: https://www.observatorio-das-desigualdades.com/2019/10/07/taxa-de-privacao-severa-das-condicoes-da-habitacao/?print=print.

Observatório das Desigualdades (2019b). Devedores com crédito vencido dos empréstimos concedidos pelo setor financeiro a famílias. Disponível em: https://www.observatorio-das-desigualdades.com/2019/10/09/

devedores-com-credito-vencido-dos-emprestimos-concedidos-pelo-setor-financeiro-a-familias-com-finalidade-habitacao/.

Observatório Nacional de Luta contra a Pobreza (2021). Pobreza e exclusão social em Portugal: Relatório 2021. Disponível em: https://www.eapn.pt/documento/738/pobreza-e-exclusao-social-em-portugal-relatorio-2021.

Perista, Heloísa; Gomes, Maria Emília; Silva, Manuela (coord.) (1992). A pobreza no feminino na cidade de Lisboa. Lisboa: Gráfica 2000.

Perista, Pedro; Baptista, Isabel (2010). A estruturalidade da pobreza e da exclusão social na sociedade portuguesa: conceitos, dinâmicas e desafios para a acção. Fórum Sociológico, 20: 39-46.

Pimenta, Manuel (1989). Os "sem-abrigo". Mendigos e vagabundos na cidade de Lisboa. Centro de Reflexão Cristã – Departamento de Pesquisa Social (documento não publicado).

Silva, Manuela; Bruto da Costa, Alfredo (coord.) (1989). Pobreza urbana em Portugal: um inquérito a famílias em *habitat* degradado, nas cidades de Lisboa, Porto e Setúbal. Lisboa: Centro de Reflexão Cristã – Departamento de Pesquisa Social e Cáritas Portuguesa.

SINCLAB (2019). Diagnóstico à realidade social do Porto – O cenário em 2018. Disponível em: https://coesaosocial.cm-porto.pt/files/uploads/cms/1610702575-f6rIcRlKU7.pdf.

WHO – World Health Organization (2018). WHO Housing and health guidelines. Disponível em: https://www.who.int/publications-detail-redirect/9789241550376.

O Desenvolvimento da "Pacem in Terris" à "Fratelli Tutti" passando pela "Laudato Si" Em homenagem a Manuela Silva

Fernando Gomes Silva

1. Um esclarecimento

Impõe-se, para começar, algum esclarecimento, dirigido aos eventuais leitores, sobre o principal objetivo deste texto. Como é, aliás, sugerido no título e decorre da própria publicação em que está inserido, o texto destina-se a constituir um contributo (ainda que modesto, tendo em conta as limitações do autor) para integrar um livro de homenagem à Prof.ª Manuela Silva. Livro esse "*que refletisse a sua intervenção pública e académica, bem como as principais áreas científicas a que se dedicou*", cuja publicação tem a iniciativa do Departamento de Economia do ISEG.

Também o tema escolhido, o "desenvolvimento", merece uma nota explicativa. Talvez até devêssemos, melhor dizer, "desenvolvimento versus crescimento". De facto, Manuela Silva dedicou muito da sua vida profissional e académica à temática do desenvolvimento, jamais o deixando confundir com crescimento. Foi este sem dúvida um dos seus temas preferidos na investigação científica e na análise das políticas económicas ao longo do seu labor. Procurar-se-á explicitar melhor este tema ao longo do texto.

É devida também uma declaração de interesses: o autor manteve ao longo da sua vida pessoal e profissional uma grande admiração, convertida em não menos sólida amizade, com a Professora Manuela Silva. Dela recebi fortes testemunhos que em muito contribuíram para a consolidação da minha formação cristã e em muito alimentaram a Fé que hoje conforma a minha vida. Aqui reside, da parte do autor, uma das grandes razões, senão mesmo a maior, para uma homenagem à Professora Manuela Silva.

2. Os conceitos

Raymond Barre define *desenvolvimento* como "*um processo de transformação das estruturas económicas, sociais, políticas e mentais que não pode efetivar-se em pouco tempo. Supõe que, numa economia em vias de desenvolvimento, a vontade de desenvolvimento seja sustentada por uma elite social e política corajosa que se imponha como regra de ação a constituição de capital produtivo*".

Não se trata, pois, apenas, de um processo de boas ideias ou de parcelares ações conjunturais, mais ou menos dispersas, de programas soltos e desconexos de aplicações financeiras, antes se exigindo uma atuação mais profunda sobre as estruturas da sociedade. E não só sobre as económicas, mas também sobre as políticas, as sociais e as mentais. Por outro lado, Barre acentua a dificuldade da promoção do desenvolvimento a curto prazo. Aponta mesmo a necessidade de uma atuação continuada no tempo (planeamento, dirá o autor destas linhas) e não apenas de ações pontuais, mais ou menos momentâneas, mais ou menos circunstanciais. O desenvolvimento será, assim, o resultado da evolução contínua e global da economia pela propagação da inovação, com a rapidez possível e aos menores custos sociais, numa rede de relações económicas que oferecem um sentido que se universaliza. Existe, portanto, uma substancial diferença entre desenvolvimento e "desenvolvimentos". Tal como existe também uma grande diferença entre desenvolvimento e crescimento. É Manuela Silva quem o afirma: "*O desenvolvimento não pode, porém, confundir-se com um mero crescimento económico, como a teoria e a evidência empírica vêm demonstrando; há por isso que denunciar o equívoco de pretender tomar o produto interno bruto (PIB) como medida de referência do nível de desenvolvimento de um país ou região ou de utilizar este indicador para definir objetivos e metas"*[1]. O crescimento pode e deve subjazer ao desenvolvimento, mas jamais com ele ser assimilado, ou até substituí-lo. O desenvolvimento deverá, assim, ser uma obra contínua e integrada e tornar-se, rapidamente, compreendido e assimilado, participado, pela sociedade, relativamente, à qual se dirige a sua promoção. Não pode, nem deve falar-se de desenvolvimento, na aceção que se pretende dar a este conceito, quando nos encontramos perante a mera realização isolada de um certo número de obras de iniciativa pública ou privada, o crescimento de alguns índices económicos, ou mesmo a melhoria de aspetos sociais, pontuais, como a saúde pública ou a instrução da população. Neste caso poder-se-á estar na presença de algum crescimento económico, mensurável pela elevação do PIB. Mas, *"com efeito, nem todo o crescimento económico é virtuoso. Só o será se der origem a maior bem-estar das pessoas e das suas comunidades e a mais elevado progresso social, isto é melhor nível de educação, saúde, conhecimento, segurança, liberdade e participação"*[2] O simples facto, muitas vezes utilizado, de se falar em "desenvolvimento económico-social" não resolve de modo nenhum o problema, dada a palavra social se prestar a interpretações muito diversas. Poderá tratar-se apenas do social "corretivo", camuflando interesses menos claros e servindo esses mesmos interesses; do social "paliativo" a procurar diminuir os males causados por uma economia, a qual contudo permanece desumana e deixando no esquecimento os mais fracos e mais desprotegidos; ou, finalmente, do social que, verdadeiramente, nos interessa como válido, visando subordinar e condicionar toda a economia aos mais elevados interesses do Homem e de todos os homens, salvaguardando os princípios da dignidade de toda a pessoa humana.

Duas conceções podem, assim, ficar "escondidas" sob o mesmo termo de desenvolvimento: um desenvolvimento diríamos "mecanicista" – resumido a simples crescimentos da economia, mais ou menos soltos, dispersos e muitas vezes seletivos entre setores, regiões ou mesmo grupos humanos; e um desenvolvimento diríamos "orgâ-

[1] "Economia e Sociedade, Pensar o futuro", Fundação Calouste Gulbenkian, 2018, *Apresentação* pág. 11.

[2] Ibidem

nico" ou "integral". Este correspondendo a uma economia estudada, planeada e conduzida com vista à elevação do Ser Humano e de todos os Seres Humanos, independente do sexo, cor, etnia ou religião, onde quer que se encontrem, no respeito pela sua dignidade e liberdade. Assim, *"quando falamos de desenvolvimento impõe-se acrescentar alguma adjetivação. Poderão usar-se vários qualificativos e falar de desenvolvimento humano, desenvolvimento socioeconómico, desenvolvimento sociocultural, desenvolvimento sustentável, desenvolvimento participado, desenvolvimento equitativo, etc. ..."*[3] É esta conceção, a qual, à falta de melhor, designamos, nós próprios, de orgânica ou integral e, ambientalmente sustentável, do desenvolvimento que pretendemos reter como correta, para operar como conceito válido no evoluir das sociedades humanas em pleno séc. XXI. Ela não se coaduna, obviamente, com o simplismo de alguns autores académicos ou agentes políticos ao pretender construir uma economia de "crescimentos abstratos" independentes das outras ciências sociais. A esta corrente, a qual prevalece, infelizmente, em muitos meios políticos e intelectuais, contrapomos o pensamento e elaboração doutrinal daqueles que se debruçam sobre a problemática do desenvolvimento e convergem no facto de as questões económicas mensuráveis, às quais chamam "crescimento", estarem intimamente ligadas a fatores não económicos e serem por eles influenciados. Obviamente, o crescimento das variáveis económicas (normalmente expresso no indicador PIB/capita) faz parte indissociável daquele desenvolvimento, mas não o esgota, deve comportar-se em ligação aos restantes fatores não económicos e ser por eles influenciado. Neste contexto aflora a necessidade de uma integração das ciências sociais a qual permita considerar, não cada uma das funções do homem isoladamente – a económica, a social, a moral, a espiritual, a política, a ambiental, etc. – mas sim o seu conjunto. Um conjunto integrado e harmónico e não o resultado da justaposição daquelas funções. É nesta linha de pensamento que o fenómeno "desenvolvimento" atingirá toda a sua plenitude. Não só no que concerne às suas consequências práticas para as comuni-

[3] Ibidem, pág.12

dades subdesenvolvidas e para cada um dos seus membros, como também na sua perceção para essas comunidades e para as próprias sociedades desenvolvidas.

É por demais evidente, empírica e concetualmente, que a um conceito de desenvolvimento, qualquer que ele seja, na linha em que nos mantemos, subjaz sempre uma certa ideologia e/ou projeto político[4].

João Moura[5] refere-se ao desenvolvimento, afirmando nunca ser demais insistir no significado que lhe é atribuído, tendo em conta as possíveis e frequentes interpretações erróneas que lhe podem estar associadas.

Em resumo, o desenvolvimento, tal como o procurámos conceber nos parágrafos anteriores, supõe e exige mesmo uma reconversão da ciência económica clássica, não tanto nos seus princípios, mas mais nos seus pressupostos e, muito principalmente, nos objetivos das suas políticas.

Citando apenas três autores vejam-se *Piketty, Thomas "O Capital no séc. XXI" Circulo de Leitores, Lisboa 2014*, ao afirmar *"o ensinamento geral da minha investigação é que a evolução dinâmica de uma economia de mercado e de propriedade privada, se entregue a si mesma, contém em si própria forças de convergência importantes, ligadas nomeadamente à difusão dos conhecimentos e das qualificações, mas também forças de divergência poderosas, e, potencialmente, ameaçadoras para as nossas sociedades democráticas e os valores de justiça social em que se fundam"*.

E também *Krugman, Paul in "Acabem com esta crise, já" Editorial Presença, Lisboa 2012*, onde se pode ler: *"Hoje, mais do que nunca no passado, existem evidências mais sólidas de que a política orçamental tem importância, que o estímulo orçamental ajuda a economia a criar emprego e que reduzir o défice orçamental faz baixar o crescimento pelo menos a curto prazo. E, contudo, estas evidências parecem não estar a ser assimiladas no processo legislativo"*.

Por fim *Adão e Silva, Pedro e Trigo Pereira, Mariana "Cuidar do Futuro – os mitos do Estado Social Português", Lisboa 2015*, afirmando:

---

[4] Ver nota no final do texto

[5] Ver nota no final do texto

"... não podemos separar consolidação democrática de expansão das políticas sociais, em particular dos sistemas previdenciais organizados em torno do seguro social".

Estamos perante as exigências de uma economia mais humanizada e respeitadora da dignidade integral da pessoa humana. Para melhor compreender o que se pretende com a expressão "economia humana" acrescentar-se-ão dois princípios éticos que lhe são pressupostos. O primeiro é o respeito pela pessoa humana: não um respeito tolerante e passivo, de não interferência, mas um respeito dinâmico e ativo, o qual, liberto de falsos paternalismos e tendo por base a convicção de que todos os Seres Humanos, sem distinções de raça, sexo, cor ou religião, pela dignidade da sua natureza, são iguais entre si e nos seus direitos e deveres; a prática deste princípio deve levar a ajudar o "Outro" a tornar-se ele próprio, a evoluir, a desenvolver-se, em suma. O segundo é o princípio da instauração do bem comum, entendido este como a concretização do conjunto daquelas condições económicas, sociais e políticas que permitem e favorecem em todos os seres humanos o integral desenvolvimento da sua própria pessoa. O individuo e a sociedade na qual está inserido, são, pois, os dois polos fundamentais que devem harmonizar-se para uma perfeita realização do primeiro.

3. Manuela Silva – pela sua palavra de Fé

Uma, senão a melhor, forma de homenagear Manuela Silva é reter o seu pensamento, expresso nas suas próprias palavras. Em publicação datada de 1993 intitulada *"Interpelar a Sociedade Hoje"* integrada na coleção "Desenvolvimento Solidário – do sucesso económico para alguns a um desenvolvimento integral para todos" de edição Multinova, Manuela Silva coordena e produz a redação final de um texto, com origem em um grupo de trabalho constituído no seio da Comissão Nacional Justiça e Paz (CNJP). Nesse texto a autora destaca um conjunto de reflexões enquadradas pela distorção mais uma vez sublinhada entre "sucesso da economia hoje" e "bem-estar de todos amanhã"[6]. Manuela Silva prossegue a sua análise, justificando esta preocupação que sempre acompanhou a sua vida profissional, bem expressa, aliás, na vasta bibliografia que nos deixou, sobre *"saber por que via se operou esse crescimento, isto é, com que custos foi alcançado e a quem beneficiou realmente"*. Seguem-se diversas reflexões, que me dispenso de referir em pormenor, pois para tanto me limita o espaço, sobre *"Crescimento: como? Para quem?", "Emprego e Remuneração", "Consumo e Desigualdade", "Carências Básicas", "A (in) segurança social", "Sinais de mal-estar", "Sintomas de exclusão social"*. Sob a epígrafe "Para um desenvolvimento autêntico" Manuela Silva[7] desenvolve o seu pensamento, sublinhado pela sua Fé Cristã.

Na linha de pensamento referida no título deste apontamento, vem a propósito ouvir as palavras do Papa S. João XXIII na encíclica *"Pacem in Terris"*. Nelas o Santo Padre, em linguagem inovadora para o ministério da Igreja nessa época, explicita com clareza o seu pensamento sobre os direitos dos seres humanos em sociedade[8]. Reafirma-se a visão de um desenvolvimento do Homem, para todos os homens, no pleno respeito da dignidade da pessoa humana. Foi para a construção deste DESENVOLVIMENTO que Manuela Silva contribuiu ativamente durante toda a sua vida pessoal, profissional e académica de forma empenhada, firme e constante. *"Mas acima de tudo, aprendi com ela* (Manuela Silva) *uma visão profundamente humanista da sociedade e do mundo, em que a atividade humana somente ganha o seu verdadeiro sentido se se traduzir num serviço à comunidade em que estamos inseridos e, em particular, aos seus elementos mais desfavorecidos"*[9] À excelente síntese expressa no pensamento de João XXIII chamámos no ponto 2. desenvolvimento orgânico ou desenvolvimento integral.

Na mesma linha de pensamento se afirma o Papa Francisco na sua recente carta encíclica "Fratteli Tutti", refletindo sobre a desigual-

---

[6] Ver nota no final do texto

[7] Ver nota no final do texto

[8] Ver nota no final do texto

[9] Rodrigues, Carlos Farinha, *"O contributo de Manuela Silva como economista, na defesa de uma economia preocupada com a satisfação das necessidades básicas de todos"* in "Reflexão Cristã" 53-54 2019-2020 pág. 43.

dade dos direitos humanos. Afirma S.S. que os direitos humanos não são, por vezes, iguais para todos[10], existindo hoje no mundo, mesmo em países desenvolvidos, inúmeras formas de injustiça.

4. Ecologia Integral

Para terminar este apontamento de homenagem à Professora Manuela Silva, falta referir um aspeto que lhe foi caro nos seus últimos anos e no qual se empenhou, denodadamente. Refiro-me aos traços que imprimiu no domínio do que podemos chamar a "ecologia integral" na sequência da carta encíclica "Laudato Si" de Sua Santidade o Papa Francisco, dada em Roma a 24 de maio de 2015, na Solenidade do Pentecostes.

"Lanço um convite urgente a renovar o diálogo sobre a maneira como estamos a construir o futuro do planeta. Precisamos de um debate que nos una a todos, porque o desafio ambiental, que vivemos, e as suas raízes humanas dizem respeito e têm impacto sobre todos nós (Laudato Si, n.º 14). Este convite lançado por Francisco ecoou fundo em Manuela Silva a qual vinha já dando uma atenção especial às questões da ecologia e suas repercussões no desenvolvimento. O crescimento económico, tal como nele apostam os países mais ricos e desenvolvidos não tem mais lugar, sob pena de se esgotarem, rapidamente, os recursos materiais disponíveis no planeta que todos habitamos. Torna-se assim necessário introduzir alterações profundas e mais ou menos radicais no sistema, no qual estamos todos profundamente enraizados: os países desenvolvidos por ter sido esse que os conduziu ao seu atual estado de riqueza e prosperidade e os países em busca do desenvolvimento pelo natural mimetismo, percorrendo caminhos mais ou menos conhecidos.

É, pois, necessário agir em tempo útil, "não temos um segundo planeta", procurando evitar a rutura à qual este caminho conduzirá a humanidade. *"Estamos, pois, confrontados com a necessidade de passar da realidade presente para uma nova realidade"* e a dúvida legítima que

[10] Ver nota no final do texto

se coloca é: *"Terá a humanidade e os sistemas com que se tem organizado a capacidade de uma tal adaptação"*[11]. Salvar a Humanidade torna-se, assim, sinónimo de salvar o planeta. Ou seja, as alterações a imprimir aos processos de desenvolvimento têm de ater-se a esta nova realidade: não mais será possível olhar apenas para uma das partes, pelo que a prática de simples ações da mais pura ecologia não vale por si mesma e deve ter em conta a vida humana sob pena de ser, ou poder vir a ser, tão prejudicial como aquilo que hoje vivemos.[12]

A Carta Encíclica "Laudato Si" representa, para todos os homens de boa vontade, um verdadeiro programa para o processo de desenvolvimento, o tema escolhido para este pequeno apontamento de homenagem à Professora Manuela Silva. Justifica-se, assim, que terminemos, deixando a palavra ao Papa Francisco:

> *"Espero que esta carta encíclica, **que se insere no magistério social da Igreja**, nos ajude a reconhecer a grandeza, a urgência e a beleza do desafio que temos pela frente. Em primeiro lugar, farei uma breve resenha dos vários aspetos da atual crise ecológica, com o objetivo de assumir os melhores frutos da pesquisa científica atualmente disponível, deixar-se tocar por ela em profundidade e dar uma base concreta ao percurso ético e espiritual seguido. A partir desta panorâmica, retomarei algumas argumentações que derivam da tradição judaico-cristã, a fim de dar maior coerência ao nosso compromisso com o meio ambiente. Depois procurarei chegar às raízes da situação atual, de modo a individualizar não apenas os seus sintomas, mas também as causas mais profundas. Poderemos assim propor uma ecologia que, nas suas várias dimensões, integre o lugar específico que o ser humano ocupa neste mundo e as suas relações com a realidade que o rodeia. À luz desta reflexão, quereria dar mais um passo, verificando algumas das grandes linhas de diálogo e de ação que envolvem seja cada um de nós seja a política internacional. Finalmente, convencido – como estou – de que toda a mudança tem necessidade de motivações e dum caminho educativo, proporei algumas linhas de maturação humana inspiradas no tesouro da experiência espiritual cristã"*.

---

[11] Silva, Manuela, "Salvar a humanidade e o planeta. Reforçar a confiança" texto de 2010, in No Jardim do Peixe, lisboa 2014

[12] Ver nota no final do texto

Este é o programa de vida que Francisco propõe a todos os homens de boa vontade. Importa compreendê-lo na sua mais abrangente plenitude, considerando mesmo que no limite, a mais ou menos curto prazo, está em causa a vida humana, para muitos dos habitantes do planeta. Vida no sentido mais absoluto que lhe podemos dar[13].

Notas não Inseridas no Texto

4 – Silva, Manuela, obra citada pág. 12: "*Subjacente a um qualquer desígnio de desenvolvimento está sempre presenta certa ideologia, crença e projeto político que importa desocultar. Em nosso entender, todo o processo de desenvolvimento deve estar ao serviço do bem-estar e da qualidade de vida das pessoas e das suas comunidades, respeitar a dignidade da pessoa humana e o valor da Vida, reforçar a solidariedade e a coesão social e territorial, salvaguardar a sustentabilidade ambiental, a preservação da natureza e a biodiversidade, ter em conta as gerações futuras.*

Enquanto processo, o desenvolvimento deve basear-se na valorização e aproveitamento dos recursos existentes, conhecidos e potenciais: recursos humanos (capacidades e qualificação das pessoas), bens materiais, conhecimento, património físico e cultural, recursos institucionais (públicos e privados).

5 – Moura, João, "O Planeamento do Desenvolvimento – análise crítica da experiência portuguesa" II vol. 1974-1996, Lisboa 1999, pág. 211: "*Nunca será demais insistir no significado atribuído à palavra* ***desenvolvimento*** *atendendo às confusões e utilizações errôneas, em regra minimizadoras, a que a mesma tem dado lugar. Trata-se de um conceito preciso ... apresentado pela primeira vez pelo Papa Paulo VI em 1967: "o verdadeiro desenvolvimento é, para todos e para cada um, a passagem de condições menos humanas a condições mais humanas"* (Carta encíclica Populorum Progressio, março de 1967). *E, nesta passagem, a dimensão económica é somente uma das dimensões em causa; todas as outras dimensões*

[13] Ver nota no final do texto

que interessam à pessoa humana estão também abrangidas, seja a dimensão social, seja a cultural ou a moral. É por isso que não é lícito confundir desenvolvimento com crescimento económico, que sendo importante para aquele desenvolvimento, não é condição suficiente para que este se verifique ... Para referir apenas dois campos onde foi notória, no caso português, a fraqueza do desenvolvimento, apesar de ter havido crescimento económico, apontam-se o das desigualdades e o da pobreza.

6 – Ob. citada pág. 61: *"A reflexão que agora apresentamos, não é mais uma análise de situação socioeconómica, a colocar a par de muitas outras de diversas proveniências. A CNJP, ao fazer uma leitura da realidade portuguesa, procura colocar-se na tradição do Povo de Deus que, sempre através da história, quis prestar atenção aos sinais dos tempos e ver neles traços da construção do Reino de Deus. Não é que o Reino de Deus possa alguma vez confundir-se com qualquer realização material ou sistema de organização social. Jesus de Nazaré põe ponto final neste equívoco, quando afirma: O meu reino não é deste mundo (Jo. 18,36). Contudo, há situações mais próximas ou mais afastadas dos critérios do Reino: critérios de Verdade, de Justiça, de Amor e de Liberdade (Pacem in Terris, n.º 35), de simplicidade, de fraternidade e de paz.* Em um dos capítulos da referida publicação *"Do sucesso económico ao desenvolvimento humano"* fixamos a seguinte reflexão: *"Ultimamente,* (em 1993, relembro) *tem-se posto grande enfase num certo sucesso da economia portuguesa que se tem observado nos últimos 4-5 anos, isto é, depois da integração de Portugal na Comunidade Económica Europeia. Esta imagem de sucesso económico distorce, porém, a realidade, na medida em que não dá visibilidade à outra face da medalha. E, pior ainda, fornece mesmo uma imagem perigosa, pois alimenta o mito de que com o crescimento económico de hoje se irá assegurar o bem-estar de todos amanhã, gerando, assim, como que um adormecimento da consciência coletiva, no que se refere aos efeitos negativos do dito sucesso"*

7 –Ob. citada pág. 76 a 79: *"Não há qualquer fundamento que nos leve a admitir que a vida das sociedades humanas obedeça a qualquer lei determinística. Todo o grupo humano apresenta uma dinâmica própria, efeito da sua organização económica, social e política e da cultura que o informa.*

É, pois, a estes níveis que importa agir". E conclui: *"Mas semelhante motivação* (a que pesa sobre aqueles que têm mais e podem mais) *não é a única nem a principal. O que está em jogo é a dignidade da pessoa humana, cuja defesa e promoção nos foram confiadas pelo Criador, tarefa a que estão rigorosa e responsavelmente obrigados os homens e as mulheres em todas as conjunturas da história" (A solicitude Social da Igreja n.º 47)"*.

8 – Papa João XXIII, in "Carta encíclica Pacem in Terris, Roma 1963: *"Todo o ser humano possui o direito à existência, à integridade física, aos meios indispensáveis para um nível de vida digno, ou seja, à alimentação, ao vestuário, à habitação, ao descanso, aos cuidados médicos e aos serviços sociais necessários. Daqui o direito a providência em caso de doença, de invalidez de viuvez, de velhice, de desemprego ou de qualquer outra eventualidade de perda de meios de subsistência por circunstâncias alheias à sua vontade. Todo o ser humano possui o direito natural ao devido respeito pela sua pessoa, à boa reputação, à liberdade para procurar a verdade e dentro dos limites da ordem natural e do bem comum, à liberdade para manifestar e difundir as suas ideias, para cultivar qualquer arte e por fim para possuir uma informação verdadeira dos acontecimentos públicos. Deriva igualmente da natureza humana o direito de participar dos bens da cultura e, portanto, o direito quer a uma instrução fundamental, quer a uma informação técnico-profissional de acordo com o nível de desenvolvimento da própria comunidade política.*

10 – Carta encíclica Fratteli Tutti: *Muitas vezes constata-se que, de facto, os direitos humanos não são iguais para todos. O respeito destes direitos «é condição preliminar para o próprio progresso económico e social de um país. Quando a dignidade do homem é respeitada e os seus direitos são reconhecidos e garantidos, florescem também a criatividade e a audácia, podendo a pessoa humana explanar suas inúmeras iniciativas a favor do bem comum». Mas, «observando com atenção as nossas sociedades contemporâneas, deparamos com numerosas contradições que induzem a perguntar-nos se deveras a igual dignidade de todos os seres humanos, solenemente proclamada há 70 anos, é reconhecida, respeitada, protegida e promovida em todas as circunstâncias. Persistem hoje no mundo inúmeras formas de injustiça, alimentadas por visões antropológicas redutivas e por um modelo*

económico fundado no lucro, que não hesita em explorar, descartar e até matar o homem. Enquanto uma parte da humanidade vive na opulência, outra parte vê a própria dignidade não reconhecida, desprezada ou espezinhada e os seus direitos fundamentais ignorados ou violados». Que diz isto a respeito da igualdade de direitos, fundada na mesma dignidade humana?

12 – Silva, Manuela "Salvar a humanidade e o planeta. Reforçar a confiança" texto datado de 2010 in "Jardim do Peixe", Lisboa 2014: *"O objetivo é salvar a humanidade e o planeta o que implica uma mudança da nossa forma de pensar, de viver e de agir, com consequências no modo como nos alimentamos, na racionalidade e austeridade dos consumos que fazemos de bens não renováveis, na energia que utilizamos, no modo de organizar a produção, o trabalho e as relações laborais, no uso moderado dos transportes de pessoas e mercadorias, na importância atribuída ao conhecimento e sua orientação para o bem comum, na maneira como olhamos e respeitamos os nossos semelhantes e convivemos com as diferenças, na prioridade que conferimos à solidariedade com os mais vulneráveis, etc. Não nos resta muito tempo para empreender esta mudança. ... Os tempos que espreitam o nosso futuro próximo surgem, assim, num horizonte carregado de incertezas e de justificados temores.*

13 – Pereira, Américo, Universidade Católica Portuguesa, Faculdade de Ciências humanas, in "Pastoral da Cultura" (newsletter) Lisboa, 18 junho 2021: *A vida, e mais não se pode dizer com propriedade epistemológica, é isto que somos enquanto vivos e conscientes de propriamente assim sermos. É o nosso ato próprio. A única alternativa à vida é a não-vida, sob a forma da anulação da vida, isto é, a única alternativa à vida é a morte. Tudo o mais é vida. Assim sendo, a vida é o único bem que qualquer ser humano é. Note-se que não se disse «possui», pois não há coisa alguma que «possua vida»: ou se é vida ou não se é coisa alguma a este nível.*

"Desenvolvimento Comunitário" – o caso da Benedita[1] Conceitos fundamentais

Isabel Rufino[2]

Introdução[3]

No âmbito da evocação à Professora Manuela Silva, face à proposta de abordar a "experiência-piloto" na freguesia da Benedita, a gratificação é deveras elevada. A autora deste texto, à época, a frequentar a "escola primária" (primeiro ciclo) num dos lugares dessa freguesia, é uma resultante, também, desse mesmo processo, como a seguir se explicita.

Neste sentido, ao longo do texto, são feitas breves referências às memórias vividas na época. Simultaneamente, procurando distanciar-se do lugar e dos tempos, na tentativa de ir além destes, apresentam-se informações recolhidas sobre o "Desenvolvimento Comunitário" – a partir de publicações da época, com enfoque nos objetivos e nas metodologias necessárias à sua implementação. Sobre a experiência,

---

[1] Freguesia do concelho de Alcobaça, localizada na região Oeste de Portugal – população residente (censos 2021) 8484 indivíduos (4102 homens e 4384 mulheres), havendo variação negativa relativa a 2011 de -1,7%.

[2] Investigadora associada no Instituto Universitário de Lisboa (CIES- ISCTE-IUL), professora, diretora de Centro Qualifica Barafunda, doutorada em Sociologia do Trabalho das Organizações e do Emprego, ISCTE 2005, mestrado em 1996 e licenciada em 1981.

[3] Todo o texto é redigido tendo em conta o novo acordo ortográfico, inclusive as citações retiradas de outras obras.

recorre-se a filmes desses tempos, em divulgação na internet e, ainda, a dados de pesquisas sociológicas[4], na condição de investigadora e de "agente de desenvolvimento local", na ligação aos trabalhos de ação, gestão e coordenação de organizações de "desenvolvimento local" – na área formativa, socioeconómica e sociocultural[5]. Nos contactos personalizados com os atores locais, a relevância vai para Acácio Catarino[6], na continuação do seu apoio (permanente e ao longo da vida)

---

[4] Com particular incidência na tese de doutoramento, investigação financiada pela Fundação para a Ciência e Tecnologia (FCT), Praxis XXI / BD e do FSE – Fundo Social Europeu no âmbito do III Quadro Comunitário de Apoio (tese defendida em 2005).

[5] É o caso da associação "Barafunda AJCSS – Associação Juvenil de Cultura e Solidariedade Social", organização sem fins lucrativos e que atua na promoção do desenvolvimento local. Acresce ainda o estatuto adicional de entidade formadora acreditada e de IPSS (Instituição Particular de Solidariedade Social), a "promover o desenvolvimento cultural, social e económico do território – através do envolvimento individual e coletivo". Trata-se de uma organização criada nos finais da década de 1980, tendo a sua origem no Externato Cooperativo, quando uma professora (sociologia e teatro) procurou criar recursos para trabalhar com alunos, em trabalhos de pesquisa sociológica e ensaios/representações de teatro, a ligar às vivências dos alunos e das famílias. A visão sociológica da interconexão dos sistemas e o espírito empreendedor bebido no território impeliam para a convicção e a necessária mobilização da ação por uma "nova" visão de atuação da/na escola. (Rufino, 2017, p.p. 643-653). No tempo e com o tempo, face às medidas desenvolvimentistas do Estado, no pensar e repensar a sustentabilidade do tecido empresarial local, criou-se um corpo de profissionais, jovens licenciados que, apesar da sua situação atípica no emprego (desemprego) face ao término da duração dos projetos, mantiveram viva a organização, contando com apoio voluntário no acompanhamento técnico e gestão da organização.

[6]Acácio Ferreira Catarino, foi um ator sempre presente com a Benedita, mantendo-se à distância (Lisboa, aqui tão próximo, 90 km) no exercício das suas atividades profissionais, sempre se fez acompanhar nos seus saberes e contactos, decorrentes das suas funções, para com a sua terra de origem. Na ligação às organizações locais, os seus pareceres seguiam, naturalmente, a trajetória das funções exercidas: de 1961 a1965 com funções na Direção-Geral da Contabilidade Pública e agente de colocação no Fundo de Desenvolvimento da Mão-de-Obra; 1966-1968 – foi membro da Equipa-Piloto para o Planeamento da Investigação Científica e Técnica em Relação com o Desenvolvimento Económico, no âmbito do Ministério da Educação, retomando ao do Fundo de Desenvolvimento da Mão-de-Obra

ao desenvolvimento comunitário com a Benedita – atitude de missão prática "do voluntariado como valor social acrescentado". Na preparação deste texto, Acácio Catarino partilha as suas análises que redigiu (fevereiro de 2020) e aqui se publicam.

No decorrer de quase 60 anos (1962 a 2021), as nomenclaturas mudam no seu uso, se bem que nem sempre as ideias que estão por detrás das mesmas. Neste sentido, na procura de retomar a clarificação dos princípios chave necessários ao "desenvolvimento", mesclam-se os conceitos fundamentais: "desenvolvimento comunitário" – "desenvolvimento local" – democracia e, com estes, procura-se retomar o legado de Manuela Silva nas práticas de intervenção nas comunidades pelo empoderamento das pessoas.

Resumindo, recorrendo a publicações de Manuela Silva, abordam-se os objetivos e etapas fundamentais ao processo de "desenvolvimento comunitário" – década de 1960 (Ponto1). Segue-se a descrição do que foi o trabalho da equipa de desenvolvimento comunitário com a Benedita (Alcobaça), algumas referências ao período compreendido entre 1962 e 1966 (Ponto 2). Todavia, abordar apenas esse período de intervenção da equipa não daria conta da sua abrangência, nem do poder de alavanca da referida experiência, pois um projeto é sempre projétil[7]. Neste sentido, sucedem-se três partes que se interligam e

de 1968 a 1971; de 1971 a 1973 diretor-adjunto do Serviço Nacional de Emprego. Após o 25 de abril de 1974, faz parte do gabinete do Ministro dos Assuntos Sociais, no 1.º Governo Provisório; de meados de 1974 a Novembro de 1978 é técnico e posteriormente assessor principal na Direcção-Geral de Promoção do Emprego; 1978 – Secretário de Estado da População e Emprego; 1978 até ao início dos anos 80 – diretor de serviços de Promoção de Emprego; anos 1980 – vogal da Comissão Executiva do Instituto do Emprego e Formação Profissional; 1983-1991 – vice-presidente e, depois, presidente da Comissão Interministerial para o Emprego; de 1991 a Março de 1993 – diretor-geral do Emprego e Formação Profissional; 1993 a Maio de 1994 – presidente da Comissão Executiva do Instituto do Emprego e Formação Profissional; 2004 a Maio de 2005– assessor principal, na Direcção-Geral do Emprego e Formação Profissional; 2001-2006 – consultor da Casa Civil do Presidente da República Jorge Sampaio. Faleceu a 2-09-2021.

[7] Recorrendo à física: movimento livre de um corpo lançado onde interfere a gravidade, velocidade, ângulo de trajetória (...). Aplicado às pessoas – movimento no contexto de inserção, onde interferem as forças da cidadania e literacia. Apli-

explicitam mutuamente: a contextualização – antecedentes, tempo, espaço e meio socioeconómico (década 1960) (Ponto 2.1); a equipa de desenvolvimento comunitário– modo de operacionalização e intervenções estruturantes (Ponto 2.2). Nas ligações ao presente, nos movimentos e desafios de continuidade, seguem-se as propostas finais, interrogações, e retomam-se as "etapas do desenvolvimento comunitário" (Ponto 3).

1. Pressupostos teóricos – objetivos e etapas fundamentais ao processo de "desenvolvimento comunitário".

No recurso a textos de Manuela Silva (anos 1960), seguem-se algumas transcrições onde apresentamos as linhas fundamentais do modelo de ação nas comunidades. A seleção apresentada visa transpor ideias e questionamentos ao tempo presente – nas ligações ao processo posterior, condutor a aberturas e/ou fechamentos com o desenvolvimento. Persistem indagações sobre como utilizar o legado de Manuela Silva – do trabalho de equipa, nos processos pelo desenvolvimento dos territórios. Que ponto de partida e caminhos a percorrer para retomar o olhar das comunidades para consigo mesmas?

A falta de empoderamento das pessoas persiste (2021), apesar do sucessivo aumento da escolaridade obrigatória (hoje o 12.º ano), a fazer-se acompanhar nas mudanças temporais das linguagens pelo "direito à igualdade", a "igualdade de oportunidades", o "direito à diferença" e a "igualdade de oportunidades na diferença". Em que medida, no discurso e recurso às escolas, aos centros-entidades de formação (as organizações de um território onde a equipa de profis-

cado às ciências sociais diremos: movimento social, mais ou menos livre, consoante o estádio da democracia, onde interfere a conjuntura mundial, os poderes políticos, económicos, legislativos e judicias (nacionais e supranacionais) a par das forças/vetores dos movimentos sociais "espontâneos" onde interfere (no presente) a desregulação das redes sociais no cyber espaço – distorcendo factos e a pretendida objetividade da análise (facto e interpretação usados como vetores de manipulação).

sionais apresenta maior nível de escolaridade) é possível fazer emergir novos "agentes de desenvolvimento comunitário"? Com estes, o recurso aos espaços físicos, infraestruturas e pessoas qualificadas – a serem agentes de intervenção nas comunidades, recorrendo ao modo de estudo e ação, pelo desenvolvimento:

> "(...) da Equipa de Estudo e experimentação de Desenvolvimento Comunitário (...) com vista à investigação, experimentação e difusão dos princípios e técnicas de desenvolvimento comunitário, constituída há cerca de 3 anos por iniciativa particular com vista à investigação, experimentação e difusão dos princípios e técnicas do desenvolvimento comunitário. Esta equipa, formada por técnicos de diferentes ramos, tem em curso uma experiência-piloto em duas freguesias do concelho de Alcobaça, mas é sua intenção atuar em toda a zona a oeste da Serra dos Candeeiros, que compreende os concelhos de Alcobaça, Peniche, Óbidos, Nazaré e Caldas da Rainha" (Silva, Manuela, 1964, p.504).

Nesta proposta, projetada e geograficamente alargada a vários espaços do Oeste, o desenvolvimento comunitário é visto como uma técnica suscetível de possibilitar a melhoria da situação económica, social e cultural dos coletivos (país, região ou comunidades), na medida em que se afiguravam:

> "(...) capazes de dinamizar as populações, de as tornar conscientes das suas necessidades e recursos potenciais e de as habilitar a unir os seus esforços num processo comum de satisfação das suas próprias necessidades (...) e preparar as populações para desejar o desenvolvimento (...) e torná-lo possível e duradouro" (Silva, Manuela, 1963, P.542).

Trata-se de um modo e modelo de desenvolvimento, indo além da mera conceção de crescimento e que, face aos objetivos, audazes para o tempo antes da revolução de 1974, onde se interroga:

> "(...) como incutir nos governos o sentido dos interesses particulares das diferentes comunidades? Como despertar nestas a necessidade de equacionar os seus problemas específicos em termos de unidades

regionais, cada vez mais vastas, e bem assim incutir-lhes o sentido do esforço comum com vista ao progresso nacional geral? Esta é uma meta que não se vê facilmente como conseguir. A dificuldade é real e dá alguma margem para duvidar do êxito do desenvolvimento comunitário, receando que ele se torne um processo demasiadamente longo, quando não puramente utópico." (idem,1963, p.543)

No argumento de os factos, por si mesmos, demonstrarem o valor das propostas, acrescenta:

> " (...)é possível superar a aparente antinomia de interesses entre os governos centrais e as populações locais justamente através da técnica do desenvolvimento comunitário ;(...) o desenvolvimento comunitário introduz na coletividade um elemento dinâmico que, a partir de certa atura, é capaz de, só por si, acelerar e dar continuidade ao processo de expansão (...) que vem preencher uma lacuna manifesta nas políticas tradicionais – a qual é a falta de integração do povo no processo de desenvolvimento." (idem, 1963, p. 544)

Neste contínuo de propostas, segue-se a síntese dos estímulos para combater as assimetrias, na procura por:

> "– Dotar as comunidades locais suscetíveis de viabilidade económica e cultural e do necessário equipamento coletivo (caminhos, escolas, água, eletricidade, esgotos). Este programa deverá ter a necessária comparticipação financeira e técnica do Estado, mas será mais eficiente se souber aproveitar a participação da própria comunidade em dinheiro ou trabalho voluntário ou se for realizado sob qualquer forma de adesão daqueles a quem beneficia;
>
> – Criar localmente condições de trabalho produtivo, mediante assistência técnica a atividades artesanais tradicionais e implantação regional de novas indústrias adequadas aos recursos existentes. Pode desempenhar um papel preponderante no fomento económico a expansão de pequenas e médias empresas, devidamente equipadas, para produzirem em condições de rentabilidade económica em mercado de concorrência;

– Reorganização agrícola (melhoria de condições da exploração agrícola e da comercialização dos respetivos produtos). A extensão agrícola e a formação rural familiar poderão ser dois pilares desta transformação necessária da rentabilidade dos campos. Em alguns casos a reestruturação da exploração agrícola ou da propriedade pode ser indispensável;

– Fomento da educação de base generalizada a todos os sectores de população e particularmente aos jovens;

– Aceleração, com controlo, da transformação das condições de vida das famílias (nutrição, habitação, tempos livres, etc....).

Na consecução destes objetivos, o desenvolvimento comunitário deverá manter estreita colaboração com os serviços existentes, promovendo a sua máxima eficiência no duplo aspeto de coordenação de políticas dos vários serviços e na sua adequação às necessidades locais." (Silva, Manuela 1964, p.502, 503).

Continua a propor as bases para a "estruturação de uma política de desenvolvimento comunitário em Portugal" ajustando as propostas a soluções diversas, consoante o estádio de desenvolvimento de cada comunidade, equacionando:

"– Objetivo concreto a atingir com o desenvolvimento comunitário e tipo de programa a adotar.

– Entidade responsável pela execução da política de desenvolvimento comunitário.

– Recrutamento e formação de agentes de desenvolvimento comunitário a vários níveis.

– Financiamento.

– Investigação e avaliação dos projetos." (idem, p.505).

No campo do recrutamento da equipa técnica qualificada para estimular o "desenvolvimento comunitário", numa ação concertada, propõe:

"– os animadores de base (agentes que atuam a nível local e que podem ser funcionários polivalentes, especialmente treinados ou elementos da população a quem se proporcione uma formação adequada);

– os técnicos dos diferentes ramos que intervêm num plano global de desenvolvimento;

– os funcionários dos serviços administrativos;

– os líderes locais e regionais, incluindo nesta categoria tanto os líderes formais como os informais. "(idem, p.508).

Sobre os custos e financiamentos a afetar e ordem de prioridades, especifica:

"(...) maior financiamento de um plano de desenvolvimento comunitário encontra-se repartido pelas rubricas orçamentais próprias dos diferentes Ministérios, sendo, no entanto, desejável que, no mesmo orçamento, se estabeleça algum critério de prioridade para utilização dessas verbas em projetos de desenvolvimento comunitário, a fim de salvaguardar esses planos da habitual escassez de verbas. Para além das somas votadas para os vários departamentos, há, contudo, que prever um orçamento próprio para o desenvolvimento comunitário com o qual sejam cobertos os seguintes encargos:

– remuneração do pessoal;

– programas de formação;

– deslocações aos projetos em curso;

– material didático e de informação.

Não será princípio defensável, senão em casos particulares, dispor de fundos especiais a empregar diretamente em melhoramentos locais ou regionais, antes sendo de desejar o reforço das verbas dos respetivos departamentos do Estado e sua consignação aos projetos de desenvolvimento comunitário. Não se devem ignorar, embora não tenham que ser contabilizados os recursos financeiros locais." (idem, p.509)

Sobre a avaliação como processo de investigação em ação, aponta para a avaliação que proporciona:

"– elementos objetivos para a elaboração de novos planos;

– pistas de previsão e correção das disfunções;

– base para a investigação, pelo confronto entre resultados previstos e realizados.

A avaliação deve fazer-se a todos os níveis pelos agentes de atuação de cada nível, mas é igualmente desejável uma avaliação geral feita inclusivamente por agentes estranhos à execução. Esta avaliação, que não se confunde com uma vulgar inspeção, pode competir à entidade responsável a nível nacional pelo desenvolvimento comunitário." (idem, p.509).

Na continuidade, trata-se de um processo que, segundo Manuela Silva, melhor se enquadra na política de desenvolvimento regional, sobretudo a intervir nos domínios privilegiados como a "educação de base, formação familiar, saúde publica, infraestruturas locais, reorganização da agricultura, apoio às pequenas empresas e ao artesanato local, etc." (idem, p.509). Considera, ainda, que "As sugestões dadas podem parecer banais e demasiadamente modestas. Tivemos a preocupação de que fossem operacionais a curto prazo e integrando quanto possível os recursos já existentes". (idem, p.510).

As referências anteriores, enquanto campo teórico de conexão ao trabalho no terreno, são um elo fundamental para entender o breve resumo da descrição do trabalho da equipa de desenvolvimento comunitário com a Benedita (Alcobaça), no período compreendido entre1962 e 1966 (Ponto 3) e suas posteriores repercussões.

2. O trabalho da equipa de desenvolvimento comunitário com a Benedita (Alcobaça), no período compreendido entre 1962 e 1966.

Para o enquadramento do espaço Benedita, na década de 1960, com enfoque no que parecem ser as intervenções mais significativas da experiência de desenvolvimento comunitário, segue-se a contextualização, com descrição da equipa e algumas das intervenções fundamentais, passando à apresentação de alguns marcos na história socioeconómica desta freguesia, que se alarga nos anos subsequentes às freguesias vizinhas dos concelhos de Caldas da Rainha e Rio Maior, através da bacia de trabalho-emprego-negócio.

2.1. Contextualização

A Freguesia da Benedita "cresceu entre a Serra e a Igreja"[8]. Fortemente marcada pela fome e pobreza até à década de 1950 (em 1960 muitas crianças ainda iam para a escola descalças por falta de calçado), partilha no seu isolamento um forte "fervor religioso" e elevada taxa de natalidade, originando a proliferação de famílias extensas. Regulados entre as conceções de pecado e a remissão dos pecados pelo trabalho, estruturava-se uma "disciplina familiar rigorosa", assente na figura paternal, chefe de família "pobre, mas honrado"[9], seguindo à "risca" o modelo cultural e socioeducativo que os manuais escolares da época veiculavam. A ditadura do Estado Novo completava-se e sustentava-se na ditadura no seio da família, assente na figura masculina do homem pai "sapiente" ou, na ausência deste, do filho mais velho.

Na década de 1950, promove-se uma dinâmica coletiva pela construção da Igreja, motivada pelo pároco (Inácio). Em 1955 – chega e rede elétrica[10]. Predominava a agricultura de subsistência e um elevado número de artesãos: em 1958 havia na freguesia 616 sapateiros e 76 cutileiros, entre 973 "trabalhadores"[11], num total de 5.176 habitantes. Agrupados em pequenos núcleos ou em oficinas manuais de pequena dimensão (geralmente em situação de ilegalidade),

[8] Com poucos registos na História, alegórica e fisicamente, estes são os dois grandes marcos visíveis no plano da geografia física e cultural (Rufino, 2016).

[9] Como ilustração deste contexto, temos o relato de um empresário da Benedita (hoje com 66anos), proprietário de uma fábrica de calçado com mais de 25 trabalhadores, a primeira empresa de calçado certificada em Portugal, que afirma: "ainda me lembro daquela imagem do livro da 3.ª classe que apresentava a figura do sapateiro com as calças cheias de fundilhos e remendadas, amarrecado e vergado, enquanto cosia o sapato, com muitos filhos e a quem todas as desgraças aconteciam; metia-se no vinho e até a mulher o enganava. Essa história marcou-me muito porque o meu pai era sapateiro, assim como o meu avô. Sempre fomos uma classe desprestigiada!" (Rufino, 2016, P 181).

[10] Comparativamente, no Oeste, a chegada da eletricidade ocorre em 1923 no Bombarral e 1930 em Peniche.

[11] Trabalho regular remunerado de prestação de serviços a outrem.

os sapateiros fabricavam calçado de "tipo grosseiro" que vendiam diretamente no mercado. Estes sapateiros eram simultaneamente agricultores, o que levava à escassez de mão-de-obra nos períodos de verão[12]. Com o predomínio do calçado, da carpintaria e da cutelaria, a indústria ocupava sobretudo mão-de-obra masculina. A mão-de--obra feminina dedicava-se à agricultura e trabalhos domésticos[13].

Esta dualidade produtiva – trabalho agrícola e artesanal – resulta sobretudo da existência de um solo pouco qualificado para a agricultura (solos rochosos, calcários, permeáveis[14]) e da consequente necessidade de aquisição de novos meios de subsistência. Tem-se conhecimento (via oral) da existência, no início do século XX, da atividade industrial (artesanal) assente na pessoa do empresário produtor e vendedor que, oscilando entre períodos de produção e comercialização, garantia as vendas (cutelaria e calçado) comercializadas por regiões do Ribatejo e Alentejo. Nos anos 1950 mantém-se este modelo de produção e comercialização pelo mesmo agente; os feirantes que percorrem as feiras e os viajantes que percorrem grande parte do país (Ferreira, 1960). Os viajantes multiplicam-se nas décadas seguintes, sendo um importante motor de escoamento-comercialização dos produtos das indústrias de calçado, cutelaria e marroquinaria.

É neste quadro sociocultural e económico, marcado pelo trabalho intensivo na terra pouco fértil e em pequenas atividades artesanais no fabrico de calçado e cutelaria, que se inicia a mobilização endógena que iria substituir o atavismo e o fatalismo originado por um espírito de renovação[15], na coincidência com o estudo "A Região

[12] Época em que estes deixavam as oficinas para se dedicarem às tarefas agrícolas (Rebelo, 1965).

[13] Sendo este espaço um local de recrutamento de empregadas domésticas (servir) para áreas urbanas próximas (170 empregadas deslocadas em 1960), (Rufino, 1996).

[14] Nos períodos de verão, as famílias deslocavam-se, por vezes, mais de 2 km para irem lavar a roupa, "carregada à cabaça" em alguidares ou em burros.

[15] Assente na "destruição criadora" – destruir a velha Igreja e construir uma nova que "albergasse todos os fiéis", foi um ponto de partida, o móbil que possibilitou redimensionar e reorientar a autoimagem e autoconfiança coletiva, Para congregar em comunidade a Freguesia dispersa pelos lugares em agressividade

Oeste da Serra de Aire e Candeeiros" (Cardoso, Lopes,1962) – um caminho "aberto" à experiência de desenvolvimento comunitário[16] (Rufino, 2016, p.181).

2.2. A equipa de desenvolvimento comunitário – modo de operar e intervenções estruturantes

Trata-se de uma equipa multidisciplinar, indo ao encontro do que anteriormente foi dito, constituída por uma socióloga, um licenciado em direito, dois arquitetos, uma assistente social, um engenheiro agrónomo, dois economistas, um médico e uma enfermeira. A equipa foi patrocinada pela Fundação Calouste Gulbenkian, Junta da Colonização Interna, Federação das Caixas de Previdência, Santa Casa da Misericórdia, Gabinete de Investigação Económico, e o Instituto Maternal (Lemos, 1966).

➢ Modo de operar da equipa de desenvolvimento comunitário

A partir de algumas frases retiradas de filmes da época[17], perceciona-se a estreita correlação entre os pressupostos teóricos e a metodologia aplicada, conforme transcrição de falas de elementos da equipa no decorrer das reuniões:

---

permanente entre si, o Pároco (Padre Inácio) desencadeou uma dinamização global em torno dos objetivos de construção da nova Igreja, a fim de estabelecer redes de ligação positivas – 1.º congregar a Freguesia, 2.º estimular a competição existente reorientada para a prossecução de objetivos de interesse coletivo. A Igreja foi inaugurada em 1955. (Rufino, 2016)

[16] Em 1960, dá-se a adesão de Portugal à EFTA (Associação Europeia do Comercio Livre) a possibilitar abertura da economia ao comércio internacional, entrada de tecnologias mais avançadas, maior concorrência dos setores direcionados para a exportação.

[17] Transcrição de falas, disponível em: https://www.youtube.com/watch?v=EYVQdgr5ckQ Acesso e 21/02/2020.

- "Ajudar, mas de que maneira? Poder transformar os ateliers em grandes fábricas. Aprender a tratar de pomares. Substituir uma raça de animais por outras (...).
- Ter dinheiro é muito agradável, mas não chega (...) há necessidade de aprender a trabalhar com uma administração que já existe (...) os representantes da terra, do distrito e da administração central (...).
- Dar a conhecer maneiras para realizar ideias que já existem e até criar outras, responder a necessidade de que nem se lembraram (...).
- Serão os Senhores a trabalhar (...).
- Desenvolvimento comunitário é a colaboração da equipa para aproveitarem todas as possibilidades que têm para realizar o desenvolvimento (...)".

➢ A Intervenção Estruturante

A par do processo de mobilização das pessoas em reuniões – a população em geral (contando com o envolvimento da paróquia), é a mobilização pela criação do nível de ensino acima do 4.º ano que vem a revelar-se fundamental na abertura de horizontes a cada pessoa, tal como na necessária qualificação de mão-de-obra, capaz de satisfazer as necessidades das empresas, no decorrer da sua emergência nos anos subsequentes – a resposta organizativa de processamento de salários e faturação – reajustamentos aos procedimentos da contabilidade, à medida que estas alargavam a produção para mercados mais vastos e a fazerem-se acompanhar da aquisição de novos equipamentos,[18]. Por sua vez, o crescimento das empresas nas

[18] Nos finais da década de 1960, qualquer jovem que terminasse o 9.º ano tinha emprego fácil nos trabalhos de "empregado de escritório", muito valorizado na época, a contrapor ao trabalho fabril. Diferenciando-se as pessoas pelas terminologias no uso das falas correntes: "as do escritório falam com palavras peneirosas" (com origem no termo peneirenta). Discursos que se prolongam e se esbatem com o início dos Centros Novas Oportunidades. Aqui, todas as linguagens são

décadas subsequentes, muitas vezes iniciadas para criação do autoemprego e de empregos de familiares, vem a tornar-se a grande escola de aprendizagem – o território como escola. Nesta "escola paralela", apontamos como exemplo casos de mulheres que, apenas tendo o 3.º ou 4.º anos de escolaridade, ao fim de 30 anos a acompanhar os "trabalhos de escritório" da empresa familiar[19], decidem ir fazer o reconhecimento, validação e certificação de competências (RVCC) e, para surpresa das próprias, veem reconhecidos, no mínimo, o 9.º ano e/ou 12.º ano de escolaridade, dada a formação-qualificação obtida no processo de trabalho em desenvolvimento conjunto com o crescimento da empresa[20].

Na via da escolarização – "educação de base", em 1964, dá-se a mobilização para a fundação do Instituto N. Senhora da Encarnação – Cooperativa de Ensino e Cultura, S.C.R.L., (primeira assembleia geral em 1965) com o nível de escolaridade equivalente ao 9.º ano[21]. Os estatutos desta organização de "pais" são bastante inovadores para a época, nomeadamente:

> "A sociedade tem por objetivo a prática do auxílio mútuo e designadamente:
>
> a) assegurar aos associados e seus familiares o ensino técnico-profissional, liceal, admissão a Institutos Comerciais, Industriais e Universidades;

---

valorizadas, desde que explicitadas e conscientizadas. Simultaneamente, o alargamento da escolaridade obrigatório tem os seus efeitos.

[19] Em 1996, o perfil do empresário da Benedita era: sexo masculino – 97,3%, nacionalidade portuguesas – 100%, exerciam dupla atividade – 51,4%, tinham exercido outra atividade anterior – 86,5%, possuíam o ensino básico – 67,6%, com o ensino secundário – 32,4%, com idade de 30 a 50 anos – 54%, mais de 50 anos – 37,9%. "A mulher do empresário" assegurava, maioritariamente, o grande papel de gestão interna informal, na relação entre trabalho de produção, serviços administrativos e gestão do pessoal (Rufino,1996).

[20] Centro Novas Oportunidades, 2006 a 2011, interrompido até 2016 por ausência de financiamentos do Estado e retomado como Centro Qualifica em 2017, até ao presente- Barafunda AJCSS, Benedita.

[21] O ensino liceal e técnico profissional – formação feminina e formação de serralheiros. A escolaridade equivalente ao 12.º só tem início após a revolução de 1974.

b) organizar iniciativas de extensão cultural, designadamente as que contribuem para a expansão do "desenvolvimento Comunitário";

c) aquisição de material escolar que fornecerá aos seus associados;

d) Fornecer refeições aos beneficiários." (Primeiros estatutos, in: Instituto Nossa Senhora da Encarnação, 1990, p. 10)

Em 1985, criam-se novos estatutos, onde o conceito "desenvolvimento comunitário" sai, entram termos como "comercializar publicações e material escolar" – enfoque no ensino (externato) na linha das diretrizes do ministério da educação. Acrescenta-se a possibilidade de expansão "um ou mais estabelecimentos de ensino" e de "eventuais estudos (...)". (idem, p.p. 35-38).

3. Ligações ao presente – movimentos e desafios

Nesta circular do tempo, no destaque para o trabalho desencadeado, não podemos deixar de a associar a dois importantes atores do território (na linha do referido) que, merecendo a confiança dos demais atores locais, foram paralelamente mobilizando recursos, ideias e ideias de comunidade – sustentabilidade: José Serrazina (cónego)[22] e Acácio Catarino (sociólogo, consultor Social).

Convidado a apresentar o seu testemunho, Acácio Catarino redige a mensagem que se segue.

[22] "Nos anos sessenta e posteriormente, o Cónego Serrazina, falecido em 2010, desempenhou um papel fundamental no processo de desenvolvimento comunitário na Benedita e na criação do "Instituto Nossa Senhora da Encarnação. Cooperativa de Ensino e Cultura", conforme consta na afirmação da sua presença, enquanto membro dos órgãos diretivos a partir de 1969, em concomitância com Acácio Catarino.

3.1. Testemunho de Acácio Catarino (fevereiro de 2020)

"A experiência introduziu quatro fortes dimensões no processo de desenvolvimento local, bem inseridas em tendências profundas e antigas:

(a) A abertura de horizontes económicos, mediante a criação de sociedades comerciais, o acesso a novas tecnologias de produção e gestão e o acesso a novos mercados;
(b) A generalização da escolaridade «pós-primária», ou «pós-quarta classe»; tal generalização, desde o início, não condicionou a escolaridade às oportunidades de emprego na Benedita, mas abriu-se ao exterior, ao próprio mundo, como os percursos profissionais dos ex-estudantes veio a confirmar;
(c) O processo de participação popular, traduzido no conjunto de grupos sectoriais em que vários jovens e outras pessoas dos diferentes «lugares» tiveram oportunidade de intervir na consciência dos problemas, na procura de soluções e na construção do futuro. Este processo de participação constituiu um fator importante de inovação e também motivo de frustração: inovação, porque era verdadeira novidade; frustração, porque terminou praticamente quando a equipa cessou a sua atividade;
(d) A experimentação de atividades autónomas em relação à religião e à política dominante: embora cooperando com a Igreja e com o Estado, a experiência de desenvolvimento comunitário tinha uma base científica e humanista, vinculada a valores diferentes dos tradicionais; entre esses valores, incluíam-se a leitura objetiva da realidade, a democracia, a racionalidade e as identidades pessoais e culturais;

A não continuidade da experiência e algumas deturpações das suas características têm a ver provavelmente com a profundidade daquilo que nela estava em causa e com o escasso tempo de permanência da equipa-piloto. Não tive conhecimento de contestações face à experiência de desenvolvimento comunitário. No entanto, deixo aqui algumas anotações críticas explicitadas com mais ou menos discrição:

(a) O insuficiente realismo, invocado sobretudo a propósito da dissolução de sociedades comerciais resultantes deste processo. Esta crítica justifica atenta ponderação, apesar de tais insucessos terem acontecido após alguns anos de abertura de horizontes;
(b) A convicção de que a Benedita se teria desenvolvido por si própria, mesmo sem a «experiência». Esta afirmação pode ser verdadeira, pelo menos em parte; no entanto, dificilmente teriam surgido espontaneamente as quatro linhas de ação acima referidas;
(c) Algumas reservas sobre a secundarização do papel da paróquia – tradicionalmente, a maior promotora de iniciativas de interesse coletivo.

Estas reservas, tanto quanto me parece, não chegaram a constituir uma opinião notória; e, acerca deste assunto, deve notar-se que a clara adesão do P. Serrazina aos ventos do Concílio Vaticano II terá contribuído para essa aparente secundarização, também configurada na conceção jurídica e institucional da Cooperativa de Ensino e Cultura."

3.2. Alguns marcos históricos de 1970 a 2021

De facto, a importância desta experiência, tanto para as pessoas do território como para o país, afirma-se como um marco significativo na mudança das condições de vida.

Os cinquenta anos posteriores foram assinalados por grandes transformações em Benedita: o número de habitantes cresceu cerca de 70% (com o primeiro decréscimo nos últimos censos 2021, comparativo a 2011, de – 1,7%). Após um período de união dos artesãos (final dos anos 1960 e princípios de 70), teve lugar um processo de fragmentação das unidades produtivas que, seguindo um modelo de industrialização difusa, se alastraram a outras freguesias vizinhas – um processo de industrialização com unidades de pequena e média dimensão em áreas rurais até então sem tradição industrial. A exaltação do trabalho e a aceitação do sofrimento (dos homens e das mulheres) têm efeitos claramente estruturantes na identidade cultural e socioeconómica da Benedita. Nesta "adversidade como fator de competitividade", a ideia do "*self made man*" reforça-se com a passagem da situação de operário a patrão – uma trajetória pessoal marcada pela ascensão económica e social local – "a forma mais plausível de singrar na vida", para aqueles que não prolongam os seus estudos.

A dominância industrial torna este território um espaço produtivo, cujas raízes não se estruturam na história industrial dos Concelhos limítrofes nem do Concelho de pertença, a não ser que o alvará, no âmbito do condicionamento industrial, para constituição da empresa ICEL[23], no seu início no lugar Ribafria, fosse comprado a um empresário de Alcobaça. Benedita apresenta fortes relações de concorrência e de cooperação local com ligações a espaços industriais de calçado e cutelaria no Norte de Portugal – Felgueiras, S. João da Madeira e Guimarães. (Rufino, 2016). Esquematizando algumas demarcações:

- O início da industrialização é intensificado nos anos 1970, com a união de artesãos em sociedades industriais (calçado e cutelaria) e a criação da Cooperativa Agrícola com o fabrico de rações para animais[24]
- Nos anos 1980, assiste-se à fragmentação de empresas sociedades e a criação de novas unidades industriais em nome individual e/ou sociedades de natureza familiar.

---

[23] Uma das grandes empresas de cutelaria do território (espaço produtivo que extravasa a freguesia da Benedita), fortemente virada para o mercado externo.

[24] Com distribuição dos lucros ao fim do ano, consoante o volume de compras por associado, o que reduz os custos das rações para animais e outros consumíveis ligados à agropecuária. Há igualdade de procedimentos para o associado de alto e baixo consumo.

- Nos anos 1990, crise dos setores tradicionais, sobretudo do calçado e da marroquinaria, origina a falência de algumas empresas, cuja mão-de-obra é absorvida noutras, com a intensificação do comércio grossista, assente sobretudo na importação.
- Finais século XX, as mobilizações de caráter "coletivo" retomam alguma significância com a criação de associações que perspetivam a mobilização de dinâmicas que reativem o sistema empresarial. Com recurso a financiamento, através de projetos europeus e nacionais, inicia-se a formação profissional, fora do âmbito das escolas, a estimular a "formação permanente e ao longo da vida" e, com esta, a procura de mobilização de meios suscetíveis de criar externalidades favoráveis às empresas.
- Nos anos 2000[25] – o individualismo empresarial, valorizado pelos resultados obtidos, começa a ser questionado por agentes locais, à medida que cresce o desemprego de jovens quadros licenciados e/ou o desajustamento entre a formação obtida e o emprego conseguido (a fazer-se acompanhar da escassez de trabalhadores para as empresas). Assumem-se posturas públicas de apelos à pressão sobre os serviços públicos a que alguns[26]chamam de manifestação contemporânea do espírito de cidadania. Decorre a mobilização pela criação da Área de localização Empresarial e é criado o Centro Novas Oportunidades – Barafunda – AJCSS[27].
- Neste contínuo, as opções nas dinâmicas produtivas originam processos de aprendizagem que moldam competências e qualificações muito assentes no "saber fazer" da tradição e nos

[25] No seu desenvolvimento endógeno (coincidente com a tardia industrialização portuguesa – zona litoral entre Lisboa e Porto), a Benedita conta a sua história diferenciada pelos recursos naturais e ação humana (endógena e exógena) nas suas experiências de aprendizagens (Rufino, 2016).

[26] Riboulon e Fournier (2003, p.182). Neste período, a Benedita é a mais significativa Freguesia do Concelho de Alcobaça – tem mais pessoas, mais indústria.

[27] Site da organização: http://www.barafunda.eu/

contextos culturais mais ou menos abertos, reconfigurando-se a melhoria da qualidade vida[28], estando em aberto a sua sustentabilidade por tempo duradouro.

- No desafio, urge a criação de novos fatores estruturantes, assentes nas pessoas e com possibilidade de penetração nas várias dimensões dos territórios.

Face às interrogações sobre os cuidados a ter para sustentar o desenvolvimento (pessoas e territórios) e melhorar a qualidade de vida, com a redução das assimetrias, e proporcionar a igualdade de oportunidades, retomamos os textos de Manuela Silva, sobre propostas e prorrogações face ao presente.

Nas fases de um plano de desenvolvimento comunitário, Manuela Silva anota persistentemente o fechamento das comunidades, algo que o alargamento do sistema de ensino-educação-formação veio a minimizar. No que toca aos serviços públicos, o reforço do papel das autarquias enfoca a valorização da convergência de esforços para a resolução dos problemas ao mais baixo nível, Câmaras Municipais e Juntas de Freguesia. Todavia, a visão mais ampla dos fatores globais e sociais que interferem com a vida dos particulares, carece simultaneamente da distanciação – implica, mesmo que se esteja dentro das situações (elemento de pertença das comunida-

[28] Saída da pobreza extrema, no entanto passa pelas "novas formas de pobreza" (toxicodependências, pobreza envergonhada, ...) e apresenta elevados fatores de risco na sustentabilidade das empresas industriais, na transição geracional, a par da necessidade de novos olhares de inovação técnica e tecnológica, a da sustentabilidade ambiental. O início das obras de "loteamento da Área de Localização Empresarial da Benedita" em 2021 (Deliberação n.º 17/2017- Diário da República n.º 5/2017, Série II de 2017-01-06, emissor Câmara Municipal de Alcobaça), traz consigo a renovação de espectativas para o desenvolvimento empresarial, por um lado, enquanto possibilitou, por outro, a visibilidade de novos movimentos sociais em que se interligam novas e velhas gerações (mais e menos escolarizadas) pela preservação de marcos físicos do que foi o passado rural, com a Quinta da Serra, entendidos como património histórico. Este último, com particular envolvimento da associação "Terra Mágica das lendas" – Benedita.

des) e dos problemas, procurar estar fora – o pensamento científico descomprometido de toda e qualquer necessidade personalizada.

Este movimento de distanciação e proximidade, externo e interno, face aos fenómenos, reforça o apelo à iniciativa local, com a convergência de esforços para a solução dos problemas de proximidade que estimulem a autoconfiança para o enquadramento dos problemas em perspetivas mais amplas e conscientizadas pelas populações, vai ao encontro Manuela Sila, quando refere:

> "No projecto-piloto em curso na freguesia da Benedita assim sucedeu a propósito de uma campanha de vacinação realizada. No termo desta campanha, que teve a participação de toda a população, e, em particular, de um grupo de jovens, estes alvitraram a ideia de que se fizesse o mesmo nas freguesias vizinhas e eles próprios se prontificaram a deslocar-se a essas aldeias para aí conduzirem e animarem a dita campanha." (1963, p.546).

Poderíamos, ainda, interrogar sobre as organizações que, de algum modo, procuram agir no desenvolvimento local, em que medida recorrem à "sucessão de 5 etapas" interconectadas e concomitantes em processo permanente, propostas por Manuela Silva:

> "– 1.a etapa: informação geral e dinamização da coletividade.
> – 2.a etapa: prospeção das necessidades e recursos potenciais.
> – 3.a etapa: descoberta e formação dos líderes locais.
> – 4.a etapa: elaboração de um plano.
> – 5.a etapa: avaliação dos resultados." (idem, p.546)

Sobre o que resultou e porque resultou, no caso da Benedita, Manuela Silva dá a resposta:

> "Se estamos em face de uma população que já possui um desejo latente de progredir, a informação incidirá sobretudo nas alternativas possíveis para um desenvolvimento efetivo. Se estamos perante uma situação de absoluta indiferença, passividade ou mesmo ceticismo quanto à possibilidade de uma transformação de vida, (o que será a situação mais frequente), a informação procurará antes de mais desper-

tar a iniciativa; criar o gosto por novas condições de vida, mostrando paralelamente como estas poderão tornar-se reais(...)atingir toda a população da coletividade: homens e mulheres, rapazes, e raparigas, sector industrial, agrícola, comercial e serviços, as autoridades formais e informais, religiosas e civis, o pessoal da administração, etc." (1963, p.p.547,548).

Sobre os meios, canais para proceder à informação geradora de mudança coletiva, foca o papel das reuniões:

> "(...) as reuniões de massa constituem um meio de comunicação muito oportuno, porquanto são particularmente favoráveis à criação de uma consciência e responsabilidade comuns indispensáveis à continuidade do processo; estas assembleias, contudo, devem ser sempre acompanhadas de discussão posterior em pequenos grupos. Com efeito, as pessoas entendem sempre coisas diferentes daquelas que realmente são ditas, seja porque filtram o que ouvem através dos seus interesses próprios, seja por erros de interpretação de certas expressões ou imagens ou, mesmo por incapacidade de seguir um certo tipo de raciocínio diferente do seu. O agente de desenvolvimento tem de contar com este facto como um dado e, por isso, procurar, através da discussão, esclarecer os pontos obscuros ou desfazer as confusões que se criaram. O ideal será que terminada a exposição cada um possa ter oportunidade de trocar ideias no seu círculo de amigos ou em família (...)" (pp.548-549)

Para finalizar, explicitando segundo as vivências de quem passou-foi objeto de intervenção de uma experiência de desenvolvimento comunitário, o realce vai para o facto de que quem vivência preserva nas memórias (individuais e coletivas) a vontade de querer. Na realidade, a autora deste texto preserva memórias (8-9 idade) de ter participado numa reunião decorrida ao fim do dia, no edifício da escola primária, onde era aluna. Recorda que quando chegou a casa entendeu por bem expor todo o relato à mãe. A criança vinha fascinada com o que ouviu e procurou reproduzir. Não se lembra do que falou, todavia, ainda preserva as emoções sentidas, quando escutava as técnicas que falavam e o espanto de que "afinal há mais mundo para além deste aqui, tudo pode ser diferente ..." Vinha deslumbrada com o discurso, algo que nunca ouvira na missa que frequentava todos os domingos, sem questionar, claro. No entanto, para espanto da criança, a mãe nada ligou, nem respondeu. Aquela sensação de bem dizer e em que as palavras nos contagiam ficou e ficam na vontade de querer mais, saber mais, ler mais, conhecer mais (...).

Podemos transpor esta imagem positiva para o papel da escola hoje, ou será que fica mais a imagem do "sem questionar, claro" - e em face a que circunstâncias?

Por esses tempos, a Biblioteca itinerante da Gulbenkian viria a ser a grande mestra[29]. Tratava-se de uma família de nove irmãos, pai moleiro, mãe analfabeta e onde duas irmãs mais velhas já estudavam[30]. O que essa criança não gostou foi de que na passagem para o segundo ciclo continuou na Benedita, a estudar até ao 9.º ano (no Instituto Nossa Senhora da Encarnação - Externato Cooperativo da Benedita). Também não percebia, essa criança, que, apesar de toda a mensagem escutada e de as irmãs logo que concluíram o 9.º ano, terem conseguido "emprego de escritório", o pai foi trabalhar por conta de outrem (nas debulhadoras que no verão circulavam pelos lugares), dada a crise dos moinhos "devido à concorrência das moagens industrializadas", dizia ele. O que esse pai não sabia, nem essa criança, era que a crise dos moinhos residia, sobretudo, no facto de as mulheres começarem a deixar de cozer o pão - à medida que se empregavam nas oficinas-fábricas que emergiam em modo crescente.

Voltando ao presente - quantas crianças, jovens e adultos estão em processos de ensino-aprendizagem-formação, em Portugal, e que muito poderiam beneficiar do potencial formativo-informativo (empoderador) deste modo-modelo prático de desenvolvimento pessoal e das comunidades?

Velho e novo, passado e presente, entrecruzam-se e com estes, a evolução técnica, tecnológica e a mudança das organizações inter-

[29] Como alargar os espaços das escolas a "bibliotecas vivas" e de "reviver", conscientizar?

[30] Até ao terceiro ciclo, ensino privado em Rio Maior.

ferem nas estruturas formais, ajustando-as ao tipo de tecnologia, na linha de Joan, Woodward (1979), quando reportava o sucesso das organizações ao desenho das suas estruturas formais, ajustadas aos diferentes níveis de complexidade tecnológica: o sistema de produção unitário em pequenos lotes – pequenas séries ou por encomenda; o sistema de produção em massa – fabrico em grande série; e o sistema de produção contínua ou automatizada. Sem determinismos, que massificação e individualização, que não seja necessariamente individualismo (egocêntrico), procuramos criar no atual "modelo de desenvolvimento" assente em programas efémeros financiados e aplicados à margem da conscientização das pessoas envolvidas, sejam elas (muitas vezes) os/as agentes de promoção dos projetos, programas de desenvolvimento ou as comunidades objeto de intervenção – urge passar ao envolvimento gerador de confiança capaz de ultrapassar a efemeridade dos projetos que se faz acompanhar na insegurança dos empregos.

O que são "fundos especiais" e o que são "fundos necessários – estruturantes", porque sustentados na missão dos serviços públicos? Obrigada, Manuela Silva!

Tudo está em aberto. Encerram-se capítulos

Na(s) abertura(s) está a continuidade. Nas margens a vida floresce

Bibliografia

Cardoso, Lopes (org.) (1962) *A Região Oeste da Serra de Aire e Candeeiros,* Lisboa, Fundação Calouste Gulbenkian.

Ferreira, M.ª Gabriela (1960) *Benedita: Um Estudo Sociológico,* Lisboa, Instituto Superior de Serviço Social (policopiado).

Externato Cooperativo da Benedita-obra coletiva (1990), *Instituto Nossa senhora da Encarnação, 25.º aniversário,* Benedita, Externato Cooperativo.

Rebelo, M.ª, Lemos (1965) *Alguns Aspetos Relativos à Educação na Freguesia da Benedita,* Lisboa, Biblioteca do Instituto Superior de Serviço Social (policopiado).

Riboulon, Franck Chignier; Fournier, Mauricette (2003), "Emergence et Affirmation D'Une Petite Ville Industrielle : Benedita (Portugal) " in:

L'Avenir Des Petites Villes, actes du colloque international de Clermont--Ferrand, Novembre 2002, Clermont – Ferrand, Presses Universitaires Blaise Pascal.

RUFINO, Isabel (1996) *Empresas e Empresários: Cultura de Empresa – A Benedita*, Lisboa, Tese de Mestrado em Sociologia, ISCTE (policopiado).

RUFINO, Isabel (2016) *Trabalho e Desenvolvimento: Industriais, Agricultores e Pescadores do Oeste – formas de empresarialidade e empregabilidade*, Leiria, CEPSE.

RUFINO, Isabel (2017) "João Freire, o professor orientador", in: Veloso, Luísa; Rodrigues M.ª Lurdes (org.) *Anarquismo Trabalho e Sociedade*- livro em homenagem: 643-653, Coimbra, Edições Almedina, SA.

SILVA, Maria Manuela (1963) "Fases de um processo de Desenvolvimento Comunitário", in: Análise Social, Vol. I, 1963 (n.º 4): 538-558.

SILVA, Maria Manuela (1964) "Oportunidade do Desenvolvimento Comunitário em Portugal", in: Análise Social, Vol. II, 1964 (n.º 7-8): 498-510.

WOODWARD, Joan (1979) *Organização Industrial – Teoria e Prática*, São Paulo, Atlas. Disponível em: https://censos.ine.pt/scripts/db_censos_2021.html Acesso em 6-10-2021

Manuela Silva e a introdução da corrente do *Desenvolvimento Social* em Portugal (1963-1982)

João Estêvão[*]

Introdução

Na década de 1950, as Nações Unidas e as suas principais agências mostravam uma nova atitude em relação aos problemas de desenvolvimento, com um foco crescente nas condições dos países mais pobres, porque os progressos alcançados estavam a acontecer de forma lenta e irregular. Começava-se, então, a dar mais atenção aos aspectos sociais e a defender uma integração mais estreita entre os objectivos económicos e sociais do desenvolvimento.

Na primeira metade da década de 1960, as organizações das Nações Unidas tinham aprofundado essa posição, defendendo que o desenvolvimento não dizia respeito apenas às necessidades materiais das pessoas, mas também à melhoria das suas condições sociais de vida. Isso significava que o desenvolvimento não devia ser entendido apenas como crescimento, mas como crescimento mais mudança, sendo a mudança, ao mesmo tempo, económica, social e cultural. Contudo, na segunda metade da década, os fracos resultados que em geral se verificavam na generalidade dos países geraram um enorme desencanto, que acabou por fazer emergir uma nova visão do desenvolvimento, em ruptura aberta com o paradigma do crescimento. A nova corrente defendia que o crescimento económico era apenas

[*] CESA/ISEG, Universidade de Lisboa.

um meio e que o desenvolvimento devia ser visto numa perspectiva normativa, baseado em valores, e que eram esses valores que permitiam definir os verdadeiros objectivos do desenvolvimento – nascia, assim, a corrente do *desenvolvimento social*.

Entretanto, em 1963, foi lançada em Portugal a revista *Análise Social*, cujo nascimento reflectia, segundo A. Sedas Nunes, "o interesse pelos problemas sociais, numa acepção lata que abrangia os problemas do desenvolvimento" (Nunes, 1988: 19). O objectivo de alargar o âmbito dos estudos sobre o desenvolvimento e o foco nos problemas do país permitiram, nas palavras do fundador da revista, que ela visse nascer e evoluir um pensamento *social desenvolvimentista* em Portugal. Considerando os trabalhos que a revista publicou no campo do desenvolvimento económico, podemos destacar a posição singular de Manuela Silva, cujos artigos revelam uma forte influência dos movimentos críticos que tinham conduzido à génese e evolução da corrente do *desenvolvimento social*, mas também uma forte influência da corrente humanista francesa que, *avant la lettre*, criou uma perspectiva pioneira do desenvolvimento humano.

Este texto pretende analisar o papel que Manuela Silva desempenhou na introdução da corrente do *desenvolvimento social* em Portugal. Primeiro, faz-se uma revisão sintética do percurso de formação e afirmação dessa corrente de pensamento, identificando, ao mesmo tempo, os principais temas que foram discutidos a partir da segunda metade da década de 1960. De seguida, são analisados os artigos que Manuela Silva publicou na *Análise Social* entre 1963 e 1982, agrupando-os de acordo com os temas trabalhados: desenvolvimento comunitário, planeamento e política social, pobreza. O principal objectivo deste trabalho é mostrar que os artigos de Manuela Silva acompanharam de perto os principais debates no seio da corrente do *desenvolvimento social*, em diferentes momentos do seu percurso, e que tiveram um cunho muito inovador nos estudos de desenvolvimento em Portugal.

1. Dos aspectos sociais aos novos conceitos e objectivos do desenvolvimento

A década de 1960 ficou marcada por um intenso debate sobre o significado e os objectivos do desenvolvimento, pela emergência do conceito de *desenvolvimento social* e pela discussão sobre os indicadores mais adequados para medir os níveis de desenvolvimento dos diferentes países. Na verdade, o conceito não era propriamente novo, pois as questões sociais do desenvolvimento já estavam na agenda das Nações Unidas e das suas principais agências, desde finais da década de 1940. No começo dos anos de 1950, um grupo de trabalho criado pelo Conselho Económico e Social das Nações Unidas (ECOSOC) produziu dois documentos sobre a situação social no mundo: *Preliminary Report on the World Social Situation*, em 1952, e *The International Survey of Programmes of Social Development*, em 1955. Em 1957, o Gabinete dos Assuntos Sociais do Secretariado das Nações Unidas preparou o *Report on the World Social Situation* (Relatório de 1957), documento que afirmou definitivamente o interesse das Nações Unidas nas questões sociais do desenvolvimento.

O Relatório de 1957 reflectia a nova atitude da Organização e das suas agências especializadas, com um foco crescente nas condições de desenvolvimento das regiões mais pobres, porque os progressos alcançados aconteciam de forma lenta e irregular e porque os processos de desenvolvimento criavam novos problemas, sem resolver totalmente os antigos. O novo enfoque exigia a necessidade de uma integração muito mais estreita dos objectivos económicos e sociais, de uma menor compartimentação do pensamento e de uma maior compreensão do processo complexo do desenvolvimento (UN, 1957: 4). A publicação daqueles relatórios permitiu defender o estabelecimento de uma nova agência das Nações Unidas inteiramente dedicada às questões sociais do desenvolvimento, o que acabou por acontecer em 1963 com a criação do Instituto de Investigação das Nações Unidas para o Desenvolvimento Social (UNRISD), sediado em Genebra. Esta nova agência foi estabelecida com o fim de criar um espaço autónomo de investigação interdisciplinar e de análise de políticas relativas às dimensões sociais do desenvolvimento, que cedo se transformou num importante centro de investigação e de atracção científica, recebendo investigadores, participando em redes com outras organizações das Nações Unidas, com as academias e com a sociedade civil. A produção realizada, ou participada, pela UNRISD contribuiu decisivamente para a afirmação de um pensamento alternativo na abordagem de estratégias que procuravam colocar o bem-estar social no centro das políticas e práticas do desenvolvimento.

Por essa altura, discutia-se no Reino Unido o lançamento de uma instituição para a formação de técnicos e especialistas devidamente qualificados para trabalhar nos países menos desenvolvidos. A opção foi pelo estabelecimento do Instituto de Estudos de Desenvolvimento (IDS), em 1966, na Universidade de Sussex. A sua criação beneficiou do forte empenhamento de Dudley Seers que, como primeiro director do IDS (1968-1972), conseguiu que o instituto se transformasse, rapidamente, numa das mais prestigiadas escolas de estudos de desenvolvimento e num importante centro de investigação no campo da teoria e da política do desenvolvimento. O empenho e a acção de Dudley Seers foram decisivos para a afirmação do IDS, quer reunindo um conjunto de conceituados economistas do desenvolvimento, como Hans Singer, Richard Jolly, ou Paul Streeten[1], quer estabelecendo uma articulação importante com agências das Nações Unidas como a UNRISD e a Organização Internacional do Trabalho (OIT).

O equilíbrio entre objectivos económicos e objectivos sociais

Durante a primeira metade da década de 1960, o que sobressaía no debate científico era a defesa da ideia de equilíbrio entre os objectivos económicos e os objectivos sociais do desenvolvimento. Esta abordagem, que aprofundava a ideia da integração defendida

[1] Paul Streeten, inicialmente um discípulo de Gunnar Myrdal, passou a colaborar com Dudley Seers, tendo ocupado o cargo de vice-director do IDS em 1967-1968. Richard Jolly sucedeu a Seers como director do IDS e ocupou esta posição entre 1972 e 1981.

no Relatório de 1957, teve implicações importantes no entendimento do processo de desenvolvimento, nomeadamente, na concepção de políticas de desenvolvimento. As Nações Unidas, sentindo o apelo para agir, decidiram lançar em 1962 um programa internacional para o decénio seguinte, designado como "Década de Desenvolvimento das Nações Unidas". Foi elaborado o relatório *The United Nations Development Decade: Proposals for Action* (Relatório de 1962), que enunciava um conjunto de propostas de acção que cada país deveria integrar nos seus planos nacionais de desenvolvimento. Essas propostas pretendiam reflectir a nova visão do desenvolvimento e dos seus objectivos reais que nascia no seio das Nações Unidas. Segundo a nova visão, o desenvolvimento não diz respeito apenas às necessidades materiais das pessoas, mas também à melhoria das suas condições sociais de vida e das suas aspirações. Isso quer dizer que "o desenvolvimento não é apenas crescimento económico, é crescimento mais mudança" (UN, 1962: v) e que a "mudança, por sua vez, é social e cultural bem como económica, e qualitativa bem como quantitativa" (UN, 1962: 2-3). Neste sentido, o Relatório defendia que não se deve falar de desenvolvimento económico e desenvolvimento social separadamente porque são as "duas faces da mesma moeda", o desenvolvimento.

A evolução do modo de pensar o desenvolvimento tinha levado, segundo o Relatório de 1962, a uma clarificação de alguns temas e uma melhor compreensão da sua importância para o desenvolvimento. Era o caso do planeamento económico, que o Relatório considerava ser uma ferramenta poderosa para a mobilização de recursos existentes e potenciais e que poderia ser disponibilizada aos países, nomeadamente, os mais pobres, onde as transformações necessárias eram mais amplas e os recursos ainda mais escassos. O Relatório destacava que a planificação poderia permitir uma aceleração do desenvolvimento e de forma mais harmonizada, mas também alertava para o facto de que o planeamento "só é real se incluir a cooperação das pessoas, baseando o desenvolvimento nas suas aspirações e utilizando os resultados do desenvolvimento como uma base para o progresso, tanto social como económico" (UN, 1962: 10).

A assunção da importância do planeamento, bem como a perspectiva do equilíbrio entre objectivos, colocavam o planeamento social a par do económico. Contudo, esta matéria revelou-se bem mais complexa do que apontavam as sucessivas considerações sobre o assunto apresentadas no Relatório de 1962. Um problema muito discutido relacionava-se com o modo de representação do económico e do social na concepção do plano de desenvolvimento. Como afirmou André Garcia, "todo o planeamento é, ao mesmo tempo, económico e social, mas se no domínio económico o modelo de desenvolvimento utilizado visa uma representação sintética da realidade, o mesmo não acontece no domínio social" (Garcia, 1966: 238). Trata-se, portanto, de um problema simultaneamente conceptual e metodológico porque, para se construir uma análise integrada dos dois domínios é preciso estabelecer um campo conceptual único, que possa ser analisado por uma metodologia comum, e isso pressupõe que sabemos definir e distinguir os campos cobertos pela análise económica e pela análise social. O planeamento social acabou por ganhar cada vez mais espaço nas décadas seguintes.

O significado e a medida do desenvolvimento

Na segunda metade da década de 1960 já não bastava a defesa do equilíbrio dos objectivos, mais do que isso, defendia-se uma nova visão, em que o desenvolvimento deveria ser orientado para o emprego e outros objectivos sociais, ao invés do crescimento económico[2]. Como sintetizou Dudley Seers, num texto seminal de 1969, para se alcançar os objectivos desejados do desenvolvimento "a necessidade não é, como geralmente se imagina, de acelerar o crescimento económico – que até pode ser perigoso – mas de mudar a natureza dos processos de desenvolvimento" (Seers, 1969: 16). Esta mudança de perspectiva acabou por conduzir o debate científico

[2] Segundo H. W. Arndt, essa "cruzada" estava associada, principalmente, a Dudley Seers e Hans Singer, do IDS, e a David Morse, Director-Geral da OIT (Arndt, 1978: 96).

para dois temas fundamentais, mas ligados entre si: o significado do desenvolvimento e a procura de medidas adequadas para traduzir as diferentes dimensões do desenvolvimento, posto que elas não podiam ser captadas por um indicador único e apenas representativo do crescimento económico. O debate acabou por prosseguir, sucessivamente, para temas como o emprego, igualdade, pobreza e necessidades básicas, transformados nos objectivos de novas estratégias de desenvolvimento.

A nova corrente criticava a visão dominante, porque ela se concentrava no crescimento económico e na evolução do produto nacional bruto (PNB)[3], considerando que um crescimento do PNB mais rápido que o crescimento populacional traduzia progresso económico e este acabaria por conduzir à melhoria das condições de vida das populações e à solução dos problemas sociais e políticos. Deste ponto de vista, a medição do desenvolvimento pode ser feita através de indicadores de crescimento. E o melhor indicador é o PNB, uma variável agregada que os economistas podem quantificar, analisar e, por isso, utilizar como um excelente instrumento para comparações no tempo e no espaço. Mas a utilização do PNB como variável analítica central e a associação do seu ritmo de crescimento com diferentes níveis de desenvolvimento eram questionadas desde a década de 1950. Além disso, na década seguinte emergiram vários problemas sociais e convulsões políticas em países com diferentes níveis de desenvolvimento. A verificação desses problemas em contextos muito diferenciados revelava a grande complexidade do fenómeno do desenvolvimento, pelo que não parecia aceitável continuar a utilizar um único indicador agregado e de natureza económica como instrumento de medida.

Para a nova corrente de pensamento colocava-se, então, um duplo desafio: redefinir a ideia de desenvolvimento e encontrar a melhor forma de medir o seu nível em cada país. Dois textos de Dudley Seers foram, a este respeito, bastante inovadores e marcaram

[3] Actualmente, a expressão corrente é rendimento nacional bruto (RNB). Contudo, no texto aparece sempre a designação antiga para manter conformidade com os escritos da época.

grande parte do debate e das propostas de política subsequentes. São dois textos bastante interligados e que propõem respostas para os dois desafios considerados: The Meaning of Development[4],[5], de 1969, e What Are we Trying to Measure?[6], de 1972.

Para compreender os problemas económicos, sociais e políticos que o mundo atravessava, nomeadamente os países menos desenvolvidos, era necessário deixar de lado "a teia de fantasia que tinha sido tecida em torno do desenvolvimento" (Seers, 1969: 2) e definir o seu significado de forma mais precisa. Mas, para precisar o significado do desenvolvimento Seers, considerava indispensável abandonar a concepção positivista dominante e olhar para o desenvolvimento numa perspectiva de valores, porque ele deve ser "tratado, inevitavelmente, como um conceito normativo, quase como um sinónimo de melhoria" (Seers, 1969: 2; 1972: 22). E que valores devem ser considerados? Como estes não podem provir da história, da política, ou do nosso conjunto pessoal de valores, defendia Seers, devemos encontrá-los nas condições necessárias para a realização do potencial humano, afinal o verdadeiro objectivo do desenvolvimento. As condições necessárias básicas consideradas pelo autor foram a alimentação, o emprego e a igualdade na distribuição do rendimento, o que lhe permitiu estabelecer três critérios básicos de avaliação do desenvolvimento: *pobreza*, *desemprego* e *desigualdade*.

A definição desses três critérios permite-nos avaliar o desenvolvimento de um país com base numa análise da evolução da pobreza, desemprego e desigualdade, independentemente do tipo de varia-

[4] "The Meaning of Development" é o texto do discurso presidencial de Dudley Seers no Congresso Mundial de 1969 da Sociedade para o Desenvolvimento Internacional (SID). Foi publicado como artigo no *International Development Review* (vol. 11, n.º 4) e republicado como n.º 44 da série IDS Communication do Institute of Development Studies (Seers 1969), versão que aqui consideramos. O artigo está republicado em várias outras revistas e publicações colectivas.

[5] Este texto de 1969 foi referido por H. W. Arndt como sendo o "manifesto" da "Escola de Sussex" da década de 1970 (Arndt, 1983: 2)

[6] "What Are we Trying to Measure?" foi publicado, originalmente, na revista *Journal of Development Studies* (vol. 8, n.º 3). Uma tradução portuguesa foi publicada na revista *Análise Social* (vol. XV, n.º 60) em 1979 (ver Seers 1979).

ção do rendimento. Assim, se num dado período se verificou uma redução (*melhoria*) das três variáveis, então, estamos perante uma fase de desenvolvimento; mas se, pelo contrário, houve um crescimento (*pioria*) das variáveis, sobretudo se forem as três, já não podemos falar em desenvolvimento, ainda que o rendimento *per capita* tenha crescido (Seers, 1969; 1972). Dois aspectos devem ser referidos para uma melhor percepção do estatuto desta definição de desenvolvimento. Em primeiro lugar, dizer que o PNB não é um indicador apropriado para medir o desenvolvimento, não quer dizer que deixe de ter importância analítica, já que continua a ser uma importante medida do *desenvolvimento potencial*. Em segundo lugar, a realização do potencial exige mais do que se pode especificar em termos puramente económicos, como níveis educacionais, liberdade de expressão, cidadania, independência económica e política do país, etc. (Seers, 1969: 5; 1972: 24).

Da análise de Dudley Seers resultaram algumas consequências que importa reter. Por um lado, a concepção normativa do desenvolvimento tem implicações significativas: (*i*) remete-nos para a perspectiva dos *fins* em vez dos *meios*; (*ii*) a melhoria da qualidade de vida, em todas as suas dimensões, é a finalidade do desenvolvimento; (*iii*) e o crescimento económico é apenas um meio entre outros. Por outro lado, a perspectiva dos fins também tem algumas implicações: (*i*) permite uma melhor diferenciação entre os conceitos de desenvolvimento, desenvolvimento económico e crescimento económico; (*ii*) revela a consistência interna do processo de desenvolvimento, no sentido em que o desenvolvimento (*melhoria*) de um dos critérios é uma condição necessária para o desenvolvimento de um ou mais dos outros critérios; e (*iii*) diferentemente, o crescimento do rendimento por habitante não se traduz, necessariamente, em melhorias noutras dimensões.

As missões do Programa Mundial do Emprego e o debate subsequente: emprego, desigualdade, pobreza e necessidades básicas

Durante a década de 1970, cresceu um sentimento generalizado de desencanto, nomeadamente, com os fracos resultados da Primeira

Década de Desenvolvimento (1962-1972) e com a quase ausência dos benefícios económicos e sociais que eram esperados. Considerava-se, então, que o excessivo foco no crescimento do PNB tinha conduzido a novos problemas e contradições nos países em desenvolvimento. Foi neste contexto que a OIT decidiu lançar, em 1969, o Programa Mundial do Emprego (PME), em parte, como "resposta à necessidade fortemente sentida de um novo paradigma de desenvolvimento" (ILO, 2020: 16) que permitisse o "destronamento do PNB"[7] como objectivo e medida universal do desenvolvimento. No início da década de 1970, já existia um certo consenso no seio da OIT em relação à centralidade do problema do emprego nos países menos desenvolvidos, o que permitia defender a ideia de que o desenvolvimento, para ser compreensivo, deveria ter o emprego como seu objectivo principal. A criação de emprego pleno e produtivo era, então, apresentado como a forma de combinar crescimento económico com progresso social generalizado (ILO, 2020: 16).

Em parceria com o IDS, a OIT realizou missões de emprego à Colômbia, em 1970, Ceilão (actual Sri Lanka), em 1971 e ao Quénia, em 1972, sendo as duas primeiras lideradas por Dudley Seers e a terceira por Hans Singer e Richard Jolly. Os relatórios das duas primeiras missões contribuíram para reforçar a defesa da estratégia de desenvolvimento orientado para o emprego. Embora inserida na mesma perspectiva, o relatório da missão ao Quénia, *Employment Incomes and Equality*, teve um impacte ainda maior na evolução do *desenvolvimento social* durante a década de 1970, ao colocar na agenda três novos temas: (*i*) o sector informal[8]; (*ii*) a pobreza como um problema crítico e a estratégia de redução da pobreza como prioridade

---

[7] A expressão foi utilizada numa conferência em Cambridge, em Setembro de 1970, por David Morse, então director-geral da OIT. Ela transformou-se, rapidamente, num slogan muito referido na literatura.

[8] A distinção entre sector informal e sector formal foi feita, pela primeira vez, numa apresentação de Keith Hart durante uma conferência realizada no IDS, em 1971. O texto actualizado foi publicado como artigo dois anos depois: Hart, K. (1973). "Informal Income Opportunities and Urban Employment in Ghana". *The Journal of Modern African Studies*, 11 (1): 61-89.

na política de desenvolvimento; e (*iii*) a estratégia de redistribuição com crescimento (Jolly, 2008: 23-24). A discussão destes novos temas teve múltiplos efeitos no debate científico da época, mas o efeito mais significativo foi a sua progressiva concentração nos temas da desigualdade e da pobreza. Os novos temas foram recebidos de forma entusiástica pelo Banco Mundial, que acabou por integrá-los na sua agenda[9], passando a acompanhar o IDS e a OIT na liderança do debate sobre desigualdade e pobreza.

A adopção do tema das necessidades básicas como foco da Conferência Mundial do Emprego de 1976 abriu caminho para a sua crescente popularidade nos estudos de desenvolvimento. Nessa altura, tinha crescido no seio da OIT a convicção de que a estratégia de desenvolvimento orientado para o emprego não era suficiente, por si só. A criação de mais e melhores empregos não era suficiente, porque os problemas do emprego estavam profundamente relacionados com a desigualdade e a pobreza e era neste contexto que deveriam ser analisados. Assim, propunha-se uma nova abordagem em que "o planeamento do desenvolvimento deveria incluir, como um objectivo explícito, a satisfação de um nível absoluto de necessidades básicas" (ILO, 1976: 31). Tal como outras agências das Nações Unidas, o Banco Mundial adoptou a nova estratégia, também sob forte impulso de Hollis Chenery e da sua equipa, que então já integrava Mahbub ul Haq e Paul Streeten.

2. Manuela Silva e a *Análise Social*: uma perspectiva de desenvolvimento social

Manuela Silva (MS)[10] colaborou com a revista *Análise Social* desde o seu primeiro número, em 1963. Segundo Sedas Nunes, MS fez parte do "1.º GIS" (Nunes, 1988: 47-48), o grupo que iniciou e man-

[9] Integração impulsionada pelo vice-presidente Robert McNamara e pelo economista-chefe H. Chenery.

[10] Os artigos e notas publicados na *Análise Social*, entre 1963 e 1976, aparecem com autoria de Maria Manuela da Silva, mas, partir de 1982, a autora aparece

teve a revista durante a década de 1960, período durante o qual foi mais intensa a sua participação escrita. Através da *Análise Social*, MS afirmou-se como uma investigadora pioneira em Portugal nos estudos de desenvolvimento e com uma produção diversificada, nomeadamente, em matérias do domínio do *desenvolvimento social*. Neste campo, escreveu sobre temas como o desenvolvimento comunitário, planeamento social, política social, pobreza e, ainda, sobre temas de metodologia do planeamento. Este texto aborda os trabalhos realizados no domínio do *desenvolvimento social* e publicados na *Análise Social* entre 1963 e 1982.

Os trabalhos de MS aqui considerados revelam uma grande sintonia da autora com a evolução do enfoque das questões do desenvolvimento, nomeadamente, no âmbito das Nações Unidas e das suas principais agências especializadas[11]. Se tivermos em conta o percurso traçado na secção anterior, podemos falar em três tipos de influências. Em primeiro lugar, a ideia da integração estreita dos objectivos económicos e sociais e a defesa da técnica do desenvolvimento comunitário, dominantes na década de 1950 e desenvolvidas em relatórios das Nações Unidas. Essas ideias influenciaram, principalmente, os trabalhos que MS publicou sobre desenvolvimento comunitário. Em segundo lugar, o novo entendimento do desenvolvimento como crescimento mais mudança (social e cultural) e a defesa do equilíbrio entre objectivos económicos e objectivos sociais, ambos linhas de força do Relatório de 1962. Os resultados deste Relatório, nomeadamente a importância central atribuída ao planeamento, influenciaram os trabalhos sobre planeamento e política social, o maior conjunto de textos publicados por MS na *Análise Social*. E, em terceiro lugar, o debate iniciado por Dudley Seers e a Escola de

---

apenas como Manuela Silva, nome por que passou a ser conhecida no mundo académico e político.

[11] Essa era uma situação perfeitamente natural na época, se tivermos em conta que as Nações Unidas e suas agências especializadas tiveram um papel central na afirmação da moderna Economia do Desenvolvimento. A este respeito, Gerald Meier refere que "a primeira geração de economistas do desenvolvimento veio das universidades e das organizações económicas do pós-guerra" (Meier, 2005: 52).

Sussex no final da década de 1960 e que se prolongou pela década seguinte, cuja influência transparece, principalmente, no artigo de MS sobre a pobreza em Portugal, publicado em 1982.

Mas, MS também foi fortemente influenciada por autores franceses[12], sobretudo, de formação católica e humanista. Nos seus escritos são visíveis, em diferentes momentos, a influência de ideias provindas de economistas do círculo de *Economie et Humanisme*, em particular, de dois dos seus principais fundadores, Louis-Joseph Lebret e François Perroux. A sua perspectiva de uma economia humana bebe, claramente, na formulação da *Économie Humaine*, de L.J. Lebret (Lebret & Celestin, 1950) e na ideia de uma *Économie de tout l'homme, de tous les hommes* desenvolvida por F. Perroux (1964: 591-592). Podemos, então, dizer que a produção científica de MS sobre temas do desenvolvimento deve ser entendida com base nessa dupla influência: (*i*) por um lado, da corrente crítica do *desenvolvimento social*, que vimos na secção anterior; e (*ii*) por outro lado, da concepção humanista francesa da economia, que levou MS a pensar o desenvolvimento sempre numa perspectiva humana. Em 1963, afirmava: "O desenvolvimento não é um fenómeno meramente quantitativo, uma questão de – *mais ter*; é, igualmente, um fenómeno qualitativo – deve traduzir-se, portanto, por *mais ser* ou *melhor ser* (...). Só um processo que mergulhe as suas raízes na mentalidade da população e seja capaz de operar nela uma transformação suficientemente profunda terá garantia de ser eficaz e de ter continuidade" (Silva, 1963a: 542). Estas considerações acompanham, naturalmente, a corrente do *desenvolvimento social*, mas revelam uma clara influência do conceito pioneiro de desenvolvimento humano que encontramos, sobretudo, em François Perroux[13].

---

[12] Sedas Nunes referiu-se às influências que a geração inicial do GIS sofreu, dizendo: "Quanto às influências vindas de fora (...) nos anos 60 os universitários viviam da cultura francesa. Eram, portanto, as modas políticas, intelectuais e ideológicas francesas que se importavam para Portugal" (Nunes, 2013: 22).

[13] Em 1961, Perroux propôs a seguinte definição: "o desenvolvimento é a combinação das mudanças mentais e sociais de uma população que a torna apta para fazer crescer, cumulativamente e de forma durável, o seu produto real global" (Perroux, 1964: 155).

Sobre o desenvolvimento comunitário

O tema do *desenvolvimento comunitário* foi tratado por MS em dois artigos: "Fases de um processo de Desenvolvimento Comunitário" (1963) e "Oportunidade do Desenvolvimento Comunitário em Portugal" (1964). O tema já vinha sendo trabalhado pela autora no âmbito do Centro de Estudos de Economia Aplicada da Associação Industrial Portuguesa, de que resultou o livro *Desenvolvimento Comunitário – uma técnica de progresso social* (Silva, 1962). Na generalidade dos seus escritos, MS sempre apresentou o desenvolvimento comunitário como uma técnica de *progresso social harmonizado* que, por se basear na adesão das populações e abarcar todos os aspectos da existência do indivíduo na colectividade, poderia contribuir para a "transformação da mentalidade da população" e, desse modo, para "criar a convicção de que o progresso é desejável e possível" (Silva, 1962: 14).

No início da década de 1950, o ECOSOC criou um grupo para estudar, em vários países, as experiências de acção de comunidades locais na melhoria das condições económicas e sociais das suas populações. O objectivo era a produção de um estudo que permitisse definir um conjunto de princípios gerais para suportar a concepção de boas técnicas de acção. Em 1955, foi publicado um relatório, *Social Progress Through Community Development*, o primeiro documento oficialmente produzido sobre o tema e que impulsionou a expansão de programas de desenvolvimento comunitário, um pouco por todo o lado. O Relatório de 1962 também considerou o tema, chamando a atenção para a crescente importância do desenvolvimento comunitário e incluindo algumas propostas de acção nesse campo para a década de desenvolvimento (UN, 1962: 38-40).

Os trabalhos de MS dão relevo à importância do desenvolvimento comunitário[14] enquanto técnica oportuna e fecunda para a

[14] A autora utiliza uma definição consagrada das Nações Unidas: "O desenvolvimento comunitário é uma técnica pela qual os habitantes de um país ou região unem os seus esforços aos dos poderes públicos com o fim de melhorarem a situação económica, social e cultural das suas colectividades, de associarem essas

promoção do desenvolvimento nas zonas mais deprimidas e que permite abranger "simultaneamente todos os aspectos da existência do indivíduo na colectividade – o educacional, o económico, o social, o religioso, etc." (Silva, 1962: 28-29). Mas, ressalta a autora, é preciso ver que o desenvolvimento comunitário não constitui uma solução em si mesmo para o problema do desenvolvimento das áreas mais atrasadas. O seu interesse resulta da constatação das dificuldades que essas áreas têm na obtenção dos benefícios do processo geral de desenvolvimento e, mesmo, em contribuir para esse processo. Dificuldades porque o crescimento económico não induz automaticamente uma transformação harmoniosa de todas as regiões do país, tal como, no plano global, não se traduz automaticamente em benefícios para todos. As causas são múltiplas, como reconhece MS, que destaca razões de ordem geográfica, económica, histórica, sociocultural e psicológica.

Esta multiplicidade de causas não foi compreendida pela abordagem do desenvolvimento do segundo pós-guerra, porque ela assentava numa perspectiva dominantemente económica. Nessa tradição, argumenta MS, a política do desenvolvimento "equacionava-se em termos puramente económicos: investimento e procura". Mais tarde, prossegue, "a noção de plano económico (...) assumiu aquele esquema de desenvolvimento e limitou-se, por seu turno, a prever fontes de investimentos e a criar mercados". Mas, conclui, "este esquema (...) revelou-se, porém, inteiramente inoperante e mesmo contraditório para os casos de grande atraso sob o ponto de vista cultural, económico e social" (Silva, 1963a: 541-542). Para MS, as várias experiências realizadas mostravam que o desenvolvimento das regiões mais atrasadas não era apenas uma questão de investimento e de construção de infra-estruturas, ou seja, não era apenas uma questão de crescimento. Na medida em que a realidade social é um todo complexo, em que as condições económicas interferem com as condições geográficas e históricas, com as características socioculturais, religiosas e políticas,

colectividades a vida da Nação e de lhes permitir que contribuam sem reserva para os progressos do País" (Silva, 1964: 498).

a política de desenvolvimento deve combinar acções simultâneas sobre todas essas variáveis do processo. Assim, afirma MS, "a solução ideal para a aceleração do processo de desenvolvimento das regiões atrasadas é a que permite combinar as vantagens de uma programação global com os benefícios de uma participação voluntária do povo no progresso, isto é, a conjugação do plano central (...) com o desenvolvimento comunitário" (Silva, 1963a: 545).

Sobre o planeamento social

A partir de 1965, as contribuições de MS para a *Análise Social* orientaram-se para o tema do planeamento e política social, seguindo uma tendência geral que se afirmava internacionalmente. Entre 1965 e 1976, MS publicou cinco textos, onde escreveu sobre conceitos, conteúdos, fins e problemas do planeamento social, reflectiu sobre casos concretos de aplicação e sobre planeamento e política social em Portugal, abordou questões metodológicas e analisou "discursos de planificação social".

Ao discutir o papel do desenvolvimento comunitário no processo de desenvolvimento, MS afirmou que a solução ideal para acelerar o processo de desenvolvimento era aquela que permitia combinar as vantagens de uma programação económica global com o desenvolvimento comunitário. Para MS, esta combinação permitia compensar a dificuldade da programação económica em agir para além da dimensão económica da realidade. Ora, o que aconteceu desde finais da década de 1950 foi a necessidade de realçar a importância dos factores sociais como conteúdo importante do processo de desenvolvimento, daí a defesa do equilíbrio entre objectivos económicos e objectivos sociais. Isso levou a uma busca progressiva de dissociação do "social" para compreender melhor o seu conteúdo e, desse modo, identificar os objectivos que podem dar corpo a diferentes opções de política social. O passo seguinte foi a dissociação entre *desenvolvimento económico* e *desenvolvimento social*, o que também abriu caminho para a dissociação entre *planeamento económico* e *planeamento social*. Este percurso, como afirmou MS, "marca a planificação social à nascença como uma cisão arbitrária entre o 'económico' e o 'social', cisão esta que não encontra equivalente no real concreto, que sempre se apresenta como um todo unitário" (Silva, 1976: 177).

Contrariamente ao que acontece com a planificação económica, a planificação social não se caracteriza pela existência de uma prática precisa, porque ela é marcada pela imprecisão das relações entre factores económicos e factores sociais, consequência de uma delimitação pouco precisa entre o campo do económico e o campo do social. Mas, como afirma MS, apesar dessa delimitação não podemos deixar de reconhecer que "a planificação social, enquanto prática de regulação dos sistemas sociais, tem origem nas limitações evidenciadas por essa outra prática mais antiga e de emprego generalizado que é a planificação económica" e que ela se formou "como complemento desta, por sedimentação dos processos ensaiados de regulação dos sistemas e subsistemas cujos mecanismos não são abarcados pela planificação económica" (Silva, 1976: 166). Essa origem e essa relação de complementaridade permite-nos dar conta das metamorfoses por que tem passado a evolução da prática da planificação social. Essas metamorfoses, como refere MS, seguem, de certo modo, as dificuldades e as limitações que a prática da planificação económica encontra em integrar elementos não-económicos, mas que são indispensáveis para a compreensão dos fenómenos na sua globalidade.

Um primeiro momento na afirmação da prática da planificação social resultou da percepção de que a causa dos fracassos no cumprimento das metas económicas estabelecidas também resultava de factores de bloqueamento não-económicos[15]. Na verdade, afirma MS, os indivíduos e os grupos sociais não se ajustam imediatamente às mudanças que a organização da produção impõe, porque existem "motivações profundas, atitudes, comportamentos, valores, que desempenham um papel estratégico no processo de transformação e modernização das respectivas sociedades" (Silva, 1976: 167). Ignorar

[15] O Relatório de 1961 das Nações Unidas fala de "obstáculos sociais ao desenvolvimento económico", que classificou em três tipos principais: factores populacionais, institucionais e individuais (UN, 1961: 25)

este facto é condenar ao insucesso a experiência da planificação. Para MS, a prática da planificação social nesta fase confundia-se com os programas de desenvolvimento comunitário, de educação de base, saúde pública, etc. Um segundo momento de metamorfose da planificação social resultou da consideração das consequências sociais do crescimento económico. A constatação de que o crescimento económico não conseguia resolver todos os problemas sociais levou a um crescente enfoque da planificação social na perspectiva da prevenção, ou solução, dos problemas, ou mesmo, da sua manutenção dentro de limites suportáveis pelo sistema. MS considera que este foi um momento de sedimentação da planificação social, mas em que ela "ainda surge como complemento da planificação económica e para colmatar as suas brechas" (Silva, 1976: 169). Por fim, um terceiro momento de metamorfose resultou da ampliação das funções da administração pública em matéria de intervenção "social". A rápida ampliação da administração observada na generalidade dos países levou ao crescimento também rápido das despesas públicas e introduziu a necessidade de racionalização das decisões, nomeadamente, através da prática de planificação nos diferentes corpos da administração que se ocupam dos sectores não produtivos. Esta foi uma nova fase de sedimentação da planificação social. Para MS, sobrava a questão de saber se as críticas que cresciam em relação à prioridade do crescimento económico levariam, ou não, a uma nova metamorfose da planificação social.

Sobre a pobreza

Depois de alguns anos sem qualquer colaboração, MS voltou a publicar um texto na *Análise Social*, em 1982, desta vez sobre a pobreza em Portugal. A autora voltou a ser inovadora na área dos estudos de desenvolvimento, escrevendo sobre um tema então pouco trabalhado em Portugal e tendo como quadro teórico de referência a abordagem das necessidades básicas. Importa fazer aqui algumas considerações que ajudam a entender a origem do artigo. MS foi Secretária de Estado do Planeamento (1976-1977) no Primeiro Governo Constitucional, com a incumbência de preparar um plano de médio prazo para o país. Nesse âmbito, o Governo convidou a OIT a enviar uma missão para apoiar a preparação do Plano de Médio Prazo 1977-80, encarando a possibilidade de poder integrar os novos princípios adoptados pela organização[16]. O plano então concebido dava prioridade ao objectivo de satisfação das necessidades básicas da população, em particular, nas áreas da saúde, saneamento, habitação e segurança social, a par do objectivo de redução do desemprego através do investimento público naqueles sectores.

Além disso, MS também produziu um documento de trabalho para o Programa Mundial do Emprego, publicado em 1981 com o título *Emploi, Besoins Essentiels et Industrialisation au Portugal*. Neste trabalho, a autora analisou o modelo português de industrialização, entre 1950 e 1974, e considerou que, independentemente da sua diversidade, os modelos de crescimento adoptados nas diferentes fases do período[17] foram orientados "pelo princípio de aceleração do crescimento do produto industrial" (Silva, 1981: 6). Mas, se os resultados alcançados no crescimento da produção industrial foram bons, "os efeitos (...) sobre o emprego, a erradicação da pobreza e a correcção das desigualdades (do rendimento e do nível de vida) não podem ser considerados como satisfatórios" (Silva, 1981: 7). No artigo de 1892, MS deu continuidade ao trabalho de análise dos efeitos do crescimento industrial em Portugal, mas, desta vez, analisando apenas a pobreza. Isso mesmo refere a autora quando diz que se propõe

[16] O Governo Português tomou posse em Julho de 1976, no mesmo mês em que a OIT adoptou a abordagem das necessidades básicas, na Conferência Mundial do Emprego de 1976. Portugal foi, assim, o primeiro país a abraçar essa estratégia e a solicitar, nesse contexto, uma missão do Programa Mundial do Emprego (Rijckeghem, 1978). Dessa missão resultou o relatório *Emprego e Repartição de Rendimento*, incluído no Plano de Médio Prazo 1977-1980.

[17] A autora considerou três períodos: 1950-1958 (baseado na substituição de importações e produtos de base); 1959-1968 (primeiro modelo exportador, baseado na transformação de produtos primários com tecnologias intensivas em trabalho); 1969-1974 (segundo modelo exportador, mais aberto ao exterior e mais apoiado no investimento estrangeiro).

"questionar o pressuposto *crescer primeiro para repartir depois*, através de uma reflexão sobre a experiência portuguesa de mais de duas décadas de crescimento económico sustentado e a sua incidência na erradicação da pobreza, mostrando como, não obstante o crescimento da economia, a pobreza não foi erradicada e terá mesmo conhecido expressões novas imputáveis ao próprio processo e padrão de crescimento adoptado" (Silva, 1982: 1078).

Ao centrar o artigo especificamente na análise da pobreza, MS alertou para o facto de se tratar de uma problemática "complexa e totalmente inexplorada entre nós", pelo que apenas pretendia "levantar o véu de uma questão real". Mas, com este simples levantar do véu, MS introduziu nos estudos de desenvolvimento em Portugal algumas questões teóricas e práticas dominantes internacionalmente na década de 1970, mas que até então tinham sido pouco trabalhadas no país. A citação de Dudley Seers que abre o artigo é ilustrativa a este respeito. Extraída do seu artigo de 1969, já referido na secção anterior, a citação tem duas partes que merecem ser destacadas. A primeira parte enuncia o desenvolvimento como um conceito normativo, cujos valores orientadores são as condições necessárias para a realização do potencial humano. Esta concepção de Dudley Seers, é convergente com aquela que MS, na esteira de François Perroux, já defendia, como podemos observar num dos seus artigos da década de 1960, quando defendia uma "concepção do desenvolvimento orientado para o homem, para o seu bem-estar material, mas este integrado na perspectiva mais ampla de uma realização pessoal e comunitária" (Silva, 1969: 484).

A segunda parte da citação coloca os critérios básicos que, segundo Dudley Seers, devem ser consideradas numa avaliação do processo de desenvolvimento: o desemprego, a desigualdade e a pobreza. A análise da MS segue esta perspectiva, mas utiliza, de forma simplificada, o cálculo de um *rendimento de satisfação de necessidades básicas*, que considera poder "servir como critério de identificação do grupo dos pobres e base de referência para uma estimativa da sua dimensão" (Silva, 1982: 1079). A utilização desse rendimento permitiu chegar a algumas conclusões referentes à época em consideração, como a natureza predominantemente rural que acompanhava a pobreza, a insuficiência dos esquemas de segurança social e o baixíssimo nível de salários de algumas profissões e sectores de actividade.

Embora o artigo de MS seja, especificamente, sobre a pobreza, a autora também integra as outras dimensões na sua avaliação do modelo de crescimento português de 1950-1974. Começa por considerar que o crescimento económico observado na época "terá contribuído para, gradualmente, melhorar o nível de rendimento e de satisfação de necessidades básicas". Mas, continua, apesar do rápido crescimento sustentado do período, a pobreza continuava a ser uma realidade dura em 1974, persistindo "lado a lado com o acréscimo da produção e o aumento da capacidade produtiva do país" (Silva, 1982: 1079). Esta visão de um modelo de crescimento sem redução da pobreza assenta num conjunto de características que MS analisa neste e noutros trabalhos e que aqui podemos apresentar do seguinte modo sumário: opção por um modelo conduzido pelo princípio de crescimento do produto industrial; uma política governamental seguida para fomentar o crescimento económico, mas sem constituir um instrumento de correcção dos desequilíbrios sociais; e o abandono a que foram sujeitas a agricultura e as condições de vida das populações rurais. Em resumo, segundo MS tratou-se de um modelo de industrialização "orientado para o crescimento do produto e descurando objectivos de emprego, nível de satisfação de necessidades básicas e equidade na repartição do rendimento" (Silva, 1982: 1083).

Notas conclusivas

Os artigos de Manuela Silva aqui analisados revelam uma característica muito particular no seio da literatura portuguesa sobre desenvolvimento relativa à época em que escreveu. MS tinha uma visão do desenvolvimento que assentava numa posição crítica em relação ao pensamento internacional dominante, nomeadamente, ao primado do objectivo do crescimento sobre os objectivos sociais e culturais da sociedade. Por outro lado, a sua visão do desenvolvimento colocou-a no campo dos autores que cedo desenvolveram uma perspectiva pioneira do desenvolvimento humano, muito antes de o Programa das Nações Unidas para o Desenvolvimento (PNUD) ter lançado um conceito de desenvolvimento humano no seu primeiro relatório, com o mesmo nome, publicado em 1990.

Algumas características da análise do desenvolvimento são permanentes nos textos que MS publicou na revista *Análise Social*. Podemos destacar, por exemplo: a dimensão simultaneamente económica e social; a interdependência dos factores que determinam as condições da vida humana (meio geográfico, elemento humano, razões históricas, condições das estruturas políticas, económicas e institucionais), a mentalidade das populações, etc. Isto significa que a política de desenvolvimento tem de intervir simultânea e concomitantemente sobre todos os aspectos da vida humana e ter em conta todos os factores que influenciam as suas condições de vida. O desenvolvimento é, deste modo, um processo de transformação global da sociedade. Mas para que seja eficaz e tenha continuidade, defendia MS, o processo tem de mergulhar as suas raízes na mentalidade da população e ser capaz de operar nela uma transformação suficientemente profunda.

A visão de desenvolvimento de MS permitiu-lhe uma fácil adesão aos temas que tratou ao longo do tempo e passar de um para outro, sem que essa passagem revelasse qualquer sinal de descontinuidade no seu pensamento. Foi assim que transitou do desenvolvimento comunitário para o planeamento social e a política social, ou destes para o estudo sobre a pobreza, mas evidenciando sempre que o objectivo de todo o desenvolvimento é a valorização humana e que deve ser conscientemente assumido como um projecto de vida colectiva, racionalmente escolhido e livremente assumido. E essa facilidade de adesão permitiu que MS tenha produzido um conjunto de trabalhos bastante inovadores nos estudos de desenvolvimento em Portugal.

Referências Bibliográficas

Fontes

(Artigos de Manuela Silva publicados na revista *Análise Social* entre 1963 e 1982)

SILVA, M. (1982). "Crescimento económico e pobreza em Portugal (1950-1974)". *Análise Social*, XVIII-3.º,4.º,5.º (72-73-74): 1077-1086.

SILVA, M. (1976). "Os 'discursos' de planificação social e os sistemas de exclusão que os demarcam". *Análise Social*, XII-1.º (45): 160-178.

SILVA, M. (1973). "Análise sistémica, modelização social e planificação". *Análise Social*, X (38): 229-268.

SILVA, M. (1969). "O desenvolvimento económico e a política social". *Análise Social*, VII (27-28): 475-484.

SILVA, M. (1966). "Planificação social de uma região em desenvolvimento – o caso da Frísia oriental". *Análise Social*, IV (16): 706-717.

SILVA, M. (1965). "Para um Planeamento Social". *Análise Social*, III (11): 279-294.

SILVA, M. (1964). "Oportunidade do Desenvolvimento Comunitário em Portugal". *Análise Social*, II (7-8): 498-510.

SILVA, M. (1963a). "Fases de um processo de Desenvolvimento Comunitário". *Análise Social*, I (4): 538-558.

SILVA, M. (1963). *"Aspectos novos da cooperação internacional"*. *Análise Social*, I (2): 302-306.

Referências gerais

ARNDT, H.W. (1983). "The 'Trickle-down' Myth". *Economic Development and Cultural Change*, 32 (1): 1-10.

ARNDT, H.W. (1987). *Economic Development. The History of an Idea*. Chicago, London, The University of Chicago Press.

ARNDT, H.W. (1978). *The Rise and Fall of Economic Growth: A Study in contemporary Thought*. Chicago and London, The University of Chicago Press.

CALLAWAY, A. (1971). "Prospects for Employment Opportunities in the 1970s". *The Journal of Modern African Studies*, 9 (2): 283-291.

GARCIA, A. (1966). "La planification sociale". *Revue économique*, 17 (2): 229-263.

ILO (2020). *The World Employment Programme (WEP): Past, Present and Future*. Geneva, International Labour Organization.

LALOIRE, M. (1967). "O que é o mínimo vital?". *Análise Social*, V (19): 373-382 [texto traduzido por Fátima Sedas Nunes].

LEBRET L.-J. & Célestin G. (1950). "D' 'Economie et Humanisme' à l'économie humaine". *Revue Économique*, 1 (5): 568-582.

LEIMDORFER, F. (1972). "Le concept de planification sociale". *Revue Tiers--Monde*, 13 (49): 169-206.

MACEKURA, S. (2020). "Dudley Seers, the Institute for Development Studies, and the Fracturing of International Development Thought in the 1960s and 1970s". *History of Political Economy*, 52 (1): 47-76.

MEIER, G. (2005). *Biography of a Subject. An Evolution of Development Economics*. New York, Oxford University Press.

MORSE, D. (1968). "The World Employment Programme". *International Labour Review*, 97 (6): 517-524.

NUNES, A.S. (2013). *O GIS e a Análise Social na Abertura da Sociedade Portuguesa*. Lisboa, ICS, Imprensa de Ciências Sociais.

NUNES, A.S. (1988). "Histórias, uma história e a História – sobre as origens das modernas Ciências Sociais em Portugal". *Análise Social*, XXIV/1.º (100): 11-55.

PERROUX, F. (1964) [1961]. *L'Économie du XXème Siècle*. Deuxième édition, Paris, Presses Universitaire de France.

SEERS, D. (1979). "Os indicadores de desenvolvimento: o que estamos a tentar medir?". *Análise Social*, XV (60): 949-968. [texto traduzido por Margarida da Gama Santos].

SEERS, D. (1972). "What Are we Trying to Measure?". *Journal of Development Studies*, 8 (3): 21-36.

SEERS, D. (1970). "New approaches suggested by the Colombia Employment Programme". *International Labour Review*, 102 (4): 377-389.

SEERS, D. (1969). "The Meaning of Development". *IDS Communication*, 44. Institute of Development Studies, Brighton.

SILVA, M.M. (1981). *Emploi, Besoins Essentiels et Industrialisation au Portugal*. Geneva. Organisation Internationale du Travail, Recherches pour le Programme Mondiale de L'Emploi, Document de travail.

SILVA, M.M. (1962). *Desenvolvimento Comunitário: uma técnica de progresso social*. Lisboa, Associação Industrial Portuguesa ("Estudos de Economia Aplicada", 16).

SINGER, H.W. (1965). "Social Development: Key Growth Sector". *International Development Review*, 7 (1): 3-8.

SOUSA, A. (1963). "A 'preocupação económica' no Desenvolvimento Comunitário". *Análise Social*, I (3): 464-468.

SOUSA, A. (1963a). "O Desenvolvimento Comunitário um método viável na Europa?". *Análise Social*, I (1): 113-118.

STREETEN, P. (1979). "Basic Needs: Premises and Promises". *Journal of Policy Modeling*, 1: 136-146.

UL HAQ, M. (1971). "Employment and Income Distribution in the 1970's: A New Perspective". *Pakistan Economic and Social Review*, 9 (1-2): 1-9.

UN (1962). *The United Nations Development Decade: Proposals for Action*. New York, United Nations, Department of Economic and Social Affairs.

UN (1961). *Report on the World Social Situation*. New York, United Nations, Department of Economic and Social Affairs.

UN (1957). *Report on the World Social Situation*. New York, United Nations.

UN (1955). *Social Progress through Community Development*. New York, United Nations, Bureau of Social Affairs.

VAN Rijckeghem (1978). "Employment and basic needs: lessons of a mission to Portugal". *International*

Economia, Política Social e Desenvolvimento nos Primeiros Escritos de Manuela Silva (1957-1961)

José Luís Cardoso[*]

Num dos últimos testemunhos pessoais sobre o desenvolvimento da sua carreira, Manuela Silva destacou os benefícios de uma experiência de convívio académico e intelectual com «uma equipe de investigadores orientados para a relação da economia com outras ciências sociais e empenhados em analisar a realidade concreta da economia e da sociedade portuguesa» (in: Neves 2021, 32).

Esse núcleo de reflexão era o Gabinete de Estudos Corporativos (GEC), que Manuela Silva integrou em 1954, após terminar a licenciatura em economia no Instituto Superior de Ciências Económicas e Financeiras (ISCEF) da Universidade Técnica de Lisboa. O GEC foi criado por iniciativa política de José Pires Cardoso em 1949, no mesmo ano em que, sob o impulso de António Manuel Pinto Barbosa, o ISCEF conhecia uma importante reforma de modernização da sua estrutura curricular.

Pires Cardoso era um professor de direito corporativo com fortes ligações ao regime, mas que acreditava ser possível salvar o corporativismo da inoperância em que tinha caído. Dava a caução política indispensável para que um grupo notável de jovens professores e investigadores com ligações à escola do Quelhas publicassem na *Revista do Gabinete de Estudos Corporativos* (*RGEC*), que arrancou no início de 1950, reflexões inovadoras sobre os problemas mais relevan-

[*] Instituto de Ciências Sociais, Universidade de Lisboa.

tes da realidade económica e social portuguesa. Entre esses colaboradores contam-se os nomes de Francisco Pereira de Moura, Valentim Xavier Pintado, Raul da Silva Pereira, José António Tavares e João Moura, aos quais mais tarde se agregariam Adérito Sedas Nunes, Mário Pinto, Mário Murteira e Alfredo de Sousa. Foi a este grupo que se juntou Manuela Silva em 1954, iniciando a sua colaboração regular na *RGEC* em 1955.

A ideologia corporativa, enquanto corpo doutrinal de legitimação do regime político e económico do Estado Novo, não era fielmente comungada pela quase generalidade dos autores acima referidos. Alguns procuravam o *aggiornamento* do discurso corporativo através de incursões nos domínios do serviço social e da sociologia do trabalho e da empresa. Outros mantinham um posicionamento moderadamente crítico na tentativa de reabilitarem os propósitos de promoção de justiça social, de melhoria da organização do trabalho e das relações sociais na empresa, de aproximação a modelos europeus marcados pelo crescimento do *welfare state*. Se algo poderia servir como alimento espiritual comum era a ligação ao pensamento social da Igreja e a militância em organizações universitárias católicas.

O GEC e a sua *Revista* encerraram no final de 1961, estando na origem direta do Gabinete de Investigações Sociais (atual Instituto de Ciências Sociais da Universidade de Lisboa) e da revista *Análise Social*. Essa é uma história bem conhecida que aqui apenas evoco para enquadrar a análise dos textos que Manuela Silva publicou na *RGEC*.[1]

São textos fundacionais do pensamento económico e social de Manuela Silva. Neles se perssentem e desenham os grandes temas, no âmbito da economia e política social, que Manuela Silva abraçaria ao longo da sua vida tão intensa. Apresentam linhas de orientação metodológica que regularmente alertam para as vantagens do diálogo interdisciplinar e para a imprescindibilidade de um conhecimento

[1] A história desse percurso institucional foi revisitada por dois dos seus protagonistas fundamentais: Adérito Sedas Nunes (1988) e Raul da Silva Pereira (2011). O assunto foi desenvolvido *in*: Cardoso (2013), onde se analisa e destaca a modernidade e a relevância académica do GEC e da sua biblioteca.

empírico da realidade económica e social que, por vezes, torna inúteis e obsoletos certos modelos abstratos tidos por sagrados. Testemunham o trabalho de gabinete de uma economista atenta à bibliografia mais atualizada sobre os objetos em análise, mas também empenhada em apontar linhas de ação política que pudessem concretizar os propósitos de desenvolvimento humano, económico e social a que dedicou os seus melhores esforços. Apesar da abrangência e diversidade temáticas dos seus artigos, podemos agregar as reflexões teóricas e políticas de Manuela Silva em dois grandes domínios: a questão dos salários e da política salarial, e a questão do desenvolvimento humano e da política social.

Salários e política salarial

O primeiro artigo que Manuela Silva publicou na *RGEC* foi dedicado à análise económica do salário (Silva 1957a). Procede a uma abordagem crítica da teoria do emprego e do funcionamento do mercado de trabalho que havia sido concebido pelos economistas da escola clássica e marginalista. Revelando conhecimento da história da disciplina, Manuela Silva faz uma apresentação sumária das teorias do salário de subsistência, do fundo de salários e do salário como remuneração da produtividade marginal do trabalho, explicando as respetivas limitações para a compreensão contemporânea do problema. Por isso se socorre do quadro teórico desenvolvido por John M. Keynes na *Teoria Geral do Emprego, do Juro e da Moeda* (publicada em 1936), servindo-se dos argumentos keynesianos para demonstrar que a determinação do salário em função da procura e oferta no mercado de trabalho não serve para explicar o nível de emprego, nem permite analisar a ocorrência de situações de desemprego involuntário.

Este novo quadro teórico pressupunha uma análise dos fatores macroeconómicos que determinam o nível de rendimento de uma economia, do qual depende o volume de emprego atingido. E o grande mérito de Keynes foi, como sabemos, o de demonstrar que o equilíbrio entre oferta e procura agregadas pode ocorrer em situações abaixo do pleno emprego dos fatores produtivos, incluindo naturalmente o fator trabalho. Assim, seria pelo relançamento da procura efetiva que a economia poderia encontrar mecanismos de absorção de emprego e garantir remunerações salariais ajustadas às necessidades dos fornecedores de mão-de-obra.

Manuela Silva revela neste artigo um bom conhecimento da teoria keynesiana do emprego, que certamente lhe fora introduzida nas aulas do ISCEF, mas que, seguramente, enriquecera quer através da vontade própria de aperfeiçoamento da sua formação teórica, quer pelo contacto intelectual com outros economistas da sua geração que foram marcados pelo pensamento de Keynes (designadamente Francisco Pereira de Moura, Manuel Jacinto Nunes e Luís Teixeira Pinto).

Desse enquadramento conceptual parte para a análise do que verdadeiramente lhe interessava, ou seja, explicar o baixo nível de salário da população portuguesa e o obstáculo assim criado a uma política de crescimento económico consistente, conforme as suas palavras deixam transparecer: «Sem um aprofundamento da teoria, não será fácil libertarmo-nos definitivamente dos preconceitos que têm informado e condicionado a nossa política salarial» designadamente, «que os aumentos dos salários conduzem fatalmente ao agravamento dos preços» (Silva 1957a, 58).

Para Manuela Silva, uma política de salários baixos equivaleria a um processo de redistribuição do rendimento que põe em causa a sustentabilidade económica e social, uma vez que não permite a expansão da procura efetiva (pela via dos acréscimos de consumo e do investimento) e porque aumenta as desigualdades entre agentes económicos diferenciados pelos níveis díspares de remuneração do trabalho e do capital.

Contrariando o tal preconceito da vantagem de salários baixos como instrumento de redução do nível de preços, Manuela Silva sustenta com argumentos keynesianos que uma política salarial favorável ao aumento da remuneração do trabalho criaria um clima psicológico e um ambiente de expetativas que repercutem no acréscimo da produtividade do trabalho e, por conseguinte, do rendimento global obtido. E acrescenta a essa mensagem política uma outra convicção que, como veremos, foi preocupação sempre presente nos seus escritos: que a justiça social inerente a uma melhor repartição do rendimento é condição essencial ao processo de crescimento económico e à superação do atraso nas economias subdesenvolvidas.

O assunto voltaria a ser por si abordado, em tom mais ousado de intervenção cívica, num novo artigo que corresponde ao texto de uma conferência promovida pela Juventude Universitária Católica sobre o salário e a reforma da empresa (Silva 1957b).

Considera que a condição proletária (*"l'homme sans attaches"*) é um sintoma da desagregação e desumanização da sociedade contemporânea, condição essa que é um resultado do modo de organização da empresa capitalista, onde «o assalariado é um ser anónimo que o patrão contrata ou despede consoante o interesse económico» (Silva 1957b, 129).

O anonimato na prestação do trabalho, a subordinação à vontade das chefias, a reduzida remuneração, eram elementos indesmentíveis de um regime de exploração que conduziria à formação de um sentimento de classe e à necessidade de uma força comum: assim se justificava, na opinião de Manuela Silva a atualidade do pensamento de Marx, não obstante o falhanço das experiências de libertação do trabalho nos países comunistas (*ibid*, 132). O auditório que escutou a sua conferência terá certamente ficado perturbado com a veemência das suas palavras: «são os baixos salários, em contrapartida com os lucros por vezes fabulosos dos patrões, que geram o complexo de fraude, de roubo de que o operário se sente vítima» (*ibid*, 133).

Estas considerações são o ponto de partida para defender a necessidade de uma política salarial que promova novas modalidades de remuneração com vista a um acréscimo dos rendimentos do trabalho. Entre os instrumentos que para esse efeito poderiam ser mobilizados, Manuela Silva destaca os seguintes: atribuição de prémios de produtividade; remuneração proporcional ao volume de vendas; concessão de maior autonomia na organização do trabalho (em regime de comandita) e na coordenação técnica e económica das equipas de trabalho dentro da empresa; transformação das relações de trabalho de modo a garantir um sistema de responsabilidade partilhada; e participação dos trabalhadores nos lucros e no capital da empresa.

Para Manuela Silva, estas inovações na política salarial (aumento do salário e novas modalidades de remuneração complementar) pressupunham uma alteração substancial do clima habitual existente numa empresa capitalista. Será um tema a que dedicará redobrada atenção noutros ensaios publicados na *RGEC*, onde complementa a reflexão sobre articulação entre política salarial, desenvolvimento económico e justiça social.

A análise a que se dedica nos textos a que temos vindo a fazer referência foi largamente tributária do estudo empírico de maior fôlego sobre os salários (baixos) na indústria transformadora portuguesa (Silva 1956). E socorre-se de uma vasta bibliografia internacional de apoio em que avultam os nomes de William Ropke, Ragnar Nurske, Walter Rostow, Arthur Lewis e, sobretudo, François Perroux. Na escolha que faz das suas fontes de autoridade teórica tem sempre presente uma orientação metodológica básica, que é uma marca indisfarçável do seu pensamento: «Dependerá, como é evidente, das hipóteses formuladas a apetência da teoria para explicar a realidade, sendo nulo ou quase nulo o interesse prático das teorias que se apoiem em hipóteses muito afastadas da realidade» (Silva 1959, 237).

À luz desse princípio orientador das suas pesquisas, Manuela Silva procurou esclarecimentos adicionais sobre os critérios económicos para a fixação de salários nas economias livres (ou de mercado). Tratava-se de discutir como poderia a teoria económica oferecer uma explicação para a determinação do salário através dos processos de contratação coletiva e das convenções estabelecidas entre representantes dos trabalhadores e dos empresários (Silva 1959).

Perante a resposta tradicional da teria económica neoclássica, segundo a qual o salário seria fixado no mercado em função do produto marginal do trabalho, a autora explicita a variedade de fatores e circunstâncias presentes nos processos negociais que envolvem sindicatos e associações patronais, assim como a força contratual de cada um dos agentes da negociação. Neste sentido, a teoria económica não seria suficiente para explicar a complexidade do processo, muito menos o desfecho dele decorrente.

A fixação do salário ficaria, assim, dependente das cedências que cada uma das partes estivesse disposta a fazer para aceitar um valor de equilíbrio que melhor servisse as expectativas formadas por cada uma. Perante a possibilidade de surgirem impasses negociais, caberia a uma entidade arbitral a decisão mais ajustada ao equilíbrio do processo negocial. Manuela Silva não esclarece quem poderia exercer essa função arbitral, dizendo apenas que não se deveria confundir com os atributos e missão do Estado. O certo é que prefere ignorar, ou não explicitar, o papel institucional que era nesta matéria reservado aos organismos corporativos, como aliás decorre do próprio título do artigo que supõe uma economia de livre mercado, e não uma economia de base corporativa ou de direção estatal.

A determinação do salário através de processos negociais obrigaria a considerar a capacidade económica da empresa, a definição prévia de um padrão que refletisse um nível razoável de vida dos trabalhadores, a necessidade de harmonizar com salários fixados noutros setores ou empresas e, finalmente, os indicadores da produtividade do trabalho e da situação económica geral do país. Ao definir o salário como variável estratégica do processo de desenvolvimento económico, Manuela Silva realça bem a importância de dados atualizados sobre índices de custo de vida e orçamentos familiares, sem os quais seria muito difícil a fundamentação de critérios objetivos para a determinação do salário e, por essa via, da definição de uma política de relançamento económico da procura efetiva.

A existência de dados estatísticos fiáveis que permitissem uma adequada definição de políticas, foi assunto que Manuela Silva nunca deixou de sublinhar, atendendo à função primordial da informação empírica que permite validar a pertinência e operacionalidade dos modelos utilizados. A sua adesão à perspetiva teórica keynesiana não se concretizou apenas na defesa de um modelo de análise que recusava aceitar que as soluções de equilíbrio numa economia eram sempre soluções de pleno emprego. A verificação de que o equilíbrio de subemprego era a situação mais frequente – o que a realidade confirmava pela existência de significativas taxas de desemprego no auge e no rescaldo da Grande Depressão no início da década de 1930 – animava os economistas a definirem políticas de relançamento da procura que garantissem aproximações ao estado ideal de pleno emprego. Ora, para que tal fosse possível, era essencial dispor de um quadro teórico macroeconómico que possibilitasse exercícios de previsão e planeamento a partir de séries estatísticas sobre os grandes agregados macroeconómicos: emprego, consumo, investimento, poupança, oferta monetária, rendimento.

É neste contexto que Manuela Silva declara que as perspetivas abertas por Keynes para o desenvolvimento da ciência económica «tiveram uma influência decisiva quer como base de reflexão quer como meio propício ao acolhimento e relevo das novas ideias que estão na origem do incremento das fontes estatísticas do trabalho» (Silva 1961a).

Tal é o tema do artigo em que aponta a relevância das estatísticas do trabalho para a fundamentação de uma nova política salarial e da política económica em geral. Segue de perto o exemplo da Organização Internacional do Trabalho (OIT) e dos países pioneiros no desenvolvimento de sistemas estatísticos modernos ao serviço da previsão económica (sobretudo França e EUA), procedendo a uma sistematização dos indicadores estatísticos mais relevantes para o conhecimento dos problemas do emprego, do funcionamento do mercado de trabalho e da definição de políticas necessárias à correção de desequilíbrios existentes, a saber: população total e população ativa; volume e índices de emprego em todos os setores de atividade económica; desemprego; duração média do trabalho; salários; índice de preços do consumo; condições de vida e despesas de consumo das famílias; segurança social; acidentes de trabalho; conflitos de trabalho; e migrações.

Como habitualmente, Manuela Silva procede a uma apreciação do 'estado da arte' em Portugal, lamentando a escassez de fontes estatísticas disponíveis e as deficiências na sua organização. Sugere que os organismos com essa atribuição (designadamente o Instituto Nacional de Estatística) procedam à indispensável adaptação dos sistemas estatísticos recomendados e praticados pela OIT. Antecipando soluções que mais tarde viriam a ser concretizadas, Manuela Silva explica as razões que poderiam aconselhar a criação de um organismo próprio no ministério da tutela do emprego, trabalho e segurança social, especificamente destinado à organização e recolha de dados estatísticos que habilitassem os decisores políticos a uma melhor fundamentação das suas opções estratégicas. E não hesita em recomendar a formação no exterior dos técnicos que fossem chamados ao exercício de tais funções.

A atenção dada a este assunto é bem reveladora da sua postura metodológica na abordagem dos problemas económicos. A compreensão dos fenómenos económicos exige, primeiro que tudo, informação empírica organizada de forma sistemática. Sem esse requisito os modelos são puras abstrações de economistas e as políticas são meros exercícios arbitrários dos detentores do poder.

No conjunto de artigos dedicados à problemática dos salários e da política salarial, merece indiscutível destaque o texto que dedicou à defesa do lema de «a trabalho igual, salário igual» (Silva 1960a). É uma abordagem pioneira e inovadora sobre o tema da discriminação de género no mercado de trabalho, assunto que mantém preocupante e significativa atualidade. Ao defender a equiparação salarial entre homens e mulheres, esclarece de forma clara que: «A equiparação é de desejar não só nas mesmas tarefas como naquelas em que é idêntico o rendimento e ainda nos empregos que podem considerar-se de uma mesma categoria (...). Só quando esta tríplice finalidade for atingida se poderá validamente falar em não discriminação» (Silva 1960a, 83).

O seu lúcido diagnóstico da situação, visando o objetivo de combater a desigualdade salarial entre homens e mulheres, estava apoiado em estudos e convenções promovidos pela OIT e nas normas e princípios estabelecidos no tratado de criação da Comunidade Económica Europeia em março de 1957. Manuela Silva esforçava-se por garantir que em Portugal fossem também adotados tais princípios orientadores, não apenas no que se refere à equiparação de remunerações entre homens e mulheres que desempenhassem as mesmas tarefas, ou que tivessem empregos da mesma categoria, mas também em proporcionar à população feminina condições idênticas de acesso a programas de orientação e formação profissional, e a regulamentação específica aplicada à situação de maternidade e assistência à família.

Tal como acontecera em textos anteriores, o tema deste artigo também se insere numa visão mais ampla dos problemas do mercado de trabalho que remete para outras perspetivas multidisciplinares no estudo da economia e política social.

Desenvolvimento humano e política social

Nos ensaios discutidos na secção anterior, Manuela Silva desafia, por diversas vezes, a consagração feita pela teoria económica neoclássica da definição dos agentes económicos enquanto seres dotados de racionalidade e apenas movidos pela satisfação do interesse próprio.

Criticando o conceito redutor do *"homo economicus"*, Manuela Silva contrapõe a noção do trabalhador como um ser social, dotado de personalidade própria e inserido num ambiente que poderá garantir (ou não) o aperfeiçoamento das suas capacidades e qualidades. Neste sentido, num ensaio que dedicou ao estudo do acréscimo do rendimento do trabalho através de uma política de melhoria das relações humanas na empresa, apela a uma nova compreensão do trabalhador «como pessoa, quer dizer, um todo com qualidades e defeitos, que acumula uma história, que pertence a uma família e a um grupo social dos quais recebe influências mais ou menos pronunciadas» (Silva 1958a, 194).

Trata-se de um entendimento personalista e humanista do mundo do trabalho, rejeitando o indesejável conflito de classes e optando pela primazia de relações de cooperação em que deverá prevalecer um esforço de entendimento mútuo das motivações necessariamente diferenciadas que comandam as ações de patrões e empregados.

Para a construção deste espaço harmónico, Manuela Silva considera fundamental ter em atenção as boas práticas e as bem-sucedidas experiências promovidas pela escola das relações humanas (que teve em Elton Mayo, no início da década de 1940, o seu principal mentor), sobretudo em empresas americanas do setor industrial, revelando um conhecimento aprofundado e atualizado da literatura académica mais relevante sobre o tema, nos domínios da psicologia e da sociologia do trabalho. Recorde-se que tais experiências incluíam melhorias nas instalações e espaços físicos (iluminação, ruído, higiene) e nas condições sociais de trabalho (horários, pausas, refeições, convivialidade entre trabalhadores).

Ao criticar os modelos tayloristas de organização científica do trabalho, com as inevitáveis consequências de monotonia, fadiga e despersonalização dos trabalhadores, quer no setor industrial, quer no setor dos serviços, o propósito fundamental de Manuela Silva é o de encontrar soluções de humanização do trabalho que implicariam, inevitavelmente, novos processos de organização empresarial, sem esquecer a indispensável revisão dos processos remuneratórios. Uma vez mais, é o seu conhecimento da realidade económica portuguesa que lhe permite elaborar uma análise comparativa dos níveis de rendimento *per capita* registados nos principais países europeus, constatando o baixo nível em que Portugal se situava. E regressa ao argumento principal em defesa da necessidade de aumentos salariais que estariam associados a acréscimos de produtividade que, por sua vez, estavam dependentes dessa nova atitude de humanização das relações de trabalho. Deste modo, uma vez mais, a solução para o crescimento económico assentava numa rejeição da política de baixos salários.

No final deste mesmo artigo, Manuela Silva introduz uma temática aparentemente desconexa, que procura associar ao mesmo objetivo de acréscimo do rendimento *per capita*: a necessidade de tornar a economia portuguesa mais competitiva num espaço económico internacional crescentemente alargado. Não voltaria a abordar esta matéria nos seus artigos do *RGEC*. Porém, é interessante assinalar essa intenção de abertura da economia ao exterior, no que era igualmente acompanhada por outros colaboradores regulares desta revista.

A mesma preocupação com o desenvolvimento da política de relações humanas conduz Manuela Silva a uma análise do processo de comunicação interna na empresa, quer em sentido descendente, quer em sentido ascendente (Silva 1958b). Estava em causa a integração psicológica dos trabalhadores, como condição da sua realização humana, mas também como pressuposto da concretização da função económica da empresa e da melhoria do seu desempenho. Ou seja, a humanização do trabalho fabril também servia os objetivos dos proprietários e gestores do capital: «O empresário, ainda que não queira desviar a sua atenção do fim lucrativo que se propõe, é obrigado – em razão desse mesmo fim utilitário que prossegue – a criar condições e a tomar atitudes que concorrem para a humanização do trabalho e personalização do trabalhador» (*ibid*, 284).

A garantia de fluxos de informação que possibilitassem um melhor conhecimento do funcionamento da empresa, dos seus aspetos produtivos, organizativos e financeiros, seria indispensável para criar sentimentos de responsabilidade e de partilha que atenuavam os fatores de tensão e conflito. Ainda que nunca utilize o vocabulário mais frequente da doutrinação corporativa, Manuela Silva contribuía, de forma indireta, para consolidar um processo de afirmação do primado do equilíbrio nas relações sociais vividas nas empresas, especialmente do setor industrial. Esta era um tema de abordagem recorrente na *RGEC*, sobretudo através das contribuições de João Moura e de Adérito Sedas Nunes.

Era entendimento de Manuela Silva e demais colaboradores do GEC que as desejadas reformas da empresa eram uma exigência imposta pelas consequências económicas da industrialização – eufemismo utilizado para se referir ao processo de crescimento económico. Tal processo acarretava profundas transformações sociais, culturais e psicológicas, muitas das quais com resultados de forte impacto negativo, designadamente: desemprego maciço; concentração da riqueza e desigualdade na repartição do rendimento; modelos imperfeitos de segurança social; isolamento provocado pelo estilo de vida urbano; e desagregação familiar.

Por conseguinte, revelando grande proximidade com a agenda de investigação da escola francesa de sociologia do trabalho (citando com frequência François Perroux, Georges Friedmann, Pierre Naville e Alain Touraine), Manuela Silva expressa com acuidade a faceta política do seu pensamento económico e social: «Toda uma hierarquização de objetivos importa realizar, antes de prosseguir num plano de industrialização sob pena de esta, em vez de trazer libertação, bem-estar, progresso espiritual e moral, aos indivíduos e às sociedades, ser causa de sujeição, de miséria, de decadência moral e espiritual de um grande número» (Silva 1960b, 207).

Desta asserção decorre a necessidade de uma política (de serviço) social atenta aos problemas da promoção da saúde, bem-estar, educação e igualdade territorial, minorando os efeitos negativos do processo de crescimento económico, garantindo melhoria das condições de vida dos indivíduos e das famílias, procurando a humanização das estruturas sociais existentes e fomentando a cooperação e harmonia entre os membros de uma sociedade vocacionada para a valorização plena da vida humana, na sua dupla dimensão material e espiritual.

A eficácia das políticas sociais seria para Manuela Silva tanto maior quanto mais precoce fosse a atuação dos governos e organizações responsáveis na prevenção dos riscos associados às transformações económicas e sociais provocadas pela industrialização. Só desse modo o crescimento económico poderia assumir o desejado propósito de servir o desenvolvimento económico e social.

O conhecimento que tinha dos programas de política social promovidos por organismos internacionais, nomeadamente no âmbito da ONU, é o ponto de partida para a apresentação de reflexões sobre as bases para a elaboração de um programa nacional de serviço social, ao encontro de convergentes soluções preconizadas por diversos colaboradores da *RGEC*, merecendo particular destaque os escritos de Adérito Sedas Nunes (1955). Apesar de alguma convergência com os objetivos do Plano de Formação Social e Corporativa (lei n.º 2085 de 17 de agosto de 1956) promovido pelo ministro Henrique Veiga de Macedo, Manuela Silva não deixa de suscitar objeções críticas sobre a falta de coordenação superior que poderia deitar por terra as intenções proclamadas. Conhecia bem as dificuldades internas e as limitações administrativas impostas pelo sistema corporativo ao desenvolvimento de uma política eficaz de serviço social, dada a sua experiência profissional como economista e assistente dos Serviços de Ação Social do Ministério das Corporações e da Previdência Social entre 1955 e 1960 (ou seja, na mesma época em que publica os seus ensaios na *RGEC*).

Nos diversos textos em que o conceito de desenvolvimento surge abordado, Manuela Silva enfatiza o erro que seria entender tal conceito como sinónimo de crescimento económico ou industrialização. Tomando de empréstimo as palavras de François Perroux, a autora sintetiza nos seguintes termos aquela que é, sem dúvida, a moldura doutrinal e teórica a que foi sempre fiel: «O desenvolvimento é a combinação das modificações mentais e sociais de uma população que a torne apta a fazer aumentar cumulativa e duradouramente o seu produto real global» (Silva 1961b, 319).

Neste artigo em que procura enriquecer o conceito, Manuela Silva esclarece que a noção de 'desenvolvimento harmonizado' trabalhada por outros economistas e sociólogos franceses discípulos de Perroux, inscreve ainda o reconhecimento de uma finalidade comum de aperfeiçoamento humano, o que implica a consideração de uma dimensão cognitiva histórica (ou seja, a explicação das origens do tempo presente), e de um futuro que se projeta de acordo com uma finalidade partilhada em comum (ou seja, uma visão doutrinal sobre o devir coletivo).

Nestas considerações, Manuela Silva mantém-se sempre fiel à ideia de que o homem é o protagonista central do processo de desenvolvimento que, para efetivamente o ser, terá de integrar todas as dimensões da existência humana. O desenvolvimento surge, assim, como um fenómeno social global que não pode ser deixado aos cuidados exclusivos de uma disciplina académica (a economia, ou outra qualquer), mas que, pelo contrário, exige uma combinação de abordagens proporcionadas por uma pluralidade de disciplinas das ciências sociais e humanas.

As condições económicas, sociais, institucionais e culturais que forçam alguns países ou zonas do globo a círculos viciosos de subdesenvolvimento só poderiam ser superadas através de ações políticas concertadas que exigem programação rigorosa. Nas reflexões finais que apresenta sobre o tema, Manuela Silva revela alguma familiaridade e aceitação das teses da Comissão Económica para a América Latina e Caraíbas (CEPAL). A análise das razões estruturais impeditivas da superação do subdesenvolvimento exerceu algum fascínio nos economistas do GEC que, em breve, iriam participar na criação do Gabinete de Investigações Sociais (GIS) e da revista *Análise Social*, onde tal influência se fez sentir de forma mais nítida.

O diálogo interdisciplinar, tão do agrado de Manuela Silva, foi praticado de forma exemplar no seu último artigo publicado na *RGEC*, dedicado à definição de uma política familiar, no qual cruza conhecimentos provenientes da economia, sociologia, psicologia e história (Silva 1961c). Começa por se debruçar sobre os novos fatores de evolução da estrutura das famílias no início da segunda metade do século XX, designadamente: diminuição das taxas de natalidade; dispersão do núcleo familiar básico; perda da função educativa e de oportunidades de lazer familiar; dificuldades de alojamento e situações de vulnerabilidade económica associadas ao desenvolvimento da civilização ou sociedade industrial; e perda de valores morais que conferem solidez à vida familiar.

A sua abordagem privilegia uma perspetiva de sociologia da família e da vida quotidiana, com o intuito de mostrar a necessidade de uma política (social) familiar que contribua para atenuar o agravamento das condições económicas das famílias mais carenciadas e com maior instabilidade na captação de rendimentos que permitam a sua subsistência e reprodução. Socorrendo-se de uma análise pormenorizada da evolução histórica das políticas de família em alguns países europeus, Manuela Silva aponta o propósito de fixar as coordenadas que deveriam orientar tais políticas em Portugal, destacando o seu caráter multidimensional, tendo em vista a «satisfação das necessidades das famílias e a prossecução do mais alto nível de bem-estar humano, económico e social» (Silva 1961c, 570).

Entre as medidas concretas que lhe parecem essenciais promover, merecem destaque: a compensação de encargos familiares através do sistema de abonos de família; a melhoria das condições de alojamento através da construção de habitação social pelo Estado e de sistemas de incentivos ao crédito para habitação própria; o apoio à aquisição e uso de bens duradouros de equipamento doméstico; as concessões e isenções de custos que garantam acesso generalizado à instrução e cultura; e outros serviços sociais e estímulo à criação de associações representativas dos interesses das famílias.

Independentemente da exequibilidade de algumas medidas propostas, importa realçar a visão coerente e bem fundamentada numa vasta bibliografia internacional que permitia a Manuela Silva olhar para a solução dos problemas da organização familiar numa perspetiva exemplificativa das vantagens de criação de um *welfare state* sustentado nas unidades básicas da vida social. Além disso, o tema em análise, a que dedica este último artigo teórico no âmbito da economia e política social publicado na *RGEC*, permitia a Manuela Silva completar um ciclo de reflexão sobre a dignidade do trabalho humano que iniciara com o tratamento da questão da determinação do salário e da definição dos objetivos da política salarial.

Os dez artigos que Manuela Silva publicou na *RGEC* inauguram um percurso intelectual e cívico que contribuiu para a emergência de uma agenda de investigação inovadora nas áreas da economia e política social e do desenvolvimento.[2] Neles provou a sua autora uma atenção cuidada no enquadramento teórico, na construção do suporte

[2] Além dos dez artigos aqui em análise, Manuela Silva publicou pequenas notícias informativas nas secções de "Notas e Comentários" e "Informações" da *RGEC*, sobre instituições que poderiam servir de exemplo ou balanço de experiências de política social que procurava pôr em prática em Portugal (nomeadamente: "Os 25 anos do Instituto de Serviço Social", *RGEC*, 1960, n.º 42, 263-264; "Atualidade de um serviço consultivo de direção do pessoal", *RGEC*, 1961, n.º 45, 80-82; "A sessão intensiva do Institut de Recherche et Formation en vue du Développement Harmonieux", *RGEC*, 1961, n.º 46, 260-262; e "O programa de desenvolvimento comunitário no Paquistão", *RGEC*, 1961, n.º 48, 618-620). Publicou ainda várias recensões críticas de livros que revelam bem as afinidades com autores e temas que aborda nos seus artigos. A lista dessas recensões é apresentada como anexo bibliográfico, no final das referências. Refiram-se ainda os múltiplos apontamentos de leitura (na rubrica "Notas colhidas em publicações"), sobretudo ao longo dos anos de 1955 a 1958, relativos a artigos publicados em revistas internacionais de ciências sociais recebidas pelo GEC (*Bulletin Social des Industriels, Fomento Social, Moneda y Credito, Revista Brasileira de Economia, Revue de l'Action*

empírico e na definição de orientações políticas. Fez dos salários um objeto central das políticas sociais, mostrando a sua articulação com o processo de crescimento económico. Insistiu, sobretudo, na ligação entre o salário e a humanização do trabalho, de modo a poder sustentar uma visão integral do processo de desenvolvimento humano, social e económico. Demonstrou a sua enorme apetência para a discussão teórica e empírica de temas que ainda hoje se inscrevem na definição de políticas públicas de âmbito económico e social. Desvendou a sua paixão por uma economia de escala humana e por causas sociais e políticas destinadas a valorizar a pessoa humana nas suas múltiplas dimensões. Deixou em aberto pistas e temas de pesquisa a que viria a dedicar-se ao longo da sua plurifacetada carreira e que são motivo de atenção noutros testemunhos coligidos neste livro em sua homenagem.

Ao destacar e isolar as contribuições que Manuela Silva deixou na *Revista do Gabinete de Estudos Corporativos*, quis resgatar de algum esquecimento textos que julgo decisivos para a compreensão da riqueza do seu pensamento. A (re)leitura desses textos não deixará de surpreender quem queira conhecer melhor o seu percurso e a vasta amplitude do seu legado académico e cívico.

Referências

Cardoso, José Luís, 2013. O Gabinete de Estudos Corporativos (1949-1961) e a génese de uma biblioteca moderna de ciências sociais. *Análise Social*, vol. XLVIII (206), 193-219.

Neves, Vitor, 2021. Manuela Silva: uma abordagem humanista da economia em Portugal [*working paper*, FEUC].

Nunes, Adérito Sedas, 1955. A organização corporativa e o serviço social. *Revista do Gabinete de Estudos Corporativos*, n.º 22, 155-170, n.º 23, 246-275, e n.º 24, 315-347.

Populaire, Revue Economique, Revue Internationale du Travail e *Rivista Internazionale di Scienze Sociali*).

Nunes, Adérito Sedas, 1988. Histórias, uma história e a História – sobre as origens das modernas Ciências Sociais em Portugal. *Análise Social*, vol. XXIV (100), 11-55.

Pereira, Raul da Silva, 2011. Depoimento de um dos fundadores da *Análise Social: ab initio*. *Análise Social*, vol. XLVI (200), 611-616.

Silva, Maria Manuela da, 1956. *Contribuição ao Estudo da Estrutura do Salário na Indústria Transformadora Portuguesa*. Lisboa: INE – Centro de Estudos Económicos.

____, 1957a. Sobre a análise económica do salário. *Revista do Gabinete de Estudos Corporativos*, n.º 29, 55-84 e n.º 30, 152-167.

____, 1957b. O salário e a reforma da empresa. *Revista do Gabinete de Estudos Corporativos*, n.º 30, 127-151.

____, 1958a. O rendimento do trabalho e a política das relações humanas. *Revista do Gabinete de Estudos Corporativos*, n.º 34, 192-211.

____, 1958b. O problema da comunicação na empresa. *Revista do Gabinete de Estudos Corporativos*, 1958b, n.º 35-36, 283-303

____, 1959. Critérios económicos e fixação de salários nas economias livres. *Revista do Gabinete de Estudos Corporativos*, n.º 39, 235-256.

____, 1960a. Sobre o princípio de «a trabalho igual, salário igual». *Revista do Gabinete de Estudos Corporativos*, n.º 41, 86-94.

____, 1960b. A programação do serviço social e a industrialização. *Revista do Gabinete de Estudos Corporativos*, n.º 42, 200-220, e n.º 44, 526-541.

____, 1961a. Contribuição para o estudo das estatísticas de trabalho. *Revista do Gabinete de Estudos Corporativos*, n.º 45, 34-64.

____, 1961b. O desenvolvimento harmonizado. *Revista do Gabinete de Estudos Corporativos*, n.º 47, 317-326.

____, 1961c. Elementos para a definição de uma política familiar. *Revista do Gabinete de Estudos Corporativos*, n.º 47, 346-366; e n.º 48, 551-596.

Anexo bibliográfico
(lista de recensões bibliográficas de autoria de Manuela Silva publicadas na *RGEC*)

1955, n.º 21, 58-60	Francisco Pereira de Moura, Luís Maria Teixeira Pinto e Manuel Jacinto Nunes, "Estrutura da Economia Portuguesa", in *Revista do Centro de Estudos Económicos*, n.º 14, 1954
1955, n.º 22, 171-173	Pierre Mendès-France e Gabriel Ardant, *La Science Economique et l´Action*
1955, n.º 24, 391-392	Jale Brozen, *Liderança Industrial e Progresso Tecnológico*
1960, n.º 41, 119-120	Georges Gurvitch, *Traité de Sociologie*, I vol.
1960, n.º 42, 271-272	Hyacinthe Dubreuil, *Le véritable "intéréssement" des travailleurs à la vie de l´entreprise*
1960, n.º 42, 272-273	Pierre Vellas, *L'organisation des Nations Unies et le dévéloppement communautaire des régions retardées*
1960, n.º 44, 580-582	Andrée Michel, *Famille, industrialisation, logement*
1961, n.º 47, 436-437	Daniel Crespi, *Les salaires belges, faits et theories*
1961, n.º 48, 624-625	Georges Ville, *Actionnariat ouvrier et participation financière du personnel à l´entreprise*

As pessoas, o desenvolvimento e o território

(Um tributo à personalidade e energia da Prof.ª Manuela Silva)

Manuel Brandão Alves[*]

A pessoa humana, o desenvolvimento e o território constituíram, no âmbito da economia, focos centrais da atenção, da reflexão e da vida de Manuela Silva. A integração dos três conduz a uma boa síntese da herança com que nos privilegiou, o que não pode deixar de ser uma fonte de inspiração para o modo de ser e de estar de todos os que a conheceram.

É verdade que a síntese nos transmite uma boa visão global do seu pensamento e ação, mas não é menos verdade que Manuela Silva, entre as três componentes, considerou sempre as pessoas como o foco determinante. Os outros são-lhe instrumentais. Entendia que embora em política económica todos e cada um dos universos tenha um lugar próprio e insubstituível, nenhum deles existe só por si e para si; estão todos ordenados para a satisfação de felicidade humana e do bem-estar das pessoas, em todas as múltiplas dimensões em que o bem-estar pode e deve ser valorizado.

Entendia, no entanto, que, apesar de a pessoa humana ser o destino final de todos os comportamentos, há princípios e regras que não podem deixar de ser respeitados, qualquer que seja o relacionamento entre os diferentes universos. Isto é, embora o desenvolvimento deva estar ordenado à satisfação da felicidade humana, o

[*] Professor catedrático (aposentado), ISEG, Universidade de Lisboa.
E-mail: mba@iseg.ulisboa.pt

desenvolvimento não pode ser obtido a todo o custo, sem equidade e respeito pela sustentabilidade do planeta, ou talvez melhor dizendo, do território. Se assim não for é a própria existência do ser humano que é posta em causa.

As pessoas, o desenvolvimento e o território possuem interdependências, cuja estrutura se encontra em evolução permanente e que, por isso, exige sistemas de gestão dinâmicos, com características que lhe permitem adaptabilidade constante. Colocar em causa um dos elementos do sistema, não pode deixar de ter como consequência arriscar a sobrevivência do conjunto. Num outro texto desta publicação, Estêvão, J. (2021) faz uma excelente apresentação do que foi a evolução do pensamento de Manuela Silva, desde o princípio dos anos 60 até ao princípio dos anos 80.

Apenas recordarei que, quando ainda poucos disso tinham consciência, Manuela Silva nos chamou a atenção para a circunstância de que o desenvolvimento não se deve preocupar, apenas com necessidades económicas mas, também, com necessidades sociais, porque o bem-estar das pessoas não é, apenas, o resultado da disponibilidade de bens materiais mas, igualmente, do acesso à satisfação de outras necessidades que vão para além das de bens materiais e que são indispensáveis à melhoria das suas condições de vida.

Foi esta consciência da interdependência entre o económico e o social que nunca lhe permitiu cair na armadilha da discussão entre o crescimento e o desenvolvimento. O objectivo que deve ser salvaguardado é o do desenvolvimento. O crescimento pode ser, apenas, e em determinadas condições um meio de promoção do desenvolvimento. Quando o não for, então o objectivo do crescimento não deve ser prosseguido. É que nem todo o crescimento é fonte de desenvolvimento. Por ex., suponhamos ema fábrica poluidora de uma bacia de água consumível. Ao emitir poluição a fábrica desenvolve a sua produção e desse modo contribui para o crescimento do PIB do país. Para corrigir os malefícios da poluição terão que ser adotados procedimentos que, também eles, vão aumentar a produção de bens e serviços e, desse modo, aumentar o PIB. Isto é, o PIB aumentou, mas o desenvolvimento do território em causa diminuiu.

A forma como Manuela Silva, nos últimos anos da sua vida inspirou e impulsionou a criação *Rede Cuidar da Casa Comum*, a partir dos princípios Carta Encíclica Laudato si *do Papa Francisco, são a melhor demonstração da compreensão que tinha da trilogia, pessoa humana, desenvolvimento e território.*

Porventura, tão importante como compreender como foi a evolução do pensamento e dos empenhamentos de Manuela Silva no âmbito da promoção da economia e do desenvolvimento económico seja, hoje, ir ao encontro dos alertas com que nos últimos anos nos foi inspirando de como deveria ser construído o futuro.

Um dos seus compromissos mais vincado e persistente foi com o *Grupo Economia e Sociedade* que ela fundou e animou durante vários anos. Na sequência de uma reflexão conduzida pelo grupo em torno de temáticas importantes para a configuração do futuro de Portugal foi, em março de 2018, publicado o livro *Economia e Sociedade – Pensar o Futuro*, como edição da Fundação Calouste Gulbenkian.

Manuela Silva brindou-nos a todos, no 1.º capítulo, com uma síntese brilhante da reflexão havida no grupo que, de algum modo pode, também, ser considerada uma síntese do seu próprio pensamento.

Tendo eu próprio participado na reflexão original, em torno dos temas desenvolvimento, bem-estar e território, procurarei, seguidamente, acompanhar de perto o que então aí escrevi actualizando o texto, quando o considerar oportuno.

1. Onde estamos em termos de desenvolvimento?

O desenvolvimento sempre tem sido entendido como berço gerador de maior felicidade e bem-estar, colectivo e individual, tanto em países desenvolvidos, como em países de desenvolvimento intermédio ou no também designado terceiro mundo.

1.1. O desenvolvimento nos últimos 50 anos

Depois do fim da 2.ª guerra mundial tomou-se consciência de que o desenvolvimento não era uma questão que dissesse respeito, apenas, aos povos de cada país, mas que deveria, em conjunto, envolver todos os povos. *Vide*, por ex., os debates que tiveram lugar na década de 60 do século passado em torno dos temas da troca desigual, do desenvolvimento dependente, da noção de terceiro mundo, do conceito de sistema mundo, da dinâmica capitalismo-imperialismo, etc. Até os países desenvolvidos, agrupados na OCDE, criaram um programa de ajuda ao desenvolvimento dos países do terceiro mundo, designado por "década do desenvolvimento" que, apesar de todas as suas debilidades, mostrava, pelo menos, que pouco a pouco se ia difundindo a compreensão de que o desenvolvimento era questão que dizia respeito a todos e a cada um, dos povos, países ou nações.

Passados 60 anos, o que ficou de todos esses acesos debates e iniciativas? Pouca coisa. Quando muito restará uma espécie de pano de fundo que veremos se será capaz de influenciar o novos debates sobre o desenvolvimento que de novo começam a despontar.

O rápido crescimento verificado num número significativo de economias, ofuscou a ideia e os princípios que inspiravam a necessidade de cuidar do desenvolvimento, criando condições para que as doutrinas do liberalismo económico se difundissem com rapidez, prometendo futuros de maior progresso e bem-estar para todos. O seu instrumento privilegiado foi e é o chamado "funcionamento livre dos mercados". Para debaixo do tapete foram varridas, as desigualdades crescentes, a nível pessoal, entre países e outros espaços económicos, a concentração de riqueza (a que vai para além da que pode ser justificada pelo argumento de incentivo à iniciativa), as manchas crescentes de pobreza e a fragilização do Estado enquanto garante e promotor do desenvolvimento sustentável, etc.).

1.2. Onde estamos hoje?

Encontramo-nos numa fase do processo de evolução das sociedades em que, para muitos, não é ainda claro que o liberalismo pode conduzir à destruição dos valores da solidariedade, da justiça, da liberdade, da igualdade de oportunidades, da inclusão, da coesão, etc., que têm constituído alicerces do funcionamento do mundo em que queremos viver e que mais têm contribuído para a sua sustentabilidade.

A razão principal dessa incompreensão não se encontra nos benefícios que o liberalismo possa ter proporcionado, mas antes, na atractividade de alguma roupagem com que vem enfeitado, a liberdade individual e a eficiência na afetação de recursos, como se uma e outra não pudessem ser garantidas fora do espartilho liberal.

1.3. Perspectivas de futuro

Felizmente que as perspectivas de futuro começam a mudar. De novo, a ideia de desenvolvimento começa a ser central nas preocupações e na ação de todos os que ambicionam o progresso dos povos. Do mesmo modo que para Lincoln a democracia era entendida como o governo do povo, pelo povo e para o povo, também hoje poderemos dizer que não há verdadeiro desenvolvimento que não tenha como sujeito o povo, que não seja promovido pelo povo e que não tenha como destinatário esse mesmo povo. Importa precisar que o "povo", aqui, não pode deixar de ser considerado como sendo constituído por qualquer cidadão do sistema-mundo, independentemente do lugar em que se encontre.

Referi, acima, que o desenvolvimento promove o progresso. Ora este pode, de algum modo, ser considerado como a medida do desenvolvimento. Teremos tanto maior desenvolvimento quanto maior for o nível de progresso alcançado. Ficará, ainda, a pergunta: mas o que é o progresso?

Não saberemos defini-lo com precisão e uma das razões principais é a de que tem diferentes configurações, no tempo e no espaço. Não hesitaremos, no entanto, em afirmar que não haverá verdadeiro progresso se for obtido à custa dos valores da vida, da dignidade da pessoa humana, da equidade temporal (geracional) e espacial, e da sustentabilidade dos recursos e resultados alcançados.

São verdadeiramente esperançosas todas as dinâmicas, movimentações e mobilizações que vêm sendo feitas em torno da crise climática. Os progressos dos compromissos que têm sido assumidos em torno das várias iniciativas, nomeadamente as cimeiras internacionais, são certamente limitados e não tão rápidos e robustos quanto a maioria de nós o desejaria, mas o que não poderemos deixar de reconhecer é que o problema da sustentabilidade do desenvolvimento está sobre a mesa. Esse era o primeiro passo que tinha que ser dado. Agora compete aos movimentos de cidadania não abrandar os seus gritos de alerta ou de revolta dirigidos aos governos dos seus países e às instituições internacionais, com vista a que não abrandem e, pelo contrário, aprofundem os seus empenhamentos nos compromissos já assumidos.

1.4. Desenvolvimento ou crescimento?

O reconhecimento da importância crescente destes valores conduz-nos à necessidade de repor o debate sobre o binómio crescimento-desenvolvimento. As crises austeritárias com que temos estado envolvidos, expropriaram-nos, sem cerimónia, do desenvolvimento e do crescimento.

Quase que silenciosamente, começa a levantar-se o véu com que foram cobertas as preocupações em torno do crescimento. É já incontornável a ideia de que não haverá superação dos níveis de desemprego que assolam as nossas sociedades sem que, simultaneamente, exista crescimento. Nem todo o crescimento o vai, no entanto, permitir. A sustentabilidade do crescimento não estará garantida se, simultaneamente, não estiverem asseguradas as condições para que aconteça desenvolvimento.

Raramente haverá desenvolvimento se, simultaneamente, não acontecer o crescimento. No entanto, nem todo o crescimento implica, necessariamente, mais desenvolvimento. É por isso que é importante o debate que permita obter o consenso necessário a que se saiba qual é o crescimento que destrói o desenvolvimento e qual é o crescimento que é virtuoso em relação ao desenvolvimento.

Uma primeira aproximação é a de reconhecer que o crescimento não produz desenvolvimento se não for crescimento sustentável, isto é, crescimento durável, no tempo e no espaço, compatível com a promoção da dignidade da pessoa humana e com a valorização da "casa comum".

Esta característica da sustentabilidade permite-nos dizer que, se não há desenvolvimento sem crescimento também, num horizonte longo, não há crescimento sem desenvolvimento. Compreende-se, assim, com facilidade, que o desenvolvimento não é apenas uma questão de economia, ou, pelo menos, não o é em relação aos atributos que a acepção comum associa ao funcionamento da economia. O desenvolvimento envolve a humanidade em todas as suas dimensões, uma delas é a económica, mas ele terá que ser inclusivo em relação a uma multiplicidade de outros aspetos da vida: o social, o sentido de relação, o cultural, as tradições, a natureza, a paisagem, os recursos, a ecologia, etc.

Tendo começado a dar-se relevância à necessidade de crescimento, importa que, simultaneamente, se traga para a frente do debate a discussão do desenvolvimento. Para isso teremos que fixar balizas que nos permitam refletir e tomar decisões, porque o desenvolvimento é um estádio alcançado, mas é, também, o processo seguido para se lá chegar.

Esta consciência conduz à necessidade de colocar o desenvolvimento no âmbito de um paradigma diverso do que é corrente. O desenvolvimento só o é se estiver ao serviço da dignidade da pessoa humana e da vida; se promover a solidariedade e o sentido da relação, que seja compatível com os valores da equidade, da coesão e da inclusão, que saiba ser amigo da natureza, do ambiente e dos outros seres vivos. Um desenvolvimento que possa e saiba ser compatível com estes valores é um desenvolvimento que saberá gerar bem-estar para e entre todos os humanos.

2. O bem-estar razão de ser de todo o desenvolvimento

Uma economia e sociedade de bem-estar é uma economia, e sociedade, capaz de proporcionar sentimentos de felicidade aos seus membros. O bem-estar tem conteúdos de natureza individual e conteúdos de natureza societal. Sendo verdade que todas as componentes do bem-estar têm como objeto o bem-estar individual é, também, verdade que o bem-estar individual, para todos os indivíduos, não pode ser obtido sem a intervenção de uma entidade exterior, por ex., o Estado. É assim, porque os vários bem-estares individuais não são necessariamente compatíveis entre si. A construção e desenvolvimento do Estado Social ancoram-se nesta necessidade.

2.1. Uma economia e sociedade de bem-estar

O que parece fácil de enunciar é, contudo, muito mais difícil e complexo de caraterizar. Essa complexidade é uma consequência da sua multidimensionalidade e da necessidade de garantir sustentabilidade à situação de bem-estar. Um enunciado permite delimitar o objetivo a atingir, mas torna-se indispensável, depois, identificar o caminho a seguir para a obtenção do bem-estar o que, como veremos, não é tarefa fácil. Ou dito de outro modo, conhecida a procura necessitamos de saber como se organiza a oferta para lhe dar resposta. Para organizar a oferta torna-se necessário fixar objetivos intermédios que, nem sempre, são compatíveis entre si. Estamos no domínio, por excelência, da construção de consensualidades.

Por exemplo, existe indeterminação acerca do sentido da causalidade entre desenvolvimento e bem-estar. Há quem entenda que o desenvolvimento tem múltiplas finalidades, entre as quais está presente, em primeiro lugar, a do bem-estar, mas devem ser relevadas outras: a ética, a sustentabilidade, a coesão social, a proteção do ambiente, etc. Outros consideram que o desenvolvimento tem um caráter instrumental em relação ao bem-estar. O bem-estar é a finalidade última, mas terá que ser definido tendo em conta as restrições decorrentes de objetivos intermédios (justiça, equidade na repartição de rendimentos e patrimónios, preservação dos recursos, solidariedade intergeracional, etc.). O texto que se segue adota esta segunda perspetiva.

Vivemos num mundo limitado, mas muito diverso e caracterizado por interdependências em múltiplas dimensões. Os progressos na velocidade das comunicações e dos transportes mais vieram aprofundar as interdependências, que sempre existiram, mas que anteriormente se manifestavam de forma mais percetível ao nível das relações físicas (clima, por ex.). Hoje, as interdependências não são apenas físicas, mas cada vez mais, percetíveis em todas as tipologias de relações humanas.

Utilizamos, para caraterizar esta situação, a expressão "globalização". É uma terminologia recente, que passou a ser usada já na 2.ª metade do Séc. XX, mas que procura caracterizar comportamentos que conhecemos desde há muitos séculos, *vide*, as aventuras de Marco Polo, as relações comerciais das repúblicas venezianas, os descobrimentos dos portugueses, etc. Hoje são bem conhecidas algumas das suas manifestações negativas: agravamento das desigualdades entre novos "Norte" e novos "Sul", redistribuição assimétrica dos ganhos, agora sob novas formas e altamente veiculada pela exacerbação financeira à escala global, a adoção de tecnologias em rutura com a dotação de fatores, etc.

2.2. A multidimensionalidade do bem-estar

Regressemos à questão da multidimensionalidade. Quase que se pode dizer que ela é uma consequência da existência de Homens, de espaço e de tempo. Cada um dos homens tendo muito em comum com os seus semelhantes não pode deixar de ser considerado como um ente único.

A existência de comunalidades, por um lado, e de especificidades, por outro, implica que, se outras restrições não existissem, haveria tantas perceções do que é o bem-estar, quantas as pessoas, cada uma com um ambiente (enquadramento) próprio. Não é, nem pode ser assim. O bem-estar tem, certamente, dimensões subjetivas, mas que, só muito dificilmente, para não dizer, nunca, serão totalmente compatíveis.

Para que se tornem compatíveis é indispensável a intervenção de uma instância, de um sujeito político, que a todos represente e que explicite uma função de bem-estar coletivo (função de preferência social) que, não permitindo, eventualmente, a cada um, obter o máximo de bem-estar, que desejaria, permite, a todos, obter o máximo de bem-estar (bem comum) compatível, num determinado momento, com as opções societárias de um território e tendo em conta as interdependências temporais, territoriais e físicas que a sociedade entende dever respeitar. Assim se compreende que o bem-estar de uma sociedade tenha um carácter necessariamente efémero, porque ele é condicionado e condiciona o bem-estar de outras sociedades que, com maior ou menor velocidade, estão em permanente evolução.

2.3. O bem-estar coletivo e o "Welfare State"

Aqui chegados, a questão que se coloca é a de saber o que deve ser feito para que o máximo de bem-estar, coletivo e individual, seja conseguido.

A resposta à questão "do que deve ser feito" está longe de poder ser equacionada em termos de opções meramente tecnocráticas. Não sendo dispensável a adoção de comportamentos de eficiência, a questão é, antes de mais, de índole privilegiadamente política. É o soberano político que fixa os objetivos a atingir; dele dependem, também, as opções metodológicas a seguir para que aqueles objetivos sejam obtidos.

Os objetivos de eficiência estão subordinados e devem ser ordenados em relação às opções de política, inicialmente fixadas, e têm que ser a escolha do melhor caminho a seguir para que o objetivo político seja atingido. Contrariamente ao que muitas vezes se quer fazer crer, nunca os objetivos políticos, convenientemente consensualizados, devem ser sacrificados em favor de um qualquer objetivo (intermédio) de eficiência. A eficiência é, sempre, instrumental em relação aos objectivos de política. Mesmo quando se diz que a eficiência vem em primeiro lugar, quem o afirma está a esquecer-se dos objectivos de política que têm essa afirmação como pressuposto.

Vale a pena, referir que se devem, igualmente, ter em conta as interdependências entre o estado da tecnologia material e o nível de bem-estar que se pode atingir. Embora não sendo, sempre verdade, na maioria dos casos, um maior progresso tecnológico permite obter maiores níveis de bem-estar. No entanto, o que é verdade para um determinado território pode não o ser para outros espaços adjacentes. Mais, na grande maioria dos casos, verificou-se que o progresso tecnológico de certos territórios se fez à custa da exploração e subdesenvolvimento de outros.

O "Welfare State", o Estado de Bem-Estar, de inspiração keynesiana, foi criado e desenvolveu-se na sequência da proliferação de profundas manchas de pobreza surgidas com e após o fim da Segunda Grande Guerra. Algumas organizações internacionais compreenderam então que não seria possível, pela via do mercado, dar resposta eficaz à situação de miséria que estava difundida.

Consensualizaram, então, organizar-se de modo a proporcionar a todos os cidadãos e, em particular aos mais desprotegidos, níveis mínimos de bem-estar, em particular nos domínios da educação, da saúde e da segurança de emprego. O Estado de Bem-Estar, ou Estado Social, tornou-se, assim, no mais poderoso instrumento coletivo de redistribuição, de riqueza e de rendimentos, até aí conhecido. Mas está a chegar o tempo em que os donos do capital entenderão que devem dizer "basta" para procurar recuperar o que julgam ter perdido nas décadas passadas com aquela redistribuição.

2.4. A enumeração e classificação das componentes do bem-estar

Pode dizer-se que são inumeráveis as "condicionantes", que também poderíamos designar por "componentes", do bem-estar. Daí a necessidade de adotar alguma categorização para que possamos ordenar e não duplicar, ou tornar contraditórios, os enunciados das componentes. Não é tarefa fácil porque, por um lado, a identificação de categorias com níveis de exclusividade adequados exige muito esforço de identificação; por outro, tem de ser reconhecido que existem elevados níveis de interdependência entre as várias componentes, tanto ao nível da horizontal (um maior nível de educação permite o acesso a uma melhor qualidade de serviços de saúde; ou, um melhor nível de saúde propicia maiores capacidades de aprendizagem), como das hierarquias verticais (maiores níveis de inclusão permitem uma maior consciência cívica e uma maior qualidade da vivência democrática).

Conscientes destas limitações, nem por isso podemos deixar de fazer algum caminho na direção da referida categorização. Duas grandes categorias agregadoras, já explicitadas, são as de "Condições materiais de vida" e as de "Qualidade de vida". Poderão vir a manifestar-se dificuldades em integrar nestas duas categorias algumas das componentes ou dimensões do bem-estar. Parece, no entanto, que elas são suficientemente abrangentes para poder abarcar a grande maioria das dimensões do bem-estar a reter. São categorias que não são completamente exclusivas, isto é, nem sempre é possível classificar numa categoria, uma das componentes, garantindo que ela não extravasa para a outra categoria.

O bem-estar, num determinado tempo e num determinado lugar tem, como se disse, um conteúdo material e um conteúdo de qualidade de vida. No entanto, tanto um, como outro, não podem ser identificados e prosseguidos, ignorando as interdependências que existem entre os níveis de bem-estar, nesse tempo e nesse lugar, com os níveis de bem-estar em outros tempos (passados ou futuros) e em outros lugares. É bem conhecido que uma exploração intensiva de recursos, num determinado território e numa determinada época pode eliminar condições de desenvolvimento e de bem-estar futuras. Do mesmo modo, são vastas a literatura e a experiência que nos alertam para a circunstância de que elevados níveis de bem-estar em certos territórios desenvolvidos têm sido conseguidos graças à expropriação dos recursos dos povos e territórios do terceiro mundo.

Por outro lado, não basta enunciar e categorizar as componentes do bem-estar para determinar o nível de bem-estar que vai ser obtido. O nível de bem-estar depende da identificação das componentes, do seu volume, do modo como são combinadas, umas com as outras, e da sequência de entrada nessa combinação.

Importa, igualmente, referir que as componentes tanto o podem ser de oferta, como de procura. Mais uma vez não basta enunciar como desejável um determinado nível de procura, previamente consensualizado, para que ele seja obtido. É preciso garantir que se obtém a oferta que a satisfaz e, para que esta exista, tem que ser possível mobilizar os recursos que permitem produzir os bens ou serviços que a integram.

2.5. Componentes materiais e de qualidade de vida do bem-estar

Vejamos algumas das componentes materiais do bem-estar. Estas componentes materiais encontram-se polarizadas em torno do que poderemos designar por dimensão económica do bem-estar: satisfação das necessidades básicas; acesso aos bens públicos e privados indispensáveis a que se possa garantir uma vida digna e saudável (saúde, educação, justiça, segurança, habitação, etc.); solidariedade interterritorial; sustentabilidade do ambiente e do desenvolvimento, etc.

Só que, como já atrás se referiu, não há uma completa independência entre componentes materiais e componentes de qualidade de vida, mas a verdade é que, para um mesmo nível de bem-estar material, o bem-estar global será tanto maior quanto maior for o nível de qualidade de vida que puder ser garantido.

São múltiplos os itens que podem ser considerados como favorecendo o nível de qualidade de vida. Pode acontecer que não sejam, sempre, mutuamente compatíveis. Estes itens podem ser agrupados em duas subcategorias: de natureza social e de natureza político-institucional.

Como pertencendo à primeira subcategoria poderemos referenciar os objetivos de equidade e de equilíbrio, na distribuição dos recursos e dos rendimentos; a prossecução de elevados níveis de coesão e de justiça social, a garantia da existência de igualdade de oportunidades para acesso às condições de bem-estar (mobilidade social); a consideração do objetivo de emprego como objetivo focal e não como variável de ajustamento; a adoção, sempre, de comportamentos eticamente irrepreensíveis (antídoto indispensável ao combate contra a corrupção), etc.

As condições de natureza institucional são as que dão robustez ao funcionamento da sociedade organizada, garantindo, por essa via, o enquadramento indispensável a que as condições materiais e sociais possam ser eficientes na prossecução dos objetivos de bem-estar.

Assim, a primeira de todas deve ser o funcionamento democrático da sociedade, em que terão de ser respeitados os direitos, as liberdades e as garantias individuais e constitucionais. Pressupõe-se a existência de transparência e rigor no funcionamento das instituições democráticas, públicas, ou não, bem como no comportamento dos seus atores. A transparência e o rigor são mais facilmente garantidos quando existe um projeto coletivo de sociedade mobilizador de todos os que dela fazem parte e propiciador de elevado grau de participação e de inovação.

De entre as opções de sociedade merece destaque, o que é particularmente relevante nos dias de hoje, a forma como a sociedade, condicionada por razões de natureza étnica ou outras, integra e acolhe as minorias migrantes perseguidas por motivações políticas, religiosas ou outras.

Chegados aqui é facilmente percetível quão difícil se torna caraterizar o bem-estar por via indutiva. É, no entanto, incontornável a necessidade de dispor de critérios de controlo que permitam avaliar como é que medidas de política adotadas afetam, positiva ou negativamente, o bem-estar da sociedade ou de alguns dos grupos sociais que a compõem. Apesar das dificuldades, elas não podem tolher-nos na determinação de prosseguir o objetivo da obtenção de uma sociedade melhor.

Os esforços que têm vindo a ser feitos com vista a construir índices estatísticos de bem-estar são, nesta perspetiva, de utilidade inquestionável, muito embora devam poder ser considerados como instrumentos em permanente evolução.

Por fim, torna-se indispensável que nos interroguemos sobre qual é o papel, potenciador, ou redutor, da promoção do desenvolvimento que pode, ou deve, ser atribuído ao território. No ponto seguinte procuro equacionar esta questão.

3. O desenvolvimento e o território

Quando se reflete ou se intervém no desenvolvimento, ainda hoje, em muitos casos se procede como se o território não existisse, o que é gravoso, pelas consequências que tem sobre o ritmo de desenvolvimento e sobre a equidade obtida na repartição dos seus resultados. Apesar disso, é cada vez maior a consciência de que o desenvolvimento se faz no e com o território; de que não há desenvolvimento ignorando o território.

Continua oportuna a questão de saber para que precisa o desenvolvimento do território. Uma resposta elementar é o dizer-se que todo o desenvolvimento tem um suporte territorial, mas não basta.

Já compreendemos que se tivermos em conta as dimensões tempo e espaço encontraremos múltiplas conceções de desenvolvimento, de acordo com as circunstâncias específicas de cada uma delas. Apesar disso, sentir-nos-emos confortáveis com o tomarmos o desenvolvimento como um processo de transformação social que a todos permite a obtenção de melhor bem-estar, com respeito pela dignidade humana e garantindo sustentabilidade, intertemporal e na relação entre os vários espaços.

O território é frequentemente olhado como não sendo mais do que o espaço físico que nos rodeia. No entanto, ao longo de todos os tempos o Homem foi-o ocupando e moldando ao que, em cada circunstância, considerou serem os seus interesses. Designamos por território o espaço físico transformado pelo Homem.

Na medida em que o desenvolvimento envolve a presença humana e esta só acontece quando tem como suporte um determinado território, fica justificado que não pode haver desenvolvimento sem território e que todo o território é sujeito de desenvolvimento.

3.1. O território na ciência económica

Nos primórdios da ciência económica o território era parte integrante de toda a análise e formulação de políticas. O desenvolvimento tinha, naturalmente, como primeira vocação dar resposta aos problemas das populações que viviam num certo território. Assim foi, pelo menos até princípios do séc. XX. Depois, à semelhança do que acontecia nas ciências exatas, a preocupação em realizar raciocínios abstratos que permitissem fazer generalizações levou a que, pouco a pouco, o território fosse ocultado nas opções de desenvolvimento formuladas pela ciência económica.

Formalmente poderia até não desaparecer completamente, mas era considerado como um ponto, o que significava que considerava todo o espaço como homogéneo, sem diversidades, sem rugosidades. Deixou de se justificar que ao território fosse prestada a atenção que antes lhe era dada. Obteve-se a convicção infundada de que ao transpor, assim, sem mais, a metodologia das ciências ditas exatas para a economia se lhe estava a atribuir maior cientificidade.

3.2. O território e a União Europeia

Só depois do fim da 2.ª Grande Guerra é que nas preocupações dos economistas o território voltou a levantar a cabeça. A razão foi simples. As destruições provocadas pela Guerra, que tinham tido intensidades diversas nos vários territórios e as necessidades da reconstrução exigiam que a cada um fosse prestada uma atenção específica.

Década e meia mais tarde a arquitetura da Comunidade Europeia deu um lugar central à política e à reflexão regional. O seu instrumento principal, em termos de financiamento, era e é o Fundo Europeu de Desenvolvimento Regional (FEDER). A razão era simples. Nos fundamentos da criação da Comunidade Europeia havia o propósito de fazer do espaço europeu uma grande economia capaz de ombrear e competir com outros grandes blocos económicos. Ora, entendia-se que a economia europeia não podia ser competitiva enquanto no seu interior existissem tão flagrantes desigualdades territoriais, na capacidade de desenvolvimento e na obtenção de resultados.

Para além disso, entendia-se que uma maior igualdade, também, reforçava o crescimento e o desenvolvimento no seu seio, na medida em que alargava, o mercado interno e a intensidade de relações comerciais e económicas que entre eles estabeleciam, tornando o bloco económico europeu mais coeso, produzindo maior bem-estar para os seus cidadãos e fazendo dele um espaço mais competitivo, face aos outros blocos económicos.

Compreende-se, assim, que a preocupação principal da política regional europeia fosse a da redução dos desequilíbrios económicos e sociais nos e entre os vários territórios.

3.3. Os desequilíbrios territoriais e as suas escalas

Mas fica a questão, porque é que os desequilíbrios existiam e se desenvolviam? A problemática é, analiticamente, muito semelhante à que existe, hoje, na sociedade portuguesa, sobre a relação entre os fogos florestais e a gestão da floresta. Desenvolver o território é, não apenas, corrigir os desequilíbrios, mas sobretudo evitar que eles aconteçam. Do mesmo modo que a boa gestão e ordenamento da floresta dificultam o aparecimento e a propagação de fogos, também, a correta gestão do território diminui, de forma sustentada, o aparecimento e aprofundamento de desequilíbrios territoriais.

Vejamos porquê. Todas as medidas de política económica têm incidências diretas, ou indiretas, sobre pontos ou lugares do território. Só que essas incidências não se refletem do mesmo modo em cada um dos lugares, porque sendo diferentes uns dos outros, cada um vai reagir de modo diverso perante uma medida de política tomada de forma indiferenciada em relação ao espaço. A falta de consciência de que é assim que se propagam os fenómenos económicos só pode ter, como tem tido, como consequência, a redução da robustez de cada uma das economias e a diminuição da sua capacidade para produzir riqueza.

Temos insistido sobre a utilização da designação "território" em vez da terminologia mais corrente de "região". E temo-lo feito por boas razões. O espaço deve ser considerado em diferentes dimensões (escalas), de que a dimensão regional é apenas uma entre elas. Mas existem outros territórios, com outras escalas: o local, o nacional o internacional e o global. O que justifica a autonomização das escalas é o fato de a projeção dos fenómenos e decisões económicas no espaço terem, sobre o território, áreas de influência diversas. Umas esgotam-se num território local. Outras, para se poder ter em conta todos os seus efeitos, exigem uma escala regional. E, assim, sucessivamente, para as escalas, nacional, internacional ou global.

Contudo, importa estar consciente de que todas as escalas interagem, intensamente, tanto em termos horizontais (por ex. umas regiões com as outras), como em termos verticais (por ex. as regiões com os espaços nacionais, porventura, de outros países).

E o que é um desequilíbrio? Numa abordagem simplista, poderá dizer-se que existem desequilíbrios territoriais quando as populações de em cada um dos territórios não possuem iguais oportunidades de desenvolvimento e de benefício dos seus resultados. Mas pode perguntar-se se esta pretensão tem, sempre, razoabilidade? A questão deve ser posta, porque, em cada tempo, o desenvolvimento acontece em espaços com recursos e capacidades diversas (matérias ou humanos) de que resultam aptidões diferentes para produzir riqueza. As que têm menor aptidão vão ficando mais distanciadas das que têm maior aptidão e assim acontecem os desequilíbrios. Para além disso, os recursos e as capacidades evoluem no tempo e é necessário ter essa evolução em consideração para desenhar estratégias de superação dos desequilíbrios.

Também é verdade que os territórios são espaços abertos, que interagem intensamente, como acima foi sublinhado e, por isso, analisar a verdadeira natureza dos desequilíbrios exige, também, compreender como é que as dinâmicas de desenvolvimento se difundem entre os vários territórios. Também daqui decorre que é de extraordinária importância a identificação de quem faz ou deve fazer o quê, em cada território.

Importa, ainda, que nos interroguemos sobre se a busca da igualdade deve ser prosseguida, sempre, sem quaisquer limitações. Sim e não. A resposta depende dos termos de referência que tivermos para medirmos a igualdade e a desigualdade. Como se referiu, a capacidade de cada território para produzir riqueza não é uma característica estática. Vai variando ao longo do tempo, porque com ele, vão-se alterando os recursos e as possibilidades de os valorizar ou deixam de ter mercado os bens e serviços anteriormente produzidos.

Em muitas circunstâncias, pode dizer-se que certos territórios deixaram de ter viabilidade económica e social colocando-se, então a questão de saber o que fazer. Haverá quem defenda que se o território não tem viabilidade então será mero desperdício de dinheiros públicos e privados continuar a insistir a nele realizar a sua aplicação. Haverá quem conclua que não deverá contrariar-se a tendência para a emigração dos recursos, nomeadamente os humanos e permitir que, inevitavelmente, aconteça a desertificação do território, porque crêem que o funcionamento do mercado, com mais ou menos tempo, conduzirá à reconstituição dos equilíbrios.

Os que assim pensam esquecem-se de ter em conta que existem dificuldades no ajustamento às novas situações, com consequências e sacrifícios pessoais injustos e insuportáveis. Ora, tem sido neste quadro de pensamento que, em grande medida, têm sido encaradas as questões relacionadas com a dinâmica dos desequilíbrios regionais, em Portugal.

No entanto, convém que se tenha presente que ninguém pode garantir que, a longo prazo, um território que hoje deixou de ter viabilidade não volte a recuperá-la face ao aparecimento de novas tecnologias, de novos mercados e de novas capacidades de combinar os recursos.

Se for colocada a hipótese de que, pelo menos durante um certo período, um território deverá ficar em situação de pousio haverá que encontrar um consenso social e político de que é no caminho do esvaziamento do território que se deve procurar uma solução. Encontrado o consenso terá que se procurar o processo de ajustamento que tenha resultados da maior equidade, para os que saem e para os que ficam. Efetivamente, justifica-se que alguns tenham que ficar, por duas razões. Em primeiro lugar, porque aquele território não pode tornar-se em terra de ninguém e é necessário que se cuide, entre outros, dos valores ambientais e da paisagem. Depois, porque a vigilância sobre a possibilidade do aparecimento de novos recursos e capacidades de desenvolvimento é a melhor forma de promover a sua valorização e utilização futura.

A resolução dos desequilíbrios e a reconversão dos territórios não pode, assim, ser deixada ao mero acaso. Importa, ainda, compreender que os bloqueamentos com que um determinado território se vê confrontado, não têm que ser resolvidos apenas por aqueles que lá residem, mas antes devem ser entendidos como um problema que é da responsabilidade de toda a comunidade e que, por isso, deve ser objeto de um consenso social, por ela assumido, tendo como condição a de que, a todos os que ficam ou que partem, deve ser garantido um nível de rendimento ou de bem-estar pelo menos equivalente àquele que possuíam anteriormente.

Não podemos, igualmente, esquecer que quem continua a viver nesses territórios não pode deixar de poder participar no processo de desenvolvimento geral do país.

Apresentados os princípios, que têm validade independentemente do território que tenhamos como referência, debrucemo-nos, agora, sobre alguns problemas com que se confronta a gestão do território português. Começaremos com a análise da situação e abordaremos, depois, os constrangimentos, os problemas, as potencialidades e o enunciado de propostas de futuro.

3.4. A autonomia dos territórios

Desde os primórdios da nacionalidade que a consolidação do país se caracterizou pela enorme diversidade de características físicas dos vários territórios e dos quadros culturais das suas gentes. A diversidade justificava um certo grau de autonomia para esses territórios, autonomia essa que se queria compatível com fortes sentimentos de unidade nacional. Não são poucas as iniciativas de fomento, dos nossos reis e governantes, em várias partes do território, com vista a criar robustez para o seu todo e, assim, manter a unidade nacional.

Ao longo dos séculos o território foi partido, ou organizado, em parcelas, com diferentes designações, tendo em vista, a gestão da administração central nesses territórios ou a criação de autonomias que melhor fomentassem a sua gestão. Não faremos a análise de todas essas partições. Recordemos, apenas, as mais recentes, de que destacaremos, os distritos, as províncias e as regiões de planeamento ou regiões-plano.

Os distritos foram a partição que se revestiu de maior durabilidade, só vindo a perder a sua plena eficácia muito recentemente. Tiveram como vocação, essencial, ser espaços de organização desconcentrada das decisões da administração central do Estado. Deve, no entanto, reconhecer-se que na ausência de outro suporte, não poucas vezes, os distritos, também serviram de canal para transmitir ao Estado Central aspirações locais.

As províncias nunca deixaram de ser muito mais do que referências de natureza cultural, agregadoras de tradições e costumes de espaços regionais com algumas características comuns. Ainda hoje não passam muito disso, raramente servindo de suporte à tomada de decisões de política económica e social das várias administrações.

A criação das regiões plano, ou de planeamento, surgiu, apenas, em finais dos anos 60 do século passado, dentro das preocupações de fomento do Estado central, através dos últimos Planos de Fomento. Eram 4 as regiões: Norte, Centro, Lisboa e Sul e 2 regiões autónomas: Açores e Madeira. Posteriormente, a região de Lisboa veio a designar-se de Lisboa e Vale do Tejo e a região Sul foi partida em Região Alentejo e Região do Algarve, administradas, primeiro pelas Comissões de Coordenação Regional (CCR) e depois, pelas Comissões de Coordenação e Desenvolvimento Regional (CCDR); neste âmbito as regiões são, aliás, designadas como áreas de intervenção das CCDR, ou regiões para fins estatísticos e, por isso, não se lhes pode, propriamente, atribuir a categoria de regiões com autonomia.

Apesar da sua importância administrativa, as CCDR, sendo órgãos desconcentrados da administração central, são hoje, naquelas áreas, quase exclusivamente, espaços de afetação de financiamentos comunitários. Apesar das vinculações constitucionais sobre a criação de Regiões Administrativas, é isto o que hoje nos resta, de partições regionais. Existem outras partições com escala inferior, mas de igual modo não se lhes pode atribuir a natureza de regiões. Muito menos se pode esperar que a gestão de espaços regionais possa surgir a partir da coordenação de iniciativas de vários municípios, porque estes não podem gerir em conjunto outra coisa que não seja o que resulta das suas competências, que possuem um quadro de exercício próprio, que é o local, o dos concelhos e não o de espaços mais amplos como as regiões. Claro que se situam fora do âmbito destes comentários as regiões autónomas insulares dos Açores e da Madeira.

Vale a pena perguntarmo-nos sobre se, hoje, com dinâmicas económicas e sociais que já não são as do séc. XX, tem alguma relevância a existência de regiões num quadro de autonomia. A resposta é a de que tem e muita. Não se pode querer valorizar a gestão dos territórios e a correção dos desequilíbrios, na ignorância da existência de regiões.

Apesar dos tempos de aprendizagem que foi necessário assegurar às máquinas administrativas das autarquias locais, neste momento, são raros os que põem em causa a necessidade da existência destas autarquias, pelo relevantíssimo papel que têm tido na promoção do desenvolvimento dos espaços locais dos seus municípios. Talvez a alguém tal passe desapercebido, mas a designação de "autarquia" não é mera figura decorativa. Ela significa que as entidades em causa são autónomas no exercício das suas competências e dispõem, para o efeito, de órgãos próprios, eleitos.

Dizer regiões com autonomia é o mesmo que dizer regiões "autárquicas". Por isso, a criação de regiões administrativas deveria, em muito, beneficiar da aprendizagem feita no processo de desenvolvimento das autarquias locais já existentes. Haverá quem pense que, se já possuímos autarquias locais, se dispomos de um estado central a funcionar regularmente, para que é que precisamos, agora, de regiões administrativas?

Por 3 simples razões: de eficácia, de eficiência (poupança de recursos) e de aumento das potencialidades de desenvolvimento. Já antes se referiu que os fenómenos e as decisões económicas têm um espaço ou domínio de produção de consequências, que pode ser maior ou menor. Tal já é reconhecido para as autarquias locais, mas depois, considera-se que tudo o resto pode ser abarcado pelo espaço nacional, o que tem como consequência que se considera irrelevante, o papel mobilizador e organizador que podem ter as populações a nível supralocal em relação às decisões com área de influência superior à local, melhor dizendo, regional.

Bem conhecemos os argumentos que têm sido invocados contra a regionalização, sobretudo em termos de desperdício de recursos e de estabilidade política; mesmo admitindo que possam existir riscos de desperdícios, o que em tais circunstâncias há que fazer é eliminar as razões que os provocam. A argumentação que tem sido desenvolvida contra a regionalização tem mais a ver com a manutenção ou alteração dos equilíbrios de poderes políticos que nas várias regiões poderão vir a resultar da regionalização e menos com a racionalidade da criação de regiões.

Esta reflexão sobre a criação de regiões é uma componente indispensável do diagnóstico da situação do território. A permanecerem os bloqueamentos atualmente existentes à criação de regiões a consequência não pode ser senão o agravamento das desigualdades entre os vários espaços territoriais.

3.5. Os desequilíbrios regionais em Portugal

Recordemos que não é possível analisar desigualdades sem ter em conta as características de cada um dos espaços que, também, são parte do todo nacional. Quer dizer, a forma como se fazem partições tem consequências sobre a medida do nível de desequilíbrio entre os espaços partidos.

Por exemplo, suponhamos que temos um espaço onde existem 4 polos de crescimento (mais desenvolvidos) e que começamos por partir esse espaço em dois conjuntos, de modo que num dos conjuntos fiquem os 4 polos e no outro conjunto ficam, apenas, os espaços menos desenvolvidos. Em alternativa admita-se que se faz uma outra partição, também em dois conjuntos, de modo que num deles, além de espaços menos desenvolvidos ficam dois dos 4 polos e no outro os outros dois. Poderíamos, ainda, supor que em lugar de dois conjuntos partíamos o conjunto global em três subconjuntos. Aqui chegados, se tomássemos um mesmo indicador de desequilíbrio para medir as assimetrias no interior do espaço global, iríamos verificar que obteríamos um resultado diferente para cada uma das partições.

Conclusão: a forma como agregamos os espaços tem consequências sobre os resultados da medida dos desequilíbrios, o que coloca a questão de saber qual é a metodologia correta para fazer as partições. A solução não é fácil e depende de critérios vários. Não é aqui o lugar para desenvolver esta questão, mas sempre diremos que convém conformar as partições com o tipo de relações que estão subjacentes à dinâmica de desenvolvimento que se pretende implementar.

Em Portugal tem-se usado para medir os desequilíbrios a partição entre litoral e interior. Mais importante que os resultados que daí possam decorrer, em termos de desequilíbrios, o que é mais relevante são as consequências que se possam retirar em termos de medidas de política, por exemplo, no sentido de promover o interior face ao litoral. Considerar o interior como independente do litoral é o mesmo que admitir que os problemas do interior se podem equacionar independentemente do que aconteça no litoral. Ora, as regiões são espaços abertos e as dinâmicas de desenvolvimento que acontecem ou aí se devem promover, circulam entre os espaços independentemente das fronteiras que entre eles tenhamos estabelecido. Isto é, o desenvolvimento de um território é condicionado pelas dinâmicas que são geradas no seu interior, mas também por outras que nascem em outros territórios.

Pelas razões apontadas não é fácil encontrar consenso acerca de uma medida de desequilíbrio para o conjunto dos espaços nacionais, porque há que determinar, primeiro, quais são os espaços a considerar e depois escolher, quais são as variáveis cujo comportamento se quer medir e qual é o horizonte temporal que se quer privilegiar. Apesar de tudo, sendo difícil, sempre é preferível ter alguma medida do que não ter nenhuma. Por isso, nas considerações que se seguem, tomaremos como variáveis de referência o PIB *per capita* e o rendimento disponível das famílias e como espaços, os das regiões eleitas para fins estatísticos (as das CCDR). A fonte dos dados é a da contabilidade nacional do INE, com cálculos meus.

Para efeito de mais fácil comparação reduzimos todos os dados a uma base 100, sendo 100 a referência para o conjunto do país. Tomemos o PIB como um indicador da riqueza criada e o rendimento disponível das famílias como indicador de efeitos redistributivos (ver quadros da página seguinte).

Tomando o quadro do produto, o que verificamos é uma grande estabilidade, ao longo do tempo por parte de cada território, isto é, uma forte dificuldade em criar riqueza que permita modificar a sua parte relativa, no conjunto. Excetuam-se as regiões de Lisboa, Algarve, Açores e Madeira. Lisboa e Algarve diminuem o seu peso e Açores e Madeira aumentam-no substancialmente.

Contas Regionais (base 2011)
Produto interno bruto por habitante (PT=100)

Anos	Portugal	Continente	Norte	Centro	Lisboa	Alentejo	Algarve	R. A. Açores	R. A. Madeira
2000	100	101	80	86	144	92	103	81	89
2001	100	101	81	85	143	91	104	84	87
2002	100	100	80	85	144	91	105	86	94
2003	100	100	79	86	143	92	107	88	96
2004	100	100	78	86	144	93	105	87	99
2005	100	100	79	85	144	92	106	88	100
2006	100	100	79	85	143	94	106	89	100
2007	100	100	80	85	142	92	107	88	99
2008	100	100	80	84	143	91	106	90	99
2009	100	100	80	85	143	90	101	91	98
2010	100	100	81	85	141	91	99	91	97
2011	100	100	81	85	140	91	98	91	98

Contas Regionais (base 2011)
Rendimento disponível bruto das famílias por habitante

Anos	Portugal	Continente	Norte	Centro	Lisboa	Alentejo	Algarve	R. A. Açores	R. A. Madeira
2000	100	100	86	93	125	96	111	95	101
2001	100	100	86	94	123	94	112	98	102
2002	100	100	84	92	126	97	111	98	107
2003	100	100	84	93	127	97	112	98	108
2004	100	100	84	92	127	97	110	99	109
2005	100	100	84	92	128	95	110	100	106
2006	100	100	84	92	126	96	112	103	106
2007	100	100	85	92	127	95	111	101	102
2008	100	100	85	92	127	95	108	104	106
2009	100	100	85	92	125	97	109	104	102
2010	100	100	85	91	128	94	103	102	98
2011	100	100	85	92	127	94	102	103	99

Se olharmos, agora, para os dados do rendimento disponível constatamos que, em relação ao PIB, diminui, fortemente, a parte de Lisboa aumentando todas as restantes, o que mostra o papel relevante que têm as medidas de política distributiva. No entanto, excetuando os Açores, o efeito que pode ser observado no primeiro ano apresentado (2000) não se intensifica nos anos seguintes.

Servem-nos estes resultados para alguma coisa? Têm um papel de alerta, mas seria importante que dispuséssemos de outras agregações de territórios que permitissem verificar se estas tendências são constantes em todas elas. Fica a nota de que se partirmos o Alentejo em Alentejo Litoral e restante Alentejo, obtemos resultados, porventura inesperados, mas que não nos devem causar surpresa. O Alentejo como um todo tem uma posição abaixo da média nacional. No entanto, em 2011, o Alentejo Litoral, só por si, consegue um índice de 133.

Com estes dados constatamos: a extrema lentidão na mudança de situações preexistentes; o efeito limitado das políticas distributivas na potenciação da equidade regional, porque elas, só por si, não bastam para fomentar capacidade autónoma e durável para a criação de riqueza. Isto significa que os dados de diagnóstico a que habitualmente se tem acesso não bastam para que, a partir deles, se possam sustentar medidas de política que promovam a alteração das situações de desequilíbrio.

3.6. Constrangimentos e propostas de futuro

É habitual os constrangimentos ao desenvolvimento do território serem enunciados em termos das suas caraterísticas físicas, capacidades dos recursos humanos, apetência para criar riqueza a partir dos recursos disponíveis e das suas formas de relacionamento com outros espaços. São esquecidos, com frequência, os aspetos relacionados com a capacidade de gestão e de governança. Em grande medida, o papel fundamental que estes últimos fatores têm na produção de desenvolvimento territorial foram suficientemente sublinhados no ponto anterior.

A obtenção dos indispensáveis consensos acerca do que é que o país quer fazer com o seu território está longe de ser obtida e eles não decorrem da reflexão que tem sido feita em torno das medidas de programação e financiamento comunitárias. Para além disso, antes de saber o que se quer fazer no território, há que formatar esse território, autonomizando os espaços regionais a considerar e escolher os espaços urbano e rural que queremos.

É claro que não poderão ser descurados: os aspetos demográficos (natalidade, envelhecimento, migrações, fixação da população); a obtenção de maiores níveis de equidade nas condições de vida da população; o fortalecimento e revitalização da estrutura urbana; a melhoria das redes de transportes e comunicações, não apenas as que facilitam as relações com o exterior, mas também as que permitem densificar o espaço interior de cada região ou localidade; a criação de robustez nas instituições de ensino e formação, pelas sinergias que geram à sua volta, a capacidade em lidar com a inovação, etc.

A criação de condições para que o desenvolvimento aconteça constitui, por si própria, uma componente das propostas de futuro, mas importa ter sempre presente que as condições que se escolhem têm que estar ordenados em relação a objetivos previamente escolhidos. Quais os objetivos a prosseguir?

Há objetivos que são próprios a cada região em função, das suas características específicas e de objetivos de equidade, que garantam, no todo nacional, a que for social e politicamente aceitável. Uns e outros visam obter o máximo de bem-estar compatível com os objetivos maiores de reprodutividade no futuro, de sustentabilidade dos recursos e de preservação da paisagem e do ambiente.

Não estamos em condições de enunciar os objetivos específicos de cada espaço, mas quaisquer que eles sejam devem ficar subordinados aos consensos societários que, hoje, se consideram inquestionáveis, por ex.:

- A alteração do modelo de desenvolvimento que tem vindo a ser prosseguido;
- A diminuição da intensidade do uso de recursos finitos;
- A preservação da paisagem e do ambiente;

- A endogeneização dos efeitos das alterações climáticas;
- Os objectivos em termos de ordenamento do território;
- A alteração dos modelos de trabalho e de vida;
- A melhor articulação entre o prosseguimento de objetivos locais e de objetivos globais;
- A compatibilização dos vários objetivos de equidade, social e territorial;
- As opções em matéria de objetivos tecnológicos;
- As formas de governança adequadas ao prosseguimento dos objetivos fixados;
- A implementação de uma rigorosa disciplina de avaliação que, permanentemente, confronte, objetivos programados com objetivos realizados e recursos utilizados;
- A célere responsabilização, quando for caso disso, dos agentes responsáveis pelos desvios encontrados.

Citações

Carta Encíclica *Laudato si*, https://www.vatican.va/content/francesco/pt/encyclicals/documents/papa-francesco_20150524_enciclica-laudato-si.html

Economia e Sociedade – Pensar o Futuro (2018), Fundação Calouste Gulbenkian, https://loja.up.pt/pt/produto/economia-e-sociedade-pensar-o-futuro

Estêvão, J. (2021), Manuela Silva e a introdução da corrente do *Desenvolvimento Social* em Portugal (1963-1982), nesta publicação

Grupo Economia e Sociedade, http://areiadosdias.blogspot.com/

Rede Cuidar da Casa Comum, https://casacomum.pt/

As Mulheres no Mercado Financeiro Português

Karishma Nilesh, Mariana Cruz*, Marlene Leitão*, Rahul Jivan* e Margarida Abreu**

1. Introdução

A professora Manuela Silva foi uma mulher lutadora, líder de vários movimentos de cidadania e precursora do movimento de empoderamento feminino em Portugal, empenhada em levar as mulheres a assumir uma participação ativa na sociedade, em termos sociais, económicos e políticos.

O aumento da literacia financeira feminina e uma participação mais ativa e informada das mulheres no mercado financeiro enquadram-se neste caminho por uma sociedade melhor e mais igualitária que a nossa querida Manuela procurou e que nós continuamos a tentar construir, na esteira do seu trabalho. O presente trabalho propõe uma reflexão sobre o preconceito feminino aplicado ao setor financeiro, a partir duma análise empírica do comportamento das mulheres no mercado financeiro português. Propõe-se traçar o perfil

---

* ISEG – Instituto Superior de Economia e Gestão. # Autor correspondente. ISEG – Instituto Superior de Economia e Gestão, UECE – *Research Unit on Complexity and Economics* e REM – *Research in Economics and Mathematics*. UECE é financiada pela FCT – Fundação para a Ciência e a Tecnologia através da bolsa UIDB/05069/2020. O presente artigo é um desenvolvimento do trabalho final de licenciatura no ISEG realizado por Karishma Nilesh, Mariana Criz, Marlene Leitão e Rahul Jivan sob a direção de Margarida Abreu. Uma versão do artigo foi publicada nos Cadernos do Mercado de Valores Mobiliários, no quadro do Protocolo celebrado entre a CMVM e o ISEG.

da mulher investidora através da avaliação de diferenças de género ao nível da apetência pelo risco, literacia financeira e enviesamentos comportamentais mais frequentes no mercado financeiro como a sobreconfiança.

A crença de que as mulheres têm um fraco desempenho no mercado financeiro português encontra-se fortemente enraizada na sociedade. Acredita-se, frequentemente, que as mulheres são mais avessas ao risco, que o seu nível de literacia financeira é inferior e, ainda, que são menos sobreconfiantes que os homens. O presente trabalho procura discutir a veracidade destes preconceitos relativamente à mulher no mercado financeiro português.

O estereótipo feminino está em mutação. O padrão tradicional da mulher cuidadora e *dona de casa* tem-se vindo a desvanecer, com o aumento da escolaridade feminina e o aumento da participação das mulheres no mercado de trabalho e o consequente aumento da sua independência económica. Paralelamente, assistimos a um aumento da participação masculina na vida familiar, estimulado pelas recentes licenças de parentalidade (Ramos et al., 2019; Casaca et al., 2014). Apesar disso, o conceito de mulher evoca ainda uma figura maternal, englobando traços físicos e afetivos, enquanto o mesmo não se verifica para o género masculino (Amâncio, 1992). Ao homem continua sobretudo a caber a função instrumental de prover o sustento do agregado familiar, enquanto a mulher se encarrega da realização das tarefas domésticas e relativas ao cuidar (Casaca et al., 2014; Correia, 2017).

Nesta introdução começaremos por revisitar os preconceitos de género, focando-nos em particular no mercado de trabalho. Procuraremos de seguida evidenciar a forma como se manifestam no setor financeiro, discutindo a literatura existente sobre as diferenças de género no que diz respeito a três dimensões fundamentais do comportamento do investidor individual: nível de literacia financeira, apetência ao risco e sobreconfiança.

A entrada das mulheres no mercado de trabalho iniciou-se na década de 1960, acompanhando a terciarização da economia. O aumento da participação da mulher na esfera laboral nesse período está fortemente relacionado com a intensificação dos fluxos de emigração (sobretudo masculina) e a mobilização de largos contingentes de jovens e adultos do sexo masculino para a guerra colonial, concedendo, assim, uma maior independência às mulheres (Casaca et al., 2014).

Para além da condição de desemprego incidir fundamentalmente sobre a população trabalhadora feminina, a participação crescente das mulheres portuguesas no mercado de trabalho é indissociável duma fraca qualidade do seu emprego (Costa, 2015; Casaca et al., 2014). Segundo Coelho & Ferreira (2018), esta fraca qualidade de emprego associa-se à precaridade laboral sentida pela população trabalhadora feminina, que é desvalorizada em termos do reconhecimento da respetiva qualificação e é, sobretudo, mal remunerada (Costa, 2015). Adicionalmente, o facto de nas profissões cujas competências necessárias são habitualmente associadas ao estereótipo de ser mulher, as pessoas têm tendência a esperar tais serviços gratuitamente, pois já usufruem dos mesmos nas redes familiares e comunitárias (Coelho & Ferreira, 2018).

Segundo Santos & Amâncio (2014), as diferenças entre mulheres e homens devem-se sobretudo ao facto de os dois grupos experienciarem processos de socialização diferentes. O processo de socialização das mulheres coloca-as em desvantagem no mercado de trabalho, impedindo-as de competir em igualdade com os homens por cargos de topo, pois características como a agressividade e ambição, valorizadas no mundo do trabalho, não são socialmente estimuladas nas mulheres (Coelho & Ferreira, 2018).

Os estereótipos culturais revelam-se, também, na discriminação de género no setor empresarial. Eagly et al. (2011) sustentam que estes estereótipos conseguem transparecer a ideia de que a mulher não tem o que é necessário para desempenhar funções de liderança. O enviesamento do comportamento pelo género manifesta-se também na preferência por contratar trabalhadores com poucas, ou até mesmo nenhumas, "distrações" que não sejam de índole profissional, distrações estas decorrentes da elevada ligação das mulheres à esfera privada e familiar. Como referem Santos & Amâncio (2014), até pela sua capacidade inerente de ter filhos, as mulheres são mais facilmente desconsideradas no que diz respeito à sua presença nas organizações. Tal como sublinham Coelho & Ferreira (2018), as políticas de promoção da igualdade, nomeadamente as políticas de dessegregação do mercado de trabalho, têm tido uma efetividade limitada: por um lado, por não terem conseguido contrariar as práticas de recrutamento das entidades empregadoras e, por outro, por não terem conseguido alterar substantivamente as opções das mulheres e dos homens nas suas escolhas educativas e profissionais. Concluímos, como Casaca et al. (2014), que as desigualdades de género são ainda um marco assinalável das economias e das sociedades contemporâneas e que o modelo tradicional de relações de género apenas parcialmente se modernizou. O défice de reflexão e teorização sobre as questões de género e a fragilidade do pensamento feminista, tanto fora como dentro da Academia, constitui também um obstáculo à transição para uma sociedade mais igualitária (Amâncio, 2002).

Os mercados financeiros também não foram imunes a este movimento geral de empoderamento feminino, tendo aumentado significativamente a percentagem de mulheres entre os investidores financeiros individuais em Portugal. Apesar disso, as diferenças entre os géneros mantêm-se, nomeadamente no que diz respeito às estratégias de investimento (Saraiva, 2010; Chen, 2008). Três dimensões parecem-nos particularmente relevantes: o nível de literacia financeira, a atitude relativamente ao risco e os desvios comportamentais.

Será que as mulheres apresentam um nível de literacia financeira inferior?

Segundo a *National Foundation for Educational Research*, entende-se por literacia financeira a capacidade de fazer julgamentos informados e tomar decisões efetivas tendo em vista a gestão do dinheiro (Conselho Nacional de Supervisores Financeiros, 2011). Segundo Abreu & Mendes (2006), os investidores individuais portugueses possuem um nível geral de cultura financeira baixo. Nogueira (2011) e Cupák et al. (2018) identificam uma diferença significativa entre o nível de literacia financeira dos homens e o das mulheres, revelando que o género masculino apresenta um nível mais elevado de conhecimento financeiro.

Bucher-Koenen et al. (2014) concluíram que os indivíduos que apresentam um baixo nível de literacia financeira são mais propensos a cometer erros financeiros e que apoiar as mulheres a investirem na sua formação financeira é crucial, por um lado, para as preparar para as suas futuras reformas e, por outro, para promover uma maior segurança financeira.

O menor nível de literacia financeira das mulheres pode ser explicado pelas normas sociais relativas à participação das mulheres nas decisões financeiras (Cupák et al., 2018). Contudo, "é necessário uma maior pesquisa para compreender as origens das diferenças de género na literacia financeira" (Bucher-Koenen et al., 2014: 16).

Segundo Bucher-Koenen et al. (2021), o facto de o nível de literacia financeira das mulheres ser inferior ao dos homens é em parte explicado pela menor autoconfiança das mulheres. As mulheres revelam um menor nível de conhecimento financeiro, mas têm tendência a subavaliar o seu conhecimento, julgando ter um conhecimento inferior àquele que realmente detêm. Esta baixa autoconfiança das mulheres pode contribuir para minorar os problemas decorrentes da sua baixa literacia, uma vez que a consciência (exagerada) da sua baixa literacia pode conduzir a um aumento de cautela na tomada de decisões.

Será que as mulheres são mais avessas ao risco?

Para além da insuficiente literacia financeira, a presença de valores e normas culturais pode afetar o comportamento financeiro individual (Badunenko et al., 2010) e são vários os autores que documentam que as mulheres arriscam menos que os homens, isto é, são mais avessas ao risco (Saraiva, 2010; Barber & Odean, 2001; Chen, 2008; Bucher-Koenen et al., 2014; Berggren & Gonzalez, 2010).

Mas a associação do conjunto das mulheres a uma atitude de aversão ao risco é também questionada. Nelson (2012) sustenta que a maioria dos estudos que assim conclui negligencia a capacidade de tomada de risco das mulheres em várias áreas da vida em que as mulheres, em média, se expõem a riscos mais elevados do que os homens, como, por exemplo, na gravidez, no parto ou em relação à violência doméstica (Nelson, 2012: 34).

Contudo, a maior aversão ao risco das mulheres poderá também estar sobrestimada pelo preconceito. Segundo Yao & Fisher (2017), os profissionais responsáveis por aconselhar financeiramente as decisões de investimento tendem a subestimar a tolerância ao risco das mulheres e tendem a oferecer a clientes com um menor nível de literacia financeira conselhos de menor qualidade (Bucher-Koenen et al., 2014: 14). Acresce que as mulheres que têm um menor nível de literacia financeira têm maior dificuldade em avaliar a qualidade dos conselhos que recebem (Bucher-Koenen et al., 2014).

Numa outra linha de pensamento, Chen (2008) sublinha que as atitudes das pessoas em relação ao risco dependem da perceção das mesmas sobre o seu nível de tolerância ao risco, pelo que a menor tomada de risco das mulheres poderá resultar duma diferente perceção de risco e não de uma maior aversão ao risco.

Finalmente, diversos autores chamam a atenção para determinantes da aversão ao risco que, ao serem desconsiderados, podem sobrevalorizar as diferenças de género. Dwyer et al. (2002) sugerem que o maior nível de aversão ao risco entre as mulheres pode ser parcialmente explicado pelo seu menor nível de conhecimento financeiro. Yao & Fisher (2017) referem que o grau de risco que um individuo está disposto a assumir depende sobretudo de fatores demográficos e económicos, e da tolerância ao risco. Eckel & Grossman (2008) sublinham a necessidade de controlar para o conhecimento, riqueza, estado civil e outros fatores demográficos que influenciam a apetência pelo risco, enquanto Saraiva (2010) afirma que as diferenças entre os géneros nos investimentos e na propensão ao risco podem ser atribuídas à discriminação e/ou a diferenças nas preferências individuais.

Será que as mulheres manifestam desvios comportamentais de forma mais intensa que os homens?

Um dos desvios comportamentais mais importante no mercado financeiro é a sobreconfiança. Este desvio comportamental tem diferentes dimensões. Segundo Chen (2008), a noção do excesso de confiança baseia-se na sobrestimação da competência individual. Mas a sobreconfiança está também associada a um excesso de otimismo: investidores que manifestam excesso de confiança detêm, usualmente, crenças irrealistas sobre o quão elevados serão os retornos dos seus investimentos. Por último, a sobreconfiança está associada à sobrevalorização da precisão das crenças e consequentemente das inferências estatísticas, logo a sobrevalorizar a precisão dos ganhos esperados dos investimentos efetuados (Barber & Odean, 2001).

Barber e Odean sugerem no seu trabalho seminal "Boys will be boys" de 2001 que a sobreconfiança é claramente um atributo indissociável do género masculino. Este desvio comportamental está associado a mais transações e a pior *performance* no mercado financeiro. Os modelos do investidor sobreconfiante preveem que, como os homens são mais confiantes do que as mulheres, estes transacionarão mais títulos financeiros e terão um pior desempenho do que as mulheres. Essencialmente, os homens negoceiam mais do que as mulheres e, portanto, obterão retornos mais baixos (Barber & Odean, 2001).

Barber & Odean (2001) sugerem que quanto maior o número de transações financeiras realizadas por um investidor, maior a probabilidade de o mesmo ter excesso de confiança nas suas decisões financeiras. Abreu & Mendes (2012) concluíram que investidores excessivamente confiantes negoceiam com menos frequência quando contam com os conselhos de familiares e amigos, o mesmo acontecendo com os investidores não confiantes. No entanto, ao contrário dos investidores excessivamente confiantes, a frequência das negociações dos investidores menos confiantes é menor quando obtêm conselhos do banco, do gerente da conta ou dos *media* não especializados.

A sobreconfiança associada aos homens também se reflete no papel mais ativo que estes têm no mercado financeiro, pelo facto de diversificarem mais o seu *portfolio*, comparativamente às investidoras femininas. Adicionalmente, visto que as mulheres não demonstram ser tão confiantes como os homens, estas revelam uma maior aversão ao risco (Chen, 2008; Saraiva, 2010).

Ring et al. (2016) dizem que, numa situação de escolha, as componentes sociais têm impacto nas diferenças de género na confiança e na competitividade; curiosamente, resultados obtidos demonstraram que as mulheres são mais confiantes do seu desempenho em grupo do que individualmente, em contraste com os homens. Adicionalmente, Berggren & Gonzalez (2010) afirmam não poder concluir que um dos géneros é mais confiante do que o outro, na medida em que o excesso de confiança é altamente dependente da situação em que a questão é apresentada.

O nosso trabalho prossegue com a apresentação da base de dados e da metodologia. Apresentaremos a base de dados utilizada, as variáveis construídas, as hipóteses de trabalho e os modelos que no nosso entender são os mais adequados para a compreensão da importância do género na determinação da apetência pelo risco, do nível de literacia financeira e da sobreconfiança. A terceira secção é consagrada à apresentação e discussão dos resultados obtidos. Começaremos por uma análise descritiva dos dados, à qual se seguirá uma análise das correlações entre as variáveis e terminaremos com os resultados dos modelos estimados. As principais conclusões do trabalho estão sintetizadas na secção final.

2. Dados e Metodologia

Com o objetivo de estudar as diferenças de género entre investidores individuais em Portugal no que respeita à atitude relativamente ao risco, ao nível de literacia financeira e à sobreconfiança recorremos ao inquérito CMVM/Universidades.

a. Base de dados

Os dados trabalhados neste artigo resultam duma parceria da CMVM com as universidades portuguesas, a qual se consubstanciou na implementação de uma série de questionários entre a população académica. No presente trabalho serão usados os dados da primeira leva destes inquéritos, implementados no segundo semestre do ano letivo 2019/2020, o qual coletou informação de 2897 respondentes, a maioria dos quais estudantes universitários. Deste total foram trabalhadas as respostas de 1489 indivíduos que responderam à totalidade das questões analisadas.

Foram analisadas vinte e duas questões de um total de trinta e três questões que podem ser organizadas em quatro grupos. Um primeiro grupo permite a identificação socioeconómica dos respondentes, identificando género, idade, escolaridade, situação laboral, escalão de rendimento mensal líquido e área de residência. Um segundo grupo de questões descreve a carteira de ativos mobiliários dos respondentes. Um terceiro grupo de questões permite a comparação da autoavaliação dos inquiridos sobre o seu nível de conhecimento financeiro com o nível de conhecimento financeiro revelado por cada respondente, o que nos permite avaliar a sobreconfiança dos respondentes. Um último grupo de questões avalia a apetência pelo risco dos respondentes, a relação rentabilidade-risco desejada e a importância atribuída por estes aos diferentes tipos de riscos.

A partir destas questões foram construídas quinze variáveis: cinco de natureza socioeconómica, três variáveis relativas à carteira dos respondentes, três variáveis que permitem caracterizar o nível de literacia financeira dos respondentes, duas variáveis relativas à sobreconfiança e duas variáveis referentes à atitude perante o risco.

As variáveis socioeconómicas permitem a identificação do género, do nível de escolaridade, a situação no mercado de trabalho e o nível de rendimento. Para uma caraterização da carteira dos respondentes identificamos se detém ativos imobiliários (CASAP para detenção de casa própria), o número de ativos financeiros diferentes que detém (SCORE_DP para diversificação da carteira) e a importância relativa dos ativos financeiros no conjunto do património detido (PERC_CARTEIRA_PATRIMONIO). Com o intuito de retratar o nível de literacia financeira de cada respondente, foram construídas três variáveis: duas variáveis revelam o que os inquiridos pensam do seu nível de literacia financeira (AA_LF revela a autoavaliação dos conhecimentos financeiros em termos absolutos e AA_LF_MEDIAPT a autoavaliação relativa, comparada com a média dos investidores); uma variável identifica o nível de conhecimento financeiro efetivamente revelado pelos respondentes (SCORE_LF). Duas variáveis procuram identificar a sobreconfiança dos inquiridos: SOBREC é obtida pela diferença entre o nível da autoavaliação do indivíduo e o nível da literacia financeira do mesmo; SOBREC_MEDIAPT é construída a partir da diferença entre o nível da autoavaliação do indivíduo relativamente à média portuguesa e o seu nível revelado da literacia financeira. Para identificar a atitude perante o risco, foram criadas duas variáveis ordinais: ATITUDE_RISCO, que aprecia a apetência pelo risco dos respondentes e a variável ATITUDE_RENT_RISCO, que mede a importância atribuída pelos inquiridos ao binómio rentabilidade-risco na decisão de investimento.[1]

b. Hipóteses e Modelos

Com o propósito de investigar as diferenças de género no comportamento no mercado financeiro foram estudadas três dimensões essenciais do comportamento dos investidores – apetência pelo risco, nível de literacia financeira e propensão para a sobreconfiança -, procurando avaliar se ser-se mulher é um determinante importante em cada uma das referidas dimensões, discutindo-se as hipóteses:

H1: As Mulheres são mais avessas ao risco;

H2: As Mulheres têm menor conhecimento financeiro que os Homens;

H3: As Mulheres são menos sobreconfiantes que os Homens.

[1] Na tabela 1 encontra-se a definição das variáveis usadas neste estudo.

Para a discussão da primeira hipótese estudou-se a propensão para o risco revelada pelos inquiridos com o objetivo de aferir se ser mulher tem impacto significativo na atitude perante o risco revelado pelos respondentes. Mas a atitude perante o risco pode igualmente ser influenciada pelas caraterísticas socioeconómicas dos respondentes (idade, nível de escolaridade, população ativa, rendimento, género), pelo perfil da sua ligação ao mercado financeiro (dimensão da sua carteira, percentagem de títulos mobiliários no património), pelo nível de literacia financeira dos respondentes, pela importância atribuída ao binómio rentabilidade-risco nas decisões de investimento ou pela sua sobreconfiança em relação à média portuguesa, pelo que estas variáveis foram igualmente introduzidas no modelo.

$$\textbf{(1)}\ ATITUDE\_RISCO = \delta_0 * MULHER + \beta_0 * IDADE + \delta_1 * POPATIV + \delta_2 * ESCALTA + \beta_1 * RENDIMENTO + \delta_3 * CASAP + \beta_2 * SCORE\_DP + \beta_3 * PERC\_CARTEIRA\_PATRIMONIO + \beta_4 * AA\_LF + \beta_5 * AA\_LF\_MEDIAPT + \beta_6 * ATITUDE\_RENT\_RISCO + \delta_4 * SOBREC\_MEDIAPT + u$$

Para a estimação de (1) escolheu-se um *probit* ordenado[2], uma vez que a variável dependente ATITUDE_RISCO possui quatro classes ordenadas.

Para a discussão da segunda hipótese, averiguou-se o nível de literacia revelado pelos inquiridos de forma a avaliar se o facto de o respondente ser do género feminino afeta o nível de conhecimento financeiro significativamente. A literacia financeira pode também ser influenciada pelas mesmas variáveis indicadas no modelo (1), exceto a variável de sobreconfiança (*SOBREC_MEDIAPT*) em virtude da sua possível endogeneidade.

$$\textbf{(2)}\ SCORE\_LF = \beta_0 + \delta_0 * MULHER + \beta_1 * IDADE + \delta_1 * POPATIV + \delta_2 * ESCALTA + \beta_2 * RENDIMENTO + \delta_3 * CASAP + \beta_3 * SCORE\_DP + \beta_4 * PERC\_CARTEIRA\_PATRIMONIO + \beta_5 * AA\_LF + \beta_6 * AA\_LF\_MEDIAPT + \beta_7 * ATITUDE\_RENT\_RISCO + u$$

[2] Nota: Um modelo *probit* ordenado não tem constante, por definição.

O modelo (2) será estimado pelo método dos mínimos quadrados, visto que a variável dependente SCORE_LF é discreta (varia entre 0 e 10, numa escala quantitativa).[3]

Para a discussão da terceira hipótese, investigou-se a propensão dos inquiridos para incorrer no desvio comportamental da sobreconfiança. Assim, a sobreconfiança pode ser, do mesmo modo, influenciada pelas variáveis apresentadas nos modelos (1) e (2), com exceção das variáveis relativas à autoavaliação da literacia financeira (AA_LF), visto que a variável dependente é construída a partir da diferença entre a variável AA_LF e a variável SCORE_LF, e sobreconfiança em relação à média portuguesa (SOBREC_MEDIAPT), uma vez que é uma forma alternativa de medição da sobreconfiança.

$$(3)\ SOBREC = \beta_0 + \delta_0 * MULHER + \beta_1 * IDADE + \delta_0 * POPATIV + \delta_1 * ESCALTA + \beta_2 * RENDIMENTO + \delta_2 * CASAP + \beta_3 * SCORE\_DP + \beta_4 * PERC\_CARTEIRA\_PATRIMONIO + \beta_5 * AA\_LF\_MEDIAPT + \beta_6 * ATITUDE\_RENT\_RISCO + u$$

O método escolhido para a estimação do modelo *probit* (3) é o método da máxima verosimilhança, uma vez que a variável dependente SOBREC é uma variável binária.

É de referir que, para a escolha das variáveis a incluir nos modelos, foi tida em consideração a análise da matriz de correlações, de forma a mitigar eventuais problemas de multicolinearidade nos modelos. A fim de testar a robustez dos modelos e a significância dos coeficientes, em particular a significância do coeficiente da variável MULHER, as variáveis explicativas foram introduzidas progressivamente, resultando na estimação de 5 regressões para a discussão de cada hipótese.

[3] Os resultados obtidos são muito semelhantes aos que foram obtidos por um modelo de contagem (não reportados).

3. Resultados

a. Caracterização da amostra

Em relação ao género, a amostra é equilibrada, com 47% de mulheres e com 53% de homens. A maior percentagem de respondentes encontra-se no intervalo de idades "<25 anos". No que diz respeito ao nível de escolaridade destaca-se, naturalmente, uma grande percentagem de respondentes situada nos escalões mais elevados de escolaridade, com 36% das mulheres e 35% dos homens a frequentar o ensino superior, 24% das mulheres e 25% dos homens com ensino superior completo e 34% das mulheres e 32% dos homens com Pós-Graduação, Mestrado, MBA ou Doutoramento. Tanto a população ativa como a inativa apresentam valores semelhantes. A maior percentagem de indivíduos encontra-se no escalão "até 500€", com 35% das mulheres e 39% dos homens, diminuindo progressivamente a percentagem de inquiridos à medida que se aumenta o escalão de rendimento.

Em relação à autoavaliação dos conhecimentos financeiros, AA_LF, cujo valor mínimo é 1 e máximo é 5, ambos os géneros se encontram, em média, entre o valor 2 e 3 (ver Tabela 2), ou seja, consideram-se pouco ou moderadamente conhecedores sobre produtos e mercados financeiros; no entanto, o valor da média masculina situa-se mais próximo do nível moderadamente conhecedor em comparação com as mulheres. A variável AA_LF_MEDIAPT, cujos valores também se encontram entre 1 e 5, estuda a autoavaliação sobre conhecimentos financeiros dos respondentes relativamente à média portuguesa, e apesar da totalidade dos respondentes se encontrar, em média, entre o nível 3 e 4, as mulheres consideram ter conhecimentos iguais aos da média portuguesa, enquanto os homens consideram o seu conhecimento financeiro superior à média da população portuguesa.

Relativamente à literacia financeira, observa-se que a maior parte dos indivíduos se enquadra no 4.º nível de conhecimento financeiro (de 1 a 5), tendo respondido corretamente a 7 ou 8 perguntas, com cerca de 20% e 13% das mulheres e 22% e 23% dos homens, respetivamente. É importante destacar que quanto mais elevado o nível do SCORE_LF maior a literacia financeira do indivíduo. Assim, é no 4.º nível que se encontrou a maior concentração de homens, já no caso das mulheres foi no 3.º nível, que corresponde a 5 ou 6 respostas corretas. Salienta-se, ainda, que o nível mais elevado de literacia financeira, 9 ou 10 respostas corretas, é caracterizado pela predominância de homens, de cerca de 16% e 8%, dos mesmos e 6% e 2% de mulheres, respetivamente. O 2.º nível, 3 ou 4 respostas corretas, apresenta uma percentagem mais elevada de mulheres, de cerca de 5% e 12% (*versus* 2% e 3% de homens).

Relativamente à atitude perante o risco, a maioria dos inquiridos classifica-se como avessa ao risco, com cerca de 51% das mulheres e de 37% dos homens. As mulheres apresentam uma clara aversão ao risco, sendo que mais de metade se classificou como avessa ou muito avessa ao risco, enquanto mais de 50% dos homens revelou ser indiferente ou ser propenso ao risco. Na dimensão rentabilidade-risco, constata-se que os homens revelam, ainda, uma maior propensão ao risco do que as mulheres quando esse aumento do risco está associado à possibilidade de um maior retorno. Cerca de 50% das mulheres revelam preferir o mínimo risco mesmo com possibilidade de retorno, enquanto 47% dos homens tendem a preferir ativos com riscos mais elevados consoante a rentabilidade dos mesmos.

No que diz respeito à sobreconfiança, verifica-se que existe uma maior percentagem de mulheres que se revelam sobreconfiantes do que homens, cerca de 11% e 6%, respetivamente. Isto é, 11% das respondentes sobrestimam o seu conhecimento sobre ativos e sobre o mercado financeiro, enquanto o mesmo apenas se verifica em 6% dos homens inquiridos.

Relativamente à sobreconfiança em comparação com a média portuguesa, é possível observar um maior número de respondentes sobreconfiantes, sendo que a percentagem de mulheres que revelam ser sobreconfiantes é, novamente, superior à dos homens; 26% das respondentes consideram os seus conhecimentos sobre a literacia financeira superiores aos do cidadão "médio" português, enquanto apenas 22% dos homens assim o creem.

b. Matriz de Correlações

Analisando a matriz de correlações (ver Tabela 3) é possível verificar que grande parte das variáveis independentes possuem alguma correlação linear entre si. Porém, destaca-se com mais interesse a variável MULHER com uma correlação negativa e estatisticamente significativa com as variáveis PERC_CARTEIRA_PATRIMONIO, AA_LF, AA_LF_MEDIAPT, SCORE_LF, ATITUDE_RISCO e ATITUDE_RENT_RISCO, e a variável AA_LF com uma associação positiva significativa com as variáveis SCORE_LF, ATITUDE_RISCO e ATITUDE_RENT_RISCO. É também interessante referir a correlação negativa entre a variável SCORE_LF e as variáveis de sobreconfiança SOBREC e SOBREC_MEDIAPT. Entre as variáveis socioeconómicas salienta-se o RENDIMENTO, a CASAP e a POPATIV que apresentam fortes ligações entre si. Por último, a variável IDADE apresenta correlação negativa com as variáveis de sobreconfiança SOBREC e SOBREC_MEDIAPT, a ATITUDE_RISCO e a ATITUDE_RENT_RISCO, mas uma correlação positiva com SCORE_LF.

c. Resultados Estimados

Os resultados da estimação dos modelos (1), (2) e (3) para as variáveis ATITUDE_RISCO, SCORE_LF e SOBREC constam nas Tabelas 4, 5 e 6, respetivamente.

Relativamente à aversão pelo risco (modelo 1), verifica-se que o coeficiente da variável MULHER é negativo e consistentemente estatisticamente significativo, ou seja, as mulheres têm uma maior probabilidade de se situarem nas categorias inferiores da variável ATITUDE_RISCO, o que indica que as mulheres, em média, são mais avessas ao risco que os homens. Observa-se igualmente que quanto maior a idade maior a aversão ao risco. Também se observa, embora com uma menor significância estatística, que quanto maior o rendimento, maior a propensão ao risco (variável que se torna significativa nos modelos (D) e (E)). Curiosamente, os resultados indicam que a população ativa revela ter maior aversão ao risco do que a inativa, embora a variável POPATIV apenas se revele estatisticamente significativa no modelo (E). É possível, ainda, afirmar, com alta significância estatística, que quanto maior a sensibilidade à relação rentabilidade-risco, quanto maior a autoavaliação dos conhecimentos financeiros e quanto maior a percentagem do património total investido em valores mobiliários, maior será a propensão ao risco do indivíduo.

Estes resultados confirmam a ideia, socialmente aceite, de que a mulher é mais avessa ao risco do que o homem. Os coeficientes estimados das restantes variáveis explicativas vão de encontro ao esperado. Constituem exceção POPATIV e SOBREC. Seria de esperar que um indivíduo sobreconfiante em relação à média portuguesa fosse mais propenso ao risco, contudo, esta variável, apesar do seu coeficiente estimado ter sinal positivo, não se revela estatisticamente significativa.

No que diz respeito à literacia financeira, modelo (2), o coeficiente da variável *dummy* MULHER é negativo e estatisticamente significativo a 1%, em todas as versões do modelo. No caso do modelo (E), comparadas com os homens, as mulheres apresentam, em média, um *score* de literacia financeira inferior em, aproximadamente, 0,676 unidades (ou seja, em média, menos 0,676 respostas certas do que os homens), mantendo todos os outros fatores fixos. Este resultado é corroborado, também, pelos estudos de Abreu & Mendes (2006), Bucher-Koenen et al. (2014), Bucher-Koenen et al. (2021), Cupák et al. (2018) e Nogueira (2011), pelo que a evidência parece validar o estereótipo de que a mulher apresenta um nível de conhecimento financeiro inferior. Por outro lado, seria de esperar que um alto nível de escolaridade influenciasse positivamente o conhecimento financeiro dos indivíduos, mas esta variável não é estatisticamente significativa em nenhuma das regressões. Destaca-se que um indivíduo que se autoavalie com um elevado nível de conhecimento financeiro (ou com um nível superior à média portuguesa) revela, em média, um nível de literacia financeira mais elevado. Realça-se, também, o facto de um indivíduo com uma maior percentagem da carteira de valores mobiliários no património total apresentar um nível mais elevado de literacia financeira.

Relativamente à sobreconfiança, os resultados do modelo (3) permitem concluir de forma consistente e com elevada significância estatística que as mulheres são mais sobreconfiantes que os homens. Este resultado é contrário ao senso comum, aos preconceitos de género previamente analisados e desafia os estereótipos de género. Um conjunto de outros fatores contribuem para a sobreconfiança. O rendimento diminui a probabilidade de se ser sobreconfiante, enquanto o aumento da idade está associado a uma diminuição dessa probabilidade. Um indivíduo com uma maior sensibilidade relativamente à relação rentabilidade-risco tem tendência a apresentar um nível mais elevado de sobreconfiança.

Assim, os resultados empíricos obtidos parecem confirmar duas das três hipóteses estudadas: as mulheres são mais avessas ao risco e apresentam um menor nível de literacia financeira que os homens. Mas as mulheres aparentam ser mais sobreconfiantes do que os homens, o que leva à rejeição da hipótese inicialmente apresentada.

d. Análise da estatística Cohen's d

De modo a completar a análise empírica e com o objetivo de ter uma melhor compreensão do significado das diferenças observadas entre géneros, estudaram-se os tamanhos do efeito (*effect size*) através da estatística *Cohen's d*, um indicador frequentemente utilizado em estudos de análise social (Wilkinson, 1999; Daniel & Santo, 2015) e em particular no campo da psicologia (Nelson, 2012). Os tamanhos do efeito identificam a magnitude da diferença entre as médias dos resultados entre dois grupos diferentes (Sullivan & Feinn, 2012). Na investigação deste tipo de estudos é essencial apresentar tanto o significado substantivo (tamanhos do efeito) como a significância estatística (valor-p), pois "enquanto o valor-p revela se um efeito existe, ele não revela o tamanho de um efeito" (Sullivan & Feinn, 2012: 279).

Esta estatística é convencionalmente calculada da seguinte forma:

(4)

$$d = \frac{(X_m - X_f)}{s_p} \; ; \quad s_p = \sqrt{\frac{(n_m - 1)s_m^2 + (n_f - 1)s_f^2}{n_m + n_f}}$$

em que X_m é a média do género masculino, X_f a média do género feminino, S_p o desvio padrão agrupado, n representa o número de indivíduos de uma amostra, sendo n_m o número de indivíduos do sexo masculino e n_f o número de indivíduos do sexo feminino. Desta forma, a diferença é expressa em unidades de desvio padrão, por exemplo, um *d* igual a 1 demonstra uma diferença entre os 2 grupos de uma unidade de desvio padrão. Logo, "um valor positivo de *d* representa um caso em que o *score* masculino excede o *score* feminino" (Nelson, 2012: 11).

Cohen (1992) sugeriu as seguintes possíveis interpretações para os tamanhos do efeito: tamanho do efeito insignificante se d<0,2, pequeno se 0,2≤d<0,5; médio quando 0,5≤d<0,8, grande para 0,8≤d<1,3 e muito grande para d≥1,3. É importante referir que a interpretação de Cohen deve ser relativizada. De acordo com Daniel & Santo (2015) a caracterização dos efeitos perde valor se estes forem separados do contexto; o facto de existir um tamanho do efeito num estudo A maior do que num estudo B não significa necessariamente que a teoria seja mais apoiada pelo estudo A.

De acordo com a Tabela 7, verifica-se que não existe nenhum tamanho do efeito grande. A variável SCORE_LF é a que apresenta o maior tamanho de efeito, com um *d* aproximadamente igual a 0,69, o que revela uma diferença positiva de 0,69 unidades de desvio padrão, representando assim um caso em que o *score* masculino excede consideravelmente o *score* feminino.

Através deste indicador, verificámos também que, para a variável ATITUDE_RISCO, este é positivo e estatisticamente significativo ao nível de 5%. Deste modo, é possível afirmar que as mulheres são mais avessas ao risco do que os homens. Segundo a sugestão de interpretação de Cohen, este é um tamanho do efeito médio, sendo um dos maiores tamanhos do efeito na amostra.

Outras variáveis[4] que apresentam um tamanho do efeito médio e positivo, ou seja, quando o *score* masculino excede o feminino, são a autoavaliação da literacia financeira em relação à média portuguesa, a atitude perante o risco e rentabilidade e a percentagem da carteira de valores mobiliários no património total. Verifica-se, então, que, em média, as mulheres demonstram maior sensibilidade à rentabilidade-risco, uma menor percentagem da carteira de valores mobiliários em percentagem do património total e uma menor autoavaliação dos seus conhecimentos financeiros.

Seria de se esperar que os homens revelassem ser mais sobreconfiantes do que as mulheres. Contudo, segundo a análise feita, aparenta verificar-se o efeito contrário, isto é, as mulheres são mais sobreconfiantes do que os homens, visto o valor de *d* ser negativo (o *score* feminino excede o *score* masculino). No entanto, este valor é menor que 0,2, o que reflete um tamanho do efeito insignificante nos termos de Cohen (1992), embora estatisticamente significativo.

Curiosamente, as variáveis socioeconómicas não demonstram diferenças de efeito entre ambos os géneros e, exceto a variável idade, não têm significância estatística ao nível de 5%.

4. Conclusão

O presente trabalho de investigação apresenta como principal objetivo estudar o comportamento das mulheres no mercado financeiro português, e se este confirma o estereótipo do comportamento feminino. Em particular, procuramos avaliar se as mulheres se diferenciam no mercado financeiro por uma menor apetência pelo risco, por um nível de literacia financeira inferior ou por se revelarem menos sobreconfiantes. A análise empírica foi desenvolvida com os dados do inquérito CMVM/Universidades 2020, o qual nos permitiu construir as variáveis endógenas e explicativas necessárias. As

[4] Não se considerou a variável AA_LF pois apesar do valor ser próximo de 0,5, continua a ser menor que 0,5. Decidiu-se, assim, manter o rigor matemático.

conclusões deste estudo têm por base uma análise não paramétrica (análise estatística descritiva das variáveis e matriz das correlações entre as variáveis), a estimação de três modelos com três métodos de estimação diferentes (Probit, OLS e Probit Ordenado) e o cálculo do indicador *Cohen's d*.

Os resultados obtidos mostram evidência de que ser mulher está associado a uma menor propensão para a tomada de risco, ou seja, as mulheres revelam uma maior aversão ao risco que os homens. Esta conclusão é confirmada pela análise estatística e pelos resultados da estimação do modelo (1). O indicador *Cohen's d* confirma que a superioridade do *score* masculino sobre o *score* feminino é relevante e estatisticamente significativa. Estes resultados vêm corroborar os de Barber & Odean (2001), Berggren & Gonzalez (2010), Bucher-Koenen et al. (2014), Chen (2008) e Saraiva (2010).

Os resultados do modelo (2) estimado evidenciam igualmente que as mulheres revelam um menor nível de literacia financeira que os homens. O mesmo se verifica através do indicador *Cohen's d* que se revela positivo (o *score* masculino excede em grande magnitude o *score* feminino), confirmando que ser mulher está associado a níveis inferiores de conhecimento financeiro. Este resultado vem confirmar resultados de estudos prévios de Abreu & Mendes (2006), Bucher-Koenen et al. (2014), Bucher-Koenen et al. (2021), Cupák et al. (2018) e Nogueira (2011). Este resultado sublinha a importância crucial de se investir na educação financeira das mulheres, de forma que estas consigam melhorar as suas finanças tanto a nível profissional como pessoal, otimizando os seus rendimentos através de bons investimentos e gerindo a sua riqueza e rendimento de forma mais eficiente. O conhecimento financeiro confere, também, uma maior independência na tomada de decisões financeiras.

De acordo com os resultados do modelo estimado (3), não obstante o nível mais reduzido de literacia financeira, ser mulher tem uma relevância positiva e significativa na sobreconfiança, isto é, as mulheres são mais sobreconfiantes que os homens. É de notar que este resultado contraria Barber & Odean (2001), Chen (2008) e Saraiva (2010), os quais sustentam, nos seus estudos, que o homem é mais sobreconfiante do que a mulher. Já Berggren & Gonzalez (2010) concluíram que o excesso de confiança é altamente dependente das circunstâncias em que os indivíduos se encontram. Os nossos resultados parecem refutar o preconceito de que a mulher é menos sobreconfiante, indicando que, em geral, o género feminino revela ter uma perceção do seu nível de literacia financeira superior ao conhecimento financeiro que efetivamente revela. No entanto, apesar de o indicador *Cohen's d* apresentar um *score* feminino superior ao *score* masculino, diferença que é estatisticamente significativa, a magnitude do indicador *Cohen's d* aponta para a fraca relevância empírica deste resultado e, portanto, aponta para a pequena diferença entre homens e mulheres no que diz respeito à sobreconfiança. O nosso trabalho ilustra, assim, o interesse da utilização do indicador *Cohen's d* para uma mais completa análise das diferenças de género.

Salientamos que esta investigação teve como suporte uma amostra de 1489 respondentes, essencialmente pertencentes à comunidade académica, pelo que os resultados e conclusões obtidos traduzem melhor a realidade de uma população jovem universitária e as conclusões retiradas são dificilmente generalizáveis ao conjunto da população portuguesa.

Ao questionar a veracidade de preconceitos de género associados à mulher, o nosso trabalho contribui para uma melhor compreensão da mulher no mercado financeiro português e consequentemente para uma melhor adequação das políticas públicas em matéria de literacia financeira.

5. Referências Bibliográficas

Abreu, M. & Mendes, V. (2006). Cultura Financeira dos Investidores e Diversificação das Carteiras. Instituto Superior de Economia e Gestão – CISEP *Working papers.*

Abreu, M., & Mendes, V. (2012). Information, overconfidence and trading: Do the sources of information matter? Journal of Economic Psychology, 33(4), 868–881.

Amâncio, L. (1992). As Assimetrias nas Representações do Género. *Revista Crítica de Ciências Sociais* (34), 9-22.

Amâncio, L. (2002). O género na Psicologia Social em Portugal. Perspectivas actuais e desenvolvimentos futuros. *Ex Aequo* 6, 55-75.

Badunenko, O., Barasinska, N. & Schäfer, D. (2010). Is gender a good predictor of financial risk taking? Evidence from national surveys of household finance. *JIBS Working Papers* 2010-5, Jönköping International Business School.

Barber, B.M. & Odean, T. (2001). Boys will be Boys: Gender, Overconfidence, and Common Stock Investment. *The Quarterly Journal of Economics* 116 (1), 261-292.

Berggren, J. & Gonzalez, R. (2010). Gender difference in financial decision making: A quantitative study of risk aversion and overconfidence between the genders. *Working Papers*, Umea University.

Bucher-Koenen, T., Lusardi, A., Alessie, R. & van Rooij, M. (2014). How Financially Literate Are Women? An Overview and New Insights. *Journal of Consumer Affairs* 51(2), 255-283.

Bucher-Koenen, T., Lusardi, A., Alessie, R. & van Rooij, M. (2021). Fearless Woman: Financial Literacy and Stock Market Participation. *Working Papers*, Global Financial Literacy Excellence Center, The George Washington University School of Business.

Casaca, S. F. (2014). A participação das mulheres no mercado de trabalho e a flexibilização da relação laboral. In: Kovács, I. (coord.), Casaca, S. F.; Cerdeira, M.ª da C. & Peixoto, J. Temas Atuais da Sociologia do Trabalho e da Empresa. Coimbra, Fundação Económicas / Almedina, pp. 164-176.

Chen, J. (2008). Gender Differences in Risk Taking: Are Women more Risk Averse? Dissertação de Licenciatura, Tilburg University.

Coelho, L. & Ferreira, V. (2018). Segregação sexual do emprego em Portugal no último quarto de século – Agravamento ou abrandamento? *e-cadernos CES* 29, 77-98.

Cohen, J. (1992). A power primer. *Psychological Bulletin, 112*(1), 155–159.

Correia, Ana M. (2017). Perceções da mulher no mercado de trabalho português. Igualdade laboral: utopia ou realidade? Dissertação de Mestrado, Porto, Faculdade de Economia, Universidade do Porto.

Conselho Nacional de Supervisores Financeiros (2011). Plano Nacional de Formação Financeira 2011-2015. Lisboa: Banco de Portugal, Comissão de Mercado de Valores Mobiliários, Instituto de Seguros de Portugal. Disponível em: Plano Nacional de Formação Financeira.

Costa, C. R. (2015). Igualdade de género no trabalho – um estudo na Universidade de Aveiro, Dissertação de Mestrado, Aveiro, Universidade de Aveiro.

Cupák, A., Fessler, P., Schneebaum, A. & Silgoner, M. (2018). Decomposing gender gaps in financial literacy: New international evidence. *Economics Letters* 168 (C), 102-106.

Daniel, F. & Santo, H. (2015). Calcular e apresentar tamanhos do efeito em trabalhos científicos (1): As limitações do p < 0,05 na análise de diferenças de médias de dois grupos. *Revista Portuguesa de Investigação Comportamental e Social* 1(1), 3-16.

Dwyer, P.D., Gilkeson, J.H. & List, J.A. (2002). Gender differences in revealed risk taking: evidence from mutual fund investors. *Economics Letters* 76 (2), 151–158.

Eagly, A. H, Koenig, A. M., Mitchell, A. A. & Ristikari, T. (2011). Are Leader Stereotypes Masculine? A Meta-Analysis of Three Research Paradigms. *Psychological Bulletin* 137 (4), 616–642.

Eckel, C. C., & Grossman, P. J. (2008). Chapter 113 Men, Women and Risk Aversion: Experimental Evidence. Handbook of Experimental Economics Results, 1061–1073.

Lusardi, A., Alessie, R. & van Rooij, M. (2014). How Financially Literate Are Women? An Overview and New Insights. *Journal of Consumer Affairs* 51(2), 255-283.

Nelson, J. A. (2012). Are Women Really More Risk-Averse than Men? *INET Research Note* no.012.

Nogueira, Hugo M. (2011). Nível de literacia financeira dos portugueses: medição através de um índice e principais determinantes. Dissertação de Mestrado, ISCTE, Universidade de Lisboa.

Ramos, V., Rodrigues, L. B. & Correia, R. B. (2019). Atitudes face à divisão do trabalho familiar em Portugal em 2002 e 2014: mudanças e continuidades. *Sociologia, Problemas e Práticas* (90), 95-112.

Ring, P., Neyse, L., David-Barett, T. & Schmidt, U. (2016). Gender differences in performance predictions: Evidence from the cognitive reflection test. *Frontiers in Psychology* 7 (1680).

Santos, M.H & Amâncio, L. (2014). Sobreminorias em profissões marcadas pelo género: consequências e reacções. *Análise Social* 69 (212), 700-726.

Saraiva, Tânia M. (2010). Perfil de risco do investidor: diferenças entre homens e mulheres [Em linha]. Disponível em: Caderno40Artigo3.pdf (cmvm.pt) [Acesso em: 2021/04/26].

Sullivan, G. M., & Feinn, R. (2012). Using Effect Size – or Why the P Value Is Not Enough. *Journal of Graduate Medical Education*, 4(3), 279–282.

Wilkinson, L. (1999). Statistical methods in psychology journals: Guidelines and explanations. *American Psychologist*, 54(8), 594-604.

Yao, R & Fisher, P.J. (2017). Gender Differences in Financial Risk Tolerance. *Journal of Economic Psychology* 61 (C), 191-202.

Tabela 1 – Definição de Variáveis

NOME	DESCRIÇÃO
AA_LF	Variável ordinal que assume valores de 1 a 5, sendo 5 o nível mais elevado de autoavaliação de conhecimento financeiro.
AA_LF_MEDIAPT	Variável ordinal que assume valores no intervalo de 1 a 5, sendo igual a 1 quando o indivíduo considera que os seus conhecimentos financeiros são bastante inferiores à média portuguesa e 5 bastante superiores.
ATITUDE_RENT_RISCO	Variável ordinal que assume valores de 1 a 4, sendo que quanto maior o valor, maior será a sensibilidade à relação rentabilidade-risco.
ATITUDE_RISCO	Variável ordinal que assume valores de 1 a 4, sendo que quanto maior o valor, maior será a propensão ao risco do indivíduo.
CASAP	Variável binária igual a 1 se o indivíduo detém casa própria e 0 em caso contrário.
ESCALTA	Variável binária igual a 1 se o indivíduo frequentar ou tiver concluído o ensino superior e 0 caso contrário.
IDADE	Variável contínua que representa a idade, em anos, do respondente.
MULHER	Variável binária igual a 1 se o indivíduo for mulher e 0 se for homem.
PERC_CARTEIRA_PATRIMONIO	Variável ordinal que assume valores de 1 a 5, sendo igual a 1 quando não tem valores mobiliários e igual a 5 quando detém mais de 76% em valores mobiliários.
POPATIV	Variável binária igual a 1 se o indivíduo se insere na população ativa e 0 caso contrário. A população ativa inclui trabalhadores por conta de outrem, trabalhadores por contra própria, desempregados ou outros e a população não ativa inclui estudantes e aposentados.
RENDIMENTO	Variável ordinal que assume valores de 1 a 8, sendo 1 o nível de rendimento mais baixo.
SCORE_DP	Variável discreta que assume valores entre 0 e 12 correspondentes ao número de ativos que o indivíduo detém.
SCORE_LF	Variável discreta que assume valores de 0 a 10, sendo 10 o nível mais elevado de literacia financeira, correspondente à totalidade de respostas corretas.
SOBREC	Variável binária igual a 1 se o indivíduo se revela como sobreconfiante. É calculada através da diferença entre o nível da autoavaliação do indivíduo e o nível da literacia financeira do mesmo. Se esta diferença for maior ou igual a 1, a variável binária será igual a 1.
SOBREC_MEDIAPT	Variável binária igual a 1 se o indivíduo se apresentar como sobreconfiante relativamente à média portuguesa. É calculada através da diferença entre o nível da autoavaliação do indivíduo relativamente à média portuguesa e o nível da literacia financeira. Se esta diferença for maior ou igual a 1, a variável binária será igual a 1.

Tabela 2 – Estatísticas Descritivas

Variáveis	Estatísticas Descritivas por Género		
	Mulheres	Homens	
IDADE	30,765 (12,907)	33,043 (14,792)	
POPATIV	0,511 (0,500)	0,509 (0,500)	
ESCALTA	0,938 (0,242)	0,927 (0,260)	
RENDIMENTO	2,603 (1,732)	2,466 (1,662)	
CASAP	0,380 (0,486)	0,372 (0,484)	
SCORE_DP	2,289 (1,608)	2,412 (1,801)	
PERC_CARTEIRA_PATRIMONIO	1,296 (0,710)	1,767 (1,072)	
AA_LF	2,508 (0,894)	2,957 (0,997)	
AA_LF_MEDIAPT	3,197 (0,824)	3,656 (0,885)	
SCORE_LF	6,081 (1,735)	7,246 (1,650)	
ATITUDE_RISCO	2,157 (0,890)	2,723 (0,974)	
ATITUDE_RENT_RISCO	2,018 (0,793)	2,446 (0,781)	
SOBREC	0,108 (0,310)	0,064 (0,245)	
SOBREC_MEDIAPT	0,261 (0,439)	0,218 (0,413)	
Observações	705	784	Total = 1489

Fonte: Elaboração própria através do programa *EViews*. A tabela apresenta as médias e entre parêntesis encontram-se os desvios padrões.

Tabela 3 – Matriz de Correlações

VARIÁVEL	MULHER	IDADE	POPATIV	ESCALTA	RENDIMENTO	CASAP	SCORE_DP	PERC_CARTEIRA_PATRIMONIO	AA_LF	AA_LF_MEDIAPT	SCORE_LF	ATITUDE_RISCO	ATITUDE_RENT_RISCO	SOBREC	SOBREC_MEDIAPT
MULHER	1														
IDADE	-0,08*	1													
POPATIV	0,00	0,05*	1												
ESCALTA	0,02	0,00	0,05	1											
RENDIMENTO	0,04	0,02	0,47*	0,09*	1										
CASAP	0,01	0,02	0,35*	-0,01	0,53*	1									
SCORE_DP	-0,04	0,03	-0,02	0,05	-0,01	0,00	1								
PERC_CARTEIRA_PATRIMONIO	-0,25*	0,19*	0,00	-0,01	-0,02	-0,02	0,06*	1							
AA_LF	-0,23*	0,09*	-0,01	0,01	-0,05*	-0,03	0,06*	0,28*	1						
AA_LF_MEDIAPT	-0,26*	0,10*	0,02	0,05	-0,02	-0,02	0,03	0,30*	0,68*	1					
SCORE_LF	-0,33*	0,27*	-0,01	0,00	-0,01	-0,03	0,06*	0,28*	0,41*	0,42*	1				
ATITUDE_RISCO	-0,29*	-0,21*	-0,02	-0,01	0,01	0,01	-0,01	0,22*	0,31*	0,26*	0,13*	1			
ATITUDE_RENT_RISCO	-0,26*	-0,17*	0,04	-0,04	0,02	0,03	0,00	0,20*	0,28*	0,24*	0,16*	0,54*	1		
SOBREC	0,08*	-0,08*	-0,01	0,02	-0,06*	0,00	0,02	0,00	0,31	0,10*	-0,32*	0,10*	0,07*	1	
SOBREC_MEDIAPT	0,05	-0,17*	0,02	0,00	-0,02	0,01	0,01	-0,02	0,12	0,29*	-0,48*	0,08*	0,05*	0,45*	1

* indica significância estatística ao nível de 5%

Fonte: Elaboração própria com recurso ao programa *EViews*.

Tabela 4 – Apetência pelo risco

Variáveis	(A)	(B)	(C)	(D)	(E)
MULHER	-0,641***	-0,715***	-0,621***	-0,0533***	-0,377***
	(0,057)	(0,058)	(0,059)	(0,061)	(0,063)
IDADE	-	-0,020***	-0,024***	-0,025***	-0,018***
	-	(0,002)	(0,002)	(0,002)	(0,002)
POPATIV	-	-0,067	-0,077	-0.090	-0,147**
	-	(0,064)	(0,065)	(0,065)	(0,066)
ESCALTA	-	-0,007	0,008	-0,030	0,064
	-	(0,113)	(0,114)	(0,115)	(0,118)
RENDIMENTO	-	0,030	0,027	0,037*	0,036*
	-	(0,019)	(0,021)	(0,021)	(0,022)
CASAP	-	-	0,037	0,038	0,023
	-	-	(0,069)	(0,070)	(0,071)
SCORE_DP	-	-	-0,019	-0,025	-0,022
	-	-	(0,017)	(0,017)	(0,017)
PERC_CARTEIRA_PATRIMONIO	-	-	0,263***	0,191***	0,132***
	-	-	(0,033)	(0,034)	(0,035)
AA_LF	-	-	-	0,288***	0,209***
	-	-	-	(0,041)	(0,042)
AA_LF_MEDIAPT	-	-	-	0,056	0,027
	-	-	-	(0,045)	(0,048)
ATITUDE_RENT_RISCO	-	-	-	-	0,699***
	-	-	-	-	(0,042)
SOBREC_MEDIAPT	-	-	-	-	0,039
	-	-	-	-	(0,074)
Num. observações	1489	1489	1489	1489	1489
Pseudo R-squared	0,033	0,058	0,075	0,102	0,178
LR statistic	126,8	224,0	291,2	395,7	688,2
Prob(LR statistic)	0,000	0,000	0,000	0,000	0,000

Fonte: Elaboração própria através do programa EViews. Estimação do modelo (1) com um *Probit* Ordenado, sendo a variável dependente ATITUDE_RISCO (n.º de valores de ordem: 4). *, ** e *** indicam a significância estatística ao nível de 10%, 5% e 1%, respetivamente. Entre parêntesis encontram-se os desvios padrões.

Tabela 5 – Literacia financeira

Variáveis	(A)	(B)	(C)	(D)	(E)
Const.	7,246*** [0,059]	6,212*** [0,203]	5,684*** [0,215]	3,628*** [0,255]	3,497*** [0,277]
MULHER	-1,165*** [0,088]	-1,096*** [0,086]	-0,950*** [0,089]	-0,696*** [0,085]	-0,676*** [0,087]
IDADE	- -	0,031*** [0,003]	0,028*** [0,003]	0,026*** [0,003]	0,027*** [0,003]
POPATIV	- -	-0,117 [0,096]	-0,096 [0,094]	-0,118 [0,087]	-0,121 [0,087]
ESCALTA	- -	-0,023 [0,177]	0,003 [0,171]	-0,106 [0,162]	-0,098 [0,162]
RENDIMENTO	- -	0,013 [0,028]	0,036 [0,030]	0,051* [0,028]	0,050 * [0,028]
CASAP	- -	- -	-0,148 [0,102]	-0,144 [0,094]	-0,146 [0,093]
SCORE_DP	- -	- -	0,039 [0,025]	0,032 [0,024]	0,033 [0,024]
PERC_CARTEIRA_PATRIMONIO	- -	- -	0,323*** [0,048]	0,144*** [0,046]	0,137*** [0,047]
AA_LF	- -	- -	- -	0,361*** [0,055]	0,351*** [0,055]
AA_LF_MEDIAPT	- -	- -	- -	0,397*** [0,064]	0,394*** [0,064]
ATITUDE_RENT_RISCO	- -	- -	- -	- -	0,061 [0,055]
Num. observações	1489	1489	1489	1489	1489
R-squared	0,106	0,163	0,196	0,307	0,308
F-test	176,4	59,1	45,2	65,5	59,7
Prob > F	0,000	0,000	0,000	0,000	0,000

Fonte: Elaboração própria através do programa EViews. Método dos Mínimos Quadrados, sendo a variável dependente "SCORE_LF". *, ** e *** indicam a significância estatística ao nível de 10%, 5% e 1%, respetivamente. Entre parêntesis encontram-se os desvios padrões robustos à heterocedasticidade.

Tabela 6 – Sobreconfiança

Variáveis	(A)	(B)	(C)	(D)	(E)
Const.	-1,524***	-1,270***	1,436***	-2,295***	-2,631***
	(0,070)	(0,242)	(0,262)	(0,329)	(0,363)
MULHER	0,286***	0,274***	0,311***	0,405***	0,458***
	(0,094)	(0,095)	(0,099)	(0,103)	(0,107)
IDADE	-	-0,010***	-0,011***	-0,012***	-0,010**
	-	(0,004)	(0,004)	(0,004)	(0,004)
POPATIV	-	0,098	0,075	0,066	0,058
	-	(0,108)	(0,110)	(0,111)	(0,112)
ESCALTA	-	0,226	0,242	0,185	0,201
	-	(0,208)	(0,210)	(0,214)	(0,214)
RENDIMENTO	-	-0.086**	-0,105***	-0,099***	-0,101***
	-	(0,035)	(0,038)	(0,039)	(0,039)
CASAP	-	-	0,148	0,142	0,138
	-	-	(0,116)	(0,118)	(0,119)
SCORE_DP	-	-	0,026	0,023	0,024
	-	-	(0,027)	(0,027)	0,027
PERC_CARTEIRA_PATRIMONIO	-	-	0,063	-0,002	-0,019
	-	-	(0,052)	(0,055)	(0,056)
AA_LF_MEDIAPT	-	-	-	0,282***	0,262***
	-	-	-	(0,061)	(0,062)
ATITUDE_RENT_RISCO	-	-	-	-	0,147**
	-	-	-	-	(0,064)
Num. observações	1489	1489	1489	1489	1489
McFadden R-squared	0,011	0,028	0,033	0,059	0,065
LR statistic	9,3	24,3	28,3	51,0	56,2
Prob (LR statistic)	0,002	0,000	0,000	0,000	0,000
Observations with SOBREC=0	1363	1363	1363	1363	1363
Observations with SOBREC=1	126	126	126	126	126

Fonte: Elaboração própria através do programa *EViews*. *, ** e *** indicam a significância estatística ao nível de 10%, 5% e 1%, respetivamente. Entre parêntesis encontram-se os desvios padrões.

Tabela 7 – Indicador *Cohen's d*

Variáveis	***Cohen's d***
IDADE	0,163*
POPATIV	-0,003
ESCALTA	-0,041
RENDIMENTO	-0,081
CASAP	-0,015
SCORE_DP	0,071
PERC_CARTEIRA_PATRIMONIO	0,512*
AA_LF	0,473*
AA_LF_MEDIAPT	0,536*
SCORE_LF	0,689*
ATITUDE_RISCO	0,605*
ATITUDE_RENT_RISCO	0,544*
SOBREC	-0,158*
SOBREC_MEDIAPT	-0,101

Fonte: Elaboração própria.
* indica significância estatística ao nível de 5%.

Mulheres e Desenvolvimento Comunitário na Freguesia de Benedita, a Partir dos Anos 60

Maria Lúcia Marques Serralheiro

1. Freguesia de Benedita – Anos 60 Antecedentes do Desenvolvimento Comunitário

Este texto tem por objetivo prestar homenagem à Professora Manuela Silva, sobre o legado que deixou à freguesia de Benedita – a experiência pioneira de Desenvolvimento Comunitário (DC) de sua iniciativa privada e liderança, através da Equipe de Estudos e Experimentação de Desenvolvimento Comunitário (EEECD) proposta à Associação Industrial Portuguesa com o fim de estudar e de experimentar o DC em Portugal.

Pretende-se focar os principais benefícios trazidos a toda a comunidade pela EEEDC, e em especial às mulheres que nele participaram promovendo a formação e educação de outras mulheres com os Cursos de Extensão Agrícola Familiar Rural (EAFR) e/ou que os frequentaram e ainda outras, que antes da Dra. Manuela Silva e da sua EEEDC, as Irmãs Servas de Nossa Senhora de Fátima (SNSF) do Centro Paroquial (1946) e as estagiárias do Instituto de Serviço Social de Lisboa que estiveram na Benedita, a ajudar e/ou a elaborar estudos.

No início dos anos 60, do séc. XX, a freguesia era uma terra rural de gente pobre. As mulheres trabalhavam no campo indo até à lezíria de Santarém. Uma das estagiárias, Gabriela Ferreira, relata: «As condições em que se trabalha são em regra geral más. A filiação dos operários nas instituições de previdência e Sindicatos é deficiente.

Isto que sucede na indústria é mais flagrante ainda na agricultura. O problema do desemprego é praticamente inexistente. Os problemas do trabalho feminino são mais graves. São poucas as raparigas que não necessitam de trabalhar enquanto solteiras. A não ser umas escassas dezenas que trabalham na indústria de cutelaria e sapataria, na tecelagem e na costura, as outras apenas se podem ocupar dos trabalhos agrícolas. São muitas (atualmente cerca de 170) as raparigas que saem da freguesia para servir. As crianças assim que saem da escola começam a trabalhar para contribuir para a economia familiar». (Ferreira, 1959-1960, 57).

Deve-se ao P^e^ Susano (1937-1951) a vinda da primeira ajuda externa, que foi o Centro Paroquial das Irmãs SNSF à Benedita. Helena Inácio, beneditense e SNSF relembra esses dias «Todas as manhãs lá vinha a senhora Maria 'Catrina', santa velhinha (a avó do Centro, como era chamada), abrir o portão de zinco, sempre que a sineta badalava. Por ele, entravam as meninas para a escola maternal, as jovens raparigas para a Casa de Lavores e os rapazitos e meninas de idade escolar, para a Cantina Recreatória. Por volta do meio-dia era a hora da distribuição da sopa às famílias necessitadas e "pedintes de passagem" ...». (Benedita, 1955-2005, 68). Pode dizer-se, que a segunda ajuda externa se deve ao P^e^ Inácio (1951-1958).

Que retomou os tradicionais cortejos de oferendas à igreja, mas com maior fôlego, para que a avultada verba necessária à construção da igreja nova fosse angariada, o que se conseguiu com a união de todos. Em 1955 foi a mesma inaugurada com pompa e circunstância, eletrificação e uma nova avenida. Passou, então, a freguesia a ser conhecida por esse forte dinamismo em torno de uma causa comum. E não fora o papel de dois irmãos, Cónego José Mendes Serrazina (1924-2010) e sua irmã, Celeste Serrazina, a aldeia continuaria pobre e rural. Foram eles que por meio de um informal, mas diplomático protocolo, espalharam a notícia: «Em casa ouvia o meu irmão mais velho que vinha muitas vezes à Benedita, e um dia ele disse, ainda antes do DC 'olha, sabes, há uma assistente social que quer fazer um trabalho numa terra rural e eu aconselhei-a a vir cá para a Benedita'. O meu irmão chegava a vir de Lisboa, só para reunir e muitas, muitas vezes, quando se pensou em fazer o Externato na Benedita».[1] Celeste é autora de um diário, vindo à estampa em 2005, onde descreve a par e passo tudo o que se organizou até à inauguração da igreja nova, deixando um testemunho notável para a história da Benedita, que talvez tenha sido uma fonte para o seu irmão. É dela esta memória: «A freguesia de Benedita, composta por mais de 30 lugares, com famílias numerosas tem como local de encontro semanal na Benedita (sede), a igreja, o salão paroquial para aqueles que pertencem à Ação Católica e também a praça, ao domingo. Como trabalho domina o do campo, mas também muitos sapateiros a trabalhar manualmente em pequenas oficinas artesanais. Os trabalhos agrícolas são feitos com bois ou com enxada. Há muita azeitona que ocupa as pessoas na apanha, nos meses de novembro, dezembro e às vezes até janeiro. Os transportes são na maioria carroças, galeras e carros de bois. Também se usa muito a bicicleta a pedal e o transporte a cavalo em jumentos». (Benedita, 2005, 104).

Ressalve-se que Celeste era já desde 1953, Agente de Educação Agrária Familiar Rural, (AEAFR). Tinha frequentado em Leira esse curso, cuja habilitação dava colocação pelo Ministério da Economia em várias zonas rurais. Mais tarde, aquando da chegada da FEFDC, outras duas beneditenses o vão frequentar. Celeste Ferreira relembra essa Benedita: «Naquele tempo, os que andavam na escola e iam ao Centro pagavam dez tostões, era um escudo, era simbólico. A assistência dada pelo Centro promovia muitas coisas. Isto era um pólo de desenvolvimento nesta terra, porque depois quando começou a construção da igreja e quando começou o DC as pessoas já tinham os fundamentos. Já sabiam que isso era muito importante. Não é assim de repente, que se pega numa pessoa, seja para que iniciativa for. As pessoas da Benedita quando começou o DC e quando o P[e] Inácio veio e fez a igreja nova, as pessoas já estavam abertas para um trabalho que foi desenvolvido através do Centro Social e tudo era comandado por mulheres. E também muito se deve ao P[e] Serrazina.» [2]

---

[1] Entrevista n.º 1 Celeste Serrazina, 2021

[2] Entrevista n.º 2 Celeste Ferreira, 2005 e 2021.

Manuela Silva assim o recorda: «Foi ele que abriu caminho para um primeiro contacto com o Pároco da Freguesia que, por sua vez, se disponibilizou para falar do projeto à população e anunciar uma primeira reunião geral nas instalações da paróquia. Desse primeiro encontro com a população, que nele teve oportunidade de exprimir as suas necessidades e aspirações partiu o projeto de DC da Benedita, realizado entre 1961 e 1965, certamente ainda com reminiscências na memória de alguns contemporâneos». (Benedita, 2005,145)

Nessa época, além do campo, restava às mulheres serem 'criadas de servir' ou freiras. Deolinda Serralheiro, primeira teóloga em Portugal, da Congregação das SNSF explica: «Como havia muita jovem chamada à vida religiosa, e na sua maioria, as jovens eram catequistas, o testemunho das que se despediam das crianças e partiam, deixava no seu coração uma semente de transcendência, que as estimulava e cativava. [...] Para conseguirem realizar a sua vocação, muitas jovens da Benedita foram trabalhar para casas religiosas e daí ingressaram nos noviciados». (Benedita, 2005, 40)

Sabe-se que o papel da Ação Católica Rural, deu um grande incremento à formação cristã de muitas pessoas. Por exemplo, Isaura Figueiredo, filha e neta de dirigentes da Ação Católica, famílias abastadas, vê nas suas antepassadas mulheres modelos: «A minha mãe foi criada com liberdade e também que nos criou com liberdade, dentro dos parâmetros sociais da altura. Deixava-nos sair com os meus irmãos às fogueiras dos Santos Populares. Alguém se queixou dela à Ação Católica de Lisboa, mas ela defendeu-nos e defendeu-se»[3].

Susana Gaspar, aluna do curso de Ciências Políticas e Sociais, estagiou na Benedita e defendeu em Lovaina a sua tese de licenciatura sobre: *'La Condition de la Femme dans une Paroisse Rurale du Portugal – Benedita, 1960'*. Foi este trabalho, entre outros realizados na Benedita, e a obra 'A Região a Oeste da Serra dos Candeeiros' publicada pela FCG em 1961, bem como o conhecimento com o P.[e] Serrazina que motivaram a Dra. Manuela Silva a escolher a Benedita, e o Bárrio para serem as freguesias no concelho de Alcobaça de

---

[3] Entrevista n.º 3 Isaura Figueiredo, 2021.

trabalho da sua EEEDC. Pode dizer-se, que esta foi, a terceira ajuda externa à Benedita.

A EEEDC reunia técnicos e especialistas de várias áreas desde economia, infraestruturas, saúde, agricultura e assistentes sociais que se reuniam com a comunidade, planeavam e organizavam diferentes comissões consoante as tarefas a desenvolver. Embora as reuniões com a EEEDC não fossem vedadas a mulheres, a sua presença não era de todo esperada ou requerida. Só quando o assunto foi a constituição de um Externato se ouviu falar de que Amélia Figueiredo, presidente da Ação Católica, mãe de família numerosa e viúva ousou reclamar de viva-voz, a necessidade de haver onde os jovens continuassem a estudar. Note-se, que entre as pessoas interessadas, havia famílias que não tinham filhos, contribuíram financeiramente e até integraram os corpos sociais. Contudo neles, nos primeiros 25 anos apenas houve uma mulher, a Dra. Natália Fonseca, eleita no ano de 1969, e só em 2012 voltou a ser eleita outra mulher, Célia Castelhano.

Das reuniões iniciais, depois de ouvida a população, identificaram-se as seguintes questões: a crise dos artesãos de calçado, o facto da população feminina ter de se ausentar para serviço doméstico, e a necessidade de um colégio para haver continuação de estudos e mão-de-obra especializada nas fábricas. Mas o DC não se preocupava apenas com o progresso económico. O mais importante era o bem-estar das pessoas e logo no início a EEEDC conseguiu que na Benedita se criassem cursos de EAFR para mulheres. Entre muitos de duração de um ano ou meses, houve um curso diurno completo de 2 anos na sede de freguesia, que habilitou várias raparigas a serem Auxiliares das Agentes. Isaura Figueiredo recebeu o seu diploma numa cerimónia com exposição dos trabalhos efetuados onde esteve o P.^e^ Serrazina. Mas Trindade Serrazina foi a única que se candidatou a estágio.

Celeste Ferreira, que tirou o curso de AEAFR em Leiria mostra-nos como a EEECD se articulava com outras instituições regionais: «A diretora era a D. Maria Rosa Fráguas e todos os fins-de-semana, ela trazia um grupinho de alunas para assistirem às reuniões do DC na Benedita. Nós, não tomávamos parte ativa, porque nós não éramos da Equipa, mas estávamos convidadas como membros desta comunidade. Éramos alunas que vínhamos aprender. Com a diretora vinha o Sr. Eng.º Poço, que era nosso Professor e também pertencia à Equipa. Ele trabalhava na Junta de Colonização Interna em Leiria, e, portanto, todas aquelas pessoas eram interessadas. Depois de acabar o curso ainda cheguei a trabalhar bastante para a Assistente Social D. Fernanda, de Goa, porque ela era da EEEDC. Eu ajudava-a como voluntária. Organizámos cá um teatro»[4].

No ano seguinte, Isabel Almeida, que frequentou essa mesma escola, conta: «Entrei no primeiro ano em que o curso passou a ser de 3 anos. Era uma Escola privada e o diretor era o padre José Galamba. Terminei em 1966 e as únicas aulas práticas eram de Primeiros Socorros com estágio no Hospital de Leiria. As enfermeiras explicavam o corpo humano feminino e masculino, por exemplo a menstruação, penso que não havia planeamento familiar, mas falava-se do método de evitar filhos e sobre os dias em que a mulher era fértil. Sentia-me à vontade para falar do corpo humano e de educação. O atrativo para as alunas se inscreverem eram as aulas de costura e bordados. Os cursos eram dados por uma Agente e uma Auxiliar, que por vezes era uma pessoa da terra. [...] E eu mais tarde fiz outras leituras, porque mesmo quando se ensinava alimentação, era uma forma de se chegar ao agricultor, para que eles também fizessem mudanças e conhecessem o valor dos alimentos.»[5]

A EEEDC integrava especialistas que se fundamentavam em estudos e como o seu nome indica, ao mesmo tempo estudavam e refletiam sobre o que experienciavam. A Dra. Manuela Silva era a grande formadora e líder, pessoa experiente que pouco antes da sua vinda para a Benedita registou em livro a síntese dos trabalhos do seminário realizado no Estoril pela União Católica Internacional do Serviço Social (UCISS) onde esteve presente em abril de 1961. (Silva, 1965, 8-57). Note-se que «o apoio prestado pela UCISS, organismo criado em 1925, com sede em Milão, fica claro que a história do serviço social católico no mundo, esteve presente nos programas das

[4] Entrevista n.º 3 Celeste Ferreira, 2005.

[5] Entrevista n.º 4 Isabel Almeida, 2021

escolas de serviço social, inclusivamente nas escolas portuguesas na criação das escolas de serviço social. (Silva, Teresa, Machado, Helder, 2019, 208)

2. O Desenvolvimento Comunitário na Benedita (1961- 1965)

2.1. Fábricas, Cursos de Educação Familiar Rural e Externato

Com a partilha das memórias de algumas mulheres beneditenses que na altura vivenciaram os três legados do DC acima referidos e autorizadas espera-se abrir pistas para posteriores estudos mais aprofundados.

Lúcia Mateus nasceu na Ribafria em 1949: «Toda a vida trabalhei na ICEL [Indústria de Cutelarias da Estremadura, Lda.] Não fui estudar à noite, com uma vizinha porque o meu pai disse que as mulheres não eram para andar na rua. Entrei logo na Caixa de Previdência (CP). A gente ganhava muito menos do que os homens e trabalhávamos mais. Até nos punham ao lado deles, para ver se eles trabalhavam mais... Era a minha irmã, que era para ir para a ICEL, mas um dos patrões falou com o meu pai, se ele não se importava de me meter, que eu era mais nova, as mais velhas quando casavam saíam da fábrica. Agora não é assim. Eu entrei, mas a minha irmã, que estava a servir em Lisboa, diz sempre que eu lhe roubei o lugar. O meu ordenado entregava-o todo ao meu pai. O Externato, foi Padre Serrazina e o Acácio Catarino. Fiz um Curso desses na Ribafria. Ainda tenho o caderno sobre a puericultura, alimentação saudável, saúde dos bebés, etc. Era com a Celeste Serrazina e com a Trindade. E fiz outro Centro. Era uma maneira de uma pessoa sair de casa. Tive irmãos no Ultramar e a minha mãe sofreu muito. Não sabia ler e pensava que a gente não lhe lia tudo. Depois ela começou a olhar para as letras e por umas tirava as outras... Esses tempos para a gente foram uma doença».[6]

---

[6] Entrevista n.º 5 Lúcia Mateus, 2021

Conceição Marques nasceu em 1948 na Benedita: «Ouvi falar do DC, quando o meu pai disse que ia fechar a oficina, e que os empregados dele e ele, iam trabalhar para a SICAB, [Sociedade Industrial de Calçado da Benedita] desde o início desta em 1962. Ele e os outros patrões entraram com uma quota. Fizeram uma sociedade. Dizia que seria bom para a nossa terra, para haver mais emprego, até para os mais jovens, especialmente para as raparigas, que saiam muito para as cidades para criadas de servir. Eu tinha 14 anos e fui. Éramos 7 pessoas no escritório. Houve um engenheiro que veio de Caldas, que fazia parte da fábrica ROL. Ele é que nos ajudou a imaginar o pavilhão e explicou como se fazia a escrita e disse que não queria honorários, mas que empregassem um deficiente. Deram emprego ao R. que era coxo, tinha muitos filhos e viviam com muitas dificuldades. O meu pai falava muito nisso em casa ... [...] Ele até queria que eu fosse estudar à noite, dizia que era uma oportunidade. E morávamos aqui tão perto e eu podia ir com o meu irmão, mas o meu namorado dizia que não era preciso, que eu até tinha um bom emprego, acima da média. Depois acabei por fazer o 2.º ciclo, porque a minha irmã ensinou-me e propus-me a exame em Alcobaça».[7]

Hermínia Marques, nasceu em 1955 na Ribafria: «Comecei a trabalhar na fábrica do A., tinha quase 14 anos. Estive sempre na CP. Essa fábrica acabou e passei para a GICAL. As mulheres eram da secção da costura e os homens da secção de fabrico. Depois um patrão saiu da sociedade e fez outra no Taveiro e falou-me. Gostei de trabalhar na fábrica. Se não houvesse fábricas, naquele tempo era ir servir ou para a agricultura. Foi nessa altura que evoluíram muito as fábricas. Havia muitas fábricas, porque os patrões quando saem não querem ir para empregados e fazem novas fábricas. O ECB também foi uma cooperativa, já havia gente que queria estudar. Acho que quem o fez foi o Padre Serrazina, o Acácio Catarino e o professor Gameiro, que cá estava. Não frequentei cursos. Só fiz o Ensino Recorrente noturno do 2.º Ciclo e lá é que ouvi falar de Manuela Silva».[8]

[7] Entrevista n.º 6 Conceição Marques, 2021

[8] Entrevista n.º 7 Hermínia Marques, 2021

Cecília Ferreira nasceu em 1951 no Casal Leirião: «Quando saí da escola fiquei em casa a ajudar os meus pais que amanhavam terrenos. Frequentei esse curso aos 15 anos na casa de uma vizinha que tinha ido para a América e foi dado pela Celeste Serrazina. Íamos ao fim do dia de trabalho. O encontro com as colegas era bom para o convívio, porque os pais não nos deixavam sair de casa. Sobre as matérias, ainda ontem fiz a receita da canja fingida. Fazíamos naperons de ráfia e ainda hoje tapo o meu jarro de água com um pano quadricular, que bordei lá. Conservo bem o caderno dos apontamentos. Deu-se o 25 de abril e fui estudar. Eu tinha pena de não ter ido estudar e depois de casada, o meu homem disse 'vai estudar se quiseres', eu queria e fui. Eu ia e vinha a pé do Externato e aturei muitas bocas ofensivas que os homens e os motoristas me diziam. Os ensinamentos do Curso EAFR servem sempre porque ficámos com uma luz. Apanhei fruta dos 15 aos 18 anos na AGROFRUTA, era também uma cooperativa. Às vezes até dezembro e com lama até aos joelhos. Nos pomares da Batalha carreguei pesadas de caixas de madeira à cabeça, para a beira da estrada, onde paravam os camiões "Scania". Tínhamos de fazer o calibre da fruta até às 3h da madrugada, quando iam para os navios dos tropas no Ultramar. Lembro-me de terem roubado o barco Santa Maria. Fomos todos para o café Apolo ver a televisão. Morreu lá um soldado do Casal da Marinha e outros fugiam a salto. Eu fui madrinha de guerra de muitos, porque o meu irmão estava em Angola, e ele é que me arranjava isso. A AGROFRUTA faliu e em 1971 fui para FAPOCAL. Fui chefe de secção das costureiras. Não tive formação para ser chefe, mas fui. O edifício era de raiz e era muito bom. Cada patrão dirigia uma secção. Eram 100 mulheres e trabalhei lá até nascer a minha filha em 1974. Eram mais de dez patrões e começaram a roubar tudo e todos. No futuro não há ninguém para trabalhar se não forem as mulheres. No curso da Celeste Serrazina havia mulheres que vinham inspecionar e que também nos faziam palestras. Foi o P.e Serrazina é que trouxe estes cursos. Ele estava em Lisboa, mas trabalhava aqui muito com o Acácio Catarino. E aqui está o meu dossier do RVCC, [Reconhecimento, Validação e Certificação de Competências], que fiz na Associação Barafunda em 2008 e que me equiparou-me ao 9.º ano de escolaridade»[9].

Glória Couto nasceu nos Moinhos Novos em 1945: «Fui das 1.as empregadas da SICABE. Trabalhei lá 12 anos. Havia muitas raparigas, e nesse tempo poucas eram casadas. A minha mãe foi desde muito nova e muitos anos criada de servir em Alpiarça. Depois de casar, era procurada por famílias dessa zona para lhes arranjar raparigas, que quisessem ir servir. Só saí para ficar a tratar dos dois filhos, porque o meu marido era da construção civil e não tinha sítio certo de trabalho. Quando eles tinham o 2.º Ciclo fui de novo trabalhar, mas para a restauração. Na geração dos meus filhos já havia creche, mas os ordenados eram tão baixos e ainda hoje são: uma mãe a trabalhar com 2 filhos na creche, não consegue sobreviver. Trabalhar na fábrica era melhor, tinha-se a CP e descontava-se para a reforma. Chegou a vir pessoal do norte cá dar formação a ensinar as pessoas, por exemplo, as mulheres que eram encarregadas. Elas depois é que nos ensinavam a nós. Depois do trabalho íamos aos cursos dados no Centro. Era uma Irmã do Centro que ensinava a bordar lençóis, pregar botões, fazer bordados à máquina, tudo o que a preciso para o enxoval. Puericultura num dia, no outro culinária, noutro outra disciplina e fazíamos um livrinho com apontamentos. Eu vinha a pé e depois era de bicicleta. No fim do trabalho, eu ia para o tal Curso, e na saída íamos passar de propósito à frente do Café Central para vermos a rapaziada que parava por lá. E isto foi perto do 25 de abril, porque eu estava na SICABE e eles pararam a luz e fomos ouvir rádio no escritório. Eu não tive medo. Eu era nova, mas as mais velhas tiveram, ninguém sabia de nada. O meu marido tinha um irmão na tropa lá fora, os outros irmãos já tinham medo, isto do Ultramar foi um sofrer muito. A SICABE acabou em 1983. O sr. Nunes suicidou-se lá na casa de banho. Eu quando se soube, ia morrendo. Ele era espetacular. E tudo derivado a problemas financeiros, causados por outros».[10]

---

[9] Entrevista n.º 8 Cecília Ferreira, 2021

[10] Entrevista n.º 9 Glória Gouto, 2021

Bernardina Pereira nasceu nos Freires em 1953: «Sou do tempo em que as fábricas começaram a abrir. Neste caderno que ainda uso, copiei os desenhos que a D. Celeste fazia para nos explicar os alimentos de construção, os de calor e energia e os de proteção. Fui para o curso de Formação Familiar porque uma rapariga da fábrica, me disse: – 'Tu sabes como se passam umas calças a ferro? A primeira coisa são os bolsos, e passam-se do lado do avesso!... Aprendi isto no curso da D. Celeste Serrazina na Charneca do Casal do Guerra.' Depois o curso passou para os Freires. Ela é que ditava tudo e nós tínhamos de escrever tudo. Fiz um jogo para a cozinha, um paninho a ponto de cruz e um saco para o pão. Aquele curso era direcionado para a família, não era de estudo como na escola, mas ensinava como era diferente cozinhar um caldo de carne para crianças e idosos ou cozer carne para adultos. E para o fim já toda a gente bebia leite! Com 14 anos fui trabalhar para a fábrica de calçado PERDIZ na Cabecinha, um irmão meu morreu em Angola, na Guerra, e isso levou a minha casa abaixo muitos anos. De sindicato nem ouvi falar, nem sabia o que isso era. Mas os cursos, aquilo era uma paródia para nós, que só assim podíamos sair de casa, depois do trabalho e também se falava de como escolher um marido, uma pessoa saudável, com boa cabeça, e ela dizia: 'tenham muita atenção ao alcoolismo, porque havia muito! É preciso ter uma família saudável e feliz!' Estas conversas eram já alguma coisinha a mexer... Sei que houve pessoas que fizeram isto andar e que mostravam filmes na rua, em frente do largo da casa do Manuel Agostinho nos Freires. Eram filmes direcionados para a agricultura, mostravam a criar frangos, galinhas, outros animais, etc. Punham um pano branco na rua e projetavam lá o filme. No curso falava-se tudo para sabermos das mulheres grávidas, o descanso, a alimentação, o que deviam comer para os filhos nascerem bem. Depois de casada usei este caderno. Quando o curso chegou ao fim, foi lá o Senhor P^e^ Serrazina assistir. Havia lá um menino a chorar, numa berraria e tudo a dizer, menino não chores, e ele disse: 'Deixem-no chorar, é a personalidade dele...'. Acabei o 12.º ano na BARAFUNDA em 2018».[11]

---

[11] Entrevista n.º 10 Bernardina Pereira, 2021

Gracinda Felizardo nasceu no Casal Gregório em 1941: «Depois desse curso os nossos trabalhos estiveram na Exposição na Feira em Setúbal. Houve uns senhores a filmar e deram-nos um diploma. Estive lá uma semana com um grupo de colegas de vários cursos. Viemos de lá muito bem tratadinhas. No curso da Menina Delfina, fiz toalhas bordadas, lençóis e aprendemos a fazer ponto de cruz verdadeiro. A perfeição vê-se do avesso! Éramos muitas e ainda hoje nos damos muito bem por causa disso. Eu fiz a 3.ª classe, naquele tempo, e só com a 3.ª classe não se podia ir para o ECB. Mas na Loja Grande, do Sr. Almeida havia uma empregada, que era daqui do Oiteiro que me ensinou. E fui fazer o exame a Alcobaça e isto fiz antes de ir para esse curso. Depois fui estudar à noite para o Externato e acabei o Curso Comercial antes do 25 de abril. A Benedita começou com a SICAB e foi quando houve uma evolução muito grande na Benedita. A pessoa mais importante foi o P.e Inácio porque abriu a Avenida, fez a igreja nova e trouxe a eletricidade. Há um busto dele no adro da igreja. A maior tonteira da Benedita foi terem destruído a igreja velha [1962]. O meu irmão Casimiro esteve na guerra em Angola e dizia tanta vez, que passou lá tão maus bocados, bebia água do chão, e agora deram aquilo. Quando entrávamos na escola dizíamos: Que viva Portugal, Portugal, Portugal! e Quem manda? Salazar! Salazar! Salazar!... e havia a fotografia de Salazar e de Carmona ou do Craveiro Lopes. A professora rezava todos os dias na escola. As mulheres trabalham mais, tinham de ir apanhar lenha, azeitona, ir à monda, etc. O tempo dos Cursos foi um bom tempo, bom convívio. Foi uma boa maré! Agora tenho o 12.º ano tirado com a BARAFUNDA!»[12]

Lúcia Mendes nasceu em 1953 nos Freires: «Eu tinha 13 anos e andava num curso desses. Fomos a uma Feira a Setúbal. Fomos uns dias antes para montar a Exposição. Foi uma experiência inesquecível! Nesse curso lembro-me muito bem da Celeste nos ter ensinado a fazer pastéis de nata! Quando as fábricas abriram, as mulheres começaram a abrir as pestanas. Já não foram tantas servir e já não podiam ter tantos filhos. O trabalho das fábricas, na altura, começava

[12] Entrevista n.º 11 Gracinda Felizardo, 2021

às 7h:30 de manhã, e a essa hora já muitas tinham andado muitas horas a pé, e traziam o almoço. E depois do trabalho tinham a vida de casa. Aqui só uma viúva com 2 filhos, é que se empregou-se na fábrica da SICABE. A carrinha do Centro só passou a ir às casas buscar cachopos muito depois. Algumas mulheres depois de casar ficavam em casa, porque foi o tempo dos aviários, das pecuárias e os animais davam muito, muito trabalho, que era feito por elas. Os frangos para se apanharem e serem vendidos, isso tinha de ser feito de noite, às escuras. O mau cheiro das pecuárias durou até aos fins dos anos 80. Antes das fábricas as raparigas daqui iam servir. Até havia a Ti Rosa da Charneca do Rio Seco, uma espécie de agência a arranjar raparigas, conforme pediam, ou para cozinheiras, criadas de fora ou para tomar conta de filhos. Muitas iam e casavam por lá. Outras emigraram para África do Sul ou América e ficavam muitos anos sem cá voltar. Outras iam estudar para o Externato de dia ou à noite. Essas nunca iriam estudar senão fosse o DC, nem iam ter nem trabalho, nem dinheiro. Mas isto não ficou bem estruturado, demorou ainda muito tempo e agora até se podia estar melhor. O meu pai não tinha mentalidade aberta para eu ir estudar. Se formos a ver a política na Benedita tem a ver com o interesse económico, não é 'vamos fazer isto pela terra...pelo bem da terra', só se faz pelo interesse económico... Quando se recebia o ordenado, o dos homens era maior do que os das mulheres. Ainda hoje é, em alguns empregos. Naquela altura, mulheres e rapazecos, quando saiam da escola, iam trabalhar um ou dois meses à experiência sem ganhar, mesmo na SICABE. Não recebiam nada... Eu era empregada do escritório. Eu fiz, quer dizer, tratei das burocracias, finanças e preenchi documentos para se fazerem sociedades de firmas. Não havia cá advogados, eram os contabilistas que tinham mais experiência».[13]

Soledade Couto Ferreira nasceu no Algarão em 1946. «Fui a primeira funcionária do ECB nas instalações provisórias e voltei a trabalhar lá quando fizeram o refeitório. Estou na fotografia com a 1.ª turma de alunos que está no livro dos 25 anos do ECB, estou

[13] Entrevista n.º 12 Lúcia Mendes, 2021

por detrás da Natália Serrazina. Lembro-me de a Celeste Serrazina ter dado um Curso desses na Ribafria. Eu também fiz o da Menina Delfina, que não era bem só de costura, havia novidades: trabalhos com conchas do mar e saber o porquê das coisas. Foi uma abertura porque éramos todos muitos atrasados. Eu nunca tinha ouvido falar em puericultura. Lembro-me de ter visto o filme do Eng. Sousa Veloso sobre a Benedita. Ainda hoje as pessoas mais voluntárias para ajudar bombeiros, igreja, são pessoas dessa altura. Eu ia com a Ti' Rosária do Algarão pedir ao Casal da Marinha e às Relvas, lugares da freguesia de Sta. Catarina. Acho que o DC foi positivo, trouxe o emprego fabril e o Centro passou a abrir às 7h00 para recolher as crianças das mães que pegavam às 7,30h. As grandes empresas que tinham feito descontos, essas pessoas com 60 anos já tinham 35 de trabalho. Sair de casa também é muito bom. Fiz o 2.º Ciclo Preparatório à noite e depois fiz o 12.º na BARAFUNDA por unidades capitalizáveis, onde fiz o livro da minha vida».[14]

Trindade Serrazina nasceu em 1950 na Moita do Gavião. «Frequentei o CEAFR de 65 a 67, que funcionou nas instalações provisórias, onde estava o ECB, e fiquei habilitada para ser auxiliar desses cursos. Em 1967, fiquei a trabalhar, com a minha tia Celeste, durante vários anos aqui na Benedita: Ribafria, Cabecinha, Freires, Chamiço, Azambujeira e Frei Domingos. Também houve um na Ramalhosa, freguesia de Alvorninha. Deslocávamo-nos de bicicleta, mas neste caso tínhamos de deixar as bicicletas no Bairro da Figueira, descer a grande ladeira e depois subir a outra até à Ramalhosa, sempre a pé, inverno e verão, e lá o curso durou dois anos. Foi em 1971, foi o último que demos, porque depois esses cursos acabaram. Aqui na Benedita começaram logo com o DC altura em que se fizeram as fábricas. As alunas vinham sempre, eram muito interessadas, não havia controle de faltas e isso não impedia que houvesse muita motivação».[15]

A Dra. Manuela Silva refere que o sucesso desses cursos e o projeto da EEEDC «serviu de trampolim para se vir a criar, na Admi-

[14] Entrevista n.º 13 Soledade Couto Ferreira, 2021

[15] Entrevista n.º 14 Trindade Serrazina, 2021

nistração Pública, um serviço de Promoção Social Comunitária (Instituto de Assistência à Família – Ministério da Saúde), que existiu entre 1965 e 1971 e que se estendeu a todas as Regiões – Plano do País]». (Benedita, 2012, 145-146). No ano seguinte após a EEEDC ter terminado a sua intervenção no concelho de Alcobaça teve lugar na Foz do Arelho de 21 a 23 de novembro de 1966 um seminário sobre a Problemática do Desenvolvimento do Distrito de Leiria, organizado pela Dra. Manuela Silva e sua equipa. Na assistência 3 pessoas ligadas à Benedita, Celeste Serrazina, Delfina Meireles, e o Pároco Tiago Delgado marcaram presença. Entre os vários oradores da EEEDC, que lá estiveram destaque-se o P.e Serrazina que dissertou sobre Educação de Base e a assistente social Maria José de Castro que falou sobre Serviço Social.

Maria José de Castro, nasceu em Caldas da Rainha em 1940: «Conheci muito bem a Dra. Manuela Silva, embora tivesse entrado já no final a EEEDC, equipa com técnicos dos serviços centrais e regionais. Fui convidada por ela e fiquei mais ligada ao Bárrio do que à Benedita. De seguida, em 1966 entrei logo no Serviço de Promoção Social Comunitária que difundia e utilizava as práticas e técnicas do DC.

Houve tanta reunião à noite, tanta, tanta! Era quando as pessoas pediam e nós estávamos disponíveis para eles. Houve muitos cursos para agricultores fazerem cooperativas para a utilização partilhada de máquinas agrícolas. Também queria referir a ação dos enfermeiros nos cursos intensivos, falando muito com as pessoas e em várias áreas. Mais tarde, em 1979, estruturou-se o Serviço do Centro Regional de Segurança Social, que estava articulado com a Ação Social do Instituto de Apoio à Família e Ação Social com os Serviços da Previdência. Entretanto, e antes desta estrutura, já o trabalho social comunitário se tinha estendido a 21 freguesias do distrito de Leiria, no âmbito do Projeto do Oeste, elaborado em consonância com a monografia editada pela FCG 'A Região a Oeste da Serra dos Candeeiros' o nosso documento base. Esse projeto atingiu 21 freguesias de Leiria e teve desde o início o apoio da Estação Agrária de Caldas da Rainha, que também esteve desde o início na EEEDC.»[16].

[16] Entrevista n.º 15 Maria José Castro, Caldas da Rainha, 2021

Nos testemunhos das entrevistadas atrás descritos, elas reconhecem nas fábricas, o benefício do emprego, não deixando de referir que auferiam ordenados inferiores aos dos homens. Notar que se aperceberam de como os patrões se reorganizavam após as falências, revelando que nada do que se passava à sua volta lhes era estranho. Ao mesmo tempo é de salientar a forte vontade das mulheres em aprenderem coisas novas, que valorizaram até à atualidade e ainda que terem frequentado os cursos não só foi importante em si, mas que foi a oportunidade de saírem de casa para conviverem. No geral, a mentalidade era patriarcal, quer fosse do pai ou do namorado, aspeto esse que não passou despercebido à Dra. Manuela Silva que a ele se refere como 'atavismo' conservador, que a EEEDC enfrentou. Para a maioria das mulheres, as fábricas alteraram o costume de terem de ir servir ou trabalhar no campo e o ECB possibilitou-lhes serem trabalhadoras-estudantes. Nunca deixam de mencionar as suas habilitações, quase todas com o 12.º ano, tiradas na Associação Barafunda. A professora de Filosofia Graça Silva do ECB confidenciou «Toda a vida recebi de bom gosto horários da noite porque eu própria fui toda a vida trabalhadora-estudante, empregada em fábricas de calçado desde os 14 anos.»

2.2. O Externato – ECB – Lideranças Femininas e Constrangimentos

Retome-se Trindade Serrazina que nos elucida como a sua família reagiu ao início do ECB: «Em 1961, ainda antes da chegada da EEEDC, já o meu pai era e foi muito entusiasta de tudo e da criação do Externato. No primeiro ano, em 1964, entrou a minha irmã Natália. Eu era mais velha do que ela, mas eu não quis estudar, gostava de ajudar o meu pai e a minha mãe, embora eles dissessem 'todos os que quiserem podem ir estudar, fazemos mais sacrifício'. Aliás, nessa altura, já tinham a nossa irmã mais velha, a Lurdes, a estudar em Santarém. A professora dela, a D. Adelaide, veio falar com o meu pai dizendo que ela era muito inteligente, que tinha de ir estudar e assim foi. Em 1972 foi o 1.º ano, em que se podia fazer o 2.º ciclo, só num ano, no ensino noturno e eu fui para o ECB e acabei por tirar o equivalente ao 12.º Nesse ano ou talvez um ano antes, nas férias de verão o meu tio P.e Serrazina organizou com jovens estudantes cursos de aprender a ler e a escrever e de 4.ª classe para adultos, que funcionavam em escolas primárias e no ECB, onde os estudantes da Benedita eram os professores. A minha irmã Lurdes também colaborou e ela era já nessa altura prof.ª de matemática em Lisboa».[17]

Apesar das pessoas da Benedita desejarem muito ter um colégio, isso era quase impossível acontecer em 1964 sem a ajuda da EEEDC. A primeira resposta do Ministério da Educação aos pais foi negativa e só após várias diligências, em especial do P.e Serrazina foi dada luz verde, mas muito em cima da hora. Foi dele ainda o contacto com as docentes do 1.º ciclo, para que com urgência preparassem alunos para o exame de admissão a fazer em Leiria imprescindível à matrícula dos alunos para a 1.ª turma se iniciar em outubro de 1964, o que sucedeu. Natália Serrazina, Antónia Ferreira e Helena Radamanto, alunas da 1.ª turma vêm a ser as primeiras docentes beneditenses do ensino básico, a 1.ª geração formada pelo ECB, e que fica a trabalhar na freguesia. Só havia a partir de 1969 a Maria de Jesus Mateus que tinha estudado fora. Inicia-se assim o ciclo de professoras da Benedita a trabalharem na sua terra.

Natália Serrazina nasceu na Moita do Gavião em 1953: «Quando fizemos a festa dos 50 anos do ECB, a Antónia e eu, recordámo-nos de quando íamos para fazer o exame em Alcobaça para terminar o curso de Formação Feminina que nos daria equivalência ao 5.º ano, que nos iria permita continuar estudos e fomos informados que não nos tinham inscrito, e ela até chorou. Não permitiam esse curso de 6 anos e o meu tio, o P.e Serrazina, foi ao Ministério resolver isso. A seguir ao 2.º ciclo frequentámos os 4 anos de Formação Feminina à noite, porque não havia alunas suficientes para se fazer uma turma diurna e outra noturna. Fiz o Magistério Primário em Lisboa de 1970 a 1972 e as outras colegas em Leiria. Comecei a trabalhar aqui em 1972 e a pouco e pouco foi crescendo o grupo de professoras da Benedita,

[17] Entrevista n.º 14 Trindade Serrazina 2021

ex-alunas do ECB»[18] Ainda antes de ser obrigatório, já na Benedita esse grupo de docentes do 1.º ciclo, se reunia num Conselho Escolar alargado com várias escolas para articularem métodos e estratégias, tendo em vista um melhor ensino/aprendizagem, sobretudo na matemática, por influência de Lurdes Serrazina, que desde sempre difundiu os novos métodos. Habitualmente as professoras do ensino básico da freguesia vinham da Beira Interior. Foi o caso da prof.ª Vitória, que foi 30 anos diretora da Escola da Benedita.

Vitória Abrunhosa nasceu em Outeiro de Gatos no ano de 1929: «Faço um balanço muito, muito positivo do DC, inclusivamente na maneira das pessoas falarem, isso melhorou muito, muito. Recordo-me do diretor do ECB, o Dr. Sapinho, que veio pedir-me para desistirmos de ter a 5.ª e a 6.ª classe, pois o ECB precisava desses alunos e assim se fez e também da professora Natália Serrazina ter-nos explicado numa reunião como se devia ensinar matemática de outra maneira moderna, para que os alunos percebessem melhor. Mas isso de mudar, era muito difícil para mim»[19].

As docentes da Benedita influenciadas pelas irmãs 'Serrazinas': Natália, Glória e Ana apoiadas pela Lurdes, investigadora e docente universitária, exerceram uma liderança pedagógica especialmente na área do ensino da matemática com o projeto NÓNIO, e outros integrados no PEPT 2000 (Programa de Educação para Todos) tendo as crianças e escolas beneficiado de modernos equipamentos pedagógicos a favor de um melhor sucesso educativo. Além irmã Trindade, de que já se falou há ainda a educadora Manuela Serrazina, mais jovem que integra a geração de alunas do ECB que escolheram ser educadoras de infância, desde o início da rede oficial do pré-escolar, quase desde o início. É essa nova geração que vai liderar a educação das crianças do pré-escolar. Foi na Ribafria com a educadora Trindade Ferreira, que se fundou o 1.º Pré-Escolar público da freguesia.

Trindade Ferreira nasceu em 1957. «Fiz a Telescola no ECB e o liceu durante o dia. O Curso Complementar era só à noite e nesses anos algumas professoras de escolas primárias foram fazer esses anos para

---

[18] Entrevista n.º 16 Natália Serrazina 2021

[19] Entrevista n.º 17 Vitória Abrunhosa, 2021

progredirem na carreira. Em 1982/83, no último ano do meu curso de educadoras em Caldas, estagiei no Centro Paroquial de Turquel. Fui colocada noutros locais até que fiquei colocada em 1986 na Ribafria, no CRP – Centro Recreativo Popular, sem equipamento apropriado, sem sala de recreio para as 25 crianças e sem auxiliar. Foram as mães que se organizaram em turnos para que nada faltasse às crianças, incluindo passeios. Tive inspeções e foi bom, porque as inspetoras até ajudaram, foram à CMA chamar a atenção para este JI. Mais tarde a CMA abriu JI em edifícios construídos de raiz na Cabecinha, Azambujeira e Freires. No Frei Domingos e no Ninho de Águia foi em instalações provisórias que os Encarregados de Educação disponibilizaram e foi muito bom, porque o Centro Social tinha sempre muitas listas de espera e mesmo que tivessem vagas, tinha de se pagar. Havia ajudas para pessoas, mas as famílias de negócios eram subsidiadas, porque nos papeis não declaravam ordenados. O pré-escolar proporciona desenvolvimento às crianças. [...] Nós, educadoras também tivemos formação de Computadores e articulávamos umas com as outras e também participamos com o 1.º Ciclo nos projetos do NÓNIO, pioneiro da informatização do ensino, Saúde e Ambiente. Do DC ouvi qualquer coisa, mas não percebia bem o que era. Quando em 1973 veio cá o Marcelo Caetano é que comecei a perceber qualquer coisa. Lembro-me de ver o filme da RTP, onde se mostra a AGROFRUTA»[20].

A criação da rede pública do pré-escolar coincide com a 1.ª geração de educadoras beneditenses ex-alunas do ECB. Conhecem o meio e as colegas do 1.º ciclo, com quem articulam e disso houve muita visibilidade: festas do Dia da Criança, cortejos de Carnaval, projetos como o 'Voo da Gralha', 'As crianças adotam fontes', entre outros. Registe-se que pertence ainda a este grupo outra educadora da Benedita Caridade Marquês formada anos antes na Escola Maria Ulrich em Lisboa. As docentes do 1.º ciclo que denominamos 1.ª geração de líderes locais da educação já aposentadas apoiam a Universidade Sénior (2006) tendo turmas ou pertencendo aos corpos sociais, como Natália Serrazina.

Acresce ainda referir outra geração de mulheres ex-alunas do ECB que são líderes a nível de Empresas ou do Associativismo Local, como

[20] Entrevista n.º 18 Trindade Ferreira, 2021

Isabel Rufino, da Barafunda, Isabel Vitorino da Associação Benedita Solidária, Tânia Marquês gestora de empresa e no CRP, Inês Mateus treinadora desportiva na modalidade patinagem artística. Estas jovens são críticas do atual ECB que não valoriza as competências dos atletas e que por vezes os inferioriza contrapondo o ensino cognitivo ao desportivo. Têm conhecimentos sobre o papel que a Dra. Manuela Silva teve na Benedita e a filha mais nova de Inês alertou sobre o filme do DC da RTP que está na *webpage* do ECB. Revemo-nos nas palavras de Isabel Rufino, fundadora e diretora-coordenadora da Associação Barafunda: «O desenvolvimento de um país depende da maximização dos recursos humanos – da formação /educação da população. O Externato, a Escola Preparatória e Escolas Primárias, continuam a ter um papel privilegiado no Desenvolvimento Integrado da Freguesia e das Freguesias limítrofes. [...] As escolas primárias, preparatória e secundária estão já a contribuir grandemente para o desenvolvimento cultural da Freguesia, sendo de louvar a experiência 'Escola Cultural' da Escola Preparatória» (Benedita 1990, 119)».

3. Memórias do DC (In)Visibilidades na Benedita

Em 1998, nos 25 anos da Escola Preparatória, (EP) a Dra. Justina Imperatori, elemento da EEEDC, foi convidada a dar uma aula sobre DC, onde foi «[...]... solicitada a participação dos alunos, propondo-lhes que dessem algumas definições da palavra 'Desenvolvimento' [...] 'é quando se faz alguma coisa do nada', ' é melhorar o que existe', 'é haver indústrias que fazem coisas', [...] a Dra. Justina referiu que o 'Desenvolvimento Económico' ia para além do que eles tinham mencionado, também significava crescer, ou seja, o Desenvolvimento deve ser global, físico e psíquico, onde entra a educação, cujo papel é primordial». (Benedita, 1998, 83) Foram visionados excertos do filme TV Rural de Sousa Veloso (1965) onde ela dirige uma reunião sobre o DC na Benedita. Ela ofereceu à escola a cópia desse filme, cujo guião é de sua autoria, bem como uma brochura: *Desenvolvimento Local – Caminho possível para a criação de um outro tipo de sociedade, Seminário*

25 de abril – 10 anos depois, evento da FCG, onde ela apresentou a experiência da Benedita.

E nós por cá, que memórias construímos sobre esses tempos?

O então, diretor pedagógico do ECB, escreveu: «Nos recuados anos do início da década de 60, inicia-se na Benedita, freguesia com forte tradição no domínio do fabrico tradicional de calçado e da cutelaria, onde múltiplas oficinas desenvolviam tais atividades, uma experiência piloto de DC, centrada no desenvolvimento industrial, concebida e programada pelo governo da época.» (Benedita 1990,155). Eliseu Pimenta, ex-aluno do ECB afirma: «Em 1962, e por iniciativa Estatal, instala-se, na Benedita, uma Equipa de DC». (Pimenta, 1996, 46). A mesma ideia é reiterada António Sousa: «...em 1962 o governo central alertado pela dinâmica que estava a produzir na Benedita, envia uma equipa de desenvolvimento comunitário multidisciplinar encarregada de desenvolver estudos e apoiar soluções que ajudassem a mudança e o desenvolvimento.» (Sousa, 2007, 223). Contudo, em data anterior um ex-emigrante da Alemanha, opina de outro modo: «A Benedita é hoje um monstro industrial e comercial, [...] Tal situação adveio da audácia e da união empreendedora e laboral do nosso povo há cerca de 32 anos atrás, depois com a ajuda duma equipa de DC, que esteve entre nós, e que incitou e orientou as pessoas que tinham espírito empresarial, a formar as empresas de mãos dadas uns com os outros, vindo assim tal equipa ao encontro da ambição de muita gente da nossa terra». (Felizardo, 1989, 39)

O professor J. Maurício disse: «Manuela Silva foi o motor do DC e que está injustamente esquecida...». (Pórtico Benedita, 1996). Acrescente a estas duas últimas memórias os testemunhos do P.[e] Serrazina e do Dr. Acácio Catarino que não vingaram, o que perdura entre os mais jovens são as ideias que tornam invisível o papel da Dra. Manuela Silva no DC da Benedita. Sobre esta questão registe-se a opinião da Dra. Justina Imperatori: «Ela foi a grande responsável pela existência disto tudo. Uma mulher que tinha tudo, menos de salazarista, antes pelo contrário. Sabia rodear-se das pessoas certas e sabia apagar-se para pôr as pessoas a funcionarem em equipa. Nunca foi preciso chefias, que é o contrário da cultura salazarista [...].

As coisas eram discutidas, tomavam-se decisões, cumpriam-se os objetivos e não era para glória de ninguém. Portanto, quando se diz que foi graças ao regime salazarista, digamos que houve a inteligência, que, era muito mais vulgar do que se pensa nessa altura, de se saber aproveitar as condições, ou seja o grande realismo das pessoas que foram as responsáveis disto, e que souberam fazer alianças, até com os poderes constituídos e com entidades fora de questão, como era por exemplo, a Gulbenkian, e havia o Miguel Caetano, sociólogo, filho do Marcelo Caetano...»[21]

Para validar estas memórias cruzamos fontes escritas e orais, sobretudo os testemunhos de quem foi interveniente no processo, a fim de impedir que de futuro jovens estudantes repliquem as invisibilidades atrás referidas. Tentámos esbater o anonimato que pesa sobre as mulheres desta freguesia e também dar a visibilidade merecida ao nome da saudosa Dra. Manuela Silva.

Natália Serrazina integrou o grupo dos Rotários que organizou as comemorações dos 50 anos do DC na Benedita onde teve lugar a Assembleia de Crianças do 2.º Ciclo sobre o DC no Centro Cultural, presidida pela Dra. Manuela Silva sob o lema: 'Aprender com o passado. Construir o futuro'.

Terminamos com o final de sua carta enviada em 2012 às crianças da Escola Preparatória, após a Assembleia de Crianças, a que ela presidiu: «Termino com um voto. É este: que a partir desta iniciativa de comemoração dos 50 anos do arranque de um projeto inovador de DC na freguesia da Benedita se crie uma nova dinâmica de desenvolvimento local participado, conduzido por uma liderança local esclarecida e disposta a bem servir a população, nas suas necessidades e justas aspirações, tendo em conta a prossecução de soluções inovadoras, equitativas e ambientalmente sustentáveis. Um desenvolvimento sem exclusão, assente na inovação e na valorização dos recursos humanos e sem esquecer a capacidade de participação e de solidariedade, que tão bem caracterizaram a gente da Benedita».

Desejamos que 2022, ano do 60.º aniversário da EEEDC, se avance na freguesia da Benedita a concretização deste voto.

---

[21] Entrevista n.º 19 Justina Imperatori, Lisboa, 1998

Bibliografia

CASTRO, Maria José [et.al.] – *Desenvolvimento Comunitário, Problemática do Desenvolvimento do Distrito de Leiria, seminário de Desenvolvimento Comunitário realizado na Foz do Arelho – Caldas da Rainha, em 21, 22, 23, de nov. de 1966, texto policopiado.*

FELIZARDO, Casimiro Maria, *Benedita quem me dera*, ed. do autor, 1989.

FERREIRA, Maria Gabriela de Figueiredo, *Alguns dados para um estudo monográfico, (agosto de 1959, fevereiro de 1960) pela aluna do Instituto de Serviço Social de Lisboa*, texto policopiado.

GASPAR, Maria Susana de Almeida, *La condition de la femme dans une paroise rurale du Portugal – Benedita 1960*, texto policopiado.

IMPERATORI, Maria Justina, Desenvolvimento Local – Caminho possível para a criação de um outro tipo de sociedade, Seminário 25 de abril – 10 anos depois, FCG, abril de 1984.

INÁCIO, Helena, SERRAZINA, Celeste, [et.al.] – *BENEDITA 1955-2005 – Igreja Nova da Benedita – um marco na história*, ed. paróquia e JF da Benedita, agosto 2005.

PIMENTA, Eliseu Ribeiro, *Benedita Futuro Concelho?* ed. Autor e JF, 1996.

RUFINO, Isabel, SAPINHO, José, [et.al.] – *Instituto Nossa Senhora da Encarnação, 25.º Aniversário, Externato Cooperativo da Benedita*, ed. INSE, Benedita, 1990.

SERRALHEIRO, Beatriz, et alli, *Projeto 25 anos, 25 aulas diferentes – Comemorações* do *25.º Aniversário, da EB2 FAB de Benedita, 1972/1998*, Benedita, 1998.

SILVA, Manuela, [et.al.] – *CÓNEGO JOSÉ M. SERRAZINA*, coord. Paróquia, ed. CÁRITAS, 2012.

SILVA, Maria Manuela, *Desenvolvimento Comunitário – uma técnica de progresso social – Estudos de Economia Aplicada n.º 16*, Lisboa, 1962.

SILVA, Maria Manuela – *Desenvolvimento Comunitário, Seminário de Estudo sobre Desenvolvimento e Técnicas auxiliares de promoção social comunitária*, ed. Instituto de Assistência à Família, Lisboa, 1965.

SILVA, Teresa, MACHADO, Helder, [et.al.] *Fernando da Silva Correia e a primeira escola de Serviço Social em Portugal*, Anais Leirienses-estudos e documentos – 3, Leiria, 2019

SOUSA, António S. *Benedita, a Terra e a Gente, ed.* INSE, Benedita 2007.

Periódicos:

MAURÍCIO, João Luís Pereira – Jornal Pórtico Benedita, n.º 121, 14 junho1996

SILVA, Manuela, et alli – *Noésis*, n.º 34. ed. IIE, abril/junho 1995.

Audiovisual:
TV RURAL – Programa de Sousa Veloso RTP 20.06.1964
"Benedita Anos 60 parte 1/3" no YouTube https://youtu.be/EYVQdgr5ckQ
"Benedita Anos 60 parte 2/3" no YouTube https://youtu.be/7Nx25RmfDio
"Benedita Anos 60 parte 3/3" no YouTube https://youtu.be/1o3j2r60fcI

MINISTÉRIO DA ECONOMIA
Secretaria de Estado da Agricultura
Direcção-Geral dos Serviços Agrícolas

DIPLOMA
do
Curso de Extensão Agrícola Familiar

Certifico que ________ concluiu com aproveitamento o Curso de Extensão Agrícola Familiar.

C.E.A.F. - Diploma, Benedita 1967
© Isaura Figueiredo

Rés-do-Chão da casa provisória do ECB. A frente da casa foi local dos C.E.A.F. de dia e de noite.
©José Mateus

Festa do Dia da Mãe no C.E.A.F. nas instalações do ECB provisório
© Isaura Figueiredo

Isaura Figueiredo recebe o diploma. Exposição de trabalhos do curso de dois anos em 1967.
Ato oficial com a presença do Pe Serrazina.
© Isaura Figueiredo

As crenças e os valores importam na Economia? O legado de Manuela Silva para um novo paradigma humanista na ciência económica*

Vítor Neves[1]

A relevância das crenças e valores éticos na Economia é uma questão controversa. Partha Dasgupta (2009), por exemplo, defende que os valores podem condicionar ou determinar as perguntas que os economistas colocam, mas não as suas respostas. Para este autor, quando os economistas discutem sobre problemas como a pobreza ou justiça distributiva fazem-no argumentando sobre os meios mais eficazes para resolver um problema, sobre a sua magnitude ou sobre a distribuição de benefícios e custos entre as pessoas, isto é, argumentam sobre "factos", raramente sobre "valores" (mesmo que as suas perceções sejam condicionadas pelos seus valores). Para outros autores, como Nuno Martins (2019), os pressupostos éticos estão na base das várias teorias económicas e influenciam-nas mesmo ao nível das suas estruturas conceptuais e analíticas.

* Este texto reproduz extensamente, com modificações e adaptações, parte de um outro trabalho do autor, "Manuela Silva: uma abordagem humanista da Economia em Portugal", que será publicado em breve pelas Edições Almedina como capítulo do livro coletivo *Ideias vivas: o debate económico em Portugal*, organizado pelo próprio. Com a publicação deste texto aqui, o autor deseja prestar tributo ao esforço de muitos anos da Professora Manuela Silva tendo em vista a afirmação de uma Economia centrada na pessoa humana.

[1] Universidade de Coimbra, Faculdade de Economia, Centro de Estudos Sociais. vneves@fe.uc.pt

Manuela Silva inscreve-se inquestionavelmente nesta segunda perspetiva, como deixou bem expresso no texto "A economia é uma ciência ética" (Silva, 2005a), e em múltiplos outros trabalhos e intervenções públicas, e deixou-nos um legado apreciável para o futuro nesta matéria.

O riquíssimo percurso intelectual e de vida desta economista deixou bem manifesta a centralidade das suas crenças cristãs e da preocupação com a dignidade da pessoa humana, o bem comum, a justiça social e o desenvolvimento na estruturação do seu pensamento. Para Manuela Silva, as crenças e valores cristãos não eram apenas uma matéria de fé em Deus – eram uma "exigência de vida" que se manifestava em todas as dimensões da vida, incluindo no seu trabalho enquanto economista. A Economia (a ciência económica) era para ela um recurso essencial para a construção de uma economia focada na provisão das necessidades humanas fundamentais. Mas para que a Economia cumpra esse seu papel, pensava Manuela Silva, é necessário que outros conceitos e outros indicadores de avaliação do desempenho da economia sejam mobilizados, consistentes com as convicções e valores éticos perfilhados. É necessário reconciliar a Economia com a Ética.

Neste texto procuro deixar bem clara a relevância que os valores e princípios éticos de Manuela Silva (e as convicções religiosas que, no seu caso, lhes estão associadas) tinham no seu pensamento económico e os desafios que tal coloca à ciência económica, designadamente no que respeita aos fundamentos conceptuais e éticos da disciplina. O texto é, nessa medida, também uma contribuição para a discussão mais ampla sobre o papel das crenças e valores para uma refundação humanista da Economia, que Manuela Silva defendia, claramente contrastante com a visão dominante da Economia como ciência meramente instrumental.

Manuela Silva: uma mulher de fé

Manuela Silva foi sempre, ao longo de toda a vida, uma mulher de fé e de fortes convicções, profundamente influenciada pelos valores e princípios éticos do pensamento social da Igreja e do Concílio Vaticano II (Silva, 1986; 2012). Desde logo, o princípio da dignidade da pessoa humana, isto é, o princípio de que todo o ser humano tem um direito inalienável à vida e o direito a ser tratado com dignidade, a poder aceder aos meios necessários à sua plena realização como pessoa.[2] Mas também os princípios de que o desenvolvimento da pessoa humana exige o seu envolvimento e participação nos processos sociais e na vida da comunidade (princípio da participação), da prioridade à prossecução do bem comum, que não é redutível à sua dimensão material (princípio do bem comum), à partilha equitativa dos bens (princípio do destino universal dos bens), da opção preferencial pelos pobres, da subsidiariedade como princípio organizativo da sociedade (isto é, de que apenas devem ser atribuídos papéis e funções a entidades de nível mais elevado quando os mesmos não puderem ser adequadamente asseguradas pelos níveis mais baixos e de proximidade, de que o que pode ser decidido localmente o deve ser nesse nível) e da solidariedade (Silva, 2012; Clark, 2010).

A fé de Manuela Silva é a fé de alguém que assume que esta "tem de incarnar na vida dos crentes e por isso não pode deixar de ter em conta as realidades temporais em que eles se inserem" (Silva, 2012, p. 67). É a fé de uma mulher de uma Igreja do seu tempo, ou, como afirmou Eduardo Lourenço, de "uma Igreja incarnada", "uma Igreja que está na História", não somente "uma opção meramente espiritual, uma espécie de separação do espírito" numa "espécie de atmosfera quase mística, rarefeita e abstracta" (Lourenço, 2012, p. 28).

Ainda muito jovem, num pequeno texto publicado aos 23 anos, Manuela Silva explicitava já, com clareza meridiana, o que viria a

---

[2] No contexto do pensamento católico, o princípio da dignidade da pessoa humana decorre do caráter sagrado da vida humana, da crença em que o ser humano foi criado à imagem e semelhança de Deus. Não tem, evidentemente, de ser assim. No quadro de uma conceção humanista não religiosa da vida, o mesmo princípio encontra o seu fundamento na própria natureza humana, no entendimento de que a dignidade é inerente à condição humana, faz parte da sua essência, pelo que o ser humano é (deve ser) a medida de todas as coisas (ver, por exemplo, Cavalieri, 2010).

ser, ao longo da vida, o seu entendimento acerca do significado da fé e sobre o seu papel na vida humana. Escrevia então:

> *É através de uma história pessoal e social, escrita neste mundo, que o Homem deve atingir Deus, e completar-se, completando o Universo. Tal história é uma síntese dos seus três mundos – terrestre, espiritual e divino – para cuja realização precisa de bens de cada uma dessas categorias.* (Silva, 1955, p. 15)

A fé em Jesus Cristo e na transcendência do ser humano – ser feito "à imagem de Deus, criado para uma bem-aventurança eterna de comunhão divina" (Silva, idem, p. 16) – exprime-se assim na crença de que o ser humano tem uma tripla "vocação" – "terrestre" (material), "espiritual" e "divina" – pelo que, para a sua plena realização, necessita não apenas de bens materiais, mas também de bens espirituais e sobrenaturais, considerados hierarquicamente superiores.

É, ao mesmo tempo, uma fé preocupada com a "miséria no meio da abundância", uma fé focada na necessidade de realização do ser humano como Pessoa ("pessoa toda"[3], valor último, que a nenhum outro se pode subordinar). É, neste sentido, uma fé que se crê "transformadora do mundo" (Magalhães, 2019-20, p. 39), uma exigência de vida da qual resultava uma *"matriz de valores"* a que Manuela Silva procurava corresponder "em qualquer situação, como profissional, como cidadã ou simplesmente como pessoa".[4]

Como afirmou recentemente Pedro Vaz Patto, o atual Presidente da Comissão Nacional Justiça e Paz:

> *O que movia a Manuela era o mandamento evangélico do amor ao próximo. (...) [E]ra esse mesmo amor evangélico ao irmão que a levava a combater pela justiça social, concretizando, assim, a dimensão social e política desse amor. Próximos a quem amar eram, para ela, todas as vítimas da injustiça de um sistema económico.* (Patto, 2019-2020, p. 67)

---

[3] Ver Maria José Pereira (Melo Antunes), http://areiadosdias.blogspot.com/2021/01/o-legado-de-manuela-silva-as-boas.html, 15 de janeiro de 2021, e também Pereira (2015).

[4] Manuela Silva, entrevista concedida ao autor, por escrito, 21.01.2019.

A fé de Manuela Silva tem assim uma tradução real na vida humana que se concretiza no plano existencial de transformação do mundo.[5] É, nas palavras da própria, "a chave do entendimento de tudo" (Silva, 2004, p. 144), do seu percurso, dos seus compromissos intelectuais e políticos, dos seus juízos e escolhas.

Cabe, por isso, perguntar: que papel desempenham as crenças religiosas e os valores e princípios éticos no pensamento económico de Manuela Silva?

Economia e Ética

Ao longo de toda a sua vida, Manuela Silva nunca deixou de defender que a dignidade de toda a pessoa humana deveria ser a finalidade última da atividade económica. Preocupava-a a questão da justa apropriação e uso dos bens; a questão da definição do que é que constitui o essencial (e do que é supérfluo) para cada ser humano se poder realizar como Pessoa; a questão da hierarquização de fins e de meios; o desenvolvimento sustentável do ser humano.

Por isso, a Economia teria de ser uma ciência comprometida com as pessoas, com o bem comum e a justiça. A "vida boa para todos", considerava Manuela Silva, deveria ser "o real e concreto fundamento da teoria económica" (Silva, 2018, p.178). Tal dever-se-ia refletir não apenas nas *problemáticas* de investigação a estudar, mas também nas *lógicas de construção científica*, nos *critérios de cientificidade* adotados e na *definição de estratégias e medidas de política* que, na sua ótica, deveriam "viabiliz[ar] e promov[er] um desenvolvimento sustentável ao serviço do bem-estar colectivo e da qualidade de vida das pessoas, da coesão e da paz social, finalidades indissociáveis de uma democracia autêntica" (Silva, 2013).

---

[5] Nas palavras de um texto publicado na revista *Reflexão Cristã* e assinado por "C.R.C" (presumo que se trate de uma posição coletiva do Centro de Reflexão Cristã, no qual Manuela Silva sempre esteve fortemente envolvida): "é pelo serviço aos homens historicamente situados que é possível viver e anunciar o Reino de Deus" (C.R.C., 1986, p. 17).

Noutro lugar, Manuela Silva sustentava que "a ciência económica entrou em rota de colisão com os reais problemas da sociedade contemporânea no que ao seu domínio específico diz respeito" (Silva, 2005a, p. 18) e defendia a necessidade de um regresso à Ética "donde nunca deveria ter-se afastado" (p. 20).[6] A Economia deverá, defendia Manuela Silva, buscar na Ética os seus fundamentos e critérios de avaliação do desempenho da economia, e vincular-se às "coordenadas de referência ética consagradas na Declaração universal dos Direitos Humanos, mantendo-as explícitas nos seus pressupostos fundantes e traduzindo-as em variáveis operativas dos seus sistemas abstractos" (p. 20).

No seu doutoramento *honoris causa* pelo Instituto Superior de Economia e Gestão (ISEG), em 2013, Manuela Silva questionou também a suposta neutralidade de uma ciência económica reduzida a uma análise da melhor adequação dos meios disponíveis para a consecução de objetivos exogenamente determinados – uma pura ciência *instrumental*, uma ciência dos *meios* – e a não explicitação e avaliação crítica, "à luz de critérios de Ética e Justiça social", dos objetivos a atingir, defendendo, pelo contrário, a importância de trazer para o interior da Economia a discussão das finalidades do agir humano. A vinculação da Economia à Ética era, por isso, central.

Nas suas próprias palavras:

> *[R]eputo do maior interesse que a Ciência Económica se reconcilie com a Ética e aceite explicitar – sem pudor – os seus princípios básicos e os valores daí decorrentes, integrando-os nos seus raciocínios, nos pressupostos das lógicas dos modelos que constrói e, sobretudo, no desenho das políticas que neles fundamenta.* (Silva, 2013)

É a defesa clara de uma visão da ciência económica como *ciência moral e política*,[7] na linha de autores como Albert Hirschman[8] ou Amartya Sen[9], que aqui se manifesta.

[6] É um entendimento da ciência económica que Manuela Silva expressou durante longos anos e em momentos diversos. Vd., por exemplo, Silva (1995 ou 2010).

[7] Para mais desenvolvimentos, ver Neves (2010).

[8] Hirschman (1981; 1984).

[9] Sen (1987; 2003).

A relevância dos valores e princípios éticos na obra de Manuela Silva

A matriz orientadora de toda a investigação (e empenhamentos sociopolíticos) de Manuela Silva foi sempre a já referida preocupação com a dignidade da pessoa humana, o desenvolvimento sustentável, o bem comum e a justiça (uma "vida boa para todos").

Esta centralidade da pessoa humana e do bem comum teve, naturalmente, diferentes declinações e ênfases ao longo da vida, nomeadamente no que respeita aos temas estudados: os salários, as empresas e o emprego; o desenvolvimento e o modelo de crescimento económico português; o desenvolvimento comunitário; o planeamento socioeconómico; as desigualdades sociais, a pobreza e a exclusão social; a situação das mulheres; a importância do ensino e da formação das pessoas.

Mas se o objeto da investigação foi mudando, a preocupação primordial não se alterou. Foi o cuidado com a pessoa humana que levou Manuela Silva a focar a Economia nas pessoas e a dar atenção à questão do desenvolvimento, do salário e da repartição do rendimento e da riqueza, a enfatizar o problema das desigualdades (que não apenas do rendimento e da riqueza) e da pobreza (entendida como uma violação de direitos humanos) ou a empenhar-se no planeamento socioeconómico ou nas questões da educação. Foi ainda o cuidado com as pessoas que a levou a pensar a Economia como um conjunto de "ferramentas para intervir na sociedade" (Silva, 2004, p. 134) e a sublinhar a importância da *utilidade social* da investigação e a "responsabilidade social da universidade e dos intelectuais na construção de um mundo mais justo e fraterno" (Silva, 2005b, p. 150). É esse cuidado que explica a sua defesa da necessidade de uma forte ligação da investigação ao mundo real e, certamente, a sua preferência pela economia aplicada. É ainda a preocupação com as pessoas que justifica a sua prioridade aos *aspetos sociais* dos estudos económicos (em detrimento da concentração nos problemas ditos mais económicos, como a banca ou as finanças). É, em suma, a sua opção por uma abordagem da Economia comprometida com as pessoas, o bem comum e a justiça que lhe dá *coerência* e justifica que a designemos como uma abordagem *humanista* da Economia.

Não há dúvida que a escolha dos temas e problemas a que Manuela Silva se dedicou não foi independente das suas convicções religiosas e éticas. Mas terão esses valores alguma relevância no que à conceptualização/discussão dos problemas diz respeito?

Na verdade, o que encontramos nos trabalhos de Manuela Silva é toda uma outra Economia, bem diferente da abordagem convencional. Uma Economia centrada na dignidade de toda a pessoa humana e na resolução dos seus problemas, para a qual conceitos diferentes e outros indicadores de desempenho da economia, consistentes com as convicções e valores éticos perfilhados, são mobilizados.

Desde logo, deve destacar-se a sua rejeição da *racionalidade formal* – o alicerce onde se funda toda a Economia dominante – legitimadora de importantes disfunções do nosso sistema económico, como o desemprego estrutural massivo, a precariedade laboral "desumanizante e desqualificadora do trabalho humano", as desigualdades na repartição do rendimento e das oportunidades, a marginalização e a exclusão social ou a acentuada disrupção ambiental (Silva, 1999a, pp. 126-7), uma racionalidade "desvinculada das finalidades do Humano", que "chega ao ponto de considerar como 'racionais' decisões que são a negação dos direitos humanos mais elementares" (Silva, 2005a, p. 20).

Num texto que bem pode ser considerado um manifesto para uma visão sistémica do económico e do social, escreveu:

> *É tempo de pôr em causa a chamada "racionalidade económica" enquanto base normativa de representação social e de denunciar a própria ciência económica na sua incapacidade de autocrítica quanto à dimensão ideológica dos pressupostos em que tem assentado o seu desenvolvimento.* (Silva, 1994, p. 137)

Sustentava, por isso, a necessidade de "uma nova racionalidade económica" (Silva, 1999a, pp. 127, 130), uma *racionalidade substantiva*, assente na assunção de que a dignidade de toda a pessoa humana e a "vida boa para todos" devem ser os critérios últimos de decisão, seja no mundo onde as atividades económicas têm lugar, seja no da ciência que estuda a economia.

É esta racionalidade substantiva que a levava a recusar a pretensa neutralidade dos meios – onde estes se equivalem, desde que produzam os mesmos resultados em termos de eficácia, e se confundem com os fins que na realidade os transcendem (Silva, 1995)[10] – e que justifica que a discussão das finalidades do agir humano fosse considerada parte integrante da Economia.

Era também a rejeição da racionalidade formal da Economia dominante e a defesa da necessidade de uma nova racionalidade económica que levava Manuela Silva a questionar os indicadores económicos tradicionais de desempenho das empresas e da economia (como o PIB) e a sugerir a construção de representações mais abrangentes (indicadores de situação e previsão), capazes de desocultar domínios da realidade socioeconómica e efeitos das políticas públicas omissos nas análises tradicionais, mas relevantes para uma avaliação económica do ponto de vista da consecução de objetivos de bem-estar, qualidade de vida e eficiência social (Silva, 1994; 1999a; 2013; 2018). Como afirmava em 2018:

> *Fosse o conceito de "vida boa para todos" o real e concreto fundamento da teoria económica e seriam outras as medidas de política económica defendidas e, concomitantemente, seriam outros também os critérios de avaliação de desempenho das empresas e da macroeconomia.* (Silva, 2018)

A *empresa* é outro dos conceitos que Manuela Silva submeteu ao crivo da crítica. Tendo-lhe dedicado alguns trabalhos no início da sua carreira profissional, por diversas vezes voltou ao assunto. Em seu entender,

> *a empresa não é apenas um capital, mas uma realidade social complexa, que envolve múltiplas relações: entre os diferentes sujeitos que nela intervêm*

[10] Por absurdo que pareça, a racionalidade estritamente formal da Economia dominante não é incompatível com a possibilidade de que "para eliminar a pobreza, se providenciassem meios de extermínio dos mais velhos, doentes ou marginalizados..." (Entrevista, por escrito, a Manuela Silva, 21.01.2019)

> *(trabalhadores, fornecedores, clientes, além dos detentores do capital), bem como com a sociedade onde está implantada e onde opera. Assim sendo, os gestores não devem responder apenas, como hoje sucede, perante os accionistas que os nomeiam, mas devem também assumir responsabilidades perante os demais elementos que integram a empresa.* (Silva, 2010, pp. 72-73)

Na verdade, argumentava Manuela Silva:

> *Se olharmos sem preconceito para a situação actual, verificamos que são as empresas que moldam as nossas sociedades e o nosso modo de vida, impondo as suas leis de repartição do trabalho, repartição do rendimento, duração do trabalho, tecnologia, etc. As empresas moldam a nossa maneira de pensar, os nossos desejos, os nossos gostos e a nossa linguagem, graças à publicidade pela qual impõem os seus produtos. Inclusivé, as grandes empresas transnacionais estão fabricando os heróis que inspiram e guiam o imaginário dos nossos jovens no seu processo de construção identitária.* (Silva, 2002, p. 65)

Daqui decorre que as decisões empresariais, pelas implicações que têm na vida das pessoas e das sociedades, não podem continuar a ser pensadas no âmbito restrito dos interesses e do poder dos proprietários do capital ou dos seus representantes. Manuela Silva propunha, por isso, "uma alteração radical da figura institucional da empresa como a conhecemos hoje", no sentido da sua democratização, com empregados, cidadãos e governos presentes ao mais alto nível das administrações, "para aí fazerem ouvir as suas vozes" (Silva, 2002, p. 66).

Compreendem-se bem os profundos desafios que uma tal revisão do conceito de empresa, associado a uma conceção ética da economia, traz ao pensamento económico, nomeadamente no que respeita à avaliação do desempenho empresarial.

Também a noção de *trabalho* deveria, segundo Manuela Silva, ser "refundada" (Silva, 1999b, p. 84). No quadro da abordagem humanista de Manuela Silva, o trabalho não pode continuar a ser pensado como pura mercadoria, como acontece atualmente, mas tem uma incontornável dimensão *antropológica*. Como escreveu a economista:

> *Reduzido, pela ciência económica, à condição de pura mercadoria e sujeito, portanto, às leis da oferta e da procura, o trabalho humano foi despido da sua dimensão antropológica e vem conhecendo, em tempo de tecnologia avançada, mercado mundializado de concorrência mais que imperfeita e globalização desregulada, situações de sub-remuneração, grande precariedade sobretudo (mas não só!) no caso do trabalho menos qualificado e desemprego estrutural acrescido.* (Silva, 2005a, p. 19)

Não surpreende também a sua rejeição da centralidade que o *crescimento económico*, medido pelo aumento do PIB, e uma visão estreita da *eficiência* económica (em sentido paretiano) têm vindo a assumir no pensamento económico convencional. Para Manuela Silva, sempre foi muito claro que o *desenvolvimento humano*, inclusivo e ecologicamente sustentável, deveria ser o objetivo (e o critério último de avaliação das políticas), que as pessoas e o bem comum estão em primeiro lugar. Em seu entender, este desenvolvimento implicava obrigatoriamente uma visão *sistémica* da realidade social,[11] com o económico, o social, o cultural e o político radicalmente entrelaçados. Por isso, recusava o "Tratado de Tordesilhas" entre o económico e o social da visão convencional (Silva, 1994).

Foi também essa visão sistémica e integradora da realidade social que a levou a pensar a pobreza e a exclusão social como *violações de direitos humanos fundamentais* (Silva, 2010). Sendo uma realidade complexa e multifacetada, com causas e manifestações variadas, a pobreza e a exclusão social não eram, para Manuela Silva, um mero infortúnio de alguns (a ser minorado por políticas assistencialistas mais ou menos generosas de solidariedade social) ou redutíveis a um simples défice de capacidades individuais, superável através de políticas públicas adequadas nos domínios da educação, saúde e formação profissional, por exemplo, e ainda menos um resultado da falta de recursos da sociedade como um todo. Pelo contrário. Para Manuela Silva, a pobreza e a exclusão social decorrem de um modelo económico e sociocultural desconectado de uma visão ética da vida

[11] Vd. Pereirinha (2020).

no quadro da qual a dignidade da pessoa humana e o bem comum se constituem como valores matriciais (cfr. Silva, 1999a, 2.ª parte). Os pobres, pensava Manuela Silva,

> *são, verdadeiramente, o reverso de certo tipo de crescimento económico nas sociedades modernas. A economia contemporânea funciona como uma espécie de centrifugadora que, permanentemente, deita para as margens os menos capazes, os menos necessários ao sistema.* (Silva, 1999a, p. 76)

Não poderíamos estar mais afastados das conceções fundamentais da Economia convencional nesta matéria. A centralidade dos valores e princípios éticos no pensamento económico de Manuela Silva, não só na escolha dos temas e problemas a que se dedicou, mas também no que respeita à conceptualização/discussão dos problemas, é evidente.

O legado de Manuela Silva para a ciência económica

Manuela Silva é, inquestionavelmente, uma figura maior do pensamento económico português contemporâneo, uma personalidade notável, que nos deixa um importantíssimo legado em diferentes domínios.

O seu trabalho mostra, em primeiro lugar, que, como terá ficado patente no que ficou dito anteriormente, não é possível compreender devidamente o seu pensamento no domínio económico sem atender ao forte entrelaçamento que este evidencia com a sua mundividência cristã, com as convicções éticas dela decorrentes e, relacionado com estas, com a prioridade que atribuía à ação e transformação do mundo. Os princípios do pensamento social da Igreja Católica e os valores éticos humanistas a eles associados são estruturantes do pensamento de Manuela Silva. As crenças e os valores importam, de facto, na Economia.

Esta conclusão é crucial, não apenas para compreender o pensamento económico de Manuela Silva, mas pelo que ela implica para o nosso entendimento da Economia enquanto ciência. Ela mostra-nos o quão fundamental é, como defendia Manuela Silva, o regresso da Economia à Ética.

Neste contexto, deve reconhecer-se a radicalidade e relevância do desafio de Manuela Silva no sentido da construção de uma outra Economia, assente numa abordagem *humanista*, uma abordagem que dê prioridade à pessoa humana, ao bem comum e à justiça como valores centrais.

Mas se é verdade que para Manuela Silva os cristãos "podem – e devem – transportar consigo um conjunto de valores, convicções, esperanças, que lhes são próprios e decorrem da sua fé", isso não significa, como a própria também se encarregou de tornar claro, a defesa de uma qualquer abordagem económica "católica" ou de soluções ou alternativas "católicas" (ou "cristãs") para os problemas do mundo (Silva, 1999a, p. 43).

Como a própria escreveu:

> *Uma das ideias-chave da doutrina do Vaticano II foi a afirmação da autonomia das realidades terrestres e o reconhecimento de que a compreensão dos fenómenos humanos se tem de fazer mediante o recurso aos instrumentos próprios das Ciências Humanas. Em consequência, o cristão que intervém na esfera da realidade temporal, fá-lo a partir de uma análise ou visão dessa realidade que lhe são fornecidas pelo conhecimento científico a que tem acesso e pela opção político-ideológica que informa as suas atitudes e comportamentos.* (Silva, 1986, p. 38).

Além de mulher de fé, Manuela Silva era uma mulher de ciência.

Referências bibliográficas

Cavalieri, Duccio (2010), "Economic Science, Humanism and Religion. The Philosophical Anthropology of 'La Rivista Trimestrale'", *in* Daniela Parisi e Stefano Solari (Orgs.), *Humanism and Religion in the History of Economic Thought: Selected Papers from the 10th Aispe Conference*, Milano: FrancoAngeli, pp. 295-317.

Clark, Charles (2010), "What Can Economists Learn from Catholic Social Thought", *in* Daniela Parisi e Stefano Solari (Orgs.), *Humanism and*

Religion in the History of Economic Thought: Selected Papers from the 10th Aispe Conference, Milano: FrancoAngeli, pp. 148-175.

C.R.C. (1986), "Vocação e missão dos leigos na Igreja e no mundo: vinte anos depois do Concílio Vaticano II – O caso português", *Reflexão Cristã*, n.º 49 – Abril/Junho, pp. 15-22.

Dasgupta, Partha (2009), "Facts and Values in Modern Economics", *in* Harold Kincaid e Don Ross (Orgs.), *The Oxford Handbook of Philosophy of Economics*, Oxford University Press, pp. 580–640.

Hirschman, Albert (1981), *Essays in Trespassing: Economics to Politics and Beyond*, Cambridge: Cambridge University Press.

Hirschman, Albert (1984), *L'économie comme science morale et politique*, Paris: Gallimard, Editions du Seuil.

Lourenço, Eduardo (2012), "Concílio – Revisitá-lo e Pensar o Futuro: o mundo depois do Vaticano II", *Reflexão Cristã*, 40-41-42, pp. 23-32.

Magalhães, Isabel A. (2019-2020), "Manuela Silva: A coerência de uma vida", *Reflexão Cristã*, 53-54 (tributo a Manuela Silva no 45.º aniversário do CRC), pp. 36-41.

Martins, Nuno (2019), "Ética e Economia no Mundo Contemporâneo", In Sandra Lima Coelho e Gonçalo Marcelo (Orgs.), *Ética, Economia e Sociedade: questões cruzadas*, Porto: Universidade Católica Editora, pp. 36-46.

Neves, Vítor (2010), "O que é afinal o 'económico'? A Economia como ciência moral e política", *in* Vítor Neves e J. C. Caldas (Orgs.), *A Economia sem Muros*, Coimbra: Edições Almedina, pp. 31–44.

Patto, Pedro V. (2019-2020), "Dedicação e entrega: Manuela Silva e a Comissão Nacional Justiça e Paz", *Reflexão Cristã*, 53-54 (tributo a Manuela Silva no 45.º aniversário do CRC), pp. 65-69.

Pereira, Maria José (2015), *A Banker Reflects on Money, Love and Virtue*, Devon: Triarchy Press.

Pereirinha, José (2020), *Evocando Manuela Silva*, 07 março 2020 (não publicado).

Sen, Amartya (1987), *On Ethics and Economics*, Oxford: Basil Blackwell.

Sen, Amartya (2003), *L' économie est une science morale*, Paris: La Découverte / Poche.

Silva, Manuela (1955), "A miséria no meio da abundância", *Presença*, Revista da J.U.C.F. – Filiada na "Pax Romana", n.º 9 (Maio-Junho), pp. 14-18.

Silva, Manuela (1986), "O Concílio Vaticano II, 20 anos depois: uma releitura do Sínodo extraordinário", *Reflexão Cristã*, n.º 49 – Abril/Junho, pp. 36-41.

Silva, Manuela (1994), "Política Social: Uma Incursão no Futuro", *Estudos de Economia*, XIV (2), pp. 127-138.

Silva, Manuela (1995), "Desenvolvimento e equidade: uma perspectiva ética", *in Ensaios de Homenagem a Francisco Pereira de Moura*, Lisboa: Instituto Superior de Economia e Gestão – Universidade Técnica de Lisboa, pp. 161-167.

Silva, Manuela (1999a), *Pelos Caminhos da Fé – À Esquina do Terceiro Milénio*, Lisboa: Multinova.

Silva, Manuela (1999b), "Novas desigualdades, novas solidariedades e reforma do Estado: uma reflexão breve", *Revista Crítica de Ciências Sociais*, n.º 54 (junho), pp. 79-89.

Silva, Manuela (2002), *Utopia cristã e aventura humana: riscos, desafios, propostas*, Lisboa: Multinova.

Silva, Manuela (2004), "Manuela Silva. Entrevista", *Faces de Eva. Revista de Estudos sobre a Mulher*, n.º 11, pp. 129-145.

Silva, Manuela (2005a), "a economia é uma ciência ética", *Cadernos de Economia*, (Outubro/Dezembro), pp. 18–20.

Silva, Manuela (2005b), "Por uma economia cidadã", *ex aequo*, n.º 12, pp. 149-160.

Silva, Manuela (2010), "Pobreza, direitos humanos e democratização da economia", *in* Aurora Teixeira *et al.* (Orgs.), *O que sabemos sobre a pobreza em Portugal? Em memória da Professora Leonor Vasconcelos Ferreira*, Porto: Vida Económica, pp. 61-74.

Silva, Manuela (2012), "Como continuar o Vaticano II", *Reflexão Cristã*, 40-41-42, pp. 62-68.

Silva, Manuela (2013), *Doutoramento* Honoris Causa *de Manuela Silva pela Universidade Técnica de Lisboa: Discurso da laureada.* (Disponível em: https://www.iseg.ulisboa.pt/aquila/publico/units/announcements.do?method=viewAnnouncement&unitID=102&announcementId=837511&contentContextPath_PATH=/instituicao/ISEG/pagina-inicial)

Silva, Manuela (2018), "Elinor Oström: A única mulher com o prémio Nobel da Economia", *in* Irene de Borges-Duarte (Org.), *Fios de Memória. Liber Amicorum para Fernanda Henriques*, Vila Nova de Famalicão: Húmus.

3
OUTROS DESENVOLVIMENTOS

Obesidade e Desigualdades Socioeconómicas em Adultos Portugueses

Aida Isabel Tavares[1]
Carlota Quintal[2]

1. Introdução

O sobrepeso (ou excesso de peso) e a obesidade são um problema de saúde pública da sociedade contemporânea em qualquer parte do mundo. É um problema prevalente em qualquer sociedade, sendo que nalgumas regiões do mundo foi já declarado como epidemia, como acontece na América Latina (Pan American Health Organization 2011). A obesidade em si não é considerada uma doença, mas é um fator de risco de diversas doenças crónicas como sejam as doenças cardiovasculares, diabetes, cancro, entre outras (NCD Risk Factor Collaboration 2016). Tem, por isso, efeitos na mortalidade precoce com repercussões na esperança média de vida à nascença (Sassi 2010). Por outro lado, a obesidade está associada a desigualdades sociais (OECD 2017) levantando preocupações de justiça social. Habitualmente, a obesidade (e estados de saúde mais débeis) está associada a comunidades e famílias de menor rendimento, de menor nível de escolarização, com condições habitacionais mais degradadas e zonas urbanas desfavorecidas (Marmot et al. 2008). O problema do excesso de peso e da obesidade não tem, ainda, uma solução médica que previna o seu aparecimento e, infelizmente, o problema tem tendência a crescer a nível mundial, tal como acontece em Portugal (OECD 2017).

[1] ISEG, Universidade de Lisboa e CEISUC, Universidade de Coimbra
[2] FEUC, CeBER e CEISUC, Universidade de Coimbra

Neste capítulo abordamos a obesidade pela perspetiva da desigualdade socioeconómica e pretendemos atingir três objetivos principais:

i) analisar o problema da obesidade na sociedade ocidental atual e os seus fatores de risco,
ii) descrever alguns dos indicadores mais frequentes para medir a desigualdade económica e educacional da obesidade,
iii) analisar a situação da obesidade em Portugal para os adultos em idade ativa.

De seguida apresenta-se o cenário da obesidade na Europa e as principais diferenças socioeconómicas. Na secção seguinte descreve-se o modelo concetual dos fatores de risco da obesidade. Depois alguns dos indicadores da medição da desigualdade socioeconómica da obesidade são explicados. Na secção 5 é apresentado o estudo dos fatores de risco e das iniquidades da obesidade nos adultos em idade ativa em Portugal. A secção 6 encerra o presente capítulo.

2. Obesidade na Europa e principais diferenças socioeconómicas

O Índice de Massa Corporal (IMC), calculado pelo rácio entre o peso em quilogramas e o quadrado da altura do indivíduo medida em metros, é habitualmente utilizado para classificar o sobrepeso e a obesidade. Segundo os critérios da Organização Mundial de Saúde (OMS), existe excesso de peso nos casos em que o IMC é superior ou igual a 25 e a obesidade ocorre para IMC superior ou igual a 30. Tendo por base estes valores de referência, na Europa, mais de 50% da população tem sobrepeso, segundo os últimos dados de 2019 (Eurostat 2021a), havendo algumas diferenças entre os países da União Europeia (EU) (Gráfico 1). Os países com maior percentagem de pessoas com sobrepeso são Malta e Croácia, quase 64% da população. No extremo oposto, estão a França e Itália, com valores à volta de 45%. Portugal regista cerca de 55% da população com excesso de peso.

Gráfico 1: Percentagem da população dos países da UE com sobrepeso em 2019

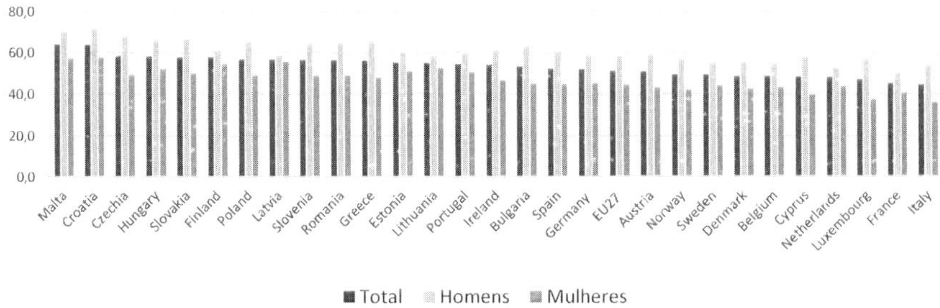

Nota: O excesso de peso é determinado por IMC≥25.
Fonte: Elaboração pelas autoras com base nos dados do Eurostat (2021a).

O padrão da obesidade na Europa é idêntico, apesar de algumas diferenças, àquele que encontramos para o sobrepeso, uma vez que o sobrepeso contempla a situação de obesidade e é o seu antecedente. No Gráfico 2 apresenta-se a distribuição da obesidade nos países da UE no ano de 2019. Os países com maior prevalência da obesidade são Malta e a Irlanda, onde 28,1% e 25,8% da população, respetivamente, apresenta um IMC superior ou igual a 30; os países com menores percentagens de população obesa são Itália e Roménia, com percentagens da população iguais a 11,4% e 10,5%, respetivamente. Portugal tem 17,2% da população obesa.

Gráfico 2: Percentagem da população dos países da UE com obesidade em 2019

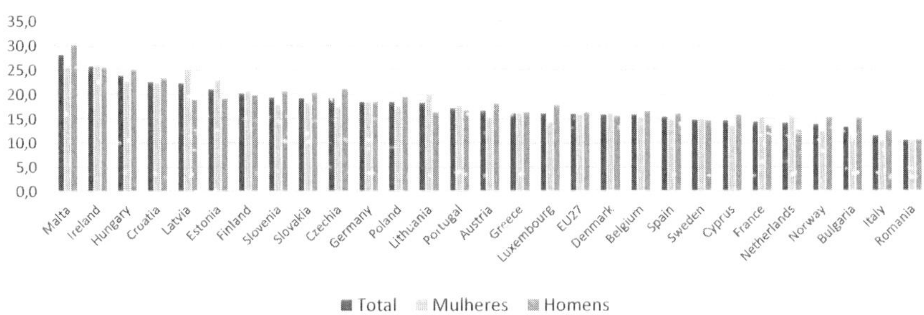

Nota: A obesidade é determinada por IMC≥30.
Fonte: Elaboração pelas autoras com base nos dados do Eurostat (2021a).

As diferenças demográficas e socioeconómicas do excesso de peso e da obesidade mais relevantes a nível da UE podem ser facilmente identificadas ao nível do sexo e da educação. Nos gráficos 1 e 2 estão apresentadas as diferentes percentagens de população feminina e masculina com sobrepeso e obesidade, sendo que o excesso de peso ocorre com mais frequência nos homens do que nas mulheres na média da UE, embora não exista um padrão claro por sexo nos vários países. Em Portugal, quase 60% dos homens e cerca de 50% das mulheres apresentam sobrepeso e quase 18% das mulheres e quase 17% dos homens sofrem de obesidade. Curiosamente, em Portugal, apesar dos homens apresentarem maior probabilidade de sobrepeso, é nas mulheres que a obesidade tende a ocorrer com mais frequência.

As diferenças de obesidade entre a população podem também ser observadas segundo o nível educacional como apresentadas no Gráfico 3. Na média europeia verifica-se que para níveis educacionais mais elevados, existe uma menor percentagem de população obesa. No entanto, esta tendência não é homogénea nem verificada em todos os países. Nos países de leste (Bulgária, República Checa, Estónia, Eslováquia, Eslovénia, Hungria, Lituânia, Polonia, Roménia) e nos países nórdicos (Dinamarca, Suécia e Noruega) observa-se um aumento da percentagem de população com obesidade quando se passa do nível educacional básico (níveis 0-2) para o nível secundário (níveis 3-4). Não obstante a heterogeneidade observada entre os países, na maior parte destes, existe uma acentuada diferença entre os níveis educacionais extremos, sendo a obesidade muito mais prevalente nos níveis educacionais básicos 0-2 do que nos níveis 5-8. Em Portugal, as diferenças entre os vários níveis educacionais são muito claras e quanto maior o nível educacional, menor a prevalência da obesidade. Para níveis básicos de ensino (níveis 0-2), Portugal regista uma percentagem de obesos na ordem dos 22% e nos níveis mais elevados de educação (níveis 5-8) há cerca de 9% de pessoas obesas.

Gráfico 3: Percentagem de população com obesidade nos países da UE por nível educacional em 2019

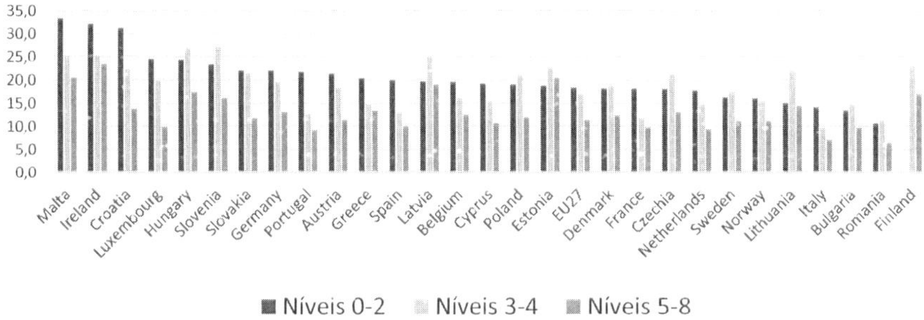

Notas: Níveis 0-2 – ensino básico (less than primary, primary and lower secondary education); Níveis 3-4 – ensino segundário (upper secondary and post-secondary non-tertiary education); e Níveis 5-6 – ensino superior (tertiary education). A obesidade é determinada por IMC≥30.
Fonte: Elaboração pelas autoras com base nos dados do Eurostat (2021a).

Por fim, considerando a diferença de sexo e as diferenças educacionais, na UE, verifica-se que em média, em 2019, a proporção de mulheres com sobrepeso e com obesidade tende a decrescer para níveis educacionais mais elevados (Eurostat 2021b).

3. Fatores de risco e determinantes da obesidade

Os determinantes da saúde são habitualmente descritos pelo modelo ecológico proposto por Dalhgreen e Whitehead (1991). Este modelo considera que o indivíduo está no centro e que diferentes camadas concêntricas o envolvem, correspondendo cada camada a um conjunto de determinantes, tal que quanto mais afastada está do indivíduo, menor é a sua capacidade de influência nas variáveis que caracterizam essa camada. Assim, na camada mais próxima do indivíduo estão os fatores de estilo de vida. Na camada seguinte estão as redes sociais e comunitárias. Depois há um conjunto alargado de determinantes agregadas socioeconómicas, sociais e ambientais como sejam educação, sistema de saúde, habitação, ambiente trabalho e condições laborais, e ainda o sistema de produção alimentar e agrícola. No entanto, sabemos que a obesidade não é uma doença em si mesma, mas antes um fator de risco de diversas doenças. As investigações mais recentes mostram inclusivamente que há formas de gordura corporal que podem trazer benefícios ao indivíduo e que ser gordo não é sinónimo de falta de saúde (Couzin-Frankel 2021).

Desta forma, o modelo ecológico de Dalhgreen e Whitehead (1991) poderá não ser o mais apropriado para explicar o problema da obesidade, que continua a ser considerada como um fator de risco para outras doenças crónicas. O modelo explicativo da obesidade inclui diversos fatores de risco (ou fatores explicativos), como os genéticos e biológicos, individuais, demográficos, socioeconómicos, tipo de área de residência, envolvente ambiental e os fatores tecnológicos (Brahmbhatt 2017; McLaren 2014). Amarasinghe e D'Souza (2012) propuseram um modelo conceptual explicativo da obesidade inspirado no modelo de Dalhgreen e Whitehead (1991) em que no centro está o indivíduo, com a sua saúde, peso e atividade física, e depois em camadas concêntricas ao indivíduo estão os diferentes determinantes ou fatores de risco, como se apresenta na Figura 1.

Figura 1: Modelo conceptual dos fatores de risco da obesidade

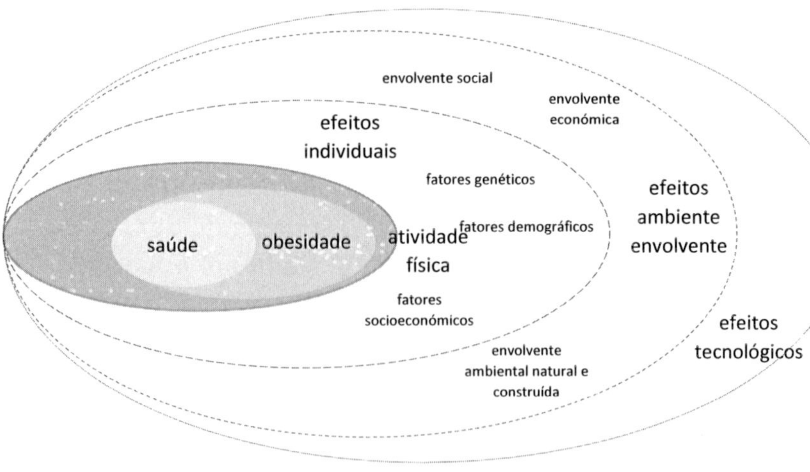

Fonte: Elaborada pelas autoras com base em Amarasinghe e D'Souza (2012).

Amarasinghe e D'Souza (2012) na sua proposta original colocaram no centro os três elementos intimamente correlacionados com a obesidade: saúde, obesidade e atividade física. Entre estes três elementos é possível identificar relações de (bi-)causalidade, sendo difícil destrinçar a direção da causalidade. A saúde e atividade física determinam o peso dos indivíduos, mas o peso também influencia o estado de saúde e as escolhas que o indivíduo faz relativamente à sua atividade física. Na primeira camada envolvente estão os determinantes individuais e na segunda estão os determinantes do ambiente envolvente e vizinhança. Numa terceira camada mais alargada estão os determinantes tecnológicos.

Na primeira camada encontram-se os determinantes não observáveis como os genéticos e biológicos. Mas estão também os fatores observáveis de natureza demográfica e socioeconómica como sejam a idade, sexo e género, características étnicas, rendimento, educação, estado civil e situação de emprego. Na segunda camada são considerados os fatores envolventes e da vizinhança como sejam o espaço e o contexto onde o indivíduo reside e trabalha. Estes fatores incluem os indicadores socioeconómicos, mas também da natureza envolvente, do espaço construído e organização urbana. Por fim, a terceira camada de fatores não está no modelo original de fatores explicativos da obesidade. No entanto, os fatores tecnológicos e de melhoria tecnológica são determinantes reconhecidos do aumento da prevalência do excesso de peso na população. Estas melhorias tecnológicas incluem as áreas da tecnologia dos transportes (a mobilidade a motor), a tecnologia alimentar (a produção de alimentos processados e não-saudáveis) e a tecnológica doméstica (desde os elevadores às consolas de videojogos). Todas as camadas de determinantes interagem e influenciam-se mutuamente, contribuindo para que o dispêndio das calorias ingeridas não ocorra, originando problemas de sobrepeso.

Este modelo de Amarasinghe e D'Souza (2012) carece, no entanto, de uma visão temporal alargada e dinâmica. A teoria da transição alimentar proporciona esta perspetiva evolutiva da forma como as populações gerem a alimentação e como acompanha a transição demográfica e epidemiológica da contemporaneidade. A transição demográfica caracteriza-se pelo envelhecimento populacional em que a esperança de vida se alonga e a natalidade é decrescente, ao passo que a transição epidemiológica se caracteriza pela dinâmica de uma sociedade onde as doenças infectocontagiosas e a mortalidade causada por estas vão dando lugar a uma sociedade onde as doenças não-contagiosas e crónicas são prevalentes e, por isso, com menores taxas de mortalidade precoce.

A transição alimentar complementa estas duas transições demográficas no que diz respeito à evolução da dieta alimentar. O modelo conceptual da transição alimentar assenta em 5 estágios evolutivos (Popkin 1994; 2002; Popkin and Gordon-Larsen 2004). O primeiro e segundo estágios referem-se a situações de fome no paleolítico e na idade da agricultura moderna e que se podem ainda observar nalgumas partes do mundo. O terceiro estágio ocorre a par do crescimento económico de um país, que gera mais rendimentos e um decréscimo da insegurança alimentar e das fomes. O quarto estágio da transição alimentar acontece quando a dieta e a (ausência de) atividade física geram a emergência de doenças crónicas. Este é o estágio que mais predomina na sociedade ocidental de hoje em que se observa uma mudança da dieta alimentar para a chamada "dieta ocidental" e para um estilo de vida inativo. A "dieta ocidental" caracteriza-se por incluir alimentos industrialmente processados e refinados, que têm elevados níveis de açucares, sal e gorduras saturadas e *trans* que resultam numa mudança da composição corporal (maior massa gorda e menor massa muscular). A par desta mudança alimentar, existe um estilo de vida inativo apoiado num conjunto de equipamentos, domésticos, de lazer e transporte, que não proporcionam uma vida ativa às pessoas. Consequentemente, os valores do Índice de Massa Corporal tendem a ser cada mais elevados, a afetar uma maior percentagem populacional e a gerar maiores níveis de morbilidade.

O estágio cinco da teoria da transição alimentar refere-se à dinâmica evolutiva que traduz uma alteração dos comportamentos individuais para reverter os efeitos criados no estágio quatro, ou seja, adoção de dietas alimentares mais saudáveis, abandonando a "dieta ocidental" e adoção de estilos de vida mais ativos que viabilizam o dispêndio de calorias ingeridas.

4. Indicadores da desigualdade socioeconómica da obesidade

A medição das desigualdades socioeconómicas em saúde recorre a diversos indicadores, sendo a curva e o índice de concentração os preponderantes no que diz respeito à análise da desigualdade socioeconómica da obesidade. Segue-se uma breve apresentação destes indicadores.

Curva e índice de concentração

A curva de concentração baseia-se em dois elementos fundamentais, a variável de estado de saúde (neste caso, obesidade) cuja distribuição se pretende analisar, e uma variável de estatuto socioeconómico (como a educação ou o rendimento), face à qual se avalia a distribuição em causa. Assim, e considerando a desigualdade da obesidade relacionada com o rendimento, a curva de concentração resulta da comparação da percentagem acumulada da população, ordenada por ordem crescente segundo o rendimento (eixo das abcissas) com a percentagem acumulada da obesidade na população (eixo das ordenadas). Os extremos dos dois eixos correspondem a 1 ou 100%, formando-se deste modo um quadrado. Se a x% da população, corresponde igualmente x% da obesidade, então a curva de concentração coincide com a diagonal, que é conhecida como a linha da igualdade. Nesta situação, conclui-se pela ausência de desigualdades da obesidade entre indivíduos de diferentes rendimentos. Se a obesidade na população se concentrar nos indivíduos de rendimentos mais baixos, então a curva de concentração irá situar-se acima da diagonal e ao contrário se a obesidade se concentrar nos indivíduos com rendimentos mais elevados, então a curva de concentração irá situar-se abaixo da diagonal. Quanto mais a curva de concentração da obesidade se afastar da diagonal, maior é a desigualdade da sua distribuição ou, dito de outro modo, maior é a concentração da obesidade. A área que se situa entre a diagonal e a curva de concentração designa-se por área de concentração. A Figura 2 representa o caso de uma curva de concentração abaixo da diagonal. A área de concentração corresponde à área A.

O índice de concentração permite quantificar a magnitude da desigualdade e é derivado da curva de concentração, sendo igual a duas vezes a área de concentração. Em caso de igualdade da distribuição em análise, como a curva de concentração coincide com a diagonal, o índice é zero.

Figura 2: Curva e área de concentração

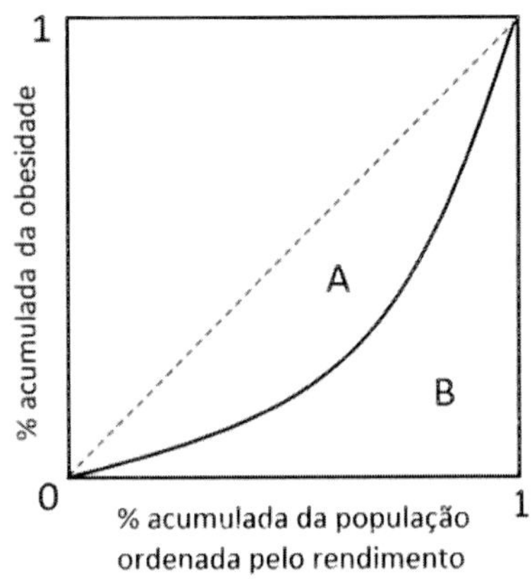

Note-se que a área de concentração, A, pode ser obtida fazendo 1/2-B, sendo B a área abaixo da curva de concentração. É deste modo visível que, nos casos em que a curva de concentração se situa acima da diagonal, a diferença 1/2-B é negativa e o índice de concentração toma valores negativos. Em resumo, o índice de concentração da obesidade varia entre -1 e +1, em que um índice negativo significa que a obesidade se concentra nos indivíduos de rendimentos mais baixos, um índice positivo significa que a obesidade se concentra nos indivíduos de rendimentos mais altos e um índice nulo representa a igualdade na distribuição da obesidade. Os valores em específico do índice de concentração adquirem mais significado sobretudo em termos de comparação, entre grupos da população, entre diferentes variáveis de estado de saúde, entre diferentes países, ou entre diferentes momentos do tempo.

Para calcular o índice de concentração pode-se adotar a chamada 'abordagem de regressão conveniente', proposta por Kakwani et al. (1997), através da regressão linear:

$$2\sigma_R^2\left(\frac{h_i}{\mu}\right) = \alpha + \beta r R_i + \varepsilon_i$$

Onde σ_R^2 representa a variância de R_i e h_i representa a variável de saúde, neste caso, a obesidade, do indivíduo *i* e μ é a média da obesidade para toda a população. R_i é a posição fracionária na hierarquia da distribuição do rendimento do indivíduo *i* e ε_i representa os erros de especificação do modelo. A estimativa do coeficiente β na equação acima é o índice de concentração da obesidade.

Se em vez de microdados, apenas estiverem disponíveis dados agrupados, como por exemplo, por quintis de rendimento, O'Donnell et al. (2008: 98) propõem o seguinte método de cálculo:

$$CI = (p_1L_2 - p_2L_1) + (p_2L_3 - p_3L_2) + \cdots + (p_{T-1}L_T - p_TL_{T-1}), t = 1, \dots, T$$

Sendo *CI* o índice de concentração, p_t a percentagem acumulada da amostra, ordenada pelo rendimento, no grupo *t*, L_t a respetiva ordenada na curva de concentração e T o número de grupos socioeconómicos considerados. Os mesmos autores apresentam também a fórmula de cálculo para o erro padrão (O'Donnell et al. 2008: 98).

Um dos desenvolvimentos metodológicos no cálculo do índice de concentração diz respeito à sua correção no caso de variáveis binárias (como a obesidade – ou se é obeso ou não). Tal sucede porque o intervalo de variação do índice deixa de ser -1 e +1 e passa a ser μ*-1 e 1-* μ, em que μ é a média da obesidade na população. Sendo *CI* o índice de concentração normalizado e *CCI* o índice de concentração corrigido, Wagstaff (2005, 2011) propõe o seguinte ajustamento:

$$CCI = \frac{CI}{1 - \mu}$$

Um método de correção alternativo foi posteriormente sugerido por Erreygers (2009), não existindo uma superioridade de um método face ao outro.

O índice de concentração (normalizado ou corrigido) pode ainda ser calculado diretamente com o programa de estatística e análise de dados STATA®, através do comando *conindex* (O'Donnell et al. 2016).

Na análise da desigualdade socioeconómica da obesidade tornou-se habitual proceder à decomposição do índice de concentração no sentido de perceber se a desigualdade observada entre indivíduos de diferente estatuto socioecónomico se deve puramente a essa diferença de estatuto ou também devido à desigualdade na distribuição de outras variáveis com impacto na obesidade. Esta análise passa então por avaliar o impacto de diversas variáveis na obesidade e por analisar a desigualdade na distribuição destas variáveis. Para uma descrição detalhada de todos os passos da decomposição do índice de concentração ver Chalasani (2012).

Outros indicadores

A comparação dos indicadores de desigualdade em saúde foi feita por Wagstaff et al. (1991) que concluíram que os indicadores mais adequados para estudar as desigualdades em saúde são o índice de concentração e o índice angular da desigualdade uma vez que integram a posição socioeconómica do indivíduo ou do grupo social e são sensíveis à redistribuição socioeconómica entre os diferentes grupos sociais.

O índice angular de desigualdade é um coeficiente estimado numa regressão linear em que a variável dependente corresponde à variável de estado de saúde e a variável independente corresponde à frequência média acumulada de cada grupo em relação à medida de estatuto socioeconómico. Os grupos são ordenados de forma crescente ou do pior para o melhor valor relativamente ao indicador em estudo. Este índice angular permite analisar o que acontece à variável de saúde quando se passa de um grupo para o imediatamente a seguir.

Além destes indicadores de desigualdade socioeconómica, alguns comumente utilizados, ainda que menos no caso da obesidade, são a amplitude e o coeficiente de variação. A amplitude é uma medida de dispersão relativamente simples de calcular sendo dada pelo rácio entre a diferença entre os valores máximo e mínimo de um indicador socioeconómico ou de saúde e o valor médio. Note-se que é necessário o cálculo da média, o que requer que o indicador usado tenha uma natureza quantitativa de rácio ou intervalar. Quanto maior for o valor da amplitude, maior será a desigualdade encontrada. O coeficiente de variação é uma medida de dispersão relativa que pode ser calculado recorrendo ao desvio-padrão e à média do indicador socioeconómico ou de saúde em apreço, ou seja,

$$CV = \frac{\sqrt{\sum_{i=j}^{n}(R_j - \mu\ )^2}}{\mu n}$$

Em que R_j é o indicador alvo, m a média do indicador e n o número de classes ou grupos sociais a considerar, ou ainda, o número de indivíduos. Este indicador toma valores mais elevados, quanto maior for a desigualdade do indicador entre os grupos sociais ou entre os indivíduos considerados.

5. A desigualdade socioeconómica da obesidade em Portugal

5.1. A obesidade em Portugal

A prevalência da obesidade em Portugal aumentou de 12,8%, em 1999 (OCDE 2017) para 16,6% em 2015, sendo que a média da OCDE se situa nos 19,4%, nesse mesmo ano. Recorrendo à série temporal disponibilizada pela *Our World in Data*, o Gráfico 4, mostra a evolução da prevalência da obesidade em adultos, de ambos os sexos, desde os anos 90 até 2015 que tem sido sempre ascendente.

Gráfico 4: Prevalência da obesidade em adultos em Portugal

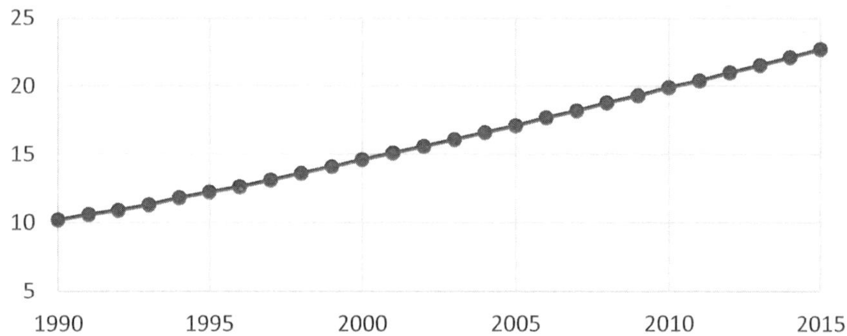

Nota: Prevalência de obesidade refere-se à percentagem de adultos, com idades superiores a 18 anos com IMC superior ou igual a 30.
Fonte: Elaborado pelas autoras com base nos dados da *Our World in Data* (2021).

A evolução da prevalência da obesidade no país tem seguido a tendência dos países da OCDE, como postulado na teoria da transição alimentar, verificando-se assim taxas crescentes de prevalência de obesidade à medida que o rendimento da população cresce. No Gráfico 5 está representada a evolução da prevalência da obesidade (IMC≥30) entre adultos, indivíduos com mais de 18 anos em Portugal de 1990 a 2015, e o correspondente nível de PIB per capita em milhares, medido em PPP constante, com base em 2011, em dólar internacional (o valor do PIB per capita obtém-se pela multiplicação por 1000). Neste gráfico é facilmente observável a evolução paralela entre a prevalência da obesidade e o nível de rendimento do país que indicia um posicionamento no estágio 4 da transição alimentar.

Gráfico 5: Prevalência da obesidade entre adultos e PIB per capita em Portugal

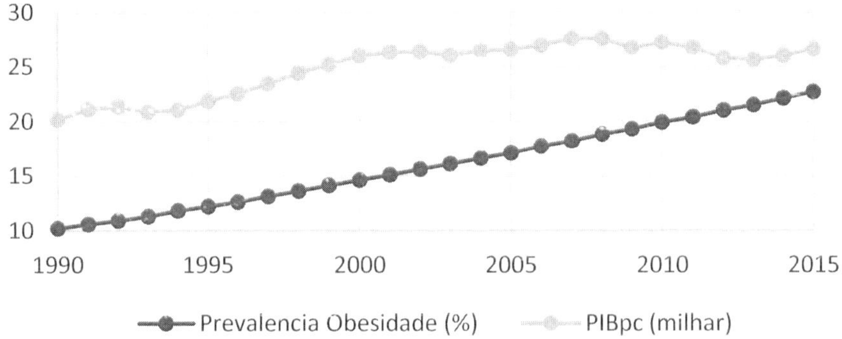

Nota: PIBpc refere-se ao PIB per capita medido em milhares, PPP constante (2011), em dólar internacional.
Fonte: Elaborado pelas autoras com base nos dados da *Our World in Data* (2021).

As desigualdades na obesidade em Portugal estão relativamente pouco estudadas, mas existe clara evidência de desigualdades relacionadas com o rendimento e o nível de escolarização (Nikolaou e Nikolaou 2008; Alves et al. 2017). Nikolaou e Nikolaou (2008) estimaram o índice de concentração para uma amostra recolhida entre 1998 e 2001 e encontraram um valor negativo, igual a -0,032, revelando uma clara concentração da obesidade nos indivíduos de menores rendimentos; por sua vez, Alves et al. (2017) utilizando dados do INS de 2005/06 e calculando o índice relativo de desigualdade e o índice angular de desigualdade, mostraram que as desigualdades na obesidade estavam associadas aos níveis educacionais e tipos ocupacionais.

No período mais recente espera-se um aumento da prevalência da obesidade aliado às desigualdades socioeconómicas, em particular do rendimento. Entre 2012 e 2013, Portugal registou um aumento da percentagem de pessoas em risco de pobreza ou em risco de exclusão social (Caritas Europa 2015) e, 2015, cerca de 19% da população do país estava a viver abaixo do limiar de pobreza (Simões et al. 2017). Portugal tem um plano nacional de combate à obesidade desde 2005 (DGS 2005), contudo os seus resultados não têm sido avaliados segundo as desigualdades socioeconómicas.

5.2. Estudo empírico: dados e variáveis

Neste trabalho empírico são utilizados os dados do Inquérito Nacional de Saúde (INS) de 2014 (INE 2016). Utilizámos nesta análise um conjunto de variáveis, ou fatores de risco, de natureza demográfica, socioeconómica, de estilo de vida e geográfica (Amarasinghe e D'Souza 2012) que caracterizam cada respondente, de ambos os sexos, com idades compreendidas em 18 e os 64 anos; desta forma são excluídas as pessoas em idade inativa e também as grávidas, resultando numa amostra de 10 312 indivíduos. O indicador de obesidade é dado pelo IMC com valores superiores ou iguais a 30.

A lista de variáveis está apresentada na Tabela 1, que apresenta a definição e respetiva média.

Tabela 1: Lista de fatores de risco ou variáveis explicativas

Fatores de risco ou variáveis	Definição	Media N=10 312
Variável dependente		
Obesidade	=1 se BMI ≥ 30, 0 outro	0,1678
Variáveis independentes ou fatores de risco		
Variáveis Demográficas		
Sexo e idade (anos)		
Homem 18-24	=1 se Homem idade 18–24, 0 outro	0,0422
Homem 25-34	= 1 se Homem idade 25–34, 0 outro	0,0709
Homem 35-44	= 1 se Homem idade 35–44, 0 outro	0,1219
Homem 45-54	= 1 se Homem idade 45–54, 0 outro	0,1159
Homem 55-64	= 1 se Homem idade 55–64, 0 outro	0,1123
Mulher 18-24	= 1 se Mulher idade 18–24, 0 outro	0,0446
Mulher 25-34	= 1 se Mulher idade 25–34, 0 outro	0,0832
Mulher 35-44	= 1 se Mulher idade 35–44, 0 outro	0,1337
Mulher 45-54	= 1 se Mulher idade 45–54, 0 outro	0,1350
Mulher 55-64	= 1 se Mulher idade 55–64, 0 outro	0,1403
Estado civil		
Solteiro	= 1 se solteiro, 0 outro	0,2405
Casado	= 1 se casado ou em união de facto, 0 outro	0,6298
Divorciado ou viúvo	= 1 se divorciado ou viúvo, 0 outro	0,1298

Variáveis socioeconómicas		
Rendimento familiar		
Quintil 1	= 1 se rendimento familiar mensal equivalente 1ºquintil (mais pobre), 0 outro	0,1985
Quintil 2	= 1 se rendimento familiar mensal equivalente 2º quintil, 0 outro	0,1745
Quintil 3	= 1 se rendimento familiar mensal equivalente 3º quintil 0 outro	0,1963
Quintil 4	= 1 se rendimento familiar mensal equivalente 4º quintil, 0 outro	0,2141
Quintil 5	= 1 se rendimento familiar mensal equivalente 5º quintil (mais rico), 0 outro	0,2166
Nível de escolarização		
Básica	= 1 se individuo tem menos que o nível secundário, 0 outro	0,5897
Secundária	= 1 se individuo tem o nível secundário, 0 outro	0,2182
Superior	= 1 se individuo tem nível superior, 0 outro	0,1921
Estatuto profissional		
Empregado	= 1 se indivíduo tem trabalho ou emprego, 0 outro	0,6360
Desempregado	= 1 se indivíduo desempregado, 0 outro	0,1646
Estudante	= 1 se indivíduo estudante a tempo inteiro, 0 outro	0,0490
Reformado	= 1 se indivíduo reformado, 0 outro	0,0723
Inativo por deficiência	= 1 se indivíduo tem incapacidade de trabalho, 0 outro	0,0241
Trabalho doméstico	= 1 se indivíduo realiza trabalho doméstico ou comunitário, 0 outro	00540
Estatuto de migrante		
Nascido e residente em Portugal	= 1 se indivíduo nasceu e viveu sempre em Portugal, 0 outro	0,8832
Reside em Portugal <10anos	= 1 se indivíduo imigrou ou se é emigrante retornado a Portugal nos últimos 10 anos, 0 outro	0,0278
Reside em Portugal >10anos	= 1 se indivíduo imigrou ou é emigrante retornado a Portugal há mais de 10 anos, 0 outro	0,0889
Estilos de Vida		
Atividade física		
Intensa	=1 se time spent on physical activities is ≥ 30 minutes/day, 0 outro	0,3398
Moderada	=1 se time spent on physical activities is ≥ 10 minutes/day and < 30 minutes/day, 0 outro	0,2966

Nenhuma	=1 se time spent on physical activities is < 10 minutes/day, 0 outro	0,3621
Beber álcool		
Abstinente	=1 se indivíduo não bebeu nos últimos 12 meses, 0 outro	0,2788
Raramente	= 1 se indivíduo bebe menos de 1 vez por mês, 0 outro	0,2410
Ocasionalmente	= 1 se indivíduo bebe 1-2 dias por semana ou 2-3 dias por mês, 0 outro	0,2098
Regularmente	= 1 se indivíduo bebe todos os dias ou 5-6 dias por semana, 0 outro	0,2705
Fumar tabaco		
Nunca	= 1se indivíduo nunca fumou, 0 outro	0,5157
Já fumou	= 1se indivíduo já fumou e deixou de fumar, 0 outro	0,2169
Ocasional	= 1 se indivíduo fuma ocasionalmente, 0 outro	0,0386
Diário	= 1 se indivíduo fuma todos os dias, 0 outro	0,2288
Consumo de frutas e vegetais	Número de porções diárias de fruta, salada e vegetais	2,5654
Variáveis geográficas		
Área de residência		
Rural	= 1 se indivíduo reside numa zona rural, 0 outro	0,3497
Urbana	= 1 se indivíduo resides numa zona urbana, 0 outro	0,6503
Região NUT II		
Madeira	= 1 se indivíduo reside na Madeira, 0 outro	0,1377
Açores	= 1 se indivíduo reside nos Açores, 0 outro	0,1353
Norte	= 1 se indivíduo reside na Região Norte, 0 outro	0,1635
Centro	= 1 se indivíduo reside na Região Centro, 0 outro	0,1898
Lisboa e Vale Tejo	= 1 se indivíduo reside na Região Lisboa e Vale Tejo, 0 outro	0,1026
Alentejo	= 1 se indivíduo reside na Região Alentejo, 0 outro	0,1493
Algarve	= 1 se indivíduo reside na Região Algarve, 0 outro	0,1218

5.3. Estudo empírico: estratégia de análise

Para avaliar a desigualdade socioeconómica da obesidade começamos por calcular o índice de concentração, para o total da amostra bem como desagregando por sexo e regiões. Os índices são corrigidos e calculados pelo método de dados agrupados (cinco grupos correspondentes aos quintis de rendimento apresentados na Tabela 1).

Não dispondo da informação sobre o rendimento para cada indivíduo não é possível proceder à decomposição do índice de concentração, calculando o contributo percentual de cada fator. Todavia, fazemos uma análise dos fatores de risco da obesidade e, por sua vez, calculamos os índices de concentração destes fatores. Assim, quanto maior for o impacto de uma variável sobre a obesidade e quanto maior for a desigualdade socioeconómica da distribuição dessa variável, maior será o seu contributo para a desigualdade socioeconómica da obesidade.

Para analisar a associação entre os fatores de risco e a obesidade adotamos a regressão logística múltipla, cujos resultados são reportados sob a forma de razão de chances (*odd ratio*). A razão de chances resulta da razão da chance de exposição (neste caso, a ocorrência de obesidade) num determinado grupo dividido pela chance de exposição noutro grupo, tomado como categoria de referência. Considerando por exemplo a variável sexo e tomando o grupo dos homens como categoria de referência, se a razão de chances for 1,2, conclui-se que a chance ou possibilidade de ser obeso no grupo das mulheres é 1,2 vezes superior à chance de ser obeso no grupo dos homens. Quando a razão de chances é igual a 1 (ou, mais precisamente, quando não é estatisticamente diferente de 1), não se pode concluir que a variável em causa tem impacto sobre a obesidade.

5.4. Estudo empírico: resultados

Os resultados obtidos são apresentados nas Tabelas 2-4. A Tabela 2 dá os resultados relativos índice de concentração da obesidade, a

Tabela 3 apresenta os resultados obtidos pela estimação da regressão logística e a Tabela 4 mostra os índices de concentração dos próprios fatores de risco da obesidade.

Os resultados na Tabela 2 sugerem que há uma desigualdade socioeconómica na distribuição da obesidade pela população portuguesa. Em particular, parece existir uma desigualdade favorável aos grupos de rendimento mais elevado, que apresentam por isso níveis de prevalência de obesidade menores do que os indivíduos de grupos de rendimento mais baixo. O grau de desigualdade relacionada com o grupo de rendimento na obesidade é mais forte nas mulheres do que nos homens.

Tabela 2: Prevalência e desigualdade socioeconómica da obesidade

	Taxa de Obesidade	Índice de Concentração Corrigido (CCI)
Portugal	0,1678 (0,0037)	-0,1079*** (0,0125)
Sexo		
Homem	0,1514 (0,0052)	-0,0491** (0,0196)
Mulher	0,1819 (0,0052)	-0,1455*** (0,0162)
Região NUT II		
Norte	0,1667 (0,0091)	-0,1421*** (0,0316)
Centro	0,1610 (0,0083)	-0,1167*** (0,0298)
Lisboa e Vale do Tejo	0,1437 (0,0178)	-0,1188*** (0,0415)
Alentejo	0,1688 (0,0096)	-0,0657** (0,0312)
Algarve	0,1457 (0,0099)	-0,1303*** (0,0464)
Açores	0,2229 (0,0112)	-0,0719** (0,0291)
Madeira	0,1606 (0,0098)	-0,0808** (0,0344)

Nota: **p-value<0,05 e ***p-value<0,01; Erro padrão entre parêntesis.

Do ponto de vista regional, os Açores apresentam a taxa de prevalência da obesidade mais elevada (com uma média igual a 0,2229), enquanto as regiões de Lisboa e Vale do Tejo e Algarve apresentam a menor (com valores médios de 0,1437 e 0,1457, respetivamente). A região com maior desigualdade é a região Norte (CCI= -0,1421) e o Alentejo a que apresenta menor desigualdade (CCI=-0,0657).

Em segundo lugar, a Tabela 3 permite estabelecer uma associação entre os fatores de risco e a obesidade.

Tabela 3: Análise dos fatores de risco da obesidade

	Odds Ratio	95% I.Conf.	*p-value*
Variáveis demográficas			
Sexo e idade (anos)			
Homem 18-24 (Ref.)			
Homem 25-34	1,573	0,932; 2,653	0,090
Homem 35-44	2,224	1,350; 3,665	0,002
Homem 45-54	3,446	2,095; 5,669	0,000
Homem 55-64	2,910	1,750; 4,839	0,000
Mulher 18-24	1,085	0,634; 1,858	0,766
Mulher 25-34	1,444	0,862; 2,418	0,162
Mulher 35-44	2,049	1,246; 3,369	0,005
Mulher 45-54	3,021	1,845; 4,947	0,000
Mulher 55-64	3,573	2,171; 5,879	0,000
Estado civil			
Solteiro (Ref.)			
Casado	1,201	1.015; 1,422	0,033
Divorciado ou viúvo	1,081	0.873; 1,338	0,477
Variáveis Socioeconómicas			
Rendimento familiar			
Quintil 1 (Ref.)			
Quintil 2	0,911	0,769; 1,079	0,279
Quintil 3	0,861	0,724; 1,024	0,091
Quintil 4	0,832	0,696; 0,996	0,045
Quintil 5	0,775	0,630; 0,954	0,016
Nível de escolarização			
Básico (Ref.)			
Secundário	0,806	0,688; 0,945	0,008
Superior	0,594	0,487; 0,725	0,000
Estatuto profissional			
Empregado (Ref.)			
Desempregado	1,151	0,980; 1,353	0,087
Estudante	0,960	0,599; 1,540	0,866
Reformado	1,405	1,147; 1,722	0,001
Incapacidade de trabalho	1,425	1,045; 1,942	0,025
Trabalho doméstico	1,399	1,122; 1,744	0,003
Estatuto de migrante			
Nasceu e residiu sempre em Portugal (Ref.)			
Reside em Portugal há <10anos	1,000	0,721; 1,387	0,999

Reside em Portugal há >10anos	0,835	0,694; 1,005	0,057
Estilo de vida			
Atividade física			
Intensa (Ref.)			
Moderada	1,182	1,024; 1,363	0,022
Nenhuma	1,626	1,424; 1,856	0,000
Beber álcool			
Abstinência (Ref.)			
Raramente	1,052	0,901; 1,228	0,523
Ocasionalmente	0,912	0,774; 1,074	0,269
Regularmente	0,918	0,783; 1,078	0,296
Fumar tabaco			
Nunca (Ref.)			
Já fumou	0,940	0,815; 1,084	0,394
Ocasional	0,783	0,571; 1,074	0,129
Diariamente	0,505	0,429; 0,595	0,000
Consumo de frutas e vegetais	0,994	0,967; 1,022	0,657
Variáveis Geograficas			
Área de residencia			
Rural (Ref.)			
Urban	1,073	0,944; 1,218	0,281
Região NUT II			
Madeira (Ref.)			
Açores	1,505	1,225; 1,848	0,000
Norte	0,969	0,793; 1,184	0,756
Centro	0,983	0,806; 1,198	0,863
Lisboa e Vale do Tejo	1,087	0,861; 1,373	0,483
Alentejo	1,056	0,848; 1,315	0,627
Algarve	0,941	0,755; 1,173	0,590

Nota: I.Conf. – Intervalo de confiança.

Podemos observar que os indivíduos que pertencem ao grupo de rendimento mais elevado têm um menor risco de ser obesos; os indivíduos com um nível de escolarização superior têm quase metade do risco de sofrerem obesidade do que aqueles que têm menos do que o nível de escolarização do secundário; os indivíduos que praticam pouco ou nenhum exercício físico são 1,6 vezes mais propensos a apresentarem obesidade do que aqueles que praticam exercício físico; a possibilidade dos indivíduos que fumam diariamente serem obesos é metade da dos que nunca fumaram; por fim, a probabilidade de obesidade aumenta com a idade e com o estado civil de casado.

Por fim, nesta terceira parte de resultados, apresentamos a distribuição dos fatores risco da obesidade pelos grupos de rendimento na Tabela 4.

Tabela 4: Desigualdade socioeconómica dos fatores de risco da obesidade

	Índice de Concentração Corrigido	95% I.Conf.
Variáveis demográficas		
Sexo e idade (anos)		
Homem 18-24 (Ref.)		
Homem 25-34	0,0769***	0,0388; 0,1151
Homem 35-44	0,1519***	0,1237; 0,1802
Homem 45-54	-0,0023	-0,0325; 0,0280
Homem 55-64	0,0299	-0,0014; 0,0612
Mulher 18-24	-0,2444***	-0,2913; -0,1976
Mulher 25-34	0,0034	-0,0319; 0,0387
Mulher 35-44	0,0547***	0,0272; 0,0821
Mulher 45-54	-0,0598***	-0,0877; -0,0319
Mulher 55-64	-0,0516***	-0,0788; -0,0245
Estado civil		
Solteiro (Ref.)		
Casado	0,0682***	0,0658; 0,0707
Divorciado ou viúvo	-0,0549***	-0,0838; -0,0261
Variáveis socioeconómicas		
Nível de escolarização		
Básico (Ref.)		
Secundário	0,1185***	0,1001; 0,1369
Superior	0,6178***	0,6081; 0,6274
Estatuto profissional		
Empregado (Ref.)		
Desempregado	-0,4808***	-0,5177; -0,4439
Estudante	-0,1872***	-0,2341; -0,1402
Reformado	0,1395***	0,1012; 0,1777
Incapacidade de trabalho	-0,3235***	-0,3873; -0,2597
Trabalho doméstico	-0,4186***	-0,4572; -0,3800
Estatuto de migrante		
Nasceu e viveu sempre em Portugal (Ref.)		

Reside em Portugal há <10anos	-0,1851****	-0,2512; -0.1191
Reside em Portugal há >10anos	-0,0821***	-0,1173; -0.0469
Estilos de vida		
Atividade física		
Intensiva (Ref.)		
Moderada	0,0049	-0.0119; 0,0217
Nenhuma	-0,0289***	-0.0438; -0,0141
Beber álcool		
Abstinência (Ref.)		
Raramente	0,0172	-0,0039; 0,0385
Ocasionalmente	0,1761***	0,1589; 0,1933
Regularmente	0,0069	-0,0109; 0,0246
Fumar tabaco		
Nunca (Ref.)		
Já fumou	0,1052***	0,0853; 0,1251
Ocasionalmente	0,0168	-0,0378; 0,0714
Diariamente	-0,0673***	-0,0879; -0,0467
Consumo de fruta e vegetais	0,0498***	0,0384; 0,0613
Variáveis geográficas		
Área de residência		
Rural (Ref.)		
Urbana	0,1558***	0,1365; 0,1751
Região NUT II		
Madeira (Ref.)		
Açores	-0,0899***	-0,1189; -0,0610
Norte	-0,0654***	-0,0897; -0,0410
Centro	0,0174	-0,0047; 0,0395
Lisboa e Vale do Tejo	0,2589***	0,2285; 0,2895
Alentejo	-0,0138	-0,0388; 0,0113
Algarve	0,0447***	0,0164; 0,0729

Nota: **_p-value_<0,05 e ***_p-value_<0,01; I.Conf. – Intervalo de Confiança.

Dos resultados obtidos e apresentados na Tabela 4, sublinhamos aqueles que nos merecem maior atenção. O fator de risco educação é aquele onde é mais visível a distribuição desigual entre os quintis de rendimento, com uma muito elevada concentração do ensino superior nos grupos de rendimento mais alto. Se para o nível ensino secundário o CCI é igual a 0,1185, já para o nível de ensino superior o CCI é igual a 0,6178. Em 2014, apenas 3% dos indivíduos no primeiro quintil de rendimento (20% mais pobres) tinha completado um nível de ensino superior contra 60% no último quintil (20% mais ricos).

O desemprego, a incapacidade para trabalhar e o emprego doméstico estão concentrados entre os indivíduos de baixo rendimento; os imigrantes e emigrantes retornados há menos de 10 anos estão também concentrados nos níveis de rendimento mais baixo.

Quanto aos fatores de risco do estilo de vida, a inatividade física está concentrada nos indivíduos de rendimento mais baixo, que é um dos fatores de risco com maior coeficiente de associação com a obesidade. Aqueles que reportam terem deixado de fumar estão concentrados nos níveis de rendimento mais elevado enquanto os fumadores diários estão concentrados nos níveis de rendimento mais baixo. Se ter deixado de fumar não tem uma associação significativa com a obesidade, já fumar diariamente tem uma associação negativa, reduzindo o risco de obesidade. Desta forma, e paradoxalmente, fumar funciona como um fator mitigador da desigualdade económica da obesidade. De forma inversa, o fator de risco referente ao estado civil casado mostra que está concentrado nos níveis de rendimento mais elevado e está positivamente associado com a obesidade.

6. Conclusão

Este capítulo visou analisar o problema da obesidade e dos seus fatores de risco, descrever de forma pedagógica os indicadores mais utilizados para medir a desigualdade socioeconómica da obesidade e, por fim, analisar o caso português da obesidade em adultos em idade ativa.

Em primeiro lugar, verificámos que o problema da obesidade é uma preocupação de saúde pública em todo o mundo e que nalgumas regiões do mundo foi já considerada uma epidemia. Na Europa mais de 50% da população tem sobrepeso e 16% é considerada obesa. O excesso de peso tem duas claras diferenças, uma demográfica e outra socioeconómica. A primeira diz respeito ao sexo, embora os homens tendam a ter sobrepeso com mais frequência que as mulheres, a nível médio europeu a obesidade atinja percentualmente de forma idêntica homens e mulheres; a segunda diferença diz respeito à educação em que, de uma forma geral, melhores níveis de educação correspondem a níveis mais baixos de prevalência de excesso de peso.

Em segundo lugar, descrevemos um modelo conceptual explicativo dos fatores de risco do sobrepeso e da obesidade. Para alem dos fatores genéticos e individuais de saúde e atividade física, há ainda que considerar os fatores do ambiente envolvente do indivíduo e os fatores mais abrangentes que se refletem no progresso tecnológico de apoio à vida contemporânea.

Em terceiro lugar, apresentámos de forma simples e resumida alguns dos indicadores de desigualdade mais relevantes para medir desigualdade em saúde, em particular, a obesidade, destacando-se a curva e o índice de concentração por serem os indicadores mais utilizados para analisar a desigualdade socioeconómica da obesidade.

Por fim, recorrendo ao modelo conceptual dos fatores de risco da obesidade e aos indicadores de desigualdade na obesidade e, naturalmente, sujeito à disponibilidade de dados, estudámos o caso da obesidade nos adultos em idade ativa em Portugal recorrendo aos dados do Inquérito Nacional de Saúde de 2014. Para determinar os fatores de risco da obesidade estimámos uma regressão logística e para medir a desigualdade socioeconómica da obesidade calculámos um índice de concentração corrigido.

A taxa de obesidade em Portugal encontra-se alinhada com outros países ocidentais, sendo a região dos Açores aquela onde surge maior prevalência (este padrão havia já emergido no caso da obesidade infantil, a partir dos dados do INS 2005/2006 – Quintal e Oliveira, 2017). Os resultados mais importantes para os nossos objetivos de análise apontam a existência de uma desigualdade da obesidade que favorece os grupos de rendimento familiar mais elevado, ou seja, os indivíduos obesos estão desproporcionalmente concentrados nos grupos de rendimentos mais baixos, em particular, no caso das mulheres.

Os resultados encontrados pelo índice de concentração mostram que Portugal tem um maior nível de desigualdade do que, por exemplo, a Espanha em 2011/12 (Ventosa 2016) ou o Canadá, dados de 2000 a 2010 (Hajizadeh et al. 2014), mas idêntico a Inglaterra 2010/12 (Davillas e Benzeval 2016).

No que diz respeito à educação como fator de risco, os nossos resultados apontam para uma relevância significativa em que mais educação está associada a uma menor prevalência da obesidade, sendo que esta diferença é mais notória para os níveis de educação superior. Uma vez que a educação superior está concentrada nos grupos de rendimento mais elevado, este fator estará a contribuir decisivamente para a desigualdade socioeconómica da obesidade encontrada no nosso estudo. Tal sucede também em Espanha (Costa-Font e Gil 2008) e em Inglaterra (Davillas e Benzeval 2016) embora não no Canadá (Hajizadeh et al. 2014).

A educação, em particular, o nível superior de ensino, funcionam como um fator de proteção à obesidade. Níveis mais elevados de educação conferem um maior acesso e uma capacidade mais eficiente e eficaz da informação relativa à saúde, à nutrição e ao exercício físico; confere ainda uma maior perceção dos riscos associados às escolhas com estilos de vida e melhora o autocontrolo, a autoestima e a consistência temporal das escolhas (Devaux et al. 2011).

As escolhas do estilo de vida também influenciam de forma significativa a prevalência de obesidade em Portugal. Estilos de vida caracterizados por menores níveis de atividade física estão associados a uma maior probabilidade de ocorrência de obesidade. Encontrando-se a inatividade física desproporcionalmente concentrada entre os grupos de rendimento mais baixo, este fator contribui para a desigualdade socioeconómica da obesidade.

Em relação aos hábitos tabágicos, encontrámos uma associação negativa entre o fumar diariamente e a obesidade. Possivelmente fumar funciona como um inibidor do apetite ou do consumo de comida de conforto que resulta em consumos excessivo de calorias. Como os fumadores diários se encontram concentrados entre os grupos de rendimento mais baixo, paradoxalmente, fumar diariamente contribui para diminuir a desigualdade socioeconómica da obesidade. A análise realizada não permite estabelecer relações de causalidade e, portanto, é possível, por exemplo, que os fumadores diários não deixem de fumar para não engordar ou que as pessoas obesas tenham mais aconselhamento médico para não fumar.

A diferença de desigualdade nos homens e mulheres, encontrada também noutros países como o Reino Unido (Davillas e Benzeval 2016), é relevante: o índice de desigualdade para os homens é de -0,05 e para as mulheres é de -0,146. Contudo, esta diferença na desigualdade da obesidade pode ter implícita uma desigualdade de rendimento.

Para concluir, a obesidade é um problema de saúde pública identificado pela OMS e têm sido adotadas diferentes estratégias para controlar e mitigar este problema (OECD, 2017), como sejam a etiquetagem da comida processada, a utilização de incentivos financeiros para que as pessoas tomem opções mais saudáveis (por exemplo, aplicação de impostos sobre bebidas açucaradas, o abatimento de despesas em ginásios no IRS), o recurso a regras de comercialização de alguns alimentos não saudáveis como a proibição de máquinas dispensadoras nas escolas e hospitais, e ainda a sensibilização das pessoas através de campanhas publicitárias e informativas sobre a obesidade e estilos de vida saudáveis.

Um dos problemas das estratégias utilizadas para controlar e mitigar a obesidade está na ausência de considerações socioeconómicas para que o público e grupos socioeconómicos alvo sejam devidamente atingidos. Para além desta especificidade, há também que considerar as idiossincrasias regionais que poderão justificar o lançamento de medidas e estratégias mais direcionadas para uma determinada região. Não obstante as limitações da análise, o acesso à educação e aos níveis superiores de ensino parece funcionar como um dos melhores fatores protetores da obesidade na sociedade portuguesa.

Referências

Alves L, Stringhini S, Barros H, Azevedo A, Marques-Vidal P (2017). Inequalities in obesity in Portugal: regional and gender differences. European Journal of Public Health 27(4): 775-780.

Amarasinghe AG e D'Souza C (2012). Individual, Social, Economic, and Environmental Model: A Paradigm Shift for Obesity Prevention. International Scholarly Research Network ISRN Public Health Volume 2012, Article ID 571803. DOI:10.5402/2012/571803.

Brahmbhatt M (2017). Social and physical determinants of obesity in adults. Advances in Obesity, Weight Management & Control 6(1): 17-23.

Caritas Europa (2015). Poverty and Inequalities on the Rise. Caritas Europa, Brussels.

Chalasani S (2012). Understanding wealth-based inequalities in child health in India: a decomposition approach. Social Science & Medicine 75(12): 2160-2169.

Costa-Font J, Gil J (2004). Social interactions and the contemporaneous determinants of individuals' weight. Applied Economics 36: 2253– 2263.

Couzin-Frankel J (2021). Obesity doesn't always mean ill health. Here's what scientists are learning. DOI 0.1126/science. abl6592. Disponível em www.sciencemag.org/news/2021/07/obesity-doesn-t-always-mean--ill-health-here-s-what-scientists-are-learning?utm_campaign=news_weekly_2021-07-30&et_rid=722796129&et_cid=3866703.

Dahlgren G, Whitehead M (1991). Policies and strategies to promote social equity in health. Institute for Future Studies, Stockholm (Mimeo), p. 1-69. Disponível em https://www.iffs.se/media/1326/20080109110739filmz8uvqv2wqfshmrf6cut.pdf.

Davillas A, Benzeval M (2016) Alternative measures to BMI: Exploring income-related inequalities in adiposity in Great Britain. Social. Science and Medicine 166: 223-232.

Devaux M, Sassi F, Church J, Cecchini M e Borgonovi F (2001). Exploring the relationship between education and obesity. OECD Journal: Economic Studies (1): 1-40.

DGS (2005). Plano Nacional de Saúde para o combate à Obesidade. Direção Geral da Saúde, Lisboa.

Erreygers G (2009). Correcting the concentration index. Journal of Health Economics 28(2): 504-515.

Eurostat (2021a). Database. Disponível em https://ec.europa.eu/eurostat/data/database.

Eurostat (2021b). Statistics Explained. Overweight and obesity – BMI statistics. Disponível em https://ec.europa.eu/eurostat/statistics--explained/index.php?title=Overweight_and_obesity_-_BMI_statistics. Acedido em 10 Agosto de 2021.

Hajizadeh M, Campbell MK, Sarma S (2014). Socioeconomic inequalities in adult obesity risk in Canada: trends and decomposition analyses. European Journal Health Economics 15(2): 203-221.

INE (2016). Inquérito Nacional de Saúde 2014. https://www.ine.pt/xportal/xmain?xpid=INE&xpgid=ine_publicacoes&PUBLICACOESpub_boui=263714091&PUBLICACOESmodo=2.

Kakwani, NC, Wagstaff A e van Doorslaer E (1997). Socioeconomic inequalities in health: measurement, computation and statistical inference. Journal of Econometrics 77(1): 87-104.

Marmot M, Friel S, Bell R, Houweling TA, Taylor S (2008). Commission on Social Determinants of Health: Closing the gap in a generation: health equity through action on the social determinants of health. Lancet 372 (9650): 1661-1669.

McLaren L (2014). Social and Economic Determinants of Obesity. In Bray G and Bouchard C (Eds), Handbook of obesity, Epidemiology, Etiology, and Physiopathology. Volume 1. 3ª Edition. Boca Raton: CRC Press, Taylor & Francis Group.

NCD Risk Factor Collaboration (2016). Trends in adult body-mass index in 200 countries from 1975 to 2014: a pooled analysis of 1698 population-based measurement studies with 19· 2 million participants. Lancet 387(10026): 1377-1396.

Nikolaou A, Nikolaou D (2008). Income-related inequality in the distribution of obesity among Europeans. Journal of Public Health 16(6): 403-411.

O'Donnell O, van Doorslaer E, Wagstaff A, Lindelow M (2008). Analyzing Health Equity Using Survey Data: A Guide to Techniques and Their Implementation. The World Bank, Washington, DC.

O'Donnell O, O'Neill S, Van Ourti T e Walsh B (2016). conindex: Estimation of concentration indices. *Stata Journal* 16(1): 112–138

OECD (2017). Obesity Update 2017. OECD Publishing, Paris.

Our World in Data (2021). Database. Disponível em https://ourworldindata.org/.

Pan American Health Organization (2011). Regional consultation: priorities for cardiovascular health in the Americas. In Ordúñez-García P, Campillo-Artero C (Eds) Key messages for policymakers. Washington, D.C.: PAHO.

Popkin BM (1994). The nutrition transition in low-income countries: an emerging crisis. Nutrition Review 52: 285–298.

Popkin BM (1999). Urbanization, lifestyle changes and the nutrition transition. World Development 27(11): 1905-1916.

Popkin BM (2002). An overview on the nutrition transition and its health implications: the Bellagio meeting. Public Health Nutrition 5: 93–103.

Popkin BM e Gordon-Larsen P (2004). The nutrition transition: worldwide obesity dynamics. International Journal of Obesity 28: S2–S9.

Popkin, BM (2006). Technology, transport, globalization and the nutrition transition food policy. Food Policy 31(6): 554–569.

Quintal C, Oliveira J (2017). Socioeconomic inequalities in child obesity and overweight in Portugal. International Journal of Social Economics 44(10): 1377-1389.

Sassi F (2010). Obesity and the economics of prevention, OECD Health Division. Disponível em https://www.oecd.org/els/health-systems/46044572.pdf.

Simões J, Augusto GF, Fronteira I, Hernández-Quevedo C (2017). Portugal: Health system review. Health Systems in Transition 19(2): 1–184.

van Doorslaer E, Koolman X (2004). Explaining the differences in income-related health inequalities across European countries. Health Economics 13(7): 609-28.

Wagstaff A (2005). The bounds of the concentration index when the variable of interest is binary, with an application to immunization inequality. Health Economics 14(4): 429-432.

Wagstaff A (2011). Health economics letter: the concentration index of a binary outcome revisite. Health Economics 20(10): 1155-1160.

Wagstaff A, Paci PV, Doorslaer E (1991). On the measurement of inequalities in health. Social Science and Medicine 33(5): 545-547.

Comunidades: Ontem, Hoje e Sempre são do que as Pessoas Precisam para Viverem Bem como Seres Sociais

Américo M. S. Carvalho Mendes

Profa. Manuela Silva, pioneira em Portugal do Desenvolvimento de Base Comunitária

A Profa. Manuela Silva foi uma pioneira em Portugal do Desenvolvimento de Base Comunitária não só na reflexão e no que escreveu sobre este tema (Silva, 1962, 1963, 1964), mas também por se ter envolvido activamente em projectos deste tipo no terreno, nomeadamente o que teve lugar na Benedita.

Assim sendo, ela faz parte do grupo muito reduzido de economistas que dá atenção à relevância das comunidades humanas que só têm entrada num número muito reduzido de livros de texto desta disciplina[1]. Noutras áreas, como a Sociologia, não é assim, sendo "comunidade" um conceito fundador desta disciplina (Nisbet, 2017).

Não caberia aqui apresentar, mesmo que muito resumidamente, o essencial da literatura sobre este tema nas várias disciplinas que o têm tratado. Por isso, a opção foi começar pelo que tem dito sobre este tema a investigação antropológica relativa às sociedades ditas "primitivas" e pelo que sobre ele escreveu um filósofo importante da Antiguidade Clássica, mais precisamente Aristóteles. Depois disso dá-se um grande salto até à actualidade para referir algumas razões

[1] As excepções são alguns economistas do grupo dos chamados "heterodoxos" (Bowles, 2004).

que continuam a fazer das comunidades humanas um tema relevante para a reflexão e para a acção, terminando com a proposta de uma redefinição deste conceito.

Etimologia da palavra "comunidade" e sociedades primitivas

"Comunidade" vem da palavra latina ***"communitas"*** que, por sua vez, vem da composição de ***"cum"*** com ***"munus"***. Este último termo, que significa "dever", "cargo oficial", tem como raiz *"mei-"* que significa "trocar" (Benveniste, 1969).

Tal como explica Benveniste, "nomeando-se um magistrado, dá-se-lhe vantagens e honra. Em contrapartida isso obriga-o a contraprestações, sob a forma de despesas em particular para os espectáculos (...) Por conseguinte, *communis* não significa ´quem partilha os cargos´, mas sim ´quem tem em comum as *munia*´. Ora quando este sistema de compensação funciona no interior de um mesmo círculo, ele determina uma ´comunidade´, um conjunto de pessoas unidas por este laço de reciprocidade." (Benveniste, 1969, p. 96-97; a tradução é nossa).

Esta **reciprocidade** onde há um acto de dar, seguido de um acto de aceitação da doação que vem com a obrigação para quem aceita de, por sua vez, também dar, é semelhante a uma forma de reciprocidade que a investigação antropológica (Clastres, 1974; Sahlins, 1976) identificou nas sociedades ditas primitivas e que foi muito bem sintetizado no famoso ensaio de Marcel Mauss sobre a dádiva (Mauss, 1923-24). Nestas sociedades que Pierre Clastres caracterizou como sendo **"sociedades contra o Estado"** (Clastres, 1974), o ser "chefe" não é um cargo que dê poder como dominação sobre os membros dessa sociedade. O "chefe" é alguém que precisa de ter certas competências como, por exemplo, falar bem para reproduzir a história oral da comunidade e saber ser persuasivo para resolver conflitos de forma pacífica. O "chefe" não é alguém que se apropria de bens e serviços produzidos pelos membros da comunidade para enriquecer e usar isso e usar isso com propósitos de dominação.

O "chefe" é antes alguém que produz bens e serviços para prover às necessidades da sua comunidade. Alguns desses bens podem voltar às mãos do "chefe", depois de circularem dentro da comunidade, mas não é para o "chefe" se apoderar deles. É, antes, para os devolver à comunidade dando uma festa (*potlatch*) onde esses bens são partilhados e consumidos por todos, sem risco de acumulação de riqueza por parte do "chefe". Desta maneira estas sociedades defendem-se contra a emergência de um poder político estatal que se apropria dos bens e do resultado do trabalho dos seus membros em benefício de uma pessoa, ou de um grupo de pessoas que dominam as outras.

Pode parecer muito deslocado num texto como este que vai até às comunidades humanas nos dias de hoje falar de sociedades tão distantes das actuais no tempo, ou noutras dimensões, como são as sociedades primitivas. Não será bem assim se o que nos interessa são as comunidades humanas, porque há nas formas de reciprocidade atrás referidas para as sociedades primitivas componentes que continuam a ser relevantes nas comunidades humanas dos dias de hoje. Nessas sociedades, tal como agora, para uma comunidade humana existir é preciso o seguinte:

- Experiências de vida vividas em comum;
- Relações pessoais, directas e recorrentes entre os membros da comunidade;
- Contributos voluntários de cada um dos membros, para benefício de todos na expectativa de que os outros façam;
- Modos de regulação da vida colectiva que impeçam o aparecimento de instâncias de poder como dominação geradoras e acentuadoras de desigualdades.

Aristóteles e as comunidades humanas
O pôr em comum para todos viverem bem na base das instituições políticas

Aristóteles começa o seu livro "Política" de uma forma muito clara sobre o papel que atribui às comunidades humanas:

> *"Vemos que toda a comunidade política é uma espécie de comunidade, e que toda a comunidade é constituída tendo em vista um determinado bem (porque é com vista a obter o que acham que é um bem que todas as pessoas realizam sempre os seus actos): resulta daqui claramente que se todas as comunidades visam um determinado bem, aquela que é a mais alta de todas e engloba todas as outras, também visa, mais do que as outras, um bem que é o mais alto de todos. Esta comunidade é a que se chama cidade, é a comunidade política.*
>
> *Os que, portanto, acham que o chefe político, o chefe real, o chefe de família e o dono de escravos são uma e mesma noção exprimem-se de uma forma inexacta (com efeito, imaginam que estas diversas formas de autoridade diferem apenas quanto ao maior ou menor número de indivíduos que lhes estão sujeitos, mas que não existe entre elas nenhuma diferença específica ..."* (Aristóteles, Pol., I, 1, 1252a)[2].

Nesta passagem inicial do livro "Política" estão as seguintes ideias:

- Os seres humanos vivem em comunidades de diversos tipos, tendo cada uma delas a sua essência diferente das outras;
- Estas comunidades são constituídas com vista a alcançar um determinado bem;
- As várias comunidades humanas integram-se todas na que tem o nível mais elevado que é a comunidade política[3];
- As unidades básicas da comunidade política não são as pessoas individuais, mas sim as comunidades domésticas[4];
- Se as comunidades que constituem a comunidade política são criadas com vista à obtenção de um determinado bem, isso também deve acontecer com a de nível mais alto que, por isso, deve procurar alcançar um bem mais alto do que as que a constituem;

[2] Aqui e no resto do texto as citações deste livro de Aristóteles são traduções nossas da tradução francesa de J. Tricot (Aristote, 1995).

[3] Aqui e no resto do texto o termo *polis* será traduzido por "comunidade".

[4] Maine (1906) considerou que esta é a principal característica que distingue as sociedades antigas das sociedades modernas que são sociedades de indivíduos.

- As instituições políticas estabelecem-se para atingir um fim que é comum a todos os cidadãos e com base no que eles põem em comum.

Há aqui uma diferença fundamental relativamente a Platão que também dedicou muita atenção à comunidade política. Para Platão as partes que constituem a comunidade política não têm uma essência que as distinga do todo de que fazem parte.

Para Aristóteles o viver em sociedade não é exclusivo dos seres humanos. O que é exclusivo dos seres humanos é terem capacidade para, de uma forma deliberada, criar comunidades políticas visando o Bem para todos os seus membros. O que os cidadãos põem em comum na comunidade política para atingir este fim comum não é necessariamente um regime de propriedade comum de bens, embora possa haver a instituição de formas de uso comum de bens em propriedade privada. Aristóteles advogava a propriedade privada dos bens, mas com a possibilidade da criação de instituições para esse uso comum.

O que Aristóteles considerou que os cidadãos põem em comum no domínio político é, acima de tudo, a partilha das suas ideias e a sua participação no processo colectivo de decisão política sobre normas que se devem aplicar a todos de maneira a promoverem fins comuns.

Das várias comunidades que constituem a *polis*, Aristóteles deu muita importância às comunidades domésticas[5] que considerou como sendo uma pré-condição e a base permanente para a existência dessa comunidade política. Quanto às comunidades locais considerou-as como sendo um ponto de partida necessário para a constituição da comunidade política acabando por se diluir nela com o tempo. Sobre os grupos de amigos, considerou-os como tendo uma natureza acidental.

Aristóteles trata as comunidades domésticas logo depois da passagem inicial do livro "Política" atrás referida, começando por uma

[5] "Comunidades domésticas" é o termo que aqui será usado para referir as "famílias" ou os "lares" uma vez que nestes Aristóteles engloba uma relação que não é de parentesco, mas é do foro doméstico, como é a relação mestre/escravo.

das três relações que as constituem, a saber, a relação entre marido e mulher:

> *"A primeira união necessária é a de dois seres que são incapazes de existir um sem o outro; é o caso do macho e da fêmea com vista à procriação"* (Aristóteles, I, 1, 1252a).

A finalidade da união marido/mulher não se limita à procriação. Esta também existe nas outras espécies animais. Nos seres humanos esta forma de comunidade estende-se a todas as necessidades da vida e à ajuda mútua com vista a uma obra comum:

> *"nos animais a comunidade não vai além da procriação, enquanto na espécie humana a coabitação do homem e da mulher não tem apenas por objectivo a reprodução, estendendo-se a todas as necessidades da vida: a divisão de tarefas entre marido e mulher existe desde a origem, não tendo as mesmas funções; assim, ajudam-se mutuamente pondo as suas capacidades próprias ao serviço de uma obra comum. É por estas razões que a utilidade e o acordo se encontram no amor conjugal. Mas este amor também se pode basear na virtude, quando os esposos são pessoas de bem: porque cada um deles tem a sua virtude própria e os dois alegram-se com a virtude do outro. Os filhos também, ao que parece, constituem um traço de união, sendo por isso que os casais sem filhos se separam mais rapidamente: com efeito, os filhos são um bem comum aos dois e o que é comum mantém a união"* (Aristóteles, EN, VIII, 14, 1162a)[6].

Nas comunidades domésticas Aristóteles engloba não só esta relação entre marido e esposa, mas também a relação entre o pai e os filhos e a relação entre mestre e escravo.

A seguir às comunidades domésticas, Aristóteles refere as comunidades locais:

> *"a primeira comunidade formada por várias comunidades domésticas com vista à satisfação de necessidades que não são puramente quotidianas, é a*

---

[6] Aqui e no resto do texto as citações do livro "Ética a Nicomaco" de Aristóteles são traduções nossas da tradução francesa de J. Tricot (Aristote, 1990).

comunidade local. Pela sua forma mais natural, a comunidade local parece ser a extensão da comunidade doméstica: os seus membros, segundo a expressão de alguns autores, beberam o mesmo leite, e incluem filhos e netos." (Aristóteles, Pol., I, 2, 1252b).

Nos fins que Aristóteles atribui às comunidades locais e que não são satisfeitos pelas comunidades domésticas estão os seguintes: realizar cerimónias religiosas colectivas, administrar a justiça que permita a resolução de conflitos e facilitar as trocas comerciais. Com efeito, Aristóteles diz o seguinte sobre as comunidades locais quando trata a comunidade política:

> *"a comunidade política não é uma simples comunidade de lugar estabelecida com vista a impedir as injustiças recíprocas e a favorecer as trocas comerciais."* (Aristóteles, Pol., III, 9, 1280b).

Depois de tratar as comunidades locais Aristóteles passa para a comunidade política cuja génese explica do seguinte modo[7]:

> *"Enfim, a comunidade formada por várias comunidades locais é a comunidade política, no pleno sentido da palavra; ela atinge, por assim dizer, o limite da independência económica: assim, formada no início para satisfazer somente as necessidades vitais, ela existe para permitir o viver bem. (...)*
>
> *Estas considerações mostram que a comunidade política faz parte das realidades que existem de forma natural e que o ser humano é por natureza um animal político. Quem não pertencer a uma comunidade política, naturalmente e não em resultado das circunstâncias, é ou um ser degradado, ou está acima da humanidade. É comparável ao ser humano tratado da seguinte forma ignominiosa por Homero: Sem família, sem lei, sem lar."* (Aristóteles, Pol., I, 2, 1252b, 1253a).

[7] Johannes Althusius (1995), um autor cuja obra de Filosofia Política teve oito edições, entre 1603 e 1654, considerou, à semelhança de Aristóteles, que a comunidade política é uma "consociação" (*consociatio universalis*) de comunidades intermédias (famílias, comunidades locais, corporações de artes e ofícios, etc.)

A amizade (*philia*) como característica central do viver em comunidade

Para Aristóteles, na comunidade política e na comunidade conjugal os seus membros são considerados livres e iguais. Na comunidade paternal os seus membros são considerados livres, mas desiguais e na relação mestre / escravo uma das partes não é livre. Nestas comunidades e nas comunidades locais as relações entre os seus membros são reguladas por relações de autoridade: a autoridade do marido sobre a esposa, do pai sobre os filhos, do mestre sobre o escravo, do líder de uma comunidade local sobre as comunidades domésticas que a constituem e do poder político sobre os cidadãos. Esta autoridade, no entanto, tem que ser exercida de forma compatível com a amizade (*philia*) e com a justiça que, para Aristóteles, estão na base do pôr em comum, do viver em conjunto.

Vejamos algumas passagens do que Aristóteles escreveu sobre a amizade:

> *"sem dúvida é estranho fazer do ser humano perfeitamente feliz um solitário; com efeito ninguém decidiria possuir todos os bens deste mundo para usufruir deles sozinho porque o ser humano é um ser político feito naturalmente para viver em sociedade. Por isso, esta característica pertence ao ser humano feliz porque ele possui todas as vantagens que são boas por natureza. Evidentemente é preferível passar o tempo com amigos e pessoas de bem do que com estranhos e com companheiros ocasionais. Por isso, um ser humano feliz precisa de ter amigos"* (Aristóteles, EN, IX, 1169b)
>
> *"a comunidade é por essência afectiva"* (Aristóteles, Pol., IV, 11, 1295b).
>
> *"o Estado é a comunidade do viver bem para as comunidades domésticas e para os agrupamentos de comunidades domésticas com vista a uma vida perfeita e auto-suficiente. Todavia uma tal comunidade não se realizará a não ser entre os que habitam um mesmo território e que casam entre si. Daqui nasceram nas cidades relações de parentesco, fratrias, sacrifícios públicos e actividades de lazer em comum. Estas diversas formas de sociabilidade são obra da amizade, porque a escolha deliberada de viver em conjunto não é outra coisa senão a amizade."* (Aristóteles, Pol., III, 9, 1280b).

"a amizade é o maior dos bens para as comunidades políticas porque é por ela que os riscos de discórdia são reduzidos ao mínimo" (Aristóteles, Pol., II, 1262b)

"amigo é um outro eu" (Aristóteles, EN, IX, 9, 1169b)

"é no pôr em comum que consiste a amizade" (Aristóteles, EN, VIII, 11, 1159b)

"os que querem o bem doutra pessoa chamam-se pessoas benevolentes quando o mesmo desejo não existe da parte dessa pessoa, porque só quando a benevolência é recíproca é que ela é amizade" (Aristóteles, EN, VIII, 2, 1155b).

Para Aristóteles a amizade é o pôr em comum, o escolher livremente viver em conjunto com outras pessoas, numa atitude de benevolência para com elas e a que elas correspondem do mesmo modo, reduzindo-se, assim, o risco de emergência de conflitos que poderiam pôr em causa a harmonia dessa vivência colectiva.

Aristóteles não excluiu a dimensão afectiva do significado da palavra *philia*, mas o seu entendimento deste conceito não o reduz a uma relação puramente sentimental. O significado etimológico de *philia* também não é este, mas sim o de hospitalidade, ou de pertença a um grupo social (Benveniste, 1969; Chantraine, 1999).

Luigino Bruni (2010) sistematiza em oito características as propriedades deste conceito aristotélico de amizade.

1. Equivalência

Não se trata aqui da equivalência que acontece na troca mercantil, mas sim da equivalência no sentido de que numa relação de amizade nenhuma das partes se pode sentir que está a ser explorada pela outra. É por isso que Aristóteles estabelece uma relação muito forte entre amizade e justiça sobre a qual se falará mais adiante.

2. Igualdade

Para Aristóteles a igualdade é uma característica própria da amizade. Por isso, existe entre pessoas que não têm nenhum estatuto de superioridade de umas em relação às outras (caso dos cidadãos na comunidade política), ou, quando esse estatuto existe, por exemplo, nas relações entre pais e filhos ou entre pessoas idosas e pessoas mais novas, ela promove o que Aristóteles designa por "igualdade proporcional":

> *"em todas as amizades onde intervém um elemento de superioridade, é preciso que esta relação seja proporcional: por exemplo, é preciso que o melhor seja amado mais do que aquilo que ama; e que também seja assim para o que presta mais serviços e em todos os casos semelhantes. Porque quando a amizade é proporcional ao mérito, estabelece-se uma espécie de igualdade que é uma característica própria desta relação."* (Aristóteles, EN, VIII, 8, 1158b).

3. Liberdade

Para Aristóteles a amizade só se pode estabelecer entre pessoas livres, tenham elas estatutos iguais ou não. Os cidadãos na comunidade política são livres e iguais. No caso das relações conjugais e das relações de parentesco, Aristóteles considera que não são relações entre pessoas iguais, mas são relações entre pessoas livres.

4. Não transitividade (ou eletividade)

Para Aristóteles, para haver uma relação de amizade virtuosa esta não pode envolver um grande número de pessoas porque, sendo a amizade o que caracteriza a vida em comum, esta não é possível com muita gente.

> *"o número de amigos deve ir até ao que ainda permitir uma vida em comum (porque, como já dissemos, a vida em comum é o que melhor caracteriza*

a amizade): não há dúvida de que não é possível ter-se uma vida em comum com um grande número de pessoas e partilhar-se a si próprio entre todas elas." (Aristóteles, EN, IX, 10, 1171a)

Luigino Bruni (2010) reformula esta característica da amizade em termos de uma relação de não transitividade que impede que ela se alargue a muita gente: se a pessoa X é amiga da pessoa Y e a pessoa Y é amiga da pessoa Z, isto não implica que a pessoa X seja amiga da pessoa Z.

5. Incondicionalidade condicional

Luigino Bruni (2010) foi buscar a Alain Caillé (2000) a expressão "incondicionalidade condicional" para designar o facto de que, na relação de amizade, não há uma negociação e um acordo prévio entre as partes sobre os termos dessa relação. Daí a "incondicionalidade". No entanto, se uma parte inicia, ou procura continuar a relação e a outra não responde, então a relação não acontece, ou interrompe-se. Por isso, o seu carácter "condicional".

Já se viu isto numa citação de Aristóteles atrás apresentada (Aristóteles, EN, VIII, 2, 1155b) onde ele refere que a benevolência dever ser recíproca para haver amizade.

6. Disposições

Uma relação de amizade não se baseia em actos isolados, mas sim em disposições para agir de cada uma das partes envolvidas. O que se quer dizer com isto é que se uma parte falhar uma vez nesta relação, a outra está disposta a perdoar-lhe, se isto for um acto isolado sem tendência para se voltar a repetir, havendo da parte faltosa disposição para continuar a relação e corrigir o que houver a corrigir para que assim seja.

7. Intenções

Aristóteles distingue três tipos de motivações para a amizade: o prazer, o interesse e a virtude. Os dois primeiros tipos de amizade são instrumentais, passageiros e susceptíveis de acontecer entre pessoas que não são necessariamente virtuosas. Não é o caso quando a amizade é uma virtude, sendo esta a forma perfeita de amizade:

> *"a amizade perfeita é a das pessoas virtuosas e que são semelhantes em virtude: porque estes amigos desejam o bem uns aos outros porque são bons e são bons por eles próprios. Os que desejam o bem aos seus amigos por amor destes últimos são amigos por excelência (comportam-se assim uns com os outros por causa da natureza de cada um deles, e não por acidente): desta maneira a amizade persiste enquanto forem bons, sendo a virtude uma disposição estável."* (Aristóteles, EN, VIII, 4, 1156b).

Também é por isto que não é possível ter um grande número de amigos, quando a motivação da amizade for a virtude. Já não será o caso se a motivação for o prazer, ou o interesse.

8. Identidade

Na amizade a identidade das partes tem um papel essencial.

A expressão mais alta da justiça é a amizade

Aristóteles posicionou do seguinte modo a amizade em relação à justiça:

> *"quando os seres humanos são amigos não há mais necessidade de justiça, enquanto que, se se contentarem em serem justos, também têm necessidade de amizade, sendo que a mais alta expressão da justiça é, na opinião geral, da natureza da amizade."* (Aristóteles, VIII, 1, 1155a).

Quanto à justiça, definiu-a como sendo uma virtude no sentido de uma disposição de carácter para praticar acções justas e querer coisas justas:

> *"toda a gente entende por justiça a disposição que torna as pessoas aptas a realizar acções justas e que as faz agir de forma justa e querer coisas justas"* (Aristóteles, EN, V, 1, 1129a).

Aristóteles considerou que é *"justo o que é conforme à lei e respeita a igualdade"* (Aristóteles, EN, V, 1, 1129a, 1229b).

A justiça é, assim, uma virtude moral que diz essencialmente respeito não às paixões do ser humano, mas sim às suas relações com as outras pessoas através de actos que são exteriores a essas paixões relativos a objectos usados nessas relações.

Aristóteles distinguiu duas formas de justiça no que diz respeito ao seu objecto:

- a **"justiça universal ou legal"** que tem que ver com o agir conforme à lei, ou seja, o agir cumprindo normas sociais que promovam o viver bem para todos;
- a **"justiça especial ou particular"** que tem que ver com objectos que não são de interesse geral, mas sim do interesse de certas pessoas.

Quanto a esta última forma de justiça, Aristóteles considerou dois casos:

- a **"justiça distributiva"** que consiste em distribuir bens privados pelas pessoas na proporção do que for o mérito relativo de cada uma delas;
- a **"justiça correctiva"** que consiste em restabelecer a igualdade na repartição de um bem entre duas pessoas quando uma delas ficou com mais ou com menos do que deveria ter ficado.

Contributos de Aristóteles para o estudo das comunidades humanas

Apesar de muito distantes no tempo e de se referirem a formas de sociedade que não são as dos dias de hoje, os escritos de Aristóteles identificam componentes que continuam a ser muito relevantes para as comunidades humanas na actualidade:

- as comunidades humanas nascem de experiências de vida vividas em comum e existem para assegurar esse tipo de vivência;
- sendo experiências de vida em comum, incluem um relacionamento pessoal, directo e recorrente entre as pessoas nelas envolvidas;
- essas experiências de vida também incluem alguma forma de envolvimento afectivo entre as pessoas que partilham essas experiências;
- os seres humanos não podem existir sem essas formas de vida em comum, precisando de participar na sua construção e funcionamento;
- as formas de vida em comum precisam de contributos voluntários de cada um dos seus membros para benefício doutros na expectativa de que estes retribuam;
- as formas de vida em comum não existem, nem subsistem se for para gerar e acentuar desigualdades entre os seus membros, devendo antes atenuar, ou eliminar desigualdades.

Das comunidades sem indivíduos aos indivíduos sem comunidades, ou não será bem assim?

Saltando muitos séculos na história, até aos finais do século XVIII, princípio do século XIX, chega-se ao período em que a economia de mercado de tipo capitalista arrancou definitivamente para a preponderância cada vez maior que foi ganhando sobre outras formas de organizar a actividade económica, aconteceu a tendência analisada por Maine (1906) e outros autores da passagem de sociedades onde as unidades elementares eram as famílias para sociedades onde as unidades elementares são os indivíduos.

Deixando aqui por tratar as comunidades humanas na Idade Média analisadas por autores como Gierke (1913, 1990) e olhando para o que se tem vindo a passar com a expansão da economia capitalista, será que aconteceu o que Luigino Bruni (2012) chamou de passagem de "comunidades sem indivíduos" típicas das sociedades primitivas e da Idade Antiga para os "indivíduos sem comunidade" da Idade Moderna e da Idade Contemporânea?

Não há dúvida que a economia capitalista destruiu as formas de comunidades humanas que existiam antes e que foram analisadas por autores como os atrás referidos e por outros mais recentes como Ferdinand Tönnies (2010), alguns deles com nostalgia em relação a essa perda.

Dito isto, as comunidades humanas não desapareceram. O que aconteceu foi que tomaram outras formas, em resposta a novas realidades e a novas necessidades de viver e agir em conjunto.

Vão referir-se a seguir algumas tendências actuais que geram necessidades e criam oportunidades para novas formas de organização comunitária.

Globalização, cadeias de produção e de distribuição à escala mundial, reindividualização da relação salarial, "nuvem humana" e supranumerários

Com a 3.ª e agora a 4.ª revoluções industriais, mais a liberalização dos movimentos de capitais depois do fim do Acordo de Bretton Woods e a cada maior liberdade de movimentos internacionais de bens e serviços, o desenvolvimento do processo de globalização que tudo isto permitiu fez com que tenham vindo a surgir cada vez mais cadeias de produção e de distribuição à escala global. Nestas cadeias cada "peça" do produto final tende a ser produzida no sítio do mundo com maiores vantagens comparativas para isso (Berger, 2006; Friedman, 2005).

Isto tem contribuído para o que Robert Castel (1995, 2009) designa por uma cada vez maior **"descolectivização"** dos sistemas de protecção social dos trabalhadores assalariados e uma cada vez maior **"reindividualização"** da relação salarial. Isto veio depois de um tempo em que o capitalismo industrial tinha permitido acomodar o desenvolvimento de sistemas de segurança social e de formas de contratação laboral colectivas.

Ainda segundo Robert Castel (1995, 2009) isto causa cada vez mais **incerteza** quanto ao futuro em cada vez mais pessoas. Algumas delas vão-se encaminhando para novas formas de organização da produção que as mudanças tecnológicas atrás referidas permitem, como seja o que se designa por **"nuvem humana"** (Mottola & Coatney, 2021): uma empresa de um sítio qualquer do mundo coloca na "nuvem" a sua necessidade de alguém para realizar determinada tarefa, recebendo depois propostas de pessoas doutros sítios do mundo disponíveis para realizar essa tarefa, terminando a relação entre as duas partes quando a realização dessa tarefa termina. A pandemia do COVID 19, com as várias formas de organização do "trabalho à distância" tem contribuído para acentuar esta tendência.

As pessoas que têm competências para operar nesta "nuvem" vão encontrando aí novos meios de subsistência e novas maneiras de conciliar a sua actividade laboral com as outras actividades das suas vidas. As outras pessoas que não têm essas competências e que vão ficando sem emprego nos processos de desenvolvimento das cadeias de produção e de distribuição à escala global e de expansão dessa "nuvem humana" são as que Robert Castel (1995) designa por **"supranumerários"**. Para estes a subsistência é cada vez mais precária e a incerteza quanto ao seu futuro e ao futuro dos seus filhos é cada vez maior.

Assim sendo, quer nos "supranumerários", quer nas pessoas que vão conseguindo adaptar-se às novas formas de organização da produção por recurso à "nuvem humana" ou por outras vias, vão desaparecendo modos de vida comunitários que essas novas formas de organização da produção vão destruindo: por exemplo, a comunidade dos trabalhadores que estavam há bastante tempo ao serviço de uma empresa que fechou; as comunidades locais das quais empresas nelas inseridas há muito tempo eram um suporte económico relevante e que encerram a sua actividade por causa da globalização, etc.. Esta destruição e mais a incerteza quanto ao futuro por insuficiências, ou mesmo rutura de sistemas coletivos de protecção social geram em cada vez mais pessoas a necessidade de procurar e de construir outras redes de protecção que permitam a sua subsistência económica e lhes reduzam a incerteza quanto ao futuro.

Por isso, há aqui necessidades e oportunidades para novas formas de organização comunitária, nas quais as novas tecnologias da informação e da comunicação podem ser um instrumento relevante. O que Benkler (2002, 2006) designa por ***"commons-based peer production"*** é um exemplo de novos caminhos que a organização das actividades económicas pode seguir promovendo relacionamentos sociais com características comunitárias.

Economias da partilha

A tendência da economia capitalista para gerar uma quantidade e uma diversidade cada vez maiores de bens e serviços, faz com que também haja uma quantidade cada vez maior de bens privados (bens com exclusão no acesso e rivalidade no consumo) duradouros cuja capacidade não é usada em pleno pelos seus donos. É o que Benkler designa por **"bens partilháveis"** (Benkler, 2004).

Esta situação gera uma oportunidade para novas formas de organização da produção e do consumo que podem evoluir em duas direcções: o dono de um bem partilhável cede o uso da capacidade não utilizada do mesmo a outros mediante o pagamento de um preço, ou então faz isso a título gratuito, por exemplo, com motivações solidárias, ou para criar laços sociais de amizade com outras pessoas.

A partilha mercantil é actualmente um campo de desenvolvimento de empresas com escala multinacional como é o caso da Uber e da Airbnb.

A partilha não mercantil permite novas formas de organização comunitária que estão a desenvolver-se em várias partes do mundo (Shareable, 2018).

Mobilizações sociais contra a privatização de recursos comuns

Sendo uma forma de economia de mercado, o capitalismo precisa de um regime de direitos de propriedade privada. Por isso, o seu crescimento tem-se feito acompanhar de processos cada vez mais alargados de apropriação privada de bens.

Quando os bens a apropriar deste modo estão sob alguma forma de regime de propriedade comum, ou, estando ou não num regime deste tipo, têm valores de uso, valores identitários, ou valores sagrados que são importantes para a sustentabilidade e para a identidade colectiva de comunidades locais, estas podem encontrar aqui um motivo para se mobilizarem e se revigorarem na luta contra esses processos de apropriação. Ao longo da história do capitalismo tem havido muitas mobilizações deste tipo, umas bem-sucedidas, outras mal sucedidas e vai continuar a ser assim. Como já aqui se falou das novas tecnologias trazidas pelas 3.ª e 4.ª revoluções industriais, vejam-se, por exemplo, as mobilizações em curso em Portugal contra a exploração do lítio que é um material importante para essas tecnologias.

Problemas ambientais e catástrofes naturais

O crescimento da produção gerada pelas economias capitalistas tem aumentado as suas punções sobre os recursos naturais. Como já atrás se referiu, isto tem sido e continuará a ser motivo para a mobilização de comunidades cuja vida é afectada pelos problemas ambientais que daí decorrem, mas há uma componente nova nesses problemas que também suscita formas de organização comunitária. Trata-se das catástrofes naturais que se devem na totalidade, ou em parte às alterações climáticas (Frazier-Cairns *et al.*, 2019).

Riscos sanitários pandémicos

A pandemia do COVID 19 fez o mundo todo tomar consciência de um risco sobre o qual algumas pessoas já tinham vindo a alertar há algum tempo: com a globalização um problema de saúde endémico corre o risco de rapidamente se tornar pandémico.

Como se tem visto em Portugal e no resto do mundo, esta pandemia tem sido motivo para a mobilização de formas de organização comunitária, algumas já existentes e outras novas (Carr *et al.*, 2020; Mendes, 2020).

Envelhecimento da população e economias do cuidado

A tendência para o envelhecimento da população em Portugal e noutros países do mundo faz com que haja cada vez mais necessidade do trabalho de cuidador. Para este trabalho será cada vez mais difícil contas apenas com as famílias, mesmo que tenham a ajuda de organizações prestadoras de cuidados dos idosos e doutras pessoas que não são autónomas nas suas actividades de vida diária. Uma parte desta economia do cuidado terá que passar também cada vez mais pelo envolvimento de formas de organização comunitária, nomeadamente as comunidades locais.

Mas, para além do facto das famílias e das organizações prestadoras de serviços sociais não bastarem para cuidar devidamente dos idosos e doutras pessoas limitadas nas suas actividades de vida diária, sendo preciso também o contributo de formas de organização comunitária, há outras ligações fortes do trabalho do cuidado com estas formas de organização. Essas ligações têm que ver com **proximidade** e com **afectividade**.

O cuidado é um trabalho de muita proximidade, porque é um relacionamento pessoal, directo e recorrente entre o cuidador e a pessoa cuidada. Ora é deste tipo de relacionamento que as comunidades humanas vivem e é este tipo de relacionamento social que elas cultivam.

O trabalho do cuidado também implica um envolvimento afectivo e outras motivações intrínsecas por parte do cuidador em relação à pessoa cuidada. Ora também é este tipo de envolvimento e de motivações que devem existir nos membros de uma comunidade humana para que ela funcione bem.

A este propósito vale a pena referir os contributos de Nancy Folbre (Folbre, 1995) que tem chamado a atenção para o facto de que, mesmo quando o cuidador é remunerado, a sua motivação não se reduz a essa remuneração. Por isso, não se trata aqui de um mercado de trabalho como os outros. Há um envolvimento afectivo entre o cuidador e a pessoa cuidada e uma preocupação do cuidador com o bem-estar da pessoa cuidada, ou seja, há motivações intrínsecas que vão para além da motivação extrínseca que é a remuneração auferida pelo cuidador.

Em jeito de conclusão, porque não mais uma definição do conceito de comunidades humanas?

Ao longo de todos estes séculos em que muitas pessoas reflectiram e escreveram sobre as comunidades humanas, são imensas as definições produzidas para este conceito. No entanto, nunca ninguém disse a última palavra sobre este assunto, nem vai ser o caso aqui, havendo sempre lugar para mais uma definição.

É isso que vai ser feito a seguir com uma definição que tem pontos em comum com as que já aqui foram apresentadas e com outras, mas que não as repete.

Assim, sendo o conceito aqui proposto de comunidades humanas é constituído pelas componentes a seguir apresentadas.

1. Vivência em comum

As comunidades humanas são colectivos de seres humanos que nascem de experiências de vida vividas em comum que podem ser muito variadas (por exemplo, ter-se vivido em conjunto um acontecimento feliz, ou um acontecimento trágico, trabalhar-se na mesma organização, ter-se sido da mesma turma na escola, viver-se no mesmo bairro ou na mesma localidade, etc.).

2. Durabilidade

As comunidades humanas existem para darem continuidade a experiências de vida em comum, respondendo assim a uma necessidade permanente do ser humano na sua condição de ente social.

3. Órgãos com poder de autoridade podem existir, mas não são necessários

Embora possam existir, não são necessários órgãos com poder de autoridade sobre os membros da comunidade e sobre a pertença à comunidade. O que é necessário é a existência de normas sociais formais ou informais (usos e costumes e outras) que promovam a cooperação, a coordenação, a confiança e a resolução pacífica de conflitos entre os membros da comunidade.

4. Sentimento de pertença a um colectivo

Nos membros de uma comunidade existe um sentimento de pertença a um colectivo humano.

5. Afectividade

Esse sentimento de pertença é acompanhado por um sentimento de alguma afectividade ligando cada membro de uma comunidade aos outros membros.

6. Construção de uma identidade colectiva

Esse sentimento de pertença também se exprime na partilha de uma identidade colectiva que é construída e alimentada por vários rituais e tradições próprias de cada comunidade.

7. Reconhecimento das identidades individuais

Numa comunidade humana a identidade individual de cada membro é reconhecida pelos outros membros, não se diluindo na identidade colectiva.

8. Reciprocidade generalizada

Os membros de uma comunidade estão disponíveis e agem de maneira a porem em comum alguma coisa que seja para o bem dos outros, na expectativa quase sempre confirmada de que os outros façam o mesmo.

9. Responsabilidade mútua

Numa comunidade cada um dos seus membros preocupa-se com o bem-estar dos outros, procurando ajudá-los quando precisam.

10. Protecção colectiva

A reciprocidade generalizada e a responsabilidade mútua permitem aos membros de uma comunidade terem a expectativa de que poderão contar com a ajuda dos outros quando dela necessitarem e com a protecção contra riscos onde é preciso a acção colectiva.

11. Relações interpessoais recorrentes

A principal forma de relacionamento entre os membros de uma comunidade humana é o encontro pessoal, directo e recorrente. Por isso, nas comunidades humanas produz-se o que alguns autores designam por "bens relacionais" (Nussbaum, 1986; Gui, 1996; Gui & Sugden, 2005).

12. Igualdade

As comunidades humanas têm normas sociais de funcionamento formais ou informais que impedem que se desenvolvam situações de desigualdade entre os seus membros susceptíveis de gerar conflitos que ponham em causa a existência da comunidade. Isto não quer dizer que não existam formas de desigualdade entre os membros de uma comunidade humana. O que se quer dizer é que as comunidades não funcionam bem acentuando essas desigualdades e permitindo que elas gerem situações de dominação de uns membros pelos outros. Por isso, em vez do poder como dominação, promovem o poder como cooperação.

13. Prevenção de comportamentos oportunistas

Para além de normas sociais que explicitamente promovam a igualdade, também contribuiu para a igualdade o facto de que o relacionamento pessoal, directo e recorrente permite que os membros de uma comunidade conheçam as características e monitorizem as acções uns dos outros. Desta maneira reduzem-se as situações de informação assimétrica (selecção adversa e risco moral) e, com isso, o risco de comportamentos oportunistas onde alguns membros ganham vantagens à custa de outros.

14. Acumulação de capital social

O relacionamento entre os membros de uma comunidade humana cria e alimenta um "capital social" que constitui um recurso produtivo capaz de permitir à comunidade produzir bens e serviços para o benefício dos seus membros e doutros seres humanos.

15. Gestão colectiva doutros recursos comuns

Para além do "capital social" e dos contributos individuais de cada membro para a comunidade, esta também pode dispor doutros recursos tangíveis ou intangíveis de que se apropria e que gere através de processos de decisão colectiva.

Referências Bibliográficas

Althusius, Johannes (1995). *Política*. An abridged translation of "Politics Methodically Set Forth and Illustrated with Sacred and Profane Examples". Edited and translated, with an introduction by Frederick S. Carney. Indianapolis: Liberty Fund.

Aristote (1990). *Éthique à Nicomaque*. Nouvelle traduction avec introduction, notes et index par J. Tricot. Paris: Librairie Philosophique J. Vrin.

Aristote (1995). *La Politique*. Nouvelle traduction avec introduction, notes et index par J. Tricot. Paris: Librairie Philosophique J. Vrin.

Benkler, Yochai (2002). Coase's Penguin, or, Linux and "The Nature of the Firm". *The Yale Law Journal,* Vol. 112, No. 3, pp. 369-446.

Benkler, Yochai (2004). Sharing Nicely: On Shareable Goods and the Emergence of Sharing as a Modality of Economic Production. *The Yale Law Journal*, Vol. 114, No. 2, pp. 273-358.

Benkler, Yochai (2006). *The Wealth of Networks. How Social Production Transforms Markets and Freedom*. New Haven: Yale University Press.

Benveniste, Émile (1969). *Le vocabulaire des institutions indo-européennes. 1. Économie, parenté, société*. Paris: Les Éditions de Minuit.

Berger, Suzanne (2006). *Made in Monde. Les nouvelles frontiers de l'économie mondiale*. Paris: Éditions du Seuil.

Bowles, Samuel (2004). *Microeconomics. Behavior, Institutions and Evolution*. New York: Russel Sage Foundation & Princeton University Press.

Bruni, Luigino (2010). Eros, philia and agape. Pour une théorie de la réciprocité, plurielle et pluraliste. *La Découverte | Révue du M.A.U.S.S.*, 2010/1, n.º 35, pp. 389-413.

Bruni, Luigino (2012). *The Genesis and the Ethos of the Market*. Basingstoke, UK: Palgrave Macmillan.

Caillé, Alain (2000). *Anthropologie du don*. Paris: Desclée de Brouwer.

Carr, Elizabeth; Foley, Jennifer; Frazier-Cairns, Lyndal; Gorenflo, Neal; Llewellyn, Tom; Pankrat, Courtney; Wilson, Joshua (eds.) (2020). *Les-*

sons from the First Wave: Resilience in the Age of COVID-19. (Shareable e-book available at *https://www.shareable.net*)

Castel, Robert (1995). *Les métamorphoses de la question sociale. Une chronique du salariat.* Paris: Librairie Arthème Fayard.

Castel, Robert (2009). *La montée des incertitudes. Travail, protections, statut de l'individu.* Paris: Éditions du Seuil.

Chantraine, Pierre (1999). *Dictionnaire étymologique de la langue grecque. Histoire des mots.* Nouvelle édition avec um Supplément sous la direction de Alain Blanc, Charles de Lamberterie er Jean-Louis Perpillou. Paris: Librairie C. Kincksieket. C.ie.

Clastres, Pierre (1974). *La société contre l'État. Recherches d'anthropologie politique.* Paris: Les Éditions de Minuit.

Folbre, Nancy (1995). "Holding hands at midnight": the paradox of caring labor. *Feminist Economics,* I (1), pp. 73-92.

Frazier-Cairns, Lyndal; Gorenflo, Neal; Llewellyn, Tom; Pankrat, Courtney; Svetvilas, Chuleenan (eds.) (2019). *The Response: Building Collective Resilience in the Wake of Disasters.* Volume 2. (Shareable e-book available at *https://www.shareable.net*).

Friedman, Thomas (2005). *The World is Flat. A Brief History of the Globalized World in the Twenty-first Century.* London: Allen Lane.

Gierke, Otto (1913). *Political Theories of the Middle Age.* Translated with an Introduction by Frederic William Maitland. London: Cambridge University Press.

Gierke, Otto (1990). *Community in Historical Perspective.* A translation of selections from "Das deutsche Genossenschaftsrecht (The German Law of Fellowship)" principally from Volume 1 "Rechtsgeschichte der deutschen Genossenschaft (The Legal and Moral History of German Fellowship)". Translated by Mary Fischer. Selected and edited by Antony Black. Cambridge: Cambridge University Press.

Gui, Benedetto (1996). On relational goods: strategic implications of investment in relationships. *International Journal of Social Economics,* 23 (10/11), pp. 260-278.

Gui, Benedetto; Sugden, Robert (eds.) (2005). *Economics and Social Interaction. Accounting for Interpersonal Relations.* Cambridge: Cambridge University Press.

Maine, Henry Sumner (1906). *Ancient Law. Its connection with the early history of society, and its relation to modern ideas.* Fourth American from the tenth London edition. New York: Henry Holt & Co.

Mauss, Marcel (1923-24). Essai sur le don. Forme et raison de l'échange dans les sociétés archaïques. *L'Année Sociologique,* Seconde Série.

Mendes, Américo M. S. Carvalho (2020). Relevância das comunidades humanas no setor da Economia Social em Portugal e nas respostas ao COVID 19. *Revista Economia Social. Leituras & Debates*, N.º 8.

Mottola, Matthew; Coatney, Matthew Douglas (2021). *The Human Cloud: How Today's Changemakers Use Artificial Intelligence and Freelance Economy to Transform Work*. Glasgow: HarperCollins Leadership.

Nisbet, Robert A. (2017). *The Sociological Tradition*. With a New Introduction by the Author. Abingdon, UK: Routledge.

Nussbaum, Martha C. (1986). The vulnerability of good human life: relational goods. In *The Fragility of Goodness: Luck and Ethics in Greek Tragedy and Philosophy*. Cambridge and New York: Cambridge University Press. pp. 343-372.

Sahlins, Marshall (1976). *Âge de pierre, âge d'abondance. L'économie des sociétés primitives*. Préface de Pierre Clastres. Paris: Éditions Gallimard.

Shareable (ed.) (2018). *Sharing Cities. Activating the Urban Commons*. (Shareable e-book available at *https: www.shareable.net*)

Silva, Maria Manuela da (1962). *Desenvolvimento Comunitário – Uma Técnica de Progresso Social*. Lisboa: Associação Industrial Portuguesa.

Silva, Maria Manuela da (1963). Fases de um processo de Desenvolvimento Comunitário. *Análise Social*, Vol. 1, pp. 538-558.

Silva, Maria Manuela da Silva (1964). Oportunidade de Desenvolvimento Comunitário em Portugal. *Análise Social*, Vol. 2 (7-8), pp. 498-510.

Tönnies, Ferdinand (2010). *Communauté et société. Catégories fondamentales de la sociologie pure*. Nouvelle traduction et présentation de S. Mesure et N. Bond. Paris: Presses Universitaires de France.

Desafios ao Desenvolvimento do Capital Humano: Do Antropoceno ao COVID 19 e à Inteligência Artificial

*Américo Ramos dos Santos**

O presente artigo foi escrito "Em Memória da Muito Estimada Colega Prof.ª Dr.ª Maria Manuela Silva", com quem tive o ensejo de partilhar diversas iniciativas na Universidade (ISEG) e na Sociedade Civil.

1. Introdução: Conceitos e Medidas

O artigo começa por, nesta Introdução, fazer um enquadramento ao tema, apresentando uma síntese de **Conceitos e Medidas** que têm o Humano como eixo central. No corpo do artigo procede-se a uma análise sumária dos **Principais Desafios** que se colocam ao Desenvolvimento do Capital Humano nos próximos tempos: do Impacto e Riscos da Afirmação da Era Geológica do Antropoceno, que pode pôr em causa a existência da própria Humanidade, do Impacto da Pandemia no Capital Humano e nos Modos de Organização do Trabalho e a Expansão da Inteligência Artificial e Transformação do Trabalho.

* Professor Catedrático Aposentado-UL/ISEG).
O Autor não utiliza o novo Acordo Ortográfico.

1.1. Conceitos

O conceito **"Capital Humano"** tem origem no pensamento económico neoclássico, nos anos 50/60 do século passado (Mincer, Schultz. Becker...).

Foi uma evolução muito importante, já que transformou o conceito de capital, tradicionalmente associado a uma interpretação física do mesmo, incorporado em máquinas, ferramentas e outro equipamento produtivo.

Segundo a OCDE, **Capital Humano é:** "Conjunto de Conhecimentos, Aptidões, Competências e Atributos Incorporado nos Indivíduos, Relevantes para a Atividade Económica".

Ao investir em pessoas, através da nutrição, cuidados de saúde, educação de qualidade, emprego ou aptidões profissionais, estamos a construir e valorizar capital humano. E isso é essencial, não só para aumentar a dignidade e o valor econômico das pessoas, mas também para acabar com a pobreza extrema e criar uma sociedade mais inclusiva e menos desigual.

O Capital Humano é o mais poderoso factor para uma mais justa repartição do rendimento e para nos adaptarmos melhor às mudanças tecnológicas e ao imprevisto, como bem ficou provado na forma como nasceu, se propagou e está a ser combatida a Pandemia COVID 19.

Existem também outras abordagens e conceitos mais amplos, abrangentes e consensuais. É o caso do conceito de **"Desenvolvimento Humano"** concebido há mais de 3 décadas pelo PNUD, e que deu origem ao Índice de Desenvolvimento Humano (IDH), que tem alguma sobreposição com o Índice de Capital Humano (ICH).

Pode-se afirmar que o **Desenvolvimento Humano é** a aquisição por parte dos indivíduos, comunidades e instituições da capacidade de participar efetivamente na construção de uma sociedade próspera, tanto a nível material como imaterial (espiritual, relacional, individual, etc.).

Para muitos, em que me incluo, Capital Humano é considerado o pilar central do Desenvolvimento Humano e do Desenvolvimento Económico.

Têm surgido ainda outros conceitos que pretendem rivalizar ou complementar o conceito "Capital Humano". São os casos de **"Capital Intelectual"** e **"Talento Humano"**.

Em 1969, John Kenneth Galbraith refere, pela primeira vez, o conceito de Capital Intelectual, que considerava estar para além do intelecto, pois incorpora um grau de "ação intelectual". Das suas várias definições, destacamos a seguinte: "O Capital Intelectual compreende todos os recursos baseados no conhecimento que podem criar valor para a organização, mas que não estão incluídos nas suas demonstrações financeiras".

O conceito Capital Intelectual procura também fazer a ponte com a designada "Economia do Conhecimento" ou" Capital de Conhecimento": **Capital Intelectual é** o conhecimento, tácito e explicito, que pode ser convertido em valor, englobando o imaterial como são as invenções, conhecimentos gerais, programas informáticos e computacionais, processos ou publicações.

São muitos os conceitos e utilizações do termo Talento, que deriva do latim "Talentum". É utilizado nas mais diversas circunstâncias, mas quase sempre reportado ao indivíduo ("Talento Humano"). As exceções são para significar a "posse de bens valiosos" ou a unidade de medida monetária da antiguidade clássica, tendo sido essencialmente utilizada por gregos e romanos.

O Estudo "**Transforma Talento Portugal"**, previsto no Ano Português da Inovação de 2013, divulgado em 2015 e promovido pela COTEC PORTUGAL e FUNDAÇÂO CALOUSTE GULBENKIAN, é um dos raros estudos feitos em Portugal sobre este tema. Assumiu a seguinte definição de **Talento:** "Capacidade Diferencial, Inerente a Toda e Qualquer Pessoa de Fazer Melhor e de Gostar de Fazer Algo, a Qual, Quando Identificada Pode Ser Potenciada e Acrescentar Valor num Determinado Contexto".

Por um lado, Talento pode ser considerado como uma aptidão natural para se fazer algo, de forma inédita ou melhor e, por outro, ser entendido como uma potencialidade extraordinária ou genial de competências.

Talento não é:

exclusivo ou predicado de grupos ou tipos de pessoas; hereditário; ter sorte; característica de uma religião, área científica, nacionalidade ou região; próprio de grupos etários; igual para todos e imutável ao longo da vida...

Talento é:

algo inato, mas que se desenvolve com trabalho, empenho e motivação; engenho, disposição e aptidão para realizar, de forma natural e espontânea uma determinada acção; dinâmico e pode ser desenvolvido e melhorado, por várias vias e variadas formas e em diferentes etapas da vida; ter vontade de aprender e de saber ler e posicionar-se perante a realidade e a sua evolução; a única vantagem competitiva que não se degrada com o tempo...

Não chega ter Talento. Todas as pessoas têm talentos, mas esses talentos não são iguais para todos. É necessário que existam condições para a sua concretização e realização, de natureza pessoal, social ou profissional.

1.2. Medidas

A Medida do Desenvolvimento continua a ser um tema de grande polémica. Desde logo, porque não existe consenso sobre o que é o Desenvolvimento. Depois, porque este conceito contém um enorme subjetivismo e nele se cruzam múltiplos interesses de políticos, governantes, cientistas sociais ou economistas.

Desde o Pós-II Grande Guerra que se generalizou uma mistificação, que a realidade veio pôr em causa: o crescimento económico gera, por si só, o bem-estar. **Esta mistificação consagrou o PIB per capita como a medida do Desenvolvimento.**

A grande insatisfação com a evolução e transformações registadas nos planos económico e social, que tem sido aprofundada pelos graves e generalizados impactos da Pandemia Covid 19, vem clamando por novas visões sobre o Desenvolvimento e sua medida.

Desde há, pelo menos, 5 décadas que existem tentativas de focar os Fins e Processo do Desenvolvimento noutras **dimensões** (Desenvolvimento Socioeconómico, Desenvolvimento Social...) e **nas Pessoas**: Desenvolvimento Humano, Capital Humano, Talento Humano ou Capital Intelectual.

A estes Conceitos têm vindo a ser associadas novas Medidas: **Índice de Desenvolvimento Humano, Índice de Capital Humano** ou **Índice Global de Competitividade em Talento.**

É cada vez mais consensual, e reconhecido pelo próprio PNUD, a necessidade de existirem novas métricas para o Desenvolvimento, nomeadamente, para o Desenvolvimento Humano que têm de integrar novas dimensões, como sejam a sustentabilidade do Planeta, as desigualdades ou a prevenção e combate a Pandemias, a necessidade de novas capacidades e aptidões ou o avanço da Inteligência Artificial. Já não se tratará de focar o Desenvolvimento no Homem, mas na dupla **Homem-Natureza,** que considere, nomeadamente, o desgaste do capital natural, os sistemas energéticos, os ciclos dos materiais e as transições ambientais, energéticas e digitais.

Existem múltiplas medidas do Desenvolvimento do Capital Humano. Umas mais globais e compósitas. Outras muito particulares e especificas (exs. Taxa de Literacia, Taxas de Escolaridade por graus de ensino...). Mas o mais divulgado e utilizado é o **Índice de Capital Humano (ICH).**

Em 2018, o Banco Mundial lançou o "**Projeto Capital Humano (HCP)",** com o objetivo de promover o investimento em pessoas, visando o incremento da produtividade e da economia.

Um dos pilares do HCP é o Índice de Capital Humano (ICH).

O ICH foi elaborado para capturar a quantidade de capital humano que uma criança, nascida hoje, poderá esperar atingir até aos 18 anos, moldando a próxima geração de trabalhadores, em consequência de mais e melhor saúde e educação. **O ICH 2020 abrange 174 Países, mais 17 do que o ICH de 2018.**

O ICH varia entre 0 e 100 e classifica os países em 6 Grupos: A. ICH igual ou superior a 0.80; B. Igual ou superior a 0.70 e inferior a 0.80; C. Igual ou superior a 0.60 e inferior a 0.70; D. Igual ou superior a 0.50 e inferior a 0.60; E. Igual ou superior a 0.40 e inferior a 0.50; F. Inferior a 0.40

O **Índice de Desenvolvimento Humano (IDH),** concebido por Amartya Sen e Mahbub ul Haq, tem as seguintes componentes: Esperança de Vida à Nascença; Anos Esperados de Escolaridade; Média de Anos de Escolaridade; Rendimento Nacional Bruto (RNB) per Capita.

O IDH 2020 apresenta resultados para 189 Países, o maior universo de todos os índices referidos.

Os Países estão classificados em 4 Grupos: Desenvolvimento Humano Muito Elevado (IDH superior a 0.80- 66 Países); Desenvolvimento Humano Elevado (IDH entre 0.70 e 0.80 -53 Países); Desenvolvimento Humano Médio (IDH entre 0.55 e 0.70 -37 Países); Desenvolvimento Humano Baixo (IDH inferior a 0.55 – 33 Países).

A média do Mundo é 0.737.A média dos Países de IDH Muito Elevado é 0.898, de 0.753 nos de IDH Elevado, de 0,631 nos de IDH Médio e de 0.513 nos de Baixo IDH.

O pódio é liderado pela Noruega (0.957), seguida pela Irlanda e Suíça (0.955). Todos são países europeus.

O IDH contempla índices centrados no Género e suas assimetrias: **Índice de Desenvolvimento de Género -IDG"** e **"Índice de Assimetria de Género-IAG".**

O IDG obtém-se pela razão entre o IDH Feminino e o IDH Masculino.

O IAG mede a equidade de género em três dimensões: saúde reprodutiva; empoderamento e mercado de trabalho.

Como já referido, o Relatório IDH 2020 abre uma decisiva frente, ao alertar que poderá estar em causa a existência de Vida no Planeta Terra.

Neste sentido, foi elaborado o **"Índice de Desenvolvimento Humano Ajustado às Pressões sobre o Planeta (IDHP)"** que constitui uma nova métrica destinada a "orientar a trajetória de progresso do desenvolvimento humano e de alívio simultâneo das pressões sobre o planeta".

Se um país não exercer pressão sobre o planeta, os respectivos IDHP e IDH serão iguais, mas quando a pressão aumenta, o IDHP fica inferior ao IDH.

Os países com mais elevados IDH são os que maior pressão exercem sobre o Planeta, como é previsível, dado o modelo de Desenvolvimento que adoptam.

Será no Relatório do IDH 2021 que serão já refletidas as consequências provocadas pela Pandemia COVID 19

Os resultados são muito significativos: de uma forma geral, **quanto mais elevado é o IDH maior é a pressão sobre o nosso Planeta**: O IDH médio do Mundo é penalizado em 7,3% e os Países de IDH muito elevado e elevado sofrem, em média, respetivamente, uma redução de IDH de 15,4% e de 8.6%. Por regiões, a maior penalização vai para o IDH médio da Asia Oriental e Pacifico com uma redução de 9,5% seguida da Europa e Asia Central (-8,0%).

Por país, registam-se penalizações surpreendentes. A maior penalização (46%) vai para o Luxemburgo, refletindo também a reduzida dimensão do país, fazendo com que caia do lugar 23.º para 154.º!

De uma forma geral, os países árabes registam fortes reduções. Mas entre os países mais industrializados, há a destacar as penalizações observadas nos USA e Canadá (22,5%), que descem, respetivamente, de 17.º para 62.º e 16.º para 26.º.

Lançado em 2013, o **Índice Global de Competitividade em Talento (IGTCI)** é um índice compósito desenvolvido, anualmente, pelo INSEAD, em parceria com o Grupo Adecco e a Google, com objetivo de classificar os países e as principais cidades, tendo em conta a sua Capacidade de Atrair, Desenvolver e Reter Talentos.

No IGTCI 2020, foi analisado um total de **132 países**, onde a Suíça ocupa o 1.º lugar no ranking, seguida por Singapura na 2.ª posição. Estes países têm-se mostrado líderes em termos de competitividade de talentos, o que pode ser justificado pela intensificação dos investimentos a nível da inteligência artificial.

O IGTCI é um índice diferente e muito interessante, designadamente porque tem uma natureza de potencial e de futuro, semelhante à do ICH.A participação do INSEAD é também uma garantia de rigor e intenção.

Assenta num inspirador modelo "input-output". Combina a forma como os países produzem e adquirem talentos ("input") e o tipo de aptidões por estes geradas ("output").

O **"Sub-índice de Input de Competitividade em Talento"** é composto por 4 Pilares, inspirados na lógica "Capacitar-Atrair-Crescer-Reter", utilizada pelas Organizações para captar e gerir Talentos.

O **Sub-índice de Output de Competitividade em Talento"** assenta em dois Pilares de Talento, correspondentes a "Aptidões de Alto Nível" e de "Nível Intermédio".

As "Aptidões de Nível Intermédio", designadas "Técnicas e Profissionais" ("Vocational and Technical Skills" – VT Skillls"), são adquiridas, normalmente, através da experiência e da formação profissional

As "Aptidões de Alto Nível", designadas de "Conhecimento Global" ("Global Knowledge Skills-GK Skills") são essenciais para os chamados "Trabalhadores do Conhecimento", nomeadamente, em funções de liderança, gestão e de trabalho altamente qualificado, exigentes em criatividade e capacidade de resolução de problemas.

O IGTCI é, assim, baseado em **seis (6) Pilares:** Capacitar; Atrair; Crescer; Reter; Gerar Aptidões Técnicas e Profissionais de Nível Intermédio; Gerar Aptidões de Conhecimento Global de Alto Nível.

O modelo que suporta o IGTCI engloba setenta (70) variáveis, que se enquadram nas seguintes categorias: 27 variáveis de dados estatísticos (Quantitativos); 14 variáveis de Índices / índices compostos; 29 variáveis de tipo Qualitativo.

Para o cálculo dos índices associados às diferentes variáveis é utilizada a metodologia de normalização min-max, tomando em consideração o mínimo e o máximo dos valores obtidos por cada variável.

O Relatório IGTCI 2020 faz uma interessante análise da **evolução da trajetória** das pontuações médias dos períodos 2015-2017 e 2018-2020 e o Índice de 2020.Em função dessa trajetória, são constituídos **4 Grupos:** "Os Campeões"; "Os Moveis"; "Os Coxos"; e "Os Retardatários"

Para ser "Campeão" (34 países) é necessário progredir nos 2 períodos e atingir pontuação elevada em 2020.

Para ser um "Movel" (12), em andamento, tem de progredir nos 2 períodos, mas atingir uma baixa pontuação em 2020.

Um "Coxo" (4) apresenta mau desempenho nos 2 períodos, mas um score elevado em 2020.

Finalmente, o "Retardatário", a que pertence a larga maioria, tem mau desempenho nos 2 períodos e um mau resultado em 2020.

O Relatório IGTCI 2020 faz também a avaliação de **155 cidades** em matéria de GTCI.

As três cidades mais pontuadas são: 1.ª Nova York (73,7), 2.ª Londres (71,7) e 3.ª Singapura (71,4).

2. Desafios ao Desenvolvimento do Capital Humano:

2.1. Principal Desafio a Enfrentar: A Sobrevivência do Planeta e da Humanidade, Como Requisito

A designada Civilização Humana ter-se-á desenvolvido nos últimos 12 mil anos, tendo chegado a um ponto em que o Homem passou a centrar, em si, a vida e o funcionamento do Planeta. Assim, **estaremos a passar da era do Holoceno para o Antropoceno.**

O Holoceno é uma linha vermelha no mapa de um regime climático em mudança, caracterizado por" oscilações entre períodos glaciais mais frios e outros mais quentes que se tornaram cada vez mais profundas e intensas, que as emissões de gases com efeito de estufa, juntamente com outras perturbações dos ciclos de materiais, a nível planetário, causadas pelos seres humanos, atiram mais lenha para a fogueira, sobrepondo novos tipos de instabilidade aos já existentes". Estamos a assistir à 6.ª extinção em massa das espécies.

Todavia, foi após a Segunda Guerra que começou uma aceleração descontrolada da exploração da riqueza natural e de aumento da poluição do solo, da água e do ar e dos resíduos sólidos.

Desde 2014 até à presente data têm-se registado anos crescentemente mais quentes. Se o aquecimento global continuar no ritmo atual, a civilização poderá estar a caminho de uma catástrofe.

Há cerca de 120 mil anos, a temperatura subiu mais de 2.º C e provocou o aumento do nível dos oceanos entre 5 e 9 metros.

Se tal acontecer novamente, os prejuízos poderão ser incalculáveis tanto nas áreas urbanas como rurais. Existe uma grande desigualdade entre as espécies da Terra, pois enquanto aumenta a população humana regridem as populações não humanas. "Há 10.000 anos os seres humanos e seus animais representavam menos de um décimo de um por cento da biomassa dos vertebrados da terra. Agora, eles são 97 por cento!"

Se assim continuar a ser, **não tem sentido falar num regresso ao "normal" ou "quase-normal"**, como se voltar ao "normal" fosse desejável ou mesmo possível. Que normal ou o normal de quem? Uma das características definidoras da atualidade é o facto de saltarmos de crise em crise, procurando conservar o que de pior temos.

1. **Regressar à "normalidade do passado" remeter-nos-á no futuro para uma permanente gestão de crises e não ao Desenvolvimento da Humanidade e da nossa Civilização.**

Se a trajectória não for corrigida, caminharemos para uma Terra muito quente, ácida e inabitável.

Temos de transitar e construir, progressivamente, algo de novo ou diferente, para evitar o colapso.

2. **A Pandemia também expôs as grandes debilidades de Países e de segmentos populacionais mais vulneráveis como os idosos, os imunodeprimidos e as crianças.**

O Grande Desafio é, essencialmente, o seguinte (Ver Relatório IDH 2020): Num futuro tão incerto, como abrir, simultaneamente, novas vias para o Desenvolvimento Humano e reduzir as pressões sobre o Planeta? ou vamos regressar à velha normalidade e encaminhar o Planeta para a sua autodestruição?

3. **Se quisermos abrir novas vias, então não poderemos, nomeadamente, deixar de:**

i) Duplicar a percentagem atual (40%) da população mundial disponível para adotar e aceitar medidas concretas para salvar o Planeta;
ii) Assumir soluções globais, sustentadas na natureza, multidimensionais e integradas, que potenciem efeitos cruzados, alterando modelos de consumo e de produção, combatendo as alterações climáticas e garantindo a neutralidade carbónica;
iii) Incluir no cálculo dos preços de bens e serviços, os custos sociais e ambientais incorridos na sua produção e definir preços para o carbono que sejam fortemente incentivadores da utilização de tecnologias de baixo carbono e de energias renováveis;
iv) Descarbonizar os sistemas de transporte coletivo e pessoal e desenvolver soluções intermodais de transporte;
v) Abolir todos os incentivos ao uso de combustíveis fosseis;
vi) Inverter a erosão da diversidade – em todas as suas formas, da biológica à cultural;
vii) Combater a desertificação e proceder à reflorestação integrada de grandes florestas, como a Amazónia, mobilizando os povos indígenas;
viii) Assegurar a neutralidade da degradação dos solos;
ix) Reduzir substancialmente todas as formas de assimetria e desigualdade, fomentadoras de grande pressão sobre o Planeta;
x) Eliminar a Pobreza e a Fome;
xi) Inovar, fortalecer e descentralizar os recursos ao dispor dos serviços nacionais de saúde, em particular nos cuidados prestados aos idosos e crianças;
xii) Regredir e antecipar o risco de catástrofes, implementando o Quadro para a Redução de Riscos de Catástrofe e reduzindo drasticamente a poluição atmosférica, hídrica e oceânica.

2.2. Impacto da Pandemia no Capital Humano e nos Modos de Organização do Trabalho

Entre 2010 e 2020, o Índice de Capital Humano progrediu na generalidade dos Países 2,6 pontos percentuais, ou seja, cerca de 4,6% face ao valor médio do ICH de 2010.Cerca de 25% dos Países aumentaram mais de 5%, o que permitia antever um crescimento da produtividade da mesma ordem.

Melhorias sensíveis na Saúde, com mais esperança de vida e menos desnutrição, mais escolaridade não acompanhada, porém, pelos indicadores de qualidade do ensino.

Figura 1. Acumulação de Capital Humano ao Longo da Vida

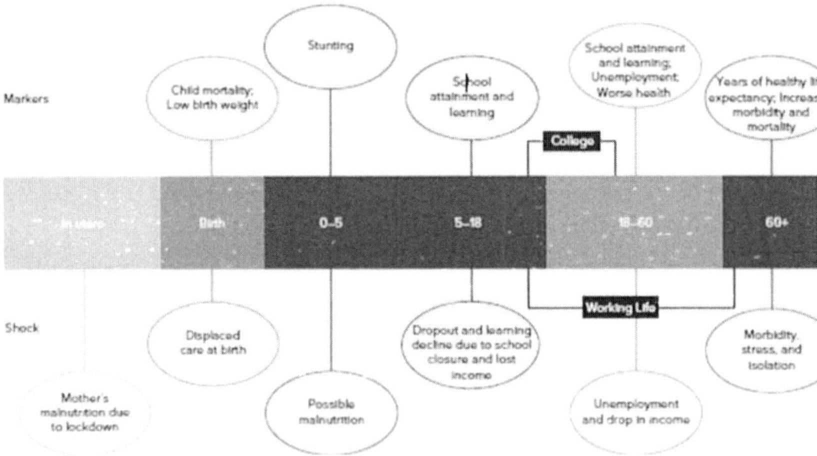

Fonte: *The Human Capital Index .2020 Update-Human Capital in the time Of Covid 19. World Bank Group. Invest in People.*

A nível mundial, uma criança nascida antes da Pandemia, poderia. em média, atingir, como futuro trabalhador, 56% do seu potencial de produtividade. Mas são enormes os "gaps" entre países e sexos.

Uma criança nascida num país de baixo rendimento deverá ficar-se por 37% mesmo tendo escolaridade completa e boa saúde, enquanto num país de elevado rendimento atingirá 70%.

Mas veio a Pandemia e a trajectória prevista foi abruptamente cortada, mostrando muitas vulnerabilidades, quer no estado de saúde e dos sistemas de apoio aos seniores, mas também na qualidade de vida dos mais jovens, com alastramento das dependências, obesidade, doenças cardiovasculares ou diabetes. Fragilidades que impõem políticas e intervenções muito activas para intensificar as capacidades de resistência e resiliência do capital humano.

Estima-se que a Pandemia de Covid-19 tenha empurrado **mais de 100 milhões de indivíduos para uma situação de pobreza extrema**. A maior regressão observada numa geração. O desenvolvimento humano e o stock de capital humano têm sido severamente afetados.

Estima-se que uma quebra de 10% no produto per capita origine um aumento de 6% de desnutrição e que no **pico da pandemia em 2020 cerca de 1,6 biliões de crianças tenham ficado sem ensino presencial**, com graves consequências na aprendizagem e nos planos psicológico e sociológico.

Muitas esqueceram rapidamente o pouco que aprenderam e estima-se que mais de **7 milhões de crianças tenham abandonado a escola, das quais cerca de 60% tinham entre 12 e 17 anos.**

A OIT estimou que no 1.º trimestre de 2020, a Pandemia tenha provocado, à escala global, uma **quebra de horas de trabalho equivalente a 130 milhões de empregos a tempo inteiro, devendo ter atingido 305 milhões no trimestre seguinte**. Os mais atingidos foram os trabalhadores do sector informal e dos serviços, normalmente os mais desprotegidos. Os trabalhadores atingidos por Layoffs e despedimentos colectivos terão grandes dificuldades em encontrar novos empregos para as qualificações que detêm, necessitando de acções urgentes de requalificação e reconversão profissionais. A OIT estima que, em média, estes trabalhadores tenham perdido o equivalente a quase 2 anos de salários anteriores à Pandemia. Mas o impacto não se resume ao rendimento. O estado de saúde, individual e familiar, foi também afectado quer a nível fisiológico quer psicológico, como é sabido. Estima-se que a sua esperança de vida tenha regredido, no mínimo, 1,5 anos, atingindo mais as mulheres do que os homens. Tem havido um recrudescimento da violência doméstica. Aumentou de igual forma o trabalho flexível, a tempo parcial e o teletrabalho.

Quadro 1. Estimativa da Quebra no ICH Devido ao Impacto do Covid 19 nas Crianças com 5 e Menos Anos

	HCI 2020	% drop in HCI	Percentage point difference between June 2020 and AM19 projections
By World Bank income group			
High income	0.707	−0.17	−6.23
Upper-middle income	0.560	−0.42	−7.77
Lower-middle income	0.480	−0.64	−5.36
Low income	0.375	−0.73	−4.34
Global	0.561	−0.44	−6.16

Particularmente afectado pela Pandemia tem sido o capital humano mais experiente e sénior, o que constitui uma **forte delapidação do capital humano qualificado de um País.**

A Incidência e a morbilidade têm sido muitas duras para os grupos etários mais idosos, que passaram a ser os grupos prioritários na vacinação e na prevenção. Portugal é um bom exemplo de uma intervenção musculada e competente, tendo atingido em Setembro a mais alta taxa de vacinação (85%) em todo o mundo.

Figura 2. Número de Anos de Aprendizagem Escolar Ajustada Perdidos Devido ao Encerramento de Escolas e à Perda de Rendimento Provocados pelo COVID 19

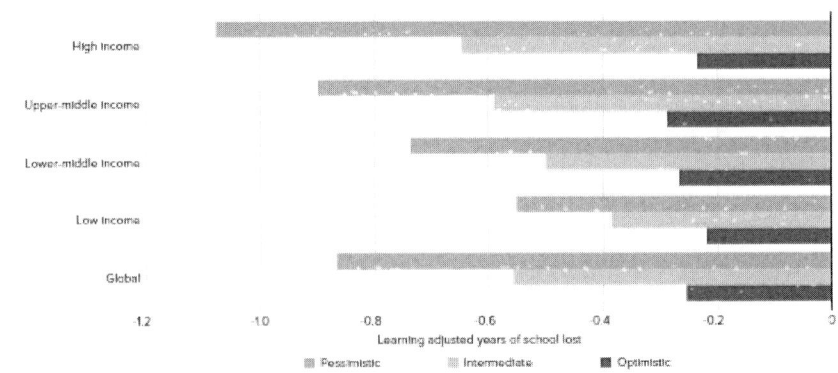

Fonte: *Azevedo et al. (2020) in The Human Capital Index .2020 Update-Human Capital in the time Of Covid 19. WB*

Os sistemas e instrumentos sociais e sanitários têm andado perto dos limites e em risco de colapsar. O que tem sido evitado graças, na maioria dos casos, à resistência e resiliência dos serviços nacionais de saúde e dos seus profissionais, e a intervenções muitos robustas das políticas públicas. As vozes dos negacionismos e do regresso ao liberalismo, além de revelarem profundas ignorâncias, estão "fora dos tempos e da realidade". O que se tem passado na Europa, e em particular em Portugal, contrasta bem com a situação vivida no Brasil, nos EUA ou no México, onde essas vozes têm sido dominantes, mas não têm chegado ao Céu, pois como disse Jesus Cristo, noutro contexto, são "homens pouco inteligentes e lentos de espírito".

Os serviços nacionais de saúde precisam de ser renovados e transformados para poderem responder ao agravamento de determinados problemas, como o envelhecimento generalizado da população, e se adaptarem a novas tecnologias e à propagação da IA

A Pandemia trouxe novas e/ou renovadas formas de organização do trabalho, originando diferentes comportamentos e lógicas de actuação de organizações, empresas, famílias e indivíduos. Nos serviços, o teletrabalho, isoladamente, ou combinado com regime presencial parcial tem sido dominante. Nos setores sociais, o ensino á distância, a telemedicina, a teleconsultoria, o teleserviço social e doméstico, com o crescente recurso à inteligência artificial, passaram de casos isolados a soluções frequentes.

A Pandemia ampliou várias formas de desigualdade social, de género, racial e na saúde. As pessoas mais desfavorecidas, com um menor acesso a cuidados de saúde, foram afetadas de um modo particularmente grave. Já as consequências para o Meio Ambiente são ainda menos evidentes, tendo havido uma redução inicial de emissões de carbono, derivada da brutal quebra da atividade económica e dos transportes.

Com o fim ou enfraquecimento da Pandemia, haverá que recuperar e qualificar o capital humano mais atingido e conceber **Novos Modelos de Organização do Trabalho Menos Lineares e Rígidos, mas mais Flexíveis, Abertos e Compósitos**:

a) **Implementar programas de recuperação escolar**, em particular nos subsistemas mais atingidos pela descontinuidade do ensino presencial;
b) **Reformular e intensificar a formação e qualificação profissional**, considerando, a emergência de novas qualificações e profissionais;
c) **Expandir e qualificar os serviços nacionais de saúde** para os apetrechar a combater as ameaças à saúde pública;
d) **Promover maior flexibilidade** na mobilização e utilização do capital humano da empresa, com recurso a soluções de IA centrados no Trabalhador;
e) **Utilizar, em simultâneo ou em sequência, diferentes modalidades de organização do trabalho, tais como:** trabalho presencial, teletrabalho, trabalho a tarefa, trabalho a termo parcial, trabalho por turnos...;
f) Garantir maior **descentralização** de competências, compaginável com maior **responsabilidade**.

3.3. Expansão da Inteligência Artificial e Transformação do Trabalho. Impacto no Capital Humano

Um terceiro grande desafio que se coloca, nos próximos anos, ao desenvolvimento do capital humano é a **rápida difusão da Inteligência Artificial (IA) à generalidade da actividade humana.**

De facto, **o ADN das economias e das sociedades está a mudar e a transformar-se.**

São muitos os fatores que o estão a determinar. Entre eles podemos destacar a emergência de novas atividades ou tecnologias como Economia Azul, Economia Verde, Economia Circular, "Big Data", Internet das Coisas, Indústria 4.0 ou Tecnologia 5G.

A tecnologia e a inovação fazem parte do ADN de uma economia.

No processo schumpeteriano de "destruição criativa", a criatividade deve ser incentivada e a destruição deve ser gerida. O aumento da precariedade dos trabalhadores, a escassez de competências, a concentração excessiva do mercado, os efeitos corrosivos no tecido social, as falhas de regulação, as questões de privacidade de dados e a guerra cibernética são potenciais efeitos negativos que os governos devem mitigar.

Mas as grandes mudanças e transformações estão a ser geradas pela difusão da Inteligência Artificial à generalidade da atividade humana.

Há que assegurar que a decorrente schumpeteriana **"destruição criativa"** não tenha efeitos corrosivos no sistema económico, no tecido social, na privacidade e protecção de dados ou na da vida privada das pessoas.

Figura 3. Ausência de uma Zona Intermédia e Actividades Híbridas entre os Humanos e a IA

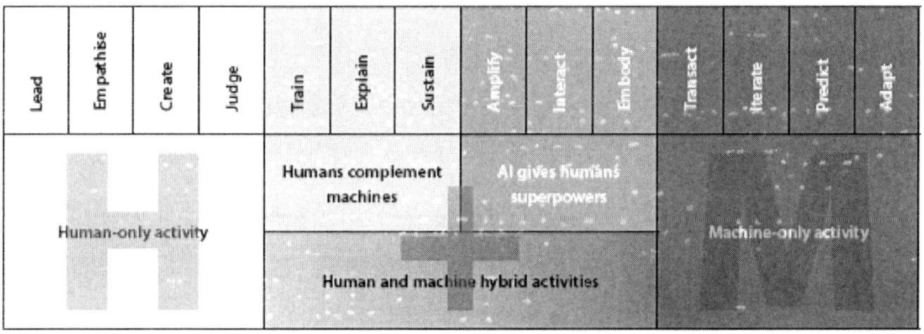

Fonte: *Based on Daugherty & Wilson (2018), p. 8 in The Global Talent Competitiveness Index 2020 – Global Talent in the Age of Artificial Intelligence*

Estas mudanças implicam que os conteúdos e as aptidões profissionais registem **dois processos simultâneos:** revitalizar/renovar; transformar/criar.

No **Processo de Revitalizar/Renovar** importará reformular e ampliar programas de requalificação, reconversão ou de actualização de competências. Importará também proceder a alterações das políticas activas de trabalho e das leis laborais.

No **Processo de Transformar/Criar** haverá que ir mais fundo, em particular no desenvolvimento de competências digitais. Torna-se imperioso reformular e transformar currículos, conteúdos e métodos de ensino, formação e de aprendizagem. Será necessário conceber e implementar novas políticas de educação e formação e de trabalho, novas e modernas leis laborais e de enquadramento profissional. Irá ser um processo muito difícil e negociado, dadas as atitudes anti-mudança e de bloqueio que caracterizam a generalidade das organizações representativas dos parceiros sociais e dos partidos políticos. Como é tão evidente em Portugal

Veja-se a situação em Portugal, em que estas matérias pouco são referidas, quanto mais discutidas, desde os Órgãos de Soberania, à Concertação Social ou à generalidade dos Cidadãos.

Se não houver uma orientação estratégica e um consenso nacional nestas questões, as mudanças virão a ser impostas pelo "mercado". Tenhamos esperança de que a UE defina orientações que permitam criar as condições de regulação e monitoria para que as mudanças derivadas da IA sejam económica e socialmente controláveis e justas.

A existência de competências digitais é essencial para que os jovens possam aproveitar novas oportunidades, em particular os jovens empreendedores que procuram alavancar o crescimento da economia digital.

As **Competências Digitais Básicas** são competências genéricas de TIC, que são necessárias na maioria das profissões e incluem a pesquisa web, comunicação on-line, utilização de plataformas on-line profissionais ou serviços financeiros digitais que permitam, **nomeadamente:**

- Instalar e configurar computadores;
- Saber trabalhar em ambientes de trabalho múltiplos;
- Criar, copiar ou mover um ficheiro ou pasta de forma electrónica;
- Enviar e-mails com ficheiros anexos;
- Utilizar ferramentas de cópia e de papel;
- Transferir ficheiros entre um computador e outros dispositivos;
- Encontrar, descarregar, instalar e configurar software e fazer a sua ligação e instalação de dispositivos;

- Dominar o uso do Excel;
- Utilizar fórmulas aritméticas simples numa folha de cálculo; ou
- Dominar o uso de PowerPoint e criar apresentações eletrónicas.

Segundo a OCDE "**A Inteligência Artificial (IA) é** uma tecnologia de fins gerais emergente com potencial para melhorar a previsão e permitir melhor tomada de decisão – levando a uma maior produtividade e melhor-estar – e abordar desafios científicos e sociais complexos".

A difusão da IA vai mudar profundamente a natureza do trabalho, complementando o capital humano na realização de certas actividades, mas até substituindo-o em algumas delas, incluindo as mais perigosas, mas criando também novos tipos de trabalho. Para além das tarefas de rotina ou repetitivas, manuais ou cognitivas, as tecnologias de IA começam a executar um conjunto de tarefas difíceis de classificar.

De facto, as técnicas de IA irão mudar e automatizar muitas tarefas, rotineiras ou não, incluindo transcrição e tradução.

Todavia, poderão executar tarefas mais complexas, como as exigidas pela **previsão** (caso dos diagnósticos médicos) e, em determinadas condições, pela própria **decisão** (caso dos veículos autónomos, sem condutor).

Segundo a OCDE, um terço das tarefas realizadas em 60% dos empregos nas economias desenvolvidas serão automatizáveis e, com base nas tecnologias existentes,14% dos empregos têm elevada possibilidade de automação e cerca de um terço deverão registar alteração significativas no conteúdo do trabalho.

Mas continuaram a existir em 60% do território global dos países da OCDE competências de baixa automação e que registarão expansão do emprego. Haverá uma alteração significativa da estrutura do emprego, mas poderá não se verificar uma alteração significativa no volume de emprego total

Em Maio de 2019, a **OCDE** ("Conselho de Inteligência Artificial") aprovou uma Recomendação que identifica os "**Cinco Princípios Complementares para a Gestão Responsável da IA:**

- **A IA deve beneficiar as Pessoas e o Planeta impulsionando o Crescimento Inclusivo, o Desenvolvimento Sustentável e o Bem-estar;**
- Os Sistemas de AI **devem ser concebidos de forma a respeitar o Estado de Direito, os Direitos Humanos, os Valores Democráticos e a Diversidade, e devem incluir Salvaguardas Apropriadas** – por exemplo, permitindo a intervenção humana se necessário – para garantir uma Sociedade Justa;
- **Tem de existir Transparência e Divulgação Responsável dos Sistemas de IA,** para garantir que as pessoas compreendam os resultados baseados em IA e possam confrontá-los;
- Os Sistemas de **AI devem funcionar em sistemas robustos, seguros e de caminhos confiáveis ao longo dos seus ciclos de vida e riscos potenciais e devem ser continuamente avaliados e geridos;**
- As Organizações e Indivíduos envolvidos no desenvolvimento, implementação ou operação de Sistemas de IA devem ser **responsabilizados** para que o seu funcionamento se faça em linha com os princípios antes referidos.

A IA permitirá aumentar a produtividade do trabalho (estimativas apontam para um acréscimo, em 2035, de 40% em relação ao valor esperado), expandir a procura de trabalho e criar novas oportunidades de emprego. **Mas irá, certamente, aprofundar as assimetrias e desigualdades entre países, empresas e pessoas.**

Existirão actividades em que a aplicação da IA e da automação poderá ter fortes efeitos a medio prazo no nível de emprego. Por exemplo, prevê-se que, até 2030, mais de metade dos 6,4 milhões de profissionais de camionagem dos EUA e Europa poderão ser eliminados. Novos tipos de empregos irão surgir, entretanto, para garantir serviços de apoio e assistência a estes novos tipos de frota.

Considera-se que a IA fará expandir a procura de três grandes tipos de competências de Capital Humano:

- **Competências Altamente Qualificadas,** especializadas em programação e desenvolvimento de aplicações de IA, englobando lógica (que está ausente da generalidade dos curricula), conhecimentos e aptidões para investigação fundamental e aplicada, engenharia, aplicações de IA, ciência dos dados e pensamento e engenharia computacional;
- **Competências Genéricas e de Base,** que constituem o suporte para a aquisição e melhoria contínua de novas competências técnicas numa realidade em rápida mutação;
- **Competências Complementares,** necessárias para conceber e aplicar a IA, tais como pensamento crítico, criatividade, resiliência ou análise e comunicação interpessoal.

Há que **transformar as políticas de educação e formação** para que possam gerar estas competências, o que implicará alterações nos currículos, melhores e mais abrangentes sistemas de aprendizagem ao longo da vida e a utilização as tecnologias digitais para assegurar novas competências, combinando, designadamente, as necessárias à investigação fundamental, engenharia, aplicações de IA, bem como a ciência dos dados e computacional.

Outras **competências fundamentais são igualmente necessárias, como sejam adaptabilidade, inteligência social, comunicação e resolução de problemas**. Como base para aprendizagem ao longo da vida, **os jovens vão precisar destas aptidões para terem criatividade, imaginação e abertura a novas ideias. São poucos os Professores capazes de assegurar estes tipos de aptidões.**

Trata-se de criar **"IA Humana",** ou seja, centrada no Humano, baseada em interação na circulação da informação e capaz de gerar mais produtividade do que a IA ou trabalhador isoladamente (ex.: na BMW equipas de IA Humana obtiveram ganhos de 85% em relação a equipas não-integradas).

Também as técnicas de IA, quando associadas aos **"Big Data",** podem ser muito uteis aos processos de ajustamento entre a procura e oferta de competências quer no seio das organizações quer no mercado de trabalho (a IBM é um bom exemplo). São vias para gerar mais valor, maiores resultados, salários mais elevados e acrescido emprego qualificado.

Progressos mais recentes nas técnicas de IA permitirão reduzir significativamente o custo das atividades de previsão e melhorar a sua qualidade.

Uma melhor previsão pode gerar novos conhecimentos utilizáveis para criar novos produtos e serviços, melhorar a produtividade do trabalho e diminuir a utilização de materiais e matérias-primas utilizadas por unidade de produção, tais como energia e combustíveis fosseis.

Prever é uma coisa, mas decidir é outra. A previsão é essencial para decidir. Decidir necessita, porém, de dados, acções, avaliações e juízos que, para serem mais rigorosas e justas, necessitam da presença, de mais informação de capacidades ou talentos digitais específicos. Isto é, necessita da presença do Humano.

O grande desafio será, pois, o desenvolvimento de uma **"IA Centrada no Homem"**, por forma a que ela seja um factor de mais e melhor crescimento económico e de bem-estar dos Humanos e das Sociedades, fomentando um ambiente propicio à Inovação Inclusiva em IA.

A associação das técnicas de IA e de "Big Data" permitirá a aceleração do desenvolvimento científico e tecnológico permitindo recolher e tratar informação a uma velocidade impensável. Áreas como a Saúde, Economia, Engenharia ou Direito poderão vir a ter um forte desenvolvimento, extraindo e tratando informações de milhões de dados e artigos científicos.

O que hoje já se está a passar na Saúde é ilustrativo: desde a telemedicina à descoberta de novas e raras doenças e de novos tratamentos e medicamentos, apoiados no desenvolvimento robótica, da biomedicina e das ciências da vida.

Novos tipos de profissões estão a chegar:

- **Especialistas em Dados e Aprendizagem Automática ("machine learning") – (ML).**
  Estes especialistas são necessários para gerar, actualizar e limpar dados e para programar, actualizar e desenvolver aplicações de IA;
- **Prestadores de Novos Serviços Pessoais.**
  Com a supressão ou redução de tarefas repetitivas, perigosas ou de esforço, os Humanos vão poder usufruir de melhor qualidade de vida e necessitar de mais e melhores serviços pessoais, como sejam cuidados continuados, em particular de idosos, treino pessoal e físico ou cuidar dos doentes terminais. Mas mesmo nestes serviços pessoais, as máquinas poderão desempenhar um papel complementar de apoio e monitoria.
- **Especialistas em Decisão e Processos de Decisão**
  A máquina poderá fazer previsões, mas serão os Humanos que devem decidir o que fazer com elas. A decisão caberá normalmente aos Humanos. São eles que sabem interpretar as situações, incluindo a presença de subjectividades, formular juízos de valor e de justiça, colocar dilemas, avaliar preferências individuais ou ter a inspiração ou talentos interpessoais para escolher e decidir.

Uma **"IA Centrada no Homem" deve tornar o trabalho mais estimulante e agradável intelectualmente,** já que as cansativas tarefas de rotina ou perigosas (da exploração de recursos à exploração do espaço) estarão automatizadas, possibilitando uma organização do trabalho mais flexível e com melhor equilíbrio entre a vida profissional, a família e a cidadania.

Que os dirigentes políticos e os parceiros sociais sejam capazes de **construir soluções de transição,** com mais complementaridades em vez de antagonismos. O caso recente do sector metalomecânico alemão deve ser avaliado e poderá servir de uma Boa Prática.

Será muito difícil que, em Portugal, os Poderes Públicos e, em particular os Parceiros Sociais tenham a visão, a clarividência,

a coragem e a capacidade de diálogo para irem por este caminho, dada a sua escassa autonomia e forte dependência das forças políticas. As experiências da Concertação Social em Portugal não são, de facto, bom augúrio. Esperemos que as orientações e as experiências, a nível europeu, possam ser factores de desbloqueio, nomeadamente, a nível mais descentralizado, onde os jogos de poder poderão não ser tão enquistados.

Assim, poderão ser as políticas públicas, por si, ou com parceiros sectoriais, regionais ou a nível de empresa, a liderar este processo de transição e mudança. As empresas, em particular as PME's, as universidades e os centros de investigação têm de congregar esforços e celebrar programas estratégicos de formação e capacitação (**"Re--skilling" e "up-skilling")** e de desenvolvimento do empreendedorismo digital (ver a experiência de Singapura).

Vários países lançaram programas específicos de captação e fixação de talentos, nacionais e estrangeiros (ver por exemplo, a política de concessão de vistos especiais que vem sendo realizada pelo Canadá a Reino Unido, para captar pessoal altamente qualificado). Todavia, **existe um enorme risco de agravamento das assimetrias entre países e entre pessoas.** Estima-se que nos Países em Desenvolvimento mais de metade das populações não detenha qualquer competência digital básica. Por outro lado, os detentores de um diploma de ensino superior terão cerca de 1,5 a 2 vezes mais probabilidade de ter uma habilidade digital do que aqueles com um ensino secundário e 3,5 a 4 vezes dos que apenas possuem o ensino básico.

São igualmente necessárias alterações substanciais para melhorar a adaptabilidade, a reatividade e versatilidade dos instrumentos de políticas públicas e das experiências projetadas para fomentar a IA e outras inovações digitais. Deverá ser incentivada a partilha controlada de dados e a criação de mecanismos de auto-regulação.

As tecnologias e as aplicações de IA estão a evoluir rapidamente e a transformar as estruturas económicas e sociais de forma mais profunda e rápida do que o previsto. As Comunidades Científica e Técnica, os Empresários, as Organizações da Sociedade Civil e os Dirigentes Nacionais e Internacionais estão a desenvolver esforços ativamente para que a **IA seja Responsável, Segura (Cibersegurança) Ética e Centrada no Homem** e haja a necessária a confiança para maximizar os benefícios, minimizar os riscos e promover o desenvolvimento sustentável, a igualdade de género e o consenso social.

Nestas necessárias Parcerias e Plataformas, o **Ensino Superior** deverá ter um papel crucial. Terá de passar a ter o apoio de "Designers de Curricula", dada a complexidade do conhecimento a transferir

No conhecimento fundamental, haverá que **incluir, de forma transversal,** o ensino da Lógica, Ética, Ciências de Dados, Computação, Conhecimentos Digitais Básicos e de IA ou Identificação e Resolução de Problemas.

3. Síntese

Do que fica escrito, podemos evidenciar o seguinte:

i) Tem havido uma **evolução significativa dos conceitos que colocam o Homem como referência.** O mais antigo é "**Capital Humano",** que tem origens mais ancestrais do que se pensa, tal como "Recurso Humano". Está novamente a ser muito utilizado, quer no plano das organizações e empresas, quer em comparações internacionais, em particular depois do lançamento, em 2018, pelo Banco Mundial, do "Projecto Capital Humano" que se consubstanciou na criação do divulgado "Índice de Capital Humano (ICH"). Este índice tem vindo a evidenciar a importância de investir em pessoas, através da nutrição, cuidados de saúde, educação de qualidade, emprego ou aptidões profissionais.

ii) Muito divulgado é igualmente o conceito de "**Desenvolvimento Humano",** concebido há mais de 3 décadas pelo PNUD, e que deu origem ao Índice de Desenvolvimento Humano (IDH), que tem alguma sobreposição com o Índice de Capital Humano (ICH).

iii) Têm surgido ainda outros conceitos que pretendem rivalizar ou complementar o conceito "Capital Humano". São os casos de **"Capital Intelectual"** e **"Talento Humano".**

iv) Destes, o mais promissor é, sem dúvida, o último, que deriva do latim "Talentum". Deu origem ao **Índice Global de Competitividade em Talento (IGTCI)**, lançado pelo INSEAD, em 2013.

v) Para além dos Conceitos, a **Medida do Desenvolvimento continua a ser um tema de grande polémica e pouco consenso**, quer sobre o que é o Desenvolvimento, quer sobre a sua Medida. Carrega um enorme subjetivismo e nele se cruzam múltiplos interesses de políticos, governantes, cientistas sociais ou economistas.

vi) **Existe uma mistificação que consagrou o PIB per capita como a medida do Desenvolvimento.**
É cada vez mais consensual, e reconhecido pelo próprio PNUD, **a necessidade de existirem novas métricas para o Desenvolvimento,** nomeadamente, para o Desenvolvimento Humano que têm de integrar novas dimensões, como sejam a sustentabilidade do Planeta, as desigualdades ou a prevenção e combate a Pandemias, a necessidade de novas capacidades e aptidões ou o avanço da Inteligência Artificial. **É necessário descentrar o Desenvolvimento no Homem para o situar na dupla Homem-Natureza**

vii) O Relatório IDH 2020 abre uma decisiva frente, ao alertar que poderá estar em causa a existência de Vida no Planeta Terra.
Neste sentido, foi elaborado o **"Índice de Desenvolvimento Humano Ajustado às Pressões sobre o Planeta (IDHP)",** que constitui uma nova métrica destinada a "orientar a trajetória de progresso do desenvolvimento humano e de alívio simultâneo das pressões sobre o planeta". Os países com mais elevados IDH são os que maior pressão exercem sobre o Planeta, como é previsível, dado o modelo de Desenvolvimento que adotam.

viii) Lançado em 2013, o **Índice Global de Competitividade em Talento (IGTCI)** é um índice compósito desenvolvido, anualmente, pelo INSEAD, em parceria com o Grupo Adecco e a Google, com objetivo de classificar os países e as principais cidades, tendo em conta a sua Capacidade de Atrair, Desenvolver e Reter Talentos. **É a mais abrangente e interessante das Medidas analisadas**. A última versão (2020) abrange 132 pises e 55 cidades.

ix) O Relatório IGTCI 2020 faz uma interessante análise da evolução da trajetória das pontuações médias dos períodos 2015-2017 e 2018-2020 e o Índice de 2020.Em função dessa trajetória, são constituídos **4 Grupos de Países:**" Os Campeões";" Os Moveis";" Os Coxos"; e Os Retardatários"

x) **O Desenvolvimento do Capital Humano irá enfrentar nos anos vindouros Três Grandes Desafios**:

- O Principal e Fundamental Desafio a Enfrentar: **A Sobrevivência do Planeta e da Humanidade.** Se a era geológica em curso (Antropoceno) prosseguir a actual trajectória o Planeta Terra pode caminhar para a auto-destruição. A Humanidade levou o Planeta Terra ao limite.
- O Segundo, será enfrentar o **Impacto da Pandemia no Desenvolvimento do Capital Humano e Criar Novos Modos de Organização do Trabalho** Menos Lineares e Rígidos, mas mais Flexíveis, Abertos e Compósitos.
- O Terceiro Grande Desafio é a **Rápida Difusão da Inteligência Artificial (IA) à Generalidade da Actividade Humana**, transformando o ADN das Economias e das Sociedades, exigindo novas competências e profissões. A expansão da IA irá incrementar a procura de Três Tipos Fundamentais de Competências: Altamente Qualificadas; Genéricas e de Base; Complementares.

xi) A resposta a estes desafios, em particular ao terceiro, impõe uma **profunda transformação das políticas de educação e formação,** o que implicará alterações nos currículos, melhores e mais abrangentes sistemas de aprendizagem ao longo da vida e a utilização as tecnologias digitais para assegurar novas competências, combinando, designadamente, as necessárias à investigação fundamental, engenharia, aplicações de IA, bem como a ciência dos dados e computacional. **Novos tipos de Docentes e Formadores serão essenciais. Novas formas de Diálogo Social serão determinantes.**

xii) **Em Portugal, estas matérias são pouco são conhecidas, quanto mais discutidas, desde os Órgãos de Soberania, à Concertação Social ou à generalidade dos Cidadãos. As nossas Universidades, essencialmente as Escolas de Engenharia, só recentemente começaram a dar relevância à Inteligência Artificial. Os outros ramos de ensino, como a Economia e a Sociologia, parece que, na sua maioria, ainda não acordaram para o assunto.**

xiii) É fundamental o desenvolvimento de uma **"IA Centrada no Homem"**, por forma a que ela seja um factor de mais e melhor crescimento económico e de bem-estar dos Humanos e das Sociedades, fomentando um ambiente propicio à Inovação Inclusiva em IA.

xiv) **A associação das técnicas de IA e de "Big Data"** permitirá a aceleração do desenvolvimento científico e tecnológico permitindo recolher e tratar informação a uma velocidade impensável.

xv) Finalmente, **a nível internacional, a posição de Portugal nas diversas Medidas de Capital Humano tem vindo a registar uma evolução positiva, sendo de destacar para 2020:**

a) **No Índice de Capital Humano (ICH), Portugal teve o score de 0.77**, que o colocou na 17.ª posição e no Grupo B (maior ou igual a 0.70 e inferior a 0.80). Neste Grupo, atrás de Portugal estão, países como: USA (35.º), Itália (30.º), Espanha (29.º), Alemanha (25.ª), Bélgica (19.º) ou França (18.º);

b) **No Índice de Desenvolvimento Humano (IDH), Portugal está na 38.ª posição (0.864)** e acima da Média da Europa e Asia Central (0.791). No Índice de Desenvolvimento de Género do IDH, Portugal atinge o score de 0.988 e está no Grupo 1. Na Equidade de Género a nossa posição é ainda mais favorável (17.ª posição);
c) **No "Índice de Desenvolvimento Humano Ajustado às Pressões sobre o Planeta (IDHP)", Portugal melhora 15 posições em relação ao IDH passando da 38.ª para a 23.ª posição;**
d) No **"Índice Global de Competitividade em Talento (IGTCI)" Portugal está na 28.ª posição, tendo subido 4 posições em relação a 2015/2017**.No continente europeu está em 18.º lugar. Atrás de si, talvez de forma surpreendente, estão países como: Espanha (32.º), Itália (36.º), China (42.ª), Grécia (47.º) e Brasil (80.º);
e) Neste Índice, **Portugal está colocado, em 2018-2020, no grupo dos "Champions"**, no 28.º posto, mais 4 posições do que em 2015-2017, o que reflete os **bons resultados nos pilares de input** "Atração de Talentos", "Crescimento de Talentos" e "Retenção de Talentos". No pilar "Capacitação" estamos em nível idêntico (29.º) ao do próprio IGTCI.
f) **Mas os resultados nos pilares de "Output" não são tão favoráveis**, em particular nas "Aptidões de Nível Intermédio" ("VT Skills"), em que estamos em 43.º lugar, refletindo debilidades do nosso ensino técnico-profissional e da formação profissional. Nas "Aptidões de Alto Nível" ("GK Skills"), estamos numa posição mais confortável (35.º), o que também revela melhores desempenhos do ensino superior e do sistema científico;
g) O **IGTCI faz também avaliação de cidades. Lisboa está pontuada com 46.2 e colocada no 2.º Quartil na 62.ª posição**. Atrás de si tem 60% das cidades analisadas, como sejam: Roma(70.º), São Paulo (84.º), Buenos Aires

(88.º) Budapeste (92.º) ou Talinn (93.ª). Lisboa é ultrapassada por algumas cidades concorrentes: Dublin(13.º), Estocolmo (17.º), Madrid (24.ª), Barcelona (28.º), Viena (36.º) ou Milão (41.º).

Referências Bibliográficas

1. "Human Development Indices and Indicators" .2018 Statistical Update. UNDP
2. "Além do Rendimento, Além das Médias, Além do Presente. Relatório do Desenvolvimento Humano 2019". UNDP
3. "The Human Development Report 2020-The Next Frontier: Human Development and Anthropocene" 2020.UNDP
4. "Building Human Capital-Human Capital Project and Index"- World Bank, May 2018 "The Human Capital Project"-WB 2018
5. The Changing Nature of Work -2019 WDR. WB
6. "HCI – Human Capital in The Time of Covid -19 Update 2020.WBank
7. HCI – UPDATE 2020. Human Capital in Time of COVID 19; WB
8. "GTCI – Global Competitiveness Index" (INSEAD). GTCI 2020 Report
9. The Global Competitiveness Report – Special Report 2020 – How Countries are Performing on the Road to Recovery. WE Forum
10. "WEF – Global Human Capital Report 2017 – Preparing People for the Future of Work" WE Forum
11. "The Future of Jobs"- Report 2020.Oct 2020.WEF
12. "Education at a Glance 2021" OCDE
13. "Getting skills right: Skills for jobs indicators. 2017. OECD
14. "Scoping principles to foster trust in and adoption of AI" – proposal by the expert group on artificial intelligence at the OECD 2019. Paris: OECD
15. "AI: Intelligent machines, smart policies: conference summary" OECD Digital Economy Papers, No. 270. 2018. OECD
16. "Going digital: Shaping policies, improving lives" Paris.2019. OECD
17. "How Will Automation Affect Economies Around the World" 2018. Mckinsey and Company

Teoria, Doutrina e Política de Desenvolvimento em Portugal

Carlos Bastien e *Ana Bela Nunes*

O presente capítulo visa estabelecer uma narrativa breve da evolução das ideias sobre desenvolvimento económico presentes em Portugal nos dois últimos séculos, em articulação com o respectivo contexto social.

Não se consideram aqui as diversas manifestações do pensamento mercantilista, expressão pré-teórica dos interesses dos mercadores e da aristocracia parasitária do Estado numa sociedade de transição, para atender apenas às ideias que se reportam ao período moderno, isto é, ao capitalismo.

Consideram-se assim sucessivamente, ao longo do século XIX, um primeiro período marcado pela fisiocracia e pelo pensamento clássico associados ao liberalismo, e um segundo período marcado pela predominância do pensamento eclético, ainda preferencialmente articulado com uma visão liberal da problemática do desenvolvimento. Os anos entre guerras compreendem a afirmação do corporativismo a que se segue no pós-guerra o período mais bem-sucedido de crescimento económico em Portugal em ligação com a recepção da síntese neoclássica-keynesiana e com o engenheirismo. Por fim, refere-se a transformação das ideias sobre desenvolvimento económico após a revolução de 25 de abril de 1974.

A extensão do tema obriga a que só sejam aqui referidos os economistas e os escritos mais significativos, sendo por isso inevitáveis algumas omissões e simplificações.

A fisiocracia, a economia clássica e a afirmação da doutrina liberal

Ignorada a perplexidade de David Hume acerca do fraco crescimento da economia portuguesa na época em que Portugal se tornou uma potência colonial e em que teve acesso aos metais preciosos e a outras matérias-primas, as ideias relativas ao desenvolvimento económico do país que emergiram na transição do século XVIII para o século XIX foram desenvolvidas por um conjunto de economistas reunido na Real Academia das Ciências, então o mais relevante forum de reflexão e debate sobre estas matérias. O discurso reformista aí produzido, enquadrado pela noção iluminista de progresso, centrava-se na avaliação do potencial produtivo do país, em particular no setor agrário, revelando uma clara influência fisiocrática, ainda que algo tardia. Contudo, o aparelho analítico desta escola de pensamento, designadamente o conceito de circuito económico harmonioso regulado pela lei natural nunca foi formulado de forma clara. O que existiu foi sobretudo uma literatura sobre tecnologias inovadoras aplicáveis no país e estudos de economia aplicada destinados a fundamentar um conjunto de recomendações de política económica visando o aumento da produtividade da terra e do excedente agrícola. No essencial, tratava-se de direcionar os investimentos para a agricultura, abolir monopólios, instituir o *laissez-faire* e impor uma fiscalidade mais pesada sobre os proprietários agrícolas.

Os escritos de Domingos Vandelli, professor em Coimbra e membro da Real Academia das Ciências, estão entre os mais relevantes na medida em que, no contexto da sua análise do declínio do setor agrícola, revelam alguma sofisticação doutrinal quando defendem uma política de desenvolvimento centrada na construção de infraestruturas de transporte destinadas a viabilizar a circulação dos bens de origem agrícola (Vandelli, 1990 [1789]).

Mas a universidade esteve ainda envolvida neste movimento reformador através do professor Joaquim Rodrigues de Brito. No seu livro sobre as verdadeiras causas da riqueza das nações (Brito, 1992 [1803-5]) sublinhou a importância da agricultura para promover o desenvolvimento económico, já que também ele via essa atividade como a única geradora de riqueza, e, implicitamente, para o aprofundamento das relações de produção capitalistas no campo.

Ainda neste período, em particular quando a universidade assumiu um maior protagonismo na reflexão sobre temas económicos com a introdução dos estudos de economia política em 1836, novas questões foram referidas em resultado da receção do sistema teórico clássico. Teorias e conceitos como a lei de Say, a ideia de valor-trabalho, o princípio da população, a noção de rendimentos decrescentes, de vantagens comparativas, ou a lei de ferro dos salários, passaram a ser referidos pelos economistas portugueses.

No que respeita especificamente ao aumento da riqueza das nações, o entendimento destes economistas era que este era um processo auto-regulado que, na ausência de constrangimentos externos, era apenas limitado pela dimensão dos mercados, pela capacidade de os agentes económicos utilizarem os recursos disponíveis numa escala crescente e mais eficiente, nomeadamente através da divisão e especialização do trabalho. A ideia de limites ao crescimento decorrentes da disponibilidade limitada de terra fértil e de outros recursos naturais, como pensado por Malthus e por Ricardo, não tiveram aparentemente eco nos seus pares portugueses e o próprio elemento regulador do processo de crescimento, a evolução da relação entre salários e lucros, não foi objeto de atenção particular.

A teoria das vantagens absolutas e comparativas, fundamental para a definição da política económica externa e para a elaboração de uma política de desenvolvimento, foi referida por alguns destes economistas, ainda que de forma breve. José Silva Lisboa foi o primeiro a aludir à teoria de Smith (Lisboa, 1993 [1804]), designadamente ao sustentar que "a liberdade de comércio amplifica a sólida grandeza e a opulência dos Estados" (ob. cit.: 37). Algum tempo depois, José Ferreira Borges sustentou a ideia de que "a liberdade de comércio é uma necessidade para a acumulação da riqueza nacional" e que "o verdadeiro e único princípio a seguir em todas e quaisquer circunstâncias é (...) liberdade de comércio" (Borges, 1995 [1831]: 40 and 44). A novidade nesta sua formulação é que ela referia explicitamente a teoria das vantagens comparativas de "Mr. Ricardo" [*ibid.*: 96].

A ideia principal que estes economistas retiveram dos economistas clássicos foi a de que no comércio internacional havia um ganho mútuo potencial além de que o alargamento dos mercados decorrente desse comércio permitia o aprofundamento da divisão do trabalho e consequentemente ganhos de produtividade. Assim, o comércio livre seria a política adequada à promoção do crescimento económico, muito embora este nunca fosse definido de uma forma clara, mas antes representado pela noção smithiana de opulência, ou até de felicidade, em consequência de uma injunção ética no discurso económico.

As posições teóricas destes economistas terão influenciado em alguma medida não só a abertura dos portos brasileiros como, mais tarde, a legislação relativamente livre-cambista de Mouzinho da Silveira (Silveira, 1827) e refletiram-se na intervenção de publicistas porta-vozes dos interesses comerciais, designadamente em Cláudio Adriano da Costa (Costa, 1837). Este opôs-se ao protecionismo, invocando os interesses dos consumidores, sem daí retirar consequências claras acerca das implicações do livre-câmbio no processo de desenvolvimento do país. No plano social, e ao contrário do que sucedia em Inglaterra onde os economistas clássicos, em particular Ricardo, constituiam expressão dos interesses da classe capitalista industrial em ascensão, em Portugal o pensamento clássico traduzia os interesses do capitalismo agrário e comercial e da dominação inglesa.

Entretanto, alguns economistas, no âmbito de uma reflexão económica aplicada, haviam já tentado introduzir linhas de ação mais abrangentes e originais visando o desenvolvimento da economia portuguesa. A contribuição mais original coube a José Acúrsio das Neves, um alto funcionário da administração pública, sobre a situação do setor industrial (Neves, 1985a? and 1985b? [1814-1817 and 1820]). Politicamente absolutista, mas influenciado pelas ideias económicas de Smith e Say, Neves, assumindo implicitamente que o potencial de crescimento da produtividade industrial era superior ao da agricultura, analisou as causas do atraso da economia portuguesa e salientou a falta de espírito empresarial e a limitação dos mecanismos de atração dos poucos capitais disponíveis para as atividades industriais. Consciente do atraso português no processo de industrialização, sublinhou a importância da inovação tecnológica, referindo em particular a necessidade de aplicação da energia a vapor e da mecanização das atividades transformadoras, acrescida da adoção de uma política económica moderadamente protecionista. No entanto, esta sua proposta de uma política económica global, como as de outros absolutistas liberais, pouco ou nada terá influenciado a ação governativa, desde logo porque formulada no limiar de um período de prolongadas lutas civis em que o debate económico foi submerso pelo político.

O pensamento teórico e doutrinal heterodoxo esteve também presente nos escritos dos economistas portugueses nesta primeira metade do século XIX. Um dos seus protagonistas foi António de Oliveira Marreca que num conjunto de artigos publicados a partir de meados dos anos 1840 se aproximou de pontos de vista caros a Friedrich List na crítica à economia política clássica. Essa proximidade com o autor do *Sistema Nacional de Economia Política*, surgiu quando tomou a nação como categoria analítica fundamental, quando aludiu à política de transportes, base da criação de uma verdadeira economia nacional, quando valorizou a dinâmica do mercado interno, quando referiu a necessidade de um sistema educativo e quando advogou a proteção pautal como condições necessárias para o intensificar do progresso tecnológico e industrial (Marreca, 1983 [1846)]. Marreca seria, aliás, um dos raros economistas deste período, porventura só acompanhado por Acúrsio das Neves e por Solano Constâncio, a destacar o papel da indústria num eventual processo de modernização da economia portuguesa. Mas as reflexões destes economistas seriam também irrelevantes no momento da formulação da política económica.

Outras correntes do pensamento económico divergentes ou críticas da economia clássica, nomeadamente a representada por Sismonde de Sismondi, foram pontualmente referidas pelos economistas portugueses deste período, mas já o princípio da procura efetiva, caro a este autor, não mereceu atenção por parte dos seus pares portugueses.

Em meados do século, com emergência da primeira geração socialista, em particular com Lopes de Mendonça, surgiram algumas propostas de reforma industrial tendentes a superar a "insuficiência da produção" (Mendonça, 1850: 4) e a dar corpo a um socialismo associacionista. Mas também então ideias algo vagas e sem consequência prática.

Em todo este período, a economia portuguesa sofreu as sequelas da Guerra Peninsular assim como de uma revolução e de duas guerras civis. Para além disso, a perda do mercado protegido do Brasil foi prejudicial para o desempenho económico do país e a intervenção militar estrangeira conduziu à preponderância dos interesses britânicos em detrimento da possível implementação de políticas de desenvolvimento por uma burguesia industrial local fraca. Entretanto, a partir de 1820, a instabilidade política foi acompanhada por graves e resilientes problemas de ordem monetária, bancária e financeira que exigiram soluções de curto prazo e reduziram a disponibilidade para a reflexão aprofundada sobre uma eventual política de desenvolvimento.

Contudo, quando o poder da burguesia liberal se consolidou a partir de meados dos anos 1830 surgiu um primeiro projeto muito geral (extinção dos forais e dos dízimos, reforma da educação, protecionismo industrial, ...) que visava, entre outros aspetos, promover o crescimento económico. No entanto, esse projeto dependia mais de uma doutrina política e social modernizante que de um pensamento económico estruturado. O bloco no poder assumia implicitamente que um quadro institucional reformulado, libertando a iniciativa privada, desencadearia o desejado desenvolvimento. Mas as reformas então realizadas levaram tempo a produzir os efeitos esperados e o país atravessou então uma longa estagnação.

Em meados dos anos 1840 foi iniciado um programa de obras públicas centrado na construção de infraestruturas de transporte (estradas, portos e caminhos de ferro), que se revelou insustentável em poucos anos. Sem estudo aprofundado da situação económica e financeira do país, predominava a convicção que a estabilidade política, que teimava em não chegar, era a condição de atração de capitais nacionais e estrangeiros e por essa via a do almejado desenvolvimento.

A economia eclética e o liberalismo oligárquico

No que respeita à teoria económica, uma das características mais importantes da segunda metade do 'longo' século XIX foi o declínio deste tipo de discurso enquanto instrumento potencialmente orientador e legitimador da transformação da ordem económica e social quando comparado com o meio século anterior.

Neste segundo período liberal, o pensamento clássico foi superado por uma visão eclética reunindo diferentes perspetivas. Num dos primeiros manuais de ensino desta fase, Forjaz de Sampaio, sob a influência de Karl H. Rau, ocupou-se explicitamente da "teoria (...) das relações do Estado com a esfera industrial [em ordem a] estender a teoria da política económica" (Sampaio, 1858: xxiv), e tornou-se um protecionista moderado. Contudo, as suas lições não incluíram qualquer apresentação ou discussão dos processos de evolução das economias no longo prazo, designadamente a hipótese do estado estacionário. Outros manuais tenderam a juntar enunciados próprios da economia clássica com perspetivas historicistas e até, ainda que marginalmente, com a economia de Marx. José Frederico Laranjo, o economista que melhor representou esta tendência, revelou clara familiaridade com a escola clássica, ainda que se revelasse sensível ao método histórico. Um dos seus sucessores no ensino em Coimbra, José Marnoco e Sousa, adotou uma posição semelhante, ainda que o seu principal manual de ensino contenha mais uma apresentação descritiva dos princípios e conceitos económicos que uma verdadeira discussão teórica esclarecedora dos seus significados e implicações.

Acresce que nestes manuais de ensino a problemática das políticas de desenvolvimento não era referida de forma clara, em particular no que respeita às implicações em matéria de relações económicas internacionais. A teoria ricardiana das vantagens comparativas só era referida ocasionalmente, porventura porque estes economistas académicos entendiam que tal teoria tinha sido criada para favorecer a posição inglesa e que Portugal não tinha condições para adotar com sucesso um padrão de desenvolvimento *export-led*. O próprio Marnoco e Sousa ao apresentar um resumo da contribuição de Ricardo para a economia política evitou mesmo referir aquela teoria (Sousa, 1997 [1910]). Quanto ao mais, tinham implícito, porventura sob a influência de Stuart Mill, que o crescimento era um processo essencialmente espontâneo, mas que cabia ao Estado intervir em matéria de distribuição do rendimento. Neste período, a explicitação do papel da inovação tecnológica no processo de crescimento foi pontual, cabendo no entanto ao economista Henrique Moreira observar que ela permitia "aumentar sensivelmente a produção, facilitar e favorecer o trabalho, estimular pela concorrência a baixa dos produtos, animar todo o movimento industrial que tende a ampliar a esfera económica (...), produzir mais e com maior economia de tempo, aumentar o consumo (...), tais são inquestionavelmente os princípios em que se baseia o progresso económico" (Moreira, 1868: 9).

A teoria marxista da acumulação de capital, isto é, o processo de produção de mais-valia e sua conversão em capital, assim como a ideia que existiam limites ao crescimento económico no âmbito do capitalismo industrial decorrentes da queda tendencial da taxa de lucro foram temáticas negligenciadas.

No plano da doutrina, o acima referido ecletismo teórico surgia associado a diferentes perspetivas. Em J. Rodrigues de Freitas, o ecletismo teórico suportava o projeto liberal predominante, mas já com outros economistas académicos, como sucedia com Adrião Forjaz de Sampaio, suportava um protocorporativismo, enquanto com os referidos José Frederico Laranjo e José Marnoco e Sousa ele surgia associado ao cooperativismo e ao socialismo catedrático. Estes últimos economistas, em alguma medida críticos do capitalismo, adoptaram no essencial uma agenda privilegiando a reforma social e a proteção do trabalho e, ainda que tenham referido pontualmente a importância da tecnologia moderna ou a conveniência de políticas de proteção da indústria, pouco adiantaram na formulação de uma doutrina de desenvolvimento económico.

A política económica foi então implementada sem relação direta com uma base teórica sólida. Ela resultou mais da doutrina e sobretudo de uma visão política pragmática que resultou numa agenda de grandes investimentos e de proteção ao capital financeiro em detrimento do apelo aos princípios da economia política. Ainda assim, o impacto das ideias de economistas como J.-B. Say e de F. Bastiat foi significativo junto de políticos e altos funcionários do Estado, influenciando a reforma da administração pública e de diversas instituições legais. Mas o mais influente dos economistas nesta época, e porventura o mais citado nas discussões parlamentares, foi M. Chevalier, não só por causa da sua visão moderada da política comercial externa, mas, sobretudo, por causa da sua perspetiva saint-simoniana sobre a importância de uma rede integrada de transportes na promoção do crescimento económico e na regeneração da nação.

Estas ideias foram expressas pelo primeiro-ministro Fontes Pereira de Melo, um engenheiro, ao afirmar que "este grande corpo [Portugal] não tem artérias, nem veias por onde se faça a circulação (...) e as dificuldades de trânsito (...) clamam incessantemente por um remédio pronto e eficaz, que nos aproxime do viver das nações cultas" (Melo, 1853: 386). Entretanto, a doutrina do livre-câmbio continuava a ter eco em parlamentares e dirigentes políticos, designadamente em José Luciano de Castro, à época figura relevante do Partido Regenerador: "(...) "é na liberdade de comércio, que nós achamos o meio mais eficaz e profícuo para incitar e desenvolver a produção, e aumentar as quantidades de substâncias alimentares. É na liberdade de importação e exportação, que nós vemos a mais vantajosa garantia de progresso industrial, e do engrandecimento e produtividade do trabalho" (Castro, 1856, p. 113)

Contudo, o governo foi apoiado, ao menos neste ponto, por economistas liberais moderados, como Luis Rebelo da Silva ou Agostinho da Silveira Pinto. De acordo com o acima citado Fontes, os princípios abstratos tinham que ser adaptados às circunstâncias nacionais e nomeadamente ao atraso relativo do setor industrial; as tarifas eram importantes para proteger as indústrias nascentes (referia M. Chevalier) e só depois destas se tornarem competitivas é que as tarifas poderiam ser progressivamente eliminadas.

Não obstante, em 1852, no rescaldo de um golpe de estado que traria um período de estabilização política – a Regeneração –, foi introduzida uma legislação relativamente favorável à liberalização do comércio beneficiando mais uma vez a agricultura comercial e os interesses britânicos. Esta medida surgiu no contexto de uma reelaboração parcial da hegemonia liberal conducente a algumas reformas institucionais e à implementação de uma política de modernização mais consistente. Aquela política comercial só foi revertida pelo regresso ao protecionismo em 1892. Em qualquer caso, a polémica político-económica em torno do protecionismo *versus* liberdade de comércio foi continuamente retomada com diversos protagonistas, designadamente com Joaquim Fradesso da Silveira (Silveira e Soares, 1862), defensor da proteção e do fomento industrial *versus* Duarte Nogueira Soares (Silveira e Soares, 1862) e João Andrade Corvo (Corvo, 1864) defensores da liberalização do comércio externo, medida que sustentavam ser favorável ao progresso da economia nacional, incluindo o da indústria. Mas, mais uma vez, uma eventual referência teórica era substituída pela citação de exemplos de casos nacionais, particularmente a Inglaterra e a Suíça, que haviam progredido no plano da industrialização em regime de livre-câmbio.

Apesar de um crescimento económico significativo até finais de 1880, não ocorreu alteração significativa da estrutura económica e não foi sustentado. Apoiado em grandes défices públicos, o endividamento a ele associado conduziu o projeto regenerador ao seu termo. Entretanto, o programa de obras públicas em que assentou esse crescimento foi contestado por políticos e por economistas, designadamente por Oliveira Martins, próximo do socialismo catedrático, que contrapôs um projeto setorial com significativo impacto público. Visava o desenvolvimento da agricultura, mediante alterações ao regime de povoamento e de propriedade, ao sistema de crédito rural e à realização de obras de hidráulica agrícola em ordem a acelerar o crescimento económico (Martins, 1887). Essas ideias, expressando os interesses da pequena burguesia agrária, seriam retomadas por economistas republicanos, entre os quais Basílio Teles, que, apoiado num saber teórico precário, sublinhava a premência da questão agrária numa perspetiva nacionalista (Teles, 1899). Outros economistas desta mesma área ideológica, ainda quando dispondo de saber teórico mais sólido, como sucedia com Francisco António Correia, revelaram-se igualmente incapazes de propor um programa económico consistente para o desenvolvimento do país (Correia, 2020 [1922 e 1935]).

Em qualquer caso, a crítica e o foco dos economistas e dos políticos republicanos dirigia-se especialmente aos desequilíbrios das contas públicas que queriam ver resolvidos de acordo com os princípios das finanças clássicas, assim como à situação de dependência externa de Portugal, quer em termos financeiros quer em termos comerciais. Se, conjunturalmente, algumas medidas foram tomadas para controlar (mesmo ainda no decorrer do período monárquico) e até para inverter a situação financeira às vésperas da Primeira Guerra Mundial, nenhuma política económica consistente foi delineada para superar este problema, situação que alguns economistas atribuíram ao atraso dos saberes económicos. Foi o caso de Anselmo de Andrade ao notar que "(...) há muito tempo a recuperar porque em nenhum outro país se tem atrasado tanto no seu caminhar o progresso das ideias financeiras e económicas. A penetração das opiniões em matéria de economia e finanças é lenta." (Andrade, 1902: 484).

Nesta época, a formulação da política económica pouco contou com o apoio de instituições científicas, em particular com a Universidade, restando intervenções pontuais de estudiosos e publicistas representando interesses sociais diversos.

Da economia eclética e liberal ao corporativismo

O período entre guerras conheceu duas ordens políticas e económicas muito diferentes entre si, incluindo as ideias relacionadas com o processo de desenvolvimento económico.

Até à década de trinta, a teoria económica dominante em Portugal prolongou a visão eclética já presente na segunda metade do século XIX, com inovações apenas pontuais. Esse sistema teórico era justamente o que informava os manuais de ensino, designadamente na Universidade de Coimbra (Salazar, 1927) e na Faculdade Técnica do Porto (Carqueja, 1926), os quais continuavam a exibir falta de implicações claras em matéria de política económica e em particular de política de desenvolvimento.

Nesta mesma época, a generalidade dos economistas mais representativos do *mainstream* internacional também concentrou a sua atenção em problemas sem dimensão temporal, privilegiando a teoria do valor e a definição das condições do equilíbrio geral. No que respeita propriamente ao desenvolvimento económico, um processo tomado como essencialmente espontâneo, apenas referências sobre o papel positivo do comércio internacional e sobre a taxa de juro, um preço ligando o presente e o futuro e condicionando o investimento e a acumulação de capital.

Mas mesmo estes aspetos foram negligenciados na literatura teórico-económica portuguesa deste período. Não obstante existirem influências pontuais da corrente neoclássica, ela teve um impacto muito limitado entre os economistas portugueses e não há qualquer evidência que os poucos economistas que se integraram nesta corrente de pensamento, em particular António H. Osório, tenham dedicado atenção aos problemas do desenvolvimento (Osório, 1996 [1911]). Não obstante, Bento Carqueja introduziu uma definição de desenvolvimento – "aproximação do estado de equilíbrio" (Carqueja, 1926: 331) – que, ainda que simplista, não deixava de denotar alguma influência do pensamento neoclássico.

Quando o Partido Republicano tomou o poder, o governo implementou algumas reformas económicas e sociais susceptíveis de favorecer o desenvolvimento económico. A doutrina prosseguida, que dava corpo a um terceiro projeto liberal, valorizava o investimento na educação e atribuía um novo papel às colónias, que passavam a estar sujeitas a um novo regime administrativo descentralizado. Contudo, os objetivos de curto prazo revelaram-se mais importantes, nomeadamente a gestão dos impactos económicos e sociais da Primeira Guerra Mundial e do inevitável agravamento dos desequilíbrios financeiros.

Ainda no decurso do período republicano emergiu uma doutrina da oferta de cariz desenvolvimentista, elaborada por engenheiros-

-economistas, mas sem suporte em qualquer visão teórica clara. Ezequiel de Campos, um destacado representante desta escola de pensamento (Campos, 1913), centrou a sua proposta na educação técnica e num programa apoiado no aproveitamento dos recursos naturais, nomeadamente da água para irrigação e para a produção de energia. O setor florestal e a agricultura tinham um papel central na sua proposta, tal como a emigração para povoar os campos do Sul do país e as colónias; no plano industrial, a prioridade era a introdução da siderurgia com apoio da engenharia sueca na construção dos altos fornos elétricos. Ao Estado estava cometido um papel subsidiário, nomeadamente a construção de caminhos-de-ferro e a introdução de um sistema protecionista moderado. Os contextos internacional e interno, particularmente durante a Primeira Guerra Mundial e no imediato pós-guerra, não eram favoráveis ao lançamento de projetos de longo prazo, e o resultado foi o ignorar desses mesmos projetos e a persistência do atraso económico.

Após sete anos de ditadura militar (1926-1933) e de grande indefinição estratégica em matéria económica, as prioridades da política de desenvolvimento económico antes prosseguidas pelos governos republicanos, ou apenas sugeridas pelos engenheiros desenvolvimentistas, foram rejeitadas em benefício de um projeto corporativista. Foram então introduzidas novas orientações de acordo com os princípios institucionais e organizativos de uma ditadura cujos objetivos foram fixados na Constituição de 1933.

O bloco social dominante nos anos 1930, uma aliança de grandes agrários, industriais e banqueiros, dotados de uma mentalidade rentista e temendo a mudança social, não só impôs fortes constrangimentos ao desenvolvimento económico como deu suporte social a uma visão da problemática económica algo marginal no contexto internacional. Tratou-se de uma tentativa de construir uma nova teoria económica, em grande medida inspirada pelos trabalhos dos economistas corporativistas italianos, destinada a legitimar e a orientar a intervencionismo económico do novo regime. Este sistema teórico baseava-se num novo conjunto de conceitos, nomeadamente no conceito axial de *homo corporativus*, recorria a uma metodologia dedutiva análoga à da economia neoclássica, mas considerava o sistema económico corporativo como uma terceira via entre capitalismo e socialismo. As corporações, compondo uma estrutura organizativa complexa e supostamente independente do governo, deveriam organizar os mercados como monopólios bilaterais e regular toda a vida económica. No essencial, este novo sistema teórico visava demonstrar que a regulação corporativa era mais eficiente que a regulação pelo mercado já que conduzia a um estado permanente de equilíbrio geral, evitando flutuações, crises e o desperdiçar de recursos económicos. No plano financeiro, a teoria incorporava a ideia clássica de que a despesa pública não exercia qualquer efeito positivo sobre o crescimento da economia. Em qualquer caso, o desenvolvimento económico não era um tópico relevante nesta teoria.

Momento importante na afirmação desta escola de pensamento foi a publicação de *A doutrina corporativa e a teoria económica* de Costa Leite, um estudo no qual se reconhecia que a economia moderna assentava em empresas de grande dimensão e em mercados de concorrência imperfeita cabendo ao aparelho corporativo impedir as rendas monopolistas daí decorrentes (Leite, 1935). Algum tempo depois, e após a publicação de uma vasta literatura económica, coube a um economista não académico, Carlos H. Sousa, produzir um primeiro compêndio sumariando as perspetivas desta corrente do pensamento económico (Sousa, 1942). Ainda assim, o pragmatismo tendeu a ter precedência sobre a teoria ou a doutrina na hora da formulação da política económica.

Também então, o engenheirismo desenvolvimentista manteve-se à margem de qualquer influência significativa na definição da política económica. Esse foi o caso não apenas do já referido Ezequiel de Campos, que revelou nesta fase a sua adesão ideológica ao Estado Novo, mas também de José Araújo Correia, outro engenheiro-economista, que advogou uma política de desenvolvimento centrada na construção de centrais hidroelétricas e no aproveitamento da água dos rios para fins industriais, para a irrigação de áreas rurais e para o sistema de transporte (Correia, 1934). Ambos os engenheiros-economistas mantinham uma discreta desconfiança da eficiência do sistema corporativo, embora deixassem clara a sua opção por um Estado autoritário e intervencionista para impulsionar o processo de desenvolvimento.

Não obstante, o corporativismo manteve uma posição hegemónica no plano doutrinário e os poucos economistas liberais que conseguiram expressar os seus pontos de vista tiveram pouco impacto. A sua doutrina ia pouco além de um regresso às instituições liberais que precederam a implantação do Estado Novo e nada acrescentava sobre a problemática do desenvolvimento.

Em termos práticos, o corporativismo revelou-se uma variante do capitalismo, um sistema autoritário, autárquico e intervencionista, cujo objetivo principal era controlar o comportamento dos agentes económicos de modo a preservar a estabilidade social e a alcançar um equilíbrio das contas públicas, que se tornou num elemento fundamental na legitimação do regime político. Os principais instrumentos dessa política económica foram os controles de salários e preços, cotas de produção, licenças de importação e exportação, e a manutenção de uma rígida disciplina orçamental para controlar a procura agregada. Na ausência de um setor industrial público de dimensão significativa, o principal instrumento da regulação da actividade privada foi o condicionamento industrial, um instrumento de controlo governamental do investimento privado, já que as corporações nunca tiveram um poder regulador efetivo desse investimento.

O investimento público foi implementado entre 1935 e 1950 através fundamentalmente da Lei de Reconstituição Económica, embora o programa de investimentos permanecesse ainda focado na construção de infraestruturas agrárias, militares e de transporte e não na promoção do desenvolvimento industrial. Em 1929, ainda na época da ditadura militar, a Campanha do Trigo foi introduzida na tentativa de ampliar a produção de trigo e garantir a autossuficiência do país em termos de cereais. Em geral, a política económica do governo era composta por um conjunto de medidas setoriais desprovidas de suporte claro na teoria económica e sem se reportarem a qualquer estratégia de desenvolvimento global.

A síntese neoclássica-keynesiana e o novo intervencionismo

A sobrevivência do *Estado Novo* após o termo da Segunda Guerra Mundial não evitou a transformação da sociedade portuguesa, em especial o reforço da posição da burguesia industrial no seio do bloco social dominante e uma presença mais ativa dos *lobbies* desenvolvimentistas.

Em articulação com estes aspetos, adveio uma significativa mudança no campo das ideias económicas no país, em parte em resultado da participação de Portugal em organizações de cooperação económica internacional, em particular na OECE, mas também dos relatórios das Nações Unidas sobre a situação económica portuguesa (UNECE, 1954). A consciência do atraso económico do país tornou-se então mais clara, envolvendo a redescoberta da ideia de desenvolvimento, mas também a do atraso dos saberes económicos, que determinou, entre outros aspetos, uma reforma profunda dos estudos económicos universitários no país em 1949 e, a breve prazo, a criação de uma nova faculdade de economia.

Nestes anos, e até ao colapso do Estado Novo, o discurso corporativo desempenhou um papel apenas residual na cena do pensamento económico-teórico e a velha tradição eclética desapareceu. Em contrapartida, a síntese neoclássica-keynesiana tornou-se o *mainstream* académico, e bem assim a referência teórica básica da profissão economista.

A economia do desenvolvimento enquanto ramo individualizado do saber económico foi introduzida no ensino universitário, no ISCEF, em 1953. Algum tempo antes, a teoria do desenvolvimento tinha, pela primeira vez, sido tema de uma dissertação académica sobre a industrialização dos países agrícolas. Ainda que referindo já os trabalhos inovadores de P. Rosenstein-Rodan, a posição teórica de Fernando Seabra era ainda muito marcada pela velha tradição eclética, sendo que o desenvolvimento era aí tomado como uma questão de dinamismo populacional e de adopção de uma política económica externa adequada à criação e desenvolvimento de indústrias ligeiras competitivas (Seabra, 1945).

Mas a rotura decisiva veio com a importação da visão keynesiana que permitia entender que os processos de convergência económica não eram uma consequência automática do comércio livre e que a modernização das economias não era um processo espontâneo e irreversível inerente a cada sociedade. Ao contrário, os modelos keynesianos de crescimento estendiam o princípio da procura efectiva ao longo prazo e tomavam como elemento fundamental do processo de crescimento o controlo do investimento, quer como componente da procura agregada quer como fluxo gerador do aumento do *stock* de capital e do emprego.

Dissertações académicas dedicadas ao tema do desenvolvimento econômico e inspiradas na visão keynesiana, em particular a de L. Teixeira Pinto, surgiram em meados dos anos 1950 (Pinto, 1956) e o primeiro manual de economia do desenvolvimento publicado pelos economistas portugueses, no caso por Jacinto Nunes, o primeiro professor de economia do desenvolvimento, continha uma apresentação das diferentes teorias, culminando com a do modelo de crescimento de Harrod-Domar (Nunes, 1964-1965). Nessa mesma época, o mais importante manual de ensino da economia, o de F. Pereira de Moura, incluía já quatro capítulos dedicados à problemática do desenvolvimento económico (Moura, 1964).

Esta nova visão influenciou também a investigação aplicada quando um modelo de crescimento deste tipo foi utilizado para determinar o nível de investimento necessário para atingir a meta de taxa de crescimento definida no âmbito do Segundo Plano de Fomento (1959-1964) (Moura e Pinto, 1958).

Neste período, o keynesianismo constituiu assim um suporte teórico importante da estratégia de modernização da economia portuguesa. No entanto, a condição semiperiférica desta economia no contexto mundial e a própria evolução do conceito de desenvolvimento acarretaram um processo de diferenciação teórica que deu lugar à incorporação de outras correntes de pensamento, nomeadamente estruturalismo, ainda que numa versão mitigada. Este sistema teórico envolveu a introdução de novos instrumentos analíticos, nomeadamente matrizes *input-output*, técnicas de programação global e setorial e de avaliação de projetos, na maioria dos casos importados da Comissão Económica das Nações Unidas para a América Latina, o que constituía uma originalidade no contexto europeu. Estudos importantes visando a caracterização da situação económica do país resultaram da aplicação de metodologias estruturalistas por parte de professores do ISCEF (Moura, Pinto, e Nunes, 1954) ou da articulação destas metodologias com perspetivas keynesianas, como sucedeu com A. Ramos Pereira e outros economistas ligados à *Revista de Economia* (Pereira, 1954). Mais tarde, Xavier Pintado publicou um importante estudo sobre a estrutura da economia portuguesa (Pintado, 1964). Contudo, no final dos anos de 1960, a tradição teórica estruturalista desapareceu. Um estudo de A. Sousa, em colaboração com C. Furtado, foi a excepção (Furtado e Sousa, 1969).

Entretanto, a macroeconomia neoclássica, que concebia o processo de desenvolvimento como uma mudança gradual resultante do comércio livre, da divisão do trabalho e da concorrência entre as nações, por inadequada à situação portuguesa, permaneceu confinada aos manuais de ensino (Nunes, 1964-1965). Os próprios modelos dualistas de A. Lewis e de Ranis e Fai, introduzindo o conceito de oferta ilimitada de trabalho e redefinindo a noção de país atrasado, foram conhecidos neste período, mas como meras referências teóricas e no âmbito académico. No que respeita à investigação económica aplicada conduzida à luz da visão neoclássica pouco mais há a registar que o recurso esporádico, por A. Sousa, a uma função de produção agregada de tipo Cobb-Douglas na análise do processo de industrialização portuguesa (Sousa, 1970).

Pelo seu lado, os economistas marxistas, em particular Armando de Castro, representando outros interesses sociais, desenvolveram, ainda que de uma forma sumária, uma análise das condições que limitavam o processo de acumulação de capital, privilegiando o papel da procura efetiva nesse processo e aproximando-se de uma versão primitiva da posição teórica de Kalecki (Castro, 1970). Temas como a escolha das técnicas ou a articulação entre Estado e mercado, que então polarizavam o interesse de economistas marxistas, foram negligenciados.

No que respeita à doutrina, permaneceu ao longo deste período um apelo forte ao intervencionismo económico nas suas diversas formas. O corporativismo, ainda que desacreditado, continuou ao longo de todo este período a constituir doutrina oficial do Estado Novo. A conceção de desenvolvimento destes economistas, na maior parte dos casos apenas implícita, resultava na ideia de pequenos melhoramentos materiais insusceptíveis de perturbar a estabilidade das estruturas sociais. Alguns economistas corporativistas, designadamente R. Silva Pereira, ainda sugeriram a adaptação da doutrina às exigências do desenvolvimento através da integração das estruturas de planeamento no aparelho corporativo, mas a ideia não teve consequências práticas (Pereira, 1952-1953).

Entretanto, emergiu no plano doutrinal um segundo tipo de intervencionismo que assumiu diversas formas. Um reformismo agrário modernizante, mas inconsequente, protagonizado por Rafael Duque (Duque, 1940), e um engenheirismo económico, que teve um papel relevante no processo de mudança estrutural e que constituiu em alguma medida um elemento original no âmbito do pensamento sobre desenvolvimento económico na Europa da época.

O engenheiro José Ferreira Dias, a personalidade mais representativa deste engenheirismo, considerava o progresso sinónimo de industrialização. Esta sua visão apoiava-se num suporte teórico sumário – uma economia da oferta incorporando de forma avulsa e implícita conceitos como economia de escala ou multiplicador do emprego, mas desconhecedora da ideia de preços relativos, por exemplo – e fundamentava uma estratégia voluntarista de desenvolvimento. Avessa ao corporativismo, embora igualmente autoritária, esta visão assumia a necessidade de alterar os seus instrumentos de controlo da actividade económica mais enraizados, designadamente o condicionamento industrial. As suas linhas orientadoras incluíam a inovação tecnológica, o lançamento de infraestruturas, em particular energéticas, a criação de novos ramos industriais, a formação de grandes empresas, a concentração das existentes e a substituição de importações em obediência a uma estratégia orientada para o mercado interno e subordinada a um propósito nacionalista (Dias, 1998 [1945]).

Esta doutrina seria mais tarde criticada por alguns economistas académicos, em particular pelos ligados a círculos católicos, como M. Murteira e outros, que defendiam uma abordagem multidisciplinar e que introduziam uma conceção de desenvolvimento que, ao contrário do que sucedera até então, ia além da noção de crescimento económico para integrar também objetivos de âmbito social. Em consonância com o pensamento de François Perroux, estes economistas introduziram noções como a de indústrias motrizes e polos de desenvolvimento – o que era compatível com a visão engenheirista – mas destacaram a necessidade de promover redistribuição do rendimento e sobretudo a de participação política, de modo que a industrialização pudesse conduzir ao progresso social (Murteira, 1964). Em qualquer caso, a doutrina industrializante de Ferreira Dias foi actualizada no final dos anos 1960 por um outro engenheiro, Rogério Martins. A diferença essencial introduzida por esta nova versão do engenheirismo residia na criação de uma rede de organismos técnicos de apoio à decisão político-económica, no afrouxar dos mecanismos do condicionamento industrial, e na promoção de uma maior abertura da economia portuguesa aos movimentos de integração europeia (Martins, 1970).

Outros economistas, em particular Jacinto Nunes, assumiram um papel importante na formulação de um terceiro tipo de intervencionismo. No essencial, a sua visão apoiava-se numa interpretação peculiar e restritiva do keynesianismo, desvalorizando a problemática da distribuição do rendimento e procurando combinar a aceleração do crescimento com a ortodoxia orçamental típica do Estado Novo (Nunes, 1956). Esta doutrina, que ao longo deste período se articulou em compromisso, e por momentos em tensão, com as duas outras doutrinas mencionadas, teve por objetivo principal acelerar o crescimento, e, em consonância com o engenheirismo renovado, promover a abertura parcial da economia portuguesa ao exterior e consolidar os grupos económico-financeiros que dominaram o país até 1974.

Entretanto, novas ideias para o desenvolvimento económico começaram a ser discutidas com alguma profundidade por economistas que se opunham ao Estado Novo, em particular, mas não exclusivamente, pelo grupo reunido em torno da *Revista de Economia*. Essas novas ideias, também inseridas numa lógica de modernização da economia portuguesa, eram semelhantes às que prevaleciam nas economias mais desenvolvidas da Europa Ocidental, justamente as ideias que haviam conduzido ao *welfare state*. Na maioria dos casos, os fundamentos teóricos que adoptaram eram também de natureza keynesiana. Entre os seus objetivos principais estavam o desmantelar da organização corporativa, a planificação económica, uma reforma agrária, o alargamento da economia mista e do cooperativismo, o restabelecimento do sindicalismo livre e políticas de redistribuição do rendimento mais favoráveis aos trabalhadores (Gomes *et alii*, 1961). Nesta mesma época, os economistas marxistas, em obediência a uma lógica frentista, propunham um programa mínimo cujos tópicos não iam muito além dos expressos pelos economistas influenciados pela social-democracia. Não obstante, numa lógica de longo prazo, admitiam implicitamente a conveniência de algumas reformas estruturais conducentes a uma forte intervenção do Estado e a um modelo de desenvolvimento socialista que tinha necessariamente por referência as experiências em curso na Europa socialista, designadamente em matéria de planificação económica ampla, da criação de unidades coletivas de produção na agricultura, de largo predomínio de empresas públicas nos setores secundário e terciário.

A política económica evoluiu no tempo, em grande medida sob a influência desigual, mas simultânea de algumas das visões doutrinárias acima referidas. Num primeiro momento, a estratégia engenheirista que começou a ser formalmente delineada no rescaldo da guerra, com a Lei de Fomento e Reorganização Industrial, em 1945, ganhou força no Primeiro Plano de Fomento (1953-1958), ainda que este acolhesse projetos de investimento públicos formulados ainda na lógica da Lei de Reconstituição Económica de 1935.

O Segundo Plano de Fomento (1959-1964) tornou-se o principal instrumento da estratégia de crescimento económico. Ela pôde já apoiar-se em informação macroeconómica fornecida pelo recém-criado sistema de contabilidade nacional, em diversas outras inovações institucionais, como a instalação de um banco de investimento

(Banco de Fomento Nacional), a criação em diversos ministérios de uma burocracia especializada em estudos económicos e numa maior presença de economistas na administração pública e privada, e resultou na aceleração do processo de industrialização, ainda quando acentuando algumas fragilidades típicas das economias dependentes, designadamente nos planos financeiro e tecnológico e quando manteve forte desigualdade na distribuição do rendimento. Uma maior abertura da economia portuguesa ao exterior, que incluiu a adesão de Portugal à EFTA, ao FMI, ao BM e ao GATT, foi outro pilar importante desta estratégia.

O Plano Intercalar de Fomento (1965-1967) e o Terceiro Plano de Fomento (1968-1973) marcam uma nova fase na medida em que integraram já algumas técnicas de planeamento inovadoras e preocupações formais com as desigualdades na distribuição do rendimento e com o desenvolvimento regional. Contudo, esta estratégia não estava alinhada com o sistema de economia mista que prevalecia nas economias europeias mais desenvolvidas. Muitos dos elementos fundamentais do modelo social europeu, como o *welfare state*, um setor público vasto e efetivas políticas de redistribuição do rendimento, as liberdades públicas e de participação popular não existiram então em Portugal. Não obstante, este período saldou-se por um processo de crescimento sustentado e de convergência real relativamente aos países europeus mais desenvolvidos.

O tempo das heterodoxias

A Revolução de 25 de Abril de 1974 derrubou o Estado Novo e a breve prazo o capitalismo financeiro altamente concentrado e centralizado que havia dominado o país nas décadas anteriores. Nessa sequência adveio um processo de mudanças estruturais significativas, com largo apoio popular, associado à ideia de desenvolvimento económico numa perspetiva socialista.

Depois do golpe militar em Novembro de 1975, a relação de forças política mudou e iniciou-se então um longo período de recuperação do poder económico e político pela burguesia nacional no quadro da intensificação do processo de integração europeia.

Este processo teve repercussões importantes no campo das ideias económicas. Durante o período revolucionário, a ideia de regenerar e desenvolver a economia sob o socialismo reforçou significativamente a presença da teoria económica marxista.

Alguns economistas anteriormente impedidos de aceder à universidade enquanto professores e investigadores foram então integrados nas faculdades de economia e os próprios currículos de estudos destas passaram a acolher aquela corrente do pensamento económico. Em qualquer caso, este processo não perdurou, e a teoria marxista do desenvolvimento, nomeadamente no que respeita à acumulação de capital e à inovação tecnológica, bem como as questões relativas à absorção dos modos de produção pré-capitalistas pelo capitalismo moderno, não foram objeto de reflexão significativa. Mais significativa foi a análise das implicações do debate monetarismo *versus* estruturalismo para o processo de superação do subdesenvolvimento (Nunes, 1988).

Pelo seu lado, o estruturalismo, na versão que havia influenciado a reflexão sobre o desenvolvimento em Portugal nas décadas anteriores teve apenas continuidade, efémera, com o recurso no ISCEF a manuais de ensino continuadores desta corrente de pensamento (Todaro, 1979). Mas surgiu na academia, em particular por parte de E. Sousa Ferreira, uma sua derivação, a teoria da dependência e das relações centro-periferia, a partir das quais se procurava explicar o subdesenvolvimento e a persistência da pobreza, ao mesmo tempo que se reforçava a visão multidisciplinar da problemática do desenvolvimento (Ferreira, 1975).

Entretanto, em coincidência temporal com o fim da época de ouro da teoria do desenvolvimento económico no plano internacional, os modelos keynesianos desapareceram, mas ainda na segunda metade dos anos 1970, e em associação com um plano de médio prazo, dirigido pela economista Manuela Silva, surgiu a teoria da satisfação das necessidades básicas, acompanhando a ideia normativa abrangente de outro desenvolvimento, formulada no âmbito da ONU

(United Nations, 1975). Esta teoria incluía um alargamento dos objetivos do desenvolvimento ao valorizar o crescimento sustentado do emprego, a melhoria dos serviços públicos, a qualificação da força de trabalho, a participação local e o combate à pobreza. Nessa sequência, que tomava esta problemática numa ótica multidisciplinar, surgiram algumas reflexões relativas ao conceito de desenvolvimento humano essencial, nomeadamente por parte de A. Ramos dos Santos, visando a adoção de formas alternativas de medição do desenvolvimento económico e social (Santos, 1983).

A teoria da modernização em perspectiva histórica estive também presente na caracterização do crescimento da economia portuguesa e da sua transformação estrutural, em particular a teoria do crescimento económico moderno de Simon Kuznets adotada por A. B. Nunes (Nunes, 1989).

A tradição académica neoclássica reforçou-se com a teoria do crescimento endógeno, que considerava que o capital, a força de trabalho e o progresso técnico devem ser tomados como fatores endógenos na função de produção agregada. Esta teoria foi pontualmente utilizada na avaliação do crescimento da economia portuguesa por A. Mateus, destacando a importância do investimento em capital físico e em capital humano (Mateus, 1995).

Entretanto, no decorrer dos anos 1980, em especial desde o momento em que Portugal passou a integrar as Comunidades Europeias, ocorreu uma viragem na forma de entender a problemática do desenvolvimento económico, desde logo com a ideia de que as questões relativas ao desenvolvimento da economia portuguesa não eram diferentes das vividas pelos países mais desenvolvidos. Paralelamente, houve um declínio na tendência para ver as questões do desenvolvimento num plano macroeconómico e um deslocar da análise para os aspetos microeconómicos, valorizando as problemáticas da avaliação de projetos, dos incentivos fiscais e da correção de distorções dos mercados. Uma das consequências desta viragem foi que alguns dos progressos analíticos realizados na segunda metade dos anos 1970 designadamente com a elaboração de matrizes nacionais, regionais e setoriais, bem como matrizes sociais, foram postos em causa quando o *GEBEI* foi desmantelado em meados dos anos 1980.

As implicações doutrinais de todas estas teorias foram naturalmente diferenciadas e muito desiguais no seu suporte social e no seu impacto.

A doutrina económica marxista apontava para a transição para uma economia socialista baseada na propriedade coletiva dos principais meios de produção, na planificação centralizada, no uso limitado dos mecanismos da concorrência e dos preços, na promoção do bem-estar social e participação popular nos processos de decisão, como expresso pelo economista C. Pimenta (Pimenta, 1984), e deu até lugar a reflexões sobre os debates soviéticos relativos às estratégias alternativas de desenvolvimento (Gago e Matos, 1977). Essa estratégia desfrutou de uma aparente hegemonia nos anos revolucionários, mas tornou-se rapidamente irrelevante a partir de 1976 não obstante a retórica socialista ter permanecido na Constituição até à revisão de 1989.

A abordagem da satisfação das necessidades básicas foi também vista como uma ameaça pelo bloco social dominante logo após a recuperação das suas posições políticas, e embora tenha fundamentado um plano de médio prazo para 1977-1980, projetado com o apoio da Organização Internacional do Trabalho, nunca foi implementada.

O mesmo aconteceu com a abordagem de alguns economistas defensores da desconexão da economia global, em parte tributários da teoria da dependência, que sustentaram uma doutrina para as relações económicas internacionais que rejeitava a participação de Portugal no projeto de integração europeia formal e que privilegiava a criação de elos diversificados com algumas economias socialistas e periféricas de modo a viabilizar uma estratégia de desenvolvimento autocontrolada e progressista (Murteira, 1975).

Em contrapartida, emergiu uma nova hegemonia, assente na ideia de que a integração económica na CEE/UE, com as suas regras da livre circulação de mercadorias, serviços, trabalho e capital entre os estados-membros, era o caminho adequado a uma melhor afectação de recursos, à promoção do emprego, ao crescimento económico e à convergência real. Em consequência, a ideia de integração económica, e depois monetária, eliminou a eventual definição precisa de uma estratégia de desenvolvimento nacional.

A temática do desenvolvimento passou assim a ser dominada por uma visão neoliberal, sintetizada no Consenso de Washington, onde a planificação económica e um sector empresarial do Estado alargado não tinham lugar. Não obstante o apego à ideia que o livre jogo das forças do mercado seria um factor benéfico para o crescimento da economia e o intervencionismo desenvolvimentista fosse considerado indesejável, não houve em Portugal um fundamentalismo doutrinário sustentando um *laissez-faire* estrito já que os grandes interesses económicos, nomeadamente os monopólios privados constituídos a partir das privatizações, só assumiram parcialmente os dogmas liberais, persistindo na procura de subsídios públicos, benefícios fiscais e restrições à concorrência.

No plano da política económica, os governos provisórios vigentes no curto período revolucionário de 1974-1975, agindo em conformidade com a doutrina então dominante, implementaram o processo de descolonização, a nacionalização dos grupos industriais e financeiros, uma reforma agrária e um conjunto vasto de direitos económicos e sociais. No entanto, a ideia de usar a planificação económica para fomentar o processo de desenvolvimento não encontrou consenso político suficiente.

Mas esta linha de reformas económicas foi interrompida e revertida em resultado da acima citada mudança no equilíbrio das forças políticas a partir de finais de 1975 e consequente a reversão das reformas realizadas no período revolucionário.

O processo de adesão e de posterior integração nas Comunidades Europeias implicou o abandono da ideia de socialismo enquanto via de desenvolvimento da sociedade portuguesa, implicando a eliminação progressiva das limitações ao setor privado, nomeadamente ao sector financeiro, o progressivo desmantelamento do sector empresarial do Estado, a liquidação da reforma agrária, a desregulação dos mercados ao mesmo tempo que a ideia de planificação económica era definitivamente abandonada.

A partir de então a política económica estrutural trouxe mudanças importantes no plano organizativo e institucional. O Estado português procurou acompanhar as transformações em curso no âmbito do projeto neoliberal da União Europeia, nomeadamente após entrada em vigor do Tratado da União Europeia de 1992 e do Pacto de Estabilidade e Crescimento de 1997. O cumprimento dos critérios de convergência nominal aí estabelecidos visando a adesão ao Sistema Monetário Europeu e à União Monetária Europeia, num quadro de aplicação muito incompleta da teoria das zonas monetárias ótimas, substituíram definitivamente qualquer eventual projeto de política autónoma de desenvolvimento do país.

Notas conclusivas

Ao longo dos últimos dois séculos, no que respeita ao desenvolvimento económico, às suas teorias, doutrinas e políticas, Portugal apresenta algumas peculiaridades em consonância com a evolução do contexto social em que essas ideias se manifestaram e cuja evolução condicionou.

Na primeira metade do século XIX, a instabilidade política quase permanente e alguns períodos de ocupação externa determinaram que as reflexões teóricas e as propostas de doutrina e política apresentadas por fisiocratas e seguidores do sistema clássico se revelassem em grande medida inoperantes, coexistndo com a estagnação da economia.

Na segunda metade do século e até à Primeira Guerra Mundial, predominou uma visão eclética, com forte influência francesa, na teoria económica. Apesar de este período ter compreendido um período de razoável prosperidade, a doutrina e a política liberal então prosseguida não conduziu a um processo de desenvolvimento sustentado.

No período entre as guerras, o corporativismo tornou-se prevalecente na política económica, seguindo um padrão típico de autarcia e capitalismo intervencionista. Mais do que promover o desenvolvimento económico, o seu primeiro objetivo foi preservar os equilíbrios económicos e sociais existentes sob forte controlo governamental.

O fim da Segunda Guerra Mundial trouxe um sentimento crescente da urgência em promover o desenvolvimento económico do país. O conceito moderno de desenvolvimento económico foi então importado em paralelo com ao conhecimento de uma pluralidade de trabalhos de economistas estrangeiros e com a construção de visões pragmáticas sem referências teóricas precisas. Surgiram também então estratégias diferenciadas de desenvolvimento, e em particular de industrialização, que finalmente se traduziram em altos níveis de crescimento, alterações rápidas das estruturas económicas e abertura externa. Inicialmente, foi implementada uma política de substituição de importações, mas, durante a década de sessenta a estratégia de crescimento passou a assentar no fomento das exportações. Contudo, em pano de fundo, o corporativismo institucional manteve-se, perpetuando a ideia de que a coordenação do Estado num contexto intervencionista era preferível aos mecanismos de mercado.

À Revolução de Abril seguiu-se um curto período de protossocialismo. Contudo, a decisão de pedir a adesão às Comunidades Europeias em 1977 e a necessidade de implementar políticas de ajustamento de curto prazo para fazer face a défices graves da balança de pagamentos conduziu ao desaparecimento da economia do desenvolvimento, entretanto substituída por uma nova ortodoxia importada das agências internacionais. Desde a adesão de Portugal à CEE, o desenvolvimento económico tem sido visto como o resultado do impacto positivo esperado da participação do país na CEE/UE e Zona Euro.

Ao longo destes dois séculos, vários confrontos intelectuais tiveram lugar, mas não existiram contribuições originais no âmbito da economia do desenvolvimento a não ser eventualmente o engenheirismo e a adaptação do estruturalismo latino-americano ao contexto de uma economia europeia semiperiférica. Contudo, a maioria das diferentes abordagens da teoria, da doutrina e da política do desenvolvimento relevantes no plano internacional, tanto ortodoxas como heterodoxas, estiveram presentes pelo menos no meio académico, dando expressão a diferentes interesses sociais em jogo na sociedade portuguesa.

Referências bibliográficas

Andrade, A., 1902, *Portugal económico*, Lisboa, Manuel Gomes Editor.

Borges, J. F., 1995, *Princípios de sintelologia*, in Sintelologia e economia política, Lisboa, Banco de Portugal.

Brito, J. R., 1992. *Memórias Políticas sobre as verdadeiras bases da grandeza das nações, e principalmente de Portugal*, Lisboa, Banco de Portugal.

Campos, E., 1913, *A conservação da riqueza nacional*, Porto, edição do autor.

Carqueja, B., 1926, *Economia Política*, vol. 1, Porto, Oficina de O Comércio do Porto.

Castro, A., 1970, *Desenvolvimento económico ou estagnação?*, Lisboa, Dom Quixote.

Castro, J. L., 1856, *A Questão das Subsistências*, Lisboa, Typographia Universal.

Correia, F. A., 2020, *Estudos Económicos*, vol.1, Ribeirão, Húmus.

Correia, J. A., 1934, *As directrizes económicas do Estado Novo*, Lisboa, Sociedade Nacional de Tipografia.

Corvo, J. A., 1864, *Relatório e projecto lei sobre o comércio de cereais apresentado aos ao Conselho de Comércio, Indústria e Agricultura pela comissão nomeada em sessão de 25 de Fevereiro de 1864 composta de José Maria do Casal Ribeiro, Marquês de Niza e do relator João Andrade Corvo*, Lisboa, Imprensa Nacional.

Costa, C. A., 1837, *Considerações sobre os efeitos da nova pauta*, Lisboa, Tip. A. J. C. da Cruz.

Dias Jr., J. F., 1998, *Linha de Rumo, notas de economia portuguesa*, in Linha de Rumo I e II e outros escritos económicos (1926-1962), Lisboa, Banco de Portugal.

Duque, R., 1940, As *Subsistências e a População*, Lisboa, União Nacional.

Ferreira, E. S., 1975, *Estruturas de dependência*, Lisboa, Iniciativas Editoriais.

Furtado, C. e Sousa, A., 1969, *Perfil da procura e perfil do investimento*, in Análise Social, n.º 27-28, pp. 487-511.

Gago, J. S. e Matos, L. S., 1977, *A transição socialista, o debate soviético e o caso português*, Lisboa, Armazém das Letras.

Gomes, M. A. *et alii*, 1961, *Programa para a Democratização da República* (stencilografado), s/l, s/e.

Leite, J. C., 1935, *A doutrina corporativa e a teoria económica*, in Boletim do Instituto Nacional do Trabalho e Previdência, vol. 2(6), pp. 131-136.

Lisboa, J. S., 1993, *Princípios de Economia Política, para servir de introdução à tentativa económica do autor dos princípios de direito mercantil*, in Escritos económicos escolhidos, vol. 1, Lisboa, Banco de Portugal.

Marreca, A. O., 1983, *Fábricas*, in Obra Económica, vol.1, Lisboa, Instituto Português do Ensino à Distância.

Martins, J. O., 1887, *Projecto de Lei do Fomento Rural*, Lisboa, Imprensa Nacional.

Martins, R., 1970, *Caminho de país novo*, Lisboa, edição do autor.

Mateus, A., 1995, *Os factores de crescimento da economia portuguesa: capital e integração*, in M. B. Alves *et alii*, Por onde vai a economia portuguesa?, Lisboa, ISEG.

Melo, F. P., 1853, *Decreto de 30 de Agosto de 1852*, in Collecção Official da Legislação Portuguesa – Anno 1852, Lisboa, Imprensa Nacional.

Mendonça, L.1850, *Introdução*, in Ecco dos Operários, n.º 1.

Moura, F. P., 1964, *Lições de Economia*, Lisboa, Livraria Clássica Editora.

Moura, F. P. e Pinto, L. T., 1958, *Problemas do crescimento económico português*, Lisboa, Associação Industrial Portuguesa.

Moura, F. P., Pinto, L. T. e Nunes, J., 1954, *A estrutura da economia portuguesa*, in Revista do Centro de Estudos Económicos, n.º 14, pp. 7-244.

Moreira, H., 1868, *Influência das máquinas sobre o progresso económico*, Porto, Tipografia da Livraria de A. Moraes & Pinto.

Murteira, M., 1964, *O desenvolvimento industrial português e a evolução do sistema* económico, in Análise Social, vol. 2 (7-8), pp. 483-497.

Murteira, M., 1975, *Sobre o conceito de independência económica*, in Análise Social, vol. 11, n.º 44, pp. 527-537.

Neves, J. A., 1985a?, *Variedades sobre objectos relativos às artes comércio e manufacturas, consideradas segundo os princípios da economia política*, in Obras completas de José Acúrsio das Neves, vol. 3, Porto, Edições Afrontamento.

Neves, J. A., 1985b?, *Memória sobre os meios de melhorar a indústria portuguesa nos seus diferentes ramos*, in Obras completas de José Acúrsio das Neves, vol. 4, Porto, Edições Afrontamento.

Nunes, A. J. A., 1988, *Teoria económica e desenvolvimento económico*, Lisboa, Editorial Caminho.

Nunes, A. B., 1989, *População activa e actividade económica em Portugal dos finais do século XIX à actualidade. Uma contribuição para o estudo do moderno crescimento económico português*, Lisboa, ISEG (stencilografado).

Nunes, M. J., 1956, *Rendimento nacional e equilíbrio orçamental*, Lisboa, ISCEF.

Nunes, M. J., 1964-1965, *Economia III*, Lisboa, ISCEF (stencilografado).

Osório, A. H., 1996, *A matemática na economia pura: a troca*, Lisboa, Banco de Portugal.

Pereira, A. R., 1954, *Portugal e o quadro das estruturas económicas subdesenvolvidas*, in Revista de Economia, vol. 7(1), pp. 1-22.

Pereira, R. S., 1952-1953, *Perspectivas da planificação económica*, in Revista do Gabinete de Estudos Corporativos, n.º 12 e 13, pp. 300-324 e 42-68.

Pimenta, C., 1984, *Economia portuguesa*, Lisboa, Editorial Caminho.

Pintado, V. X., 1964, *Structure and growth of the Portuguese economy*, Geneve, EFTA.

Pinto, L. T., 1956, *Alguns aspectos da teoria do crescimento económico*, Lisboa, ISCEF.

Salazar, A. O., 1927, Economia política (apontamentos coligidos das prelecções do Exmo. Sr. Doutor Oliveira Salazar por Alberto Menano), Coimbra, Gráfica Conimbricence.

Sampaio, A. F., 1858, *Novos elementos de economia política e estadística*, t. 1, Coimbra, Imprensa da Universidade.

Santos, A. R., 1983, *Recursos humanos e tecnologia nos países em desenvolvimento – medida e ensaio interpretativo*, Lisboa, ISE (stencilografado).

Seabra, F., 1945, *A industrialização dos países agrícolas*, Coimbra, edição do autor.

Silveira, J. F. e Soares, D. N., 1862, *A liberdade do comércio e a protecção das indústrias*, Lisboa, Tip. da Sociedade Tipográfica Franco-Portuguesa.

Silveira, M., 1827, *Discussão do projecto-lei sobre comércio externo*, in Obras (vol. 2) – Manuscritos e impressos, Lisboa, F. C. Gulbenkian.

Sousa, A., 1970, *Funções de produção de Cobb-Douglas na indústria transformadora portuguesa*, Lisboa, Centro de Estudos de Planeamento (stencilografado).

Sousa, C. H.,1942?, *Tratado de economia corporativa*, Lisboa, Livraria Portugália.

Sousa, J. M., 1997, *Ciência Económica*, Lisboa. Banco de Portugal.

Teles, B., 1899, *O problema agrícola (crédito e imposto)*, Porto, Livraria Chardron.

Todaro, M. 1979, *Introdução à economia do desenvolvimento*, Rio de Janeiro, Campus.

UNECE, 1954, *Economic survey of Europe in 1953: including a study of economic development in Southern Europe*, Geneva, United Nations, Department of Economic Affairs.

United Nations, 1975, *What now. Dag Hammarskjöld Report on Development and International Cooperation was prepared on the occasion of the 7th Special Session of the United Nations General Assembly*. Uppsala.

Vandelli, D., 1990, *Memória sobre a agricultura deste reino e das suas conquistas*, in Memórias Económicas da Academia Real das Ciências de Lisboa (1789-1815), Lisboa, Banco de Portugal.

Pobreza Energética em Portugal[*]

Carlos Farinha Rodrigues[**]; Vítor Escária[***]; Francisco Nunes[****]; Joana Vicente[*****]

1. Introdução

A pobreza é um fenómeno multifacetado e complexo e nesse quadro são várias as suas dimensões que têm sido objeto de análise. Entre essas encontra-se a questão da pobreza energética.

A incapacidade de um conjunto muito vasto de famílias na Europa obter um nível de serviços energéticos adequado nas suas residências tem vindo a constituir uma preocupação crescente, não somente da União Europeia, mas também em muitos Estados-Membros. A generalização dos conceitos de 'consumidores energeticamente vulneráveis' ou de 'pobreza energética' traduz a existência dessa mesma preocupação, embora não exista ainda uma definição exata e comummente aceite desses mesmos conceitos. O Observatório sobre a Pobreza Energética da União Europeia, refere que *"energy poverty occurs when a household suffers from a lack of adequate energy services in the home."* (Comissão Europeia (2018)). De uma forma necessariamente simplificada, a maioria dos autores e dos textos oficiais

[*] Parte relevante dos elementos apresentados no presente artigo, resultaram do estudo realizado pelos autores no quadro de um contrato celebrado entre o ISEG e a EDP.

[**] (ISEG, CEMAPRE).

[***] (ISEG e CIRIUS).

[****] (ISEG e UECE).

[*****] (ISEG e IPP).

define 'pobreza energética' como uma situação em que as famílias não têm capacidade de aquecer ou arrefecer as suas casas adequadamente ou de satisfazer outros serviços energéticos a um custo aceitável.

Diversos fatores justificam este interesse crescente na 'pobreza energética' no seio da União Europeia.

Por um lado, a necessidade de avaliar as consequências da liberalização dos mercados energéticos sobre os consumidores mais vulneráveis.

Por outro lado, o reconhecimento da importância das condições de privação material da população enquanto elementos constituintes das situações de pobreza e de exclusão social. São diversos os estudos que evidenciam que a pobreza energética tem consequências importantes na saúde da população, nas suas condições de vida e de conforto, constituindo um fator fortemente associado às situações de pobreza monetária e de exclusão social.

Adicionalmente, as situações de pobreza energética têm também consequências macroeconómicas, na medida em que condicionam as opções de política energética, reduzem a sua eficiência e dificultam, nomeadamente, uma política energética mais amiga do ambiente e capaz de enfrentar os desafios das alterações climáticas.

Sendo a pobreza energética um conceito multidimensional, o mesmo não é, facilmente, capturado por um único indicador. As abordagens seguidas para medir a pobreza energética têm passado por usar um conjunto de indicadores, que devem ser vistos e usados em combinação para permitir analisar as suas diferentes dimensões, em que cada indicador capta um aspeto distinto.

Em termos gerais, numa categorização que é comummente aceite na literatura, existem três métodos fundamentais de medição da pobreza energética (Thomson et al, 2017):

- Abordagem pela perceção das famílias, também conhecida como abordagem consensual, baseada numa autoavaliação dos agregados / indivíduos sobre as condições físicas e qualidade da habitação e sobre a capacidade económica para satisfazer certas necessidades de consumo de energia de acordo com os padrões da sociedade em que se insere.

- Abordagem pela despesa declarada, ou gastos energéticos efetivos, em que se procura aferir a privação energética das famílias (agregados)/ indivíduos analisando despesa energética dos agregados em função de limiares absolutos ou relativos de despesa em consumo energético nos orçamentos familiares.
- Abordagem direta, ou medição direta, em que se procura comparar os níveis de consumo efetivo de energia na habitação com um padrão de referência baseado nas necessidades, isto é, baseado numa norma que estabelece o nível de consumo adequado de energia para a satisfação de um nível normativo de bem-estar – um nível de consumo desejável, portanto.

As análises da pobreza energética na União Europeia têm sido efetuadas fundamentalmente com base em duas fontes de informação disponibilizadas pelo Eurostat: as estatísticas sobre o rendimento e as condições de vida na UE (o inquérito EU-SILC) e o inquérito sobre os orçamentos dos agregados familiares.

De acordo com os dados destas duas fontes de informação, estima-se a extensão da pobreza energética na UE entre os 50 e 160 milhões de pessoas, dependendo do método de medição. Os dados sinalizam também diferenças significativas no quadro da União, com uma maior prevalência da pobreza energética no Leste e Sul da Europa. As análises efetuadas associam a maior incidência nos países do Leste aos aumentos de preços associados à liberalização dos mercados nacionais de energia. No caso dos países do Sul da Europa é normalmente associada à falta de sistemas de aquecimento adequados e à habitação com ineficiência energética.

Portugal é um dos países da União Europeia onde este tema tem sido menos reconhecido e discutido e onde as políticas públicas menos atenção têm conferido à necessidade de combater a pobreza energética. A principal medida atualmente existente – a tarifa social na eletricidade e no gás natural – foi bastante alargada procurando cobrir uma maior proporção da população afetada, mas não tem capacidade para promover uma correção abrangente e eficaz das suas causas mais estruturais.

Esta menor atenção das políticas públicas ganha uma importância acrescida quando diversos indicadores sugerem que a incidência da pobreza energética é claramente superior no nosso país relativamente à média da União Europeia.

Da análise dos dados mais comummente utilizados, é possível observar que Portugal apresenta uma taxa de pobreza energética superior à média da Europa para o indicador referente à incapacidade de as famílias manterem a sua casa adequadamente quente. No que respeita ao indicador referente à proporção de despesas energéticas no rendimento familiar a situação em Portugal é melhor que na média, sendo que é este indicador que apresenta uma menor variância espacial.

De facto, considerando os dados relativos a 2020, e tomando como indicador de pobreza energética a perceção subjetiva que a população dos diferentes países expressa ao responder ao indicador de privação material do inquérito europeu às condições de vida e de rendimento (EU-SILC), que questiona sobre a capacidade de manter a casa adequadamente aquecida, verificamos que nesse ano, 17,5% da população residente em Portugal declarava não ter capacidade para ter a casa devidamente aquecida face a um valor de 8,2% da população no conjunto da União Europeia. A estreita associação entre a pobreza energética, a pobreza económica e a privação material podem também ser evidenciadas com base nesse indicador. Entre a população em risco de pobreza em Portugal nesse ano (16% do total da população), a percentagem das famílias que considerava não ter capacidade para ter a casa aquecida era de 33,8%, quase o dobro do valor para o conjunto da população.

Os números atrás apresentados justificam e tornam urgente que se conheça de forma detalhada a situação da pobreza energética em Portugal e que se identifiquem as suas causas estruturais de forma a possibilitar a formulação e a implementação de políticas públicas capazes de, de uma forma integrada, atenuar a sua incidência e intensidade.

Nas três secções seguintes são propostas e calculadas as medidas de pobreza energética em Portugal, baseadas em diferentes formas de medição da pobreza energética desenvolvidas no âmbito do presente estudo, apresentando as respetivas metodologias, vantagens e desvantagens. Na secção 2 apresentam-se as medidas baseadas nas perceções das famílias. Na secção 3, os indicadores baseados na despesa efetiva (declarada) das famílias em energia e, na secção 4, os indicadores de medição direta da pobreza energética baseados na identificação das necessidades físicas de consumo de energia.

Na apresentação dos diferentes indicadores tem-se em conta a forma como eles incidem sobre as famílias com diferentes níveis de rendimento. A opção seguida foi considerar exclusivamente em pobreza energética as famílias economicamente pobres que se encontram abaixo do limiar de referência energética considerado. Este conceito mais restrito de pobreza energética aqui adotado não invalida o reconhecimento de que muitas famílias não pobres padecem igualmente de problemas no seu consumo/despesa de energia e, sempre que isso for possível, tentaremos igualmente quantificar a dimensão desses problemas.

2. Indicadores baseados nas perceções das famílias

Há um conjunto de trabalhos que propõe uma classe de indicadores para medir a pobreza energética baseada nas perceções dos indivíduos a respeito do que consideram ser necessário para verem satisfeitas as necessidades de consumo de energia na habitação tendo em conta os padrões da sociedade em que se inserem, seguindo uma linha de inspiração nos trabalhos dos britânicos Peter Townsend, sobre a pobreza relativa ou a abordagem consensual na medição da pobreza, desenvolvida por Mack and Lansley e David Gordon, todos eles marcos de referência bem conhecidos na literatura sobre pobreza económica.

Vertida a preocupação central desta perspetiva métrica para o campo da pobreza energética, basicamente o que está em causa é levar os indivíduos a revelar se acham que conseguem aquecer adequadamente a sua habitação proporcionando níveis de conforto suficientes ao bem-estar quotidiano, se têm capacidade económica para pagar as suas contas de consumo de energia dentro dos prazos legais ou se vivem em habitações com problemas de humidade ou infiltrações ou falta de isolamento térmico, por exemplo.

As medidas baseadas nas perceções das famílias permitem ter uma melhor noção da privação material e exclusão social relacionada com o conforto energético, com a vantagem adicional de a informação partir dos próprios, com o conhecimento e vivência de contexto que daí resulta (Healy and Clinch, 2002).

A comparabilidade internacional fica também mais bem assegurada neste domínio. Com efeito, existem à escala europeia bases estatísticas, como o EU-SILC, que disponibilizam, para a maior parte dos países da UE, indicadores *standard* sobre dimensões consensualizadas para a aferição da perceção subjetiva da pobreza energética, que facilitam a comparabilidade entre diferentes realidades.

Como principal crítica ao uso deste tipo de medidas é apontado, desde logo, o seu grau de subjetividade, pois os respondentes poderão não fazer uma correta avaliação sobre as condições necessárias para assegurar o nível adequado de consumo de energia face a uma determinada norma. Mesmo a noção de considerar que tem a habitação "suficientemente aquecida" é, ela própria, sujeita ao subjetivismo do respondente e porventura influenciado por determinantes culturais (Bouzarovski, 2013).

Finalmente, uma última ordem de críticas sobre esta métrica tem a ver com a interferência das preferências individuais, no sentido das respostas por parte dos agregados quanto ao que consideram adequado para atingir níveis de conforto térmico na habitação.

O Inquérito às Condições de Vida e Rendimento (ICOR), a versão nacional do EU-SILC, aplicado anualmente pelo INE, contempla uma questão em que os agregados familiares são inquiridos sobre se dispõem de capacidade financeira para manter a casa adequadamente aquecida. Adicionalmente, um módulo sobre as condições de habitação e habitabilidade do agregado, que foi aplicado pela última vez em 2012, contempla questões sobre se o agregado considera que a habitação dispõe de instalações elétricas adequadas, se o alojamento é confortavelmente quente durante o inverno ou fresco durante o verão ou se o alojamento se encontra equipado com algum tipo de aquecimento, entre outras com relevância para a aferição subjetiva sobre a suficiência de consumo energético face à perceção das necessidades subjetivas para obtenção de níveis autoavaliados de conforto na habitação.

A análise das respostas a estas questões permite aferir a perceção que os agregados familiares têm sobre o seu nível de acesso a serviços energéticos.

2.1. Evolução dos principais indicadores baseados no ICOR

A principal variável apurada anualmente pelo ICOR com incidência na situação energética das famílias é o indicador de privação material que mede a sua capacidade financeira para ter a casa adequadamente aquecida. O Gráfico 1 apresenta a evolução deste indicador para os diferentes agregados familiares, diferenciando a situação das famílias economicamente pobres das não pobres.

Os dados apresentados sinalizam, por um lado, uma tendência para a diminuição, ao longo do período analisado, da proporçao de famílias que considera não ter a capacidade financeira e, por outro, a grande diferença da incidência da pobreza energética entre as famílias economicamente pobres e as não pobres, indiciando a forte associação entre pobreza energética e pobreza monetária[1]. Tomando como referência o último ano do ICOR para os quais existem dados disponíveis (2020), verifica-se que 19,4% dos agregados familiares declara não ter capacidade financeira para ter a casa adequadamente aquecida. No entanto, se considerarmos exclusivamente o universo das famílias economicamente pobres esse valor quase que duplica (37%).

[1] Os valores apresentados correspondem à conjugação do indicador de privação material (Proporção de famílias que considera não ter capacidade financeira para ter a casa adequadamente aquecida) inquirido em cada ano do ICOR com os decis de rendimento e a linha de pobreza obtidos nesse mesmo ano, mas que têm como período de referência os rendimentos obtidos no ano anterior ao inquérito.

Gráfico 1 – Proporção de famílias que considera não ter capacidade financeira para ter a casa adequadamente aquecida, por situação em termos de pobreza monetária

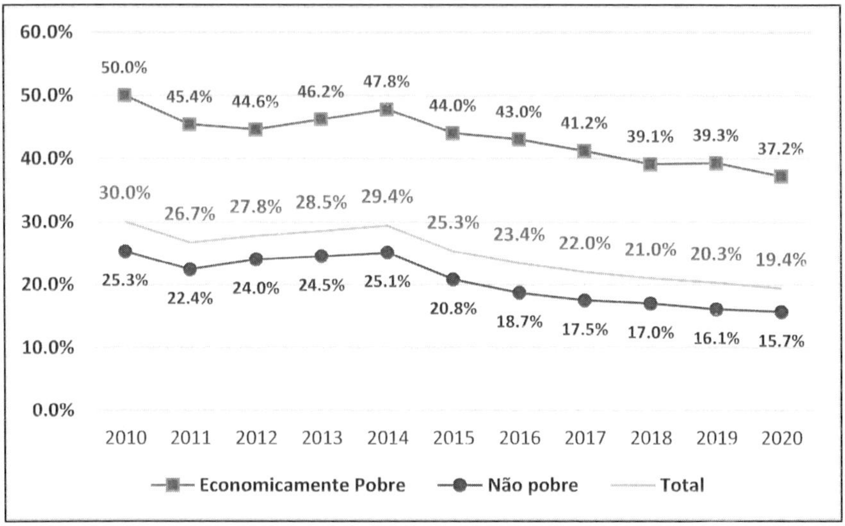

Fonte: INE, ICOR 2010-2020. Cálculos dos autores a partir das bases de dados anonimizadas.

O Quadro 1 mostra a proporção de famílias que declara não ter capacidade financeira para ter a casa adequadamente aquecida, por decil de rendimento. Também aqui se verifica a grande diferença da incidência da pobreza energética nos vários níveis de rendimento. De facto, nos decis de rendimento mais baixos, mostrando alguma tendência de redução, a incidência de pobreza energética anda em torno dos 40-50%, enquanto no decil superior oscila entre os cerca de 3% e cerca de 5%.

Quadro 1 – Proporção de famílias que considera não ter capacidade financeira para ter a casa adequadamente aquecida, por decil de rendimento

	2010	2015	2020
1.º decil	52,6	45,7	38,8
2.º decil	46,3	42,4	35,5
3.º decil	39,8	34,5	23,6
4.º decil	40,9	33,0	25,7
5.º decil	35,5	28,3	16,5
6.º decil	31,2	23,4	17,1
7.º decil	21,7	16,6	11,9
8.º decil	16,1	12,3	10,9
9.º decil	9,4	11,0	7,4
10.º decil	2,9	5,4	4,2
Total	30,0	25,3	19,4

Fonte: INE, ICOR 2010-2020. Cálculos dos autores a partir das bases de dados anonimizadas

Considerando alternativamente as questões incluídas no módulo sobre as condições de habitação e habitabilidade do agregado aplicado em 2012 é possível calcular um conjunto de indicadores sobre a situação energética dos agregados familiares.

Os valores apresentados no quadro seguinte revelam, por um lado, os níveis relativamente elevados de privação energética, com incidências elevadas de um não adequado acesso aos serviços energéticos. Revelam, por outro lado, as diferenças de privação energética em termos de conforto do alojamento para as famílias ao longo da escala de rendimentos.

Quadro 2 – Proporção de famílias que revelam insuficiências no acesso a diferentes serviços energéticos por decil de rendimento e situação em termos de pobreza monetária (2012)

	Ausência de instalações elétricas adequadas	O alojamento não é confortavelmente quente durante o inverno	O alojamento não é confortavelmente fresco durante o verão	Alojamento sem nenhuma instalação de aquecimento
1.º decil	15,0	54,8	41,0	20,7
2.º decil	14,9	57,0	38,9	17,2
3.º decil	14,2	55,6	37,8	16,3
4.º decil	11,5	54,9	33,4	13,6
5.º decil	8,8	47,5	37,2	16,7
6.º decil	8,7	49,1	36,9	12,1
7.º decil	11,0	42,9	34,0	10,8
8.º decil	8,0	40,5	34,1	10,9
9.º decil	8,2	37,8	29,8	8,1
10.º decil	4,1	34,0	25,5	5,1
Pobres	14,7	56,5	40,2	18,7
Não Pobres	9,5	45,4	33,7	11,9
Total	10,4	47,4	34,9	13,2

Fonte: INE, ICOR 2012. Cálculos dos autores a partir das bases de dados anonimizadas

2.2. Incidência da pobreza energética baseada nas perceções das famílias

O Quadro 3 permite quantificar o conceito de incidência da pobreza enérgica considerando as diferentes perceções das famílias quanto à sua capacidade financeira para ter a casa adequadamente aquecida.

Quadro 3 – Incidência da pobreza energética – Perceção das famílias

		2010	2015	2020
Agregados	(milhares)	376	350	262
	(%)	9,6	8,5	6,4
População em situação de pobreza energética	(milhares)	944	875	562
	(%)	8,9	8,4	5,5

Fonte: INE, ICOR 2010-2020. Cálculos dos autores a partir das bases de dados anonimizadas.

A proporção de indivíduos que está simultaneamente em pobreza económica e declara a sua incapacidade financeira para aquecer condignamente a sua residência oscila entre os 8,9% em 2010 e os 5,5% em 2020. Note-se que, apesar de cerca de um quinto dos agregados familiares registar essa dimensão da privação material, o conceito estrito de pobreza energética aqui adotado acaba por ser bastante menos abrangente devido a ser aplicado exclusivamente ao universo da população economicamente pobre.

3. Indicadores baseados na despesa efetiva (declarada) das famílias em energia

A abordagem da pobreza energética pelos gastos energéticos nos orçamentos familiares é talvez a mais frequente nos estudos sobre o tema na Europa. Nesta abordagem, as medidas propostas exploram o quociente entre os gastos energéticos e o rendimento do agregado familiar. A incidência da pobreza energética, isto é, o número de agregados familiares identificados como pobres energeticamente, depende do que for definido como uma linha de pobreza energética. Para tal, poderão ser definidas medidas absolutas ou relativas para o estabelecimento do limiar de pobreza baseado na despesa – cada uma das opções com vantagens e desvantagens, do ponto de vista do alcance informativo. Também se coloca a questão, nesta abordagem, de como definir o rendimento dos agregados, por forma a tornar comparáveis as métricas propostas, tendo em conta as diferenças de dimensão e composição dos agregados, o que, normalmente, implica o uso de uma escala de equivalência para obter o rendimento por adulto equivalente dos agregados com diferentes perfis sociodemográficos (isto é, diferentes dimensões e composições) – operacionalização metodológica que, de resto, é habitual na investigação sobre pobreza económica e desigualdade na distribuição do rendimento.

No critério de medida absoluta de pobreza energética baseada na despesa, um agregado encontra-se em situação de pobreza energética se tiver um nível de gastos energéticos superiores a x% do seu rendimento. Neste sentido, um dos limiares mais utilizados é o nível de 10% – se o agregado gasta mais do que 10% do seu rendimento em energia na sua habitação é, segundo esta métrica, considerado pobre energético. Esta é uma métrica sensível à evolução do preço da energia. O aumento do preço da energia, *ceteris paribus*, poderá conduzir diretamente a um aumento da pobreza energética, avaliada desta forma. Este foi o primeiro indicador de pobreza energética utilizado pelo Reino Unido e tem sido utilizado como *benchmark* por vários países europeus.

A arbitrariedade associada a este limiar de pobreza energética conduziu a que outros indicadores fossem definidos considerando não uma proporção fixa das despesas em energia no rendimento, mas sim um limar de pobreza energética definido a partir do padrão de despesas energéticas do conjunto da população. O limiar de referência para a identificação das famílias em pobreza energética seria, assim, definido com uma proporção das despesas energéticas no rendimento superior à mediana (ou *k* vezes a mediana) do rácio médio do conjunto da população. As medidas relativas de pobreza energética baseada na despesa são calculadas tendo por referência um limiar de pobreza estabelecido em função da mediana dos gastos em energia de uma população em relação ao rendimento (Moore, 2012). Assim, por exemplo, um agregado com uma proporção de gastos energéticos no rendimento superior a duas vezes o valor mediano do rácio médio dos gastos energéticos para o conjunto da população (ou de um determinado grupo sociodemográfico, numa perspetiva mais desagregada) estaria em situação de pobreza energética.

Dentro desta abordagem de medição surgiu, mais recentemente, por iniciativa do Departamento de Energia e Mudança Climática do Reino Unido (2013), uma métrica mais refinada que combina duas dimensões por forma a identificar uma situação de pobreza energética. Trata-se de uma proposta de medição baseada na despesa que veio a configurar o indicador, entretanto popularizado na literatura (mas também alvo de críticas várias) como *LIHC – Low Income High Costs*, que permite diferentes variantes metodológicas. Segundo esta métrica, um agregado estará em situação de pobreza energética se, concomitantemente: (i) tiver um nível de gastos por adulto equivalente de energia superior ao valor mediano para a população; (ii) tiver um rendimento por adulto equivalente inferior à linha de pobreza económica, definida como 60% do valor do rendimento mediano por adulto equivalente da população.

O Gráfico 2, proposto por Hills, ilustra o caráter dual do indicador LIHC, que considera explicitamente a relação entre a pobreza energética e a pobreza económica. As famílias em situação de pobreza energética estão localizadas no quadrante inferior esquerdo do gráfico traduzindo uma situação em que estão simultaneamente em pobreza energética e em pobreza económica.

Gráfico 2 – Low Income High Costs indicator

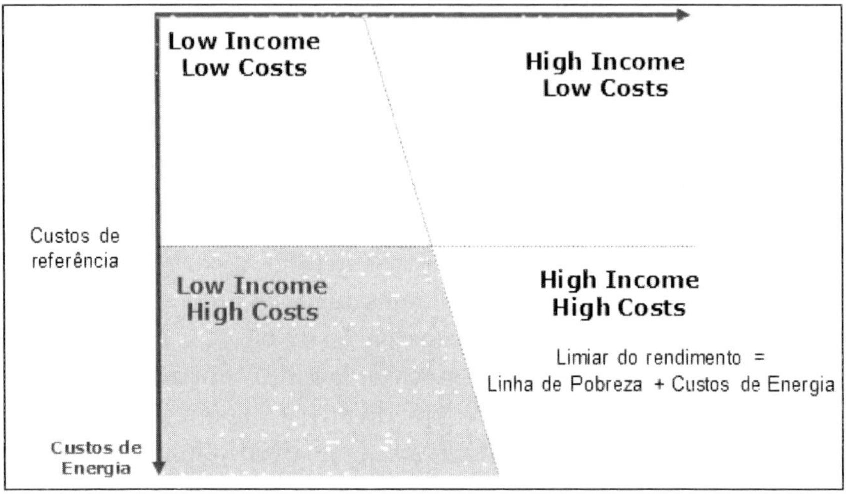

Fonte: Baseado em Hills (2012).

No modelo original proposto por Hills, o limiar de referência das despesas energéticas é definido como a mediana dos custos adequados para a satisfação das necessidades energéticas de cada um dos agregados familiares.

A linha de pobreza económica é redefinida de forma a englobar o valor de referência das despesas energéticas, isto é, o limiar de pobreza económica passa a ser definido como a linha de pobreza económica 'oficial' acrescida da mediana dos gastos energéticos de referência.

Um dos aspetos inovadores da metodologia seguida é o de que, apesar da linha de pobreza económica ter sido redefinida, como atrás se referiu, é possível que algumas famílias situadas acima desse limiar possam ser consideradas em situação de pobreza energética. Para tal, basta que o excesso da sua despesa energética (o seu *poverty gap* energético) seja superior ao montante positivo que separa o seu rendimento equivalente da nova linha de pobreza.

No gráfico anterior, o valor da nova linha de pobreza económica é definido pela interseção das duas linhas a tracejado. No entanto, as famílias situadas à direita e abaixo desse ponto na zona colorida são ainda consideradas em situação de pobreza energética na medida em que o excesso de despesa em energia excede o diferencial (positivo) que separa o seu rendimento do limiar estabelecido.

Esta última medida relativa rapidamente recebeu críticas (por exemplo, Walker et al, 2014), no sentido em que, pela sua construção, pode escamotear verdadeiras situações de pobreza energética, isto é, poderá ser insensível à deteção de situações de privação de consumo adequado de energia, subavaliando a identificação dos agregados realmente atingidos por pobreza energética. Por um lado, tendo em conta a realidade inglesa, aduzia-se que agregados residentes em apartamentos de pequena dimensão tendem a ter menores custos em energia e que, consequentemente, necessitarão de um menor rendimento para cobrir essa despesa e, portanto, tenderão provavelmente a não ser considerados em situação de pobreza energética, apesar do seu esforço relativo com os custos em energia. São os agregados mais pobres em termos económicos que tendem a habitar apartamentos de menor dimensão. É ainda referido que este tipo de medida é pouco sensível a alterações no preço da energia ou a melhorias significativas na eficiência energética das habitações. Por outro lado, é de admitir que muitos agregados em situação de pobreza económica reduzam de forma significativa os seus gastos em energia assumindo os custos de bem-estar no sacrifício das condições de conforto dentro da habitação. Esta contingência comportamental, verosímil numa proporção não despicienda de agregados economicamente pobres, faria com que uma medida como o LIHC não captasse como pobres energéticos tais agregados; e, no entanto, estes estariam expostos a uma situação de privação no consumo de energia face ao que seria adequado sob ponto de vista do bem-estar e conforto na habitação.

As medidas baseadas na despesa, absoluta ou relativas, têm recebido algumas críticas desde logo no domínio da adequabilidade da sua utilização em diferentes realidades. A rigidez metodológica que alguns indicadores baseados nesta abordagem fazem supor implica o risco de se produzirem, em certos países, resultados inválidos, que de pouco servirão para a intervenção política (Healy and

Clinch, 2002). No entanto, diga-se que alguns indicadores, como é o caso do LIHC, admitem flexibilidade metodológica por forma a proporcionar uma melhor adaptação às realidades em estudo, como estará patente neste relatório. Outros autores, como Bouzarovski et al (2012), apontam ainda que a delimitação das causas da pobreza energética apenas aos baixos rendimentos, qualidade inadequada da habitação ou preços altos da energia, ignoram dimensões de um exercício mais aprofundado sobre as necessidades energéticas dos agregados e o contexto sociodemográfico desses agentes, aspetos que as abordagens de medição direta tentam, como veremos adiante, mitigar. As medidas baseadas na despesa podem, pois, ser veículos de subestimação da incidência da pobreza energética ao deixar de fora do seu "radar" situações concretas de privação de consumo de energia face às necessidades físicas de um agregado em determinado contexto – físico, social e cultural até. Estas limitações ampliam as dificuldades de comparabilidade internacional de indicadores baseados nestas opções – despesa/ rendimento, mesmo numa escala restrita à realidade europeia.

Como vimos, e em síntese, no quadro desta abordagem, os critérios para que uma família seja considerada em situação de pobreza energética dependem do nível dos seus gastos em serviços energéticos, da proporção do seu rendimento gasto em energia ou do nível do seu rendimento após satisfazer as despesas em energia.

Tendo em conta os diferentes indicadores de pobreza energética utilizados na União Europeia e as limitações da informação estatística disponível em Portugal, três indicadores são sugeridos neste trabalho, no âmbito da abordagem pelos gastos energéticos, para modelizar a pobreza energética:

- Taxa de custos em energia superior a 10%;
- LIHC (1), um indicador baseado na metodologia (*Low Income High Costs indicator*) desenvolvida e implementada no Reino Unido;
- Taxa de custos em energia superior ao valor mediano dos agregados familiares com características similares.

3.1. Caracterização dos gastos em energia das famílias

O Quadro 4 apresenta os principais valores quanto ao nível e à estrutura das despesas monetárias de energia registados no IDEF 2015-2016. Os valores deste quadro estão expressos em euros/mês por adulto equivalente e permitem comparar os valores da população pobre com a população não pobre em termos económicos. A classificação das famílias em situação de pobreza é a adotada pelo IDEF, isto é, as famílias cujo rendimento monetário por adulto equivalente, em 2014, era inferior à linha de pobreza estabelecida em 422,5 euros mensais. Ainda de acordo com o IDEF, nesse ano, 19,1% da população encontrava-se em situação de pobreza.

Quadro 4 – Gastos médios por adulto equivalente em energia (euros/mês)

	Famílias não pobres	Famílias pobres	População
Eletricidade	39,1	29,5	37,1
Gás canalizado (gás natural e gás de cidade)	6,8	3,1	6,0
Gás liquefeito em botija	12,4	14,8	12,9
Combustíveis líquidos (para aquecimento e iluminação)	2,1	1,1	1,9
Carvão	0,1	0,0	0,1
Outros combustíveis sólidos	3,9	2,5	3,6
Energia térmica	0,0	0,0	0,0
Gastos em Energia	64,3	50,9	61,6

Fonte: INE, IDEF 2015-2016. Cálculos dos autores a partir das bases de dados anonimizadas.

De acordo com os resultados apresentados no quadro anterior, o gasto médio em energia por adulto equivalente da população portuguesa era de cerca de 62 euros por mês. As despesas com eletricidade são aquelas que apresentam maior peso na fatura energética das famílias, representando cerca de 60% das despesas totais em energia. A segunda maior parcela da despesa energética corresponde ao gás, com cerca de 30%. As demais componentes da despesa em energia têm um peso residual no conjunto dos gastos energéticos.

Um resultado interessante que é possível extrair do Quadro 4 é o de que o nível e a estrutura das despesas energéticas não são muito diferentes entre o conjunto das famílias pobres e não pobres. A despesa em energia das famílias não pobres (64,3€) é 26% superior à despesa das famílias pobres (50,9€). Se, em alternativa, comparássemos a despesa monetária total entre os dois grupos, encontraríamos uma diferença de mais de 80% das despesas médias das famílias não pobres, comparativamente àquelas que se situavam em situação de pobreza.

O Quadro 5 apresenta o peso das despesas equivalentes com energia no rendimento disponível por adulto equivalente das famílias. Como referimos anteriormente, este indicador desempenha um papel extremamente importante na definição de algumas medidas de pobreza energética assentes nos gastos em energia.

Quadro 5 – Peso dos gastos em energia no rendimento equivalente (%)

	Famílias não pobres	Famílias pobres	População
Total	7,3	21,0	10,4

Fonte: INE, IDEF 2015-2016. Cálculos dos autores a partir das bases de dados anonimizadas.

Em 2014 os agregados familiares gastavam 10,4% do seu rendimento disponível por adulto equivalente em energia. No entanto, o valor desse rácio quase que duplica (21,0%) quando as famílias se encontram em situação de pobreza. Os dados apresentados indiciam claramente que uma parte significativa das famílias pobres é confrontada com gastos energéticos claramente superiores aos do conjunto da população.

3.2. Indicador "Taxa de custos em energia superior a 10%"

De acordo com este indicador, um agregado familiar pode ser considerado em situação de pobreza energética se as suas despesas em energia excederem 10% do rendimento familiar e se o seu rendimento se situa abaixo da linha de pobreza definida como 60% do rendimento mediano por adulto equivalente.

O Quadro 6 permite verificar que 29,9% dos agregados familiares têm um peso de despesa energética no seu rendimento disponível superior a 10%. É igualmente possível verificar como os valores deste indicador são tanto maiores quanto menor o rendimento das famílias. No primeiro decil do rendimento disponível por adulto equivalente a proporção de famílias cujas despesas em energia ultrapassam os 10% do seu rendimento é superior a 80%. Este valor diminui à medida que subimos na escala de rendimentos, reduzindo-se para 2,4% no decil mais elevado.

Se considerarmos a importância deste indicador de acordo com a situação de pobreza económica, constatamos que, entre as famílias em situação de pobreza, 73,5% ultrapassam o limiar definido para o peso das despesas energéticas no rendimento, enquanto nas famílias não pobres esse valor não atinge os 20%.

Quadro 6 – Proporção de famílias com uma despesa em energia superior a 10% do seu rendimento

	(%)
1.º decil	84,2
2.º decil	60,5
3.º decil	44,1
4.º decil	32,4
5.º decil	21,4
6.º decil	16,8
7.º decil	14,6
8.º decil	8,2
9.º decil	5,2
10.º decil	2,4
Não Pobres	18,7
Pobres	73,5
Total	29,9

Fonte: INE, IDEF 2015-2016. Cálculos dos autores a partir das bases de dados anonimizadas.

De forma a construirmos um primeiro indicador de pobreza energética baseado nos gastos de energia declarados pelas famílias, como proporção do seu rendimento, procedemos à identificação dos agregados familiares que são, simultaneamente, pobres do ponto de vista económico e cujo peso de despesa energética no seu rendimento ultrapassa o limiar dos 10%.

O Quadro 7 apresenta os principais resultados da incidência da pobreza energética de acordo com o indicador 'Taxa de custos em energia superior a 10%'. Cerca de 615 mil agregados familiares e mais de 1,4 milhões de indivíduos estariam, em 2015/2016, em situação de pobreza energética. Estes números correspondem a 15% dos agregados familiares e a 13,5% da população.

Quadro 7 – Incidência da Pobreza Energética
– Taxa de custos em energia superior a 10%

Agregados em situação de pobreza energética	(milhares)	615
	(%)	15,0
População em situação de pobreza energética	(milhares)	1.405
	(%)	13,5

Fonte: INE, IDEF 2015-2016. Cálculos dos autores a partir das bases de dados anonimizadas.

3.3. Indicador "Low Income High Costs (1)"

O indicador LIHC (1) que ensaiamos para Portugal, ainda que fortemente inspirado na metodologia desenvolvida para o Reino Unido, apresenta hipóteses diferentes quanto à definição do limiar de referência das despesas energéticas e quanto à reformulação da linha de pobreza de forma a considerar os custos energéticos:

- O limiar de referência das despesas energéticas é definido de forma relativa e não absoluta, sendo definido como o valor mediano do peso das despesas em energia no rendimento declarado no IDEF pelas famílias;
- A linha de pobreza económica é redefinida de forma a englobar o valor de referência das despesas energéticas, isto é, o limiar de pobreza económica passa a ser definido como a linha de pobreza económica 'oficial' acrescida da mediana dos gastos energéticos declarados.

Estas duas opções resultam de, no indicador LIHC (1), se considerar exclusivamente os valores da despesa em energia e do rendimento equivalente declarados pelas famílias.

As hipóteses assumidas quanto à metodologia de cálculo do indicador LIHC (1) e, em particular, a forma de redefinir a linha de pobreza, alteram a zona relevante para a incidência da pobreza energética. Esta passa agora a ser um retângulo com o seu limite superior definido pela mediana dos gastos energéticos declarados, e o limite direito definido pelo novo limiar de rendimento, que é uma linha vertical paralela ao limiar de rendimento (linha de pobreza) original, como se pode observar no Gráfico 3.

Gráfico 3 – *Low Income High Costs indicator* (1)

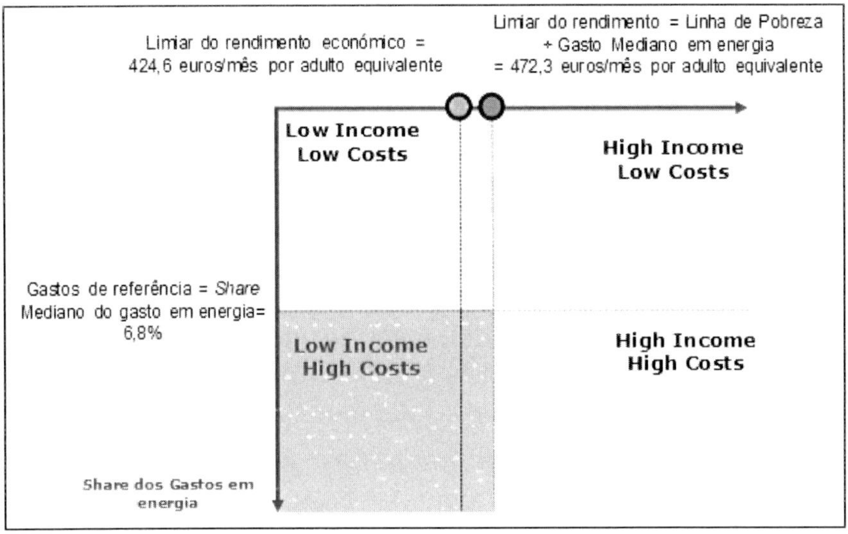

Fonte: INE, IDEF 2015-2016. Cálculos dos autores a partir das bases de dados anonimizadas. Gráfico baseado em Hills (2012)

O Quadro 8 apresenta os principais resultados da incidência da pobreza energética de acordo com o indicador LIHC (1). A taxa de pobreza energética obtida com este indicador é de 20,3% ao nível dos agregados familiares e de 18,9% se considerarmos a nível do conjunto da população.

Quadro 8 – Incidência da pobreza energética – LIHC (1)

Agregados em situação de pobreza energética	(milhares)	833
	(%)	20,3
População em situação de pobreza energética	(milhares)	1.965
	(%)	18,9

Fonte: INE, IDEF 2015-2016. Cálculos dos autores a partir das bases de dados anonimizadas.

A aplicação desta metodologia permite, como referimos, assumir como estando em pobreza energética uma pequena parcela da população que, de acordo com a metodologia tradicional, não é considerada pobre. A alteração realizada sobre o limiar de pobreza, de forma a considerar adicionalmente o valor mediano dos gastos declarados em energia, conduziu a um aumento da taxa de pobreza económica de 19,1% para 21,5%. Como consequência, 2,4% da população situada acima do limiar de pobreza usual utilizada no IDEF é identificada como em pobreza energética devido aos excessivos gastos de energia que revelam. Finalmente, refira-se que uma grande parte da população considerada em pobreza económica segundo a abordagem tradicional é considerada em pobreza energética de acordo com este indicador (88,9%).

3.4. Indicador "Taxa de custos em energia superior ao valor mediano dos agregados familiares com características similares"

Os dois indicadores até ao momento apresentados (Taxa de custos em energia superior a 10% e LIHC (1)) sofrem de uma forte limitação que resulta de, em ambos os casos, o valor de referência para as despesas energéticas ser obtido a partir dos dados declarados pelo conjunto das famílias que integram o IDEF, sem referência explícita ao que seria o padrão adequado de despesa energética de cada agregado familiar. Tal resulta, como salientámos, da ausência de informação suficiente para tipificar uma norma adequada de consumo energético (embora posteriormente este relatório procure ensaiar uma aproximação a indicadores de medição direta, com exigências metodológicas e de preparação da informação muito específicas).

O terceiro indicador aqui ensaiado tenta, ainda que parcialmente, propor um valor de referência que tem em conta não os valores do conjunto da população, mas o valor mediano das famílias com características similares.

O conjunto dos agregados familiares foi, assim, particionado num conjunto de grupos definidos através de um conjunto de variáveis relacionadas com a habitação: a localização (NUTS2), a tipologia de áreas urbanas, a tipologia de alojamento, o regime de ocupação do alojamento e área do alojamento. Uma variável que não foi possível considerar foi o ano de construção do alojamento, por essa variável não ser inquirida no IDEF.

Tendo em conta as variáveis anteriores, e impondo limites à dimensão amostral mínima de cada grupo, constituiu-se cerca de uma centena de grupos com características similares. O valor de referência para a pobreza energética foi então estabelecido a partir dos gastos medianos de cada grupo.

Este novo indicador, designado por 'Taxa de custos em energia superior ao valor mediano dos agregados familiares com características similares' permite definir as famílias em situação de pobreza energética como aquelas que gastam uma proporção do seu rendimento monetário em despesas energéticas superior à de famílias com características similares e que se situam abaixo da Linha de pobreza definida como 60% do rendimento mediano por adulto equivalente.

Ainda que a metodologia base não se afaste consideravelmente da que presidiu à construção dos dois indicadores anteriores, a consideração dos diferentes grupos e a obtenção da despesa energética a partir de cada um dos grupos permitirá, eventualmente, assegurar uma maior adequabilidade às necessidades energéticas dos vários tipos de agregado familiar.

O Quadro 9 apresenta os principais resultados da incidência da pobreza energética de acordo com o indicador 'Taxa de custos em energia superior ao valor mediano dos agregados familiares com características similares'. Cerca de 712 mil agregados familiares e cerca de 1,7 milhões de indivíduos estariam em 2015/2016 em situação de pobreza energética. Estes números correspondem a 17,4% dos agregados familiares e a 16,2% da população total.

Se considerarmos exclusivamente a população economicamente pobre, tal como ela é definida no IDEF, cerca de 85% dos indivíduos economicamente pobres encontravam-se, simultaneamente, em situação de pobreza energética.

Quadro 9 – Incidência da pobreza energética – Taxa de custos em energia superior ao valor mediano dos agregados familiares com características similares

Agregados em situação de pobreza energética	(milhares)	712
	(%)	17,4
População em situação de pobreza energética	(milhares)	1680
	(%)	16,2

Fonte: INE, IDEF 2015-2016. Cálculos dos autores a partir das bases de dados anonimizadas.

4. Medição direta da pobreza energética em Portugal através da identificação das necessidades físicas de consumo de energia

A medição direta da pobreza energética é, reconhecidamente, uma das vias mais robustas para se medir corretamente o fenómeno. Esta abordagem decorre da identificação das necessidades físicas de consumo de energia para satisfazer um determinado padrão, considerado tecnicamente adequado, de bem-estar, de conforto térmico e demais necessidades subjacentes à vida quotidiana na habitação dos indivíduos e agregados, nomeadamente a capacidade de aquecimento e de arrefecimento das habitações. Assim, a abordagem da medição direta procura aferir se os níveis de consumo de energia na habitação são fisicamente suficientes face a uma determinada norma técnica de referência. Uma família será pobre em termos energéticos se registar um *gap* entre o consumo físico de energia efetivo (o consumo que declara, que efetivamente realiza) e o consumo que se deveria verificar na habitação para que se considerasse uma situação de ausência de privação no consumo de energia. Esse *gap* na quantidade física de energia pode depois ser valorizado, com base numa tarifa de referência, e dar uma ideia do valor da distância entre a despesa efetiva do agregado e a despesa que esse agregado deveria ter para não ser considerado em situação de pobreza energética, ou seja, para se posicionar num nível de conforto térmico (assegurar uma temperatura estável na habitação, normalmente admitida no intervalo 18º-21º pela OMS), iluminação e demais consumos elétricos necessários ao bem-estar na habitação, face a uma norma definida, admitindo um conjunto de pressupostos *a priori* quanto às características da habitação.

Esta é a abordagem que, embora seja a que constitui uma opção de grande robustez, menos frequentemente tem sido utilizada em estudos sobre pobreza energética na Europa (Healy, 2004; Thomson, 2013).

A adoção desta abordagem pressupõe um cuidado trabalho metodológico bem fundamentado quanto aos pressupostos das características da habitação, que funcionará como referência para o estabelecimento da norma de consumo físico energético tecnicamente adequado face às necessidades. Pressupostos muito irrealistas, ou mal calibrados, poderão, evidentemente, conduzir a medições do *gap* energético de pior qualidade e levar a problemas de identificação decorrente da população em situação de pobreza energética (com *gap* no consumo de energia face à norma).

Com o enfoque agora centrado nas necessidades físicas de consumo de energia considerado adequado na habitação, podemos obter dois indicadores de incidência. Um primeiro indicador refere-se à identificação das famílias economicamente pobres cuja despesa em energia é inferior à despesa adequada. O outro indicador constitui um novo indicador LIHC (que é designado neste relatório como LIHC (2)), que é recalculado exclusivamente a partir da despesa adequada estimada e do rendimento declarado, o que se aproxima da interpretação no modelo original do Reino Unido. Neste sentido, tem-se uma nova medida de incidência baseada no confronto entre as despesas declaradas em eletricidade e a despesa adequada estimada – isto é, o que conduz à identificação de um *gap* no consumo físico de energia, o *gap* energético.

Mais especificamente, os dois indicadores em questão são arquitetados da seguinte forma:

O primeiro indicador considerado no âmbito da consideração da abordagem das necessidades, com base na despesa adequada estimada em energia, refere-se às famílias economicamente pobres cuja despesa efetiva em energia é inferior à despesa adequada. Segundo este indicador, uma família é considerada em pobreza energética se, simultaneamente:

- Se situa abaixo do limiar de pobreza económica;
- Tem despesas de energia (eletricidade) inferiores ao custo que lhe permite satisfazer adequadamente as suas necessidades.

Para o indicador LIHC (2) – *Low Income High Costs*, uma família é considerada em pobreza energética se simultaneamente:

- Tem custos de energia superiores a um limiar de referência definido como a mediana dos gastos energéticos adequados do conjunto das famílias;
- O valor do seu rendimento, após satisfazer os custos adequados de energia, se situa abaixo do limiar de pobreza económica.

Deste modo, são simples os passos que nos permitem criar o indicador de *gap* energético[2] segundo a abordagem direta, para a medição da dimensão de intensidade da pobreza energética:

[2] Embora não sejam tão simples os pressupostos metodológicos que permitem construir a medida física de consumo energético adequado, como bem demonstra a exiguidade de estudos internacionais que tenham por opção central esta vertente da medição direta, com reconhecidas vantagens em termos de objetividade na medição do problema.

- Determinam-se os consumos efetivos de energia dos agregados familiares pobres monetariamente;
- Determina-se o *gap* energético por comparação entre as necessidades e o consumo efetivo do agregado familiar.

Como as necessidades de consumo energético adequado são, como já referido, definidas em termos físicos, coloca-se aqui a particular dificuldade de obter os consumos efetivos, físicos, de energia dos agregados familiares, implícitos na sua despesa declarada de energia. Para o efeito, é necessário proceder à conversão da despesa em euros das famílias em kWh. Com esta conversão é apurado o *gap* energético físico, medido em kWh,

Tendo estimado um padrão de referência baseado nas necessidades de consumo de energia para a satisfação de um nível de bem-estar considerado adequado, é possível retornar ao indicador LIHC e proceder à reformulação dos custos de referência energética de forma a considerar não as despesas declaradas em energia, mas sim as despesas consideradas adequadas.

A construção deste novo indicador, que designaremos por LIHC (2), implica as seguintes alterações face ao indicador LIHC (1), apresentado anteriormente:

- O referencial para os gastos energéticos é, agora, definido como a mediana dos gastos mensais em eletricidade considerados adequados para os vários tipos de agregados;
- Os gastos em eletricidade considerados adequados são definidos como o consumo mensal de eletricidade necessário para satisfazer as necessidades totais de eletricidade em 50%;
- O referencial de gastos energéticos é transformado em valores por adulto equivalente utilizando a escala modificada da OCDE;
- O limiar de pobreza económica específico deste indicador é redefinido adicionando à linha de pobreza económica utilizada no IDEF o valor dos gastos energéticos equivalentes considerados adequados para cada agregado familiar;

- Procedeu-se à identificação dos agregados familiares cujo rendimento, após satisfazer os gastos adequados em energia, se situam abaixo deste novo limiar de pobreza económica.

Utilizando os dados do IDEF e o consumo mensal de eletricidade necessário para satisfazer as necessidades totais de eletricidade dos agregados familiares em 50%, foi possível identificar um gasto de referência para as despesas de eletricidade correspondentes a 37,6 euros/mês por adulto equivalente.

Uma das principais limitações da metodologia seguida resulta de, na estimação do gasto de referência, se ter utilizado como fator de equalização a escala de equivalência modificada na OCDE. No trabalho original de Hills (2012) é utilizada uma escala de equivalência própria para as despesas de energia, que tem em conta as economias de escala correspondentes ao consumo de energia. Na ausência de uma escala específica adaptada à realidade portuguesa, utilizou-se a mesma escala de equivalência utilizada para o rendimento, o que pode enviesar alguns dos resultados obtidos, em particular no caso das famílias mais numerosas.

De seguida, procedeu-se à estimação do novo limiar económico específico deste indicador, o que possibilitou a identificação de uma nova taxa de pobreza económica que tem em conta os custos adequados em energia para cada família. Note-se que este novo limiar, ao contrário do que acontece com o indicador de pobreza tradicional, não é um valor constante, mas depende do montante dos gastos energéticos por adulto equivalente considerado adequado para cada família.

A taxa de pobreza económica calculada com este novo limiar de rendimento é de 22,1%, 3 pontos percentuais acima da taxa de pobreza usualmente obtida no IDEF (19,1%). Se, considerando a taxa de pobreza tradicional, a proporção de agregados familiares em situação de pobreza é de 20,4%, com o novo limiar de pobreza económica esse valor ascende a 24,2%. Verifica-se, assim, que cerca de 155 mil agregados familiares (3,8% do total dos agregados) que anteriormente não eram considerados em situação de pobreza, adquirem a classificação de pobres, dada a sua insuficiência de recursos após a satisfação das suas necessidades energéticas.

O Gráfico 4, baseado em Hills (2012), ilustra os principais valores relevantes para calcular o índice LIHC (2). Note-se, em particular, como o referencial de rendimento é crescente com os gastos de eletricidade considerados adequados. Uma hipotética família que não tivesse necessidade de qualquer gasto em eletricidade teria um limiar de rendimento exatamente igual à linha de pobreza standard do IDEF (424,6 euros/mês por adulto equivalente). Uma outra família, cujas necessidades energéticas exigissem um gasto em eletricidade igual ao valor de referência (37,6 euros mês por adulto equivalente) necessitaria de um rendimento equivalente de 462,2 euros para não ser considerada pobre.

Gráfico 4 – LIHC (2)

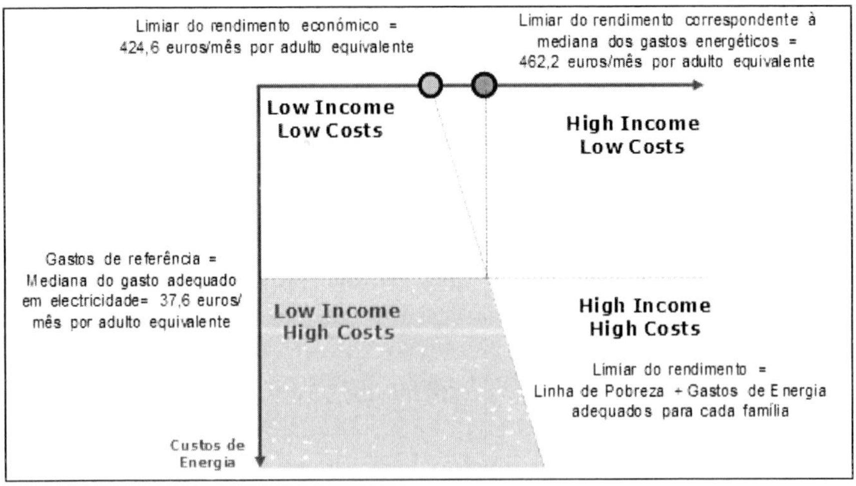

Fonte: INE, IDEF 2015-2016. Cálculos dos autores a partir das bases de dados anonimizadas. Gráfico baseado em Hills (2012)

4.1. A incidência da pobreza energética em Portugal: abordagem direta

Para a medição da incidência da pobreza energética utilizando a abordagem direta começou-se, como referido, por estimar as necessidades energéticas de cada agregado familiar.

A partir da comparação entre o consumo efetivo e o consumo necessário, em kWh ou em euros de despesa, é possível determinar o número e a proporção de famílias que se encontram numa situação de pobreza energética.

Adotando uma definição conservadora, vamos considerar pobres energeticamente somente as famílias economicamente pobres que têm uma despesa em eletricidade que não permite satisfazer 50% das necessidades de consumo que assegurariam os níveis adequados de conforto.

Quadro 10 – Incidência da pobreza energética – Famílias economicamente pobres cuja despesa em energia é inferior à despesa adequada

	Unidade	Valor
Agregados com despesa inferior à adequada	(%)	58,5
População com despesa inferior à adequada	(%)	55,4
Agregados em situação de pobreza energética	(milhares)	531
	(%)	12,9
População em situação de pobreza energética	(milhares)	1.188
	(%)	11,4
População economicamente pobre em situação de pobreza energética	(%)	59,9

Fonte: INE, IDEF 2015-2016, Cálculos dos autores.

Os valores apresentados revelam bem a magnitude do fenómeno da pobreza energética com mais de 1,1 milhões de indivíduos em situação de pobreza energética, sendo que 59,9% dos agregados familiares pobres economicamente são pobres energeticamente, ou seja, não têm uma despesa em energia que lhes permita satisfazer 50% das necessidades consideradas adequadas.

4.2. A incidência de pobreza energética em Portugal – indicador de LIHC (2)

Definido o quadro de referência para a aplicação da metodologia proposta por Hills (2012), é possível calcular a incidência de pobreza energética de acordo com o indicador LIHC (2). O Quadro 11 apresenta os principais resultados da incidência da pobreza energética de acordo com o indicador LIHC (2). A taxa de pobreza energética obtida com este indicador é de 13,9%, ao nível dos agregados familiares, e de 11% se considerarmos o conjunto da população residente.

Quadro 11– Incidência da pobreza energética – LIHC (2)

Agregados em situação de pobreza energética	(milhares)	572
	(%)	13,9
População em situação de pobreza energética	(milhares)	1.143
	(%)	11,0

Fonte: INE, IDEF 2015-2016. Cálculos dos autores a partir das bases de dados anonimizadas.

Os resultados apresentados no quadro anterior podem ser complementados confrontando o indicador de pobreza energética LIHC com o indicador de pobreza tradicional estimado pelo INE a partir do IDEF.

No conjunto da população em situação de pobreza económica, dado o seu nível de rendimento por adulto equivalente, 43,1% encontravam-se igualmente em situação de pobreza energética de acordo com o indicador LIHC (2). Dos 1,1 milhões de indivíduos considerados em pobreza energética, cerca de 75% (855 mil) eram inicialmente considerados como pobres economicamente.

Mas, dada a reformulação do limiar de referência económica usada no indicador LIHC (2), algumas famílias inicialmente consideradas como não pobres podem igualmente ser consideradas em situação de pobreza energética. Isso ocorre com cerca de 3,4% da população total. Quase 150 mil agregados considerados como não pobres, tendo em conta exclusivamente o seu rendimento, são considerados em situação de pobreza energética.

5. Conclusão

A análise efetuada mostrou que existe um consenso crescente em torno da definição da situação de pobreza energética como uma situação em que as famílias não têm capacidade de aquecer ou arrefecer as suas casas adequadamente ou de satisfazer outros serviços energéticos a um custo aceitável.

Considerando alguns indicadores que se podem extrair de inquéritos comuns a vários países, foi possível observar que Portugal apresenta uma taxa de pobreza energética superior à média europeia quando se utiliza o indicador referente à incapacidade de as famílias manterem a sua casa adequadamente quente, apresentando uma situação favorável comparativamente à média europeia quando se utilizam indicadores como a incapacidade de pagar as faturas, a elevada proporção de despesas energéticas no rendimento, ou a pobreza energética escondida.

A medição dos níveis de pobreza energética existentes em Portugal foi efetuada utilizando os três métodos fundamentais de avaliação da pobreza energética: abordagem pela perceção das famílias, também conhecida como abordagem consensual, baseada numa autoavaliação dos agregados/ indivíduos sobre as condições físicas e qualidade da habitação e sobre a capacidade económica para satisfazer certas necessidades de consumo de energia; a abordagem pela despesa, ou gastos energéticos, em que se afere a privação energética das famílias (agregados)/ indivíduos, analisando despesa energética dos agregados em função de limiares absolutos ou relativos de despesa em consumo energético nos orçamentos familiares e a abordagem direta, ou medição direta, em que se procura comparar os níveis de consumo efetivo de energia na habitação com um padrão de referência baseado nas necessidades, isto é, baseado numa norma que estabelece o nível de consumo adequado de energia para a satisfação de um nível normativo de bem-estar.

No que respeita à medição da incidência da pobreza energética, é possível verificar que a proporção de população pobre energeticamente oscila entre os 8,1% e 18,9%, dependendo das medidas consideradas. Considerando as cinco medidas baseadas na despesa e na medição direta, é possível analisar o grau em que os indivíduos são pobres considerando os diversos critérios. Verifica-se que 22,5% dos indivíduos são pobres energeticamente de acordo pelo menos com uma medida, sendo que 5,4% são pobres, qualquer que seja o critério considerado.

Referências bibliográficas

Bouzarovski S, Petrova S and Sarlamanov R. (2012). Energy poverty policies in the EU: a critical perspective. Energy Policy; 49: 76–82.

Bouzarovski S. (2013). Energy poverty in the European Union: landscapes of vulnerability. *WIREs Energy Env*; **3**: 276–289.

Comissão Europeia (2018). EU Energy Poverty Observatory. Disponível em: https://www.energypoverty.eu/. Acesso em: janeiro de 2019.

Department of Energy and Climate Change (DECC), (2013). *Fuel poverty report – updated*. London: HMSO.

Healy JD and Clinch JP. (2002). *Fuel poverty in Europe: a cross-country analysis using a new composite measure*. Dublin: University College Dublin.

Healy JD. (2004). *Housing, fuel poverty and health: a pan-European analysis*. Aldershot: Ashgate.

Hills (2012) Getting the measure of fuel poverty – Final Report of the Fuel Poverty Review, *CASE report 72*, The London School of Economics and Political Science, UK.

Moore R. (2012). Definitions of fuel poverty: implications for policy. *Energy Policy*; **49**: 19–26.

Thomson H. (2013). *Fuel poverty measurement in Europe: a rapid review of existing knowledge and approaches, conducted for Eaga Charitable Trust.* York: University of York.

Thomson, H.; Snell, C. and Bouzarovsky, S. (2017). Health, Well-Being and Energy Poverty in Europe: A Comparative Study of 32 European Countries. *International Journal of Environmental Research and Public Health,* **14**, 584.

Walker R, Liddell C, McKenzie P, Morris C and Lagdon S. (2014). Fuel poverty in Northern Ireland: humanizing the plight of vulnerable households. Energy Res Soc Sci; 4: 89–99.

Nota sobre o Salário Digno: uma reflexão sobre a sociedade portuguesa

José António Pereirinha[1]

1. Introdução

O Salário Digno (SD), tradução que fazemos do conceito anglo-saxónico *Living Wage*, é um tema antigo, quer na Filosofia quer na Economia (Stabile, 2008), mas a sua implementação (voluntária ou obrigatória) tem sido até hoje uma quase utopia. Surgiu em movimentos sociais nos EUA (em 1870), promovido por grupos da sociedade civil, e no Reino Unido teve origem no Citizens UK (que se tornou a Living Wage Foundation em 2011), uma coligação de instituições e atores da sociedade civil que reivindicam a adoção voluntária do *Living Wage*, que veio a tornar-se uma realidade em Londres. O Salário Digno voluntário *vs.* obrigatório continua a ser uma questão de discussão política, e é actualmente um tema relevante para a política social (Carr *et al.*, 2016).

O Salário Digno ganhou relevância política mais recentemente, principalmente nos países anglo-saxónicos, como reação ao Thatcherismo e à Reagenomics, e ganhou também grande pertinência no atual contexto da globalização e de orientação neoliberal das políticas económicas. O Salário Digno é, por outro lado, um conceito que respeita o Pilar Europeu dos Direitos Sociais e está alinhado com os ODS das Nações Unidas. Está também em concordância com a Comissão Euro-

---

[1] Professor Catedrático (aposentado) do ISEG, Universidade de Lisboa. Investigador do Gabinete de História Económica e Social/CSG, ISEG, Universidade de Lisboa.

peia na recente iniciativa de promoção de salários mínimos adequados na UE, em que se afirma que "garantir que os trabalhadores da União ganhem salários adequados é essencial para garantir condições de trabalho e de vida adequadas, bem como para construir economias e sociedades justas e resilientes, em consonância com a Agenda das Nações Unidas para o Desenvolvimento Sustentável 2030 e os seus Objetivos de Desenvolvimento Sustentável" (COM (2020) 682 final:1).

Entre os princípios estabelecidos no Pilar Europeu dos Direitos Sociais proclamado na Cimeira de Gotemburo, em 2017, o princípio 6 afirma que "os trabalhadores têm o direito a salários justos que assegurem um padrão de vida decente" e "devem ser assegurados salários mínimos adequados, de forma que permitam a satisfação das necessidades do trabalhador e da sua família, atendendo às condições económicas e sociais do país (...). A pobreza no trabalho deve ser evitada". Este princípio claramente evoca o conceito de Salário Digno (*Living Wage*).

Recorde-se que a adopção destes princípios está na origem da proposta da Comissão Europeia de uma Directiva do Parlamento Europeu e do Conselho sobre salários mínimos adequados (i.e., de salários dignos) na União Europeia. O interesse renovado pelo Salário Digno como tema relevante para as políticas públicas decorre também de "(...) uma crescente polarização do emprego que origina um peso crescente de trabalhadores com baixos salários e com baixas qualificações (...) que tem conduzido a mais pobreza no trabalho (*in-work poverty*) e maiores desigualdades salariais" e que "o papel dos salários mínimos tornou-se mais importante nos períodos de depressão económica. A crise da Covid-19 atingiu particularmente sectores com maiores percentagens de trabalhadores de baixos salários" [COM (2020) 682 final:1-2]. Tem vindo a observar-se, nas políticas nacionais, um reforço crescente de plataformas salariais visando assegurar rendimento adequado para os trabalhadores de baixos salários com a recuperação económica após 2013, e muito alinhados com o conceito de Salário Digno (*Living Wage*) (Eurofound, 2018). As experiências do Reino Unido (Hirsch, 2019) e da Irlanda (Collins, 2011a, 2011b) são exemplares a este respeito.

Esta temática ganha grande relevância em Portugal, um país com baixos salários médios e medianos, elevada polarização do emprego e grande desigualdade na distribuição do rendimento salarial, com uma percentagem elevada de trabalhadores de baixos salários (elevada incidência de pobreza no trabalho, *in-work poverty*), mas em que o salário mínimo apresenta um grau de generosidade relativamente elevado (apresenta, na União Europeia, um dos mais elevados índices de Kaitz, i.e., o rácio entre o salário mínimo nacional e o salário mediano nacional). O nível baixo dos salários e a elevada incidência da pobreza no trabalho explicam, em grande medida, a pobreza de muitos agregados familiares. É então oportuno que se discuta cientificamente a necessidade e as possibilidades da criação de uma política de Salário Digno (*Living Wage*) em Portugal, e que se abra a porta à discussão política sobre a sua viabilidade. Esta nota vem nesse sentido[2].

2. O conceito de Salário Digno

Se entendermos por Salário Digno o nível salarial que permite satisfazer as necessidades dos trabalhadores e das suas famílias, assegurando-lhes um padrão de vida com dignidade humana, temos de clarificar conceitos e perspectivar o quadro analítico em que suportamos a nossa reflexão, bem como a natureza das políticas públicas que se mobilizam para a sua implementação.

Um dos conceitos a clarificar é o de *salário*: não é o salário bruto pago pela entidade patronal (o custo para o empregador) mas, antes, o rendimento disponível de origem laboral (quanto resulta, da relação salarial existente, em rendimento disponível para o trabalhador e suas famílias). Salário Digno é, então, um conceito cujo âmbito vai para além do Salário Mínimo Nacional, uma vez que implica a *adequação* dos rendimentos dos assalariados e dos seus familiares (Hirsch,

[2] Uma análise mais aprofundada deste tema pode ser lida em Pereirinha & Pereira (2021).

2018). Como medida de política pública, a implementação do Salário Digno implica então um misto de variáveis de acção, incluindo naturalmente o salário mínimo (que origina custos de mão-de-obra, e cuja alteração provoca uma mudança na distribuição primária dos rendimentos salariais), mas também variáveis que originam despesa pública: prestações sociais e deduções fiscais, que redistribuam rendimento e que contemplem adequadamente a diferente dimensão e composição demográfica dos agregados familiares a que pertencem os trabalhadores que auferem o salário mínimo.

O quadro analítico requerido para abordar as temáticas que a concepção e implementação do Salário Digno levantam, deve usar o *trabalhador assalariado* como unidade central de investigação, encarado numa tripla dimensão no que respeita ao seu enquadramento institucional, e correspondentes a três papeis que desempenha na sociedade: como *empregado por conta de outrem*, numa ligação institucional à empresa onde trabalha (que paga o seu salário bruto, encarado com um custo de produção), como *membro de um agregado familiar*, uma unidade básica de consumo onde se opera a satisfação das necessidades, e que é também uma central de decisões económicas e sociais para além do consumo, em particular no que respeita à participação no mercado de trabalho (em que o salário é uma fonte de rendimento), e como *cidadão*, na suas múltiplas relações com o Estado Social, em termos de direitos laborais (entre os quais o direito a um salário), direitos sociais (como potencial beneficiários de transferências ou créditos fiscais) e de deveres fiscais (como contribuinte fiscal). É assim, nesta tripla dimensão (de empregado por conta de outrem, de membro de algum agregado familiar e de cidadão), que deve ser encarado o trabalhador assalariado, titular de um Salário Digno.

A **Figura 1** descreve o quadro analítico em que se deve então situar a análise do Salário Digno. O ponto crucial é a ligação do trabalhador assalariado (como titular de um rendimento salarial) ao agregado familiar, cujas necessidades devem ser satisfeitas, o que requer um nível de rendimento adequado à satisfação dessas necessidades. Este rendimento é aquele que permite atingir condições de vida com dignidade humana em Portugal, de acordo com algum sentido de dignidade consensualizado na sociedade. A análise deve centrar-se, naturalmente, no conjunto dos agregados familiares que têm trabalhadores assalariados na sua composição e que, portanto, têm o rendimento salarial como uma das componentes do seu rendimento. Como rendimento disponível, este rendimento adequado deve ser atingido como uma combinação do salário bruto, das contribuições para a Segurança Social e dos impostos directos e, considerando a composição socio-demográfica do agregado familiar, das transferências sociais que possam compensar pelos custos adicionais associados à maior dimensão dos agregados familiares.

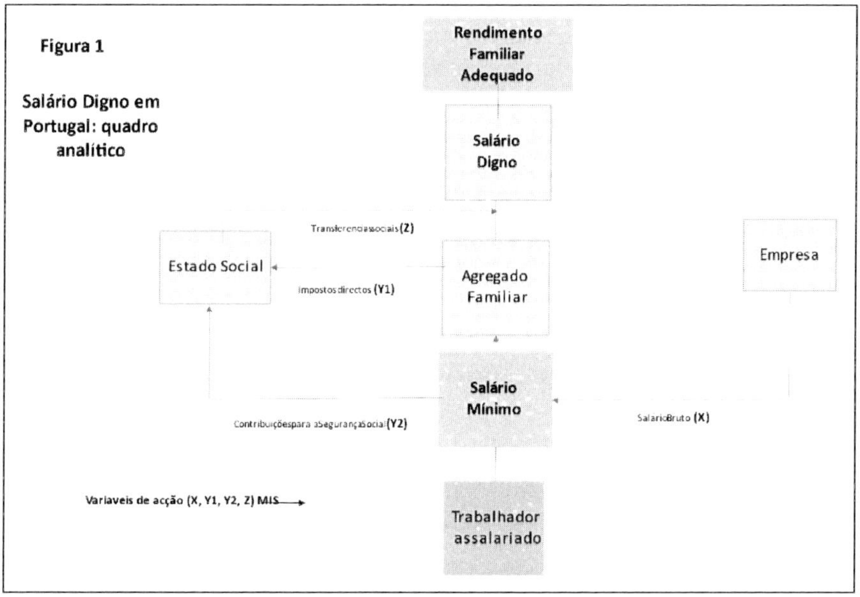

Uma política pública de Salário Digno contempla assim algumas variáveis de acção: um certo nível de salário mínimo que, ao aumentar, não só faz aumentar os custos salariais (a suportar pela empresa), mas também altera a distribuição do rendimento salarial (que se espera seja aceite pela população, em particular pelos trabalhadores); envolve também custos orçamentais, dependendo dos valores fixados para a contribuição para a segurança social (outra variável de acção) e para os impostos directos (designadamente a possibilidade de alívios fiscais ou alteração de taxas agravando a sua progressividade, por exemplo); envolve também a possibilidade de alteração das regras de atribuição de transferências sociais que compensem pelos custos económicos associados à maior dimensão (e composição demográfica) dos agregados familiares.

Espera-se então que a implementação de uma política de Salário Digno se traduza na fixação de um nível salarial mínimo que permita satisfazer as necessidades dos trabalhadores e das suas famílias, e que satisfaça as seguintes condições: que atinja a *adequação* do rendimento das famílias (isto é, que lhes assegure um padrão de vida com dignidade humana), que seja *economicamente viável* em relação aos custos laborais (para as empresas que pagam o salário) e orçamentais (relativamente às contribuições para a segurança social, para os impostos directos e para as transferências sociais), e seja *socialmente aceitável* no que diz respeito à alteração da distribuição dos rendimentos (salariais e familiares) que a implementação deste nível salarial origine. Adequação, viabilidade económica e aceitabilidade social são então objectivos de qualquer política pública que vise a criação de uma medida desta natureza.

A possível implementação do Salário Digno exige, portanto, negociação e acordos sociais, pois um nível de Salário Digno que ultrapasse o valor vigente do Salário Mínimo Nacional pode originar, relativamente aos critérios (objectivos) atrás referidos, algumas zonas de conflitualidade, e a política pública que vise criar e implementar um Salário Digno tem de lidar com vários *trade-offs*. Este texto vai ao encontro destes objectivos, ilustrando alguns desses *trade-offs* de objectivos (os acima expostos) que devem entrar nessa negociação e acordos.

Pretende-se tratar estas questões centrando a análise no trabalhador (na sua tripla condição de *trabalhador assalariado*, fonte de rendimento, membro do *agregado familiar*, como espaço de satisfação de necessidades, e como *cidadão* com direitos sociais e deveres fiscais) e utilizar dados do INE-ICOR (Inquérito às Condições de Vida e Rendimento) para quantificar e discutir alguns dos *trade-off* que resultam dos objectivos referidos (como suporte para o diálogo social), apoiados num quadro normativo que seja socialmente aceite.

3. Um nível adequado de rendimento familiar em Portugal

Um conceito, crucial nesta análise e que exige clarificação, é o de *rendimento familiar adequado*. É difícil chegar a um conceito, que seja consensual numa sociedade, sobre o que se entende por nível de vida digno e, portanto, obter um valor que seja aceite por todos como o que é requerido para o poder atingir. E, no entanto, sem uma ampla aceitação desse conceito e desse valor dificilmente se poderá implementar uma política de Salário Digno, no sentido acima exposto. Em Portugal, um estudo recente que estimou, para diferentes tipos de agregados familiares, níveis de rendimento adequado, é o de Pereirinha *et al.* (2020). O método seguido neste estudo combinou o método consensual dos orçamentos de referência (que reflete o que a *população* pensa) com a abordagem normativa dos peritos (que refletem o que a *ciência* nos ensina) para estimar o nível de rendimento adequado, replicando, com adaptações à realidade portuguesa, a metodologia seguida para determinar um rendimento padrão mínimo (MIS – *Minimum Income Standard*) no Reino Unido (Davis *et al.*, 2015).

Trata-se de um método consagrado na literatura científica, com uma forte tradição no Reino Unido e que, sendo originário na obra de William Petty no sec. XVII, teve expressão no final do século XIX com o trabalho de Joseph Rowntree na medição da pobreza na cidade de York, que este autor considerou ser representativa das condições de vida das cidades da província do Reino Unido. Foram estes orçamentos de referência, calculados por Rowntree (na altura com carácter muito frugal), que vieram a ser utilizados por W. Beveridge no cálculo dos benefícios sociais, e a influência deste método perdurou até à década de 1980. Em 1985, foi criada a Family Budget Unit (FBU), um centro de investigação ligado à Universidade de York (Reino Unido), e financiada pela Fundação Joseph Rowntree, que continuou a construção de orçamentos de referência, mas com base em inquéritos às despesas familiares e em pareceres de peritos. Na década de 1990, o Centre for Research in Social Policy (CRSP) da Universidade de Loughborough (Reino Unido) desenvolveu o método utilizado pela FBU e introduziu, no cálculo dos orçamentos de referência, a participação da população em grupos de discussão (*focus groups*) com vista à obtenção de consensos informados sobre o que deve constituir um mínimo aceitável na sociedade por parte destes grupos de discussão. Após a extinção da FBU em 2011, o CRSP da Universidade de Loughborough ganhou preponderância na estimativa dos orçamentos de referência, desenvolvendo o método MIS (*Minimum Income Standard*) que combina duas fontes de informação para determinar o valor (normativo) do rendimento adequado: o que a população considera necessário para viver de forma digna na sociedade (abordagem consensual) e, por outro lado, a opinião informada de peritos.

Foi este o método utilizado no estudo do rendimento adequado em Portugal (Pereirinha *et al.*, 2020)[3], uma investigação realizada entre novembro de 2012 e novembro de 2014, envolvendo 31 grupos de discussão[4] e 212 participações voluntárias da população, com um perfil socioeconómico diversificado que, numa abordagem consensual de opiniões sobre necessidades (*needs*, e não *wants*), decidiram, numa primeira etapa, sobre o que é um padrão de vida digno e, em etapas seguintes, decidiram sobre quais os bens que devem ser adquiridos para o atingir, as respetivas quantidades e a forma e o local de aquisição, permitindo assim obter dados que possibilitaram, através da sua valorização pelos preços de mercado (nas condições que os grupos de discussão consensualizaram como os mais adequados),

---

[3] Importa referir que a Prof.ª Manuela Silva aceitou ser consultora científica deste projecto, financiado pela FCT e por mim coordenado. Uma nota de gratidão é devida, uma vez mais, pelo apoio e aconselhamentos recebidos da Prof.ª Manuela Silva, os quais muito contribuíram para o progresso qualitativo desta investigação.

[4] Estes grupos de discussão funcionaram em diferentes locais do país: na primeira fase, em que discutiram e deliberaram de forma consensual sobre o conteúdo do conceito de nível de vida digno, decorreram em Vila Franca de Xira, Vila Nova de Gaia e Beja. Nas fases seguintes os grupos de discussão decorreram em Vila Franca de Xira, entendido como um local não atípico que, não pretendendo ser representativo da população nacional, reflete características que combinam traços de ruralidade com os de uma periferia urbana de Lisboa, em cuja área metropolitana está localizada.

calcular o valor do rendimento mínimo considerado suficiente para atingir este nível de vida. Em algumas áreas fundamentais (nutrição, habitação e saúde), os pareceres de especialistas informaram a equipa de investigação sobre mínimos adequados, tendo esta informação sido transmitida aos grupos para discussão. Estes grupos, com uma composição que reflete a diversidade de tipos familiares relevantes para a análise, tiveram em consideração esta informação dos peritos para decidirem sobre a satisfação das necessidades correspondentes a esse nível de vida digno.

Para se compreender bem o significado do rendimento adequado calculado para Portugal, é importante conhecer a conceção acordada consensualmente pelos grupos de discussão iniciais, e usada mais tarde por todos os grupos de discussão constituídos ao longo da investigação, do que é um nível de vida digno:

> Um nível de vida digno, hoje em dia em Portugal inclui, além de alimentação, habitação e vestuário, tudo o que é necessário para que uma pessoa possa ter saúde, sentir-se segura, relacionar-se com os outros, e sentir-se respeitada e integrada na sociedade. Permite escolhas livres e informadas sobre coisas práticas da vida e formas de realização pessoal, incluindo o acesso à educação e ao trabalho, à cultura e ao lazer.

Sendo este o conceito de nível de vida digno orientador da pesquisa, o método acima descrito permitiu a construção de orçamentos de referência e o cálculo do rendimento adequado para o ano de 2014 para várias categorias familiares. O **Quadro 1** apresenta os valores atualizados para 2016 e 2017, obtidos a partir dos valores de 2014 através da aplicação, separadamente por grupos de bens de consumo (classificação COICOP), dos valores do Índice de Preços no Consumidor.

É importante esclarecer que a construção de orçamentos de referência exigiu a utilização de uma vinheta (caso imaginário), assumindo como pressupostos um conjunto de características relacionadas com sexo, idade e saúde de indivíduos, habitação e local de residência, entre outros (Pereirinha *et al.*, 2020), e correspondem a valores de rendimento disponível (após contribuições para a Segurança Social e impostos sobre o rendimento).

O método usado em Pereirinha *et al.* (2020) para construir orçamentos de referência e estimar rendimentos adequados para vários tipos de família também originou uma escala de equivalência para as famílias com um rendimento disponível próximo desse rendimento adequado, que designamos como *escala de equivalência consensual*. Esta escala de equivalência evidencia, para estes agregados familiares, uma subavaliação dos custos económicos do segundo adulto e das crianças na escala de equivalência modificada da OCDE, a que é normalmente utilizada nas análises da pobreza. A subavaliação dos custos das crianças também é observada numa análise comparativa feita para Portugal e outros países da União Europeia (Hirsch *et al*, 2020) e, na maioria dos países analisados, a escala modificada da OCDE também subestima os custos para adultos que vivam sós em relação aos casais. O **Quadro 1** mostra os valores estimados para alguns tipos de categorias familiares (as que são relevantes para a análise do Salário Digno, pois refere-se apenas à população em idade activa), bem como a escala de equivalência *consensual* estimada. Esta informação dota-nos de uma referência normativa para a fundamentação do valor do Salário Digno. Mostra também a diferença entre o valor do limiar de pobreza do EUROSTAT e o valor do rendimento adequado para um tipo familiar comparável: pessoa só, em idade activa, sem filhos. Como este quadro mostra, o valor deste rendimento adequado é 70% superior ao do limiar de pobreza. Esta diferença vai ter efeitos significativos no diagnóstico, que faremos adiante, sobre a relação entre a pobreza no trabalho (muito baixos salários) e a pobreza dos agregados familiares.

Quadro 1 – Rendimento Adequado familiar para tipos de agregados familiares

	Rendimento Adequado familiar (€/mês)		Dimensão familiar		
	2016	2017	nº de pessoas	nº de adultos equivalentes na escala equivalência OCDE modificada	nº de adultos equivalentes na escala equivalência consensual
Pessoa vive só, idade activa (18 - 64), sem filhos	767	781	1.0	1.0	1.00
Pessoa vive só, idade activa (18 - 64), um filho (12 anos)	1351	1374	2.0	1.5	1.79
Casal, idade activa (18 - 64), sem filhos	1280	1304	2.0	1.3	1.67
Casal, idade activa (18 - 64), um filho (12 anos)	1765	1797	3.0	1.8	2.33
Casal, idade activa (18 - 64), dois filhos (2 e 12 anos)	2235	2272	4.0	2.1	2.92
Limiar de Pobreza Monetária (60% mediana rendimento monetário disponível por adulto-equivalente)	454	467			

Source: Pereirinha, J. *et al.* (2020: 247-254)

O **Quadro 2** permite um olhar sobre a pobreza dos agregados familiares de vários tipos, compostos por pessoas em idade activa, vivendo sós ou em casal, sem filhos ou com 1 ou 2 filhos, considerando dois referenciais distintos: o limiar monetário de pobreza relativa (com o qual comparamos o rendimento disponível monetário dos agregados familiares) e o rendimento adequado (com o qual comparamos o rendimento disponível total dos agregados, adicionando o rendimento não monetário[5] ao monetário). A utilização deste duplo referencial permite, então, obter uma classificação dos agregados familiares em três grupos: a) os agregados em *pobreza relativa* (com rendimento disponível monetário por adulto equivalente inferior ao limiar de pobreza do EUROSTAT); b) os agregados em *défice social*, que têm um rendimento disponível total (monetário mais não monetário) inferior ao rendimento adequado; c) os agregados numa *zona cinzenta* que, tendo um rendimento disponível monetário superior ao limiar de pobreza relativa (não sendo por isso pobres), têm um

[5] O rácio entre o rendimento disponível não monetário e o rendimento disponível total é decrescente com o rendimento total, variando entre 10% no primeiro decil e 3% no 10.º decil (Pereirinha & Pereira, coord, 2021, capítulo 10).

rendimento disponível total inferior ao adequado, isto é, ao que é requerido para poderem ter uma vida digna (Pereirinha & Pereira, 2019).

Quadro 2 – Pobreza relativa e defice social nos agregados em idade activa em Portugal (2016)

	Pessoas a viver sós em idade activa (18 - 64), sem filhos	Pessoas só em idade activa (18 - 64), com 1 filho (12 anos)	Casal em idade activa (18 - 64), sem filhos	Casal em idade activa (18 - 64), com 1 filho (12 anos)	Casal em idade activa (18 - 64), com 2 filho (2 e 12 anos)
rendimentos de referência (limiar monetário de pobreza e rendimento adequado)					
limiar de pobreza monetária (€/mês)	453.6	636.4	680.4	856.4	1015.0
rendimento adequado familiar (€/mês)	767.0	1351.0	1280.0	1765.0	2235.0
racio rendim adeq familiar/limiar pobreza monetária	1.69	2.12	1.88	2.06	2.20
incidência da pobreza relativa e do defice social					
% APDs abaixo do limiar de pobreza	25.6	26.4	19.9	17.8	19.8
% APDs abaixo rendimento adequado	50.9	79.3	47.6	63.0	67.5
% ADPs na "zona cinzenta"	25.3	52.8	27.7	45.2	47.8

Source: Pereirinha, J. *et al.* (2020)

Observando o **Quadro 2**, concluímos que, para os agregados familiares em idade ativa, as taxas de *pobreza relativa* são mais elevadas nos agregados familiares de uma pessoa só quando comparadas com os agregados familiares de casal, que os agregados familiares monoparentais e os agregados familiares solteiros apresentam a mesma incidência de pobreza (cerca de 26%), e o facto de terem filhos (um ou dois) não tem efeito na pobreza monetária dos casais: todos os agregados familiares que são casais (sem filhos, com um e com dois filhos) evidenciam uma incidência de pobreza semelhante (18-20%). Um padrão distinto emerge no cálculo da incidência do *défice social.* Neste caso, as taxas de incidência são para todos os casos muito mais elevados (como seria de esperar, tendo em conta que os rendimentos de referência são mais elevados quando comparados com os limiares relativos de pobreza do EUROSTAT). Mas, ao contrário da pobreza relativa, a incidência do défice social para agregados familiares sem filhos (pessoas solteiras e casal sem filhos) são mais semelhantes (48 – 51%) e aumentam consideravelmente com a presença de crianças na família, tanto para casais como para agregados familiares monoparentais, evidenciando neste último caso uma incidência de défice social muito elevada (79%). Esta importante conclusão está relacionada com a diferente percentagem do número de agregados familiares na *zona cinzenta*, muito superior para os agregados familiares com filhos (cerca de 50%) comparativamente com os agregados familiares que não têm filhos (cerca de 25%).

Esta dupla referência e a correspondente identificação destes três grupos de agregados familiares vai ser relevante nas análises que seguem.

4. Os baixos salários e a pobreza das famílias em Portugal

Vamos explorar este tópico considerando que se entende por "baixos salários" os níveis salariais que estão próximos ou abaixo do Salário Mínimo Nacional (SMN). Uma vez que vamos utilizar a base de dados ICOR 2018[6], em que os rendimentos (entre os quais os salários) se reportam a 2017, utilizaremos como referência o valor do SMN em vigor em 2017, de 557 euros mensais, que se traduz em 557 * 14 = 7798 euros anuais. Será esta a referência para os baixos salários neste texto. Mas se quisermos comparar os salários auferidos pelos trabalhadores que pertencem à amostra do ICOR com o SMN, deveremos considerar apenas os trabalhadores a tempo inteiro (FT – *full time*), considerando-se como tal os trabalhadores por conta de outrem (TCO) que declararam no ICOR, em 2018, trabalharem normalmente 35 ou mais horas por semana. Com base nos dados do ICOR 2018, estimamos em 17.9% a percentagem dos TCO a tempo completo com salário monetário inferior ao SMN, o que corresponde a 9.2% dos TCOs (Pereirinha & Pereira, 2021). Mas incluem-se também, na cate-

[6] As bases de dados transversais do ICOR 2018 foram cedidas pelo INE ao abrigo do Protocolo de Cedência de Dados para Fins Científicos, em Julho de 2019.

goria de trabalhadores de baixos salários, os que trabalham menos de 30 horas semanais por não conseguirem ter um emprego a tempo inteiro (que designamos por *subemprego involuntário*), que estimamos em 1.4% dos TCO (Pereirinha & Pereira, 2021). Estimamos assim em 10.6% (9.2% + 1.4%) a percentagem de TCO que consideramos como trabalhadores de baixos salários, na acepção apresentada nesta secção. O **Quadro 3** descreve as suas características em termos dos seus atributos demográficos (idade e sexo): a sua incidência é superior nos trabalhadores do sexo feminino (especialmente o subemprego involuntário) e afecta mais seriamente os trabalhadores mais jovens.

Quadro 3 – Trabalhadores de baixos salários por atributos individuais dos trabalhadores (sexo, idade)

	Total TCO (Trabalhadores por Conta de Outrém)		Subemprego involuntário			TCO a tempo inteiro de baixos salários			Total TCO baixos salários		
	nr	a) %	nr	a) %	b) %	nr	a) %	b) %	nr	a) %	b) %
Total	22164	100.0	311	100.0	1.4	2048	100.0	9.2	2359	100.0	10.6
Sexo											
Homens	10329	46.6	79	25.4	0.8	925	45.2	9.0	1001	42.4	9.7
Mulheres	11835	53.4	235	75.6	2.0	1123	54.8	9.5	1358	57.6	11.5
Idade											
< 25	1081	4.9	49	15.8	4.5	375	18.3	34.7	424	18.0	39.2
25 - 40	4142	18.7	84	27.0	2.0	624	30.5	15.1	708	30.0	17.1
40 - 65	11153	50.3	175	56.3	1.6	1033	50.4	9.3	1208	51.2	10.8
> 65	5788	26.1	3	1.0	0.1	16	0.8	0.3	19	0.8	0.3

Fonte: EU-ICOR 2018

a) Composição dos trabalhadores de baixos salários segundo o valor dos atributos.

b) Percentagem de trabalhadores de baixos salários para cada valor do atrinuto.

Mas importa analisar a contribuição dos baixos salários para a pobreza dos agregados familiares. É o que se faz no **Quadro 4**, que descreve a composição interna dos agregados familiares: o número de trabalhadores (em relação com a dimensão dos agregados), bem como o perfil e incidência da pobreza no trabalho, isto é, do número de trabalhadores de baixos salários. Os agregados familiares são classificados nas categorias a que se chegou no Quadro 2, acima: agregados em *pobreza relativa*, agregados em *défice social* e agregados na *zona cinzenta*. Deste quadro emergem três conclusões. Em primeiro lugar, a pobreza relativa e a situação de défice social estão relacionadas com a intensidade laboral: em média, para o conjunto dos agregados familiares, o número de trabalhadores remunerados por pessoa é de 0.75, enquanto para os agregados em défice social é de 0.71 e para os agregados em pobreza relativa é de 0.61. Em segundo lugar, as situações de défice social e de pobreza relativa estão também relacionadas com o subemprego involuntário: enquanto nos agregados com rendimento disponível acima do adequado esse fenómeno é praticamente inexistente, esta situação verifica-se para 1.9% dos trabalhadores dos agregados em défice social e para 2.5% dos trabalhadores nos agregados em pobreza relativa. Finalmente a pobreza no trabalho (*in-work poverty*) é mais severa nos agregados em pobreza relativa: 13.6% dos trabalhadores nestes agregados familiares são trabalhadores a tempo inteiro com baixos salários, mas esta percentagem é ainda de 2.4% nos agregados com rendimento acima do adequado.

Quadro 4 – Composição interna dos agregados familiares em trabalhadores de baixos salários

%

	Agregados em pobreza relativa	Agregados na Zona Cinzenta	Agregados em Defice Social	Agregados sem defice social	**Total agregados**
Trabalhadores de baixos salários	16.1	12.9	13.8	2.9	10.0
Trabalhadores em subemprego involuntário	2.5	1.6	1.9	0.5	1.4
Trabalhadores a tempo inteiro com baixos salários	13.6	11.4	11.9	2.4	8.7
Total dos Trabalhadores por conta de outrém	100.0	100.0	100.0	100.0	100.0
Nr de trabalhadores/dimensão do agregado familiar	0.61	0.75	0.71	0.83	0.75

Fonte: INE EU-ICOR 2018

5. Do Rendimento Adequado familiar ao Salário Digno

Conhecida esta realidade, é importante então investigar até que ponto a política de salários mínimos vigente em Portugal contribui para a elevação do nível de vida dos agregados familiares a que pertencem, permitindo aos trabalhadores que os recebem, e às suas famílias, aproximarem-se de um padrão de vida considerado digno: este é o aspecto crucial que justifica a eventual necessidade de passagem de uma política de Salário Mínimo Nacional para uma política de Salário Digno, como foi dito atrás. O **Quadro 5** é uma contribuição para esse objectivo, em que se avalia a adequação do SMN, considerando como rendimento de referência o rendimento adequado (descrito no Quadro 1).

De novo, vão considerar-se cinco tipos de agregados familiares. Estes cinco tipos de famílias distinguem-se na dimensão do agregado familiar, no número de adultos-equivalentes (de acordo com a escala de equivalência considerada) e, também, no pressuposto que podemos fazer em relação ao número de assalariados. Assumimos, neste Quadro, que toda a população adulta é um assalariado e que todos ganham o salário mínimo nacional (SMN). Estes pressupostos permitem comparar a situação destes cinco tipos de agregados familiares no rendimento que auferem pela obtenção de SMN e, em seguida, avaliar a sua adequação.

É feita uma distinção, neste Quadro, entre dois conceitos de salário mínimo nacional, o SMN *bruto* (o que a empresa paga aos trabalhadores) e o SMN *líquido* (o salário bruto menos contribuições para a segurança social mais as prestações sociais monetárias e não monetárias, nomeadamente os subsídios familiares). Ao comparar o SMN bruto e o SMN líquido, é evidente o papel destes fluxos distributivos no aumento do rendimento das famílias com crianças.

Duas grandes conclusões resultam deste Quadro. Por um lado, para as famílias sem filhos, o grau de adequação (medido pelo rácio entre o SMN líquido e o valor do rendimento adequado) é superior ao das famílias com filhos: é de 74% para pessoas solteiras e superior, perto de 90%, no caso do casal sem filhos. Por outro lado, a adequação do SMN é inferior a 50% para famílias monoparentais e abaixo de 70% para casais com filhos, diminuindo com o número de filhos. Isto reflete um nível muito baixo de compensação pelos custos económicos das crianças no Estado Social, resultado observado noutros sistemas sociais europeus (Penne *et al.*, 2019).

Quadro 5 – Adequação do Salário Mínimo Nacional (SMN) em Portugal (2017)

	Pessoas a viverem só, idade activa (18 - 64), sem filhos	Pessoas a viverem só, idade activa (18 - 64), 1 filho (12 anos)	Casal, em idade activa (18 - 64), sem filhos	Casal, em idade activa (18 - 64), 1 filho (12 anos)	Casal, em idade activa (18 - 64), 2 filho (2 & (12 anos)
nº de pessoas	1	2	2	3	4
nº de adultos equivalentes (escala OCDE modificada)	1	1.50	1.30	1.80	2.10
nº adultos equivalentes (escala consensual)	1	1.79	1.67	2.33	2.92
nº de TCO remunerados	1	1	2	2	2
Salário Minimo Nacional (SMN) mensal (€)	557	557	1114	1114	1114
Salário Mínimo Nacional (SMN) anual (€)	7798	7798	15596	15596	15596
SMN mensal **bruto** (€)	**650**	**650**	**1300**	**1300**	**1300**
SMN mensal **líquido** (€)	**578**	**653**	**1157**	**1206**	**1372**
fluxo distributivo (SMN liq - SMN bruto) (€/mês)	-71.8	3.2	-142.7	-93.7	72.3
fluxo distributivo/SMN bruto (%)	-11.1	0.5	-11.0	-7.2	5.6
SMN liq/SMN bruto (%)	88.9	100.5	89.0	92.8	105.6
Rendimento adequado familiar (€/mês)	**781**	**1374**	**1304**	**1797**	**2272**
grau de adequação (SMN/Rend Adeq) (%)	74.0	47.5	88.7	67.1	60.4

Fonte: Pereirinha, J. *et al.* (2020: 263-266)

6. Valores alternativos do Salário Digno: um exercício de simulação

Como dissemos atrás, a implementação do Salário Digno envolve três grandes dimensões de política: a *adequação* dos rendimentos salariais (deverá originar um nível de vida digno para os trabalhadores e seus familiares), a *aceitabilidade social* da distribuição dos rendimentos resultante dessa implementação, e a *viabilidade* dessa implementação (considerando o aumento dos custos da empresa e a alteração dos custos fiscais, que envolve alterações nas contribuições para a segurança social, prestações sociais e impostos). É nosso propósito, nesta secção, apresentar o esboço de um exercício simples de simulação que permita apoiar uma discussão política com os parceiros sociais envolvidos: sindicatos, empresas e governo. As análises efetuadas em secções anteriores ajudam a fundamentar quer a seleção dos domínios e variáveis para esta simulação, quer também para apoiar pressupostos para a modelização das principais variáveis económicas envolvidas, e a conhecer, de forma aproximada, a magnitude dos *trade-offs* que emergem desta discussão política. Será, então, mais um passo no sentido de implementar o esquema apresentado na Figura 1.

Apresenta-se um sumário organizado destes resultados no **Quadro 6**.

Quadro 6 – Do Rendimento Adequado Familiar ao Salário Digno: exercício de simulação preliminar

euros/mês

	Pessoa vive só, em idade activa (18 - 64), sem filhos	Casal, em idade activa (18 - 64), sem filhos	Pessoa vive só, em idade activa (18 - 64), 1 filho (12 anos)	Casal, em idade activa (18 - 64), 1 filho (12 anos)	Casal, em idade activa (18 - 64), 2 filhos (2 anos & 12 anos)
Rendimento Adequado Familiar	781	1304	1374	1797	2272
SMN	781	1562	781	1562	1562
Transferências redistributivas	0	-258	593	235	710
Taxa de Transferência (+) / de imposto (-)	0.00	-0.17	0.76	0.15	0.45

Fonte: Quadro 3

Como primeiro passo, da análise feita anteriormente podemos assumir, como objetivo, que o valor líquido do salário mínimo legal deva ser o montante do rendimento adequado disponível, que foi estimado em 781 euros em 2017 (ver Quadro 1). Este seria o valor do rendimento disponível de um agregado familiar constituído por uma única pessoa sem filhos. É justificável que, no caso de um casal de trabalhadores sem filhos, o valor líquido seja de 1304 euros, o rendimento adequado estimado para este tipo de agregado familiar (Quadro 1), considerando a escala de equivalência consensual para este tipo de família, o que significa menos 258 euros que o dobro do salário mínimo legal proposto acima (1304 = 2 x 781 – 258). Isto corresponderia aproximadamente aos deveres fiscais desta família como imposto sobre o rendimento (IRS), à taxa de 17% (258 = 0,17 x 2 x 781). Assim, para as famílias sem filhos, podemos justificar montantes de salário mínimo líquido com base em princípios normativos sólidos, bastante consensuais e apoiados num método científico. Mas este montante é um ponto de partida para a negociação. Com efeito, devemos considerar que este montante do valor líquido do salário mínimo legal implicaria que o seu valor bruto, assumindo a mesma taxa que no Quadro 1, seja de 879 euros (781/0,889 = 879). Tendo em conta que o salário mínimo bruto mensal em Portugal era de 649 euros (= 557 x 14/12), isso corresponderia a um aumento de 35% do salário mínimo legal (bruto), o que implicaria um grande aumento dos custos das empresas. De acordo com os dados do ICOR 2018, isso corresponderia à situação de cerca de 45% dos trabalhadores a tempo inteiro com baixos salários em 2017 que, segundo estes números, seriam nivelados para a dignidade humana nas suas condições de vida. Este valor (35%) é a nossa estimativa do défice salarial para esta categoria de trabalhadores destas famílias. Nesta fase, obteríamos efeitos positivos sobre os assalariados e sobre as contas públicas (com um aumento das contribuições para a segurança social e dos impostos sobre o rendimento).

O segundo passo deste exercício de simulação diz respeito a famílias com filhos, pais solteiros ou casais com filhos. Ficou evidente, nas análises apresentadas anteriormente, que quando comparamos famílias com filhos com famílias sem filhos vem uma distinção clara quanto à adequação do salário mínimo de 2017 para estes dois grupos de famílias (Quadro 5): para as famílias com filhos, a adequação do salário mínimo é muito menor (67,1% para um casal com 1 filho, 60,4% para um casal com 2 filhos e apenas 47,5% para pais solteiros com 1 filho) em comparação com agregados sem filhos (74% para um agregado familiar individual e 88,7% para um casal sem filhos). Assim, podem calcular-se os custos fiscais adicionais que permitam que, com o salário mínimo, os agregados familiares possam ocorrer às suas necessidades. Para um casal com um filho, assumimos que no casal ambos ganham o salário mínimo e, então, o seu salário mínimo (2 x 781 euros = 1562 euros) é inferior ao rendimento adequado para estas famílias (1797 euros). Isto exigiria então um *mix* de instrumentos fiscais: deduções fiscais e prestações sociais que aumentariam o rendimento salarial em 15%. Para um casal com dois filhos, o valor do rendimento adequado (2272 euros) é muito superior (45% superior) ao seu rendimento salarial bruto (2 x 781 = 1562 euros), o que exigiria uma combinação semelhante de políticas fiscais e de segurança social para atingir este objetivo. O maior esforço fiscal é exigido às famílias monoparentais com um filho, para quem a diferença entre o rendimento adequado (1374 euros) e o rendimento salarial (781 euros) é maior (75%) e, então, a combinação de políticas fiscais traduz-se num custo fiscal maior.

O terceiro passo do nosso exercício de simulação está relacionado com o impacto de tais alterações na distribuição dos rendimentos salariais. Este exercício, que é apresentado no **Quadro 7**, consiste em partir da distribuição dos rendimentos salariais em 2017, considerando, de forma muito agregada, o número de trabalhadores a tempo inteiro por escalões do número de salários mínimos nacionais que ganham nesse ano (coluna [2]). Esta distribuição dos rendimentos salariais está representada na coluna [3].

Quadro 7 – Alterações na distribuição do rendimento salarial

escalões de rendimento	distribuição dos trabalhadores (%)	base 2017 (euros/mês)	Situação 1 a) (euros/mês)	Situação 2 b) (euros/mês)	Situação 3 c) (euros/mês)
[1]	[2]	[3]	[4]	[5]	[6]
< 1 SMN	17.9	649	879	879	879
1 SMN - 2 SMN	53.0	974	974	1202	1319
2 SMN - 3 SMN	14.4	1623	1623	1907	2198
> 3 SMN	14.7	1947	1947	2288	2617
salário médio		1152.3	1193.5	1405.3	1557.6
variação do salário medio relativamente à base (%)			3.6	22.0	35.2

a) Apenas aumentam (em 35%) os salários dos trabalhadores que ganham o salário mínimo

b) O SMN aumenta 35%, e todos os outros aumentam 17.5%

c) Todos os salários aumentam o mesmo que o salário mínimo (35%)

Esta simulação consiste em manter a distribuição tal como está definida, mas considerar três alternativas, apenas alterando a taxa de variação do SMN. A alternativa 1 é a mais progressiva (é uma alternativa Rawlsiana), apenas mudando o 1.º SMN (aumento de 35%), a alternativa 2 é moderadamente progressiva, assumindo que os salários acima do 1.º SMN sobem a uma taxa que é de 1/2 dessa taxa (ou seja, 17,5%) e, finalmente, a alternativa 3 assume que todos os trabalhadores aumentam os seus salários à mesma taxa (35%), isto é, uma alternativa "proporcional". Note-se que a alternativa 3 mantém inalterada a desigualdade salarial relativa (todos os salários sobem à mesma taxa), mas originando uma grande mudança nos custos da empresa (35,2%), enquanto a alternativa 1 reduz muito a desigualdade salarial, e origina uma modesta variação dos custos da empresa, mas aumentando o índice Kaitz português (rácio do SMN em relação à média), que já é uma das mais altas da UE.

7. Notas conclusivas

Este texto é uma nota de reflexão, de natureza bastante exploratória, sobre a pertinência da introdução do tema do Salário Digno na discussão das políticas públicas, e dos principais *trade-offs* que a implementação desta política pública originam na sua conceção e implementação.

A pobreza no trabalho (*in-work poverty*) é uma grande preocupação política em Portugal, nomeadamente em relação aos baixos salários dos trabalhadores a tempo inteiro. Mas o salário médio também é baixo. O salário mínimo nacional tem sido uma política bem-sucedida no aumento dos baixos salários, mas bastante condicionada pela baixa competitividade das empresas, o que implica que o salário mínimo nacional se mantenha bastante abaixo do nível de rendimento exigido para um nível de vida digno, quer para os trabalhadores de baixos salários, quer para as suas famílias. A baixa adequação do salário mínimo nacional é mais grave para o caso das famílias com filhos, o que é um factor de empobrecimento infantil e também um desincentivo à natalidade, dado os custos económicos das crianças, subvalorizados pela escala de equivalência comummente usada (escala da OCDE modificada). A necessidade de uma política de Salário Digno é também um bom instrumento para promover a natalidade, um argumento bem apoiado nos dados apresentados neste texto. Além disso, o índice Kaitz (rácio entre o salário mínimo nacional e o salário médio, ou mediano) é elevado, o que constitui um constrangimento político para a melhoria do salário mínimo nacional se, a par deste aumento, não for encarado politicamente o aumento do salário médio e a redução da desigualdade salarial. Todos estes resultados apontam para a necessidade de discussão de uma política de Salário Digno que, centrada nos salários e nos assalariados, considere as condições do agregado familiar a que os trabalhadores pertencem, e inclui, para além do salário mínimo como custo para a empresa, a utilização de instrumentos de política fiscal (tributação dos rendimentos e transferências de segurança social).

O desenho de uma política pública sobre Salário Digno enfrenta, como este texto pretende argumentar, várias *trade-offs*: não é fácil conciliar todos os objetivos envolvidos na conceção de uma política de Salário Digno. Isto significa, como este texto pretende ilustrar, que a presença destas conflitualidades de objectivos requer consulta e negociação entre os parceiros sociais (empregadores, trabalhadores) e governo. Este texto apenas conclui sobre tal necessidade, com alguma quantificação da ordem de grandeza dessas conflitualidades e sobre o grau de dificuldade para os defrontar.

Referências

Carr, S.C., Parker, J., Arrowsmith, J., Watters, P.A. (2016). The living wage: theoretical integration and an applied research agenda. *International Labour Review*, vol. 155, No. 1

Collins, M.L. (2014a). A living wage for Ireland: some considerations and initial estimates. NERI WP 2014/No. 12

Collins, M.L. (2014b). The impacts and challenges of a living wage for Ireland. NERI WP 2014/No. 13

COM (2020) 682 final. Proposal of a Directive of the European Parliament and of the Council on adequate minimum wages in the European Union. Brussels, 20.10.2020

Davis, A.; Hirsch, D.; Padley, M.; Marshall, L. (2015). *How much is enough? Reaching social consensus on minimum household needs*. Report. https://hdl.handle.net/2134/20687

Eurofound (2018). Concept and practice of a living wage. Publications Office of European Union. Luxembourg

Hirsch, D. (2018). The 'living wage' and low income: can adequate pay contribute to adequate family living standards? *Critical Social Policy*, 38(2): 367-386.

Hirsch, D. (2019). A Minimum Income Standard for the United Kingdom in 2019. Joseph Rowntree Foundation.

Hirsch, D., Concialdi, P., Math, A., Padley, M., Pereira, E., Pereirinha, J., Thorton, R. (2020). The Minimum Income Standard and equivalisation: reassessing relative costs of singles and couples and of adults with children. *Journal of Social Policy*. DOI: https://doi.org/10.1017/S0047279419001004

Penne, T., Hufkens, T., Goedemé, T. (2019). To what extent do welfare state compensate for the cost of children? The joint impact of taxes, benefits and public goods and services. *Journal of European Social Policy*, 1-16. DOI:10-1177/0958928719868458.

Pereirinha, J. *et al.* (2020). *Rendimento Adequado em Portugal*. Coimbra: Almedina. ISBN 9789724083711.

Pereirinha, J., Pereira, E. (2019). Défice Social e Pobreza Relativa: uma análise da adequação do bem-estar e da segurança económica em Portugal GHES/CSG DT/WP no 65.

Pereirinha, J., Pereira, E. (2021). Living Wages in Portugal: in search of dignity in a highly polarized labour market. GHES/CSG DT/WP no 74.

Pereirinha, J., Pereira, E. (coord) (2021). *Regime de Mínimos Sociais em Portugal*. Coimbra: Almedina. ISBN 9789724098647.

Ryan, J. (1912). Living Wage: its ethical and economic aspects. London: MacMillan.

Stabile, D.R. (2008). The living wage: lessons from the History of Economic Thought. Edward Elgar. ISBN-13: 978-1848441972

Doutrina Social da Igreja e Responsabilidade Corporativa. Os Desafios Empresariais do Bem Comum

José Dias Lopes e Adelino Prata

As ciências sociais, todas as ciências sociais, e a teologia, todas as construções teológicas, partilham, em comum, um mesmo objeto reflexão e análise – as sociedades e o comportamento do homem nessas sociedades. É assim natural que os cientistas sociais, que professem uma dada religião, sejam influenciados na forma como olham a sociedade, a partir da sua profissão, pelas suas convicções religiosas.

Isto não constitui em si mesmo algo insólito. Estranho seria que sendo o homem uma realidade complexa e multifacetada, o seu olhar sobre a realidade fosse resultado de uma única matiz.

A professora Manuela Silva assumia-se como economista – com uma vida académica centrada no ISEG – e como católica – foi presidente da Comissão Nacional Justiça e Paz e nela coordenou o Grupo Economia e Sociedade, entre muitas outras atividades.

Esta forma particular de olhar o mundo, enquanto economista e enquanto católica, levou a prof.ª Manuela Silva a criticar a economia, enquanto ciência social, pelo seu excessivo pendor financeiro e pela incapacidade de se centrar nas pessoas e no seu bem-estar.

«O que está em causa é que a Ciência Económica dominante se deixou capturar pelos interesses do capital financeiro e vem harmonizando as suas lógicas de construção científica com esses interesses, concentrando aí o seu olhar e o aperfeiçoamento das suas ferramentas analíticas e, do mesmo passo, desviando-se de outras hermenêuticas que privilegiem, por exemplo, a satisfação das necessidades das pessoas e do emprego dos respectivos recursos individuais e colectivos, a prossecução de finalidades de bem-estar individual e social, a equidade no acesso e na repartição dos bens, os processos de um desenvolvimento sustentável.» (Silva, 2013)

Críticas semelhantes encontramos, mais recentemente, na encíclica *Fratelli Tutti* do Papa Francisco:

«Deixai-me repetir aqui que «a crise financeira dos anos 2007 e 2008 era a ocasião para o desenvolvimento duma nova economia mais atenta aos princípios éticos e para uma nova regulamentação da atividade financeira especulativa e da riqueza virtual. Mas não houve uma reação que fizesse repensar os critérios obsoletos que continuam a governar o mundo. Antes pelo contrário, parece que as reais estratégias, posteriormente desenvolvidas no mundo, se têm orientado para maior individualismo, menor integração, maior liberdade para os que são verdadeiramente poderosos e sempre encontram maneira de escapar ilesos [...] E só uma política sã poderia conduzir o processo, envolvendo os mais diversos setores e os conhecimentos mais variados. Desta forma, uma economia integrada num projeto político, social, cultural e popular que vise o bem comum [...]» (Francisco, 2020)

O que na professora Manuela Silva é uma crítica à economia, enquanto ciência social, é para o Papa Francisco uma crítica ao modelo de organização da sociedade. E há também uma coincidência na alternativa proposta «a satisfação das necessidades das pessoas e do emprego dos respectivos recursos individuais e colectivos, a prossecução de finalidades de bem-estar individual e social, a equidade no acesso e na repartição dos bens» e «uma economia integrada num projeto político, social, cultural e popular que vise o bem comum».

A ideia de um modelo de desenvolvimento económico centrado nas pessoas e nas suas necessidades e justo na repartição da riqueza, materializa-se em termos doutrinais na busca pelo bem comum.

É sobre esta busca pelo bem comum, que está na base da doutrina social da igreja, e sobre a sua influência na prática dos agentes económicos e na economia que este capítulo reflete.

Introdução

A pessoa humana tem necessidade da vida social; esta não constitui para o homem algo de acessório, mas uma exigência da sua natureza. Graças ao contacto com os outros, no serviço mútuo e no diálogo, o homem desenvolve as suas capacidades, e assim responde à sua vocação (II, Gaudium et Spes, 1998).

Neste sentido, para obtermos uma sociedade justa temos de refletir juntos sobre o significado da vida boa, e criar uma cultura pública recetiva às discordâncias que irão inevitavelmente surgir (Sandel, 2011). E, sendo a sociedade o conjunto de pessoas ligadas, de modo orgânico, por um princípio de unidade, que ultrapassa cada uma delas, existir na sociedade é 'ser-para', 'ser-com'. Desta feita, a existência tem o sentido, o valor e a finalidade da alteridade. A alteridade é a sua possibilidade e a liberdade a assume como dever.

Refletir sobre o bem comum implica necessariamente a referência a questões de carácter social eticamente relevantes, delicadas, urgentes. Por esta razão, a convivência bem organizada deve fixar alguns objetivos que moderem e regulem as atividades humanas a fim de que todas as pessoas possam alcançar a sua perfeição e bem-estar. Assim sendo, o bem comum não pode ser entendido a partir da ideologia liberal, que é individualista, nem desde a ideologia socialista, que prescinde da pessoa individual e só atende ao conceito abstrato de grupo ou sociedade» (Samero, 2001).

1. Das raízes ao conceito de bem comum

A noção de bem comum encontra as suas origens no pensamento grego e é transmitida por um sistema social e cultural posterior. Em Aristóteles não se encontrando expressamente a noção como tal, encontram-se ideias equivalentes que podem levar a considerar a existência de raízes da noção de bem comum neste autor clássico.

Segundo Aristóteles «Toda a perícia e todo o processo de investigação, do mesmo modo todo o procedimento prático e toda a decisão parecem lançar-se para um certo bem. É por isso que tem sido dito acertadamente que o bem[1] é aquilo por que tudo anseia» (Aristóteles, 2012).

Sendo diversos os procedimentos práticos, as perícias e as ciências, assim também são diversos os respetivos fins. Essa diversidade permite que haja um bem que seja comum a todos? Ou seja, existe conflito entre o bem comum e os direitos individuais?

Embora Aristóteles não utilize propriamente a expressão bem comum, podem ser encontradas nos seus escritos pistas de resposta à questão levantada. Segundo ele, «se entre os fins das ações a serem levadas a cabo há um pelo qual ansiamos por causa de si próprio, e os outros fins são fins, mas apenas em vista desse; se, por outro lado, nem tudo é escolhido em vista de qualquer outra coisa (porque, desse modo, prosseguir-se-ia até ao infinito, de tal sorte que tal intenção seria vazia e vã), é evidente, então, que esse fim será o bem e, na verdade, o bem supremo» (Aristóteles, 2012).

Mesmo que haja um único bem para cada indivíduo em particular e para todos em geral num Estado, parece que obter e conservar o bem pertencente a um Estado é obter e conservar um bem maior e mais completo. O bem que cada um obtém e conserva para si é suficiente para se dar a si próprio por satisfeito; mas o bem que um povo e os Estados obtêm e conservam é mais belo e mais próximo do que é divino (Aristóteles, 2012).

Na verdade, ao viverem em sociedade, os homens têm em comum um conjunto de bens a perseguir e de valores a defender, a procura do bem comum permite à *societas* mobilizar as energias de todos os seus membros. No dizer de M. Sandel, «Se uma sociedade justa exige um forte sentido de comunidade, tem de arranjar maneira de incutir nos cidadãos uma preocupação com o todo, uma dedicação ao bem comum» (Sandel, 2011).

Aristóteles considera o 'bem comum', o bem completo «não aquela existência vivida num isolamento de si, nem uma vida de

---

[1] Embora aqui o bem, ἀγαθόν, não tenha à partida sem mais o sentido de «moralmente bom». Mas sim, significa «apto, apropriado».

solidão, mas a vida vivida conjuntamente com os pais, filhos e mulher e, em geral, amigos e concidadãos, uma vez que o Humano está destinado, pela sua natureza, a existir em comunhão com outros» (Aristóteles, 2012).

A pessoa é um ser social por natureza, não por opção ou em virtude de uma pura convenção contratual. Para se realizar na qualidade de pessoa, ela necessita do tecido das relações que estabelece com outras pessoas e o fim desse "viver em comum" é o bem comum.

S. Tomás de Aquino, com alguma inspiração em Aristóteles, procurou elaborar organicamente o conceito de bem comum. Para tal, ele começa por evidenciar o princípio e o fim do homem que é Deus; a partir daí, atribui grande importância à dimensão social do homem, com base mesmo nesta partilha do comum princípio e fim dos homens. Porém, mais do que assumir totalmente a "doutrina" de Aristóteles, S. Tomás tratou de a «corrigir e transfigurar» (Maritain, 1947).

Tendo "aceitado" o pensamento aristotélico sobre a natureza *animal social* do homem, ou seja, que o «Homem está destinado, pela sua natureza, a existir em comunhão com outros» (Aristóteles, 2012), S. Tomás de Aquino vai um pouco além do pensamento de Aristóteles considerando que, sendo o homem por natureza *animal social*, enquanto precisa, para a sua vida, de muitas coisas que por si só não pode encontrar nem consegue porque, por natureza, ele é *pars alicuius multitudinis*[2], da qual recebe ajuda para "viver bem" (*ad bene vivendum*).

Esta "multidão" é, antes de mais, a *domestica multitudo*[3], isto é, a *domus*, a família da qual o homem é parte e de quem recebe as coisas necessárias para viver (*vitae necessaria*), por exemplo o nascimento, o nutrimento e a educação (Berti, 2003). E ainda mais é vivendo essa comunhão que o homem chega à sua mais alta dignidade. Pois, só assim poderá viver fielmente a lei que está gravada no mais profundo do seu ser (Maritain, 1947).

---

[2] Parte de uma multidão.

[3] Multidão familiar.

S. Tomás de Aquino corrige também a antropologia de Aristóteles, sobre o ponto da criação de todos os seres por Deus que dotou a todos de uma igual dignidade. Não reserva a qualidade de "animal político" somente para uma categoria de homens. Mas sim que é algo inscrito na própria natureza da pessoa. O seu ensinamento sobre «as cinco tendências fundamentais do homem» (Aquino, 2005) é um exemplo disso. O direito de participar na vida pública é, portanto, fundamentado sobre a base intangível da natureza humana (Aquino, 2005).

No entanto, a nossa ideia de sociedade nasce e está ligada, quanto ao modo de conceber, à nossa experiência; nós não temos outra maneira de exprimir o facto de que as pessoas vivam em sociedade senão dizer que elas fazem parte da sociedade ou que elas compõem a sociedade.

É hoje um dado inegável de que o homem é um ser social e é somente com os seus semelhantes e na ajuda mútua que pode chegar à plenitude da vida humana. Nesta perspetiva, ninguém pode jamais colocar o bem do indivíduo em oposição ao da sociedade, o bem do homem individual não pode estar atacado pelo da comunidade. É próprio da natureza do homem preocupar-se com os outros, tratá-los com benevolência e de lhes tributar com os seus serviços e vice-versa (Elders, 2011). Porque, na verdade, «... uma vez que cada homem é parte da multidão, qualquer homem no que é e no que tem, é da multidão, como qualquer parte no que é, é do todo»[4].

Desta feita, como afirma S. Tomás de Aquino, as acções são certamente da ordem do particular, mas aqueles particulares podem referir-se ao bem comum, não certamente pela comunidade do género ou da espécie, mas pela comunidade da causa final, enquanto o bem comum se diz fim comum[5].

Na realidade, um homem não pode agir em favor do bem comum ou contra ele, sem promover o seu próprio bem ou lhe prejudicar. Aquele que vivendo numa comunidade, toma cuidado dos

[4] Cf. *Sum. Teol.*, I-II, q. 96, a. 4.

[5] Cf. *Sum. Teol.*, I-II, q. 90, a. 2.

seus próprios interesses observando a justiça contribui para o bem comum (Elders, 2011). Pois, o bem do homem singular não é o fim último, mas está ordenado ao bem comum.

O bem comum não existe por si, separado do bem dos cidadãos. Ele é a ordem enraizada no bem-estar dos membros da comunidade e compreende um grande número de componentes. Como o bem-estar dos homens que fazem parte de uma sociedade, ele é o fim das suas atividades na sua totalidade. Uma sociedade dificilmente subsistirá se os seus membros não aspirarem a alcançar o bem comum, partilhável por todos.

O bem comum é, no entanto, um bem predicável conjuntamente dos membros de uma comunidade. Trata-se, consequentemente, de um bem inclusivo que pretende unificar a todos os membros da comunidade, tentando evitar os individualismos ou coletivismos excludentes.

Para que seja propriamente um bem comum tem de se repercutir em dois níveis: *intersubjetivo* e *intrasubjetivo*; quer dizer, tem de implicar a cada membro como pessoa *per se* e como pessoa em relação com as demais.

Portanto, o bem comum radica na compreensão do homem como ser individual e social ou relacional. Por isso, o desejo de viver com os outros é o fundamento do bem comum. O viver-com-os-outros completa-se no viver para-os-outros (Costa, 2008).

2. O bem comum como *télos* da comunidade humana

A integração da pessoa nas relações sociais é articulada com a liberdade, empenhada a levar a cabo a passagem do individualismo à intersubjetividade, a resistir à tentação do individualismo e do egocentrismo, a promover a comunhão e construir a comunidade.

O amor social, no seu sentido mais estrito consiste na adesão bondosa e respeitosa da vida em comunidade, na afirmação dos valores presentes nos laços individuais e relacionais e na participação no bem comum, partilhável por pessoas e grupos.

No entanto, vivemos num contexto em que apesar dos avanços respeitantes aos meios de comunicação, que deviam romper barreiras e tornar as pessoas mais próximas umas das outras, «a sociedade fragmentou-se, deixou de ter sentido de coesão e vive muito mais da soma de indivíduos apresentada em números do que da sua agregação expressa em ideias, valores, comunidade de bens ou interesses» (Bauman, 2007). Concomitantemente, a tessitura comunitária foi-se esboroando e o acento tónico da sociedade passou a residir nos indivíduos que a constituem, agindo de acordo com as respetivas preferências subjetivas» (Garcia, 2013).

Desta feita, como podemos raciocinar claramente no disputado terreno da justiça e da injustiça, da igualdade e da desigualdade, dos direitos individuais e do bem comum? (Sandel, 2011).

Nesta perspetiva, faz-se urgente a admissão do dever que constitui a moral da *koinonia*, do qual as virtudes sociais são a 'vis' axiológica e deontológica. Não meras rotinas, garantias de princípios e preceitos, mas atualidades operativas do único e polivalente empenho do 'ser para' e 'com' os outros. Elas estruturam a atitude moral da pessoa em relação intersubjetiva e social (Goffi & Piana, 1984).

De acordo com M. Sandel, «perguntar se uma sociedade é justa é perguntar de que forma distribui as coisas que prezamos – rendimento e riqueza, deveres e direitos, poderes e oportunidades, cargos e honras. Uma sociedade justa distribui essas coisas da maneira certa; dá a cada pessoa aquilo que ela merece. As questões difíceis começam quando perguntamos o que é que as pessoas merecem e porquê» (Sandel, 2011).

Uma moral da *koinonia* a partir das virtudes sociais configura-se como uma ética não somente responsável, atenta e crítica do social, mas consciente do seu rol socialmente educativo e autoeducativo. Uma ética a partir das virtudes é menos uma moral dos atos e mais uma moral das atitudes, isto é, da pessoa. Pessoa que se autocompreende em interpessoal e coerentemente aí se exprime. As virtudes sociais são os hábitos (disposições livres e permanentes) desta coerência em ato. Essas são a pessoa mesma em relação interpessoal.

As virtudes sociais exprimem e confirmam assim uma moral dinâmica e intensiva, verdadeiramente à medida de um agente não predeterminado, mas em caminho, chamado ao crescimento e à realização de si através da abertura e do encontro.

O nosso ser pessoal nasce e amadurece em força de um "com-viver", de um sentido humano reconhecido na "co-existência" como "com-vivência", no facto de acolher a vida dos outros como geradora e interlocutora de sentido para a minha vida.

Desta forma, como sugere S. Bastianel, a relação interpessoal representa o lugar originário da própria experiência moral de livre responsabilidade. Esta situa-se na novidade de um reconhecimento do "tu": «se reconheço o outro como sujeito, na palavra ou na decisão, afirmo, ao mesmo tempo, o meu ser sujeito e o meu direito a ser reconhecido como tal. Se o nego, nego-me, ao mesmo tempo, a mim mesmo como sujeito pessoal» (Bastianel, 2010).

O facto de a relação ser intrínseca à própria noção de pessoa impõe exigências às próprias estruturas sociais; elas devem estabelecer modos de relação que permitam ao homem desenvolver as suas próprias capacidades. Estas exigências são da ordem do bem comum.

Entendido eticamente, o bem comum indica o sentido do nosso viver em conjunto, o fim último de cada forma de vida social, a meta rumo à qual caminhamos, na partilha da existência (Bastianel, 2011).

A realidade da relação interpessoal, eticamente interpretada, permanece central para apreendermos e interpretarmos as relações sociais complexas e estruturadas. Se a moralidade pessoal se expressar no acolhimento do outro, a comunhão e a modalidade da sua realização gratuita é que medirão a bondade do fim, o bem como tal. Significa isto indicar na própria comunhão o *fim último* da sociedade, a sua *utopia* de modo que os fins intermédios sejam criticamente avaliáveis na sua ordenação para tal fim (Almeida, 2003).

É, por isso, necessário que a atenção de um viver social não se limite a fazer viver as diversas pessoas na cidade comum, mas as ajude para perseguir o sentido de um viver realmente virtuoso, isto é, orientado e ordenado ao bem da comunhão (Almeida, 2014).

O bem comum, compreendido como «o conjunto de condições da vida social que permitem quer aos grupos, quer a cada um dos membros, atingir a sua própria perfeição de um modo mais total e fácil [...], e que dizem respeito a toda a família humana»[6], deve significar o bem-estar pessoal e social de todos e cada um dos indivíduos, famílias, grupos e instituições que formam a sociedade; não é, portanto, o bem de uns quantos nem se quer da maioria.

O bem comum exige uma capacidade de busca constante do bem de outrem como se fosse próprio. A acentuação do "privilégio do eu" é uma barreira para o alcance do bem comum.

É preciso debelar a forma de conceber o bem comum entendido «...como se fosse um grande bolo do qual queremos tirar para nós a maior fatia, contribuindo o menos possível» (Almeida, 2008).

O sentido real do bem comum, o sentido de fundo, é o de uma tendencial comunhão. É uma experiência real de fraternidade. Buscar o bem comum é, por isso, sobretudo hoje, valorizar a realidade da interdependência recíproca de pessoas e de povos.

Da dignidade, unidade e igualdade de todas as pessoas deriva, antes de tudo, o princípio do bem comum, com o qual se deve relacionar cada aspeto da vida social para encontrar pleno sentido. Uma sociedade que, em todos os níveis, quer intencionalmente estar ao serviço do ser humano é a que se propõe como meta prioritária o bem comum, enquanto bem de todos os homens e do homem todo.

3. A Responsabilidade Social das Organizações ao serviço do Bem Comum: um olhar na perspetiva da Doutrina Social da Igreja

Se muitas vezes se rotulou a Teologia como destituída de consequências práticas, a Doutrina Social da Igreja (DSI), particularmente após a promulgação da *Rerum Novarum*, não só enfrentou os ciclópicos problemas humanos dessa época, como apresentou credenciais

[6] CONCÍLIO ECUMÉNICO VATICANO II, *Constituição pastoral sobre a Igreja no mundo contemporâneo* (*Gaudium et Spes*), 26 §1, Gráfica de Coimbra, Coimbra, 1998.

epistemológicas, entrando em debate público e apoiando a sua ação com razões, de vária ordem, que considerou assistir-lhe (Gonçalves, 2014).

De acordo com (Costa, 2014) «a natureza social da economia, – no seu objeto, no conhecimento desse objeto e nas suas prescrições normativas – obriga os economistas católicos a confrontarem-se com a Doutrina Social da Igreja».

No decurso da sua história, em particular nos últimos cem anos, a Igreja jamais renunciou – de acordo com a expressão do Papa Leão XIII – a dizer a "palavra que lhe compete" sobre as questões da vida social (CDSI, p. 15§1).

A Constituição Pastoral do Concílio Vaticano II, *Gaudium et Spes* (GS), sobre a Igreja no Mundo Atual, diz na sua introdução que «As alegrias e as esperanças, as tristezas e as angústias dos homens de hoje, sobretudo dos pobres e de todos aqueles que sofrem, são também as alegrias e as esperanças, as tristezas e as angústias dos discípulos de Cristo; e não há realidade alguma verdadeiramente humana que não encontre eco no seu coração»[7].

O cristão e não só, todo o homem bem-intencionado, «sabe que pode encontrar na DSI os princípios de reflexão, os critérios de julgamento e as diretrizes de ação donde partir para prover o humanismo integral e solidário» (CDSI, 7).

Na verdade, a existência de uma consciência empresarial responsável é fundamental para que haja possibilidade de ajuste de todos no processo de desenvolvimento, objetivando a preservação do meio ambiente, do património cultural, a promoção dos direitos humanos e a construção de uma sociedade economicamente próspera e socialmente justa (Pereira, 2016).

As linhas fundamentais da argumentação da DSI sobre a Responsabilidade Social das Organizações (RSO), estão melhor sintetizados na Encíclica *Caritas in Veritate*, do Papa Bento XVI (2009), principalmente nos números de 40 a 45.

---

[7] Concílio Vaticano II, Constituição Pastoral De Ecclesia in mundo huius temporis, *Gaudium et Spes*, n.º 1: ASS 57.

A Igreja, através do seu discurso social, ensina que os responsáveis pelas empresas têm o dever de considerar o bem das pessoas e não apenas o aumento dos lucros (Catecismo da Igreja Católica, CIC, 2432).

Eis porque «a natureza social do homem torna claro que o progresso da pessoa humana e o desenvolvimento da própria sociedade estão em mútua dependência. Com efeito, a pessoa humana, uma vez que, por sua natureza, necessita absolutamente da vida social, é e deve ser o princípio, o sujeito e o fim de todas as instituições sociais» (GS 25).

Neste sentido, para a DSI, «o objetivo da empresa deve ser realizado em termos e com critérios económicos, mas não devem ser descurados os autênticos valores que permitem o desenvolvimento concreto da pessoa e da sociedade. Nesta visão personalista e comunitária, a empresa não deve ser considerada apenas uma "sociedade de capitais"; ela é também uma "sociedade de pessoas", da qual fazem parte, de modo diverso e com responsabilidades específicas, quer aqueles que fornecem o capital necessário para a sua atividade, quer aqueles que colaboram com o seu trabalho» (CDSI, 338).

Por isso mesmo, a DSI estabelece que a gestão da empresa não pode ter em conta unicamente os interesses dos proprietários da mesma, mas deve preocupar-se também com as outras diversas categorias de sujeitos que contribuem para a vida da empresa: os trabalhadores, os clientes, os fornecedores dos vários fatores de produção, a comunidade de referimento; apesar de os parâmetros éticos que guiam atualmente o debate sobre a RSO não serem todos aceitáveis (CV 40).

Esta situação constitui, de facto, um fator de conflitualidade existente, em alguns pontos, entre os ideais, as ideologias e a mundividência cristã de que se fez referência anteriormente.

O grande desafio hoje «é mostrar, a nível tanto de pensamento como dos comportamentos, que não só não podem ser transcurados ou atenuados os princípios tradicionais da ética social, como a transparência, a honestidade e a responsabilidade, mas também que, nas relações comerciais, o princípio da gratuidade e a lógica do dom como expressão da fraternidade podem e devem encontrar lugar dentro da atividade económica normal» (CV 36).

Daí dever-se mesmo insistir na ideia segundo a qual as organizações, além da função tipicamente económica, cumpram também uma função social. Quer dizer que se deve procurar fazer com que a empresa se caracterize pela capacidade de servir o bem comum da sociedade mediante a produção de bens e serviços úteis; procurando produzir bens e serviços numa lógica de eficiência e de satisfação dos interesses dos diversos sujeitos implicados, criando oportunidades de encontro, de colaboração, de valorização das capacidades das pessoas envolvidas (CA 43; CDSI 338).

Nesta linha, «os componentes da empresa devem ser conscientes de que a comunidade na qual atuam representa um bem para todos e não uma estrutura que permite satisfazer exclusivamente os interesses pessoais de alguns. Somente tal consciência permite chegar à construção de uma economia verdadeiramente ao serviço do homem e elaborar um projeto de real cooperação entre as partes sociais» (CDSI 339).

Portanto, quando a ética empresarial e a RSO são invocadas para fazer o que é contrário à DSI, elas desligam-nos de um reconhecimento correto de que fomos feitos "à imagem de Deus" (Gn 1, 27) e conduzem-nos a não apreciar a dignidade inviolável da pessoa humana e também o valor transcendente das normas morais naturais. Uma ética económica que prescinda destes dois pilares arrisca-se inevitavelmente a perder o seu cunho específico e a prestar-se a instrumentalizações (CV 45).

Em suma, a Igreja dispõe de recursos e sugestões teóricos propícios, herdados de uma longa tradição. Essa tradição traz, inevitavelmente, alguma luz ao debate epistemológico da nossa contemporaneidade. Mas se essa vantagem é frequentemente negligenciada pelas interpretações de incidência social, esses elementos não podem ser escamoteados, dentro da própria Igreja, a favor do entusiasmo com tropismos de cujos impasses esta mesma já vai reconhecendo (Gonçalves, 2014).

4. A Responsabilidade Social das Organizações, a Doutrina Social da Igreja e a Economia

Para Garriga e Melé (2004) as empresas contribuem para o bem comum de diversas formas, como a criação de riqueza, a prestação de bens e serviços de forma eficiente e justa, respeitando ao mesmo tempo a dignidade e os direitos inalienáveis e fundamentais das pessoas. Para Jarkovská e Jarkovská (2020) a empresa centrada nas pessoas é uma ideia nuclear do conceito de Responsabilidade Social das Organizações. Jung e Kim (2016), entre outros, adicionam, assim, a uma vertente interna, a dimensão da responsabilidade perante a sociedade no seu todo. Todavia, estes autores concluem, a partir de resultados do seu estudo, que as situações concretas em que as empresas operam dificultam a concretização de um seu eventual desejo em se envolverem socialmente. Estes resultados são contraditórios com os obtidos noutros estudos (e. g. Cornett, Erhemjamts, e Tehranian, 2016) o que revela a necessidade de aprofundar a reflexão sobre estas temáticas.

Em economia, a reflexão sobre a Responsabilidade Social das Organizações, e bem assim sobre o bem comum, é fortemente influenciada pelas posições de Milton Friedman. Essas posições desenvolvidas em Friedman (1962, p.133 e seg.) e depois repetidamente reafirmadas (ver, por exemplo, Friedman, 1972) assentam na ideia de que a única responsabilidade dos gestores perante a sociedade é a da criação de retorno para os acionistas. Ideias contrárias constituem, nas palavras de Friedman (1962, p.133), "[uma] doutrina subversiva".

Para lá de eventuais exageros de retórica, os argumentos de Friedman continuam a pairar sobre a discussão do tema – ou a Responsabilidade Social das Organizações é rentável financeiramente para as empresas e a ser assim é uma prática de maximização do lucro; ou as iniciativas de Responsabilidade Social das Organizações não têm retorno financeiro para as empresas e não devem, por isso, ser levadas a cabo (levá-las a cabo seria "subversivo").

Os argumentos Friedman contradizem a realidade: há muitas empresas que desenvolvem iniciativas de responsabilidade social, e era assim na década de 1960 e continua a ser assim agora. Sendo consistente o argumentário de Friedman, a inconsistência tem de derivar dos pressupostos – as empresas têm de responder a outras solicitações da sociedade para lá da criação de riqueza. E tem a ciência económica de resolver essa contradição intrínseca. É para isso que Manuela Silva nos insta quando afirma «a Ciência Económica dominante [deixou-se] capturar pelos interesses do capital financeiro e vem harmonizando as suas lógicas de construção científica com esses interesses, concentrando aí o seu olhar e o aperfeiçoamento das suas ferramentas analíticas e [...] desviando-se de outras hermenêuticas».

Manuela Silva vai mais longe do que o proposto por Costa (2014) («a natureza social da economia obriga os economistas católicos a confrontarem-se com a Doutrina Social da Igreja»). Assume, num claro alinhamento com a DSI, a opção por uma economia onde as empresas tenham um papel social de relevo e onde esta ideia não seja considerada como "subversiva". Mas assume mais do que isso, interpela-nos ao desenvolvimento de uma economia que «[privilegie] a satisfação das necessidades das pessoas e do emprego dos respectivos recursos individuais e colectivos, a prossecução de finalidades de bem-estar individual e social, a equidade no acesso e na repartição dos bens, os processos de um desenvolvimento sustentável».

Considerações Finais

A pessoa não pode encontrar plena realização somente em si mesma, prescindindo do seu ser "com" e "pelos" outros. Essa verdade impõe-lhe não uma simples convivência nos vários níveis da vida social e relacional, mas a busca incansável, de modo prático e não só ideal, do bem ou do sentido e da verdade que se podem encontrar nas formas de vida social existentes.

Nenhuma forma expressiva da sociabilidade pode evitar a interrogação sobre o próprio bem comum, que é constitutivo do seu significado e da autêntica razão de ser da sua própria subsistência.

Face aos problemas com que se debatem as sociedades, a defesa do bem comum é hoje tão urgente como há alguns anos. Esta defesa só será, no entanto, eficaz, se conseguir detetar onde se encontram os obstáculos à sua realização e os meios mais adequados à respetiva concretização. Torna-se então necessário ser capaz de inovar, sob o ponto de vista social, mas também sob o ponto de vista da construção do conhecimento, para responder aos desafios postos pelo tempo atual.

Nesta perspetiva, a ideia de bem comum será verdadeira, se indicar, na partilha da existência, o sentido e o fim de cada forma de vida social. A qualidade humana das relações estará em causa sempre que a finalidade e as lógicas partilhadas não seguirem este rumo.

É importante que todos façamos de modo que a sociedade possa ir ao encontro das necessidades de todos e de cada um[8], que não se entenda estultamente que a sociedade possa exigir que a vida da pessoa singular seja sacrificada aos interesses da maior parte, que o realizar escolha do bem comum não se exclua nunca a participação criativa e responsável dos sujeitos singulares. A atenção ciente à pessoa singular deve radicalmente ser parte da livre responsabilidade para o bem comum.

O bem comum deve ser visto como finalidade de comunhão, isto é, como critério e caminho para buscar os meios, os instrumentos concretamente possíveis, para realizar um desempenho humano autêntico através da partilha, avaliando e decidindo o que conduz a uma mais autêntica humanidade através do exercício da livre responsabilidade.

O sujeito realiza-se como homem na experiência humana e humanizante da relação interpessoal; esta implica a saída de si mesmo, implica o encontro com os outros, vivido na gratuidade do amor e no reconhecimento efetivo da originalidade do outro (Castro, 1994).

[8] Nos Documentos da Doutrina Social Cristã da Igreja Católica Romana, em geral, e na linguagem eclesiástica, sobretudo, para evitar equívocos sejam de tipo socialista-marxista como de tipo capitalista-liberal, se esclarece que o bem comum é «bem de todos e de cada um» (*Sollicitudo Rei Socialis, n.º* 38).

Existe hoje uma retórica do bem comum, um modo de falar nele e de invocá-lo, instrumentalmente, que mantém ambiguidade de fundo e sobre tal ambiguidade construíram-se ardilosas justificações capazes de tornar muito suspeito o recurso ao próprio princípio. A nível de consensos sociais, de teorias políticas, de funções e listas administrativas, a nível de teorias e práticas económicas, mas também a nível de relações interpessoais, de relações jurídicas, de vida eclesial, em sentido geral e no modo de viver relações particulares, se adverte ao perigo do uso instrumental do conceito de bem comum.

Urge, então, a necessidade de dar atenção ao modo de entender o bem comum como finalidade que não se alcançará só no fim, as vezes minimizando a realidade das barreiras a derrubar, minimizando a realidade do mal ou declarando-o como invencível, mas como finalidade que nos empenha já agora, pessoalmente, numa *comum tensão* a construir a família humana. É necessário, para não equivocar o conceito de bem comum, no sentido estrutural e para compreender que o bem comum é sempre um fim, um *télos* que nos move e nos orienta.

Neste sentido devemos dizer que não basta falar de bem comum: é preciso compreendê-lo corretamente, entendendo-o em sentido constitutivamente social e vocacional.

No fundo, quando falamos de bem comum, quando o invocamos como critério de vida pessoal e social, devemos recordar sempre o cuidado da conversão ética que o torna possível.

Importa sempre e de novo sublinhar a importância do diálogo quando se fala de bem comum, precisamente porque só o caminho que se faz juntos abre um horizonte de verdade realmente humano.

Nesta perspetiva, convém também ter bem claro que o problema da promoção do bem comum não é apenas fruto do consenso social, é, sobretudo, algo conatural ao homem.

Com efeito, na relação com os outros, na reciprocidade de serviços, no diálogo com os seus semelhantes, o homem desenvolve todas as suas capacidades e pode corresponder à sua vocação. Portanto, o desejo de viver com os outros é o fundamento do bem comum. Daí que o viver com os outros se complete no viver para os outros.

A pessoa é em si constituída como abertura ao outro e à comunidade. O sujeito realiza-se como homem na experiência humana e humanizante da *relação interpessoal*: esta implica a saída de si mesmo, o encontro com os outros, vivido na gratuidade do amor e no reconhecimento efetivo da originalidade do outro.

Portanto, a pessoa não cresce apenas no cuidado de si mesma, mas também quando alarga esta tarefa na articulação das relações interpessoais que formam o tecido social. Isto significa, em suma, que o sujeito só pode "subsistir" na reciprocidade humana.

Esta visão da sociedade e da economia, que valorizando o "eu" não deixa de valorizar o "nós", construída, em muitos casos, a partir da observação de realidades concretas, não encontra explicação nalguma da heterodoxia da ciência económica. E é por isso que as palavras seguintes de Manuela Silva (op. cit, 2013), mais do que constituírem um diagnóstico ou uma conjetura, definem um rumo para que a ciência economia que permita resolver as suas contradições.

«A Ciência Económica não é, seguramente, a única causa desta deriva que nos tem conduzido ao risco de um sério retrocesso civilizacional [...] Todavia, importa não ignorar que a Ciência Económica tem, em todo este processo, a sua quota-parte de responsabilidade. Assim sendo, a Economia deve, a meu ver, aceitar sentar-se no banco dos réus e ter a coragem de reconhecer o seu grau de responsabilidade na situação a que chegamos. Quanto mais cedo o souber fazer, tanto melhor e mais auspicioso será o seu futuro.

Se quisermos arrepiar caminho, teremos de começar por colocar no lugar certo as finalidades que, como povo, desejamos alcançar. Grande desafio este para a Ciência Económica que, assumindo-se como uma ciência de meios, não raro se dispensa de explicitar os objectivos visados e, menos ainda, se preocupa em os avaliar criticamente, à luz de critérios de Ética e de Justiça social.

Todos estes recursos devem ser assumidos e colectivamente valorizados. Neles residem as perspectivas de um futuro melhor e não podem, por isso, ficar de fora do perímetro de uma Ciência Económica que incorpore a devida preocupação de utilidade social.»

Outros legados de Manuela Silva serão, seguramente relevantes, mas este, que nos desafia a rever os alicerces da ciência económica é mais do que um legado, é um caderno de encargos para (re)construir uma Economia que melhor explique a realidade que nos rodeia e melhor responda ao imperativo da Ética e do Bem coletivo. Este desafio é hoje, e continuará a ser no futuro próximo, tão premente quanto o era em 2013.

Bibliografia

Almeida, J. M. (2003). Unidade pessoal na vida social: como ser do Senhor na cidade? *Entre Possibilidades e Limites*, 137-162.

Almeida, J. M. (2008). Perspectivas de Futuro. *O elogio do bem comum numa cultura de raiz individualista-contributos da doutrina social da igreja*, 25-27.

Almeida, J. M. (2014). Moralidade e Socialidade. *La Cura Dell'altro*, 225-241.

Aquino, S. T. (2005). *Summa Theologica*. São Paulo: Loyola Editores.

Aristóteles. (2012). *Ética a Nicómaco*. Lisboa: Quetzal.

Bastianel, S. (2010). *Teologia Morale Fondamentale: moralità personale, ethos, ética cristiana*. Napoli.

Bastianel, S. (2011). *Moralidade pessoal na história: temas de ética social*. Lisboa: Caritas Portuguesa.

Bauman, Z. (2007). *A vida fragmentada – Ensaios sobre a Moral pós-moderna*. Lisboa: Relógio d'Água.

Bento XVI, (2009). Carta Encíclica *Caritas in Veritate*, 2: AAS 101.

Berti, E. (2003). Il conceto di "bene comune" di fronte alla sfida del terzo millenio. *Congresso Tomista Internazionale*, 121-139.

Castro, M. (1994). *La vigência del amor: afectividad, hominizacion y religiosodad*. Madrid: San Pablo.

Cornett, M. M., Erhemjamts, O., & Tehranian, H. (2016). Greed or good deeds: An examination of the relation between corporate social responsibility and the financial performance of U.S. commercial banks around the financial crisis. Journal of Banking and Finance, 70, 137-159. doi:10.1016/j.jbankfin.2016.04.024.

Costa, A. B. (2008). O Bem Comum. *O Elogio do Bem Comum numa cultura de raiz individualista - Contributos da Doutrina Social da Igreja*, 19-21.

Costa, J. (2014). *O que é uma Universidade Católica? Estudo sociológico sobre o ensino de Economia e Gestão na Universidade Católica Portuguesa*. Braga: CECS.

Elders, L. (2011). *La Vie Morale selon Saint Thomas d'Aquin: une éthique des vertus*. Paris: Éditions Parole et Silence.

FRANCISCO (2020). *Carta Encíclica Fratelli Tutti do Santo Padre Francisco sobre a fraternidade e a amizade social*. Disponível em https://www.vatican.va/content/francesco/pt/encyclicals/documents/papa-francesco_20201003_enciclica-fratelli-tutti.html.

FRIEDMAN, M. (1962). *Capitalism and freedom*. Chicago, IL: University of Chicago Press.

FRIEDMAN, M. (1972). Milton Friedman responds. *Business and Society Review*, 1, 5– 16.

GARCIA, M. d. G. (2013). Despertar para o bem comum. *Bem Comum Público e/ou Privado*, 43-54.

GARRIGA, E., & MELÉ, D. (2004). Corporate social responsibility theories: Mapping the territory. *Journal of Business Ethics*, 53(1-2), 51-71. doi:10.1023/B:BUSI.0000039399.90587.34.

GOFFI, T., & PIANA, G. (1984). *Koinonia (Etica della vita sociale)*. Brescia: Queriniana.

GONÇALVES, J. C. (2014). Doutrina Social da Igreja Católica. Questões de fundamentação teológica e filosófica. *Didaskalia, Nº XLIV (44) II*, 109-125.

II, CONCÍLIO ECUMÉNICO (1998). *Constituição Pastoral sobre a Igreja no Mundo Contemporâneo (Gaudium et Spes)*, 25. Coimbra: Gráfica de Coimbra.

JARKOVSKÁ P., JARKOVSKÁ M. (2020). A Contemporary Approach to Managing Social Responsibility in Relation to Employees as Perceived in Academic Papers., *Journal on Efficiency and Responsibility in Education and Science*, 13(3), 101-112. http://dx.doi.org/10.7160/eriesj.2020.130301.

JUNG, H. –., & KIM, D. –. (2016). Good neighbors but bad employers: Two faces of corporate social responsibility programs. *Journal of Business Ethics*, 138(2), 295-310. doi:10.1007/s10551-015-2587-3.

MARITAIN, J. (1947). *La Persone et Bien Commun*. Paris: Desclèe de Brouwer.

PAZ", CONCÍLIO PONTIFÍCIO "JUSTIÇA E. (2013). *A Vocação do Líder Empresarial: uma reflexão*. Lisboa: Paulus.

PEREIRA, I. M. (2016). *A Responsabilidade Social das Empresas e o seu impacto*. Lisboa: ISCTE-Dissertação de Mestrado em Direito das Empresas.

SAMERO, A. (2001). *Doctrina Social de la Iglesia, princípios fundamentales*. Madrid: La Milagrosa.

SANDEL, M. J. (2011). *Justiça, fazemos o que devemos?* Lisboa: Editorial Presença.

SILVA, Manuela (2013). *Discurso da laureada*. Doutoramento Honoris Causa, Universidade Técnica de Lisboa, ISEG, 21 de Junho de 2013. Disponível em: https://www.iseg.ulisboa.pt/aquila/getFile.do?method=getFile&fileId=375285&_request_checksum_=85d3d604371ff0433f53a7b93d4a5d1f85bb707b.

A sociedade a interpelar criticamente a economia: tensões e respostas num tempo longo

José Reis[*]

1. Introdução

A vida de Manuela Silva pode, entre muitos outros modos, ser descrita como a de alguém que, de forma sistemática, se encarregou de interpelar criticamente a economia tendo em mente a sociedade, isto é, as pessoas, os grupos sociais, as formas de vida, as lutas pela dignidade. A economia, aqui, tanto pode significar as ideias, o pensamento económico ou as convenções económicas como as formas concretas que o sistema económico foi assumindo em Portugal, ou seja, a organização da vida material, das políticas, das instituições e dos poderes. E, assim sendo, a economia incorpora o social e a política, pois são espúrias as distinções que separam estes campos.

Quando se interpela a economia em nome da sociedade é exatamente porque se entende que é perante este conjunto de coisas, interligadas, que as respostas têm de ser forjadas. De facto, o objetivo da economia não pode ser, como alguns entendem, acolher axiomáticas exteriores ou racionalidades normativas que se impõem às pessoas e aos processos da vida.

Por isso, neste texto, relembrarei algumas das tensões que em Portugal se foram estabelecendo entre uma economia que ora ignorava a sociedade ora, persistentemente, não desistia de procurar

[*] Faculdade de Economia da Universidade de Coimbra. Centro de Estudos Sociais

superar esta dicotomia. Uma dicotomia que deveria ser artificial se a economia fosse vista como sistemas de produção e provisão geradores do bem-estar e da capacitação das pessoas e dos seus percursos. Recorrerei a três exemplos ou momentos da nossa vida em Portugal: o do crescimento "sem país" dos anos sessenta, o da economia política da construção da democracia e da estruturação interna da economia e o da financeirização das relações sociais e políticas no decurso da qual conhecemos o choque da austeridade. Já na conclusão reflito sobre as exigências da recuperação quando uma economia vulnerável fica desorganizada. Num ponto específico, faço uma "leitura" de um dos últimos trabalhos de Manuela Silva, a sua conferência enquanto Presidente do 2.º Encontro Anual de Economia Política, em Coimbra, em 2019. Quero com isto deixar aqui um registo e uma homenagem.

Evidentemente que seria justo e adequado lembrar também a incontornável relação de Manuela Silva com a ideia e a prática do planeamento ou a sua ação com comunidades locais. Não o fazendo eu, estou certo, no entanto, que este livro constituirá um retrato exemplar e completo do significado da sua vida e do legado que nos deixou.

2. Um crescimento "sem país": Portugal antes do 25 de Abril e a mobilização intelectual dos inquietos

Ao preparar este texto, veio-me à memória o contexto que terá motivado a trajetória intelectual e cívica de Manuela Silva. Como relembrei noutro lugar[1], entre 1955 e 1973 a riqueza produzida internamente em Portugal cresceu em média a uma taxa anual acima de 6%. Chegou a valores anuais superiores a 10%. E este foi, sem dúvida, um dado absolutamente original na nossa economia, embora com paralelo noutras do sul da Europa e em países de desenvolvimento intermédio de diversas regiões do mundo. A riqueza produzida no

[1] José Reis, *A Economia Portuguesa: Formas de economia política numa periferia persistente*. Coimbra: Almedina, 2018. Nesta secção e nas duas seguintes apoio-me diretamente em capítulos deste livro. Para mais detalhe sobre a informação empírica e outras referências consulte-se esta obra.

país em 1973 correspondia a uma multiplicação por 2,5 da que se produzia em 1957. De um ponto de vista aritmético, quantitativo, foi um crescimento notável. Porém, o bem-estar das populações não duplicou. E aconteceu também que, com isso, se estabeleceram características da economia portuguesa que haveremos de encontrar ao longo de décadas, até hoje. Por exemplo, a desatenção ao trabalho, à qualidade do emprego e à inclusão social.

Parece claro que nestes tempos não estivemos perante um processo de "desenvolvimento" nem perante a constituição de uma "economia industrial moderna", como alguns defendem. É preciso sublinhar a dimensão absolutamente frágil dessa industrialização, os seus escassos efeitos na economia e, sobretudo, na sociedade, que só limitadamente se modernizaram. Não foi uma economia robusta que se constituiu, foi um exercício de desligamento entre lógicas fechadas e uma sociedade que sofria. A concentração na acumulação de capital, sem repercussões essenciais no emprego e no mercado do trabalho foi, por essas razões, incapaz de estruturar um processo de crescimento digno. Sem democracia política não haveria possibilidade de democracia económica, sendo essas as bases essenciais da modernidade industrial desencadeada noutros países europeus.

Aqui reside uma originalidade inescapável. Houve um país que instalou um setor industrial moderno, pesado, com elevados volumes de capital fixo, e, ao mesmíssimo tempo, fez do trabalho a sua principal "mercadoria" de exportação. Essa indústria pesada (siderurgia, química, metalomecânica, eletricidade e, mais tarde, construção e reparação naval) foi uma espécie de enclave numa sociedade que, na ausência de democracia política, não estabeleceu nem democracia económica, nem democracia social. Pouco aconteceu ao lado de tal processo e, por isso, quer em volume, quer em qualidade, as consequências geradas foram muito limitadas. Faltou-lhe uma escala essencial, a da democracia, que compreende a liberdade política e a possibilidade de fazer escolhas, mas também a democracia económica, representada na redistribuição e, portanto, no acesso de muitos ao que a economia produzia. É nisso que consiste a legitimação e a sustentabilidade e é isto que desencadeia e consagra o desenvolvimento. E foi isso que faltou.

Estou convicto que terá sido este ambiente um dos mais fortes estímulos à ação intelectual, cívica e política de Manuela Silva. O seu espírito arguto não ignorava como este quadro era perturbador e a sua natureza combativa não ignorava quanto isso requeria contraposição e alternativas construídas na sociedade.

O crescimento daquele período terá, de facto, servido para alguns e para algumas coisas. Mas não serviu para o país como um todo, nem para a economia e a sociedade que dele fazem parte. Não serviu sequer para qualificar e tornar forte a nossa capacidade produtiva. Uma larguíssima parte da força de trabalho continuava a ocupar-se em setores nula ou escassamente modernizados e encontrava-se excluída das modalidades mais positivas de inserção na sociedade e na economia. Uma grande parte teve de emigrar. Na verdade, foi o "fator capital" que determinou esta industrialização. Pela sua natureza setorial e pela ausência de um processo geral de modernização e qualificação, ela foi absolutamente medíocre na geração de emprego. Por isso, foi contemporânea da intensa emigração que demandou novas paragens, na Europa, depois de anteriormente a deslocação de pessoas para fora do país ter sido essencialmente para as colónias africanas e para o Brasil.

A síntese deste período é fácil de fazer: um crescimento intenso, com as métricas referidas acima, 1,4 milhões de emigrantes e um acréscimo no volume interno de emprego de pouco mais de 3%, cerca de 110 mil postos de trabalho entre 1960 e 1973.[2]

3. Um tempo de esperança e realização: a revolução democrática do 25 de Abril e a incorporação da sociedade na economia

O longo percurso de pouco mais de vinte anos entre a revolução democrática e o início da preparação da UEM é, porventura, o

---

[2] Luciano Amaral, "New series of Portuguese population and employment, 1950-2007: implications for GDP per capita and labor productivity", *Análise Social*, 193, 767-791, 2009

período mais complexo da evolução económica, social e política do país ao longo das últimas décadas. A economia incorporou, como em nenhum último período, as interpelações da sociedade. A centralidade das transformações institucionais revela isso bem. Numa primeira fase, é uma relação intensa dos propósitos da democracia, acabada de conquistar, com a organização da economia que começa por determinar os processos de mudança. As instituições que configuram o sistema de emprego, a segurança social, a repartição do rendimento e o acesso à provisão de serviços coletivos tornam-se cruciais. Foi isso que determinou um conjunto de efeitos de arrastamento gerais. O elevado nível de investimento que se registou mostra que estavam em causa elementos basilares da estruturação da economia e da sociedade. As dimensões sociais da democracia, tão caras a Manuela Silva, tanto como a sua dimensão política, tornam-se relevantes e é este tipo de deliberações que dão forma à economia política prevalecente.

Este período pode ser considerado uma transição entre duas circunstâncias muito diferentes em que a economia é sobretudo determinada por fatores externos. Agora, ao contrário de antes e de depois, há um ponto essencial que une todo este tempo de consolidação democrática. Ele consiste no facto de a evolução económica, apesar de sujeita a vários e fortes choques externos, se ter persistentemente centrado no país, na sua estruturação interna e na superação dos obstáculos que mais inviabilizavam o desenvolvimento. A criação de mecanismos que articulam a economia e a sociedade foi igualmente decisiva. É verdade que se podem identificar momentos muito diferenciados, reorientações significativas e mesmo ruturas indisfarçáveis. Mas parece-me que as linhas de continuidade são muito fortes ao longo destes vinte anos e que elas se baseiam nos aspetos que referi.

É possível recensear os aspetos mais salientes de um processo desta natureza. O primeiro é demográfico e relaciona-se com o facto de, depois de anos de retrocesso, a população residente e a população ativa crescerem. Por isso, e em segundo lugar, a criação de emprego foi constituída em variável essencial, num contexto em que, pela turbulência das economias, o desemprego tendia também a subir. Para este quadro contribuiu a quase anulação da emigração, quer pela diminuição do efeito de absorção desencadeado pelos mercados de trabalho das economias centrais, quer pela anulação, nas novas condições democráticas, do efeito de "expulsão" do mercado do trabalho português. Somou-se-lhe o retorno de mais de meio milhão de cidadãos residentes nos territórios africanos em descolonização, tendo a sua inclusão muito rápida na sociedade e na economia constituído um dos acontecimentos mais extraordinários que caraterizam aquele período.

Por tudo isto, a busca de generalização do bem-estar a toda a população, inédita na nossa história coletiva, torna-se num facto maior. Isso alcançou-se pelo acesso ao trabalho e pela sua valorização, mas também pela infraestruturação material e social do país através do acesso a padrões de vida desejáveis e comuns. Tem de ser aqui sublinhado o que se passou com políticas públicas como as da saúde, da educação, da segurança social e do desenvolvimento do território e a relação que tudo isto tem com a redução das desigualdades sociais. À reorganização e estruturação da economia junta-se, pois, a do próprio país. Este é um dado inescapável da economia política prevalecente e uma circunstância absolutamente original na nossa contemporaneidade. Por contraste com o que vimos no período anterior e com o subsequente, há uma intensa articulação entre o que se procura assegurar com a evolução económica e o que ocorre na sociedade, na organização do território e na administração pública.

Não foi de uma contraposição entre extroversão e dinâmicas internas que se tratou. Tratou-se exatamente de alargamento e descentralização da base produtiva nacional. E isso aconteceu porque se incluíram espaços territoriais da economia até então desligados das dinâmicas do país ou apenas a ele ligados como fornecedores de mão-de-obra, porque desapareceu a "exportação" de pessoas enquanto principal forma de relacionamento económico com o exterior, porque o mercado do trabalho passou a funcionar como mecanismo de inclusão social e porque as próprias estruturas sociais tinham, enfim, um mínimo de equilíbrio e de densidade. Por tudo isto, a inserção formal na Europa, nas condições dos finais da década de setenta e na de oitenta, teve uma forte relação com o novo quadro nacional, visto que procurou consolidá-lo. Foi, em certo sentido, uma condição de viabilidade do que tinha estado a estabelecer-se. Evidentemente que a opção podia ter sido outra e esta não era a única disponível. Não sendo útil fazer história contra-factual, o que me parece indiscutível é que esta foi a que correspondeu à formação de uma hegemonia cultural, política e económica que a impulsionou e viabilizou.

Faz sentido lembrar que o quadro europeu a que Portugal aderia estava ele próprio em redefinição e pode dizer-se que era outro, bem diferente do que hoje conhecemos. O clube inicial de seis países centrais e relativamente semelhantes tinha apagado os fumos da segunda guerra, iniciado uma era de paz e estabelecido um referencial europeu criando as comunidades europeias. Estas alargaram-se, ensaiavam então um novo alargamento a uma das periferias do continente e esboçavam um programa de integração que incluía princípios de coesão material. Ora, isto mesmo não deixou de consagrar o que se tinha, entretanto, estruturado na economia portuguesa.

Não se pode esquecer que, ao longo de todos estes tempos, a economia internacional esteve sob forte turbulência. Registaram-se choques externos muito fortes sobre a nossa economia resultantes da diminuição da procura externa, com a correspondente dificuldade de exportar, e da subida dos preços do petróleo e do dólar, implicando a queda dos termos de troca, o agravamento do défice da balança comercial e um contexto geral de inflação elevada. Tudo isto levou a que a "transformação das estruturas produtivas" se constituísse numa das "grandes tarefas" imediatas.[3]

Tivemos, é certo, momentos de correção difícil dos desequilíbrios externos, o que conduziu a dois acordos de assistência financeira com o Fundo Monetário Internacional em 1977 e em 1983, e a dois programas de ajustamentos cuja vigência não foi, contudo, de mais do que dois anos cada um, tendo a economia portuguesa disposto de condições para retomar o crescimento em níveis muito positivos. O primeiro programa não significou sequer uma contração da economia, acelerando o crescimento no âmbito do ciclo que decorria, enquanto o segundo correspondeu ao início da fase ascendente de um novo ciclo.

[3] José da Silva Lopes, *A Economia portuguesa desde 1960*. Lisboa: Gradiva, 1996

Em vista do que o tipo de industrialização anterior significara, procuram-se alterações que respondessem a questões que o primeiro processo marginalizara: criação de emprego, difusão do acesso das pessoas ao bem-estar, equilíbrio das relações comerciais externas. Procurou-se, enfim, encontrar instrumentos para uma democracia económica. Numa situação em que a população e o emprego aumentam significativamente, a indústria manteve o seu peso no PIB acima dos 20%. O investimento, que registou na década a seguir ao 25 de Abril níveis históricos elevadíssimos, foi persistentemente elevado, representando percentagens do PIB superiores às da primeira década da integração europeia. Houve lugar a uma rápida terciarização, mas tal tendência não significou desindustrialização. À semelhança do que já tinha acontecido na generalidade das economias, a emergência de uma economia de serviços públicos e privados, próprios de uma economia terciarizada, foi, a par da persistência industrial, uma das novas caraterísticas marcantes. Isso correspondia a razões e finalidades muito diversas. De novo, a democracia e o acesso das pessoas a coisas essenciais.

Reencontramos assim, sistematicamente, o nexo e a caraterística geral deste momento que vai da instituição da democracia e da prevalência da deliberação democrática até à preparação e criação do euro, mostrando uma economia cuja natureza a liga fortemente à sociedade. Mas é claro que, como em qualquer momento histórico, estes não foram tempos retilíneos. Uma coisa é a tendência predominante, outra é a complexidade de qualquer forma de evolução coletiva. Portugal foi então uma economia que instituiu diversos e até contraditórios mecanismos de estruturação. Por isso, na sua complexidade e na óbvia variedade de circunstâncias, este longo período representa a prevalência de um *mix* de soluções de política económica. Por exemplo, relativamente aos primeiros anos de integração houve "margem de manobra para os Governos seguirem as suas políticas nacionais, tanto a nível macroeconómico como sectorial".[4]

[4] João Ferreira do Amaral, "O impacto económico da integração de Portugal na Europa", *Nação e Defesa*, 115, 113-128, 2006

Como bem se sabe, este foi um processo que Manuela Silva procurou influenciar, nem sempre à medida da sua justa ambição. Mas é claro que deixou uma marca intelectual inestimável.

4. Uma redefinição que afasta a sociedade da economia: a passagem da convergência real para a convergência nominal

Também é claro que, entretanto, se começaram a desenhar as tendências de redefinição deste quadro. Silva Lopes fez, no livro já citado, o que me parece ser uma síntese completa do que foi acontecendo. "Os grupos privados de maior dimensão voltaram a ter grande peso na economia". "O principal polo de atração, tanto [dos grupos antigos que se reconstituíram como dos que começaram a desenvolver-se], voltou a ser o setor financeiro, sobretudo a banca".

A isto corresponde uma nova configuração institucional. Ao contrário das duas anteriores, a da democracia e a da opção pela integração europeia, esta vai induzir uma transformação radical. Passamos ao tempo da ascensão de um pequeno e novo setor do capitalismo português, que ganhou posições de comando no mercado interno e que colocaria o país numa grande vulnerabilidade externa, quando se tornou evidente que a natureza da União Europeia era radicalmente diferente da que se pressupunha. E este há de ser um dos aspetos determinantes do que havemos de encontrar a seguir, ainda sob a forma algo dúbia de um ciclo de crescimento. Na verdade, tal como nos casos anteriores, mais do que da passagem de um ciclo para outro, trata-se da passagem para uma outra forma de economia política.

A partir dos primeiros anos da década de noventa, Portugal tornou-se num país sob fraco crescimento. Ao longo da primeira década do novo milénio, foi sendo clara a incapacidade da economia portuguesa para desenhar uma tendência minimamente parecida com qualquer das anteriores. O crescimento deixou de ser uma trajetória e passou a ser uma questão de "momentos". A instabilidade tornou-se regra. Quando, a seguir a 2010, ocorreu um forte choque, um notório retrocesso com uma recessão profunda, Portugal ficou sob a condição de um país empobrecido e entrou numa tendência para a estagnação. Esta foi uma grande novidade na evolução do nosso país ao longo de seis décadas. A que se deve isto?

A explicação que adoto pretende ser precisa e clara: deve-se ao novo quadro institucional dentro do qual a economia portuguesa passou a funcionar na segunda metade dos anos noventa, quando iniciou a preparação da integração monetária. O quadro da UEM assenta em princípios de sujeição das economias a condicionalidades macroeconómicas nominais e da conjuntura. Estes reduzem o espaço das políticas públicas (por exemplo, das políticas cambial, orçamental, monetária, financeira, fiscal e de organização da produção e do mercado do trabalho) e protegem as relações de mercado, especialmente dos mercados financeiros, aos quais o próprio financiamento público e a política monetária se devem submeter.

A natureza limitadora destas restrições sobre a economia real começou a fazer-se sentir cedo, visto que era necessário assegurar o ajustamento das variáveis macroeconómicas, o que exigia uma lógica de contenção, com restrições significativas. Na verdade, estava a passar-se de um contexto em que tinham predominado os princípios da convergência real, isto é, a aproximação das condições de bem-estar nos diferentes países, para outro em que a finalidade da convergência nominal passou a guiar as decisões e os procedimentos. Estava até a sair-se de uma longa fase da construção europeia em que os Estados nacionais "se viam mais reforçados do que enfraquecidos" e a entrar-se numa outra em que se tinha laboriosamente instalado um poder burocrático europeu, criador de regras e de instituições destinadas a condicionar e reduzir a esfera pública.

Este é também o período em que, com toda a clareza, entram em jogo outros atores, construtores privilegiados da nova arquitetura institucional. Eles são os cultores da nova ortodoxia monetária e orçamental. Desde logo, a Comissão Europeia, com a sua noção punitiva de "governação económica" e de relação com as periferias, e o Banco Central Europeu (BCE) e a sua missão de salvaguarda dos mercados financeiros e de hostilidade aos Estados. A eles se juntam os países beneficiários da situação europeia construída sobre uma nova fratura, a que opõe excedentários a deficitários e credores a devedores.

Origina-se assim o primeiro choque sobre a evolução da economia e a sua tendência do crescimento. O perfil do ciclo que vai de 1993 a 2002 resulta desta diferença qualitativa e não apenas de aspetos quantitativos que o pudessem distinguir dos anteriores. As transformações introduzidas pelo Ato Único Europeu, assinado no ano da adesão de Portugal à CEE e que entrou em vigor em 1987, já estavam em pleno desenvolvimento, tendo em vista a realização do mercado interno, isto é, "um espaço sem fronteiras internas", com livre circulação das mercadorias, das pessoas, dos serviços e dos capitais. Ficou consagrada a ideia de que a integração se faria mais pelos mercados do que pelos princípios da coesão. Com o Tratado da União Europeia, conhecido por Tratado de Maastricht, de 1992, e com o Pacto de Estabilidade e Crescimento, de 1997, a "nova europa" começou a definir-se e a formalizar-se, mostrando que estava desfeita a relação entre crescimento, pleno emprego e desenvolvimento dos sistemas de redistribuição com aumento dos salários.

A arquitetura institucional da UEM e do euro é, para lá do que significa em si mesma enquanto determinante do funcionamento europeu, a forma pela qual a Europa adotou o processo de financeirização construído no plano internacional. A financeirização é o processo em que se torna predominante a formação de ativos financeiros através da deslocação de montantes de riqueza vindos da esfera real da economia, acelerando-se a sua circulação em mercados próprios, tendo em vista rentabilizá-los. É isso que passa a dominar as relações económicas, criando-se uma economia de crédito e de endividamento. Dá-se assim uma inversão das relações entre produção e crédito que caraterizaram várias fases do capitalismo e nas quais a poupança, a formação de disponibilidades financeiras e o sistema bancário serviram para desencadear investimento, produção, emprego e bem-estar.

Relativamente a Portugal, os condicionalismos internos resultantes do acesso aos mercados financeiros e ao crédito passaram a ser enormes. Os ativos financeiros[5] têm um peso elevado e nunca antes atingido na economia, a privatização do sistema bancário e a sua captura por capitais estrangeiros tornaram-se quase totais e a banca, de um mediador necessário que intervém junto da economia para lhe possibilitar recursos, transformou-se num ator central, que a convulsiona, agindo "por conta própria", desligado de preocupações com a economia ou com o país. Entre nós, os bancos foram um dos principais fatores de endividamento do país: promoveram o crédito de forma conspícua, associaram-se a atividades deformadoras da economia, como a construção civil e o imobiliário especulativo, e geraram imparidades volumosas que os autodesestruturaram porque corroeram as suas contas e os puseram em situação gravíssima. Passaram, pois, a condicionar negativamente o funcionamento do sistema económico nacional. Promoveram e impulsionaram desmandos. Mais do que liberalismo, foi de libertinagem que se tratou, numa cumplicidade desastrosa entre agentes parasitários. Finalmente, "empurraram" todas as consequências, incluindo o endividamento, para a esfera pública e para o Estado, manietando-o ainda mais.

Em Portugal, o primeiro choque foi sobre o ritmo do crescimento. Mas a seguir veio o choque do retrocesso e do risco de estagnação persistente. As raízes da crise foram financeiras, mas não apenas e não exatamente de financiamento do Estado. Foram sim de financiamento da economia, tendo em conta o seu forte endividamento e, sobretudo, a convulsão do sistema bancário. A dívida pública, que até 2007 foi sistematicamente inferior a 70% do PIB e em 2009 ainda era 84%, passou para mais de 100% em 2011, atingindo a casa dos 130% em 2014. Em 2009, o endividamento externo da economia portuguesa, que em 1996 era 13% do PIB, já tinha ultrapassado os 100%.

No entanto, a tendência para interpretar o que se passou como uma crise de funcionamento do Estado e do seu sobre-endividamento foi a que mais cedo se impôs e a que prevaleceu. Em 2010 e 2011, os Programas de Estabilidade e Crescimento são peças essenciais da

---

[5] João Rodrigues, Ana Cordeiro Santos e Nuno Teles, *A financeirização do capitalismo em Portugal*. Coimbra: Actual Editora, 2016.

política económica na segunda metade deste período e fazem parte dessa interpretação dos problemas portugueses. Eles representam a repercussão sobre Portugal da alteração da posição da Comissão Europeia sobre a crise, em 2010, ao deixar de considerar, como tinha feito em 2008 e 2009, que os problemas resultantes de uma crise financeira global eram transitórios e careciam de estímulos orçamentais. Pelo contrário, a "consolidação orçamental", centrada na redução dos papéis do Estado, e a ideia de "reformas estruturais", significando sobretudo processos de liberalização do mercado do trabalho e abaixamento dos custos salariais, passaram a ser a norma.

Nesta sequência, o Memorando de Entendimento assinado a 17 de maio de 2011 com a Fundo Monetário Internacional, por um lado, e a Comissão Europeia e o Banco Central Europeu, por outro, tornou-se verdadeiramente "o programa" de política económica que consagra todos estes princípios e objetivos e que, até 2015, produziu o mais violento choque a que a economia portuguesa foi sujeita. Visava uma diminuição da despesa pública em múltiplos domínios, "uma recalibragem do sistema fiscal" que fosse "neutral do ponto de vista orçamental, com vista a reduzir os custos laborais e a promover a competitividade", um aumento generalizado de impostos, uma reorganização da administração pública, com redução do "número de serviços", corte de salários, mobilidade dos trabalhadores, redução dos custos com a educação, a saúde, as pensões, as transferências sociais e o subsídio de desemprego, assim como o congelamento do salário mínimo, a liberalização das leis laborais, a aceleração das privatizações ou a liberalização de mercados setoriais, como os da energia, das comunicações ou da habitação.

Foi assim que a crise financeira desencadeou um choque de austeridade e uma forma de economia política de natureza profundamente recessiva, com impactos fortes no Estado, nas relações laborais e na criação de riqueza. Consagrou-se definir estas políticas como políticas de desvalorização interna,[6] significando isso o abaixamento

[6] José Castro Caldas, "Desvalorização do trabalho: do Memorando à prática", *Cadernos do Observatório*, 6, 2015.

dos custos unitários do trabalho, a alteração da repartição do rendimento, desvalorizando os salários, a redução dos custos públicos de reprodução social (na educação, na saúde e no funcionamento da administração), com forte privatização, e uma lógica de competitividade das exportações de bens e serviços assente nos preços, os quais, inversamente, também deveriam reduzir as importações.

A somar ao agravamento do endividamento externo, há duas grandes originalidades deste período e deste tipo de economia política, com consequências generalizadas. Uma consiste no facto de em 2013 o PIB, medido a preços constantes, ter regredido para um valor inferior ao de 2001, representando uma queda de 8% relativamente ao valor máximo atingido em 2008. A outra reside no desemprego. Na sua contabilização oficial, este atingiu 855 mil pessoas em 2013, 16,2% da população ativa. A taxa de subutilização do trabalho, que representa as diversas modalidades de afastamento das pessoas do mercado do trabalho, atingiu mais de 1 milhão de pessoas.

Efeitos negativos na capacidade de criação de riqueza e de emprego, redução da população, desvalorização e precarização salarial e, enfim, alteração das relações público/privado em favor deste último e com uma forte desestruturação do papel do Estado. Eis o que, em suma, constitui a natureza da economia política da austeridade. Ela assenta em conceções e mecanismos muito precisos: desvaloriza os recursos, é recessiva e deflacionária, dá primazia aos valores financeiros, contrai os rendimentos salariais, produz uma forte reconfiguração social e económica, com retrocesso de direitos e de formas de proteção social, hostiliza o Estado e a esfera pública, promove a conflitualidade, "naturaliza" a arquitetura institucional que ela própria criou e enaltece o individualismo. É moralista, condenando decisões a que os indivíduos foram obrigados e, finalmente, estabelece condicionalidades sobre o sistema produtivo e o emprego. A austeridade foi, assim, uma economia política do retrocesso e uma visão moralista e ortodoxa.[7]

---

[7] José Reis (Coord.), *A Economia política do retrocesso. Crises, causas e objetivos.* Coimbra: Edições Almedina, 2014

5. Uma lição

Manuela Silva foi a Presidente do 2.º Encontro Anual de Economia Política, que teve lugar em Coimbra, na Faculdade de Economia, a 1 e 2 de fevereiro de em 2019, e que assumiu o seguinte lema: Democracia. Desenvolvimento. Desigualdade. Estávamos no ano em que se assinalava o 45.º aniversário do 25 de Abril e, por isso, quis-se colocar "no centro do debate dois dos três D's originais – democracia e desenvolvimento – e um novo D que está eventualmente em contradição com estes – a desigualdade." Tinha-se bem presente que "o capitalismo contemporâneo, sem rivais sistémicos à escala global, é marcado por disparidades socioeconómicas crescentes, pelos espetros da estagnação e da impotência democrática." Manuela Silva tinha de ser chamada a esta reflexão coletiva, que se desejava informada e plural, "sobre as políticas de desenvolvimento e sobre as melhores escalas para as efetivar e legitimar; uma reflexão sobre os meios, mas também sobre os fins."

Os Encontros são, em cada ano, a principal realização da Associação Portuguesa de Economia Política. Criada há pouco tempo, partiu da inquietação suscitada pelo "estreitamento epistemológico, teórico, metodológico e disciplinar, que reduziu a capacidade para entender o mundo e sobre ele intervir". Assumiu que "escasseiam nas universidades, nos meios de comunicação, nas instâncias de poder político e no debate público em geral abordagens capazes de entender as economias na sua especificidade e complexidade. É este tipo de abordagem que a Economia Política prossegue."

Quem, como Manuela Silva, tanto pugnou pela "construção, consolidação e promoção da Economia Política em Portugal", promoveu as abordagens pluridisciplinares e interdisciplinares e o "estudo da produção das condições da vida em sociedade, tendo como fim último a sua sustentabilidade social, ambiental e económica" era, evidentemente, uma voz indispensável à realização deste princípio da Associação.

Tendo eu sido o primeiro Presidente da Associação Portuguesa de Economia Política (entre 2017 e 2021) e exercendo essa função naquele Encontro, dei conta do nosso sentimento comum de que quem tínhamos convidado era "uma personalidade de grande prestígio e papel marcante na economia política em Portugal" estando todos ali como testemunhas das "qualidades de Manuela Silva como professora de Economia, governante, cidadã ativa e influente em nome de valores elevados." Honrava-nos e estimulava-nos que ela ali estivesse nessa condição e que a incutisse na nossa Associação. De facto, não era possível em Portugal falarmos de teoria e prática de planeamento, de políticas sociais, de ética, de desenvolvimento comunitário, de crítica das desigualdades e da pobreza, de ensino da economia, sem que Manuela Silva estivesse presente.

No discurso de abertura do Encontro, que coube à Presidente proferir, estiveram todos estes temas e objetivos. Foi uma lição exemplar. Guiou-se logo pela exigência de interpretar bem a desigualdade: "a desigualdade merece, de facto, a maior atenção por parte de quem estuda e ensina a ciência económica no século XXI, com o entendimento de que tal conhecimento tem por objeto traçar o rumo das estratégias e das políticas do desenvolvimento." Deixou claro que sendo essencial compreender "a relação intrínseca" entre os três tópicos, o lugar de centralidade que a desigualdade ocupa "nesta relação triangular" não pode ser ignorado. Apontou os riscos: se não combatermos a desigualdade "estarão em perigo a sustentabilidade do desenvolvimento e da democracia".

"A relação da desigualdade com a economia real e o desenvolvimento" tem como consequência que "a grande concentração do rendimento no topo da pirâmide tem incidência negativa na procura efectiva, desincentiva o investimento para a produção interna e prejudica a inovação e o emprego". As ressonâncias profundamente atuais de alguma das conclusões de Manuela Silva neste Encontro são inescapáveis. É assim, designadamente, quando sublinha que "a desigualdade na repartição do rendimento vai a par com profundas e preocupantes alterações no mercado de trabalho: a proliferação de trabalho atípico e precário, o enfraquecimento das convenções colectivas, a deterioração das condições do trabalho e dos direitos dos trabalhadores, a desvalorização dos salários."

Nesta lição, Manuela Silva regressa à relação intrínseca que sugeriu para concluir: "os estudos sobre a desigualdade e a sua relação com o desenvolvimento e a democracia conduzem, inevitavelmente, ao questionamento das bases em que assenta a economia real e as suas instituições e, mais, amplamente, obriga a interrogar o mundo em que vivemos e a cultura dominante." Algo que nos toca profundamente nestes dias mais recentes, em que Manuela Silva já não nos acompanha, mas em que podemos amparar-nos nas suas preocupações para ganharmos ânimo para superarmos as nossas e não esmorecer na determinação cívica de reforçarmos a democracia e de a concebermos como algo que, evidentemente, inclui os princípios e as regras formais, mas tem de ter uma dimensão substantiva que inclui um tipo de bem-estar que só pode ser democrático, participado e gerador de capacidades que superem dependências e sujeições, tanto as individuais como as que nos caraterizam como comunidades.

Será por tudo isto que, finalmente, Manuela Silva não podia deixar de falar do que tanto a preocupava: o ensino da economia. Não ignorava o facto de "muitos dos actuais alunos das nossas faculdades de economia e gestão concluir[em] os seus cursos convencidos da bondade dos pressupostos da teoria neoclássica, sem terem tido oportunidade de conhecer diferentes correntes doutrinárias". Sabia, no entanto, que, "felizmente, se vão observando alguns sinais de abertura a um ensino plural que merecem ser saudados e incentivados. Quase sempre, mais por iniciativa de alguns docentes a título individual do que decorrentes de alterações de currículos como seria desejável. Ou, também, por pressão de grupos de alunos." Eis mais um assunto que nos cabe prosseguir.

6. Conclusão: o significado das vidas exemplares

Manuela Silva teve uma vida exemplar. Deu-a, por inteiro, às comunidades de que se sentia parte e que compreendia como entes capazes e ativos e como as bases mais robustas da nossa existência. O significado das vidas exemplares tem de ter bem guardado e engrandecido.

Sugeri aqui que uma forma possível de encarar a sua obra é como uma sistemática interpelação da economia por parte da sociedade, isso é, dos valores maiores que capacitam as pessoas e as comunidades. À economia deveria caber responder a estes objetivos e estar ao seu serviço. Não é assim, no entanto, por norma. A lógica dos capitalismos tem combinado momento em que prevalece o individualismo, o interesse próprio, a acumulação, a exploração e a predação e momentos em que há compromissos com a inclusão, o engrandecimento coletivo e o reforço das dimensões públicas e coletivas da vida. Os primeiros têm sido dominantes, como o atesta o estado do mundo tanto em termos sociais (as desigualdades são insuportáveis) como ambientais (a vida é cada vez mais insustentável). E acontece até que circunstâncias há em que, com indesejada regularidade, o desligamento entre economia e sociedade revela com extrema clareza como a segunda é colocada num lugar de sujeição perante a primeira. Dei dois exemplos neste texto: Portugal nos anos sessenta do século passado, antes da libertação democrática, e as lógicas financeiras que acarretam precariedade, mercantilização de todas as esferas da vida, deslocação de valor para rentistas e limitação das capacidades públicas, tudo isto sob a ameaça permanente da sua forma extrema, a austeridade.

No entanto, a capacidade de resistência de outros princípios que não os do autointeresse e da acumulação e os dilemas a que as soluções erradas conduzem levam também a momentos em que é preciso recuperar a sociedade e a economia perante o que foi desfeito e mesmo a fixar objetivos da reorganização, tantas são as vulnerabilidades que se foram somando.

Portugal deparou-se com um contexto destes quando, primeiro, foi preciso recompor-se do choque destruidor da austeridade e, depois, quando a pandemia fez desabar sobre as nossas cabeças as circunstâncias já instáveis em que vivemos. No primeiro momento, o programa foi claro: recuperar a provisão pública e tentar alargar as estreitíssimas margens da provisão e da ação pública, por um lado, e recompor o valor do trabalho e da capacidade de criação de valor, por outro. Já o segundo desafio é bem mais complexo. As vulnerabilidades tornaram-se ubíquas e cumulativas.[8] No centro, como Manuela Silva bem sublinhou, estão as desigualdades. A isso se liga o encaminhar de uma sociedade vulnerável para lógicas de exercício do trabalho e de organização da economia de baixa criação de valor, isto é, para uma especialização produtiva pobre e frágil, como aconteceu entre nós de forma intensa na última década. Quando se perde a noção de que a valorização do trabalho e a criação de capacidades inscritas na comunidade é uns dos elementos essenciais da opção de economia política que se deve tomar, a sociedade fragmenta-se e o país torna-se mais dependente.

Urge, por isso, regressar ao legado da vida de Manuela Silva. Nunca como agora fez tanto sentido insistir na comunidade como *locus* da organização. A proximidade, as relações sociais, a capacidade de, com a criação de riqueza, criar bem-estar (e não acumulação desmedida), tudo isto carece de revalorização. Há evidentemente diversas escalas para este propósito: a local, a regional e a nacional. Também a supranacional, se ela assentar em princípios de coesão. A escala crítica, aquela que põe em risco as diversas sustentabilidades, é a das cadeias de valor que submetem em vez de qualificarem e exercem a predação em vez da coesão. O mesmo acontece com os múltiplos processos que asseguram a inclusão, sabendo-se que tudo começa pela inclusão pelo trabalho e pela inscrição da dignidade nas relações laborais. E que isso se consolida com uma esfera pública capaz, leal ao povo e legitimada pela democracia. E como esse instrumento essencial que é a capacidade de deliberar de forma articulada, sistemática e organizada no tempo. A isso se chama planeamento. Enfim, um programa cívico e político cujo fundamento encontramos sempre nos nossos nomes maiores. Aqui, neste livro e nestas evocações encontramos um desses nomes, o de Manuel Silva.

---

[8] Para este assunto remeto para José Reis (Coord.), *Como Reorganizar um País Vulnerável*. Coimbra: Actual, 2021

Desenvolvimento sustentável para as zonas mais desfavorecidas[1]

Manuel Belo Moreira

1. Introdução

Reconhece-se a indispensabilidade do planeamento na procura do desenvolvimento sustentável (DS) das zonas desfavorecidas (ZD). Porém, qualquer plano, por mais bem desenhado e fundamentado que seja, é insuficiente para alcançar os objectivos pretendidos, sem que se assegure a respectiva operacionalização.

Acontece que o insucesso de qualquer plano resulta essencialmente da falta de uma prévia reflexão que permita a identificação de possíveis estrangulamentos, para além da necessidade de garantir de que há recursos financeiros disponíveis para encontrar, formar, mobilizar e incentivar os agentes que, localmente, serão responsáveis pelo sucesso ou fracasso da transposição das orientações do plano para a prática. Necessário ainda é garantir que existam as políticas públicas e um aparelho de Estado eficiente que possa ajudar essas tarefas, bem como superar eventuais entraves burocráticos que as dificultem.

Sobre o processo de planeamento pretendemos sublinhar três dimensões que nos parecem fulcrais para o bom desenho de qualquer plano para o DS das ZD. As três dimensões vistas como condição

---

[1] Este texto retoma as ideias desenvolvidas em textos anteriores de minha autoria e referenciados ao longo do texto, em particular Moreira (2017, 2018, 2018.ª, e 2019) e Belo (2020). Agradeço a leitura e comentários de Fernando Oliveira Baptista e Joaquim Rolo.

necessária para o DS, embora não suficiente, são: a garantia de acesso aos mercados; assegurar um Estado actuante, eficiente e dotado de suficiente flexibilidade burocrática para responder à variabilidade das situações locais e, sobretudo, poder contar com agentes que, no local, sejam capazes de pôr em prática um empreendedorismo inovador e liderar equipas de colaboradores bem formadas e eficientes.

Já no que respeita ao processo de concretização das linhas orientadoras definidas pelo plano pretende-se chamar a atenção para o papel da indispensável ação coletiva e, em particular, para a importância das instituições da Economia Social e Solidária (ESS). Estas importam, tanto como agentes locais actuantes na respectiva operacionalização como, sobretudo, enquanto veículo privilegiado para a mobilização da ação coletiva, sem a qual as probabilidades de falhar são muito maiores.

Voltemos às três dimensões acima referidas. Tem-se em conta que a garantia de acesso aos mercados pressupõe que estes são suficientemente regulados pelo Estado de modo a tentar superar muitas das falhas de mercado mais gravosas que caracterizam a situação prevalecente, em particular as falhas resultantes das externalidades negativas das actividades existentes, o que se designa por falhas de mercado por ação. Todavia, é preciso reconhecer que para muitas das externalidades negativas, nomeadamente as responsáveis pelas alterações climáticas que ameaçam a sustentabilidade futura, os mecanismos de mercado têm-se mostrado claramente insuficientes. Acresce que o mercado, regulado ou não, é impotente para ultrapassar o que se designa por falha de mercado por omissão, isto é, a falha que resulta do facto do desenvolvimento capitalista, exacerbado pela globalização, ter tido como resultado situações de marginalização económica onde deixa de haver mercados para as produções de bens e serviços locais. Em suma, o Mercado, mesmo quando regulado é, por si só, incapaz de responder aos desafios do DS em geral e, em particular, nas ZD.

Por Estado actuante entende-se um Estado capaz de promover políticas para regular os mercados e levar a cabo intervenções decididas no sentido de encontrar soluções para mercados omissos. Isto é, um Estado que não hesita em desenhar políticas públicas capazes de evitar as externalidades negativas das actividades existentes, mas também de contribuir decididamente para o fomento de actividades que produzam externalidades positivas do ponto de vista ambiental, que dinamizam as economias locais e melhoram as condições de vida das comunidades das zonas desfavorecidas. Obviamente que os Estados-nação por si sós são incapazes de responder a grande parte destes desafios na ausência de cooperação e coordenação internacional, mas para muitas das externalidades que afectam as ZD certamente que os Estados-nação têm capacidade suficiente para uma actuação decisiva.

Finalmente, é necessário um empreendedorismo inovador. Com isto entende-se um empreendedorismo de soluções adaptadas às condições particulares de cada ZD. Não se espera assim um empreendedorismo inovador tal como a vulgata da literatura de negócios o caracteriza, baseado no herói individual capaz de produzir novos produtos e desenvolver novos mercados. O que importa é encontrar agentes capazes de desempenhar funções empresariais inovadoras para as respectivas áreas de actuação, sobretudo no desenvolvimento de processos adaptados às condições locais, embora não se descarte o interesse em inovar produtos e ou serviços adaptados às condições de cada ZD.

Nestas condições defende-se que é a ESS quem melhor pode levar a bom porto os objectivos do DS das ZD pelas seguintes razões que em ponto próprio se desenvolvem.

Nos pontos 2, 3 e 4 desenvolvem-se as três dimensões referidas que constituem condição necessária para o DS das ZD. O ponto 5 trata da ação coletiva e do papel, relevante, que a ESS pode desempenhar. O texto termina com uma reflexão conclusiva.

2. Mercados presentes

O argumento que se apresenta é o seguinte: sem mercados os produtores das ZD não têm como vender os seus produtos, não há dinamismo económico, faltam os serviços e o ambiente torna-se propício para o êxodo populacional e para o abandono das atividades produtivas tradicionais, estabelecendo-se uma tendência que se autorreforça no sentido da marginalização. Reconhecendo a importância dos mercados resta saber se as soluções de mercado podem, por si só, além de condição necessária para o DS ser também suficiente.

O pensamento económico dominante apontava para tal. Pelo menos até à crise financeira de 2007/8 a ideia da superioridade dos mercados auto-regulados supostamente mais eficientes era hegemónica e, mesmo perante a evidência comprovada da existência de externalidades negativas, defendia que a intervenção do estado deveria ser mínima, como prova a seguinte citação de Eugene Fama, um dos expoentes da escola de Chicago *"Everybody wants the world to be a better place, and some think that government actions can bring that about. But they don't take into consideration that government actions can often do more harm than good."* [2]

Este pensamento dominante, de cariz neoliberal, esqueceu que há mais de 75 anos já Polanyi tinha mostrado que os mercados auto-regulados são um mito, necessitando da proteção do Estado o que só muito tardiamente foi aceite pelo mainstream económico[3].

Para além da recente falha verificada na crise do sector financeiro de 2007/8[4] será porventura no que respeita ao DS que se podem

---

[2] Ver https://www.brainyquote.com/quotes/eugene_fama_1013926, ou do mesmo autor *"I don't know what a credit bubble means. I don't even know what a bubble means. These words have become popular. I don't think they have any meaning"* *https://www.brainyquote.com/quotes/quotes/e/eugenefama582058.html* .

[3] De facto, com honrosas excepções, o *mainstream* económico só após a crise 2007/8 iniciou uma revisão teórica que o afasta do fundamentalismo do mercado até então dominante. Mas mesmo quando os fundamentalistas do mercado aceitam a intervenção estatal, isso não impede que procurem, muitas vezes com sucesso, restringir o Estado às funções mínimas, através da redução drástica dos recursos orçamentais de acordo com a teoria do *starving the beast*, como é conhecida na terminologia anglo-saxónica. Veja-se a contribuição de Stiglitz na edição do livro de Polanyi (2001).

[4] Que fez o todo poderoso Presidente da Reserva Federal dos EUA, Alain Greenspan, reconhecer em audição do Congresso *"I have found a flaw. I don't know*

encontrar as melhores provas de que os mercados fracassam provando que, por si sós, são incapazes de constituir soluções para as necessidades do desenvolvimento sustentável (DS), em particular no que respeitam às necessárias adaptações que a humanidade tem pela frente para fazer face às alterações climáticas em tempo útil.

Porém, não é necessário atender às alterações climáticas para identificar as razões porque um mercado livre e pouco ou nada regulado leva territórios a enveredar por trajectórias de marginalização que nos permitem considerá-las como ZD.

Razões que, muito para além da abundância ou escassez de recursos, resultam do próprio funcionamento normal dos mercados e das externalidades negativas de actividades económicas existentes nesses territórios ou em territórios próximos, que se podem caracterizar como falhas de mercado por ação.

Todavia há outro tipo de falha do mercado que tende a passar desapercebida, o que se pode designar por falha de mercado por omissão. Isto é, quando não há mercados onde os produtores locais possam vender as suas produções e quando não há viabilidade económica de providenciar serviços necessários para as comunidades locais, daí resultando escassas ou nulas oportunidades de emprego induzindo a marginalização. Para além da perda para a sociedade dos serviços não pagos, assegurados por muitas actividades tradicionais como a manutenção da biodiversidade, ou uma boa gestão da paisagem que, com a marginalização, deixam de ser prestados.

Estas falhas de mercado por omissão exacerbaram-se extraordinariamente com a globalização que trouxe o aumento do alcance territorial de alguns oligopólios, muitas vezes transnacionais, capazes de substituir os produtos locais. Quer trazendo produtos com origem noutras áreas onde as economias de escala são mais favoráveis, quer encarregando-se de produzir no local com tecnologias que não

---

how significant or permanent it is. But I have been very distressed by that fact." E depois clarificar *"In other words, you found that your view of the world, your ideology, was not right, it was not working...You know, that's precisely the reason I was shocked, because I have been going for 40 years or more with very considerable evidence that it was working exceptionally well."* Ver https://en.wikipedia.org/wiki/Alan_Greenspan

atendem às condições locais, nomeadamente no que respeita à respectiva sustentabilidade ecológica. A marginalização daí resultante é agravada pela possibilidade de recurso ao que, no jargão corrente, é designado por *outsourcing* e *offshoring*.

Em resumo, a globalização ao beneficiar o poder competitivo das grandes cadeias de distribuição e retalho retira aos produtores locais hipóteses de aceder a estes mercados; não porque estes tenham qualquer animosidade contra a produção local, mas simplesmente porque qualquer eventual negócio com produtores locais de pequena ou pequeníssima dimensão acarreta um aumento de custos e perda de eficiência logística que as grandes cadeias de distribuição e retalho não querem incorrer, com a eventual excepção de alguns produtos de nicho. Idêntica situação verifica-se no que respeita aos fornecedores de serviços a partir do momento em que há um recurso crescente a empresas globais especializadas, de outras zonas. Nas áreas rurais mais desfavorecidas o resultado deste processo é notório e delimita um problema sério de sobrevivência da pequena agricultura familiar e do pequeno negócio local.

Pode assim concluir-se que os mecanismos de mercado que levam à exclusão económica de muitos agentes produtores de bens e serviços tradicionais que não só eram valorizados pelos mercados como também eram responsáveis pelo fornecimento de serviços não pagos, muitos dos quais vitais para a sociedade podendo até designar-se como bens públicos, constitui uma verdadeira falha de Mercado por omissão.

Mas o caminho para o DS das ZD também precisa de soluções para responder às outras falhas de mercado, isto é, às falhas por ação.

As mais visíveis e importantes dessas falhas são as externalidades negativas causadoras de poluição e as que agravam as mudanças climáticas. Externalidades que não são alvo de políticas que efectivamente as contrariem dada a influência económica dos interesses envolvidos. Os quais se respaldam no pensamento económico dominante de onde emerge o argumento ideológico da indispensável liberdade dos mercados e a aversão a qualquer regulação eficaz. É bem esclarecedora a afirmação de R. Lucas em 2007 pouco antes do deflagrar da crise financeira iniciada com o fenómeno do subprime: *"So I am skeptical about the argument that the subprime mortgage problem will contaminate the whole mortgage market, that housing construction will come to a halt, and that the economy will slip into a recession. Every step in this chain is questionable and none has been quantified. If we have learned anything from the past 20 years, it is that there is a lot of stability built into the real economy."* [5]

Também é do conhecimento geral a importância crescente dos activistas do ambiente, que nas últimas décadas ganharam poder e influência política. Pelo que tal não poderia passar desapercebido às correntes dominantes do pensamento económico ao ponto do estudo das externalidades e, em geral, a economia do ambiente se ter autonomizado e ganho a relevância que lhe faltava. Todavia, é muito provável que devido à hegemonia ideológica, bem espelhada na citação acima de Eugene Fama, grande parte dos esforços tenham sido dirigidos no sentido de evitar a todo o custo as intervenções do Estado. O foco foi, no essencial, na procura de mecanismos de mercado mitigadores das externalidades mais negativas, evitando assim intervenções do Estado, seguindo a via aberta por Ronald Coase da Escola de Chicago na crítica à abordagem de Pigou. Note-se que a influência desta Escola, berço do neoliberalismo, não se quedou na estrita área do pensamento económico tendo sido instrumental para influenciar o edifício judicial dos EUA revolucionando a aplicação das leis antitrust (Davies, 2010)[6].

---

[5] Ver Robert E. Lucas, "Mortgages and Monetary Policy", The Wall Street Journal WEDNESDAY, September 19, 2007 in https://en.wikiquote.org/wiki/Robert_Lucas_Jr.

[6] *"The achievement of the Law and Economics school was to convince judges and lawyers, not to mention other economists, that competition policy should be exclusively concerned with the goal of maximizing efficiency. This exclusive emphasis on efficiency is now known in the US as the 'rule of reason' approach or latterly in the European Commission as the 'effects-based' approach". "Coase is quoted as having joked that he was sick of teaching antitrust, because 'when the prices went up the judges said it was monopoly, when the prices went down, they said it was predatory pricing, and when they stayed the same, they said it was tacit collusion'"*(Davies, 2010, p.65 e p. 74).

Em suma, de acordo com o pensamento dominante o Estado seria remetido, quando muito, para funções de regulação, esquecendo, ou ignorando voluntariamente, as questões do poder que, em última análise, determinam o sucesso ou insucesso de qualquer intervenção estatal.

Verifica-se assim que os resultados da aposta nos mecanismos de mercado para mitigar as mais óbvias falhas de mercado por ação, como processo preferencial, quando não único, tem levado, quando muito, a alguns ganhos no combate a externalidades mais nocivas. No entanto, uma apreciação abrangente mostra que há muitas outras por combater e, sobretudo, não se vê como é que usando apenas os mecanismos de mercado se pode, com sucesso, dar origem a soluções que, em tempo útil, respondam aos desafios ambientais, nomeadamente os resultantes das mudanças climáticas que ameaçam a humanidade.

Isto é, há que não esquecer as responsabilidades da hegemonia ideológica do fundamentalismo de mercado em descartar na teoria e, na prática, a impedir a intervenção do Estado na procura de soluções que evitem ou mitiguem, com eficácia, as externalidades negativas e, simultaneamente, que mobilizem os meios que incentivem os agentes responsáveis por externalidades positivas.

Veja-se, por exemplo, que no que respeita ao DS das ZD a ideologia neoliberal dominante levou, na prática a opções políticas, justificadas por regras da liberdade concorrencial, que recusam a discriminação positiva a agentes produtivos e fornecedores de serviços locais, mesmo quando comprovadamente esses agentes beneficiam a sociedade ao gerarem externalidades positivas. Esquece-se que essas decisões políticas supostamente em favor da livre concorrência, mais não são do que apoios indiretos aos oligopólios da produção e distribuição que nas últimas décadas dominam o panorama mundial.

Note-se que se não nega que os mecanismos de mercado usados para prevenir ou mitigar as externalidades negativas possam ter resultados positivos, mas tão só reafirmar que o Mercado, por si só, é insuficiente para tratar, com a urgência requerida, dos problemas resultantes da poluição e das alterações climáticas e, em particular, das necessidades implícitas ao DS das ZD.

Isto significa que a marginalização económica e social não pode ser combatida com sucesso se não existirem mercados a que os produtores locais possam aceder e vender as suas produções e se não existirem condições para manter fornecedores de serviços locais. Condição necessária para garantir emprego e um ambiente económico suficientemente dinâmico para garantir à sociedade níveis de vida razoavelmente dignos de modo que marginalização não seja uma fatalidade.

Em resumo, o caminho para o DS das ZD requer, como condição necessária, mercados presentes e regulados para obviar às mencionadas falhas de mercado, mas tal não é suficiente.

3. Estado actuante

Este tema necessita de contextualização que atenda ao ambiente social e político das últimas décadas de forma a entender como, em democracia, o papel do Estado foi sendo fortemente condicionado pela ideologia neoliberal que lentamente se foi tornando hegemónica, aceite e divulgada por fazedores de opinião com acesso privilegiado a influentes órgãos de comunicação social[7]. De facto, como Dixon (1999), Denord (2002) e Davies (2010) mostram, a conquista da hegemonia ideológica pelo neoliberalismo foi um processo lento levando à rejeição do paradigma keynesiano, dominante até meados do século passado. Processo, que muito contou com a ação de fóruns de discussão influentes como a Société du Mont Pélerin ou a Heritage

[7] Sobre a influência das ideias ver Blyth (2002) ou a famosa citação de Keynes "*The ideas of economists and political philosophers, both when they are right and when they are wrong, are more powerful than is commonly understood. Indeed the world is ruled by little else. Practical men, who believe themselves to be quite exempt from any intellectual influence, are usually the slaves of some defunct economist. ... But, soon or late, it is ideas, not vested interests, which are dangerous for good or evil.*" Disponível em https://en.wikiquote.org/wiki/John_Maynard_Keynes.

Foundation acompanhando e reforçando as mudanças verificadas na academia, nomeadamente na escola de Chicago[8]. Essa influência foi instrumental para levar os fazedores da opinião a abandonar o paradigma keynesiano e a abraçar e divulgar a cartilha neoliberal o que, por sua vez, serviu para facilitar as mudanças políticas verificadas na administração Tatcher no Reino Unido e iniciadas por Carter e aprofundadas por Reagan nos EUA e cujo alcance se expandiu globalmente por obra do Consenso de Washington e das imposições do Fundo Monetário Internacional.

Essa hegemonia ideológica levou ao reforço do individualismo egoísta[9]e consequente rejeição da ideia de ação coletiva acompanhada da desvalorização da cooperação contribuindo muito para os processos de desmutualização quando cooperativas se transformam em empresas que visam o lucro, com total perversão dos princípios de Rochedale[10], além de ter criado um ambiente favorável senão à aceitação pelo menos de relativa neutralidade, no que respeita à apreciação das políticas que rejeitam a intervenção do Estado[11].

---

[8] Krugman num artigo de 1 de Junho de 2021 no NWT com o título de "The economic consequences of canceling Keynes" aponta um momento de censura pura quando em 1947 "Laurie Tarshi *published one of the first economic principles textbooks embodying the new doctrine, many schools decided to adopt it. But then came an organized smear campaign, with many university trustees and donors demanding that orders for the book be canceled. This campaign was successful, at first: Sales of Tarshis's book dwindled. It wasn't until a year later, when Paul Samuelson's "Economics" somehow slipped through, that Keynesianism became a staple of undergraduate courses.*"

[9] Ao ponto do professor Zingales da Universidade de Chicago afirmar "*Experimental evidence suggests that the teaching of economics does have an effect on students' behavior: It makes them more selfish and less concerned about the common good. This is not intentional. Most teachers are not aware of what they are doing*" (Zingales, 2012).

[10] Ver Monzon (2016). Note-se ainda a influência centralizadora do Banco de Portugal que equipara as entidades da Economia Social às capitalistas impondo-lhes regras idênticas e na prática impedindo e/ou dificultando formas cooperativas no sector financeiro, incluindo seguros.

[11] Por relativa neutralidade entende-se a aceitação de políticas neoliberais sem forte objecção popular mesmo quando sucessivos inquéritos de opinião mostram que a população quer maior grau de intervenção estatal.

Note-se que com a rejeição do paradigma Keynesiano ignora-se também o contributo de Polanyi segundo o qual sem Estado não há Mercado e o Estado não é só necessário para o bom funcionamento do Mercado, mas também serve para criar mercados![12] Aspecto que, no que respeita ao DS das ZD, tem que ver com as soluções possíveis, ou com a falta delas, para remediar as falhas de mercado por omissão. Voltaremos a este tema.

Por outro lado, é muito interessante notar como uma retórica ideológica contra a intervenção estatal contradiz a ação dos governos neoliberais que usam todo o poder do Estado para alargar o alcance do Mercado a áreas que anteriormente eram consideradas como fora do respectivo escopo (Mirowsky, 2013). Ações que potenciam a desregulação que esteve na origem da crise financeira e levantam obstáculos ao combate às alterações climáticas.

Feita a contextualização, vejamos o tipo de ações do Estado que ativa ou por omissão facilitam a marginalização das ZD.

Começa-se pelos pecados de omissão. Quando o Estado não atua – usando do poder legislativo para estabelecer as regras para solucionar falhas do Mercado e não garante que o poder executivo de facto tenha capacidade para fazer cumpri-las eficazmente[13], ultrapassando as possibilidades de litigância – não será surpresa que a marginalização e a degradação ambiental não sejam efetivamente contrariadas.

Entre os pecados por omissão talvez o mais importante seja a falha do Estado em tornar efectivos mecanismos para evitar a res-

---

[12] Uma boa apreciação deste tema de Polanyi pode ver-se em Kuttner (2014).

[13] Isto é, quando as medidas regulatórias ao nível do Estado-nação não são de facto contrariadas por mera incapacidade dos Estados em tornar efectiva a regulação ou pelo reforço da litigância legal que, como se referiu, é reflexo da mudança de paradigma do edifício judicial, o resultado esperado não pode ser outro senão o de tornar inofensivo o esforço regulatório. Já a nível global os já referidos tratados internacionais que autorizam empresas a pedir indeminizações aos Estado-nação caso estes adoptem legislação que possa aumentar os riscos do negócio, mesmo quando essa legislação se destine a preservar o ambiente ou defender a saúde pública.

pectiva captura por interesses privados[14]. De facto, sob a hegemonia neoliberal a regulação tende a ser efetiva apenas em aspectos que prejudiquem o funcionamento capitalista à luz do fundamentalismo de mercado. Pelo contrário, são ausentes ou não são efectivas as medidas que respondam às ameaças resultantes da constituição e reforço dos oligopólios, nem se adoptam medidas eficazes contra atividades económicas ilegais ou a manutenção de vazios legislativos que permitem essas atividades, nomeadamente a fuga aos impostos.

No que respeita às ZD faltam ações decisivas para prevenir e reverter a marginalização. De facto, ao não atuar, o Estado apoia objectivamente a emergência e consolidação de oligopólios globais que, localmente, se comportam como verdadeiros monopólios. Faltam assim ações que permitam aos produtores e consumidores locais aceder a opções de mercado que, por si sós, os mecanismos do mercado são incapazes de proporcionar.

Isto é, sob a justificação teórica da intervenção mínima, o Estado, capturado por interesses privados, descarta intervenções que nivelem agentes com poderes desiguais ilustrando, perfeitamente, a tese de que o capitalismo se baseia no desenvolvimento desigual.

Por outro lado, uma ideia muito cara às teorias das políticas públicas é a de que toda a intervenção estatal aceite pelo neoliberalismo, nomeadamente quando se trata de projetos de investimento público, terá de ser submetida a análise de custo-benefício. Opção que, em princípio, é sensata e perfeitamente justificada e que qualquer observador tenderá a considerar neutral. Sê-lo-ia se esse tipo de análise não fosse, como é na maioria senão na totalidade dos casos respeitantes às ZD, profundamente enviesado.

De facto, tal enviesamento resulta da não consideração de todos os custos e de todos os benefícios. Ora, se há custos difíceis de esti-

[14] Note-se a contradição entre a captura do Estado que se verifica na realidade e um dos principais argumentos neoliberais para justificar os mercados autorreguláveis e a não intervenção do Estado como meio por excelência para impedir o despesismo com fins eleitoralistas e/ou a mera corrupção dos políticos e do funcionalismo público.

mar e, sobretudo, de quantificar, como muitos dos custos sociais[15]e ambientais, então projectos desfavoráveis serão beneficiados em vez de alternativas mais favoráveis. Idêntica situação acontece se alguns benefícios forem ignorados. Então, basear e justificar opções de política económica apenas em análises que possam ser perfeitamente quantificadas, significa, na prática, ignorar muitos dos custos e dos benefícios que a sociedade incorre; daí um enviesamento que em nada contribui para evitar ou reverter a marginalização. Sublinhe-se que, em particular nas ZD rurais, a não contabilização de benefícios ambientais como, entre outros, a manutenção da biodiversidade ou da fertilidade dos solos e do equilíbrio dos ecossistemas que muitas atividades tradicionais asseguram como serviços não pagos penaliza essas zonas, contribui decisivamente para a marginalização das mesmas e nada ajuda quando se trata de projetos tendentes a revertê-la.

Passemos às faltas por ação do Estado sujeito às regras neoliberais.

Em primeiro lugar, talvez o que seja mais nocivo para as ZD é o endeusamento da livre concorrência e a ação, na prática, de órgãos do aparelho de Estado para garantir essa liberdade. Esquece-se assim que uma análise objectiva das diferentes situações justificaria a adopção de medidas que contrariem, insiste-se, as distorções da concorrência, nomeadamente a adopção de medidas de discriminação positiva para as ZD de forma a nivelar poderes e oportunidades desiguais[16].

Dois bons exemplos a nível global, mas com influência local, são as políticas laborais e os incentivos para atrair o investimento. Sejam as políticas laborais que privilegiam os contratos individuais,

---

[15] Já há mais de meio século que Kapp (1976) chamava atenção para a necessidade de contabilização dos custos sociais.

[16] No estudo EMASE (*Entrepreneurship in Mountain Areas of Southern Europe*, ver Skuras *et al.* 2005), que dirigi em Portugal, verificou-se que numa amostra de 154 negócios rurais não agrícolas da zona da Serra Algarvia, apenas um deles encarou seriamente a possibilidade de se candidatar a um programa de incentivos, financiado pela UE. Todavia, como o processo de candidatura levou algum tempo, quando tudo estava pronto e foi submetido o pedido o apoio foi-lhe negado porque, entretanto, os empresários das zonas menos desfavorecidas já tinham esgotado o total dos montantes orçamentados nesse programa.

reforçam o individualismo e dificultam a contratação coletiva em resultado das quais os ganhos de produtividade tendem a ser apropriados pelo capital em detrimento do trabalho, agravando as desigualdades[17]. Sejam as políticas de incentivos para atrair o investimento que se tornaram, globalmente, numa corrida para ver quem dá mais. Ora se, em certos casos, essas políticas favorecem quem vai à frente nessa corrida, o resultado final é fortemente nocivo pelas desigualdades que favorece e pela perda de recursos que isso representa para os Estados e/ou administrações locais[18]. Acrescem os incentivos indiretos a práticas predatórias como a permissividade ou conivência no que respeita à desregulação ambiental de que as administrações de Trump nos EUA (Turner et al., 2018) e Bolsonaro no Brasil são a ilustração mais recente e notória.

Também não se podem esquecer os tratados internacionais, de que a UE é exemplo, que com o argumento da defesa da livre concorrência comercial, impedem a discriminação positiva das produções e serviços das ZD ou aqueles que, ao nível da Organização Mundial do Comércio, facilitam acções legais dos investidores que se sintam atingidos por medidas locais que lhes reduzam os lucros, mesmo que essas medidas se enquadrem na protecção da saúde pública ou da defesa do ambiente.

Em resumo, um Estado actuante e efectivo é condição necessária para o DS das ZD. Todavia é preciso alterar as políticas de cariz neoliberal substituindo-as por políticas e práticas estatais favoráveis ao DS dessas ZD: tornando efetivas práticas de discriminação positiva para as atividades que o justifiquem pelos benefícios ambientais ou

---

[17] A história recente da hegemonia neoliberal mostra perfeitamente a perda de poder do sindicalismo tendo como resultado a estagnação da fatia que cabe ao trabalho na divisão dos resultados do crescimento económico.

[18] Os jornais reportaram que em recente reunião dos G7 finalmente se reconheceu que é necessário por termo a essa corrida adoptando-se níveis mínimos de taxas para tornar a concorrência mais justa rompendo com o Consenso de Washigton que segundo Mazzucato (2021) está a ser substituído pelo Consenso de Cornwall. Veremos se isto não passa de simples retórica inconsequente idêntica às frequentes declarações de guerra às *offshores*.

outros que asseguram e implementando políticas promotoras da ação coletiva de modo a envolver as populações locais no desenho e na execução das medidas necessárias para o DS. A não ser assim, muitos dos projetos, por mais bem idealizados que o sejam, arriscam a não passar do plano.

Finalmente, há que ter presente as falhas de Estado que, embora não resultem de qualquer enviesamento ideológico, não deixam de ser extremamente nocivas. São disso exemplo os casos em que leis desatualizadas e muitas vezes contraditórias servem para justificar uma burocracia paralisante sem que as chefias tenham a coragem de decidir entre elas, ou os casos em que pequenas prerrogativas dos poderes intermédios servem para atrasar ou inviabilizar acções que por vezes só têm pequenas janelas de oportunidade temporal para se tornarem realidade, como seja a execução dos financiamentos europeus.

Disto resulta que mercados presentes e um Estado actuante e expurgado das burocracias paralisantes são condições necessárias, mas não constituem, por si, condição suficiente para o DS das ZD. Para tal é também necessário um empreendedorismo inovador e o envolvimento empenhado da população.

4. Empreendedorismo inovador

Como se mencionou, o empreendedorismo inovador necessário para o DS das ZD em nada se assemelha ao empreendedor inovador tão valorizado pela literatura dos negócios ou pela vulgata transmitida pelos órgãos de comunicação social. Não se procura o génio individual que lança novos produtos ou descobre novos serviços para explorar necessidades reais, ou psicologicamente entendidas como tal, dos consumidores. O que se procura é algo que não depende do génio individual de forma a poder ser facilmente reproduzido em áreas onde ele não existe. Reprodução que não significa cópia, mas sim inspiração e adopção de mecanismos idênticos sujeitos a adaptações que cada processo e particularidade local o exija.

Isto é, o foco da procura de um empreendedorismo inovador não é encontrar e revelar o(s) génio(s) escondido(s), mas tão só identificar quais são as funções empresariais que cada ZD necessita para combater eficazmente a marginalização e encontrar modos de as levar à prática. Isto é, trata-se em primeiro lugar de identificar quais as funções empresariais consideradas como necessárias para cada ZD, estabelecendo prioridades e avaliando os meios disponíveis.

Resulta daí que cada ZD terá necessidade de funções empresariais diferentes, desde logo quando se trata de Zonas Desfavorecidas rurais ou urbanas.

O que se segue aborda apenas as ZD rurais onde é talvez mais simples identificar atividades que sendo necessárias para o ambiente e para as populações locais não são suficientemente atrativas para o que poderemos caracterizar como empreendedor típico.

Seja atividades tradicionais, muitas das vezes, socialmente desvalorizadas, quando não estigmatizadas como o pastoreio, seja atividades produtoras de bens públicos ou que contribuem para a respectiva produção ou manutenção.

Não será difícil identificar, para cada caso, quais as funções empresariais que se considerem necessárias. Mas como se garante que serão exercidas?

Parece óbvio que a resposta não poderá ser única. Pode-se, quando possível, dar incentivos aos membros da população local para o desempenho, no todo ou parte, dessas funções, ou dar incentivos de mercado para atrair empreendedores capitalistas, pode-se garanti-las através de empresas públicas, nacionais ou municipais ou pode recorrer-se a parcerias público-privadas (PPP).

Reconhece-se que, nos tempos que correm, a constituição de empresas públicas não terá o favor da opinião pública e, embora fosse a opção adequada para certo tipo de atividades[19], dificilmente

---

[19] Schumpeter (1996) dá como exemplo de verdadeiro empreendedor inovador responsável pelo sucesso da agricultura do EUA o Departamento de Estado da Agricultura. Em boa verdade deveríamos juntar as universidades conhecidas como Land Grant que, em articulação com aquele departamento do estado federal, foram peças essenciais para a modernização da agricultura e para a transmissão de conhecimento aos agricultores.

será solução aplicável para todo o tipo de função empresarial e para todas as ZD.

Também será difícil legitimar perante a opinião pública a concessão de incentivos a capitalistas escolhidos cujo objectivo essencial de atuação é a obtenção de lucro, pelo que só se interessariam por essas funções na condição do Estado lhes garantir rendas que compensem os riscos. Já o mesmo tipo de objecção será muito menor se o incentivo for genérico e dado a todos os que desempenhem uma função empresarial útil. Todavia, essa prática, acarinhada pela ideologia liberal, embora não sendo de descartar *a priori*, tem limitações pois muitas funções empresariais necessárias necessitam de conhecimento que as populações das ZD não possuem além de necessitarem de escala que o individualismo não permite.

Por seu lado, as PPP ganharam, justificadamente, uma péssima imagem pois, como é do conhecimento público, na maioria senão na totalidade dos casos os respectivos contratos de constituição garantem aos privados lucros interessantes sem riscos. Daí, perante a opinião pública, estes casos serão talvez ainda menos legítimos do que subsidiar um capitalista que para obter lucros incorre em riscos.

Então porque se fizeram essas parcerias? Por um lado, por razões ideológicas que abrem espaço e oportunidade para futuras privatizações. Por outro lado, por razões de pragmatismo orçamental quando os investimentos são assegurados pelos privados e não entram como despesa de Estado. Todavia, tal será quase sempre uma solução mais cara do que a dívida estatal pois os capitalistas ao recorrer aos mercados para se financiarem pagam um prémio de risco, salvo nos casos excepcionais em que a dívida pública seja particularmente elevada e os juros do mercado excedam os que alguns privados possam obter.

Provavelmente foi esse pragmatismo orçamental juntamente com a aceitação acrítica de que a gestão privada é mais eficiente, que levou governos de esquerda, sujeitos a políticas de austeridade e/ou temerosos de ser conotados como esbanjadores e causadores dos aumentos da dívida pública, a aceitar esta solução.

Resta um caso particular de PPP em que a parte privada não seja uma entidade que visa o lucro, mas sim uma entidade da ESS. Estas parcerias podem fazer parte do que designamos por PPS (parceria público-social) dotadas de estatuto formal de que as régies cooperativas são um exemplo ou podem mesmo funcionar sem estatuto formal de PPS. À frente volta-se a este tema.

Todavia há precauções a ter, pois o que em teoria poderá ser uma opção virtuosa pode muito bem tornar-se em mais um mecanismo neoliberal em que as PPS funcionem na prática como instrumento para a desvalorização do trabalho pelas remunerações que praticam e pelo recurso ao voluntariado que lhes dá vantagens competitivas face aos mesmos serviços praticados pelo Estado (Moreira, 2019)[20].

Ressalvando essa estratégia neoliberal de apoio à ESS, o que queremos sublinhar é que as PPS podem constituir um bom veículo para levar à prática o empreendedorismo inovador indispensável para o DS das ZD.

Neste caso, o carácter inovador é relativo pois pode adoptar características existentes noutras áreas e se a inovação de produtos, ainda que bem-vinda, não será o principal objectivo, o que mais interessará é a inovação de processos.

Em particular convém pensar as funções empresariais necessárias para o DS das ZD como funções com características holísticas o que obriga a romper com a lógica empresarial de focar apenas numa função primordial deixando para outros agentes as funções consideradas como complementares. Assume-se assim à partida que, deste modo, os níveis de produtividade exigíveis serão necessariamente inferiores aos das empresas capitalistas.

E isso porque muitas dessas funções não poderão permitir a especialização uma vez que o que se deseja é o desenvolvimento de múltiplas tarefas que concorrem para o fim último que é o DS e não conseguir um produto ou serviço isolado ao melhor custo, como seria para o empresário inovador capitalista.

Como seria esse empreendedorismo inovador para as ZD rurais de Portugal?

---

[20] Quando, como no caso Português, onde em 2016 o ganho médio mensal nas atividades de apoio social na administração pública foi de 1282,2 €, enquanto nas entidades da ESS foi cerca de 63% deste valor (Antunes, 2018).

Sabe-se que em muitas zonas do país, particularmente no interior, a economia rural tem-se debatido com duas tendências contraditórias: onde há água disponível – e, portanto, o recurso à rega – o capitalismo agrário tem-se modernizado organizando-se em grandes explorações intensivas, como a vinha, o olival, o amendoal e as hortícolas em ambiente protegido para mercados estabelecidos e para a exportação; já a pequena agricultura familiar, envelhecida e marginalizada, debate-se com falta de mão-de-obra para as culturas tradicionais e com diminutas oportunidades de acesso aos mercados existentes, resultando na retração para a produção para autoconsumo, a florestação e/ou o abandono das terras mais marginais pelas características edafoclimáticas ou pela distância ao assento de lavoura.

Com a marginalização da agricultura familiar e o enfraquecimento ou mesmo desaparecimento de mercados locais substituídos pelos oligopólios globais, cresceu o êxodo agrícola e rural e perdeu-se dinamismo económico e consequente marginalização das populações. A essas externalidades negativas, não quantificadas nem valorizadas, junta-se a perda de biodiversidade e o aumento exponencial do risco de fogos rurais devido ao abandono de muitos terrenos agrícolas e ao crescimento dos matos não controlados.

Nestas circunstâncias o empreendedorismo inovador para essas zonas consistirá em encontrar formas de ultrapassar gargalos de estrangulamento que impedem atividades económicas locais. Em particular tudo o que dificulta a economia das explorações agrícolas familiares impedindo-as de produzir e fornecer à sociedade os benefícios das externalidades positivas que tradicionalmente asseguravam.

Noutro texto mostrou-se um exemplo de empreendedorismo inovador que envolve entidades públicas, privadas e parceiros individuais inseridos na Associação PORVID[21], que se considera um exemplo de PPS informal de sucesso.

[21] Trata-se de uma associação que tem como membros entidades públicas – o Instituto Superior de Agronomia (ISA), que coordena metodologicamente, a Universidade de Trás-os-Montes e Alto Douro (UTAD) e o Instituto Nacional de Investigação Agrária e Veterinária (INIAV) – empresas da vinha e do vinho, cooperativas vitivinícolas e outros.

Considera-se a PORVID um caso exemplar das potencialidades deste tipo de entidade, que envolve a colaboração e participação de diferentes instituições e foi criada para disponibilizar bens e/ou serviços de acesso livre. No caso, a selecção e melhoria de castas de vinha autóctones, com objectivo de contribuir para a sustentabilidade a médio e longo prazo de sector de actividade económica tão importante como o que a vinha e o vinho representam para a economia, emprego e identidade cultural do país.

Colaboração que permitiu levar à prática uma tecnologia inovadora de selecção de videiras envolvendo empresas e particulares, um pouco por todo o país, que se voluntariaram para instalar 170 campos de ensaio e reprodução e levando posteriormente o Estado a ceder 140 hectares de terreno num antigo Posto Experimental e de Divulgação (em Pegões). Os resultados já alcançados pela melhoria de algumas castas cifram-se num aumento de rendimento estimado na ordem dos 10 milhões de euros/ano (Belo, 2020).

Outro exemplo do que seria um empreendedorismo inovador foi delineado em Moreira (2018) como projecto para mudar a paisagem rural de modo a dar-lhe uma maior resiliência face aos riscos de fogos rurais.

O objectivo decorre do reconhecimento dos especialistas sobre a imprevisibilidade e inevitabilidade de fogos rurais de grandes dimensões que as alterações climáticas agravam. Daí a necessidade de adaptação tornando a paisagem mais resiliente através da proliferação de faixas de gestão dos combustíveis nas florestas, no arranjo paisagístico em mosaico de ocupação do terreno diferenciada e uma gestão cuidada dos combustíveis que alimentam os fogos[22], nomeadamente através do pastoreio, mas também pelo fogo controlado ou com recurso a maquinaria.

Com a pulverização da propriedade rural tanto a mudança de paisagem como a gestão dos combustíveis mostram-se extraordi-

[22] Isto é, resíduos florestais e matos tanto nas florestas como em terras abandonadas ou de agricultura extensiva pouco ou nada pastoreada. Note-se que as condições climáticas do Centro e Norte litorais facilitam os maiores crescimentos anuais de biomassa da Europa, agravando o problema.

nariamente difíceis, pelo que qualquer tentativa de solução passa pelo envolvimento informado dos interessados e por um desenho de soluções que agradem a todos ou pelo menos a uma maioria qualificada. Provavelmente seguindo as regras de gestão de condomínios.

E é aqui que a ESS pode ser de extrema utilidade assumindo-se como empreendedora inovadora, seja como gestora única ou em parceria com as autarquias sob a forma de PPS.

Por outro lado, os especialistas também reconhecem o papel extraordinariamente positivo do pastoreio no equilíbrio dos ecossistemas e na gestão dos combustíveis. Acontece, porém, que a figura do pastor tradicional é extraordinariamente exigente, sem fins-de-semana, sem férias além de ser socialmente desvalorizada quando não conotada com fracas capacidades mentais ao ponto de, mesmo quando o nível de rendimento esperado é bastante superior à média regional, muito poucos candidatos haverá para esta profissão. Daí que para garantir que as funções de pastoreio sejam realizadas, há que, na prática, valorizar o papel dos que ainda a praticam, nomeadamente através de contratos que estabeleçam um prémio atrativo por área pastoreada. Mas tal não garante que a área que necessita de pastoreio, nem a que em tempos foi pastoreada, o seja de facto com os pastores existentes. Mostra-se assim necessário o empreendedorismo inovador que implica adaptar a profissão à nossa era, garantindo fins-de-semana, férias e uma nova consideração social. O novo pastor, ou melhor seria chamar-lhe guardião da natureza, necessita de formação profissional, salário atrativo e, para que a exigências referidas sejam exequíveis, necessita de estar inserido numa organização com mínimos de pessoal e área de atuação. Isto é, necessita de uma empresa dedicada ao pastoreio. Por seu lado, a viabilidade económica desse novo tipo de empresa não será assegurada, muito provavelmente, com a venda de carne no mercado, necessitando de apoios do Estado não só para garantir a formação profissional exigida, mas também para assegurar a compensação direta devida pelas externalidades positivas que fornece e indireta através do subsídio das produções do pastoreio, isto é, garantindo-lhes uma discriminação positiva.

Note-se ainda que uma empresa dedicada ao pastoreio necessita de meios modernos para deslocações e controlo do gado e prevenção contra roubos e perdas.

Em suma, não se trata de substituir os pastores existentes, mas sim de alargar o alcance do pastoreio que, de outro modo, não será feito.

Finalmente, este tipo de empresa dedicada primordialmente ao pastoreio poderia, com vantagem, desempenhar outro tipo de funções para ocupar mão-de-obra e equipamentos como seja apoio às tarefas das explorações agrícolas familiares e até de transporte de bens ou pessoas.

Dado o nível de apoios necessários e pelas razões referidas anteriormente, esse novo tipo de empresa inovadora teria mais legitimidade sob a forma de entidade da ESS ou como PPS. No ponto seguinte voltaremos ao assunto.

5. A necessidade da mobilização de formas de ação coletiva. O papel da Economia Social e Solidária (ESS)

Tratou-se até aqui de condições necessárias para o DS das ZD: mercados presentes e regulados, Estado actuante e empreendedorismo inovador. Falta abordar outra condição necessária, sem a qual nenhuma das outras poderá ter sucesso. Condição essa que é o envolvimento informado e empenhado da população local de modo que qualquer projeto a realizar seja perfeitamente entendido e acolhido como seu pelos interessados e, sobretudo, que os mais renitentes possam ser convencidos não apenas pela razão, mas pelo sábio doseamento de incentivos e penalizações.

Trata-se de um desafio complexo e difícil, sobretudo quando o individualismo impera, que envolve a necessidade de mobilizar as populações para a ação coletiva cujo papel, insubstituível, é sublinhado pelas achegas de Elinor Ostrom (1990 e 1996) e Ostrom et al. (1999). De facto, esta autora e associados mostraram como muitas coletividades conseguem através da ação coletiva superar, a contento, o individualismo que está na base da Tragédia dos Comuns[23]. E, mais ainda, ao desenvolver o conceito de coprodução, Ostrom sublinha o papel positivo da intervenção de múltiplas entidades como processo de obter sinergias e contrariar os efeitos perversos de uma burocracia imobilizante.

No fundo procura-se uma conjugação de esforços resultante da mobilização da ação coletiva e da prática de funções empresariais, sobretudo as inovadoras no contexto local, o que permitirá à economia local ganhar dinamismo e à vida social e cultural ganhar novo fôlego contribuindo para reverter as situações de marginalização que caracterizam as ZD.

Trata-se, portanto, de criar condições para mobilizar a ação coletiva em territórios marginalizados onde o individualismo predomina e onde por razões demográficas e de habitação o contacto pessoal é mais escasso. É aqui que a ESS pode desempenhar um papel de relevo. Seja a partir de entidades da ESS já existentes, seja através de políticas que para serem executadas necessitam da consulta popular e, consequentemente, propiciam oportunidades de mobilização da ação coletiva a articular com os agentes executores do plano que, com vantagem, poderiam ser entidades da ESS ou PPS.

Ao convocar a necessidade de mobilizar a ação coletiva convém ter presente os falhanços das soluções impostas centralizadamente conhecidas como de tipo *top down* onde aos principais interessados é apenas reservado um papel passivo. Pelo contrário, soluções duradouras têm de ser bem entendidas e interiorizadas, tanto quanto aos benefícios esperados como aos custos necessários para os atingir permitindo ainda ter uma compreensão, tão completa quanto possível, dos custos de oportunidade das eventuais propostas de desenvolvimento. Só assim, com os interessados mobilizados e conscientes, se pode pensar numa ação coletiva minimamente eficaz, como lembra Ostrom nas obras citadas.

Na maioria dos territórios, locais ou zonas mais desfavorecidas, o tecido económico e social é muito frágil. Uma sociedade pobre,

---

[23] Wilson (2016) tem um resumo interessante da problemática em questão.

pouco preparada tecnicamente e, frequentemente, num estado de anomia adiantado, não está em condições de, por si só, promover as mudanças necessárias. É por isso que se considera que, em muitos casos, a ação da ESS não é apenas vantajosa, mas é condição para um desenvolvimento sustentável.

Pelas mesmas razões, parece óbvio que só o Estado estará em condições de financiar esforços generalizados de desenvolvimento e de promover os estudos necessários para a respectiva concretização criando condições capazes de facilitar a mobilização de uma ação coletiva consciente e eficaz[24].

Por conseguinte, as instituições da ESS em boa articulação com o Estado podem desempenhar um papel de relevo na procura e implementação de novas formas de uso dos territórios e de produção e consumo de bens e serviços que correspondam aos desafios do desenvolvimento.

Considerar a ESS como condição para um desenvolvimento sustentável remete para as próprias características da ESS e da lógica económica diferenciada que lhe subjaz, contrastando-a com a lógica económica dominante e respectivas insuficiências para a promoção do desenvolvimento sustentável, particularmente em situações onde há evidentes falhas de Mercado e do Estado.

Os principais argumentos que sustentam esta ideia baseiam-se nas próprias características da Economia Social e Solidária[25]:

- esta é, por definição, constituída por instituições cujo fim último, ao contrário das capitalistas, não é a obtenção de

---

[24] Isto é, considera-se que, para uma mobilização eficaz da ação coletiva, é necessário ter objectivos bem definidos e programas suficientemente claros capazes de dar esperança de melhor futuro às populações envolvidas. Objectivos que em certos locais podem ser assegurados e iniciados por iniciativas individuais e apoiados por ONGs filantrópicas, mas que acabam sempre ou quase sempre por necessitar do envolvimento do Estado.

[25] Cujos princípios, herdados de Rochedale, estão plasmados na "Charte de l'économie sociale" publicada em 1980 pelo *Comité national de liaison des activités mutualiste, coopératives et associatives (CNLAMCA).* Disponível em http://www.cress-aura.org/charte-de-leconomie-sociale.

lucro, podendo, portanto, subsistir e atuar em territórios e áreas de atividades pouco ou nada atrativas para os capitalistas;

- o simples facto de dispensarem o lucro permite um melhor aproveitamento dos recursos disponíveis. Situação potenciada pelo recurso ao voluntariado que mais facilmente mobiliza;
- sendo instituições sem fins lucrativos e sujeitas ao escrutínio democrático apresentam uma legitimidade reforçada para a obtenção de apoios públicos.

A ESS tem assim vantagens tanto em relação às instituições capitalistas como ao conjunto do empresariado individual de tipo familiar, cuja lógica económica difere da capitalista.

Por outro lado, a ESS pressupõe a ação coletiva e está em melhores condições para a mobilizar, afirmando-se assim como instrumento privilegiado para enfrentar os desafios sociais, económicos e ambientais e a necessidade de inovação indispensáveis ao desenvolvimento.

Acresce que sendo a ação coletiva elemento de fortalecimento de uma cidadania ativa e de densificação de relações sociais contribui para que em sociedades desfavorecidas se obtenham ganhos incrementais do capital social.

Finalmente, promover o desenvolvimento sustentável obriga a envolver e articular interesses, por vezes divergentes, por forma a obter os consensos necessários para a sua expressão prática, tarefas em que a ESS está melhor qualificada do que qualquer instituição com fins lucrativos.

6. Reflexões conclusivas

Ao longo do texto esgrimiram-se argumentos que sustentam a hipótese de partida, isto é, para o DS das ZD é necessário um Mercado existente e devidamente regulado, um Estado actuante, logo capaz de ultrapassar as influências ideológicas neoliberais, e entidades capazes de passar à prática as funções empresariais inovadoras necessárias e ajustadas para cada zona. Todavia, também julgamos que ficou claro que essas condições são necessárias, mas não são suficientes.

De facto, é também necessário contar com a ação coletiva que pressupõe que as mudanças indispensáveis são bem entendidas e aceites pelos principais interessados. Só então estarão reunidas as condições que permitam ter esperança que da conjugação de esforços que o DS das ZD exige se encontrem, para cada caso, a mistura de situações que determinem que tais condições necessárias também são suficientes.

Argumentou-se ainda que, em particular nas ZD onde exemplos de ação coletiva escasseiam, as entidades da ESS em articulação com a intervenção estatal podem acrescentar aquele elemento que falta para que condições necessárias se tornem também suficientes.

Trata-se, no entanto, de um desafio tremendo que exige esforço e perseverança para encontrar um fio condutor que ao nível das relações políticas, interesses económicos e particularismos socioculturais permita que aquelas condições necessárias se tornem de facto efetivas.

Sabe-se também que no final o sucesso ou insucesso de qualquer projecto dependerá muito do factor humano envolvido, tanto ao nível da vontade política como no tocante à liderança, desde o planeamento, à transposição do plano para o terreno, passando obviamente pela capacidade de gestão das entidades que poderão por o plano em prática.

Em particular só se deseja que a esperança que se deposita nas virtudes da ESS e nas parcerias formais ou informais dessas entidades com o sector público não seja comprometida por conflitos insanáveis, decorrentes quer de interesses económicos divergentes, quer de questões de poder político ao nível local ou até nacional.

Questões de poder que, sublinha-se, são vitais para as entidades da ESS [26] e podem determinar, pela boa ou má gestão do planeado,

---

[26] Não podemos esquecer que excluindo o lucro, que por definição, lhe é alheio, os dirigentes só têm como incentivos pessoais a remuneração da respectiva actividade e o poder, formal e informal, inerente às funções que exercem e ao que delas resulta.

a garantia dos objectivos últimos do Desenvolvimento Sustentável, tanto no que respeita aos agentes directamente envolvidos, como para a sociedade em geral.

7. Bibliografia

Antunes, Margarida (2018), "Emprego na Economia Social: o paradigma em análise." Apresentação no Colóquio Economia Social e Solidária: outro modo de criar futuro sustentável organizado pelo Le Monde Diplomatique a 12 de Dezembro no CIUL – Centro de Informação Urbana de Lisboa.

Belo, Manuel (2020), "Um caso exemplar de empreendedorismo colectivo pelas parcerias público-sociais: Associação Portuguesa para a Diversidade da Videira (PORVID)." In Álvarez, J.F. & Marcuello, C. (Dirs.) *Experiencias Emergentes de la Economía Social*, OIBESCOOP, pp. 270-289 disponível em CIRIEC International Experiencias emergentes de la Economía Social en Iberoamérica / Juan Fernando Álvarez & Carmen Marcuello – 2021 – CIRIEC International (uliege.be).

Blyth, Mark (2002), *Great transformations: economic ideas and institutional change in the twentieth century*. New York: Cambridge University Press.

Davies, William (2010), "Economics and the 'nonsense' of law: the case of the Chicago antitrust revolution", *Economy and Society*, 39: 1, 64 – 83. http://dx.doi.org/10.1080/03085140903020655

Denord, François (2002), "Le prophète, le pèlerin et le missionnaire". *In Actes de la recherche en sciences sociales* 5/2002 (no 145), p. 9-20. http://www.cairn.info/revue-actes-de-la-recherche-en-sciences-sociales-2002-5-page-9.htm.

Dixon, Keith (1999), *Os Evangelistas do Mercado*, Oeiras, Celta.

Kapp, William (1976), *Les Coûts Sociaux dans l'Economie de Marché*. Paris, Ed. Flammarion.

Kuttner, Robert (2014), "Karl Polanyi Explains It All" in *The American Prospect*, April 15. https://prospect.org/power/karl-polanyi-explains/

Mirowski, Philip (2013), *Never Let a Serious Crisis Go to Waste. How Neoliberalism Survived the Financial Meltdown*, London, New York, Verso.

Mazzucato, Mariana (2021), "A new global economic consensus", *Social Europ, 14/10.*

Monzon, José Luis (2016), "La Economía Social en la Literatura Económica y en los Hechos: 30 Años de Historia del Ciriec-España". Conferencia pronunciada el 19 de octubre de 2016 en el Paraninfo de la Universitat de València, con motivo del XXX Aniversario de la creación del CIRIEC-España.

Moreira, Manuel Belo (2017), "O empreendedorismo social como bem público". *Revista Grifos* n.º 42 (Brasil).

Moreira, Manuel Belo (2018), "Novos modelos de paisagem mais resilientes ao fogo e às alterações climáticas. Utopia ou necessidade? In: Simões, O. (ed.) *O rural depois do fogo*. Coimbra, Escola Superior Agrária, Instituto Politécnico de Coimbra, pp. 211-228.

Moreira, Manuel Belo. 2018a. "Understanding financialization and its impacts on Social Economy / Chapter 6". In: CIRIEC and BANCE, Philippe (dir.). *Providing public goods and commons. Towards coproduction and new forms of governance for a revival of public action*. Liège: CIRIEC, 2018. (CIRIEC Studies Series; 1), pp. 113-133. In http://doi.org/10.25518/ciriec.css1chap6.

Moreira, Manuel Belo (2019), "A Economia Social e Solidária como condição para o desenvolvimento sustentável". https://unsse.org/knowledge-hub/a-economia-social-e-solidaria-como-condicao-para-o-desenvolvimento-sustentavel-2/.

Polanyi, Karl (2001), *The great Transformation. The Politic and Economic Origins of Our Time*. 2nd ed. Foreword by Joseph E. Stiglitz; introduction by Fred Block. Boston: Beacon Press.

Ostrom, Elinor (1990), *Governing the Commons. The Evolution of Institutions for Collective Action*, Cambridge, UK. http://wtf.tw/ref/ostrom_1990.pdf

Ostrom, Elinor (1996), "Crossing the Great Divide: Coproduction, Synergy, and Development" in *World Development*, Vol. 24, No. 6, pp. 1073-1087.

Ostrom, Elinor, Joanna Burger, Christofer B. Field, Richard B. Norgaard and David Policansky (1999), "Revisiting the Commons: Local Lessons, Global Challenges". In *Science, New Series*, Vol. 284, No. 5412 (Apr. 9, 1999), pp. 278-282.

Schumpeter, Joseph (1996), *Ensaios. Empresários, Inovação, Ciclos de Negócio e Evolução do Capitalismo*, Oeiras, Celta.

Skuras, Dimitris, Nicolas Meccheri, Manuel Belo Moreira, Jordi Rosell and Sofia Stathopoulou (2005), "Entrepreneurial human capital accumulation and the growth of rural businesses: a four-country survey in mountainous and lagging areas of the European Union". *Journal of Rural Studies* (21), 67–79

Turner, James Morton and Andrew C. Isenber (2018), *The Republican Reversal, Conservatives and the Environment from Nixon to Trump*. Harvard University Press.

Wilson, David Sloan (2016) "The Tragedy of the Commons: How Elinor Ostrom Solved One of Life's Greatest Dilemmas" in *Evonomics* http://evonomics.com/tragedy-of-the-commons-elinor-ostrom/

Zingales, Luigi (2012) "Do Business Schools Incubate Criminals?", in *Bloomberg*. http://www.bloomberg.com/news/2012-07-16/do-business--schools-incubate- criminals-.html.

Assessing the Social Economic Values of Cultural Heritage Valorization Programs by a Contingent Valuation Approach: The case of Brinches and Sobreira de Cima*

*Maria Isabel Mendes***

ABSTRACT: There are substantial reasons to justifying the need to assess programs' social values or programs' welfare, specifically designed to valorize local cultural heritage. Investing in cultural programs generates a bundle of different benefits to the local societies: some of these may be easily assessed in currency, although others not. In this paper, we aim to disclose the individual's preferences for, and to assess the potential changes in local communities' welfare, due to the implementation of a hypothetical cultural program designed with the specific aim of valorising the knowledge produced by rescue archaeological activities implemented in two southern Portuguese regions: *Sobreira de Cima* and *Brinches*. We applied the Contingent Valuation (CV) method, which is a stated preference based economic evaluation approach commonly used to estimate changes in social welfare due to multi-benefit programs. The information given by these techniques is

* This work was funded through the Portuguese national funding agency for science, research and technology (FCT), under the Project «Funerary practices in Alentejo's Recent Prehistory and socio-economic proceeds of heritage rescue projects» (Ref. PTDC/HIS-ARQ/114077/2009) and the project PEst-OE/SADG/UI0428/2013.

** SOCIUS/CSG, ISEG Lisbon School of Economics and Management, Universidade de Lisboa.

useful in evaluating the preferences and the value communities may benefit with the increasing of cultural services and goods' supply. We found that the local community has a relatively high preference for the proposed hypothetical program. Each individual from the sample is willing to pay, on average, a maximum of 0.66 (1.24) euros on a monthly basis and for 5 years, to co-finance the managerial entity aimed at designing, implementing, and assessing the impacts of the program. Therefore, the program may generate an increasing in local social-welfare equivalent to € 1 325 339, 63 (€ 2 490 032, 04). These estimates can be used to quantify the program's externalities and thereby introduced in the cost-benefit analysis of the program and to know the degree of acceptance of the local population on the new cultural institution and new cultural products and services associated with the rescue archaeological knowledge.

Key words: contingent valuation; cultural heritage; value; social welfare; non-market economic value; assessment.

JEL: Z1, D12, I30, R58

Introduction

In 2009 and 2006, the state-owned enterprise Alqueva's Infrastructure Development Company (EDIA) and the National Energy Networks Company (REN), began the construction of both the Brinches irrigation block – integrated into the Alqueva Dam construction project – and the high-voltage substation, respectively. Under Portuguese legislation for the protection of archaeological heritage, EDIA and REN contracted the ERA-Archaeology Conservation and Heritage Management, S.A. company to take charge of the rescue archaeological activities. Both sites are in the southeast of the country in Beja District, and they belong, respectively, to the parishes of Brinches (in the municipality of Serpa), and to Perdigão (in the municipality of Vidigueira). The knowledge now generated by these activities, has been emphatically classified by archaeologists as 'Very Important' to the history of the region's archaeology in that it completely changes the knowledge held until recently on the Baixo Alentejo's pre-historical burial practices (Valera et al 2010). Such knowledge led to the conclusion that the Baixo Alentejo region contained specific mortuary architecture and unique funerary rituals. The scientific importance and the specificity of such new knowledge resulted in researchers attributing a high potential for valorization. At the end of the rescue archaeological process, there was a set of new knowledge on prehistoric burial practices in the meanwhile preserved in the form of records and artifacts. UNESCO considers such knowledge sets by as archaeological cultural heritage and therefore recommended not only for conservation but also for dissemination (UNESCO 1972; *Recommendation concerning the 1978 protection of movable cultural property*, adopted by UNESCO in Paris, November 28, 1978 (§ 1)); and ICOMOS 2002). Bearing all these principles in mind, a proposal was drafted to conserve the archaeological knowledge of Sobreira de Cima and Brinches by means of its dissemination and valorization. The main aim involves rendering this archaeological knowledge an overall priority for local and regional development by means of setting out and making clearer to the stakeholders (including promoters and policy makers) and the overall population, the dynamic interrelationship that may exist between the rescue archaeological knowledge and the social values, the economic activities and local and regional development. To fulfill this core objective, a valorization program was created by Jorge (2012) aimed at incorporating the Sobreira de Cima and Brinches rescue archaeological knowledge into local development policies by means of activities related with education, science, communication, local ecosystems, cultural tourism, recreation, the creative industries, local industries, and products. The Sobreira de Cima and Brinches rescue archaeological knowledge should therefore serve to contribute towards poverty alleviation, local economic growth and local social cohesion and other social welfare constituents. The strategy underlying the construction of the valorization program proposed by the research team involves applying the rescue archaeology knowledge as input to produce new cultural activities, goods and services. These are proposed, designed, implemented and managed interchangeably by the rescue archaeology team, the local and regional stakeholders, the overall population or by all these simultaneously; hence, material and/or immaterial archaeological scientific knowledge may gain significance for the public and therefore value. The program proposal includes establishing a range of multi-cultural goods and services based on archaeological knowledge. People will use such newly created cultural goods and services for education, recreation, culture, touristic or other types of reasons, thus generating flows of benefits (welfare) associated with such individual uses. Our main aim is to analyze and qualitatively assess the preferences (the benefits) that individuals have for the cultural program proposal to further express them in currency. By expressing individual preferences for the cultural program in currency, we obtain a single monetary measure for the changes in local welfare due to a program that may provide multi-cultural outcomes. Such a measure is a tool aimed at helping administration and politicians during the project decision-phase by enabling them to take more efficient and sustainable decisions concerning cultural programs and sustainable regional development.

2. Methodology

The task comprises several research phases and includes different, although complementary, methodologies and theories, to assess in currency the benefits (welfare) arising out of the multi-cultural outcomes generated by cultural valorization programs. Firstly, we adopted the conceptual framework based on the socio-economic institutional analysis suggested by Mazzanti (2002), claiming that the archaeological knowledge of Sobreira de Cima and Brinches is a multi-dimensional, multi-attributed, and multi-valued cultural capital resource, and that this multi-dimensionality characteristic of the archaeological knowledge as a resource, comes from its category of merit good (Musgrave 2008; Throsby and Withers 1985, Cwi 1980 or Netzer 1978). Secondly, we used the Total Economic Value (TEV) concept (Turner et al 2003, Pearce et al 2001, or Throsby 2001) as a formally equivalent to the notion of cultural wellbeing and cultural social value (Mazzanti 2002). TEV captures the internal benefits stemming from the merit good characteristic of the cultural goods and services, all based on the citizen's willingness to pay (total WTP) for the benefits; this is the adequate methodology to assess quantitatively the socio-economic values of cultural goods and cultural policies. Moreover, WTP is a much powerful measure of value than a mere qualitatively attitudinal statement where people often declare that they "care about culture" although in practice they are not be able to sacrifice anything to support for it (Pearce et al no date); ultimately, WTP forces individuals to take into account the fact that they are being asked to sacrifice some of their limited income to secure the cultural change that will change their one wellbeing (in these valuation cases the object sacrificed is some amount of money; although some other object different from money may be used). Thirdly, we applied the Contingent Valuation (CV) method to estimate the local's WTP for the multi cultural valorization program. This is the most popular technique for evaluating the social values of goods and services (Carson *et al,* 2005) returning merit good characteristics, and the best approach for enabling the elicitation of non-marketed values for fuzzy benefits (Provins *et al* 2008; Borghi *et al,* 2007) that are hardly recognized and likely to vary from stakeholder to stakeholder. CV provides one single monetary measure for different values. Recently, several empirical attempts have applied CV approaches to estimate the non-market values of benefits enhanced by cultural policies in general and by rescue archaeological knowledge (Báez and Herrero 2012, Vandermeulen *et al,* 2011, Provins 2008, Mourato and Mazzanti 2002, Navrud and Ready 2002). Provins *et al* (2008) presents an extended survey of the studies concerning the economic values associated with cultural capital such as archaeology, which include ancient monuments; ancient citadels; ruins and archaeology; maritime archaeology; historic parks; and heritage sites. In a study undertaken by Santagatta and Signorello in 2002, the benefits of a public program for maintaining the public assessment to several historic buildings and sites underwent assessment. More contemporary cultural valuation studies include, and for instance, Othman *et al* (2013), Báez- Montenegro *et al* (2012), Báez and Herrero 2012, Lundhede *et al* (2012), Kinghorn and Willis (2008), Tuan and Navrud (2008; 2007), Dutta *et al* (2007), Kim *et al* (2007), or Ruijgrok (2006).

CV simply asks for the individual's WTP/WTA for the alterations in welfare associated with any hypothetical change in the benefit quantity or quality of cultural services by means of questionnaire which recreates a contingent hypothetical market for that change. The CV questionnaire is the foundation supporting this hypothetical market, which individuals complete and therefore respond and state their WTP/WTA for the proposed change in the provision of local cultural services. The questionnaire was built in such a way as to comply with the entire recommendations made within the vast CV literature (see Mendes 2013; Whitehead, 2009; Alberini and Kahn 2006; Boyle and Bergstrom 2001; Arrow *et al*, 1993; Mitchell and Carson, 1989 for details) but always accommodating the specifics of our evaluation object and therefore ensuring that the stated WTP bids as closely as possibly reflected the real individual preferences for the evaluation contingent. The sample was taken from a universe of 28,989 individuals, distributed by the three municipalities. For each municipality, a proportional distribution of the residents was made to comply with their natural distribution. At the end, a total sample with 381 representative individuals was in place with a maximum 5% accuracy rate and a confidence interval of 95%.

3. Results

Following Dalmau-Matarrodona and Puis-Junoy's (2001) and Mourato and Mazzanti (2002)'s outlier definitions, we found only a single outlier. This individual reported a WTP bid amount of € 25, which was by far the highest of all the stated WTP values. Therefore, we applied some socio-economic variables concerning this particular individual such as age; feeling towards the project; previous knowledge about the project; professional situation; and monthly income, and crossed referenced them with the individual's stated WTP for the program to come to the conclusion that the stated bid was not legitimate since this specific person declared unemployment and a low income level and therefore considered as an outlier and excluded from the sample. No free riding behavior was detected.

When respondents were asked what reasons supported their stated WTP bid amounts (i.e., in the sense of voting), altruistic bequest non-use values and socio-economic indirect-use values were pointed out as the preferred reasons, closely followed by intrinsic non-use reasons.

When comparing such reasons with the stated level of agreement in supporting the valorization program per type of reasons before asking individuals how much money they were willing to spend on the program, we conclude in favor of a high level of coherence to the sample's answers. The results allow us to conclude, at least partially, that "donation to co-finance the management institution" was the correct means of payment for adoption in the current CV approach as it at least seems unbiased concerning the usual social practice of respondents regarding their contributions to co-financing other social entities, i.e., asking people to state how much would they be willing to contribute with a monthly based donation to co-financing the institution aimed at managing the cultural valorization program, only 2.6% of the respondents stated not knowing what to answer to the WTP question.

The percentage of zero WTPs (78,9%) might be seen as a high number; however, this result is in line with other CV approaches applied to cultural goods (Mourato and Mazzanti 2002, p. 61), particularly in the case of those adopting the open-ended CV format to assess the WTP question, where zero WTP bids can amount to 90% (Getzner 2012 p. 273). As for the reasons that may explain such high numbers of zero answers and besides the obvious technical dimension (Mitchell and Carson 1989), we may point out a set of other factors mainly associated with regional specificities. One relates to a lack of cultural knowledge and local interest in archaeology: although 56% of the respondents declared they "Find Archaeology Important" and 27% "Very Important"; 53% have "Never Contacted with it through visits to museums or exhibitions"; 67% of the respondents declared contact with Archaeology only by "Television, Films or Videos" ; and the great majority (around 94%) declared themselves "to be indifferent to it" (1%), "to know nothing about it" (14%), to know that "something exists although not knowing what very well" (18%); and declared "to Know Something of the Archaeological Heritage in the Region, but nothing in-depth" (61%). Other reasons derive from the current Portuguese social-financial-economic crisis, which is responsible for a sharp decrease in wages, pensions and other state social security payments, household income alongside a very significant drop in cultural investment, especially in archaeology goods and services: almost 80% of the individuals sampled declare they expect their income to be worse (44%) or to stagnate (36%) in the near future.

Ultimately, we may therefore conclude that although respondents find archaeology important – 56% (the warm glow effect?), very few however seem to reveal a proactive attitude to contact with it and perhaps because they experience some lack of cultural archaeological knowledge (nly 5.8% declared knowing the region's archaeological heritage very well) or a worsening household income position (average individual's income is low, around 700 euros per month) or even due to perceiving an increasing lack of interest from government in promoting and disclosing this sort of cultural capital – nevertheless, 92% of the sample strongly agree with the idea of using the rescue archaeological knowledge as input for increasing the local cultural range for educational, cultural and socio-economic motives and 61% stated that the team's valorization program was important for local social-economic development.

Hence, keeping these reasons in mind, the welfare of a high number of inhabitants seems not to be particularly affected by changes in archaeological goods and services and individuals therefore seem not very interested in spending money on such issues. In some instances, it is a minority of the population stating positive values, typically those using cultural goods with regularity, the richer and the more educated segments of the population (Mourato and Mazzanti 2002). We went on to study whether this represented the case of the Brinches and Sobreira de Cima cultural valorization programs and a Chi-square test of independence was applied to understand what types of associations may exist between gender, marital status, academic qualifications, job situation, and net monthly household income and the stated WTP. We could not find any statistically significant relationships between positive WTP respondents and the other socio-demographic variables especially education or income, like those detected in the literature. The same lack of relationships persists as concerns refusals to WTP (zero bids), per type of refusal (*i.e.*, protest or non-protest zero bids) and the aforementioned social-economic variables with the results indicating a statistically significant relationship only between academic degree and refusal to WTP. Again, we could not find any statistically significant relationships between respondent refusal to WTP and the other socio-demographic variables. Such a failure is not in line with the conclusions reached by other cultural valuation studies and applications, where positive and statistically significant relationships generally exist between richer and more educated respondents more often declaring their willingness to monetarily contribute to some sort of cultural financing (Mourato and Mazzanti 2002, p. 61). One strong possible explanation for this failure may rely upon the quality of the data and the small sample dimension.

The sample's representative individual is willing to contribute monthly and during five years with € 0.66 (€ 1.24) to secure the foundation of a managerial institution to design, implement, appraise and manage the entire cultural program and its corresponding cultural actions. This means that the TEV (or total welfare in currency) that the local community stated for the cultural program may be equivalent to € 1,325,339.63 (€ 2,490,032.04). The estimates are 0.05% of the 2010 GDP of the Baixo Alentejo region (PORDATA), which includes the three most directly affected municipalities by the program: Serpa,

Moura and Vidigueira. Clearly, the individuals that are willing to pay something to secure the implementation of the program do so mainly for non-use altruistic and intrinsic reasons and less for direct use reasons. We should stress however, that locals seem unwilling or willing to pay much less money to sustain the program when implemented only for the sake of experts (archaeologists) and not for the sake of the overall community. The majority proportion of the stated willingness to pay seems strictly related with the idea of attaining some use, now or in the future, from the cultural capital obtained from the rescue archaeological activities in Brinches and Sobreira de Cima and with affirmative responses far less about the idea of keeping that capital stored and protected. We would also highlight our option to adopt a very conservative sample containing residents only, and thereby ignoring non-residents, might represent an additional explanation for the low level of the estimated WTP mean. Indeed, CV literature shows that non-residents tend to provide higher WTP bids than those returned by residents. Should the former be included in the sample, the estimated mean WTP and therefore TEV may correspondingly rise. Finally, we also may conclude that despite the presence of restrictions such as the Portuguese economic and financial situation; program funding restrictions; the intangible nature of some of the archaeological knowledge at stake; and its partial displacement, inhabitants still recognize this as an important issue and as such deserving investment from society.

4. Conclusions

Residents revealed strong qualitative support for the Sobreira de Cima and Brinches Rescue Archaeological Knowledge Valorization Program and concretely expressed this in stating their willingness to increase their monthly expenditures to financially contribute to the program, *i.e.*, displaying a relatively strong willingness to contribute to turning the hypothetical scenario of creating a management entity aimed at designing, implementing and managing the entire program a reality. They were willing to co-finance mainly for the sake of future generations and out of the consideration that such archaeological finds ought to be preserved for the benefit of the general population. Most people rejecting any WTP do so as a protest against taxes or government tax policy or as a rejection of either the hypothetical scenario or the vehicle of payment and not as a real rejection of the program itself. We would stress that only 0.8% of the individuals sampled rate the program as not important from the qualitative point of view with over 60% ranking the program as at least important. However, when confronted with having to make a trade-off between program implementation and a specific amount of euros, more than 70 % declare themselves unwilling to participate in that trade-off and mostly do so for protest reasons only. Hence, the welfare of a high number of inhabitants seems not particularly affected by changes in archaeological goods and services and they are therefore correspondingly not very interested in spending money on the issue. The current estimates may serve as support for decision making insofar as they monetarily quantify the range of non-market social benefits that prove so important to society but always get neglected in cost benefit-based appraisals. How many projects revealing high market values as regards private interests but of doubtful value from the social perspective receive approval? The ultimate result of this systematic decision-making process geared to the imperative logic of private interests comes with the adoption of highly profitable projects in the short term from the private point of view even while potentially negative in the long term from the social point of view. WTP and TEV estimations may therefore be used to conduct more socially friendly cost-benefit analysis and therefore demonstrating the actual feasibility of "founding a non-profit institution" with the core goal of designing, implementing, managing, and evaluating the Valorization Program for the Knowledge Collected by Rescue Archaeological Activities at Brinches and Sobreira de Cima within the scope of strengthening and deepening sustainable local development.

Acknowledgements: we would like to thank the field work co-ordinated by Jorge da Silva and implemented by Carla Palma, Cláudia Caldeira, Faustina Reis, Úrsula Caeiro and Úrsula Paulo, without whose commitment this task could not have been implemented correctly.

References:

Alberini, A., and Kahn, J. (eds) (2006), *Handbook on Contingent Valuation*, Cheltenham, 2006, Edward Elgar Publishing.

Arrow K. et al. (1993), *Report of the NOAA Panel on Contingent Valuation*, Federal Regulation, 1993, **58**, 4601 *et seg.*

Báez, A., Bedate, A. M., Herrero, L. C., Sanz, J. A. (2012), "Inhabitant's Willingness to Pay for Cultural Heritage: A Case Study in Valdivia, Chile, Using Contingent Valuation", Journal of Applied Economics, 2012, **15** (2), p. 235-258.

Báez, A. and Herrero, L. C. (2012), "Using Contingent Valuation and Cost--Benefit Analysis to Design a Policy for Restoring Cultural Heritage", *Journal of Cultural Heritage*, 2012, **13** (3), p. 235 – 245.

Borghi, J. et al. (2007), "Using Focus Groups to Develop Contingent Valuation Scenarios – A Case Study of Women's Groups in Rural Nepal", *Social Science & Medicine*, 2007, **64**, p. 531-542.

Boyle, K. G., and Bergstorm, J. C., (2001), "Doubt, Doubts, and Doubters: The Genesis of a New Research Agenda?" in: I. J. Bateman and K. G. Willis, (eds), 2001, *Valuing Environmental Preferences. Theory and Practice of the Contingent Valuation Method in the US, EU, and Developing Countries.* New York, Oxford University Press, 2001, p. 183.

Carson, R.T. and Hanemann, W. M. (2005), "Contingent Valuation", in: Mäler, K.-G. and Vincent, J. R. (eds), *Handbook of Environmental Economics. Valuing Environmental Changes*, Amsterdam, North-Holland, Elsevier, 2005, Volume 2, Chapter 17th, p. 821-936.

Cwi, D., (1980), "Public Support for the Arts Three Arguments Examined", *Journal of Cultural Economics* **4**(2), p. 39-62.

Dalmau-Matarrodona, E. and Puig-Junoy, J., 2001. "Assessing Health Effects in Contingent Valuation Surveys: Some Practical Problems", in: Pinto, J. L., Lopez-Casasnovas, G., and Ortun, V. (eds), *Economic Valuation: From Theory to Practice*, Spain, Elsevier.

Dutta, M., Banerjee, S., and Husain, Z., (2007), "Untapped Demand for Heritage: A Contingent Valuation Study of Prinsep Ghat, Calcutta", *Tourism Management 28*, p. 83-95.

Getzner, M., (2012), "The Regional Context of Infrastructure Policy and Environmental Valuation: The Importance of Stakeholders' Opinions", *Journal of Environmental Economics and Policy*, 1(3), p. 255-275.

ICOMOS, International Cultural Tourism Charter, (2002), *Principles and Guidelines for Managing Tourism at Places of Cultural and Heritage Significance,* ICOMOS International Cultural Tourism Committee. http://www.heritagemalta.org/erdf032/documents/06_ICOMOS%20International%20Cultural%20Tourism%20Charter.pdf (last access: 17th September 2013).

Jorge, P. C., (2012), *Práticas Funerárias da Pré-História Recente no Baixo Alentejo e Retorno Socioeconómico de Programas de Salvamento Patrimonial. – Modelo Genérico de Valorização e Modelo Específico para Brinches e Sobreira de Cima*, Lisbon, 2012, Active Património Vivo.

Kim, S. S., Wong, K. K. F., and Cho, M., (2007), "Assessing the Economic Value of a World Heritage site and Willingness – to- pay Determinants: A Case Study of Chang deoK Palace", *Tourism Management* **28** (1), p. 317-322.

Kinghorn, N., and Willis, K., "2008", "Valuing the Components of an Archaeological Site: An Application of Choice Experiment to Vindolanda, Hadrian's Hall", *Journal of Cultural Heritage*, **9**, p. 117-124.

Lunhede, T., Bille, T., and Hasler, B., (2012), "Exploring Preferences and Non-Use Values for Hidden Archaeological Artefacts: a case from Denmark", *International Journal of Cultural Policy* DOI: 10.1080/10286632.3011.652624.

Mazzanti, M., (2002), "Cultural Heritage as Multi-Dimensional, Multi-Value and Multi-Attribute Economic Good: Toward a New Framework for Economic Analysis and Valuation", *Journal of Socio-Economics*, **31**, p. 529-558.

Mendes, I. M., (2013), Mining *Rehabilitation Planning, Mining Heritage Tourism, Benefits and Contingent Valuation*, WP n.º 3, Lisboa, SOCIUS Research Center in Economic and Organizational Sociology, ISEG Lisboa School of Economics and Management, Universidade de Lisboa.

Mitchell, R.C. and Carson, R.T. 1989. 1989. *Using Surveys to Value Public Goods: The Contingent Valuation Method*. Resources for the Future: Washington DC.

Mourato, S. and Mazzanti, M., (2002), "Economic Valuation of Cultural Heritage: Evidence and Prospects", in *Research Report*, Getty Conservation Issue, 2002, *Assessing the Values of Cultural Heritage*, Research Project, pp 5 – 30: Los Angeles (http://www.getty.edu/conservation/publications_resources/pdf_publications/pdf/assessing.pdf; assessed 11th November 2014).

Musgrave, R. A., (2008), *Merit Good*, The New Palgrave Dictionary, Edited by Steven N. Durlauf and Lawrence E. Blume. http://www.dictionaryofeconomics.com/article?id=pde2008_M000152&edition=current&q=merit%20good%20musgrave&topicid=&result_number=1 (accessed 17th September 2013).

Navrud, S. and Ready, R., (2002), "Why Value Cultural Value?", in: Navrud, S. and Ready, R. (eds), 2002, *Valuing Culture Heritage: Applying Environmental Valuation Techniques to Historic Buildings, Monuments, and Artefacts*, Cheltenham, UK, Edward Elgar, p. 3-9.

Netzer, D., (1978), *The Subsidised Muse*, Cambridge, Cambridge University Press.

Othman, J. and Rahajeng, A., (2013), "Economic Valuation of Jogjakarta's Tourism Attributes: A Contingent Ranking Analysis", *Tourism Economic*, February.

Pearce, D.W., Mourato, D., and Pollicino, M., (2001), "Economics and Cultural Heritage", paper presented at the conference on the Economic Valuation of Cultural Heritage, February, London, University College.

Pearce, D., Maddison, D. and Pollicino, M. ,(no date), *Economics and Cultural Heritage*, Centre for Cultural Economics and Management, University College of London , London, http://www.e-campus.uvsq.fr/claroline/backends/download.php?url=L0FydGljbGVzX2V0X%2Bl0dWRlcy9kZWZpbml0aW9ucy9DdWx0dXJhbC5lY29ub21pY3MxMS5wZGY%3D&cidReset=true&cidReq=PATRI (accessed 11th November 2014).

Provins, A., Pearce, D., Ozdemiroglu, E., Mourato, S., Morse-Jones, S., (2008), "Valuation of the Historic Environment: The Scope for Using Economic Valuation Evidence in the Appraisal of Heritage-Related Projects", *Progress in Planning*, **69**, p. 131-175.

Ruijgrok, E. C. M., (2006), "The Three Economic Values of Cultural Heritage: A Case Study in the Netherlands", *Journal of Cultural Heritage*, **7**, p. 206-213.

Santagata, W., and Signorello, G., (2002), "Individual Preferences and Allocation Mechanisms for a Cultural Public Good: Napoli Musei Aperti", in: Navrud, D., and Ready, R. (eds), 2002, *Valuing Cultural Heritage: Applying Environmental Valuation Techniques to Historic Buildings, Monuments and Artefacts*, Cheltenham, UK., Edward Elgar, p. 238-253.

Throsby, D., (2001), *Economics and Culture*, UK, Cambridge University Press.

Throsby, D. and Withers, A., (1985), "What Price Culture?", *Journal of Cultural Economics*, 9(2), p. 1-34.

Tuan, T- H., and Navrud, S., (2008), "Capturing the Benefits of Preserving Cultural Heritage", *Journal of Cultural Heritage*, **9** (3), p. 326 – 337.

Tuan, T. H., and Navrud, S., (2007), "Valuing Cultural Heritage in Developing Countries: Comparing and Pooling Contingent Valuation and Choice Modelling Estimates", *Environmental Resource Economics*, 38, p. 51-69.

Turner, R.K., Paavola, J., Cooper, P., Farber, S., Jessamy, V., and Georgiou, S., (2003), "Valuing Nature: Lessons Learned and Future Research Directions", *Ecological Economics*, 46(3), p. 493-510.

UNESCO, (1972), Convention Concerning the Protection of the World Cultural and Natural Heritage. Paris, November 16th. http://whc.unesco.org/archive/convention-en.pdf (accessed 11th November 2014).

Valera, A. C., Godinho, R., Calvo, E., Berraquero, F. J., Filipe, V., and Santos, H., (2010), "Um mundo em negativo: fossos, fossas e hipogeus entre o Neolítico Final e a Idade do Bronze na margem esquerda do Guadiana (Brinches, Serpa)", in: *Actas do IV Colóquio Arqueológico de Alqueva*: Beja. http://www.academia.edu/953825/_Um_mundo_em_negativo_fossos_fossas_e_hipogeus_entre_o_Neolitico_Final_e_a_Idade_do_Bronze_na_margem_esquerda_do_Guadiana_Brinches_Serpa_ (accessed 11th November 2013).

Vandermeulen, V., Verspecht, A., Vermeire, B., Van Huylenbroeck, G., Gellynck, X., (2011), "The Use of Economic Valuation to Create Public Support for Green Infrastructure Investments in Urban Areas", *Landscape and Urban Planning*, 103, p. 198 – 206.

Whitehead, J. C., (2009), "A Practitioner's Primer on the Contingent Valuation Method", in: Alberini, A. and Khan, J.R., 2009, *Handbook on Contingent Valuation*, Cheltenham, Edward Elgar, p. 66-91.

A doutrina social da Igreja em perspetiva histórica: origens, continuidades e viragens

*Nuno Valério**

Resumo

O *Compêndio da Doutrina Social da Igreja* apresenta a evolução da doutrina social da Igreja como uma gradual adaptação à realidade de cada época e lugar em continuidade com o documento fundador que foi a encíclica *Rerum novarum*. O texto que se segue procura aprofundar essa perspetiva, por um lado considerando as origens da *Rerum novarum* na doutrina anterior da Igreja sobre questões sociais e no movimento do catolicismo social, por outro examinando os problemas de identidade do movimento social católico até meados do século XX, a profunda transformação sofrida pela doutrina social da Igreja na década que mediou entre 1961 e 1971 e a sua consolidação desde então.

Abstract

The *Compendium of the Social Doctrine of the Church* presents the evolution of the social doctrine of the Church as a gradual adaptation to the situation of each epoch and place in continuity with the founding document of the doctrine, the encyclical *Rerum novarum*. The following text tries to deepen this perspective, on one hand con-

* (GHES – CSG – ISEG – ULisboa).

sidering the origins of the *Rerum novarum* in the previous doctrine of the Church on social questions and in the movement of social Catholicism, on the other hand examining the identity problems of the catholic social movement until the mid-20th century, the deep transformation undergone by the social doctrine of the Church in the decade between 1961 and 1971 and its consolidation since then.

Observação – Os documentos pontifícios e conciliares citados foram consultados na estação da Santa Sé na Internet.

Introdução

O corpo doutrinal correntemente denominado "doutrina social da Igreja" foi sintetizado nos princípios do século XXI no *Compêndio da Doutrina Social da Igreja*, preparado pelo Pontifício Conselho Justiça e Paz e publicado pelo Papa João Paulo II em 29 de junho de 2004.

Nos apontamentos históricos contidos nos pontos 87 a 104 do *Compêndio*, a doutrina social da Igreja é definida como "o corpus doutrinal referente à sociedade que, a partir da Encíclica *Rerum novarum* (1891) de Leão XIII, se desenvolveu na Igreja através do Magistério dos Romanos Pontífices e dos Bispos em comunhão com eles" e a respetiva evolução é resumida afirmando que "Toda a doutrina social poderia ser entendida como uma atualização, um aprofundamento e uma expansão do núcleo originário de princípios expostos na *Rerum novarum*".

Se a ênfase na continuidade da evolução não é de espantar na autorrepresentação de um corpo doutrinal, o papel atribuído à encíclica *Rerum novarum* como inovação epocal pode ser um pouco surpreendente. É certo que se afirma que "a Igreja jamais deixou de se interessar pela sociedade" e que "Na sua contínua atenção ao homem na sociedade, a Igreja acumulou assim um rico patrimônio doutrinal", cujas fontes originárias se afirma, como seria de esperar, remontarem à Sagrada Escritura, especialmente ao Evangelho, e aos escritos apostólicos. Porém, não é dada qualquer indicação sobre o conteúdo desse "rico patrimônio doutrinal", antes é sublinhado, invocando o ponto 2421 do *Catecismo da Igreja Católica*, que "a Encíclica *Rerum novarum* dá início a um novo caminho: inserindo-se numa tradição plurissecular, ela assinala um novo início e um substancial desenvolvimento do ensinamento no campo social".

O que há de novo na doutrina social da Igreja desenvolvida a partir da encíclica *Rerum novarum* em comparação com a doutrina anterior da Igreja sobre questões sociais? Qual o enquadramento histórico dessa renovação da doutrina da Igreja sobre questões sociais? Como se processou a sua evolução posterior? Eis as questões que o texto que se segue procura abordar sucintamente.

A primeira secção esboça uma síntese do que pode ser denominado a doutrina tradicional da Igreja sobre questões sociais. A segunda secção identifica o secularismo e o crescimento económico moderno como os elementos principais do novo enquadramento histórico e sintetiza as respostas que lhe foram dadas pela renovação da doutrina da Igreja sobre questões sociais em finais do século 19. A terceira secção descreve os problemas de identidade do movimento social católico entre finais do século XIX e meados do século XX. A quarta secção analisa a profunda transformação da problemática da doutrina social da Igreja ocorrida entre 1961 e 1971. A quinta e a sexta secções debruçam-se sobre o processo de consolidação da doutrina social da Igreja desde então, considerando, respetivamente, os períodos anterior e posterior à publicação do *Compêndio da Doutrina Social da Igreja*.

1. A doutrina tradicional da Igreja sobre questões sociais

Não cabe nos limites deste texto examinar detidamente o que foi a doutrina da Igreja sobre questões sociais nas épocas anteriores à doutrina social da Igreja sintetizada no *Compêndio*. Não é possível, porém, a compreensão desta sem uma referência, mesmo que extremamente breve, àquela.

Minoritária e por vezes ilegalizada e perseguida nos primeiros séculos da sua existência, a Igreja desenvolveu uma doutrina de respeito pelos poderes estabelecidos, exceto em caso de exigências contraditórias com a fé ou a moral cristã, e de reclamação da liberdade de existência e de proselitismo, que manteve depois como modelo de relação com os estados não maioritariamente católicos.

A doutrina da Igreja sobre questões sociais nesta época pode, por isso, caracterizar-se como uma doutrina de conformismo social e de renovação pessoal. Conformismo social significava aceitação das estruturas sociais e das autoridades existentes; renovação pessoal significava uma atitude e um comportamento diferentes do que seriam por vezes os carris de conduta habituais na sociedade.

Um exemplo paradigmático desta doutrina pode ser encontrado na Epístola de São Paulo a Filémon. Colocado perante uma situação de furto e fuga por parte de um escravo, o apóstolo não põe em causa a instituição da escravatura, mas reclama do respetivo senhor, devido à sua condição de cristão e à conversão ao cristianismo do escravo, uma atitude e um comportamento de benevolência, uma vez corrigidos os delitos iniciais do escravo.

Maioritária e por vezes organização religiosa oficial a partir do século IV em alguns estados, a Igreja desenvolveu uma doutrina de autonomia das esferas de atuação do poder espiritual e do poder temporal e de submissão do poder temporal ao poder espiritual quando essas esferas interferissem, que manteve depois como modelo de relação com os estados maioritariamente católicos.

Assim, a doutrina da Igreja sobre questões sociais nesta época pode, um pouco em antítese dialética com a da época em que a religião cristã era minoritária, caracterizar-se como uma doutrina de renovação social e de conformismo pessoal. Renovação social significava a busca de uma estrutura social concebida por forma a inculcar nos membros da sociedade uma vida de acordo com a fé e a moral cristãs; conformismo pessoal significava aceitação das estruturas e das autoridades existentes, que agora era suposto promoverem a fé e a moral cristãs.

A renovação social não significou, porém, uma crítica sistemática das instituições sociais e económicas existentes. Um exemplo paradigmático desta dificuldade de a Igreja adotar posições críticas em relação a instituições existentes mesmo na época em que a religião cristã se tornou oficial é o da aceitação implícita do tráfico de escravos organizado pelas sociedades europeias, particularmente no Atlântico, entre os séculos XVI e XIX. Só pela carta apostólica *In supremo apostolatus* de 3 de dezembro de 1839 do papa Gregório XVI a Igreja Católica condenou o tráfico de escravos e proibiu os católicos de nele participarem ou de o coadjuvarem. Por essa altura, praticamente todos os países europeus tinham ilegalizado já o tráfico de escravos (embora ele só tenha realmente cessado por parte de traficantes europeus em meados do século XIX).

2. A Igreja perante o secularismo e o crescimento económico moderno

Os séculos XVIII e XIX assistiram a transformações da vida social que colocaram novos problemas à doutrina da Igreja sobre as questões sociais. Uma dessas transformações foi o desenvolvimento de uma conceção secularista da vida humana, alternativa à tradicional conceção religiosa, em sociedades em que o cristianismo era religião dominante e desempenhava o papel de religião oficial. Outra foi a mudança da vida económica que Simon Kuznets denominou crescimento económico moderno (*Modern economic growth – rate, structure, and spread*, Yale University Press, New Haven, 1969) e que possibilitou a formação de uma economia e de uma sociedade mundiais. Estas transformações fizeram desaparecer as cristandades, sociedades de religião cristã dominante e mesmo oficial, em parte acabando com o papel dominante do cristianismo nessas sociedades, em parte integrando-as numa nova sociedade de âmbito mundial, em que existem outras religiões de vocação universalista.

Resposta ao secularismo: reafirmação e reformulação da doutrina tradicional da Igreja Católica sobre questões sociais

A resposta da Igreja Católica ao secularismo consistiu basicamente numa reafirmação da doutrina, em particular da doutrina tradicional sobre questões sociais. Esta reafirmação não excluiu alguma reformulação, levada a cabo de forma sistemática no último quartel do século XIX pelo papa Leão XIII através de várias encíclicas:[1]

- *Quod apostolici muneris* de 28 de dezembro de 1878 "sobre o socialismo, o comunismo e o niilismo".
- *Arcanum* de 10 de fevereiro de 1880 "sobre o matrimónio cristão".
- *Diuturnum* de 29 de junho de 1881 "sobre a origem do poder civil".
- *Imortale Dei* de 1 de novembro de 1885 "sobre a constituição dos estados".
- *Libertas* de 20 de junho de 1888 "sobre a liberdade humana".
- *Sapientiæ christianæ* de 10 de janeiro de 1890 "sobre os principais deveres dos cidadãos cristãos".

Encontra-se nestas encíclicas uma conceção das sociedades humanas, cujos traços principais são os seguintes:

- os seres humanos vivem necessariamente em sociedade;
- as sociedades humanas são um complexo de agrupamentos naturais independentes da vontade dos seus membros – a comunidade familiar, a comunidade política (o Estado) e a comunidade religiosa (a Igreja) – e de agrupamentos (associações) resultantes da iniciativa dos seus membros;
- entre os agrupamentos que constituem as sociedades humanas, a comunidade política e a comunidade religiosa,

[1] As encíclicas são conhecidas, como era e é tradição, pelas primeiras palavras do seu texto oficial, geralmente, mas não sempre, em latim. Entretanto, os pontífices, em particular Leão XIII, inserem frequentemente uma epígrafe, aqui apresentada entre aspas, com o tema da encíclica.

denominados sociedades perfeitas, são autossuficientes na prossecução dos seus fins, enquanto os restantes, nomeadamente as famílias e as associações, denominados sociedades imperfeitas, dependem de outros para a prossecução dos seus fins;

- a propriedade é um direito natural, que pode ser regulado pelo Estado, mas não deve ser abolido;
- a autoridade civil – o Estado – é necessária (de origem divina), embora a forma de designação de quem a exerce – o soberano – possa variar conforme as circunstâncias;
- compete às sociedades perfeitas proporcionar apoio às imperfeitas, mas não substituir-se a elas na prossecução da sua missão – princípio da subsidiariedade.

É significativo que a vida económica apenas tenha importância secundária no quadro sociológico e doutrinal que acaba de ser resumido. É claro que tem de supor-se as famílias realizam atividade económica para proverem à sua subsistência. É claro que entre os agrupamentos resultantes da iniciativa dos seus membros se poderão contar sociedades com fins económicos. Porém, nada disso é alvo de referência específica. E não existe também qualquer referência às transformações da vida económica associadas ao crescimento económico moderno, nem à questão social que era na época percebida como a sua principal consequência negativa.

Poderia argumentar-se contra esta afirmação o facto de a primeira encíclica de Leão XIII ter como tema o socialismo, uma doutrina surgida exatamente em resposta à questão social. Contudo, não havia na crítica do socialismo contida na encíclica qualquer discussão da questão social, apenas uma condenação doutrinal do que era percebido como uma contestação da autoridade, da família e da propriedade, que a doutrina da Igreja sobre questões sociais entendia, como referido, serem as bases de uma boa constituição das sociedades humanas.

Crescimento económico moderno e catolicismo social

O que Simon Kuznets denominou crescimento económico moderno consistiu num conjunto de inovações tecnológicas e organizativas que aumentaram significativamente a produtividade e alteraram profundamente a estrutura da atividade económica desde o século XVIII, inicialmente sobretudo em alguns países da Europa, sobretudo da Europa do Noroeste, e da América do Norte, provocando a subida da taxa de urbanização e do emprego por conta de outrem. Entre as consequências destas transformações, eram geralmente percebidos problemas sociais como o aumento da desigualdade na distribuição do rendimento e da riqueza e o desaparecimento dos mecanismos tradicionais de proteção contra os riscos da velhice, da invalidez e da doença, aos quais se acrescentara com grande importância o risco do desemprego. Face a estes problemas, correntemente denominados questão social, contrapunham-se a doutrina liberal, que confiava na dinâmica espontânea das estruturas capitalistas de mercado para a sua resolução gradual através do aumento tendencial do nível de vida, e a doutrina socialista, que reclamava transformações institucionais adicionais, nomeadamente a redistribuição da riqueza e do rendimento, a socialização dos meios de produção e a planificação da vida económica.

A Igreja Católica não pudera deixar de se confrontar com a realidade da questão social, especialmente na sua ação pastoral nos países em que o processo do crescimento económico moderno se iniciara e mais se desenvolvera. Isso suscitara o desenvolvimento de um movimento habitualmente denominado catolicismo social, cujos elementos mais conhecidos eram:

- a ação de Henri Manning (1808-1892), arcebispo de Westminster e cardeal, junto do operariado católico na Grã-Bretanha;
- a criação por René La Tour du Pin (1834-1924) e Albert de Mun (1841-1914) de *L'Oeuvre des Cercles Catholiques d'Ouvriers* e pelo empresário Léon Harmel (1829-1915) da *Société Industrielle des Patrons Chrétiens* em França;

- a ação de Wilhelm von Ketteler (1811-1877), bispo de Mainz, junto do operariado católico na Alemanha e a sua obra *Die Arbeitfrage und das Cristenthum*, publicada em 1858;
- o ensino de Charles Périn (1815-1905), professor da Universidade Católica de Lovaina, e a sua obra *De la richesse des sociétés chrétiennes*, publicada em 1861;
- a relação de James Gibbons (1834-1921), arcebispo de Baltimore e cardeal, com a associação *Knights of Labor*, uma das primeiras iniciativas de natureza sindical dos Estados Unidos da América.

Contudo, como foi assinalado atrás, nada disto fora alvo de atenção na formulação da doutrina da Igreja sobre questões sociais até finais do século XIX; e se, como lembra Joseph Schumpeter (*History of Economic Analysis*, Oxford University Press, London, 1954, páginas 764-765), "This concern of the Catholic Church with the conditions of labor was nothing new and only adapted an old tradition to the problems of the epoch", e, portanto, a ação puramente caritativa não estava em causa, a constituição, por exemplo, de associações operárias católicas, ou a cooperação de católicos com associações operárias não confessionais, poderiam ser alvo de suspeitas de infringirem os bons princípios da doutrina da Igreja sobre questões sociais.

A *Rerum novarum* e o seu significado

Neste contexto, a encíclica *Rerum novarum* pode ser interpretada como um ponto de convergência da doutrina da Igreja sobre questões sociais anteriormente sintetizada por Leão XIII, com a qual se encontra em total continuidade, e o catolicismo social.

Na sua epígrafe, é apresentada como tratando "da condição dos operários". Consiste basicamente na discussão das propostas de solução socialista e liberal para a questão social e na apresentação do que pode ser considerado a proposta de solução católica.

A proposta de solução socialista é descrita como a abolição da propriedade privada e explicitamente criticada com vários argumentos: a propriedade privada não é mais do que a acumulação do trabalho; a propriedade privada é um direito natural, confirmado pela lei divina; a família é uma sociedade originária, que necessita da propriedade privada para cumprir plenamente a sua função; e a abolição da propriedade privada é um fator de empobrecimento, pela dependência excessiva do Estado que pode gerar e pelo desaparecimento do estímulo ao exercício do talento que pode provocar. Não pode deixar de se notar a caracterização simplista e mesmo errónea da doutrina socialista e o caráter heterogéneo dos argumentos que lhe são contrapostos em defesa da propriedade privada.

A proposta de solução liberal é implicitamente caracterizada como a abstenção de intervenção do Estado na questão social e implicitamente criticada no desenvolvimento do que é apresentado como a proposta de solução cristã:

- a propriedade privada dos bens obriga moralmente ao seu uso em benefício de todos;
- o Estado tem obrigação de intervir na questão social, protegendo a propriedade particular, impedindo as greves e os distúrbios a que dão causa, estimulando o aperfeiçoamento espiritual, em particular assegurando a todos o repouso festivo consagrado à religião, e protegendo especialmente as classes menos favorecidas de bens materiais e o trabalho dos operários, por forma a que não seja excessivo em duração ou características e seja atendida a condição das crianças e das mulheres;
- o salário, embora livremente fixado pelo patrão e pelo operário, deve ser "suficiente para assegurar a subsistência do operário sóbrio e honrado";
- a garantia dos direitos dos operários deve ser primordialmente confiada às corporações ou sindicatos, mas pode exigir a intervenção dos poderes públicos (sempre com respeito pelo princípio da subsidiariedade).

De forma mais ou menos articulada e coerente, a doutrina da Igreja sobre questões sociais e o catolicismo social foram, deste modo, solenemente declarados compatíveis. Por outras palavras, a *Rerum novarum* não foi uma coisa nova, nem em termos de doutrina da Igreja sobre questões sociais, nem em termos de movimento social católico, mas foi uma coisa nova em termos de tomadas de posição dos sumos pontífices sobre a sua compatibilidade: os "patronos católicos da causa do trabalho", como se lhes referiu Schumpeter, passaram a partir de então a estar claramente dentro da legitimidade.

3. Os problemas de identidade do movimento social católico de finais do século XIX ao segundo após guerra do século XX

O período que mediou entre a publicação da *Rerum novarum* e o segundo após guerra do século 20 assistiu a uma clara expansão do movimento social de inspiração católica, o que não impediu a persistência de alguns problemas de identidade.

Do movimento social católico à Ação Católica

Esses problemas de identidade tomaram a forma de divergência entre uma visão conservadora de apelo ao restabelecimento das instituições económicas e sociais desaparecidas com o crescimento económico moderno e o liberalismo e uma visão progressista de construção de instituições novas para responder a uma transformação irreversível da realidade.

Cerca de uma década depois da *Rerum novarum*, Leão XIII dedicou ao movimento social católico a encíclica *Graves de comuni* de 18 de janeiro de 1901, na qual se congratulou com os frutos de encíclicas anteriores (note-se o plural – Leão XIII não atribuía à *Rerum novarum* o destaque que ela depois adquiriu) sobre questões sociais, insistiu na incompatibilidade dos princípios socialistas e cristãos, sublinhou que a questão social não tem uma natureza primordialmente económica, mas sim moral, apontou a beneficência, a esmola e a previdência como instrumentos do auxílio às classes mais desfavorecidas e estimulou todos os católicos a colaborarem, sem divisões entre si, nesse trabalho. Isto significava para Leão XIII aceitar as perspetivas conservadora e progressista e as denominações de ação popular cristã e de democracia cristã respetivamente propostas para o trabalho social dos católicos, mas retirar-lhes qualquer conotação política.

Esta posição de relativa neutralidade entre a perspetiva conservadora e a perspetiva progressista foi abandonada pelo sucessor de Leão XIII, o papa Pio X, quando a segunda tendeu a predominar no movimento social católico italiano. Pio X dissolveu a organização que se estabelecera sob a denominação de *Opera dei Congressi*, substituiu formalmente as denominações de ação popular cristã e de democracia cristã pela denominação mais neutra de ação católica e suscitou para esta uma estrutura organizativa que substituísse a *Opera dei Congressi*. Tudo isto foi consagrado na encíclica *Il fermo proposito* de 11 de junho de 1905. A Ação Católica italiana tornou-se depois o paradigma geral da organização do movimento social católico.

Do impacto da Primeira Guerra Mundial à encíclica *Quadragesimo anno*

Pode distinguir-se no impacto da Primeira Guerra Mundial sobre a Ação Católica um aspeto conjuntural e um aspeto estrutural.

Em termos conjunturais, a guerra desviou as atenções e os esforços do papa Bento XV para as questões diplomáticas relacionadas com a paz, o que se concretizou, em especial, na sua exortação apostólica *Dès le début*, dirigida aos chefes de Estado dos países beligerantes em 1 de agosto de 1917, na qual propôs um conjunto de princípios para uma paz de compromisso; e na sua encíclica *Pacem Dei munus pulcherrimum* de 23 de maio de 1920, exortando à reconciliação como caminho para a verdadeira paz.

Em termos estruturais, porém, a guerra e as suas sequelas, entre as quais se deve incluir a médio prazo a maior crise conjuntural da economia mundial contemporânea, a Grande Depressão iniciada em 1929, intensificaram a intervenção estatal na vida económica. É no contexto da tentativa da Ação Católica de influenciar essa intervenção que se deve compreender a publicação da encíclica *Quadragesimo anno*, na qual o papa Pio XI se propôs recordar, em 15 de maio de 1931, quadragésimo aniversário da publicação da *Rerum novarum*, os seus ensinamentos e atualizar a sua doutrina para as novas circunstâncias do primeiro após guerra do século XX.

A encíclica dedicou particular atenção a alguns tópicos de debate intenso na época, nomeadamente a transformação da concorrência em hegemonia nos mercados, a intensificação da intervenção económica do Estado e a necessidade de cooperação económica internacional. Em termos doutrinais, podem considerar-se particularmente significativos o reconhecimento da importância da propriedade social e a aprovação da organização corporativa da economia, embora seja feita uma chamada de atenção para o risco de intervenção excessiva do Estado no contexto desta. Também importante é a referência à divisão entre o socialismo moderado e o comunismo e a preocupação com a atração dos católicos pelo socialismo moderado.

A Grande Depressão e a crítica do totalitarismo

A Grande Depressão suscitou a Pio XI um apelo à intensificação da ação caritativa e à cessação do desperdício de recursos em finalidades como a corrida aos armamentos, através da encíclica *Nova impendet* de 2 de outubro de 1931.

Contudo, a década de 1930 veio a ser dominada em termos de documentos pontifícios sobre questões sociais por uma sucessão de conflitos, mais ou menos abertos, com alguns regimes políticos, especialmente de países tradicionalmente católicos. Surgiu assim uma série de encíclicas de crítica à atuação desses regimes políticos. Particularmente significativo foi o caso do México da chamada revolução institucionalista, a que foram dedicadas três encíclicas, a *Iniquis afflictisque* de 18 de novembro de 1926, a *Acerba animi* de 29 de setembro de 1932 e a *Nos es muy conocida* de 23 de março de 1937, combatendo o que entendia ser uma política de descristianização do México. A tentativa do governo fascista da Itália de dissolver as organizações da Ação Católica levou à publicação da encíclica *Non abbiamo bisogno* de 29 de junho de 1931 em protesto contra essa tentativa, a que se seguiu um compromisso tenso até à queda do regime fascista durante a Segunda Guerra Mundial. A situação na Espanha da Segunda República foi tratada na encíclica *Dilectissima nobis* de 3 de junho de 1933, tal como no caso do México combatendo o que entendia ser uma política de descristianização da Espanha. Enfim, a situação na Alemanha nazi foi tratada na encíclica *Mit brennender Sorge* de 14 de março de 1937, na qual eram criticados o panteísmo e a divinização "da raça, ou do povo, ou do Estado, ou da forma do Estado, ou dos senhores do poder" promovidos pelo regime e era feito um apelo à fidelidade dos católicos alemães a Jesus Cristo, que era sublinhado ser o seu único salvador, e à Igreja.

Em março de 1937, entre a *Mit brennender Sorge* e a *Nos es muy conocida*, Pio XI publicou ainda, no dia 19, uma outra encíclica de crítica ao comunismo. Esta encíclica *Divini Redemptoris* recorda anteriores condenações do comunismo, mas inculca a ideia de que é necessário um novo documento solene sobre a matéria. Uma tal necessidade bem poderia justificar-se com o carácter vago e mesmo erróneo da generalidade dos documentos anteriores. Desta vez existe uma análise com algum pormenor e rigor das doutrinas marxistas, considerando a sua base filosófica materialista, a sua conceção da história impulsionada pela luta de classes, a sua prática de poder assente na coletivização e planificação da vida económica e social e o seu ideal de que a chamada ditadura do proletariado conduza à abolição do Estado. Existe igualmente uma exposição e condenação das suas consequências práticas, com referência particular à União das Repúblicas Socialistas Soviéticas (e às purgas que então atravessavam o respetivo Partido Comunista), ao México (cuja situação viria a ser alvo da encíclica *Nos es muy conocida* quatro dias depois) e à Espanha (então dividida por uma guerra civil). Às doutrinas comunistas era contraposta uma conceção da sociedade segundo as linhas defendidas na *Rerum novarum* e na *Quadragesimo anno*. A encíclica concluía com um apelo ao reforço do papel social da Igreja com o apoio do Estado como barreira contra o comunismo.

A nova democracia cristã

Os finais da Segunda Guerra Mundial foram marcados pela aproximação da Igreja a uma nova conceção da democracia cristã, agora assumidamente política. Particularmente importante na expressão dessa aproximação foi a radiomensagem do papa Pio XII por ocasião do Natal de 1944. Nessa mensagem, reafirmou a doutrina de que a democracia é admissível como regime político e admitiu, pela primeira vez num documento pontifício importante, as suas vantagens. Sublinhou, em contraponto, as qualidades que é necessário que o povo tenha – educação – e que os dirigentes políticos tenham – honestidade – para que a democracia funcione. Além disso, defendeu uma paz internacional baseada no respeito mútuo dos povos.

Na sequência deste pronunciamento pontifício, o segundo após guerra veria desenvolver-se, especialmente na Europa Ocidental, um novo movimento com a denominação de democracia-cristã, em que a doutrina social da Igreja era assumida como inspiração para um programa político de regimes democráticos com economias mistas – economias capitalistas de mercado com intervenção significativa, mas limitada, do Estado na vida económica – e de cooperação internacional, de que o principal exemplo viria a ser o arranque do processo de integração europeia.

O movimento dos padres operários

Entretanto, o segundo após guerra do século XX assistiu igualmente à radicalização social e política de alguns setores da Igreja, de que o sinal mais significativo terá sido a experiência dos padres operários. Na verdade, a partir dos últimos anos da Segunda Guerra Mundial, algumas dezenas, mesmo centenas, de sacerdotes católicos, sobretudo em França, passaram a viver como trabalhadores por conta de outrem, em especial em grandes empresas do setor industrial, partilhando a sua vida quotidiana e a experiência sindical e política com os respetivos operários.

Pio XII procurou pôr fim à experiência dos padres operários, em especial por determinação de 1 de março de 1954. A experiência veio efetivamente a definhar em finais da década de 1950.

4. A transformação da doutrina social da Igreja entre 1961 e 1971

O segundo após guerra do século XX foi também caracterizado por várias transformações estruturais da sociedade mundial contemporânea: a extensão dos regimes políticos de ditadura partidária comunista e de economia de direção central da União das Repúblicas Socialistas Soviéticas para a Europa Oriental (incluindo alguns países de população tradicionalmente sobretudo católica, como a Polónia, a Checoslováquia, a Hungria e as repúblicas da Eslovénia e da Croácia na Jugoslávia) e a China; o desencadear da luta pela hegemonia política e económica a nível mundial entre as duas chamadas superpotências, os Estados Unidos da América e a União das Repúblicas Socialistas Soviéticas, que ficou conhecida pela designação de guerra fria; a descolonização, isto é a perda por parte das principais potências europeias do domínio político de uma grande parte da Ásia, da África, das Caraíbas e do Pacífico, como consequência do enfraquecimento relativo dessas potências em relação aos Estados Unidos da América e à União das Repúblicas Socialistas Soviéticas; enfim, a vinda para primeiro plano do problema do desenvolvimento, em parte como resultado do acentuar das disparidades de rendimento por habitante a nível mundial, em parte como resultado da emancipação política de um grande número de territórios menos desenvolvidos.

Foi no período entre 1961 e 1971 que uma série de documentos pontifícios e conciliares abordou estes problemas emergentes do segundo após-guerra, transformando significativamente a problemática da doutrina social da Igreja.

A encíclica *Mater et magistra*

A encíclica *Mater et magistra*, a primeira sobre doutrina social da Igreja do pontificado de João XXIII foi publicada em 15 de maio de 1961, formalmente para assinalar o septuagésimo aniversário da *Rerum novarum*.

A encíclica iniciou o processo de renovação temática da doutrina social da Igreja abordando vários temas até então praticamente ausentes.

- O problema da iniciativa pessoal e da intervenção dos poderes públicos no campo económico, procurando uma posição intermédia no confronto entre sistemas económicos que marcava o mundo da época. Segundo o papa, "[...] não pode haver uma convivência ordenada e fecunda sem o auxílio no campo económico tanto dos cidadãos como dos poderes públicos [...]. § [...] onde falta a iniciativa pessoal dos indivíduos há tirania política: há também estagnação dos setores económicos destinados a produzir [...] bens de consumo e [...] serviços de utilidade pública, [...] onde falta ou é defeituosa a devida açao do Estado há desordem insanável [...]".
- As relações entre os setores produtivos, com especial atenção para a agricultura e o mundo rural, recomendando a promoção do desenvolvimento harmónico de todos os setores da economia, estabelecer esquemas de seguro para os produtos agrícolas e de segurança social para os agricultores e estimular o estabelecimento de indústrias complementares da atividade agrícola nas zonas rurais. A encíclica afirma ainda que não é possível determinar uma forma única ideal de empresa agrícola, mas há razões para preferir a empresa de dimensão familiar e que os protagonistas do desenvolvimento rural devem ser os próprios agricultores, especialmente através do associativismo agrícola.
- A necessidade de os poderes públicos promoverem o igual desenvolvimento de todas as regiões de um país, para o que

devem contar com a ação dos cidadãos das regiões menos desenvolvidas e com a colaboração da iniciativa privada.

- O problema das relações entre os países altamente desenvolvidos e os países menos desenvolvidos, considerado o maior problema da época moderna, afirmando que as assimetrias de desenvolvimento são injustas e ameaçam a paz e que é dever dos mais desenvolvidos, e sobretudo dos católicos, promoverem o desenvolvimento. A encíclica sublinha ainda que o desenvolvimento não pode basear-se em auxílio de emergência, mas sim em cooperação científica, técnica e económica, na qual é preciso respeitar as características próprias dos países em desenvolvimento e evitar que a ajuda ao desenvolvimento conduza à influência política, que pode constituir um novo colonialismo.
- O problema da relação entre incrementos demográficos, desenvolvimento económico e disponibilidade de meios de subsistência, notando que não é um problema à escala mundial, mas à escala regional, e que não se pode resolver contra as leis de Deus, com meios que ofendam a dignidade do homem e só são lícitos em relação aos outros seres.

De uma forma genérica, a encíclica chama a atenção para o facto de os problemas serem internacionais e mesmo mundiais e, por isso, nenhum país os poder resolver sozinho, assumindo pela primeira vez com clareza a existência de uma verdadeira sociedade mundial.

A encíclica *Pacem in terris*

João XXIII publicou ainda no seu relativamente curto pontificado a encíclica *Pacem in terris* de 11 de abril de 1963.

A encíclica contém uma reafirmação da doutrina da Igreja sobre a paz, em particular dos aspetos desenvolvidos desde a época da Primeira Guerra Mundial; mas contém também, e será essa a sua principal novidade, uma análise das articulações entre a questão da paz e os restantes elementos da doutrina social da Igreja. Inclui uma discussão dos direitos e dos deveres dos seres humanos enquanto pessoas, apresentados como base da ordem social. A seu respeito são detetados vários sinais dos tempos: emancipação das classes trabalhadoras, das mulheres e dos povos colonizados. Estas enumerações e análises evocam doutrinas tradicionais da Igreja, mas apresentam igualmente grande sensibilidade às transformações em curso no terceiro quartel do século XX e às realidades políticas, económicas, sociais e culturais que gradualmente se constituíram como acervo geralmente aceite de direitos humanos.

Particularmente interessante é a análise da interdependência cada vez maior das várias comunidades políticas e da incapacidade de os poderes públicos nacionais proverem o bem comum universal apenas através de tratados e convenções, chamando-se a atenção para a necessidade de uma autoridade pública mundial, a qual deve resultar de comum acordo e não de imposição pela força e respeitar os direitos da pessoa e o princípio da subsidiariedade. A Organização das Nações Unidas e a Declaração Universal dos Direitos do Homem são apontadas como passos na direção dessa autoridade pública mundial.

A constituição pastoral *Gaudium et spes*

Entre os documentos do Segundo Concílio Ecuménico do Vaticano, reunido entre 1962 e 1965, teve particular importância para o desenvolvimento da doutrina social da Igreja a constituição pastoral *Gaudium et spes*.

A constituição organiza-se numa introdução sobre "A condição do homem no Mundo contemporâneo", uma primeira parte, de natureza predominantemente doutrinal, sobre "A Igreja e a vocação do homem" e uma segunda parte, de natureza predominantemente pastoral, sobre "Alguns problemas mais urgentes".

Sobre a vida económica, a Constituição aponta à partida alguns motivos de inquietação: o economicismo e os desequilíbrios entre setores, entre regiões e entre nações. Organiza-se depois em duas secções. Aborda as questões dos sistemas económicos sublinhando que "Devem [...] denunciar-se como erróneas tanto as doutrinas que, a pretexto de uma falsa liberdade, se opõem às necessárias reformas, como as que sacrificam os direitos fundamentais dos indivíduos e das associações à organização coletiva da produção" e as do desenvolvimento apontando como objetivo "A remoção das desigualdades económico-sociais" para o que recomenda, em especial, a promoção da agricultura e do mundo rural, a não discriminação dos imigrantes e a preocupação com o proporcionar de emprego apesar da automação. Enumera entre os princípios orientadores de toda a vida económico-social: a prioridade dos direitos dos trabalhadores na organização do trabalho; a participação de todos, eventualmente através de representantes, na vida da empresa e nas decisões económicas e sociais em geral; o direito de associação; a legitimidade da greve, embora se apontem os seus inconvenientes; os limites ao direito de propriedade; a defesa, por um lado dos costumes e tradições, por outro das instituições de previdência e seguro, como meios de assegurar a segurança do rendimento; a necessidade de as decisões de investimento atenderem aos direitos das gerações futuras; o direito à propriedade privada e suas obrigações sociais, sublinhando-se que a eventual expropriação deve atender ao bem comum e ter compensação equitativa; e o reconhecimento dos inconvenientes do latifúndio. O conjunto é um pouco heteróclito e muitos dos seus pontos limitam-se a reafirmar doutrina tradicional, mas não podem deixar de chamar a atenção as referências aos reflexos intertemporais das decisões de investimento, para além da viragem em relação à posição tradicional de condenação da greve.

Sobre a promoção da paz e a comunidade internacional, a constituição chama a atenção para o facto de que "torna-se já necessário, dado o aumento crescente de estreitos laços de mútua dependência entre todos os cidadãos e entre todos os povos do mundo, que a comunidade dos povos se dê a si mesma uma estrutura à altura das tarefas atuais", o que deve envolver "a criação duma autoridade pública mundial, por todos reconhecida e com poder suficiente para que fiquem garantidos a todos a segurança, o cumprimento da justiça e o respeito dos direitos". Em relação à cooperação internacional no campo económico, é sublinhada a importância da ajuda ao desenvolvimento, é defendida uma nova ordem económica internacional e são formuladas algumas normas: a de que o desenvolvimento tem de ser, em primeiro lugar, um esforço das nações em desenvolvimento; a da obrigação de ajuda por parte dos povos desenvolvidos; a da coordenação pela comunidade internacional; e a de que reformas estruturais são eventualmente necessárias, mas não devem desprezar as tradições. Um ponto adicional aborda ainda a questão do incremento demográfico, defendendo a regulação dos nascimentos, mas com liberdade de escolha das famílias e sem recorrer a meios contrários à moral. Finalmente, além de estimular "A cooperação dos cristãos nas instituições internacionais", "o Concílio, [...] julga muito oportuna a criação de algum organismo da Igreja universal, incumbido de estimular a comunidade católica na promoção do progresso das regiões necessitadas e da justiça social entre as nações".

Em resposta a esta sugestão do Segundo Concílio do Vaticano na constituição *Gaudium et spes*, o papa Paulo VI criou a Pontifícia Comissão Justiça e Paz, que viria a ser transformada no Pontifício Conselho Justiça e Paz pelo papa João Paulo II. A missão da Comissão, e depois do Conselho, é o aprofundamento e a divulgação da doutrina social da Igreja.

A encíclica *Populorum progressio*

Paulo VI dedicou posteriormente ao tema do desenvolvimento a encíclica *Populorum progressio* de 26 de março de 1967.

A primeira parte da encíclica – Para um desenvolvimento integral do homem – recorda o papel da Igreja no processo do desenvolvimento, particularmente através da obra dos missionários, positiva, mesmo que com defeitos, mas sublinha a necessidade de a Igreja aprofundar o seu apoio ao desenvolvimento. Procura precisar a visão cristã do desenvolvimento, chamando a atenção para o facto de que ele não se reduz ao crescimento económico; antes o desenvolvimento integral do homem consiste, de acordo com a fórmula que se tornou clássica, em promover todos os homens e o homem todo; e sublinhando que "[...] a educação de base é o primeiro objetivo de um plano de desenvolvimento" e que "a avareza é a forma mais evidente do subdesenvolvimento moral". Aborda em seguida o conteúdo da ação a desenvolver, recordando o princípio do destino universal dos bens, que implica o direito de subsistência, o direito de propriedade, não se devendo este sobrepor àquele, e o direito da coletividade à expropriação para o bem comum. Retoma a crítica do capitalismo liberal, afirmando que a iniciativa individual e o jogo da concorrência precisam de ser complementados pelo planeamento; porém, logo contrapõe a respeito deste que não deve ser arbitrário, nem conduzir a uma coletivização integral, sublinhando que "A tecnocracia de amanhã pode gerar ainda piores males que o liberalismo de ontem". Admite que o crescimento demográfico traz, por vezes, dificuldades e que os poderes públicos podem intervir nesse domínio, mas sublinha que "Sem direito inalienável ao matrimónio e à procriação, não existe dignidade humana" e "é aos pais que compete determinar, com pleno conhecimento de causa, o número de filhos".

A segunda parte da encíclica – Para um desenvolvimento solidário da humanidade – aborda a questão da assistência, particularmente perante o problema da fome, apontando o dever de solidariedade dos países ricos para com os países pobres e apelando ao desvio de uma parte das despesas em armamento para um fundo mundial para o desenvolvimento, cujo carácter multilateral evitaria os problemas do neocolonialismo e da desconfiança mútua entre os países mais desenvolvidos e cujo funcionamento deveria permitir evitar o ónus excessivo da dívida e o mau uso das ajudas recebidas. Discute depois as relações comerciais, sublinhando que elas devem obedecer ao princípio da equidade e que o livre-câmbio só é justo entre países com níveis de desenvolvimento semelhante, generalizando assim a tradicional crítica da Igreja ao liberalismo económico ao plano internacional. Numa referência a alguns aspetos mais específicos da caridade universal apela ao conveniente acolhimento dos jovens que vêm dos países em desenvolvimento para se formarem nos países desenvolvidos, até para que não percam a estima pelos valores culturais tradicionais, e dos trabalhadores emigrados; sublinha que é preciso que os empresários que atuam com sentido social nos países desenvolvidos façam o mesmo nos países em desenvolvimento e que as missões de desenvolvimento sejam imbuídas de fraternidade e respeitem as culturas onde se inserem, contribuindo para o diálogo entre as civilizações.

A encíclica conclui com o aviso de que as excessivas disparidades económicas põem em perigo a paz e que a cooperação é necessária ao desenvolvimento e deve ser coordenada por uma autoridade mundial, o que sintetiza na fórmula que se tornou clássica – "desenvolvimento é o novo nome da paz".

A carta apostólica *Octogesima adveniens*

Aquando do octogésimo aniversário da encíclica *Rerum novarum*, Paulo VI dirigiu em 15 de maio de 1971 ao cardeal Maurice Roy, presidente da Pontifícia Comissão Justiça e Paz, uma carta apostólica iniciada com as palavras *Octogesima adveniens*, na qual procura apontar alguns problemas gerais que podem e devem ser colocados, à consideração da Comissão, embora reconhecendo a diversidade de situações em que os cristãos se encontram, desde o reconhecimento oficial da sua liberdade e instituições, até à perseguição, e que isso torna impossível uma ação concreta uniforme, antes reclama que cada comunidade, em comunhão com a Igreja universal e inspirada pelo Espírito Santo, encontre o seu caminho específico.

Entre os "problemas gerais" evocados, destaca-se, pela importância que posteriormente adquiriu o da deterioração do meio ambiente, numa referência que precedeu mesmo o célebre Relatório do Clube de Roma de 1972 (D.H. Meadows et al., *The limits to growth*, Universe Books, New York, 1972).

A carta aprofunda a discussão do papel da ideologia, à qual são apontados os riscos de limitar a liberdade humana e de causar alienação da realidade. Retoma, a propósito, o problema da atração das ideologias socialistas, admitindo a possibilidade de uma aproximação dos cristãos com o socialismo em circunstâncias concretas, mas insistindo na necessidade de não ignorar a dimensão espiritual. Interroga-se igualmente sobre a possibilidade de uma aproximação ao marxismo, concluindo que o marxismo conduz necessariamente a uma sociedade totalitária e violenta. Por outro lado, sublinha que também é preciso não idealizar o liberalismo como ideologia da liberdade. Assim, conclui por um apelo à atuação com discernimento cristão, não se deixando tentar por utopias.

É igualmente aprofundado o papel das ciências humanas, sublinhando por um lado a vantagem do seu desenvolvimento e por outro o risco de elas conduzirem à imposição de modelos de sociedade supostamente científicos.

5. A consolidação da doutrina social da Igreja

Pode dizer-se que a uma década de intensa atividade e renovação da doutrina social da Igreja se seguiram décadas de consolidação, concretizada sobretudo através das encíclicas do pontificado de João Paulo II e culminando no *Compêndio de Doutrina Social da Igreja* já evocado na Introdução.

Durante este período, que se pode dizer que se prolonga para além da publicação do *Compêndio* até aos dias de hoje, as problemáticas da questão social e do desenvolvimento mantiveram o seu papel central na formulação da doutrina. Entretanto, a evolução estrutural e conjuntural da sociedade mundial contemporânea suscitou alterações da ênfase nos vários aspetos dessa problemática e sobretudo suscitou desenvolvimentos de questões sugeridas na carta apostólica *Octogesima adveniens*.

A encíclica *Laborem exercens*

A encíclica *Laborem exercens* foi publicada em 14 de setembro de 1981, evocando o nonagésimo aniversário da *Rerum novarum*.

Começa por lembrar a existência de novas interrogações e novos problemas resultantes de transformações como a automação, o encarecimento da energia, os limites dos recursos naturais e a ascensão de economias nacionais anteriormente pouco desenvolvidas. Evoca depois o desenvolvimento orgânico da ação e do ensino social da Igreja desde a questão operária até às questões mundiais do desenvolvimento e da paz. Centra-se sobretudo na crítica ao materialismo e ao economicismo e na discussão do conflito ideológico e político entre o liberalismo, ideologia do capitalismo, e o marxismo, ideologia do socialismo científico e do comunismo. Critica ambas as ideologias, porque assentam na filosofia materialista, a qual, desde a sua versão vulgar até à sua versão dialética, comete o erro de sobrepor o que é material ao que é espiritual, o que conduz ao erro do economicismo. Contrapõe a ambos o princípio da prioridade do trabalho em relação ao capital, quer ele seja propriedade privada, quer seja propriedade socializada, porque os recursos naturais são dádiva do Criador e a técnica e os instrumentos são fruto do trabalho do homem. A principal questão nova introduzida pela encíclica é a da necessidade de proporcionar trabalho adequado às pessoas com deficiência.

A encíclica *Sollicitudo rei socialis*

A encíclica *Sollicitudo rei socialis* foi publicada em 30 de dezembro de 1987 evocando o vigésimo aniversário da *Populorum progressio*.

Discute o que mudou nos vinte anos decorridos desde a publicação da *Populorum progressio*, lembrando a frustração das esperanças de desenvolvimento generalizado. Atribui esta frustração por um lado à ação de mecanismos automáticos e de mecanismos criados pelas próprias nações, no contexto de uma contraposição entre o capitalismo liberal e o coletivismo marxista, modelos contrastantes de desenvolvimento, em relação aos quais recorda que a doutrina social da Igreja adota uma atitude crítica, por outro lado ao imperialismo dos países mais desenvolvidos e dos respetivos blocos geopolíticos. Lembra que, ao contrário do que pretenderia uma conceção iluminista de progresso, o desenvolvimento não se verifica de modo linear, automático e ilimitado, verificadas certas condições. Na verdade, "[...] o desenvolvimento tem necessariamente uma dimensão económica, porque ele deve proporcionar ao maior número possível dos habitantes do Mundo a disponibilidade de bens indispensáveis para ser", mas não se limita a tal dimensão, até porque a superabundância de bens pode propiciar também o bloqueio do verdadeiro desenvolvimento quando conduz ao consumismo. O papa sublinha que os obstáculos ao desenvolvimento são, em última instância, morais e radicam em estruturas de pecado – a avidez do lucro e a sede de poder – para cuja superação se exige uma conversão que começa pela solidariedade e culmina na caridade; e reafirma que a Igreja não propõe soluções técnicas, mas uma doutrina social, que "[...] não é uma terceira via entre o capitalismo liberalista e o coletivismo marxista".

A encíclica *Centesimus annus*

A encíclica *Centesimus annus* foi publicada em 1 de maio de 1991 evocando o centésimo aniversário da *Rerum novarum*.

Lembra a queda nos anos 80 do século 20 de regimes ditatoriais e opressivos em várias partes do Mundo, culminando com os acontecimentos de 1989 na Europa Central e Oriental. Atribui o colapso do comunismo a duas causas – a ineficácia económica e o vazio espiritual. Sublinha o papel da Igreja no processo e chama a atenção para três ameaças: a restauração do comunismo, o consumismo e o fundamentalismo religioso. Sublinha a importância da propriedade do conhecimento, da técnica e do saber e o risco da marginalização por exclusão do saber. Afirma que nas sociedades mais desenvolvidas, ultrapassado o problema da quantidade de bens, se coloca o problema da qualidade de vida, a qual é uma responsabilidade do

Estado e exige respeito pela natureza e uma adequada organização social, que ultrapasse os problemas do urbanismo moderno e, em especial, respeite a família. Aponta as virtualidades do mercado e os seus problemas – exclusão do que não é solvável ou comercializável. Reconhece que o lucro é um regulador da situação de uma empresa, mas observa em contraponto que não é o único, porque uma empresa é também uma comunidade humana. Afirma que o socialismo não é alternativa ao capitalismo, porque não é mais do que um capitalismo de Estado, mas que o capitalismo liberal não é também uma boa alternativa ao socialismo. Recorda a necessidade de todos os povos participarem no progresso e aborda os problemas causados pela dívida externa – as dívidas devem ser pagas, mas não exigidas quando isso provoca a pobreza e o desespero. Rejeita o estado totalitário, lembrando que ele procura destruir ou instrumentalizar a Igreja, e afirma a simpatia da Igreja pela democracia, discutindo as condições necessárias ao seu funcionamento: estado de direito; respeito pela verdade; respeito pelos direitos humanos; decisões guiadas pelo bem comum e não pela força eleitoral de cada grupo. Retira desta doutrina consequências para a intervenção do Estado na vida económica, intervenção que deve garantir a propriedade, não deve propor-se dar emprego a todos, mas deve favorecer o pleno emprego e deve combater os monopólios. Analisa depois os problemas do chamado Estado do bem-estar, que defende que deve ser temperado pelo princípio da subsidiariedade e recorda a ação caritativa da Igreja e o papel do voluntariado e da família. Considera em seguida a importância de uma cultura dinâmica para o desenvolvimento de cada sociedade, sublinha o papel cultural da Igreja ensinando a verdade, promovendo a solidariedade e combatendo a guerra, concluindo pela necessidade de uma ordem internacional que evite a guerra através da justiça e do desenvolvimento. Insiste ainda que o ateísmo e o consumismo não respondem aos problemas do homem e na necessidade de empenhamento dos cristãos na questão social.

O *Compêndio de Doutrina Social da Igreja*

O *Compêndio de Doutrina Social da Igreja* passa em revista ao longo dos seus doze capítulos todos os aspetos da vida social – a família, apontada como célula vital da sociedade; o trabalho humano; a vida económica; a comunidade política; a comunidade internacional; a proteção do ambiente; e a promoção da paz.

Como seria de esperar, o *Compêndio* é mais sistematizador do que inovador. Procura, todavia, em alguns dos seus capítulos, discutir as coisas novas que se impõem à reflexão no início do século XXI.

As coisas novas que surgem no capítulo relativo ao trabalho têm sobretudo a ver com o fenómeno da globalização. São evocadas a fragmentação do ciclo produtivo, a flexibilização do mercado de trabalho, a terciarização das ocupações, a precarização do emprego, a tendência para a externalização de fornecimentos e o crescimento do grau de informalização da economia. Sobre estes fenómenos não é emitido qualquer julgamento, mas são recordados alguns princípios basilares: as instituições não são produto automático de leis supostamente naturais e, por isso, podem ser controladas pelas sociedades; não há razão, neste contexto, para modificar a conceção dos direitos dos trabalhadores, antes para reafirmar a necessidade de um desenvolvimento solidário e o primado do homem sobre as coisas.

As coisas novas que surgem no capítulo relativo à economia têm também sobretudo a ver com o fenómeno da globalização e com as esperanças e as interrogações por ela geradas. É apontado como objetivo uma globalização na solidariedade e sem marginalização. São evocados os problemas do comércio e do sistema financeiro internacional, que se afirma que não podem ser vistos como fins em si mesmos, mas apenas como instrumentos de um desenvolvimento que deve defender os direitos humanos, as especificidades locais e a solidariedade entre gerações. É depois discutida a perda de poder dos estados e recomendada a estruturação e a ação da comunidade internacional através de uma atuação política visando o desenvolvimento económico integral e solidário.

As coisas novas que surgem no capítulo relativo ao ambiente correspondem a um aprofundamento das preocupações que, como assinalado atrás, despontavam já na carta apostólica *Octogesima Adveniens*. O *Compêndio* atribui os problemas do desequilíbrio entre o homem e o ambiente à ideologia cientista e tecnocrática que implicitamente ignora as limitações da natureza humana, mas rejeita igualmente as perspetivas ecocentristas e biocentristas, que tendencialmente repudiam o domínio do homem sobre o ambiente. A doutrina proposta pode sintetizar-se no aproveitamento pelo homem dos recursos que a Terra coloca à sua disposição de forma responsável.

6. Desenvolvimentos recentes da doutrina social da Igreja

A publicação de um documento de síntese como o *Compêndio* não abafou o dinamismo do período de consolidação da doutrina social da Igreja. Assim, ela continuou a explicitar-se correntemente em documentos do Pontifício Conselho Justiça e Paz e das comissões nacionais Justiça e Paz e excecionalmente em encíclicas dos papas Bento XVI e Francisco.

A encíclica *Caritas in veritate*

Numa altura em que a economia mundial se parecia defrontar com uma situação de crise como já não ocorria desde a Grande Depressão, Bento XVI publicou em 29 de junho de 2009 a encíclica *Caritas in veritate* dedicada à questão do desenvolvimento, evocando o quadragésimo aniversário da publicação da encíclica *Populorum progressio*.

A encíclica gira fundamentalmente em torno de três ideias apresentadas na introdução: as soluções puramente técnicas são insuscetíveis de conduzir a um verdadeiro desenvolvimento, por lhes faltar o sustentáculo dos valores e da ética; este sustentáculo pode e deve ser proporcionado pela caridade, que a encíclica denomina "via mestra da doutrina social da Igreja"; porém, a caridade tem, por sua vez, de se fundamentar na verdade porque "Sem verdade [...] a atividade social acaba à mercê de interesses privados e lógicas de poder".

O papa rejeita uma atitude fatalista em relação à globalização e aponta a responsabilidade de a orientar. Aponta também os problemas causados pelo hedonismo e pelo consumismo a um correto relacionamento com a natureza e à abertura à vida (a este propósito o papa faz a condenação do aborto e da eutanásia, e ainda da regulação dos nascimentos imposta pelo Estado, mas explicita um juízo favorável à procriação responsável). Faz também uma referência à importância da ética empresarial, não como rotulagem formal, mas como assunção de valores na vida económica. E chama, em particular, a atenção para o facto de que "[...] um campo primário e crucial da luta cultural entre o absolutismo da técnica e a responsabilidade moral do homem é o da bioética", condenando a fecundação *in vitro*, a pesquisa sobre os embriões e a possibilidade da clonagem e hibridação humanas.

A encíclica *Laudato si*

A primeira encíclica do pontificado de Francisco foi publicada em 24 de maio de 2015 e debruçou-se "Sobre o cuidado da casa comum".[2]

A própria encíclica resume as suas linhas de força da seguinte forma: "a relação íntima entre os pobres e a fragilidade do planeta, a convicção de que tudo está estreitamente interligado no mundo, a crítica do novo paradigma e das formas de poder que derivam da tecnologia, o convite a procurar outras maneiras de entender a economia e o progresso, o valor próprio de cada criatura, o sentido humano da ecologia, a necessidade de debates sinceros e honestos, a grave responsabilidade da política internacional e local, a cultura do descarte e a proposta de um novo estilo de vida". No essencial, trata-se de desenvolver e atualizar as preocupações que já tinham

[2] A encíclica abre com uma citação de um cântico de São Francisco de Assis, fazendo com que a sua denominação corrente (Laudato si) seja uma expressão em dialeto úmbrio, embora o seu texto oficial se apresente, como é o mais habitual, em latim.

percorrido em particular a carta apostólica *Octogesima adveniens*, o *Compêndio de Doutrina Social da Igreja* e a encíclica *Caritas in veritas*. São particularmente relevantes as referências à interligação entre os problemas do desenvolvimento e combate à pobreza e das relações com a natureza, sublinhando a possibilidade e necessidade de uma resolução conjunta, e o contributo indispensável para essa resolução de uma satisfação das necessidades não consumista.

A encíclica *Fratelli tuti*

A segunda encíclica do pontificado de Francisco foi publicada em 3 de outubro de 2020, agora com um convite à fraternidade e à amizade social.[3]

Num momento marcado pela maior pandemia verificada na sociedade mundial desde finais da segunda década do século 20, o papa chamou a atenção para a contradição entre o progresso tecnológico e a deterioração da ética, manifesta no facto de os próprios seres humanos serem objeto de descarte e para a necessidade de evitar o erro do localismo estéril deixando-se interpelar pelo global e o erro do globalismo abstrato afastado do concreto local; apontou o diálogo como opção sempre possível entre a indiferença egoísta e o protesto violento; e sublinhou que a construção do futuro não pode assentar na vingança e no ódio, embora a verdadeira reconciliação não possa ignorar o conflito, mas deva superá-lo através da luta legítima contra a injustiça.

Conclusão

Sem verdadeiramente introduzirem temas fundamentais novos, estas encíclicas posteriores ao *Compêndio de Doutrino Social da Igreja*

---

[3] Tal como a anterior, a encíclica abre com uma citação de São Francisco de Assis, fazendo outra vez com que a sua denominação corrente (Fratelli tuti) seja uma expressão em dialeto úmbrio.

refletem uma dinâmica de acompanhamento de aspetos da evolução conjuntural – como a chamada grande recessão ou a crise sanitária iniciada em 2020 – e de questões estruturais da sociedade mundial contemporânea – como o problema da relação com a natureza – que se pode identificar como característica da fase de consolidação da doutrina social da Igreja.

Need, unmet need, and shortage in the long-term care market in Portugal

Paula C. Albuquerque[*]

Introduction

The revised version of the European Social Charter[1], which was opened for signature in 1996, has a specific clause (Article 13) which concerns social and medical care. This clause recognizes that the countries must "ensure that any person who is without adequate resources and who is unable to secure such resources either by their own efforts or from other sources, in particular by benefits under a social security scheme, be granted adequate assistance and, in case of sickness, the care necessitated by his condition." In Article 23, the rights of older people are especially mentioned, both the right to "lead independent lives in their familiar surroundings for as long as they wish and are able", receiving "the health care and the services necessitated by their state", as well as the right to "appropriate support" of the older persons living in institutions. As a consequence, the member states are responsible to ensure that older people are guaranteed access to adequate care. The Charter does not require that that care is provided by the state itself, but rather that the necessary

---

[*] SOCIUS/ CSG/ ISEG/ University of Lisbon.

[1] The European Social Charter is an international treaty which stipulates the fundamental rights in the field of social policy that the signing countries must guarantee. The signing countries are most of the members of the Council of Europe.

measures be taken – "either directly or in co-operation with public[2] or private organizations".

Furthermore, Principle 18 of the European Pillar of Social Rights stresses the right to affordable long-term care services of good quality, in particular homecare and community-based services.

Although appropriate care is generally acknowledged to be essential, several studies have detected the existence of unmet long-term care (LTC) needs (Scheil-Adlung 2015, Muir 2017, Burchardt et al. 2018). Portugal, which is identified as relying mostly on family based LTC (Tavora 2012, Lopes 2013, Illinca et al 2015), is a typical example of a country where formal LTC for older people is commonly considered to be insufficient (Costa et al. 2014, Barros and Simões 2007), with limited public funding. Therefore, can we say that there is a shortage of LTC in Portugal? If so, how much more formal care is needed?

The objective of this study is to understand the extent of the unmet need for care, the need for more formal care, and the existence of a shortage in the long-term care market, in Portugal, whilst conveniently differentiating these concepts.

Long-term care in Portugal

LTC is defined as "a range of services and assistance for people who, as a result of mental and/or physical frailty and/or disability over an extended period of time, depend on help with daily living activities and/or are in need of some permanent nursing care" (European Union 2014, p.11). These services comprise health care services and social care services.

LTC is frequently divided into institutional or residential care, and home (or domiciliary) care (Tenand et al. 2020, Goda et al. 2011).

---

[2] The European Pillar of Social Rights is a set of principals which the European Union proclaimed in 2017, to call attention to the importance of creating a fairer Europe, in recovering from a financial crisis which imposed high social costs.

Sometimes additional categories are considered, which, together with home care, can be included in a broader classification of "community-based care" (e.g., day centers and assisted living facilities).

In Portugal, there are two networks of formal care providers: the National Network of Social Equipment and Services, for which no medical referral is necessary, and the National Network of Continuous Integrated Care (RNCCI), which offers care to people who are referred by hospitals or by local health units. Those who are eligible to be cared for by the RNCCI must be dependent and must require access to nursing and medical care.

In 2016, LTC expenditure represented 0.5% of GDP in Portugal, whilst the average for the EU was 1.6% (European Commission 2018), despite the high levels of reported limitations in daily activities (European Commission 2019).

The level of expenditure in LTC is recognized as being difficult to calculate (European Commission 2018) on account of the fragmentation of the systems of provision and the existence of cash benefits and in-kind provision. According to the European Commission (2019), in Portugal, 99.8% of the benefits were in-kind, whereas 0.2% were cash-benefits. The corresponding percentages for the European Union were 84.4% and 15.6% respectively. The overwhelming dominance of the value of in-kind benefits exists despite the fact that a larger percentage of dependents receive cash benefits, rather than in-kind benefits. This is revealing with regards to the level of cash benefits received by a dependent person. In Portugal, 38.6% of total dependents (not necessarily elderly dependents) receive either cash, or in-kind public benefits (European Commission 2019). A severe lack of workers in the Portuguese LTC system is pointed out as being responsible for the exclusion of more than 90% of the older population from quality LTC (Scheil-Adlung 2015). Nevertheless, there has been a substantial effort to expand and reorganize the public provision of care services for older people. The numbers shown in international reports sometimes take the part for the whole: the statistics in the OECD Health Statistics for LTC recipients in Portugal, both for home care and residential care, use data for the RNCCI only, as can be seen in the "Definitions, Sources and Methods". These statistics are used in studies by other entities, for example, by the European Commission (2018, Fig 1), where Portugal appears in last place by far for the proportion of people of a certain age who receive home care. The inclusion of only part of the LTC recipients can be partly responsible for that.

Is the perception of the existence of a lack of care services still accurate? What exactly is the meaning of this insufficiency, and how can we quantify it?

Need

A rights-based approach to LTC should guarantee that people who need care, obtain it. How can we estimate the need for care by older people?

Need is not directly observable. One way to operationalize the calculation of care need is using a variable that identifies the existence of limitations with activities (Kröger et al., 2019, Iparraguire, 2017). Both SHARE and EU-SILC have such questions. In SHARE, the question is PH005: "For the past six months at least, to what extent have you been limited because of a health problem in activities people usually do?" In EU-SILC, the corresponding question is PH030. For Portugal, the last wave of SHARE is Wave 6, with interviews being carried out during 2015. The EU-SILC 2015 is used for comparability. We look at the need experienced by people older than 50 – which coincides with the age frame of SHARE. Although 50 years old is a low threshold for the identification of the later stage of life, as disability increases with age, the proportion of people with limitations in usual activities is by no means negligible before 75 (see Fig. A1). Based on weighted data and considering only individuals older than 50 also in the EU-SILC, the level of limitations according to each survey is displayed in Table 1.

If we accept that only those who find they are not limited, have no care needs, then the proportion of individuals older than 50 who need care is between 53% and 56%, approximately. If we assume that only the severely limited really need care, then the proportion of the population older than 50 in need of care would be between 16% and 24%.

Table 1 – Percentage of people older than 50 who feel limited in activities which people usually do, because of a health problem

Label	SHARE Frequency	EU-SILC Frequency
Severely limited	23.8 %	16.21 %
Limited, but not severely	29.3 %	39.45 %
Not limited	46.9 %	44.33 %

Note: weighted data.

In SHARE, in addition to the PH005 variable, there are other variables that provide information about the existence of limitations with activities. PH048i, i =1,...10, report the existence of current difficulties, from a list of 10, with certain movements which are required to perform common activities, and which are not expected to last less than 3 months. These difficulties range from walking 100 meters, to picking up a small coin. PH049i i = 1,...15 identify the activities themselves. The list of the fifteen activities where people can feel limitations include, for example, dressing, bathing, or doing personal laundry.

A considerable number of individuals answered that they were not limited because of health problems (variable PH005) but said they had at least one difficulty from the two lists: these represent 14.5% of the total (Table 2). It is possible that the different requirement in terms of length of time of the problem is responsible for explaining part of this gap, or it could be that they correspond to situations where people have difficulties, but do not regard these difficulties to be serious enough to make them feel limited. On the other hand, those people who say they are somehow limited, according to PH005, yet fail to identify any type of limitation from the PH048 and the Ph049 lists, constitute approximately 10.2% of the total.

The prevalence of the need for care depends on which indicator we use. The proportion of individuals with care needs, according to both the definitions of need tend to increase with age, although a noticeable proportion of the 'young' old experience difficulties in the performance of activities (Fig. A2).

Table 2 – Limited in activities because of health*
At Least 1 in 25 difficulties, Crosstabulation count

		At least 1 in 25 difficulties		Total
		NO	YES	
Limited in activities because of health	Severely limited	69,868	913,507	98,3375
	Limited, but not severely	354,402	861,287	1,215,689
	Not limited	1,338,327	603,708	1,942,035
Total		1,762,597	2,378,502	4,141,099

Note: SHARE. Weighted data.

Table 3 – Need for care according to the different indicators in SHARE

Type of indicator	Prevalence of need
Severely limited in activities for the past 6 months at least (PH005)	23.75%
Limited in activities for the past 6 months at least (severely or not) (PH005)	53.10%
At least one difficulty from the two lists (PH048i and PH049i)	57.44%
Al least one difficulty from the two lists (PH048i and PH049i) and (severely or not) limited in activities for the past 6 months at least (PH005)	42.86%
Al least one difficulty from the two lists (PH048i and PH049i) and severely limited in activities for the past 6 months at least (PH005)	22.02%

Note: Weighted data.

Unmet need

Are these needs satisfied? If the person needs care and receives no care, then the answer is obvious. If the person receives care, there are chances that the needs are satisfied, but it could be that the amount of care is insufficient, or that certain types of care are not available, and thus the needs are only partly satisfied.

SHARE includes some questions about the satisfaction of care needs. One of these is: "Thinking about the activities that you have problems with, does anyone ever help you with these activities?"- PH050. This includes informal care from people in the household. A connected question is: "Would you say that the help you receive meets your needs?" – PH051. This question is directed to those respondents who answered 'yes' to the previous question.

There is also question SP002, which asks about receiving help from someone outside the household during the previous 12 months, be they family, friends, or neighbours. Additionally, SP020 enquires about the existence of regular personal care by someone inside the household for at least 3 months during the previous 12 months.

It is not entirely clear why some respondents say that they receive professional help with personal activities or meals-on-wheels services, but, at the same time, answer that no one helps them with the activities which they have problems with. Furthermore, some respondents who receive help with personal activities from someone outside the household or regularly from someone in the household, still answer that no one helps them with the activities which they have problems with. 10.7% of all those who declare that they have not received help with the activities they had difficulty with, also either said that someone inside the household regularly helped them with personal care, or that they received professional personal care or help from someone outside the household on a daily or weekly basis. This percentage reduces to 4.8% if we also consider only personal care when counting receiving regular care from someone outside the household. One possible interpretation of this result is that, even with such help, these respondents have unmet needs.

As a consequence, we compute two variables of unmet need – *UnmetNeeds1* and *UnmetNeeds2* -, using two different indicators of needs. For the indicator of the non-satisfaction of needs, we use the statement that the respondent does not receive help with the activities that they have problems with, or, despite receiving care, the respondent declares that such help hardly ever, or only sometimes satisfies their needs (Table 4). The *UnmetNeeds1* indicator is less restrictive than the *UnmetNeeds2* one in the identification of need, and consequently the proportion of individuals with unmet needs is higher in the first case: 27.7% vs. 16.3% of people older than 50. All those individuals who fall in the situation of the apparently inconsistent answers that are described above are selected by our variables of unmet need.

Table 4 –Unmet Needs

		UnmetNeeds1		*UnmetNeeds2*	
		Frequency	Percent	Frequency	Percent
Valid	-1.00	10,276	0.2	10,276	0.2
	0.00	2,991,708	72.1	3,466,049	83.5
	1.00	1,148,894	27.7	674,553	16.3
	Total	4,150,878	100.0	4,150,878	100.0

Notes: *UnmetNeeds1* assumes as need, the existence of difficulties with at least some activity listed in PH048i or PH049i. *UnmetNeeds2* assumes as need, the existence of difficulties with at least some activity listed in PH048i or PH049i, together with the identification as being limited to some extent, based on PH005. Values: 1- unmet need; 0- no unmet need; -1- no information. Weighted data.

It is important to note that our data does not properly cover people living in care homes. The target population in SHARE includes people living in care homes, although in some countries, such as Portugal, these people are deficiently covered. The Portuguese sample has 1,675 observations (unweighted). Of these, only 7 are from people who answered that they had been in a nursing home in the last 12 months, from which only 2 permanently. So, the proportion of unmet need is basically by reference to those older people who have needs, but to those that have needs while living at home.

Unmet need and need for more formal care

In the previous section, a large unmet need for care was identified. Does this represent the amount of additional formal care that is needed? Which situations represent a need for more formal care (see Fig.1)?

Clearly the following people do not need more formal care: those who have no need for care, or who have no unmet needs and receive professional help[3] and no informal help.

A person with no unmet needs, but who receives informal care[4] could be interested in receiving more formal care. However, in such a case, we do not know whether the informal care is provided because the formal help was insufficient, or whether it satisfies a preference.

Figure 1. Need for more formal care

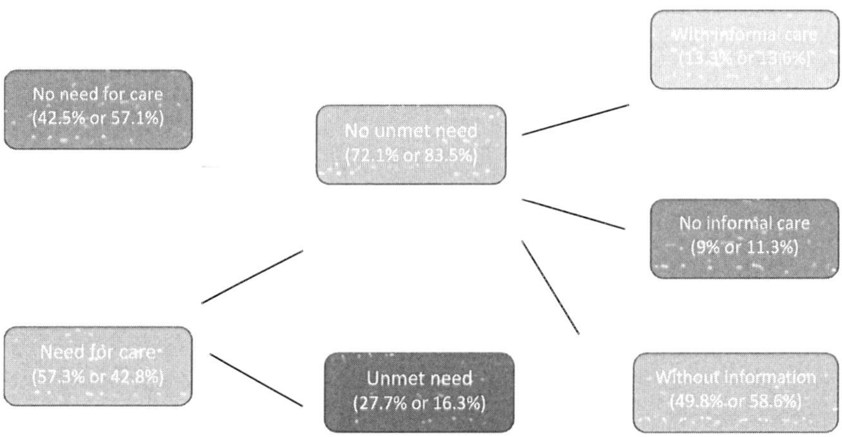

Notes: Green: No need for more formal care. Red: need for more formal care. Yellow: possible, uncertain need for mor formal care. The percentages are proportions of the total sample. The two numbers inside each parentheses are for the tw different indicators of need, as defined above.

---

[3] Corresponding to Hc127=1.

[4] Corresponding to SP002 = 1 or SP020=1.

In SHARE, receiving regular help from someone in the household[5] is associated with a large problem in terms of missing information, although the same thing does not happen in the case of receiving care from someone outside the household[6]. By combining the information from both variables, we can identify those people who receive some type of informal care, however, by doing this, we will surely underestimate the actual number of persons. With this caveat, 16.5% of all people are identified as receiving informal care[7], and slightly more than 13% are known to receive informal care and have no unmet need (Fig. 1). Therefore, some of these people may be interested in receiving some, or more formal care, and they should be added to people with unmet needs when calculating the number of people who would welcome more formal care, either in quantity or in quality.

Is unmet need more associated with not having professional help? Not in our data, according to our two definitions of unmet need. The lambda association measure between the two categorical variables – unmet need and reception of professional help – is zero. Knowing that someone has professional help does not improve our ability to predict whether that person has unmet needs. Either the quantity or the quality of the care received is frequently not satisfactory.

Need for more formal care and shortage

From among the additional formal care that would be welcome, some is not demanded because the price is too high, and some can be demanded, but is not available. Only this second category cor-

---

[5] Variable SP002.

[6] Variable SP020.

[7] Even so, the percentage of people identified as receiving informal care is much larger than the percentage of people identified as receiving professional care. Approximately 63% of all those who report receiving professional help with personal care, with domestic chores, or with meals-on-wheels, are also identified as receiving informal care.

responds to economic shortage, which is described as an excess of demand compared to supply, at the current price. In most cases, need and demand are equalized, which leads to confusion in the conclusions that are reached (Jeffers et al. 1971). However, contrary to demand, need is a concept which does not take into account prices, costs, and financial resources.

An economic shortage would drive prices up in a competitive market, however the LTC market is not a competitive market. In Portugal, as in many other countries (Rodrigues et al. 2014, Lopes 2017), there is a mixed market for care, with a predominance of public funding. The government funds in-kind care services – either by offering the services directly, or by subsidizing the private institutions with which it makes an agreement. In Portugal, the dominant type of providers of formal LTC are not-for-profit institutions with government agreements. The price that care users pay is below the competitive market price and is dependent on their income. It is in this category of the market that excess demand can exist. The private, non-subsidized category of the market, with higher prices, only operates if the quantity supplied in the public-funded market is insufficient, or the product is differentiated by characteristics that do not exist in the subsidized services.

In a market which is entirely public – where the services are offered at a zero price, users would be interested in consuming exactly the quantity they considered that they need or felt that they need[8]. In such a situation, unmet need (as assessed by the user) and unmet demand would be the same. "Shortage" would therefore be an unequivocal term.

With a positive price in the public-funded market, there will always be people who consider that they need the service, however they fail to demand them at that price, and thus a wedge is created between need and demand, and unmet need does not equal excess

[8] 'Felt need' is only one of the possible categories of need, according to Bradshaw's (1972) taxonomy. The others are normative, expressed, comparative, and technical.

demand. These people do not turn to the private market for the same services, because the prices are even higher.

Considering that the services are homogeneous, all those who demand the services prefer to use the subsidized services. If there was no budgetary constraint, then LTC would be provided to satisfy the total need. However, both the satisfaction of care users' needs, and the sustainability of public finances are politically important objectives, and therefore care users' needs compete with other, also important needs for a limited budget. If the budget is not compatible with full satisfaction of care needs, this inevitably leads to excess demand and rationing (Zweifel 2015).

When people demand services at the price they are offered in the subsidized market, but they have no access to these services, then some of these people may become consumers in the private market. Accordingly, discounting for possible product differentiation, the functioning of the private care market without public funding is dependent on the difference between the (higher) price that balances the public-funded market and the price that care users actually pay in that market (co-payments). The lower this actual price paid by care users is, the higher excess demand will be (rationed consumers). The functioning of the private care market is dependent on yet another factor: the difference between the price that providers are willing to accept and the price that those consumers who were rationed in the public-funded market accept to pay. As a consequence, a rationing criterion associated with the purchasing power of the person in need of care, giving priority to the less affluent, increases the probability that a private care market operates.

If there are users who are rationed in the public-funded market, but can afford to consume in the private market, can we then say that there is a shortage in this care market? A rights-based approach to LTC should guarantee that users who need the services are able to obtain them. It is the users that need the services and fail to obtain them that are a reason for concern. In such a case, the users fall into one of the following categories:

i. The user finds that even the price in the public-funded care market is too high.
ii. The user demands the services in the public-funded care market, but these are rationed, and they cannot afford the price in the commercial care market.

Unmet need of formal Type-ii will be higher:

- The higher the price is in the commercial market.
- The higher are the production costs which are not covered by the price in the subsidized market.
- If those who can access the subsidized market are not those who have the lowest willingness/capacity to pay.
- The higher is the sensitivity of the demand for care to changes in price – for the price range operating above the lower price stipulated by the government.

We can state that the challenge of the social policy maker is to minimize unmet need, subject to the financial constraint. The higher the co-payment, the larger the quantity the government has to pay – but conversely, the larger the Type-i unmet need for formal care. As a matter of equity, the government might opt to practice a lower price, although this would be at the expenses of offering a lower quantity, if the budget is fixed. This only guarantees a decrease in the Type-i unmet need. An overall reduction in unmet need for formal care will depend on whether that reduction of Type-i unmet need more than compensates the Type-ii unmet need that will subsequently be created.

Based on the available data, it is not obvious how one can separate Type-i and Type-ii unmet need, that is to say, for the lack of a better vision, we are unable to estimate the dimension of the potential shortage of formal care. To our knowledge, the efforts to simulate and project demand for LTC and compare it with supply in Portugal are, in effect, (very interesting and useful) estimations and projections of need (Cardoso et al. 2012). Nevertheless, we can look for signs of the existence of excess demand.

Signs of shortage

A typical manifestation of shortage is the existence of waiting lists. The data provide information of the average waiting time of someone who is referred to the RNCCI until that person gets a place in the system. This waiting time can be related with the inexistence of a free place, but also with the administrative procedure of calculating the financial co-payment and of confirming that the documents of the application are all in order. Several types of care services are provided in the context of this network with different waiting times for each type. At the end of 2016, the number of people waiting for a place in the RNCCI network was 1,400, although not necessarily all of them were older than 50 – which is the age interval used in the analysis of the previous sections. Nevertheless, these applicants aged older than 50 must be the overwhelming majority, as those users of the RNCCI who are older than 65 are already 85.5% of the total. The waiting list has increased in recent years.

The network of social services and equipment used for the provision of social care under the supervision of the Ministry of Labour, Solidarity and Social Security, and that are identified in the Social Charter may also have waiting lists. The users of this network do not have to be referred by a hospital or a health center. We do not possess information regarding waiting lists for the services provided under this network, although information regarding the utilization rates is available. The fact that utilization rates never attain 100% does not mean that there are no waiting lists, because of the necessary turnover.

The main types of LTC services are residential homes and home care. In the case of both the network of social services and equipment and in the RNCCI, utilization rates are much lower for home care. Occupancy rates were above 90% for residential homes for the elderly, but below 80% for home care. In 2018, districts like Bragança, Faro, Évora, Viseu, and Aveiro had occupancy rates of the residential equipment above 95%. The occupancy rate of the long- and medium-term care units was 97% in 2016, at the national level, with 98% in the North and in the Algarve. Very differently, the occupancy rates of the services of home care were only 66% at the national level, with a maximum of 70% in Alentejo.

With these numbers, it is impossible to argue that there is an economic shortage of home care in Portugal, at the national level, but the same cannot be concluded about residential long- and medium-term care.

Discussion and Conclusions

It is easy to agree that the provision of LTC services for the older population should not be entirely left to the market, because care is a social right, and the market alone would improperly exclude too many people. Recognizing that LTC is a human right, governments should intervene and guarantee the protection of those in need. In a world of unlimited resources, only unmet needs of LTC should be a reason for concern. However, because adequate care services are costly and different types of fundamental needs are competing for a limited public budget, some kind of limitation of the public provision of LTC is unavoidable. If public funding is provided in such a way that people pay for the LTC services that they can afford, and the government pays the rest, then there will be no unmet need and no shortage of LTC services. The difficulties in the implementation of this solution include the fact that paying for it could be beyond public budget possibilities on one hand, and on the other hand, that it is not straightforward to identify what each individual can afford.

Therefore, in the real world, public funding – which lowers the price that people actually have to pay for care services, in comparison to the free market price – creates an excess demand for these services. This shortage would not be important if the excess demand in the subsidized market was absorbed by the private commercial providers. However, what is the real cause for concern is unmet need.

Based on SHARE, which targets people aged older than 50, we used two indicators of need, one of which is more restrictive than the other. We estimated that, according to the more inclusive measure of need, which identifies need as being the existence of any difficulty with common activities because of health problems, 53.1% of people aged older than 50 need care, and 27.7% have unmet need. According to the more restrictive definition of need, counting people who report having a limitation in at least one activity, but excluding those who declare that they have not been limited in their daily life during at least the previous six months, the numbers drop to 42.9% for need, and 16.3% for unmet need. If people have unmet needs, then, in principle, they would be interested in receiving more formal care, either in quantity or in quality.

However, if we only count unmet needs, we could be underestimating the need for more formal care, as certain informal care is only provided because formal care is unavailable, with high personnel costs for the care providers. At least 13% of the total sample of respondents are identified as people with no unmet need who use informal care. Accordingly, an enormous need for additional formal care has been identified, whereby, depending on our definition of need, 27.7%, or 16.3% of the target population as well as the more than 13% who have their needs met by informal care, would welcome additional formal care.

However, this is not to say that there is an equivalent shortage of formal care, or that if this additional volume of formal care was made available at the current prices, it would be entirely used.

Although we cannot estimate the difference between the quantity demanded and the quantity supplied of formal care, there is no indication that there is a shortage of home care services at the national level, but the same thing does not happen with places in nursing homes. There are several potential explanations for this: there has been a higher investment in home care in Portugal than in residential care (Soares 2019); households are not well-informed about the opportunities of available home care services, or the kinship network provides care when the needs are not too burdensome, but resorts to institutionalization when their relatives need intensive care (Barczyk and Kredler 2019); because home care is considered to be insufficient to guarantee the maintenance of older people with deep needs at home. Indeed, complex health situations associated with the unavailability of support from informal caregivers, may find a better solution in institutionalization. Another potential explanation is that the price of home care is too high for a part of the population. The maximum level of co-payments for home care is 75% of the per capita income of the household – and 90% in the case of residential care – however the exact value also depends on the number of services contracted and on their frequency of provision. Fixed expenditures, such as rent and medicines, are subtracted from the value of the income used to calculate the co-payments, but even so, it is possible in the case of home care, that any income which is not absorbed by co-payments is relatively small when compared with the amount that the care user still has to pay, given that all basic needs are covered in residential care. The relevance of each of these potential explanations requires further research.

The improvement in the referral times of certain parts of the RNCCI network and the offer of more beds in nursing homes in the subsidized system, both represent a path for the increase in the supply of the type of care which appears to have excess demand. The other possibility is to intervene in the demand side – through the provision of better information regarding home care possibilities, together with a change in the characteristics of the services provided at home – which would make this option a better solution for families' problems. This line of intervention is more in agreement with the EU's Active Ageing Strategy vision of ageing-in-place being a way of maintaining control over life and of retaining identity – although probably both types of policies are necessary.

This study also calls attention to the existence of needs and of unmet needs of the 'younger' elderly population, which are typically overlooked in the existent literature.

Acknowledgements

This work was supported by FCT, I.P., the Portuguese national funding agency for science, research and technology, under the Project UIDB/04521/2020.

This work uses data from SHARE. The SHARE data collection has been funded by the European Commission, DG RTD, DG Employment, Social Affairs & Inclusion, and by the German Ministry of Education and Research, the Max Planck Society for the Advancement of Science, the U.S. National Institute on Aging and other national funding sources.

The access to EU-SILC database, through the protocol between FCT, Statistics Portugal and Direção Geral de Estatísticas da Educação e Ciência is also gratefully acknowledged.

References

Barczyk, D. and Kredler, M. (2019) Long-Term Care Across Europe and the United States: The Role of Informal and Formal Care. *Fiscal Studies, 40*(3), 329-373.

Barros, P. and Simões, J. (2007) Portugal: Health system review. *Health Systems in Transition, 9*(5), Copenhagen: WHO. Regional Office for Europe on behalf of the European Observatory on Health Systems and Policies.

Bradshaw, J. (1972) A taxonomy of social need, *New Society*, 496: 640-3.

Burchardt, T., Jones, E., and Obolenskaya, P. (2018) Formal and informal long-term care in the community: interlocking or incoherent systems? *Journal of Social Policy, 47*(3), 479-503.

Cardoso, T., Oliveira, M. D., Barbosa-Póvoa, A., and Nickel, S. (2012) Modeling the demand for long-term care services under uncertain information. *Health Care Management Science, 15*(4), 385-412.

Costa, A., Novais, P. and Simões, R. (2014) An AAL Collaborative System: The AAL4ALL and a Mobile Assistant Case Study, *In* Camarinha-Matos, L. and Afsarmanesh H. *Collaborative Systems for Smart Networked Environments*, IFIP Advances in Information and Communication Technology book series, Vol. 434, pp 699-709, Amsterdam: Springer.

European Commission (2018) The 2018 Ageing Report: Economic and budgetary projections for the EU member states (2016-2070), European Economy Institutional Paper 079, Brussels.

European Commission (2019) Joint Report on Health Care and LTC Systems & Fiscal Sustainability, Institutional Paper 105

European Union (2014) Adequate social protection for LTC needs in an ageing society, Report jointly prepared by the Social Protection Committee and the European Commission, Luxembourg: Publications Office of the European Union.

Goda, G., Golberstein, E. and Grabowski, D. (2011) Income and the utilization of long-term care services: Evidence from the Social Security benefit notch. *Journal of Health Economics, 30*(4), 719-729.

Illinca, S., Leichsenring and Rodrigues, R. (2015) From care in homes to care at home: European experiences with (de)institutionalisation in LTC, European Center Policy Brief Dec. 2015

Iparraguirre, J. (2020). Reductions in local government spending on community-based social care and unmet social care needs of older people in England. The Journal of the Economics of Ageing, 17, Article 100126.

Jeffers, J., Bognanno, M. and Bartlett, J. (1971) On the demand versus need for medical services and the concept of" shortage". *American Journal of Public Health*, 61(1), 46-63.

Kröger, T., Puthenparambil, J. and Aerschot, L. (2019) 'Care poverty: unmet care needs in a Nordic welfare state', *International Journal of Care and Caring, 3*(4): 485–500.

Lopes, A. (2013) New approaches to familism in the management of social policy for old age in Portugal, in Troisi, J and H. von Kondratowitz, *Ageing in the Mediterranean*, 215-234 University Press Scholarship Online

Lopes, A. (2017) Long-term care in Portugal: quasi-privatization of a dual system of care *In* Gréve, B. *Long-term Care for the Elderly in Europe: Development and Prospects*, New York: Routledge, pp.59-74

Muir, T. (2017) Measuring social protection for LTC", OECD Health Working Papers, No. 93, OECD Publishing, Paris.

Rodrigues, R., Leichsenring and J. Winkelmann (2014) The 'Make or Buy' Decision in LTC: Lessons for Policy, Final Project Report, European Centre for Social Welfare Policy and Research, Vienna.

Scheil-Adlung, X. (2015) LTC protection for older persons: a review of coverage deficits in 46 countries. Geneva: International Labour Office.

Soares, M. (2019) Serviço de Apoio Domiciliário na Saúde em Portugal, Dissertação de Mestrado, Faculdade de Economia, Universidade do Porto

Tavora, I. (2012) The southern European social model: familialism and the high rates of female employment in Portugal. *Journal of European Social Policy*, *22*(1), 63-76.

Tenand, M., Bakx, P., and Van Doorslaer, E. (2020) Equal long-term care for equal needs with universal and comprehensive coverage? An assessment using Dutch administrative data. *Health Economics*, *29*(4), 435-451.

Zweifel, P. (2015). Rationing of health care services: an economic critique. *Journal of Family Medicine and Disease Prevention* 1:1

Annex

Figure A1

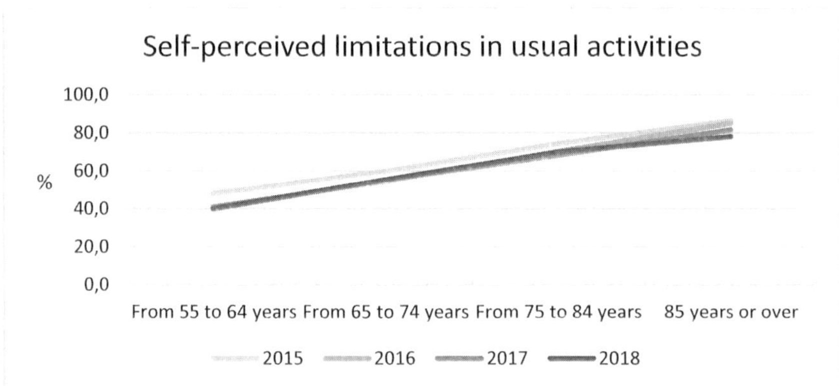

Source: Eurostat [hlth_silc_06]. Some or severe limitations.

Figure A2

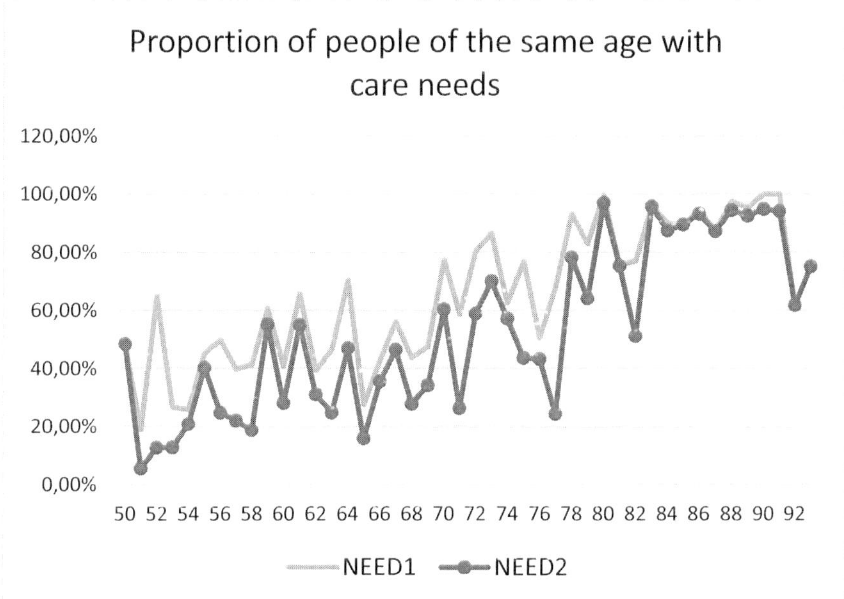

Source: Calculations based on SHARE, wave 6. Weighted data.

O comportamento das empresas: dos dividendos à missão

Pedro Verga Matos[*]
Clarisse Stephan[**]

1. Introdução

Desde o início do estudo das empresas, que a questão do seu papel nas economias e na sociedade foi sendo analisado. Mas este debate (por exemplo já realizado após a Grande Depressão de 1929 pelo famoso livro de Berle e Means (1932)) veio a ganhar mais importância no meio académico e nos *media* desde o final da década de 80 do século passado, devido a diversos elementos de ordem político-económica, de que se destaca a vaga de privatizações, passando para a esfera empresarial privada actividades tradicionalmente realizadas pelo Estado, quer no que na altura se denominava a Europa Ocidental (as democracias europeias), quer nos países de Leste, no seguimento da queda da União Soviética, com a *Perestroika*. Em paralelo, diversos escândalos (no seguimento de fraudes) em grandes empresas cotadas, em fundos de investimento e até nos próprios auditores, tornaram evidente a importância da actividade empresarial nas sociedades (Becht *et al.*, 2003; Monks e Minow, 2011; Mallin, 2018). Por último, o acentuado crescimento da remuneração dos gestores, não acompanhado pelo crescimento dos salários dos restantes trabalhadores,

[*] ISEG-ULisboa, ADVANCE.
[*] Univ. Federal Fluminense, Faculdade de Direito.
Centro de Estudos Sociais Aplicados.

também fez com que o tema do (bom) comportamento empresarial passasse a aparecer regularmente nos debates.[1]

Depois do "desastre" da Enron (Coffee Jr. (2002), Healy e Palepu (2003) e Sims e Brinkmann (2003)), sucederam-se diversas outros colapsos (por exemplo da *Worldcom*, da *AIG – American International Group*, da *Swissair*, do *Lehman Brothers* ou do *Royal Bank of Scotland*) que foram vistos como reflectindo o falhanço dos sistemas tradicionais de controlo das empresas, tornado o tema importante, não apenas nos meios académicos mas também ao nível das entidades reguladoras e dos poderes públicos, uma vez que este falhanço afectava toda a sociedade e não apenas os seus accionistas (Adams, 2012; Kumar e Jatin, 2013). Como sublinha Meisel (2004:11) "Vivendi, Ahold, Parmalat, Enron, WorldCom, Arthur Andersen: these are but a few recent exemples of poorly governed corporations. They remind us of the extent to which the quality of corporate governance can affect not only a nation's economic growth but *the lives of millions of individuals* [itálico nosso] – investors, savers, employees, retirees, suppliers, consumers – in even the most developed countries.". A crise de 2008 (onde a falência do *Lehman Brothers*, a maior falência da história dos Estados Unidos, é marcante), apesar de profundas alterações efectuadas nos anos anterior nos quadros regulatórios, sobretudo dos mercados de capitais (destaque para a Lei *Sarbanes-Oxley*; ver Coates (2007)), voltou a mostrar que algo estava errado no funcionamento dos mecanismos de controlo empresarial. E a pandemia que estamos a viver voltou a permitir ouvir mais claramente vozes que questionam o modelo económico, predominantemente focalizado no desempenho de curto prazo e na adequada remune-

[1] Kay e Silberston (1995: 285) constataram que: "The salaries of senior managers have risen far faster than earnings generally. (...) The result is that many salaried managers have become personally very rich in a day which was simply unknown in earlier decades. While security of employment for most workers has been reduced, service contracts for senior managers ensure that even the unsuccessful leave with generous payoffs.". Depois de apresentarem diversos exemplos relativos aos EUA, concluíram que (*idem*: *ibidem*) "(...) even in Britain the only restraint on executive pays and perks appears to be the modesty of executives themselves, and that is a commodity in increasingly short supply."

ração do capital, e descurando uma perspectiva mais abrangente da economia, sustentável e alinhada com os Objetivos de Desenvolvimento Sustentável das Nações Unidas (Schwab e Vanham, 2021; Schoenmaker e Schramade, 2019; WEF, 2020).

O desenvolvimento tecnológico e a necessidade de atrair mais (pequenos) investidores fizeram com que as empresas fossem crescendo, e passassem a não ser geridas pelos seus proprietários. Adam Smith (1775:363) já tinha abordado a questão do comportamento das empresas e em especial daquelas onde havia esta separação entre a propriedade da empresa e a sua gestão: "Dos directores destas companhias [sociedade da capital solidário na tradução, "joint stock company", no original], (...) sendo administradores, mais do dinheiro de terceiros do que do seu próprio dinheiro, não se pode esperar que cuidem dele com a mesma vigilância aturada com que frequentemente os membros de uma sociedade privada cuidam do seu. (...) Deste modo, a negligência e o esbanjamento têm sempre, mais ou menos, que prevalecer na administração dos negócios de uma companhia deste tipo.". Posteriormente a questão voltou a ser estudada com profundidade, relativamente ao mercado norte-americano, por Berle e Means (1932), que consideravam que "Given diffuse share ownership by large number of shareholders who delegate control to professional managers, but who lack the means or the individual incentives actively to monitor their actions, management has great power and considerable discretion to pursue activities which are beneficial to them at the expense of shareholders' interests."[2],[3]

[2] Note-se que o "modelo" de Berle e Means é fundamentado na existência de uma *separação entre a propriedade e a gestão* e, também, na existência de uma *estrutura de propriedade dispersa* (pelo que cada um proprietário autonomamente não tem benefícios líquidos positivos em acompanhar activamente a gestão). É também feita uma referência a *gestores profissionais*, que surgiram com a crescente complexidade da gestão, levando Gomez (2001:43) a referir, ao analisar a evolução histórica das empresas, que a gestão familiar foi substituída pela "(...) l'oligarchie technocratique légitimée par le savoir, et particulièrement le savoir au management. Au gouvernement des péres succède le gouvernement des experts."

[3] Sommer (1992:701) considera que a dicotomia entre a propriedade e a gestão, analisada por Berle e Means, "(...) has been the beginning of virtually every discussion of the modern corporation and the distribution of power within it."

Numa economia caracterizada, nas sociedades cotadas, por uma estrutura accionista de (muitos) pequenos proprietários anónimos, nenhum deles individualmente tem capacidade de influenciar/controlar a gestão sendo também a sua dispersão excessiva para potenciar/permitir acções concertadas. Verificou-se, por isso, uma transferência de poder (e de controlo) nas grandes empresas para os seus gestores, levantando algumas preocupações não apenas no âmbito da academia. Bakan (2005) cita um relatório do Congresso norte americano, que investigou, em 1913, grandes conglomerados, e onde era dito que (*idem*:15) "None of the witnesses called was able to name an instance in the history of the country in which the stockholders had succeeded in overthrowing an existing management in any large corporation, nor does it appear that stockholders have ever even succeeded in so far as to secure the investigation of an existing management of a corporation to ascertain whether it has been well or honestly managed. (...) [In] all great corporations with numerous and widely scattered stockholders (...) the management is virtually self-perpetuating and is able through the power of patronage, the indifference of stockholders and other influences to control a majority of stock."

O ponto fulcral parte então da constatação de que, ao existir uma separação entre a propriedade e o controlo, na ausência de mecanismos reguladores, os gestores, actuando como agentes dos accionistas, poderão prosseguir objectivos autónomos (e até conflituantes com os dos accionistas) que podem colocar em risco os interesses do principal[4]. Com base nesta análise, a questão central é mesmo a de saber para que é que serve uma empresa e para os interesses de quem é que ela deve ser gerida, problema abordado conceptualmente por duas grandes escolas alternativas[5].

---

[4] Meisel (2004:14) centra a questão nas características e no comportamento dos accionistas: "Faced with widely dispersed shareholders, most of whom never exercised their voting rights, managers of large companies increasingly found themselves free *de facto* from shareholder's control.".

[5] É interessante notar que estas duas abordagens teóricas também se reflectem nos diferentes tipos de contestação que são tradicionalmente apresentados

Abordagem clássica – a perspectiva dos accionistas / a teoria da Agência

A perspectiva clássica, que foi dominante sobretudo nos países de expressão anglo-saxónica, privilegia na análise da actividade da empresa, uma visão centrada na existência de um conjunto de proprietários (os accionistas), que estabeleceram um contrato com os gestores, para actuarem como agentes dos primeiros, e dá menor importância relativa ao papel de outros agentes económicos (denominados *stakeholders*) – trabalhadores, clientes, fornecedores, credores etc. – na actividade empresarial[6]. Para esta perspectiva muito contribui, na opinião de diversos autores (Charreaux e Wirtz, 2006; Monks e Minow, 2011), o particular contributo do capital no desenvolvimento da actividade empresarial até porque sendo os detentores dos direitos residuais sobre o valor gerado pela empresa, os accionistas assumem maiores riscos, necessitando por isso de exercer um maior controlo. Por exemplo, Isaksson (2004:132) considera que "(...) capital is only one among several important inputs that are needed to build a competitive company. Access to a well-functioning infrastructure, to skilled labour and managerial talent is also vital. But while acess to capital may not be a sufficient condition, it is for all practical purposes a necessary one."

relativamente às grandes empresas (Bakan (2005)) – por um lado protestos da denominada "sociedade civil", incluindo aqui NGO's, associações políticas e sindicatos contestando as acções empresariais (mais) lesivas dos trabalhadores, consumidores, comunidades e ambiente e, por outro, os críticos pós-Enron, mais preocupados com a vulnerabilidade dos (pequenos) accionistas ás acções de gestores menos escrupulosos. É que (*idem*:27) "(...) the two groups had something in common: they both believed the corporation had become a dangerous mix of power and unaccountability.".

[6] Como lembra Campbell (1997:448) "[in legal terms] the shareholders do own the company. They are the only stakeholder who can intervene in the management of the company to extract more value for themselves. They have legal rights other stakeholders do not have.". Esta perspectiva legal, que fundamenta a primazia dos accionistas, garante a protecção da propriedade (privada), um dos pilares das economias de mercado.

Na realidade, a própria teoria económica centra boa parte da produção científica sobre a forma de funcionamento da empresa, no estudo do conflito entre os seus accionistas e os seus gestores, a partir da constatação de que existe uma separação entre a propriedade da empresa e o seu controlo, que faz surgir uma relação de agência[7], potenciadora de conflitos. Com efeito, como já referimos, sobretudo devido a uma (cada vez) maior dispersão do capital das empresas pelos accionistas, à maior complexidade das decisões tomadas pelos gestores e ao acesso privilegiado destes agentes à informação necessária para medir a sua própria *performance*, existe um conflito potencial entre os gestores e os accionistas. Como referem Jensen e Meckling (1976:308) "If both parties to the relationship are utility maximizers, there is good reason to believe that the agent will not always act in the best interest of the principal.", porque têm objectivos conflituantes. Jensen (1989:64) considera mesmo que "Tradable ownership claims [geralmente acções] create fundamental conflicts of interest between those who bear risk (the shareholders) and those who manage risk (the executives).". Ora o objectivo dos accionistas é a maximização da sua riqueza (numa versão redutora "a maximização do lucro"), enquanto os gestores poderão ter outros objectivos mais relacionados com o seu bem-estar, remuneração e prestígio (Bebchuk e Fried, 2004).

Alguns destes autores não apenas limitam a empresa ao binómio "gestores-accionistas", mas recusam também qualquer outro objectivo para a actividade empresarial, que não a maximização do lucro, excluindo quaisquer outras considerações, mesmo de carácter social. Por exemplo, Friedman (1962:133), ao referir-se à crescente aceitação da existência de uma "responsabilidade social" da empresa, recusa-a, considerando que "In such an economy [free economy], there is one and only one social responsibility of business – to use its resources and engage in activities designed to increase its profits so long as it stays within the rules of the game, which is to say, engages in open and free competition, without deception or fraud." e acrescentando

[7] Para Ross (1973:134) a relação de agência existe entre duas partes "(...) when one, designated as the agent, acts for, on behalf of, or as representative for the other, designed the principal, in a particular domain of decision problems.".

que "Few trends could be so thoroughly undermine the very foundations of our free society as the acceptance by corporate officials of a social responsibility other than to make as much money for their stockholders as possible. This is a fundamentally subversive [!] doctrine.". Já Hayek (1979:82) alertava para outro perigo associado ao alargamento dos objectivos empresariais, ao permitir aos gestores livre arbítrio sobre as decisões tomadas: "So long as the management has the one overriding duty of administering the resources under its control as trustees for the shareholders and for their benefit, its hands are largely tied (...). But once management of a big enterprise is regarded as not only entitled but even obliged to consider in its decisions whatever is regarded as the public or social interest, or to support good causes and generally to act for the public benefit, it gains indeed an uncontrollable power – a power which could not long be left in the hands of private managers but would inevitably be made the subject of increasing public control."[8].

O *The Economist* (2005), num importante *survey* sobre a responsabilidade social das empresas (CSR – *Corporate Social Responsability*) segue também predominantemente esta perpectiva, considerando desde logo que (*idem*:12) "Firms are still mainly interested in making money (...) whatever the CEO may say in the annual report. When commercial interests and broader social welfare collide, profit comes first", e lembrando que a obrigação dos gestores é a de defender os interesses/propriedade dos accionistas[9].

[8] De notar que foi atribuído o Prémio Nobel da Economia a Hayek em 1974 e a Friedman em 1976.

[9] *The Economist* (2005:8): "Remember that corporate philanthropy is charity with other people's money – which is not philanthropy at all. When a company gives some of its profits away in a good cause, its managers are indulging their charitable instincts not at their own expense but at the expense of the firm's owners.". Visão oposta têm Kotler e Lee (2005) ao defenderem que uma participação activa em actividades sociais permite aumentar as vendas, as quotas de mercado e, por essa via, os lucros e a atractibilidade para os investidores. Com efeito (*idem*, 10) "It appears that such participation [in corporate social initiatives] looks good to potential consumers, investors, financial analysts, business colleagues, in annual reports, in the news, and maybe even in Congress and the court room.

Apesar disto, mesmo nos EUA, segundo Monks e Minow (2011:37), até 1994, mais de metade dos estados federados aprovaram quadros legais que permitiam, quando não mesmo impunham, aos gestores a consideração dos interesses dos outros *stakeholders* na tomada de algumas decisões, nomeadamente relativas a operações de concentração. Em Portugal, o Código das Sociedades Comerciais no seu art.º 64 estabelecia, sobre o "dever de diligência" da Administração, que "Os gerentes, administradores ou directores de uma sociedade devem actuar com a diligência de um gestor criterioso e ordenado, no interesse da sociedade [leia-se, da empresa] tendo em conta os interesses dos sócios e dos trabalhadores". E, empiricamente, Dodd (1932:1158) observava, já no início da década de 30 do século passado, que "(...) there are indicators that even today corporation managers not infrequently use corporate funds in ways which sugest a social responsability rather than an exclusively profit-making viewpoint."

Abordagem alternativa – a perspectiva dos stakeholders

A visão alargada da empresa

Nas últimas décadas sobretudo no domínio das ciências empresariais assistiu-se à publicação de numerosos estudos que destacam a importância das relações das empresas com os seus clientes, fornecedores, trabalhadores e investidores, reflectindo uma maior influência destes *stakeholders* e apresentado-as como uma condição necessária

(...) There is growing evidence that it does good for the brand (...)", permitindo, por isso, melhorias na rendibilidade das empresas. Cadbury (2002:160) também considera que "(...) the continued existence of companies is based on an implied agreement between business and society. (...) There is no conflict between social responsibility and the obligation on companies to use scarce resources efficiently and to be profitable – an unprofitable business is a drain on society. The essence of the contract between society and business is that companies shall not pursue their immediate profit objectives at the expense of the longer-term interests of the community." (sobre a responsabilidade empresarial veja-se também Carroll e Shabane, 2010; Carroll, 2021 e Devinney, 2009)

para o sucesso empresarial e para a sua valorização (e dos seus proprietários e accionistas)[10],[11]. Berle e Means (1932), no capítulo conclusivo do seu importante trabalho, reflectiam também esta visão, uma vez que, dado que as empresas detinham um elevado poder então, necessariamente e à semelhança dos governos, teriam de reflectir nas suas acções interesses colectivos e não apenas dos seus proprietários (*idem*:312): "It is conceivable – indeed it seems almost essential if the corporate system is to survive – that the «control» of the great corporations should develop into a purely neutral technocracy, balancing a variaty of claims by various groups in the community and assigning to each a portion of the income stream on the basis of public policy rather than private cupidity." (veja-se também, na época, o trabalho de Dodd (1932))

---

[10] Este perspectiva é muito utilizada pelos investigadores na área da Ética Empresarial (*Business Ethics*) e pelos defensores da responsabilidade social das empresas (CSR) (veja-se, por exemplo Alkhafaji (1989) e Siebens (2002)), mas tem vindo a ganhar alguma relevância noutras áreas da gestão (por exemplo, nas Finanças, veja-se Gillan, Koch e Starks (2021) e Liang e Renneboog (2017)). O *The Economist* (2005:17), sintetiza esta perspectiva da seguinte forma: "Making money for the owners is too narrow a view of what a corporation is for. It raises ownership – "mere ownership", as they would say [os defensores desta abordagem] – too high. Owners are just one group among many kinds of different "stakeholders" in a business. It is wrong to run a business in the interest of one kind of stakeholder, ignoring the legitimate of all the others." (veja-se também a crítica de Sternberg (1999) e de Barry (2002)).

[11] De acordo com Bakan (2005), por volta do final da 1.ª Grande Guerra, diversas empresas norte-americanas (por exemplo a General Electric, a Eastman Kodak e a Goodyear Tire & Rubber Company) tentaram transmitir uma imagem de empresas socialmente responsáveis, no que se denominou "Novo Capitalismo", que teve um ressurgimento na década de 30, como resposta à má imagem que as grandes empresas detinham junto da opinião pública. O autor lembra que (*idem*:18) "«New Capitalism», the term used to describe the trend, softened corporations' images with promises of good corporate citizenship and practices of better wages and working conditions." Neste contexto, a empresa surgiu, também, como uma comunidade, abordagem que tinha como líder Paul Litchfield, presidente da Goodyear, que considerava que o capitalismo não sobreviveria excepto se a igualdade e a cooperação entre os trabalhadores e os accionistas/capitalistas substituíssem a divisão e o conflito (*idem:ibidem*).

Esta visão mais alargada da empresa foi acompanhada pela utilização crescente de indicadores de performance não financeiros – estratégicos, ambientais e sociais (veja-se por exemplo Rajesh (2020), WEF (2020) e Williams (1999)) – o que permitiu que a empresa deixasse de se focalizar em exclusivo nos accionistas. Neste sentido, a empresa deixou de ser vista como apenas a propriedade de um grupo, para se aproximar mais da visão de Handy (1997:28), isto é, "a community – although a community created by common purpose rather than by common place.".

Os fundamentos conceptuais da teoria dos *stakeholders* foram apresentados por Penrose (1959) e baseiam-se na análise das empresas como um quadro legal pré-definido onde um conjunto de agentes económicos interagem por forma a atingir determinados objectivos (Freeman et al, 2010). Por exemplo, nesta linha, a definição apresentada por Clarkson (1994:112) considera que "The firm is a system of stakeholders operating within the larger system of the host society that provides the necessary legal and market infrastructure for the firm's activities. The purpose of the firm is to create wealth or value for its stakeholders by converting their stakes into goods and services.". De acordo com este modelo, "(...) no one group should be decisive, but a balance should be struck among all those affected by the business." (Barry (2002:544))[12]

Há então aqui uma referência ao bem-estar ("wealth") e ao valor ("value") que substitui a indicação dada por Friedman (*op cit.*) e Hayek (*op.cit.*) do lucro ("profit") como objectivo da empresa. Além disso os beneficiários são agora os diversos *stakeholders* (participantes), em vez dos já referidos *shareholders* (accionistas). Neste novo quadro, Ansoff (1965:39) considerava que "This theory maintains that the objectives of the firm should be decided by balancing the

[12] Mayer (1998) também distingue os objectivos associados às empresas nas duas perspectivas (*idem*:146): "According to the shareholder model, the objective of the firm is to maximize its market value through allocative, productive and dynamic efficiency. According to the stakeholder approach, performance is judge by a wider constituency interested in employment, market share and growth in trading relations with suppliers and purchasers as well as financial performance."

conflicting claims of the various «stakeholders» in the firm: managers, workers, stockholders, suppliers, vendors. The firm has a responsibility to all of these and must configure its objectives so as to give each a measure of satisfaction."[13]. Sendo assim, da negociação entre os diferentes *stakeholders*, por forma a atingir os seus objectivos particulares, seriam definidos quais os objectivos da empresa, resultado que está implícito também no trabalho de Jensen e Meckling (1976:311) quando referem que "In this sense the «behavior» of the firm is like the behavior of a market, i.e., the outcome of a complex equilibrium process.".

Clarke (1998) considera duas grandes classes de *stakeholders*:

(a) uma primeira abrangendo os accionistas, trabalhadores, clientes, consumidores, fornecedores e credores, que seriam denominados, pela relação próxima que estabelecem com a empresa como *stakeholders* «contratuais»;
(b) uma segunda, incluindo os restantes, interagindo com a empresa, mas de forma mais afastada – comunidade local, entidades reguladoras, governo – denominados *stakeholders «colectivos»*[14].

Cada um destes grupos surge como o fornecedor de um recurso para a empresa e, por contrapartida, espera ter determinados benefí-

[13] Note-se, todavia, que existem diferenças substanciais entre os diversos *stakeholders*, nomeadamente relativamente ao risco da relação com a empresa, ao espírito empreendedor e ao seu envolvimento e liderança, fazendo com que, necessariamente, a sua remuneração seja diferente. Acrescente-se ainda que o seu grau de influência nas decisões da empresa é objecto de amplo debate; como refere o *The Economist* (2005:17), "Business certainly need to take account of other interested parties if they are to succeed as businesses: they must satisfy their customers, get on with their suppliers, motivate their workers, and so forth. (...) But «taking account of» is not the same as «being held accountable to» [como defendem alguns autores]. Accountability refers to a much more formal and direct set of rights and obligations."

[14] Esta abordagem é muito relevante, por exemplo, na noção de "desenvolvimento sustentável" apresentada pelas Nações Unidas (Schwab e Vanham, 2021; WEF, 2020).

cios. Ora quer os recursos fornecidos quer os interesses são distintos – se, por exemplo, os trabalhadores fornecem a mão de obra e desejam ter boas condições salariais, segurança no emprego ou formação, já os clientes, fornecedores de receitas, preocupam-se com a qualidade dos produtos ou serviços e com a relação qualidade-preço enquanto o governo, fornecedor de um quadro legal e regulador da actividade da empresa estará interessado no cumprimento dos requisitos legais, na competitividade ou na criação de empregos – pelo que se pode colocar a questão de saber como é que se podem gerir estes interesses diversos.

Os críticos desta abordagem reduzem-na mesmo a uma mera transferência de poderes dos accionistas para outros agentes, tornando a gestão da empresa mais complexa (ou até, porventura, impossível). Por exemplo, Barry (2002:545) considera que "(...) stakeholderism aims to take rights from the owners, who can be assumed to constitute a single body with a common purpose [hipótese altamente discutível], and to give those rights to a plurality of groups, which would include shareholders but in a much-diminished role. Stakeholders' groups are unlikely to have a common purpose; more likely, they will display all the rivalry that interest groups exhibit in legislative assemblies."

Esta teoria dos *stakeholders* permite um alargamento da visão clássica do conflito "gestor-accionista", de que o modelo de Hill e Jones (1992) pode ser classificado como uma abordagem inovadora, uma vez que se estabelecem relações de agência entre os diversos participantes. Os autores consideram que, uma vez que os gestores são o único grupo de *stakeholders* que estabelece uma relação contratual com todos os restantes e que tem um controlo *directo* sobre o processo de decisão na empresa, são eles que tomam as decisões estratégicas que permitem satisfazer todas os restantes *stakeholders*, podendo funcionar como agentes destes; desta forma surge no prolongamento da teoria do agente-principal centrada na relação accionista-gestor, a teoria do *stakeholder*-agente. Todavia Clarke (1998:189) lembra que "(...) the directors' relationship with the shareholders is different in kind from their relationship with other stakeholders' interests.".

Geograficamente, Kay e Silberston (1995) associam a perspectiva dos *stakeholders* mais à Europa Continental e ao Japão, onde os objectivos das empresas (*idem*:286) "(...) encompass the interests of a wide range of stakeholder groups – investors, employees, suppliers, customers and managers – but cannot be equated with any of them.", enquanto nos países anglo-saxónicos a empresa é definida e regulada sobretudo a partir das relações entre os gestores e os accionistas/proprietários. Esta é também a opinião expressa por Barry (2002:542), acrescentando que, consequentemente, particularmente na Alemanha e no Japão, há uma relativa indiferença face ao mercado bolsista/cotações e uma maior rejeição dos *takeovers* como mecanismos de correcção das ineficiências.

Dificuldades Teóricas e Práticas

A perspectiva do funcionamento das empresas baseada na análise da importância relativa de cada um dos grupos identificados, apresenta algumas limitações.

Se por um lado a ideia tradicional da empresa é a de uma propriedade dos accionistas e, portanto, seriam *stakeholders* prioritários, por outro, em empresas onde o capital humano é muito importante (por exemplo, empresas de I&D) os trabalhadores teriam um papel de destaque, pelo que a abordagem clássica, nas palavras de Handy (1997:28) "(...) is an affront to natural justice because it gives inadequate recognition to the people who work in the corporation and who are, increasingly, its principal assets.". Neste sentido também se manifesta Drucker (2002:241) quando declara que "One of the most important jobs ahead for the top management of the big company of tomorrow (...), will be to balance the conflicting demands on business being made (...) by the corporation's various constituencies: customers, shareholders (especially institutional investors and pension funds), *knowledge employees* [itálico nosso], and communities.". É que (*idem*:274) "Knowledge workers provide «capital» just as much as does the provider of money. The two are dependent on each other. This makes the knowledge worker an equal – an associate or a partner."

Note-se ainda que uma coisa é considerar os accionistas como *stakeholders* prioritários e outra, distinta e com alguma divulgação na teoria económica, é considerá-los como os únicos *stakeholders* – como comentava Clarke (*op.cit.*:186) ao criticar esta última visão "Why «value» is only what ends up in the hands of shareholders is a mystery of financial economics.". Todavia, ele mesmo citava o trabalho de Charkham (1995) em que este reconhecia que "Shareholders may come at the end of the queue for dividends (and for distribution if the company ceases to trade), but they are the anchormen." pois embora os gestores sejam responsáveis pelas relações com todos os *stakeholders* (e esta actividade seja fulcral para o sucesso da empresa) eles são nomeados pelos accionistas e é a estes que têm que prestar contas, argumento também defendido por Monks e Minow (2011). Para além disso, Blair (1995:237) justificava esta posição privilegiada dos accionistas, pois "Creditors have fixed claims, and employees generally negotiate compensation schedules in advance of performance. The gains and losses from abnormally good or bad performance are the lot of shareholders, whose claims stand last in line.". Todavia, emitia diversas reservas a esta visão pois considerava que muitos dos riscos da actividade empresarial são também partilhados por outros *stakeholders*, nomeadamente os trabalhadores nas empresas onde os investimentos em capital humano são muito específicos – (*idem*:238) "In such enterprises employees whose skills are specialized to the company will inevitably bear some of the risk associated with the enterprise, and this fact gives them a «stake» in the company that is at risk in exactly the same way as the stake held by shareholders.".

Finalmente, do ponto de vista operacional, surgem outras dificuldades. Sintetizando, o principal problema é que, na opinião de Argenti (1997), enquanto os accionistas são um grupo homogéneo (uma vez que os benefícios que lhe são atribuídos são "por acção")[15] e por isso podem ser tratados de forma equitativa, já relativamente aos membros das outras categorias de *stakeholders* não existe essa

[15] Afirmação fortemente discutível, uma vez que a posse de acções não equivale, de todo, à partilha de interesses, por exemplo estratégicos (devido, por exemplo, a horizontes de investimento muito diferentes).

homogeneidade (por exemplo, distinguindo-se entre os empregados qualificados e não qualificados, pequenos e grandes clientes etc.). Por isso, se o que os accionistas desejam é conhecido – uma boa rendibilidade do seu investimento – já quanto às expectativas dos outros *stakeholders* a teoria não é clara. Ora, dado que os *stakeholders* são distintos, como serão balanceados os seus interesses e geridos os *trade offs*? Argenti (*idem*) não concorda com aqueles que defendem que devem ser os gestores a exercer esta função e lembra que eles próprios são *stakeholders*! Para além disso, considera (*op.cit.*:443) que "(...) managers need a clear, unequivocal corporate purpose to focus.", alertando que "(...) the dangers attendant up multiple corporate objectives are not only that corporate performance will suffer from lack of management focus, but also that the resources of the organization will be perverted from the lawful beneficiaries to any group who exerts their power to do so (...)"[16]. O autor lembra também que (*idem*:444), enquanto "(...) the capitalistic company treats its stakeholders according to the effect this will have on profits – if the managers believe that granting some additional advantage to its stakeholders will improve its value they will grant it; if not, not (subject to the company's ethos)"; uma vez que existe um indicador de performance que é reconhecido como principal, já na abordagem dos *stakeholders*, como a noção de "valor" para cada um dos grupos é distinta, é difícil estabelecer critérios para a tomada de decisão[17].

[16] Campbell (1997:448) em resposta considera que "The market for capital, labour and goods provide highly objective and very demanding guidelines", que são, na sua opinião, uma garantia para que a afectação de recursos seja feita de forma eficiente. Esta resposta tem implícito que estes mercados são eficientes.

[17] Esta é também a preocupação apresentada no Relatório Final do *Committee on Corporate Governance* (Hampel, 1998) quando, no parágrafo 1.17, declara que "(...) the director's relationship with the shareholders is different in kind from their relationship with other stakeholder interest. The shareholders elect the directors. (...) the directors are responsible *for relations with* stakeholders; but they are accountable *to* the shareholders. This is not a simply technical point. From a practical point of view, to redefine the director's responsibilities in terms of the stakeholders would mean identifying the various stakeholder groups; and deciding the nature and extend of the director's responsibilities to each. The result would be that the directors were not effectively accountable to anyone since there

Como comenta o *The Economist* (2005:129) "Measuring profits is fairly straightforward; measuring environmental protection and social justice is not.". Manne (1965), há mais de 40 anos, considerava que (*idem*:113) "Apart from the stock market we have no objective standard of managerial efficiency" (o que pressupõe, como é evidente, uma visão idílica do funcionamento desse mercado).

Mesmo quando se tratam de objectivos quantificáveis, Jensen (2001) é muito céptico quanto à possibilidade de se maximizarem vários em simultâneo, uma vez que, para ele (*idem*:11) "(...) telling a manager to maximize current profits, market share, future growth in profits, and anything else one pleases will leave that manager with no way to make a reasoned decision. In effect, it leaves the management with *no* objective." (itálico no original).

Por último, para os seus críticos, a aplicação desta abordagem à actividade empresarial, tornaria as empresas, tal como as conhecemos, ingovernáveis. Efectivamente, por exemplo Barry (2002:542) considera que tal cenário "Not only would it amount to an additional cost imposed on the stockholders, as other socially oriented business policies do, but it would also completely overturn customary methods of decision making in a company and *might well make capitalist enterprise impossible*" (itálico nosso).

E agora?

A importância das empresas no mundo moderno torna-as um objecto de análise relevante para o estudo do desempenho das economias e das sociedades. Desde logo porque nas economias de mercado o nível e a qualidade do desempenho das empresas (e, por isso, da sua gestão) é determinante para o crescimento saudável dessas economias, uma vez que são elas que criam valor (e sem este a discussão da sua repartição justa entre os diferentes *stakeholders* esvazia-se) e que articulam de forma adequada a utilização dos diferentes

would be no clear yardstick for judging their performance. This is a recipe neither for good governance nor for corporate success.".

recursos. Esta relação empresa – economia é importante, justifica a preocupação e empenho com que diversas organizações nacionais e supra-nacionais têm acompanhado esta temática e era já destacada por Cadbury (1992) quando referia, para o caso britânico que "The country's economy depends on the drive and efficiency of its companies. Thus, the effectiveness with which their boards discharge their responsibilities determines Britain's competitive position."

Todavia, a diversidade de formas de interpretar os objetivos das empresas (ou de saber em nome de quem é que elas devem ser geridas), sintetizada neste artigo nas duas principais abordagens – a teoria da agência, muito associada á perspectiva dos accionistas (*shaerholder view*), e a teoria dos participantes (*stakeholders view*) – é ainda um tópico alvo de discussão nos media, na universidade, nas entidades reguladoras e na definição das políticas públicas. O trabalho apresentado permite concluir que nas empresas se articulam diversos participantes (*stakeholders*), cujos interesses têm que ser devidamente considerados e ponderados embora, nomeadamente por serem os participantes residuais e, por isso, tendo um risco maior, os accionistas tenham um papel especial. O desrespeito pelo *board*/accionistas dos direitos dos restantes participantes, aproveitando ineficiências do mercado, quadros legais fracos, reguladores capturáveis ou situações macroeconómicas difíceis, gera assimetrias na repartição dos benefícios obtidos, eticamente reprováveis, não sustentáveis a médio e longo prazo e originando conflitos e desconfianças.

Nos últimos anos, em linha com a abordagem dos *stakeholders*, a preocupação com o impacto da actividade empresarial nos diversos participantes (por exemplo no ambiente ou nas gerações futuras) e a consideração destes participantes na definição da sua estratégia, tornou-se muito relevante. Efectivamente para além da tradicional preocupação com os accionistas/dividendos, passou a ser aceite que as empresas têm uma denominada "responsabilidade social" (Carrol e Shabana, 2010; Carrol, 2021, Devinney, 2009), sendo necessária uma adequada identificação da sua missão (Porter e Kramer, 2011)[18]. Na

[18] Refira-se aqui o desenvolvimento das "empresas B" (*B Corp*, na designação anglo-saxónica) e a sua influência na clara identificação da missão empresarial (Kim et al, 2016; Villela et al, 2021).

mesma linha, o desempenho empresarial passou a ser medido em 3 vertentes (ESG – *Environment, Social and Governance*) (Amel-Zadeh e Serafeim, 2018; Gillan et al, 2021; Utz, 2019) e não apenas na sua componente financeira. Não sendo isentos de riscos (Nirino et al, 2021; Porter et al, 2019), os *ratings* ESG são o reflexo de uma nova visão das empresas, onde o seu papel nas economias e na sociedade é claramente diferente do que era entendido no século passado (Schwab e Vanham, 2021).

Referências:

Adams, R. B. (2012), "Governance and the financial crisis." *International Review of Finance,* Vol.12, No. 1, pp. 7-38.

Alkhafaji, A. F. (1989), *A Stakeholder Approach to Corporate Governance,* Quorum Books.

Amel-Zadeh, A. e G. Serafeim (2018). "Why and how investors use ESG information: Evidence from a global survey." *Financial Analysts Journal,* Vol. 74, No.3, pp. 87-103

Ansoff, H. I. (1965), *Corporate Strategy – an Analytic Approach to Business Policy for Growth and Expansion,* Penguin Books.

Argenti, J. (1997), "Stakeholders: The Case Against", *Long Range Planning – International Journal of Strategic Management,* Vol. 30, N.3, pp. 442-46.

Bakan, J. (2005), *The Corporation – The Pathological Pursuit of Profit and Power,* London, Constable & Robinson.

Barry, N. (2002), "The Stakeholder Concept of Corporate Control is Illogical and Impractical", *The Independent Review,* Vol.VI, N.4, pp. 541-54.

Bebchuk, L. A. e J. M. Fried. (2004), "Executive compensation as an agency problem." *Journal of Economics Perspectives,* Vol. 17, No. 3, pp. 71-92.

Becht, M., P. Bolton e A. Roell (2003), "Corporate Governance and Control", em *Handbook of the Economics of Finance,* ed. by George M. Constantinides, M., Milton Harris, M e R. Stulz, Elsevier, Vol 1, 1-109.

Berle, A. A., e G. C. Means (1932), *The Modern Corporation and Private Property,* Harcourt, Brace & World, Inc.

Blair, M. M. (1995), *Ownership and Control: Rethinking Corporate Governance for the Twenty-First Century,* Washington, The Brookings Institution.

Cadbury, A. (1992), *Report of the Committee on the Financial Aspects of Corporate Governance,* Gee Publishing.

Cadbury, A. (2002), *Corporate Governance and Chairmanship: A Personal View*, Oxford University Press.

Campbell, A. (1997), "Stakeholders: The Case in Favour", *Long Range Planning: International Journal of Strategic Management*, Vol. 30, N.3, pp. 446-49.

Carroll, A.B. e K.M. Shabana, (2010), "The business case for corporate social responsibility: A review of concepts, research and practice." *International Journal of Management Reviews*, Vol.12, No. 1, pp. 85-105.

Carrol, A. B. (2021) "Corporate Social Responsibility: Perspectives on the CSR Construct's Development and Future". Business & Society, Vol. 60, No. 6, pp. 1258-1278.

Charreaux, G. e P. Wirtz, (2006), *Gouvernance des Entreprises: Nouvelles Perspectives*. Economica, Paris

Clarkson, M.B.E., (1994), "A Risk Based Model of Stakeholder Theory", *The Centre for Corporate Social Performance & Ethics*, University of Toronto.

Charkham, J. (1995), *Keeping Good Company – A Study of Corporate Governance in five Countries*, Oxford University Press.

Clarke, T. (1998), "The Stakeholder Corporation: A Business Philosophy for the Information Age", *Long Range Planning – International Journal of Strategic Management*, Vol. 31, N.2, pp. 182-94.

Coates, J. C. (2007), "The goals and promise of the Sarbanes-Oxley Act", The *Journal of Economic Perspectives*, Vol. 21, N.1, pp.91-116.

Coffee Jr, J. C. (2002), "Understanding Enron: «It's About the Gatekeepers, Stupid»", *The Business Lawyer*, pp. 1403-1420.

Devinney, T. M. (2009), "Is the socially responsible corporation a myth? The good, the bad, and the ugly of corporate social responsibility." *The Academy of Management Perspectives*, Vol. 23, No. 2, pp. 44-56.

Dodd, E. M. (1932), "For Whom are Corporate Managers Trustees?", *Harvard Law Review*, Vol.45, N.7, pp. 1145-63.

Drucker, P. F. (2002), *Managing in the Next Society*, Butterworth-Heinemann (Elsevier Science).

Economist (The) (1994), "A Survey of Corporate Governance", *The Economist*, January 29th, pp. 1-18.

Freeman, R. E., Harrison, J. S., Wicks, A. C., Parmar, B. L., e S. De Colle (2010). *Stakeholder theory: The state of the art*, Cambridge University Press.

Friedman, M. (1962), *Capitalism and Freedom*, University of Chicago Press.

Gomez, P.-Y. (2001), *Le République des Actionnaires – Le Gouvernement des Entreprises entre Démocratie et Démagogie*, Édition La Découverte & Syros.

Gillan, S. L., Koch, A. e L.T. Starks. (2021), "Firms and social responsibility: A review of ESG and CSR research in corporate finance." *Journal of Corporate Finance*: 101889

Hampel, R. (1998), *Committee on Corporate Governance – Final Report*, London, Gee Publishing Ltd

Handy, C. (1997), "The citizen corporation", *Harvard Business Review*, Vol. 75, N. 5, pp. 26-27

Hayek, F. A. (1979), *Law, Legislation and Liberty: A New Statement of the Liberal Principles of Justice and Political Economy*, Routledge & Kegan Paul Ltd.

Healy, P. M. e K.G. Palepu (2003), "The fall of Enron", *The Journal of Economic Perspectives*, Vol. 17, N.2, pp. 3-26.

Hill, C. W. L. e T. M. Jones (1992), "Stakeholder-Agency Theory", *Journal of Management Studies*, Vol. 29, N.2, pp. 131-54.

Isaksson, M. (2004), "Corporate Governance and Public Policy", in M. Isaksson e R. Skog (editores), *The Future of Corporate Governance*, 131-40. Stockholm, Corporate Governance Forum.

Jensen, M. C. (1989), "Eclipse of the Public Corporation", *Harvard Business Review*, September-October, pp. 61-74.

Jensen, M. C. (2001), "Value Maximization, Stakeholder Theory, and the Corporate Objective Function", *Journal of Applied Corporate Finance*, Vol.14, N3, pp. 8-21.

Jensen, M. C. e W. H. Meckling (1976), "Theory of the Firm: Managerial Behavior, Agency Costs and Ownership Structure", *Journal of Financial Economics*, Vol.3, Oct., pp. 305-60.

Kay, J. e A. Silberston (1995), "Corporate Governance", *National Institute Economic Review*, August, pp. 84-97.

Kim, S., Karlesky, MJ, Myers, C.G. e T. Schifeling (2016) "Why companies are becoming B corporations" *Harvard Business Review*, Vol. 17, pp.1-5.

Kotler, P., e N. Lee (2005), *Corporate Social Responsability: Doing the Best for your Company and your Cause*, John Wiley & Sons Inc.

Kumar, N., e J. P. Singh. (2013), "Global financial crisis: Corporate governance failures and lessons" *Journal of Finance, Accounting and Management*, Vol.4, No. 1, pp. 21.

Liang, H. e L. Renneboog (2017), "On the foundations of corporate social responsibility", *The Journal of Finance*, Vol. 72, No. 2, pp. 853-910.

Mallin, C.A. (2018). *Corporate Governance*. 6th edition, Oxford University Press

Manne, H. G. (1965). "Mergers and the market for corporate control", *The Journal of Political Economy*, Vol. 73, N.2, pp. 110-120.

Mayer, C. (1998), "Financial Systems and Corporate Governance: A Review of the International Evidence", *Journal of Institutional and Theoretical Economics*, Vol.154, N.1, pp. 144-65.

Meisel, N. (2004), *Governance Culture and Development – A Different Perspective on Corporate Governance*, OECD – Development Centre Studies.

Monks, R. A. G., e N. Minow (2011), *Corporate Governance*, 5th edition, Wiley.

Nirino, N., Santoro, G., Miglietta, N. e R. Quaglia (2021) "Corporate controversies and company's financial performance: Exploring the moderating role of ESG practices." *Technological Forecasting and Social Change*, Vol.162, 120341

Penrose, E. T. (1959), *The Theory of Growth of the Firm*, Blackwell.

Porter, M. e M.R. Kramer (2011), "Creating shared value – How to reinvent capitalism and unleash a wave of innovation and growth" *Harvard Business* Review, Vol. 89, No. ½, pp. 62-77.

Porter, M., Serafeim, G. e M. Kramer (2019). "Where ESG fails." *Institutional Investor* 16

Rajesh, R. (2020), "Exploring the sustainability performances of firms using environmental, social, and governance scores." *Journal of Cleaner Production*, Vol. 247: 119600

Ross, S. A. (1973), "The Economic Theory of Agency: The Principal's Problem", *American Economic Review*, Vol. LXIII, Vol.2, pp. 134-39.

Schwab, K. e P. Vanham (2021), *Stakeholder Capitalism – A Global Economy that Works for Progress, People and Planet*. John Wiley & Sons.New Jersey, USA

Schoenmaker, D. e Schramade (2019), *Principles of Sustainable Finance*. Oxford University Press, USA

Siebens, H. (2002), " Concepts and Working Instruments for Corporate Governance", *Journal of Business Ethics*, Vol.39, N.1 e 2, pp. 109-16.

Sims, R. R. e J. Brinkmann, J. (2003), "Enron ethics (or: culture matters more than codes)", Journal *of Business Ethics*, Vol. 45, N.3, pp. 243-256.

Smith, A. (1775), *Inquérito sobre a Natureza e as Causas da Riqueza das Nações*, Lisboa, Fundação Calouste Gulbenkian.

Sommer, A. A. (1992), "Corporate Governance: The Search for Solutions", *University of San Francisco Law Review*, Vol.26, N.4, pp. 695-716.

Sternberg, E. (1999), "The Stakeholder Concep: A Mistaken Doctrine", *University of Leeds – Centre for Business and Professional Ethics*, WP.

Utz, S. (2019), "Corporate scandals and the reliability of ESG assessments: Evidence from an international sample", *Review of Managerial Science*, Vol.13, No. 2, pp. 483-511

Vermaelen, T. (2009), "Maximizing shareholder value: An ethical responsibility." in *Mainstreaming corporate responsibility*, ed. Craight Smith e Gilbert Lenson, *Chichester: John Wiley* & Sons, 206-218.

Villela, M., S. Bulgacov e G. Morgan (2021), "B Corp certification and its impact on organizations over time." *Journal of Business Ethics*, Vol. 179, N.2, pp. 1-15.

WEF – World Economic Forum (2020), *The Global Competitiveness Report Special Edition 2020: How Countries are Performing on the Road to Recovery*, WEF.

Williams, C. A. (1999), "The Securities and Exchange Commission and corporate social transparency", *Harvard Law Review*, Vol.112, N.6, pp. 1197-311.

Agradecimentos:

Pedro Verga Matos agradece o apoio financeiro da FCT – Fundação para a Ciência e a Tecnologia, no âmbito do projecto de financiamento plurianual com a referência UIDB/04521/2020".

A Presença da Mulher na Força de Trabalho e seu Impacto no Desempenho nas Instituições de Microfinanças da Região da SADC

*Elsa Assiaty Agostinho**
*Raquel Medeiros Gaspar***

Resumo

Objectivo: Avaliar o impacto da presença da mulher no conselho de administração, na gestão sénior e oficiais de crédito no desempenho das instituições de microfinanças (IMFs) em 9 países comunidade para o desenvolvimento da africa austral (SADC).

Metodologia – Estimamos modelos GLS – efeitos aleatórios, a 35 IMFs no período de 2010-2016.

Resultados – Os resultados indicam que, existe uma relação negativa entre a presença da mulher no conselho de administração e o desempenho financeiro. Por outro lado, encontramos igualmente evidência de que, as mulheres oficiais de crédito geram um impacto positivo no desempenho social das IMFs.

Limitações da pesquisa – Quantidade limitada de dados sobre os mecanismos da *governance* na região em estudo e o facto de que em algumas IMFs, não existir ou ter representatividade baixa da presença da mulher na sua força de trabalho.

---

* Assistente Universitária na Universidade Lúrio, Moçambique e Investigadora no Centro de Investigação Avançada em Gestão (ADVANCE) – ISEG na Universidade de Lisboa. Email: elsa.antonio@unilurio.ac.mz

** Professora Associada de Finanças no ISEG, Universidade de Lisboa, Investigadora no Centro de Matemática Aplicada à Previsão e Decisão Económica, Portugal. Email: Rmgaspar@iseg.ulisba.pt

Originalidade – Este estudo é um contributo para a pesquisa empírica e para a literatura por trazer evidencias mais especificas a uma região de África que ainda não tinha sido avaliada de forma isolada de outros países da África Subsariana.

Palavras-chave: Mulheres no Conselho de administração, Mulheres na gestão sénior, tamanho do conselho de administração, Desempenho das IMFs.

1. Introdução

Um dos mecanismos da governance é a diversidade dentro da força de trabalho da organização. Dentre os vários mecanismos que refletem a diversidade (género, idade, nacionalidade, etnia, experiência educacional e profissional) nas organizações, a variável género, tem merecido muita atenção dos pesquisadores e académicos. Em África, estima-se que apenas 39.2% das mulheres têm emprego, sendo que igual estatística para os homens chega a atingir cerca de 69.2%. No sector das microfinanças, as mulheres são o principal grupo-alvo da grande maioria das IMFs, por se encontrarem social e economicamente em desvantagem relativamente aos homens ao redor do mundo (Armendáriz de Aghion & Morduch (2005); Augustine et al., 2016) e, em especial no continente africano. Há igualmente preocupação com a inclusão das mulheres dentro da estrutura organizacional da própria IMF. Acredita-se que, o género dentro da força de trabalho das IMFs pode ser um fator importante na luta contra a pobreza, por permitir não só o acesso ao emprego a mulheres, mas, sobretudo porque as empodera (Anyanwu & Augustine, 2013).

Advoga-se que, a diversidade de género nas organizações permite: (i) maior heterogeneidade dentro do conselho de administração, propiciando diversidade de pensamento e perceção do mercado; (ii) melhoria na criatividade e inovação; (iii) a promoção da imagem organizacional; (iv) melhoria na seleção de projetos; e (v) alarga a visão do ambiente onde a organização esta inserida (Solakoglu & Demir, 2016; Adusei et al., 2017). Para Adms & Ferreira (2009), a participação das mulheres diretoras gera impacto significativo nos conselhos de administração e nos resultados da empresa. Enquanto, as mulheres gestoras, são mais produtivas e conseguem atrair mais capital e tornar as organizações mais competitivas (Cordeiro & Stites-Doe,1997), para além de inspirar as outras mulheres no nível de gestão mais baixo (Gudjonsson et al., (2020). Já as oficiais de crédito, têm contacto efetivo com os clientes o que lhes confere maior poder de monitoramento dos clientes, permitindo reduzir os incumprimentos. Por outro lado, a diversidade também pode ser vista como nociva à organização, na medida em que, a heterogeneidade poder gerar divergências de objetivos, aumentando o tempo para a tomada de decisão (Eulerich et al.,2014; Solakoglu & Demir 2016). A diversidade de género pode ainda resultar de escolhas com base na afinidade ou devido ao parentesco, ao invés de qualificações académicas e/ ou qualificações profissionais (Smith et al.,2005; Augustine, 2016).

O Gender Performance Indicators (GPI)[1], defende que, se uma instituição tem como principal alvo as mulheres, então deve ser capaz de mensurar o quão bem as serve e garantir igualmente que estejam incluídas na força de trabalho da IMF. Para isso, o GPI, definiu indicadores chaves para avaliar as mulheres que são clientes, gestoras e investidoras dos provedores de serviços financeiros. Para o caso em alusão – diversidade de género na força de trabalho – a inclusão da mulher pode ser medida em termos de percentagem de mulheres no conselho de administração, gestão sénior, gestão intermédia, funcionárias ou enquanto gestoras dos funcionários. O que pressupõe que, a presença da mulher na forca de trabalho das IMFs, podem ser analisadas a 3 diferentes níveis de gestão ou hierarquia: (i) conselho de administração, (ii) gestão sénior; e) gestão operacional.

Neste estudo, analisamos o impacto que as mulheres presentes no conselho de administração, na gestão sénior e, enquanto oficiais de crédito têm no desempenho social e financeiro de 35 IMFs em 9 países SADC: Moçambique, Malawi, Angola, Tanzânia, Africa do Sul, Madagáscar, R. D. do Congo, Zâmbia e Zimbabué. Avaliamos ainda

[1] Women's World Banking launched -Gender Performance Initiative (GPI) in 2015

se a presença da mulher no conselho de administração influencia na contratação de mulheres para a gestão sénior.

O presente estudo, traz um contributo a luz da literatura existente, por avaliar o impacto da diversidade de género a dois níveis de gestão (mulheres no conselho de administração e na gestão sénior) e a um nível operacional (mulher enquanto oficial de crédito) numa região (SADC) relativamente pouco explorada na literatura. Apesar do estudo levado a cabo por Augustine et al., (2016), ser excepção ao considerar 40 países da África em um estudo comparativo com o resto do mundo, achamos que, o presente estudo se distingue em primeiro lugar por avaliarmos o impacto da presença da mulher tanto no desempenho financeiro como no desempenho social, apenas em países de uma região específica de África com objetivos de desenvolvimento similares, em um espaço temporal distinto ao analisado pelo referido autor. Para além de se ter considerado a variável percentagem de mulheres oficiais de crédito, como proxy para a gestão operacional.

O capítulo está estruturado da seguinte forma: na Secção 2, debruçamo-nos sobre a revisão de literatura, destacando os principais resultados empíricos de pesquisas anteriores. Na Secção 3, apresentamos a metodologia. A descrição dos dados, o modelo e as variáveis seguem na Secção 4. A discussão dos resultados é feita na Secção 5. Na Secção 6 apresentamos finalmente, as conclusões do estudo.

2. Revisão de Literatura

O impacto dos mecanismos da *governance* em diferentes ambientes organizacionais têm merecido atenção dos académicos e pesquisadores. No sector das microfinanças, os conselhos de administração são importantes devido ao papel relativamente limitado do mercado externo (Hartarska, 2005). No entanto, a pesquisa sobre a diversidade de género na estrutura de gestão e seu impacto no desempenho financeiro das organizações é incongruente (Gudjonsson, 2020).

Vários estudos encontraram evidência de um impacto positivo da diversidade no conselho de administração das organizações. Por exemplo, em Smith et al., (2006), que avalia a relação entre a diversidade de género na gestão e o desempenho em 2500 empresas dinamarquesas, os resultados indicam que a presença das mulheres no conselho de administração tem impacto positivo no desempenho. Carter et al. (2003), também encontram evidência de uma relação positiva entre a presença de mulheres do conselho de administração e o valor da empresa. Bassem (2009) conclui que a presença da mulher na governance das IMFs melhora o desempenho da instituição em países mediterrâneos. Kang et al., (2007) mostram que a concentração de acionista é um factor determinante para a diversidade (género e idade) e independência do conselho de administração na organização de 100 empresas australianas.

Por outro lado, há estudos que dão a indicação de uma relação negativa ou nula entre a diversidade do conselho e o desempenho das organizações. Por exemplo, Damardi (2011), avalia a relação entre a diversidade dos membros do conselho de administração e 85 o desempenho financeiro em empresas listadas na bolsa de valores na Indonésia, concluindo que a diversidade de género tem impacto negativo no desempenho. Ujunwa et al., (2012) avalia o impacto do género, etnia, competência, nacionalidade, tamanho do conselho de administração, a dualidade do CEO no desempenho financeiro de 122 empresas cotadas na bolsa de valores da Nigéria. Os resultados encontrados indicam que, o tamanho do conselho de administração, a dualidade do CEO e a diversidade do género têm impacto negativo no desempenho financeiro. Rose (2007), não encontra evidência de uma relação entre a diversidade do conselho e o desempenho das organizações em empresas dinamarquesas. Ekadah & Kiweu, (2012), também concluem que a diversidade de género no conselho de administração não tem qualquer relação no desempenho dos bancos comerciais no Quénia. Além disso, Solakoglu & Demir (2016) avaliam empresas listadas na bolsa de Istambul, e constatam que o efeito da diversidade de género no desempenho é sensível a escolha das medidas de desempenho e de diversidade.

No contexto das IMFs e em particular em países africanos, acredita-se que, o seu foco social, faz com que o seu grupo-alvo seja maioritariamente as mulheres, sendo que, a inclusão das mulheres na força de trabalho dentro das IMFs, propicia condições favoráveis para um melhor entendimento dos serviços e produtos requeridos por este grupo-alvo (Hartarska et al., 2014). As mulheres que assumem a funções de gestão nas IMFs, especificamente as CEOs, contribuem para um bom desempenho financeiro (Mersland & Strøm, 2009). Enquanto as oficiais de crédito, têm melhor desempenho comparativamente aos homens, por terem mais capacidade de construir uma relação de confiança com outras mulheres e conseguir mais clientes mulheres (Beck et al., 2013).

Contudo, a evidência empírica mostra a mesma tendência em termos de inconsistência de resultados também para as IMFs. Isto é, a diversidade de género nos diferentes níveis de gestão pode gerar resultado positivo, negativo ou ainda nulo. Por exemplo, Hartarska et al., (2014), avaliam se as mulheres prestam melhor serviço no atendimento aos clientes das zonas rurais com dados de 250 IMFs ao redor do mundo. Concluem que, as mulheres presentes no conselho de administração, contribuem para um melhor alcance, enquanto, as mulheres gestoras, são mais eficientes em relação aos homens, quando trabalham em área especifica, ou rural ou urbana. Strøm et al., (2014) avaliam a relação entre a presença da mulher na gestão, desempenho e a governance em IMFs de 73 países. Os autores concluem que, a liderança feminina tem um impacto positivo no desempenho financeiro, mas, é negativamente relacionado com: número de reuniões do conselho, auditorias internas e a separação das funções do CEO e do presidente. Chakrabarty, & Bass, (2014) avaliam a relação entre a composição do conselho de administração das IMFs e sua capacidade para garantir a viabilidade institucional. Os resultados sugerem que, as IMFs que possuem maior experiência socioeconómica e tem mulheres no seu conselho de administração, são mais capazes de reduzir os custos operacionais. Gudjonsson et al., (2020) avaliam se a presença de mulheres no conselho de administração, na gestão de sénior e ao nível operacional de 223 IMFs melhora o seu desempenho financeiro. Os resultados encontrados indicam que, a presença das mulheres na gestão sénior e como oficiais de crédito melhoram o desempenho financeiro, enquanto, as mulheres no conselho de administração não. Augustine et al., (2016) avaliam o impacto da diversidade de género no desempenho económico e sustentabilidade das IMFs em países africanos e o resto do mundo. Encontram evidencias de que: i) a presença das mulheres nos conselhos de administração, em todo mundo influenciam positivamente no desempenho financeiro das IMFs; ii) na África Subsariana, as oficiais de crédito contribuem para gastos operacionais mais baixos comparativamente ao resto do mundo. Adusei et al., (2017) avaliam o efeito da presença da mulher no conselho de administração e na gestão sénior de 76 países. Encontram evidência de que, a presença das mulheres no 87 conselho de administração influencia a existência de mulheres na gestão sénior. Boubacar (2019) avalia a relação entre a presença da mulher na gestão sénior e o desempenho das IMFs nos países união económica e monetária da Africa Ocidental. Os resultados mostram que, nesses países, a presença da mulher promove uma maior orientação social das IMFs. Ghosh & Guha (2019) avaliam o impacto da presença da mulher no conselho de administração, na gestão sénior e as oficiais de campo no desempenho das IMFs. Os resultados indicam que, a presença da mulher no conselho de administração, aumenta o custo por mutuário, no entanto, o aumento no número de mulheres gestoras contribuem para um aumento no número de clientes activos; e por último, o aumento no número de mulheres oficiais de campo propícia o aumento da autossuficiência financeira. Périlleux & Szafarz, (2015) avaliam o impacto da presença da mulher no conselho de administração e na gestão sénior, influenciam no desempenho social das IMFs. Os resultados encontrados sugerem que, os conselhos de administração liderados por mulheres favorecem a missão social e que a presença da mulher na gestão sénior favorece o alinhamento das estratégias internas de gestão com as dos conselhos locais.

Por outro lado, há igualmente evidência de efeito negativo e nulo da diversidade de género na força de trabalho no desempenho financeiro da IMF. Por exemplo, Thrikawala, (2016) avaliam a relação entre os mecanismos da governance e o desempenho das IMFs no Sri Lanka. Os resultados indicam que, a presença da mulher no conselho de administração gera um impacto negativo na sustentabilidade operacional e no número de clientes atingidos. Shettima & Dzolkarnaini (2018) avaliam o impacto dos mecanismos do conselho de administração no desempenho das IMFs na Nigeria. Os resultados mostram um resultado negativo, porem insignificante entre a presença da mulher no conselho e o desempenho da IMF. Okoye et al., (2017) avaliam o impacto da governance na sustentabilidade financeira de IMFs na Nigéria. os autores não encontram evidência de uma relação significativa entre a diversidade de género e as medidas de desempenho financeiro.

Este estudo contribuí para literatura existente, por se concentrar em uma região geográfica ainda pouco explorada e acrescido a isso, a análise da presença da mulher na força de trabalho é feita nos três níveis de gestão (mulher no conselho de administração, na gestão sénior e oficiais de crédito) o que possibilita aos diversos atores no sector das microfinanças e os fazedores de políticas públicas de inclusão financeira e empoderamento da mulher na região em estudo, uma base empírica para a tomada de decisão e adoção de melhores estratégias.

3. Metodologia

Para avaliar o impacto da presença da mulher no conselho de administração, na gestão sénior e oficiais de crédito, no desempenho social e financeiro das IMFs, estimamos um modelo de regressão em dados de Painel, cuja equação do modelo é:

$$y_{it} = \alpha + \beta X_{it} + u_{it}, \; com \; i = 1, \ldots, N; \;\; t = periodo \qquad (1)$$

onde, y_{it} representa a variável dependente da IMF i no período t. X_{it}, é o vecto de variáveis explicativas da IMF i no período t. β é o coeficiente, α é uma constante. u_{it} é o termo de erro com duas componentes: o efeito não observável da IMF i (μ_i) e o disturbio geral ao longo do tempo (v_{it}), i.e., $u_{it} = \mu_i + v_{it}$.

A semelhança de alguns trabalhos na área da corporate governance, como por exemplo dos autores Mersland & Strom (2009) e de Ghosh & Guha (2019), empregamos o modelo de efeitos aleatórios, cuja equação é,

$$y_{it} = \beta X_{it} + (\alpha + u_i) + \varepsilon_{it} \qquad (2)$$

em que se considera que, y_{it} é a variavel dependente, βX_{it}, é um vector de variáveis independentes, u_i erro não observado de uma IMF específica. IMF i; ε_{it} é erro idiossincrático (individual). Tal como em Anroose & D'Espallier (2013), o modelo da equação (2) é um modelo *GLS* e tem em consideração todas as variações residuais específicas da IMF não observáveis (μ_i), para além de acolher as variáveis invariantes no tem.

Porém, antes da estimação do modelo por efeitos aleatórios, foram realizados testes de diagnósticos através da estimação por mínimos quadrados ordinários agrupados (*Pooled Ordinary Least Squares -POLS*). A equação geral do modelo *POLS* é:

$$y_{it} = \beta_0 + \beta_1 X_{it} + \beta_2 W_{it} + \varepsilon_{it} \qquad (3)$$

onde, i representa observação da IMF i; t é o tempo; X é a variável que representam o IDF; enquanto, a variável Z, representa a matriz das variáveis de controlo de crescimento e específico da IMF.

No entanto, o modelo OLS é bastante básico e umas das hipóteses do modelo é que, a variância dos erros condicional em X é constante, i.e., assume a homocedasticidade (Wooldridge, 2011). No entanto, quando há ausência de homecedasticidade, existe a heterocedasticidade, que significa que a variância dos termos do erro não é constante, e existem vários testes que podem ser utilizados para detetar a existência de heterocedasticidade no modelo, contudo, neste trabalho utilizamos os erros padrão robusto para corrigir a heterocedasticidade.

Realizamos igualmente o teste de fator de inflação de variância (*variance inflation factor* -VIF), que permite medir a multicolinearidade entre as variáveis independentes. Os valores de VIF partem de 1 para cima. A regra para a leitura dos valores da VIF, é que se estes estiverem acima de 10, significa que existe multicolinearidade entre as variáveis.

Teste de Breusch-Pagan Lagrange multiplier (LM)

Foi empregue o teste de efeitos aleatórios: Breusch-Pagan Lagrange multiplier (LM). O mesmo serve para testar qual dos modelos, entre o OLS e o de efeitos aleatórios é mais apropriado. A hipótese nula assume que, a variância entre os indivíduos é zero. Rejeita-se a hipótese nula se o valor p for inferior a 5%, sugerindo desta forma que o modelo apropriado é o de efeitos aleatórios.

4. Dados, Modelo e Variáveis

4.1. Dados

Para examinar o impacto da presença da mulher no conselho da administração, na gestão sénior e, enquanto oficiais de crédito, no desempenho das IMFs da região da SADC, utilizamos dados secundários obtidos na base de dados MIX MARKET. O período de estudo é 2010 a 2016. Num total de 163 observações anuais para um total de 35 IMFs. A distribuição de dados por país e formato institucional está detalhada na Tabela I. Importa referir que a informação sobre a governance disponível na base de dados utilizada, tem início apenas em 2010. Sendo que, mesmo a partir daí, a maior parte das IMFs que operam na região ainda não reportaram informação. Apesar do tamanho reduzido da nossa amostra, este estudo vai em concordância com a dimensão da amostra utilizada em outros estudos como por exemplo, Shettima & Dzolkarnaini, (2018) e Vishwakarma (2017).

Tabela I. Distribuição das IMFs por País

País	IFNB	Bancos	ONGs	Coop.	Total
Angola	1	0	0	0	1
Africa do Sul	0	0	1	0	1
Madagáscar	3	2	1	1	7
Malawi	0	2	3	0	5
Moçambique	0	2	3	0	5
R.D. Congo	2	2	0	1	5
Tanzânia	0	3	3	0	6
Zâmbia	2	1	1	0	4
Zimbabué	0	1	0	0	1
Total	8	13	12	02	35

4.2. Modelo e Variáveis

O modelo de regressão em dados de painel utilizado para avaliar o impacto da presença da mulher no conselho de administração, na gestão sénior e enquanto oficiais de crédito têm no desempenho da IMF, foram inspirados nos trabalhos de alguns autores, como por exemplo, Boubacar (2019). A equação geral do modelo é:

$$deseIMF_{i,t} = \beta_0 + \beta_1 MCA_{i,t} + \beta_2 MG_{i,t} + \beta 3TB_{it} + \beta 4TA_{i,t} + \mu_i + v_{i,t} \quad (4)$$

onde, a variável dependente $deseIMF_{i,t}$ configura tanto a missão social, através das variáveis: número de clientes activos (Bassem, 2009; Hartarska et al., 2014; Thrikawala, 2016; Vishwakarma, 2017; Boubacar,2019; Ghosh & Guha,2019) e percentagem de mulheres clientes da IMF (Hartarska et al., 2014; Thrikawala, 2016; Boubacar, 2019). Como também contempla o objectivo financeiro através das variáveis: retorno sobre activos (Bassem, 2009; Hartarska et al., 2014; Thrikawala, 2016; Vishwakarma, 2017; Boubacar,2019; Ghosh & Guha,2019), retorno sobre o património líquido (Hartarska et al.,

2014; Thrikawala, 2016; Vishwakarma, 2017; Boubacar,2019) e a sustentabilidade operacional (Bassem, 2009; Ghosh & Guha,2019). As variáveis independentes são: a proporção das mulheres no conselho de administração (Bassem, 2009;Hartarska et al., 2014; Thrikawala, 2016; Vishwakarma, 2017; Boubacar,2019; Ghosh & Guha,2019 Gudjonsson et al., 2020;), percentagem das mulheres na gestão sénior (Vishwakarma, 2017; Boubacar,2019, Gudjonsson et al., 2020) e a percentagem de mulheres que são oficiais de crédito (Gudjonsson et al., 2020), são representadas $MCA_{i,t}$, $MG_{i,t}$, $Mofc_{i,t}$, respectivamente. Já as variáveis de controle são: tamanho do conselho de (Bassem, 2009; Boubacar,2019; Gudjonsson et al., 2020 e o tamanho da IMF, medido pelo logaritmo natural de activos totais (Bassem, 2009; Vishwakarma, 2017; Shettima & Dzolkarnaini, 2018; Boubacar,2019; Gudjonsson et al., 2020). A descrição das variáveis encontra-se na Tabela II.

Na Tabela III estão apresentadas as estatísticas descritivas. Os dados indicam que, as IMFs em análise, possuem em média, 21.31%, 29,38% e 33.42% de mulheres no conselho de administração, na gestão sénior e oficiais de crédito, respetivamente. Verifica-se a existência de IMFs que chegam a atingir até 100% de Mulheres tanto no conselho de administração como na gestão de topo. O contrário também se verifica, onde não existe qualquer presença de mulheres nos três níveis de gestão. Contudo, todas as IMFs, servem a clientes do género feminino, cuja média é 60%. Já a variável ROA, possui valores entre -0,36 e 0,95 com um desvio padrão de 0,15 o que da indicação clara de que muitas IMFs atingiram retornos negativos durante o período em estudo. Relativamente a dimensão do conselho de administração, nota-se que, algumas IMFs chegam a atingir cerca de 120 membros. Por outro lado, para a variável que representa o tamanho da IMF (activos totais) varia entre 232,632 e 1.47e+08.

Tabela II. Descrição das Variáveis

No.	Variáveis	Acrónimo	Descrição
	Variáveis dependentes		
	Variáveis de desempenho social		
1.	No. De Clientes ativos (ln)	• CA	• Número de clientes que tem empréstimos com a instituição
2.	Clientes Mulheres (%)	• CM	• Número de clientes mulheres/numero de clientes ativos
	Variáveis de desempenho financeiro		
3.	Retorno sobre activos	• ROA	• A proporção do lucro líquido após impostos/total de ativos
5.	Sustentabilidade Operacional	• SO	• A eficiência da IMF em relacao as suas despesas operacionais
	Variáveis independentes		
6.	Mulheres no Conselho de Administração (%)	• MCA	• Proporção de mulheres no total de diretores no conselho de administração.
7.	Mulheres na gestão sénior (%)	• MG	• Proporção de mulheres na gestão de topo do dia a dia da IMF.
8.	Mulheres oficial de crédito (%)	• Mofc	• Proporção de mulheres oficiais de crédito
	Variáveis de Controlo		
9.	No. de membros do Conselho de Administração	• Ln(TB)	• Logaritmo natural de membros do conselho de administração.
10.	Tamanho da IMF	• Ln(TA)	• Logaritmo natural de ativos total

Tabela III. Estatísticas Descritivas

Variável	No. Obs	Média	Desvio Padrão	Mínimo	Máximo
CA	161	27.395,83	29.216,59	5264	160.405,00
CM (%)	161	60,23	20,83	0,11	100
ROA (%)	158	-0.09	0,15	-0,36	0,95
SO (%)	163	1.01	0,27	0	1.99
MCA (%)	155	21.31	16.48	0	100
MG (%)	143	29.38	21.00	0	100
Mofc	137	33.42	24.03	0	90,96
TB	144	9.8	18.04	3	120
TA	160	2.40e+07	2.74e+07	232,632	1.47e+08

Na Figura I, temos a representação gráfica da percentagem da presença das mulheres no conselho de administração, gestão sénior e oficiais de crédito. Constatamos que, apenas a variável percentagem da mulher oficial de crédito, possui em média, um valor acima dos 50%, embora isso se verifique para dois países: Tanzânia e África do Sul. Enquanto para as variáveis: percentagem de mulheres no conselho de administração e percentagem de mulheres na gestão de topo, não atingem médias igual ou superior a 50%.

Figura 1. Percentagem da participação da Mulher na Gestão de 2010 a 2016

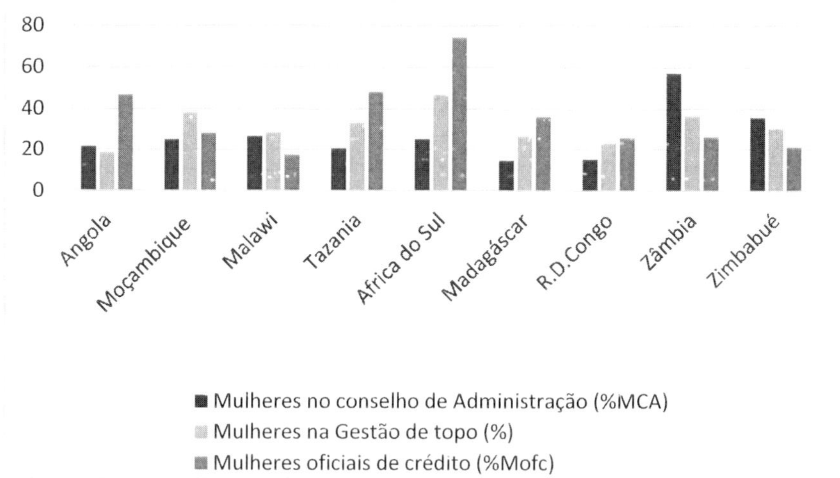

5. Resultados e Discussão

Para avaliar o impacto que as mulheres no conselho de administração, na gestão sénior, e enquanto oficiais de crédito têm no desempenho das IMFs, estimamos 4 modelos: dois de desempenho financeiro, cujo as variáveis dependentes são: ROA e SO, e dois de desempenho social, com as variáveis CA e CM. Estimamos em primeiro lugar através da POOLS e de seguida, através do modelo de efeitos aleatórios. Contudo, antes da análise de regressão multivariada propriamente dita, avaliamos os coeficientes de correlação entre as variáveis. Os resultados do teste de correlação expostos na Tabela IV, indicam em primeiro lugar que, não existe o problema de multicolinearidade entre as variáveis, uma vez que, em nenhum par de variáveis tem coeficiente de correlação acima de 0,7 (ver por exemplo, Thrikawala_2016). Contudo, verifica-se que existe uma relação negativa, fraca, mas estatisticamente significativa entre MCA e as variáveis que refletem o desempenho financeiro (ROA e SO).

Por outro lado, encontramos evidência de uma relação positiva e estatisticamente significativa entre MCA e CA.

Já para a variável MG, encontramos evidência de uma relação positiva com a variável CM. Enquanto para variável Mofc, encontramos evidência de uma relação positiva tanto com CA e com a variável CM. Os resultados do teste de correlação sugerem que, as IMFs na região da SADC, devem apostar na inclusão da mulher na sua força de trabalho, pois, elas contribuem para um maior alcance aos clientes.

Tabela IV. Teste de Correlação de *Person*

	MCA	MG	Mofc	TB	TA	CA	CM	ROA	SO
MCA	1								
MG	0,206*	1							
Mofc	-0,087	0,334*	1						
TB	-0,079	-0,265**	-0,096	1					
TA	-0,113	0,022	-0,091	0,049	1				
CA	0,224*	0,023	0,233*	0,133	0,222**	1			
CM	0,062	0,247**	0,459*	-0,179*	-0,516**	0,224**	1		
ROA	-0,209*	-0,057	0,036	0,251**	0,120	0,027		1	
SO	-0,164*	-0,032	0,024	-0,097	0,190*	0,014	-0,164*	0,318**	1

*** nível de significância a 1%

** nível de significância a 5%

*. nível de significância a 10%

Os resultados do teste de multicolinearidade (VIF) são apresentados na Tabela V. Os mesmos demonstram que não existe problema de multicolinearidade entre as variáveis uma vez que, todos os valores se encontram abaixo de 10.

Tabela V. Teste de diagnóstico de Multicolinearidade (VIF)

Variáveis	VIF
% MCA	1.11
% MG	1.28
% de Mofc	1.11
TB	1.18
TA	1.10
Média VIF	1.16

Na Tabela VI, apresentamos os resultados da estimação dos modelos, pela abordagem *Pooled OLS*. Os mesmos indicam que existe uma relação positiva entre Mofc e CM, estatisticamente significativa a 1%. Contudo verificamos que existe uma relação negativa e estatisticamente não significativa da variável MCA com as variáveis de desempenho financeiro (ROA e SO). Os resultados da estimação por *Pooled OLS* podem ser tendenciosos e inconsistentes, por se assumir que os efeitos fixos individuais não estão correlacionados com as variáveis explicativas.

Tabela VI. Resultados da Estimação por Pooled OLS

	Desempenho financeiro		**Desempenho social**	
	ROA	SO	Ln (CA)	CM
MCA	-0.055	-0,0024	-0,004	0,00
MG	0,005	-0,002	-0,007	0,00
Mofc	0,098	-0,001	0,009	0,003***
Ln(TB)	0,061	-0,114*	0,133	-0,00
Ln(TA)	0,018	0,046***	0,378***	-0,082***
Cons.	-0,44**	0,539***	3.255***	1.795***
N	104	110	106	107
Adjusted R2	0,1355	0,1311	0,254	0,5441
F-stat	0,000	0,000	0,000	0,000

*** nível de significância a 1%

** nível de significância a 5%

*. nível de significância a 10%

Na Tabela VII, apresentamos os resultados da estimação por efeitos aleatórios da relação entre as variáveis da diversidade de género e o desempenho financeiro e social das IMFs. Foi empregue o teste de Breush-Pagan's LM, para avaliar qual dos métodos (*Pooled OLS vs* efeitos aleatórios) é o mais apropriado.

Tabela VII. Estimação do Modelo (efeitos aleatórios)

	Desempenho financeiro		**Desempenho social**	
	ROA	SO	Ln (CA)	CM
MCA	-0,004*	-0,001	0,00	0,00
MG	0,00	-0,003	0,002	0,00
Mofc	0,00	-0,002	0,006*	0,00
Ln(TB)	0,073***	-0,116	-0,032	0,014
Ln(TA)	0,021**	0,060***	0,470***	-0,037
Cons.	0,492***	0,263	1,789*	1.173***
N	104	110	106	107
R-sq	0,085	0,1461	0,3112	0,0059
Wald chi2(4)	15,98	17,31	36,47	10.63
Breusch and Pagan's LM test for random effects chi-sq.	Prob > chisq= 0.0000	Prob > chisq= 0.0000	Prob > chisq= 0.0000	Prob > chisq= 0.0000

*** nível de significância a 1%

** nível de significância a 5%

* nível de significância a 10%

Os resultados indicam que, a variável MCA tem um impacto negativo na variável de desempenho financeiro, ROA. Este resultado, é estatisticamente significativo ao nível de 10%. Este resultado sugere que por cada unidade de mulher adicional no conselho de administração, provoca uma diminuição de cerca de 0,4% no retorno sobre o ativo. O que significa, que as IMFs da região com maior número de mulheres no conselho de administração são menos rentáveis. Este resultado é similar ao encontrado por Damardi (2011) e Ujunwa *et al.*,

(2012). A explicação possível para o impacto negativo da presença da mulher resultar no desempenho financeiro é de que, a escolha para membro pode ter sido feita com base em afinidade e/ou nepotismo o invés das qualificações académicas ou profissionais, ou ainda, por causa das diferenças culturais (Thrikawala, 2016).

Relativamente ao desempenho social, encontramos evidência de um impacto positivo e estatisticamente significativo entre Mofc e Ln (CA) (significância de 10%). Este resultado sugere que, o acréscimo em uma unidade no número de mulheres que são oficiais de crédito, regista-se um acréscimo de 0,6% na adesão aos serviços financeiros, pelos clientes no geral. Este resultado sugere que, a inclusão da mulher no nível operacional, impulsiona a aderência aos serviços oferecidos pelas IMFs, uma vez que, as oficiais de crédito, têm melhor entendimento dos produtos e serviços preferidos por este grupo de clientes.

Finalmente, para as variáveis de controle, encontramos evidência de uma relação positiva e significativa entre o ln (TA) e as duas variáveis de desempenho financeiro. O que sugere que maiores IMFs têm melhor retorno sobre os ativos e melhor eficiência em relação as suas despesas operacionais. Verificamos igualmente que, a variável ln (TA) tem impacto positivo na ln (CA). Sugerindo que quanto maior for o tamanho da IMF, maior será o número de clientes atingidos.

6. Conclusão

No presente estudo, investigamos a influência da presença do género feminino em três níveis de gestão no desempenho social e financeiro das IMFs da região da SADC, nomeadamente: 1) no conselho de administração; 2) gestão sénior no desempenho das IMFs; e 3) oficiais de crédito. Para o desempenho financeiro utilizamos as variáveis: ROA e SO. Já para as variáveis de desempenho social, elegemos as variáveis: número de clientes ativos e clientes do sexo feminino. O estudo foi baseado em 35 IMFs da região SADC, no período entre 2010 e 2016. O modelo de regressão de dados de painel foi estimado através da abordagem de efeitos aleatórios.

Os resultados indicam que, relativamente ao desempenho social, a presença da mulher na gestão sénior melhora a sustentabilidade operacional e propiciam maior alcance as clientes mulheres. A presença da mulher no conselho de administração influencia negativamente no retorno sobre o ativo. Já a mulher oficial de crédito não só atinge maior número de clientes, a como também tem mais habilidades para atrair clientes do sexo feminino.

Estes resultados sugerem que, na região da SADC, as mulheres presentes na força de trabalho das IMFs, têm mais foco na orientação social. E com base neste resultado, encorajamos aos fazedores das políticas públicas de inclusão financeira na região, a fortalecerem os mecanismos da *governance*.

Referências

Adams, R. B., & Ferreira, D. (2009). Women in the boardroom and their impact on governance and performance. Journal of financial economics, 94(2), 291-309.

Adusei, M., Akomea, S. Y., & Poku, K. (2017). Board and management gender diversity and financial performance of microfinance institutions. *Cogent Business & Management*, *4*(1), 1360030.

Anyanwu, J. C., & Augustine, D. (2013). Gender equality in employment in Africa: empirical analysis and policy implications. *African Development Review*, *25*(4), 400-420.

Armendáriz de Aghion, B., & Morduch, J. (2005). The Economics of Microfinance MIT Press. Cambridge, Massachusetts.

Augustine, D., Wheat, C. O., Jones, K. S., Baraldi, M., & Malgwi, C. A. (2016). Gender diversity within the workforce in the microfinance industry in Africa: Economic performance and sustainability. *Canadian Journal of Administrative Sciences/Revue Canadienne des Sciences de l'Administration*, *33*(3), 227-241.

Bassem, B. S. (2009). Governance and performance of microfinance institutions in Mediterranean countries. *Journal of Business Economics and Management*, *10*(1), 31-43.

Beck, T., Behr, P., & Guettler, A. (2013). Gender and banking: are women better loan officers?. *Review of Finance*, *17*(4), 1279-1321.

Boubacar, H. (2019). Women's presence in top management and the performance of microfinance institutions in West Africa. *International Journal of Social Economics.*

Carter, D. A., Simkins, B. J., & Simpson, W. G. (2003). Corporate governance, board diversity, and firm value. *Financial review, 38*(1), 33-53.

Chakrabarty, S., & Bass, A. E. (2014). Corporate governance in microfinance institutions: Board composition and the ability to face institutional voids. *Corporate Governance: An International Review, 22*(5), 367-386.

Cordeiro, J. J., & Stites-Doe, S. (1997). The impact of women managers on firm performance: Evidence from large US firms. *International review of Women and Leadership.*

Darmadi, S. (2011). Board diversity and firm performance: The Indonesian evidence. *Corporate ownership and control Journal, 8.*

Ekadah, J. W., & Kiweu, J. M. (2012). Effect of board gender diversity on the performance of commercial banks in Kenya.

Eulerich, M., Velte, P., & van Uum, C. (2014). The impact of management board diversity on corporate performance. An empirical analysis for the German two-tier system. *An Empirical Analysis for the German Two--Tier System (November 8, 2013). Problems and Perspectives in Management (PPM), 12,* 25-39.

Ghosh, C., & Guha, S. (2019). Role of gender on the performance of Indian microfinance institutions. *Gender in Management: An International Journal.*

Gender Performance Indicators 2.0 (2016). How well are we serving women?

Gudjonsson, S., Kristinsson, K., Gylfason, H. F., & Minelgaite, I. (2020). Female advantage? Management and financial performance in microfinance. *Business: Theory and Practice, 21*(1), 83-91.

Hartarska, V., Nadolnyak, D., & Mersland, R. (2014). Are women better bankers to the poor? Evidence from rural microfinance institutions. American Journal of Agricultural Economics, 96(5), 1291-1306.

Hartarska, V. (2005). Governance and performance of microfinance institutions in Central and Eastern Europe and the newly independent states. *World development, 33*(10), 1627-1643.

Helen, Kang., Mandy, Cheng., & Sidney J, Gray. (2007). *Corporate Governance and Board Composition: diversity and independence of Australian boards.* 15(2), 194 -2007

Mersland, R., & Strøm, R. Ø. (2009). Performance and governance in microfinance institutions. *Journal of Banking & Finance, 33*(4), 662-669.

Okoye, L. U., ERIN, O., Ado, A., & Isibor, A. A. (2017). Corporate governance and financial sustainability of microfinance institutions in Nigeria. 29th IBIMA conference Sustainable Economic Growth, Education Excellence, and Innovation Management through Vision 2020

Périlleux, A., & Szafarz, A. (2015). Women leaders and social performance: evidence from financial cooperatives in Senegal. *World Development, 74,* 437-452.

Rose, C. (2007). Does female board representation influence firm performance? The Danish evidence. *Corporate Governance: An International Review, 15*(2), 404-413.

Shettima, U., & Dzolkarnaini, N. (2018). Board characteristics and microfinance institutions' performance. *Journal of Accounting in Emerging Economies.*

Smith, N., Smith, V., & Verner, M. (2006). Do women in top management affect firm performance? A panel study of 2,500 Danish firms. *International Journal of productivity and Performance management.*

Solakoglu, M. N., & Demir, N. (2016). The role of firm characteristics on the relationship between gender diversity and firm performance. *Management Decision..*

Strøm, R. Ø., D'Espallier, B., & Mersland, R. (2014). Female leadership, performance, and governance in microfinance institutions. *Journal of Banking & Finance, 42*, 60-75.

Thrikawala, S. S. (2016). *Corporate governance and performance of microfinance institutions (MFIs): A comparative study in Sri Lanka and India* (Doctoral dissertation, University of Waikato).

Ujunwa, A., Okoyeuzu, Chinwe., & Nwakoby Ifeoma (2012). Board characteristics and the financial performance of Nigerian quoted firms. *Corporate Governance: The international journal of business in society.*

Vanroose, A., & D'Espallier, B. (2013). Do microfinance institutions accomplish their mission? Evidence from the relationship between traditional financial sector development and microfinance institutions' outreach and performance. *Applied Economics*, 45(15), 1965-1982

Vishwakarma, R. (2017). Women on board and its impact on performance: Evidence from microfinance sector. *Indian Journal of Corporate Governance, 10*(1), 58-73.

Resenha histórica e análise da política de gestão da dívida pública portuguesa

Ricardo Cabral

1. Introdução

A política económica de gestão da dívida pública é uma das mais importantes políticas públicas porque, particularmente em momentos-chave, condiciona e subordina todas as restantes políticas públicas. Aliás, dado o muito elevado nível de dívida pública portuguesa, a sua política de gestão tem determinado a orientação da própria política orçamental da última década e meia.

Não obstante a importância da política pública de gestão da dívida pública portuguesa, o respetivo processo orçamental é caracterizado por insuficiente fundamentação económica e por lacunas nas restrições orçamentais à despesa pública com juros e ao próprio processo de seleção de instrumentos de dívida.

Neste artigo, que expande análise anterior (Cabral, 2020), faz-se uma breve resenha histórica da política pública de gestão da dívida pública a partir do início dos anos 90, com particular enfase nos períodos 2013-2019 e no período da pandemia covid-19 (2020-2021). E sugerem-se possíveis melhorias ao processo orçamental da República visando uma mais robusta política económica de gestão da dívida pública (Louçã et al., 2017; Maravalle e Rawdanowicz, 2018; Wolswijk e Theodorus, 2020).

2. A política de gestão da dívida pública entre o final dos anos 80 e o final de 2010

Até ao início dos anos 90, o Banco de Portugal financiava diretamente os défices públicos (monetização) impondo, em simultâneo, restrições à concessão de crédito ao setor privado da economia pelo setor bancário que eram tanto maiores (limites mais apertados ao crédito) quanto maiores as necessidades de financiamento do Estado.

No início dos anos 90, cumprindo o exigido no processo de preparação para a adesão ao euro, o Governo de Portugal (em sua representação, a Agência de Gestão da Tesouraria e da Dívida Pública, "IGCP") passa a financiar-se através de operações sindicadas ou leilões em que vende dívida pública no mercado primário e secundário ("os mercados"), com forte presença da banca a operar em Portugal. Os estatutos do Banco de Portugal (BdP) são alterados de forma a conceder-lhe estatuto de independência reforçado e o BdP passa a estar proibido de monetizar os défices públicos pelos estatutos do Sistema Europeu de Bancos Centrais anexo ao Tratado Europeu.

Com a introdução do euro, o Estado continua a financiar-se através do IGCP e sem a intervenção do BdP. O financiamento do Estado era, em importante medida, assegurado pela banca a operar em Portugal que, por sua vez, se refinanciava junto do Eurosistema ou no mercado (repo) interbancário. A partir do final de 2005, o BCE introduz uma nova regra *ad hoc* que sujeita a aceitação de dívida pública como colateral em operações de refinanciamento aos bancos ao rating dessa dívida por uma de quatro agências privadas de rating internacional.

A partir de 1995 e até 2009, as taxas de juro caem, com os diferenciais ("spreads") das taxas de juro dos estados-membros da Zona Euro relativamente à dívida pública federal da Alemanha a reduzirem-se. Em resultado, o peso da despesa pública com juros diminui de 5,5% do PIB em 1995 para 3,1% do PIB em 1998, atingindo um mínimo de 2,6% do PIB em 2005 e mantendo-se abaixo de 3% do PIB até 2010, apesar do aumento do stock de dívida pública de 54,2% do PIB em 2000 para 87,8% do PIB em 2009 e do aumento da maturidade residual média da dívida pública de 4,7 para 6,1 anos entre 2000 e 2009. Durante este período, o Estado não enfrentou dificuldades em financiar a dívida pública.

A partir do final de 2009, com o início da crise de dívida pública (e de dívida externa) da Grécia, as taxas de juro da dívida pública portuguesa iniciam uma escalada sinalizando dificuldades crescentes no financiamento e refinanciamento da dívida pública portuguesa. Nesse período, a regra *ad hoc* introduzida pelo BCE no final de 2005, em que este se comprometeu a não aceitar dívida pública como colateral se o rating da dívida pública caísse abaixo da classe investimento (BBB-), em anos subsequentes alterada no detalhe, mas não na substância, influenciou de forma crescente os mercados de dívida pública dos países ditos periféricos. Os agentes económicos passaram a por considerar possivel que um estado-membro pudesse entrar em incumprimento da sua dívida pública ou mesmo sair da Área do Euro.

As taxas de juro da dívida pública portuguesa continuam a subir neste período não obstante um programa de expansão quantitativa *ad hoc* do BCE – o Programa dos Mercados de Títulos de Dívida, do inglês "Securities Markets Programme" (SMP) –, iniciado a 10 de maio de 2010 sob a presidência de Jean-Claude Trichet num volte-face poucos dias depois deste negar que o Eurosistema iria adquirir dívida pública dos estados-membros. As últimas compras de dívida pública foram realizadas em fevereiro de 2012 e o programa foi formalmente dado por concluído a 6 de setembro de 2012. O SMP traduziu-se num volume cumulativo de compras de dívida pública de estados-membros da Área do Euro com valor facial de cerca de 220 mil milhões de euros. O programa foi criticado pela sua falta de transparência (Sibert, 2011), com compras de dívida pública da Grécia realizadas substancialmente acima do preço de mercado resultando em transferências orçamentais significativas para bancos detentores dessa dívida. Anne Sibert (2011) sugere que através desse programa os contribuintes da Área do Euro subsidiaram bancos franceses e alemães que detinham elevados volumes de dívida pública grega.

3. A política de gestão da dívida pública em 2011 e 2012

A 6 abril de 2011, as autoridades nacionais sentiram-se na obrigação – ou foram pressionadas pelas autoridades europeias – a solicitar dois resgates, o primeiro ao FMI e o segundo à União Europeia. Às 18h00 desse dia, o Ministro das Finanças à altura, Fernando Teixeira dos Santos, anunciou, em entrevista ao "Jornal de Negócios", que o Governo de Portugal iria solicitar um resgate externo.

Uma reunião do Conselho de Ministros extraordinária e uma declaração do Primeiro-Ministro ao país às 20h38 ainda do mesmo dia formalizaram a referida decisão.

O motivo próximo para essa decisão tão urgente foi a dificuldade em refinanciar a dívida pública.

A 1 de abril de 2011, a taxa de juro no mercado secundário das Obrigações do Tesouro com maturidade a 10 anos era de 10,1%, estando em escalada crescente desde o final de 2009.

Mas não é certo que, mesmo a esses níveis de taxas de juro, o Governo de Portugal fosse capaz de refinanciar os 9,4 mil milhões de euros de duas séries de Obrigações do Tesouro (OT) que chegariam à maturidade a 15 de abril (4,2 mil milhões de euros, OT 3,20% 15 abril 2011) e a 15 de junho de 2011 (5,2 mil milhões de euros, OT 5,15% 15 junho 2011).

A razão fundamental é que, dias antes, o BCE teria dado instruções à banca portuguesa para deixar de adquirir mais dívida pública portuguesa[1], tendo os responsáveis pelos principais bancos portugueses informado o Ministro das Finanças que não estavam em condições de adquirir mais dívida pública.

Depreende-se que terá sido a decisão formal do Governo de solicitar um resgate, a 6 de abril, que desbloqueou o refinanciamento dos 4,2 mil milhões de euros da série de OT 3,20% que vencia a 15 de abril, em que a banca portuguesa, com a luz tornada verde do BCE, terá tido um papel importante isto porque a transferência da

[1] *Vide* "Trichet pressed Portuguese banks", RTE News, 8 de abril de 2011, disponível em http://www.rte.ie/news/ 2011/0408/euro-business.html.

primeira tranche de financiamento do FMI e da UE só ocorreu após a assinatura dos memorandos de entendimento em maio desse ano.

Se o Estado não fosse capaz de refinanciar esses 9,4 mil milhões de euros de dívida que chegaria à maturidade em abril e em junho, Portugal entraria em incumprimento das suas obrigações financeiras, vulgo bancarrota.

Para evitar esse cenário, os decisores políticos nacionais optaram por solicitar o(s) referido(s) resgate(s), sujeitando-se a um exigente "programa de ajustamento" – a designada "condicionalidade estrita" de dois memorandos de entendimento, com centenas de condições, que o Governo de Portugal assinou e prometeu cumprir se o FMI e a União Europeia acedessem financiar Portugal em cerca de 78 mil milhões de euros – e disponibilizou-se a assinar tratados intergovernamentais que colocaram a economia portuguesa sob um colete de forças orçamental (Pacto Orçamental e restantes regras orçamentais europeias) e monetário (União Bancária, esta implementada através de nova legislação europeia).

Como esta curta descrição deixa subentender, o(s) pedido(s) de resgate externo do Governo de Portugal resultaram de uma complexa coreografia desempenhada por atores políticos e financeiros nacionais e europeus em torno de uma variável: a dívida pública, cuja política de gestão é objeto de análise deste artigo.

Além das supra-identificadas medidas de política económica (programa de ajustamento, Pacto Orçamental e União Bancária), o resgaste externo teve também consequências diretas na política económica de gestão da dívida pública.

De facto, o financiamento do setor oficial permite ao Estado retirar-se dos mercados, não emitindo nova dívida titulada de médio e longo prazo. Esses empréstimos da UE e do FMI são utilizados para: amortizar a dívida pública de médio e longo prazo (Obrigações do Tesouro) que vence entre 2011 e 2014; financiar parte dos défices públicos que aumentam significativamente devido aos efeitos recessivos do programa de ajustamento exigido em contrapartida pelos credores (FMI e União Europeia); para recapitalizações públicas do setor bancário; e para constituir uma significativa "almofada financeira" de depósitos das Administrações Públicas, os quais chegam a representar 12,5% do PIB em 2013 (21,3 mil milhões de euros).

Nesse período, a gestão da dívida pública consiste sobretudo: na administração dos empréstimos do setor oficial (FMI e União Europeia), pagando os respetivos juros; na amortização da dívida titulada transacionável de médio e longo prazo (Obrigações do Tesouro); no refinanciamento de Bilhetes do Tesouro (dívida de curto prazo) sobretudo pelo setor bancário; no refinanciamento da dívida do setor do retalho (i.e., certificados de aforro) e do setor empresarial do Estado; e na gestão da "almofada financeira".

4. A política de gestão da dívida pública entre 2013 e 2019

A partir de 2013, Portugal ensaia gradualmente o "regresso aos mercados" e é a política de gestão da dívida pública durante esta fase que interessa aqui analisar em detalhe.

O IGCP inicia operações sindicadas e mais tarde leilões onde obtém financiamento nos mercados. Contudo, importa compreender o contexto em que Portugal "regressa" aos mercados.

De facto, apesar de Portugal ter estado "fora" dos mercados entre meados de 2011 e 2013, as taxas de juro da dívida pública portuguesa nos mercados secundários continuaram a aumentar até fevereiro de 2012, com a taxa de juro das Obrigações do Tesouro a 10 anos a atingir 17%, muito acima, por conseguinte, do nível registado em abril de 2011 (10%), antes do pedido de resgate, não obstante as compras de dívida pública portuguesa realizadas pelo Eurosistema no âmbito do acima referido programa de expansão quantitativa do BCE (SMP).

Em julho de 2012, o então presidente do BCE, Mario Draghi, afirma que o BCE faria tudo o que fosse necessário para salvar o euro e as taxas de juro da dívida pública portuguesa, à semelhança das de outros estados-membros periféricos, acentuam uma trajetória descendente que já se tinha iniciado em fevereiro de 2012.

A 1 de março de 2015, o BCE inicia um programa de expansão quantitativa – o Programa de Compras do Setor Público (PSPP) –, várias vezes prorrogado, que se traduz na aquisição de dívida pública transacionável portuguesa pelo BCE e pelo Banco de Portugal no mercado secundário. Na sequência da pandemia covid-19, o BCE inicia em 18 de março de 2020 um novo programa de expansão quantitativa – o Programa de Compras de Emergência Pandémica (PEPP) –, com regras mais flexíveis que permitem ao Eurosistema adquirir mais títulos de dívida pública dos estados-membros, nomeadamente permitindo realizar proporcionalmente mais compras de dívida pública de estados-membros mais afetados pela crise pandémica, como Itália.

No âmbito destes dois últimos programas de expansão quantitativa, o BCE e o Banco de Portugal tinham adquirido até setembro de 2021, em termos líquidos, quase 49% do stock de Obrigações do Tesouro e de Bilhetes do Tesouro de Portugal denominados em euros (79,3 mil milhões de euros, i.e., aproximadamente 37% do PIB previsto para 2021).

Por conseguinte, o regresso aos mercados foi em muito facilitado, e as taxas de juro da dívida pública reduzidas, pelos programas de expansão quantitativa do BCE que se iniciaram em março de 2015, embora seja claro que poucos antecipariam que esses programas de expansão quantitativa viessem a ter a duração ou a amplitude que tiveram até à data.

A estratégia de gestão da dívida pública a partir de 2013 visava, a prazo, ser capaz de financiar os défices públicos e de refinanciar a totalidade da dívida de médio e longo prazo da República: cerca de 94 mil milhões de euros no final de 2013, cerca de 165 mil milhões de euros em agosto de 2021. Esse objetivo seria atingindo primeiro, refinanciando as Obrigações do Tesouro que venciam entre 2013 e 2018, posteriormente refinanciando os empréstimos concedidos pelo FMI (que venciam gradualmente até 2022) e mais tarde os empréstimos concedidos pela União Europeia (os quais, após extensão de maturidade, venciam entre 2021 e 2042).

Ou seja, em 2013-2018, o IGCP somente estava obrigado a financiar nos mercados uma parte da dívida pública portuguesa que representou, em média nesse período, cerca de 53% do PIB (a dívida de médio e de longo prazo e parte da dívida ao FMI). Além disso, beneficiava da existência de um volume elevado de depósitos das Administrações Públicas (i.e., da almofada financeira) que chegaram a representar 12% do PIB e de compras de Obrigações do Tesouro por parte da Segurança Social portuguesa bem como do programa de expansão quantitativa do BCE.

Não obstante esses factos, a estratégia do Governo e do IGCP, sobretudo a partir de 2014, foi procurar minimizar o risco de refinanciamento, isto é, o risco de que quando o Estado procurasse refinanciar Obrigações do Tesouro não fosse capaz de o fazer em resultado de insuficiente procura por títulos de dívida pública portuguesa. O IGCP implementou essa estratégia de minimização do risco de refinanciamento alongando as maturidades da dívida de médio e longo prazo da República, i.e., emitindo Obrigações do Tesouro com prazos progressivamente mais longos. Dessa forma, foi possível reduzir o volume de dívida de médio e longo prazo que chega à maturidade e que teria de ser refinanciada em cada ano.

Com esse mesmo objetivo – minimizar o risco de refinanciamento – manteve a acima referida muito significativa almofada financeira que permitisse, se as condições fossem desfavoráveis, não emitir dívida nos mercados.

Assim, o IGCP procurou reduzir as necessidades de refinanciamento de dívida de médio e longo prazo, em cada ano, para montantes entre 8 e 15 mil milhões de euros, nomeadamente através de operações de troca de Obrigações do Tesouro por outras com prazos mais longos.

Entre 2014 e 2018, o IGCP emitiu cerca de 100 mil milhões de euros de dívida transacionável de médio e longo prazo, sobretudo Obrigações do Tesouro, i.e., cerca de 20 mil milhões de dívida de médio e longo prazo por ano. E aumentou a maturidade residual média da dívida de médio e longo prazo de 5,1 anos no final de 2013 para 6,2 anos no final de 2019, através de novas emissões de dívida com prazos (maturidades) mais longos.[2]

[2] A maturidade média da dívida pública de médio e longo prazo emitida em cada ano, entre 2014 e 2019, variou entre 7,8 anos (2017) e 12,1 anos (2015), sendo

Contudo, a estratégia seguida de aumento das maturidades teve custos elevados. A dívida emitida com prazos mais longos apresenta taxas de juro mais elevadas do que a dívida emitida com prazos mais curtos. Essa estratégia de redução de risco de refinanciamento, através do aumento da maturidade da dívida, baseia-se na hipótese e traduz-se na prática numa "aposta" que as taxas de juro irão subir muito no futuro. Se isso não vier a ocorrer, isto é, se as taxas de juro aumentarem ligeiramente, estabilizarem ou diminuírem, essa estratégia de gestão de dívida resulta em significativas perdas financeiras.

Ora, era então já sabido que o BCE iria iniciar o programa de expansão quantitativa em março de 2015 e que tal contribuiria para estabilizar as taxas de juro e para reduzir o risco de refinanciamento da dívida da República.

Por conseguinte, a estratégia de gestão de dívida do Governo revelou-se incorreta e dispendiosa. Com efeito, quando as taxas de juro caíram para níveis historicamente baixos em 2019, o Governo de Portugal não pôde beneficiar plenamente das taxas de juro mais baixas, porque tinha emitido demasiada dívida de médio e longo prazo entre 2014 e 2018. A título de exemplo, em abril de 2019, o IGCP previa emitir entre 2020 e 2022 menos de 13 mil milhões de dívida de médio e longo prazo por ano, em contraste com os cerca de 20 mil milhões de euros de dívida de médio e longo prazo emitidos, por ano, entre 2014 e 2018, a taxas de juro muito mais elevadas.

em média de 9,9 anos nesse período. Em resultado, a maturidade residual média da dívida (excluindo dívida à UE e ao FMI) aumentou para 6,7 anos em 2015, para posteriormente ser reduzida para 6,2 anos (em 2019). O relatório do grupo de trabalho sobre a sustentabilidade das dívidas externa e pública (Louçã et al., 2017) de que o autor foi co-autor, divulgado em abril de 2017, recomendou ao Governo a redução da maturidade residual média do stock da dívida de médio e longo prazo (excluindo dívida ao FMI e à UE) de 6,5 anos em 2016 para 4,9 anos. O Governo não adotou a proposta de redução de maturidade média residual da dívida pública subscrita pelo grupo de trabalho nesse relatório, mas decidiu estabilizar a maturidade residual média da dívida de médio e longo prazo que, como referido, foi reduzida para 6,2 anos no final de 2018 e de 2019. Esse relatório terá, porventura, contribuído para evitar aumentos adicionais da maturidade residual média da dívida de médio e longo prazo (*vide* Louçã et al., 2017).

O autor estimou (Cabral, 2019) que, mesmo assumindo que as taxas de juro iriam aumentar a partir de 2019, a opção dos sucessivos governos (e do IGCP) por emissões de dívida com maturidades mais elevadas entre 2014 e 2018 custou ou irá custar ao país cerca de 5% do PIB (10 mil milhões de euros) mais do que o necessário, se não mais, i.e., 1% do PIB por ano,[3] penalizando as contas públicas e a dinâmica da dívida pública, além do crescimento da economia. Os défices e a dívida pública teriam sido inferiores se a estratégia de gestão da dívida pública tivesse sido outra.

E essa despesa adicional com juros foi incorrida na fase orçamentalmente mais exigente do programa de ajustamento da 'troika', obrigando a medidas de austeridade orçamental adicionais. Isto é, os governos acomodaram no Orçamento do Estado despesa para financiar aumentos da maturidade média da dívida, enquanto, simultaneamente, estavam obrigados a implementar cortes noutras rubricas de despesa, como investimento público, pensões de reforma, emprego público e salários dos funcionários públicos.

A estratégia de gestão da dívida pública entre 2014 e 2018, de aumento da maturidade média da dívida, traduziu-se em despesa adicional com juros de várias centenas de milhões de euros, por ano, entre 2014 e 2019. Se não tivesse sido adotada, teria sido possível evitar alguns dos cortes em outras rubricas de despesa pública, como anteriormente referido. Neste contexto, a estratégia de gestão da dívida pública, entre 2014 e 2018, contribuiu para agravar a austeridade orçamental nesse período.

Teria sido preferível manter ou mesmo reduzir marginalmente a maturidade média da nova dívida de médio e longo prazo emitida entre 2014 e 2018 (logo com uma taxa de juro mais baixa), isto é, emitir dívida com a mesma maturidade da dívida que se vencia, para mais

---

[3] Mais de metade do aumento da despesa com juros, decorrente do aumento da maturidade da dívida pública entre 2014 e 2018, ocorre após 2019. Note-se que as taxas de juro estabilizaram ou desceram entre 2019 e 2021, com a taxa de juro das Obrigações do Tesouro a 10 anos a estabilizar em torno de 0,4% entre novembro de 2019 e outubro de 2021.

tarde se poder beneficiar de um maior volume de emissões de dívida a taxas de juro muito mais baixas.

Em 2019, o processo de consolidação orçamental, a conjuntura externa favorável – que se traduziu em vários anos de balança corrente e de capital ligeiramente excedentária – e o bom desempenho da economia traduziram-se num ligeiro excedente orçamental de +0,2% do PIB e num muito significativo excedente primário de 3,9% do PIB.

Paradoxalmente, enquanto entre 2013 e 2018 o Estado se financiou em cerca de 20 mil milhões de euros de dívida titulada de médio e longo prazo por ano, em 2019 as necessidades de refinanciamento de médio e longo prazo importaram em 13 mil milhões de euros e a expectativa (pré-covid-19) seria de uma redução continuada dessas necessidades de financiamento.

5. A política de gestão da dívida pública no contexto da pandemia covid-19

Em face da covid-19, será que se pode argumentar que a estratégia seguida de redução do risco de refinanciamento entre 2014 e 2018 (e também em 2019) trouxe benefícios no contexto do choque económico e financeiro causado pela covid-19, uma vez que, *ceteris paribus*, são mais reduzidas as necessidades de refinanciamento? Por outras palavras, será que afinal a estratégia de gestão de dívida adotada pelos vários governos entre 2014 e 2018 foi avisada?

De acordo com o IGCP, as necessidades de refinanciamento de dívida de médio e longo prazo que chegou à maturidade em 2020 foram de quase 8 mil milhões de euros. Nesse ano, em que a pandemia covid-19 teve maior impacto económico, o PIB caiu 8,5% em termos reais e as Administrações Públicas registaram um défice de 5,4% do PIB, de que resultaram necessidades de financiamento líquidas adicionais de cerca de 12 mil milhões de euros. A esses montantes acresceram 4,5 mil milhões de euros de aquisição líquida de ativos financeiros tendo o Governo ainda optado por aumentar o volume dos depósitos das Administrações Públicas (i.e., da almofada financeira) em 10,5 mil milhões de euros.

Ou seja, em 2020, o IGCP obteve financiamento para 35 mil milhões de euros de dívida pública de médio e longo prazo, sobretudo através da emissão de 27 mil milhões de euros de Obrigações do Tesouro. Se a maturidade média da dívida fosse 5 anos ao invés dos 6,2 anos registados em 2019, o IGCP teria de financiar cerca de 38 mil milhões de euros de dívida pública em 2020,[4] uma diferença pouco significativa. O aumento da maturidade residual média da dívida que, como se referiu, teve elevados custos, provavelmente não se traduziu, no contexto da pandemia covid-19 em que o BCE criou novo programa de expansão quantitativa, numa redução significativa do risco de refinanciamento.

Por conseguinte, um choque da natureza da covid-19, ou outro choque exógeno similar de natureza sistémica, parece invalidar a estratégia de gestão de dívida seguida no passado recente e, em particular, entre 2014 e 2018. Defende-se, assim, que todo o esforço e toda a despesa adicional de juros terão sido em vão. A entrada ou não em incumprimento da República no contexto da crise pandémica esteve e está, de novo, nas mãos das autoridades europeias (Wolswijk e Theodorus, 2020) e não na política de gestão da dívida pública portuguesa do governo e do IGCP.

6. Melhorias ao processo orçamental

Nesta secção descrevem-se em termos gerais como poderia ser melhorado o processo orçamental visando um controlo da despesa pública com juros mais eficiente (Louçã et al., 2017; Maravalle e Rawdanowicz, 2018; Wolswijk e Theodorus, 2020).

[4] Estima-se neste artigo que o alongamento das maturidades de 5,0 para 6,2 anos realizado entre 2014 e 2019 traduziu-se na redução do volume de emissões anual de dívida de médio e longo prazo em cerca de 3,2 mil milhões de euros por ano.

Sugere-se a inclusão na política de gestão da dívida pública de previsões quanto à evolução futura das taxas de juro com diferentes maturidades a médio prazo (e.g., cinco anos), estimando a evolução da despesa com juros nas suas diferentes componentes durante esse período.

Sugere-se ainda dividir a rubrica despesa com juros[5] em sub-componentes que procurem quantificar os custos (e os riscos) com a despesa relacionada com a redução do risco de refinanciamento da dívida da República.

Essas sub-componentes deveriam orçamentar separadamente, numa perspetiva plurianual, quatro parcelas da despesa com juros: a despesa com juros associada a uma maturidade de referência; a despesa com juros decorrente de operações de troca de dívida; a variação da despesa com juros decorrentes quer de aumentos quer de reduções das maturidades médias das emissões de dívida de médio e longo prazo; e a despesa com juros associada a emissões de dívida denominada em moeda estrangeira, i.e., dívida titulada denominada em moedas que não o euro.

Finalmente, sugere-se que o processo orçamental passe a apresentar de forma transparente o sentido das "apostas" implícitas do Governo (e do IGCP) em relação à evolução das taxas de juro futuras, ao risco cambial, e ao risco de refinanciamento, quantificando através da análise de cenários alternativos de médio prazo, a evolução das diferentes subcomponentes da despesa com juros em cada um desses cenários.

O enquadramento proposto, relativamente elementar, permitiria uma melhor orçamentação e controlo da despesa pública com juros, contribuindo a prazo para o processo de consolidação orçamental, através da redução da despesa pública com juros.

---

[5] No caso de Portugal, dado o elevado stock de dívida pública, a despesa com juros da dívida pública é um dos principais itens/rubricas da despesa pública, superior à despesa da quase totalidade dos ministérios do Governo.

7. Outras lacunas no processo orçamental

A lei-quadro da dívida pública ainda vigente (Lei n.º 7/98, de 3 de fevereiro, na redação introduzida pelo artigo 81.º da Lei n.º 87-B/98, de 31 de dezembro), é aprovada antes da adesão ao euro e uns anos depois da alteração profunda do modelo de financiamento das Administrações Públicas no âmbito do processo de adesão ao euro (essa alteração ao financiamento público ocorre a partir de 1990).

Essa lei-quadro não foi atualizada à nova realidade e ao conhecimento entretanto adquirido desta experiência de – financiamento das Administrações Públicas através dos mercados financeiros – deixando, afigura-se, demasiada discricionariedade à política de gestão da dívida pública.

Por outro lado, a lei do Orçamento do Estado tende a ser generosa, ou melhor, insuficientemente precisa em relação aos limites às garantias públicas e ao acréscimo ao endividamento público (*vide* artigos 173.º e 177.º-183.º- da lei do Orçamento do Estado de 2021, Lei n.º 75-B/2020, de 31 de dezembro). Em particular, a Assembleia da República tem sistematicamente autorizado aumentos do endividamento público muito superiores aos subjacentes aos défices públicos previstos.

Por exemplo, no Orçamento do Estado de 2021, o limite ao aumento de endividamento autorizado foi de quase 20 mil milhões de euros (9,3% do PIB de 2021), face a um défice previsto de 9,5 mil milhões de euros (4,5% do PIB) a que acrescem limites adicionais significativos no âmbito da gestão da dívida pública relacionados com a antecipação de financiamento ou com a amortização antecipada de dívida pública previstos na lei. Em relação às garantias públicas, o fluxo líquido de novas garantias públicas fixado no artigo 173.º da supracitada lei foi de 11 (=5+6) mil milhões de euros (5,2% do PIB), a que acrescem garantias para apoio à exportação, à internacionalização, à recapitalização e à competitividade das empresas no montante de 3,4 mil milhões de euros.

Note-se que esses aumentos generosos anuais ao limite ao endividamento público têm algum fundamento. Por exemplo, como se constata no caso dos EUA, não faria sentido que periodicamente a República enfrentasse o risco de entrada em incumprimento técnico por dificuldades políticas do Governo em ver aprovado no Parlamento um aumento ao limite ao endividamento público.

Contudo, esses limites generosos ao acréscimo de endividamento público e aos fluxos líquidos de garantias públicas permitem a desorçamentação de despesa (e, indiretamente, também a desorçamentação de receita).

Por exemplo, não sendo do conhecimento público os termos contratuais nem as obrigações legais decorrentes quer da resolução do BES e recapitalização do Novo Banco em 4,9 mil milhões de euros pelo Fundo de Resolução em 2014 quer da garantia contingente de 3,9 mil milhões de euros dada pelo Estado no contexto da venda do Novo Banco em 2017, afigura-se que nos dois casos essas operações foram realizadas com recurso ou a crédito do Tesouro ao Fundo de Resolução, que por sua vez realiza a despesa, i.e., a transferência para o Novo Banco, ou com recurso a garantias do Estado e do Fundo de Resolução que mais tarde se traduzem em maior endividamento.

Ou seja, ocorre um aumento do endividamento (efetivo ou contingente) das Administrações Públicas que, se depreende, por opção política do Governo, em consequência casuística, não se reflete em termos de despesa na ótica da Conta Geral do Estado, não implicando por conseguinte autorização parlamentar adicional. Esse aumento da despesa pública observa-se, contudo, na ótica das contas nacionais determinada, como se sabe, pelas autoridades estatísticas nacionais e europeias.

Em contraste, por exemplo, a resolução do Banif esteve associada a um orçamento retificativo, que aprovou a respetiva despesa pública bem como um aumento ao limite ao endividamento público, novamente por opção política do Governo.

Ou seja, o poder executivo poderá ter utilizado as lacunas existentes na lei do Orçamento (e as amplas dotações do OE para garantias públicas e acréscimo ao endividamento público) para desorçamentar a despesa relacionada tanto com a recapitalização do Novo Banco no contexto da resolução do BES como com a garantia contingente sobre os ativos do Novo Banco no contexto da venda desse banco à Lone Star.

Numa perspetiva da consolidação orçamental e da sustentabilidade da dívida pública, a questão que é suscitada por estes três exemplos é se não seria mais apropriado enquadrar no processo orçamental este tipo de despesa pública realizada pelo Governo à margem do Orçamento do Estado com recurso às figuras dos limites ao acréscimo do endividamento público (art. 177.º da Lei do Orçamento do Estado de 2021) e dos limites máximos para a concessão de garantias expressos em termos de fluxos líquidos anuais (art. 173.º).

Em particular, defende-se que se um Governo pretende obrigar o Estado em compromissos financeiros relevantes, ainda não explicitamente autorizados pela Assembleia da República, emitindo mais dívida ou oferecendo novas garantias públicas, deveria estar obrigado a submeter um Orçamento Rectificativo à Assembleia da República.

8. Conclusões

Da análise feita neste artigo, afigura-se pertinente realçar que:

- Embora não seja politicamente apercebida como tal, a política de gestão da dívida pública é muito importante, na medida em que condiciona e subordina as restantes políticas públicas, sobretudo no contexto da União Económica e Monetária, em que o Estado não dispõe de soberania monetária.
- O custo da estratégia da redução do risco de refinanciamento da dívida pública portuguesa, política de gestão adotada entre 2014 e 2018, foi muito elevado importando em, pelo menos, 1% do PIB por ano, sem que sejam evidentes os benefícios em termos de redução do risco de refinanciamento em situação de crise inesperada de que a pandemia covid-19 constituiu um exemplo.
- As opções sobre o perfil de emissões de dívida realizadas nesse período aparentam ter constituído essencialmente uma

aposta financeira sobre a evolução futura das taxas de juro da dívida da República, aposta essa que se revelou incorreta.

- A referida estratégia de gestão da dívida pública adotada agravou a austeridade orçamental, porque se traduziu em despesa adicional com juros de várias centenas de milhões de euros por ano entre 2014 e 2019, que o Governo "esteve obrigado" a substituir por cortes noutras rubricas da despesa pública, com consequências sociais e económicas negativas.
- Esta estimativa dos resultados financeiros desfavoráveis da política económica de gestão da dívida pública entre 2014 e 2018 fundamenta a tese aqui avançada que a política de gestão da dívida pública portuguesa é incipiente e insatisfatória. As opções de política de gestão da dívida pública têm custos orçamentais significativos e, no entanto, apesar do seu acompanhamento regular pela Comissão de Orçamento e Finanças da Assembleia da República, escapam ao escrutínio e ao controlo do processo orçamental não enfrentando restrições orçamentais efetivas, nomeadamente porque a despesa com juros não é discriminada nas suas componentes. Existe, assim, margem para melhorias significativas no processo orçamental, que seriam de implementação relativamente simples, através da quantificação de subcomponentes da despesa com juros de acordo com o respetivo perfil.

Em suma, é, sem dúvida, necessário que o Estado planeie e procure reduzir o risco de refinanciamento da dívida pública. Contudo, é também necessária a definição dos procedimentos adequados para enquadrar a estratégia de gestão da dívida pública no processo orçamental, sob escrutínio da Assembleia da República. Daí resultariam uma política de gestão da dívida pública e uma política orçamental mais robustas e economicamente mais eficientes.

Referências bibliográficas

Cabral, R. (2019). "O dinheiro não traz felicidade, mas ajuda... ", *Público*, 13 de maio.

Cabral, R. (2020). "Gestão da dívida pública", Em: Paes Mamede, R. e Adão e Silva, P. (coords.), *O estado da nação 2020: valorizar as políticas públicas*, Lisboa: IPPS-ISCTE, pp. 65-72.

Louçã, F., Galamba, J., St. Aubyn, M., Soares, P., Gil, P. Cabral, R. e Paes Mamede, R. (2017). "Sustentabilidade das dívidas externa e pública", *Institute of Public Policies Report No. 4*, disponível em < http://www.ipp-jcs.org/wp-content/uploads/2019/03/IPP-Report-4.pdf >

Maravalle, A. e Rawdanowicz, L. (2018). "To shorten or to lengthen? Public debt management in the low interest rate environment", *OECD Economics Department Working Papers No. 1483*. http://dx.doi.org/10.1787/192ef3ad-en

Sibert, A. (2011). "The damaged ECB legitimacy", *VoxEU.org*, 15 de setembro.

Wolswijk, G. e Theodorus, F. (2020). "Drivers of European public debt management", *ECB Working Papers No. 243*. http://dx.doi.org/10.2866/415679

Abordagem da distribuição do rendimento e da riqueza com base numa matriz de contabilidade social. Aplicação a Portugal

*Susana Santos**

Nota da autora

Sem dúvida que o meu gosto pela investigação e o interesse por questões relacionadas com a distribuição do rendimento e da riqueza fazem parte do LEGADO DE MANUELA SIVA, a que tive o privilégio de aceder nas suas aulas no curso de Mestrado em Economia em 1986/7 no ISEG. É também por sua influência e solidariedade com a sua preocupação com a divulgação de textos em língua portuguesa que redigirei a presente contribuição em português.

1. Introdução

Com o título "Desenvolvimento Económico e Repartição do Rendimento", em 1983, Manuela Silva organizou e publicou um livro com um conjunto de textos, traduzidos para a língua portuguesa, que considerou relevantes para o debate em torno do tema que adotou como título.

* UECE (Unidade de Estudos sobre a Complexidade e Economia) – ISEG (Instituto Superior de Economia e Gestão), Universidade de Lisboa. ssantos@iseg.ulisboa.pt; Ciencia ID F11E-50D3-CCC7; ORCID iD 0000-0002-8884-3103.

No prefácio a esse livro, em maio de 1980, Manuela Silva inicia a apresentação daquela antologia com um excerto de uma carta de Ricardo a Malthus (séculos XVIII-IX), que entendeu como ilustrativo das raízes longínquas da temática da distribuição do rendimento e da riqueza no pensamento económico. Tal apresentação prossegue relevando o essencial de cada texto selecionado para o debate "recente" (século XX) dessa temática, que considera ser em torno da relação implícita no título do referido livro.

A presente contribuição não se irá concentrar no debate teórico em torno daquela temática, cuja atualidade se mantém, mas sim nas questões empíricas subjacentes e num instrumento possível para a sua abordagem, o que considero ser UM DESAFIO PARA O FUTURO.

Para o seu enquadramento, retomo o prefácio acima referido com uma parte do excerto da carta que o inicia: "A economia política ...deveria ser um inquérito às leis que determinam a divisão do produto da indústria entre as classes que concorrem para a sua formação" (Silva, 1983: 9). Adicionalmente, realço a parte relativa ao texto de Adelman e Morris (1973), baseado nas conclusões de um vasto estudo empírico, de acordo com o qual, entre outros aspetos, é identificada a necessidade de utilizar "instrumentos de análise e planeamento mais adequados", bem como de "ter em conta as interdependências dentro do sistema económico" (Silva, 1983: 13).

Em sintonia quase perfeita com os autores identificados por Manuela Silva no parágrafo anterior, algumas décadas mais tarde, em 2017, Utz Peter Reich, no seu livro "*Capital, Income and Product. The Economics of National Accounting*", identifica como as questões complexas que dominam a economia política do século XXI: a organização global da produção e a repartição internacional dos seus resultados. Assim, ao constatar algum paralelismo entre os aumentos da riqueza e da pobreza económicas, aquele autor identifica a repartição do rendimento como uma das áreas da economia que necessita de uma atenção renovada no futuro. Para tal, recomenda uma abordagem que tenha em consideração o circuito completo dos rendimentos, abrangendo os fluxos de rendimento entre e dentro de todos os setores da economia. Para essa abordagem, considera a matriz de contabilidade social como o instrumento de trabalho adequado.

Indo ao encontro dos referidos autores, a presente contribuição apresentará uma abordagem da distribuição do rendimento e da riqueza com base numa matriz de contabilidade social, construída de acordo com o atual sistema de contas nacionais. Trata-se de uma metodologia concebida a partir de trabalhos, reveladores de preocupações no âmbito da mesma temática, de entre os quais destaco: Stone (1986); Pyatt e Round (1985); Pyatt (1988, 1991) – o primeiro autor foi galardoado com o prémio nobel da economia, em 1984.

Tem sido muito o trabalho que tenho desenvolvido em torno da sistematização de uma metodologia, acessível e abrangente, que permita ir ao encontro do título do presente capítulo, mediante a medição e modelização da atividade de uma sociedade/nação/país. Para tal, tem sido quase exclusiva a experimentação e aplicação à realidade portuguesa.

Tendo, logo no início, identificado o potencial da abordagem baseada numa matriz de contabilidade social, por um lado, e as contas nacionais, como a fonte de informação conveniente para a sua execução, por outro, aquele trabalho tem sido desenvolvido nas duas "frentes". Assim, no âmbito da parte medida pelas contas nacionais, os fluxos nominais representativos das transações (de bens, serviços e ativos), associados à geração e distribuição do rendimento têm dominado a minha atenção. Tal relevância é resultado, não só da maior acessibilidade a dados e trabalhos em torno de tais fluxos, mas também do grande interesse, que partilho, por questões associadas à (re)distribuição do rendimento. A Secção 2 é uma síntese da versão atual de tal metodologia, ilustrada pela aplicação a Portugal e pela identificação da evidência empírica de alguns aspetos da sua atividade económica durante o ano de 2017.

Muitas vezes, as questões associadas à distribuição do rendimento são alargadas de forma indistinta à distribuição da riqueza. Mais uma vez, no âmbito da parte medida pelas contas nacionais, a riqueza é entendida como o valor do património líquido de um país e suas instituições, num determinado momento, ou seja, a diferença entre o valor dos seus ativos e passivos nesse momento. Assim, a determinação do seu valor e o estudo da sua distribuição, passa pelo conhecimento e adição ao valor (dos ativos e passivos) correspondente no início do período em estudo, das variações registadas durante esse período. Para tais variações contribuem, não só os fluxos associados às transações acima referidas, e tratados na Secção 2, mas também outros fluxos associados a outros aspetos, como sejam, variações de volume e preço, implícitos na medição da atividade de um país. A Secção 3 é uma muito breve e nova abordagem (no âmbito no meu trabalho), que faço questão de aqui incluir, em homenagem a alguém que influenciou o meu interesse pelo assunto – Manuela Silva.

Retomando o excerto do texto de Adelman e Morris (1973) do início desta introdução, concluirei este capítulo, na Secção 4, com algumas observações sobre a adequabilidade da matriz de contabilidade social, e da abordagem proposta, enquanto instrumento de trabalho para análise e planeamento da atividade de um país.

2. Abordagem da distribuição do rendimento com base numa Matriz de Contabilidade Social [1]

2.1. Características gerais

Muitas vezes designada de SAM (da abreviatura da designação em inglês – *Social Accounting Matrix*), a Matriz de Contabilidade Social (MCS) aqui apresentada é uma versão que pretendo esteja em consonância com a fonte de informação estatística que elegi como base – as contas nacionais, bem como com a versão mais recente do sistema que lhe está subjacente, ou seja, atualmente, a versão de 2008 do "Sistema de Contas Nacionais (SCN)" (ISWGNA, 2009), que passarei a referir apenas como SCN 2008, ou simplesmente SCN. Porque a minha preocupação tem sido desenvolver uma metodologia que se adapte a todos os países que tenham contas nacionais baseadas naquele sistema, apresentarei uma MCS construída de acordo com as suas regras e nomenclaturas, tendo presente que a aplicação a cada

[1] O texto desta parte tem por base Santos (2021).

caso concreto deverá ter em conta a adaptação do mesmo (SCN) à realidade correspondente. Fá-lo-ei na aplicação a Portugal, com que ilustrarei a minha explicação, cujas contas nacionais se baseiam na adaptação do SCN 2008 à Europa, ou seja, no "Sistema Europeu de Contas Nacionais e Regionais na União Europeia" (UE, 2013), que passarei a referir apenas como SEC 2010, ou simplesmente SEC.

A MCS é uma matriz quadrada em que as somas em linha são iguais às correspondentes somas em coluna. Nela estão incluídos os fluxos económicos medidos pelas contas nacionais designados de transações, ou operações. Recursos e variações de passivos e do património líquido, são representados em linha. Empregos e variações de ativos, são representados em coluna. Cada célula pode, portanto, ter duas leituras, de acordo com a respetiva linha e coluna.

O SCN faz uma representação matricial da sequência das contas correntes, capital e financeira, por ele definidas, que designa de matriz de contabilidade social, em que a parte relativa às contas correntes é diferente da que proponho aqui. Tais representações podem ser desagregadas ou alargadas. A integração de detalhes adicionais, através da desagregação das contas, é considerada no âmbito do chamado sistema central (base do SCN), enquanto a integração de detalhes extensivos, através do alargamento das contas, é considerada no âmbito das contas de satélite (extensões do SCN).

O Quadro 1 apresenta a forma que designei de básica da minha proposta de MCS. Representa o nível mais elevado de agregação e o ponto de partida para a construção de versões numéricas, mais ou menos desagregadas, bem como de uma ou mais versões algébricas (modelos). Assim, especificidades inerentes à atividade de um país, como é o caso da distribuição do rendimento, poderão ser abordadas empiricamente com (uma ou mais) versões numéricas de MCS, e teoricamente com (uma ou mais) versões algébricas, baseadas nas anteriores. A forma matricial em que tal abordagem é feita, permite um trabalho com redes de ligações intersectoriais, representativas das interdependências dentro do sistema por ela representados, e a captação de efeitos multiplicadores que delas resultam.

Quadro 1. A MCS na forma básica

	f	a	p	dic	dik	dif	rw	Total
f		T(f,a)					T(f,rw)	*f.*
a			T(a,p)					*a.*
p		T(p,a)	T(p,p)	T(p,dic)	T(p,dik)		T(p,rw)	*p.*
dic	T(dic,f)	T(dic,a)	T(dic,p)	T(dic,dic)			T(dic,rw)	*dic.*
dik				T(dik,dic)	T(dik,dik)		T(dik,rw)	*dik.*
dif					T(dif,dik)	T(dif,dif)	T(dif,rw)	*dif.*
rw	T(rw,f)	T(rw,a)	T(rw,p)	T(rw,dic)	T(rw,dik)	T(rw,dif)		*rw.*
Total	*.f*	*.a*	*.p*	*.dic*	*.dik*	*.dif*	*.rw*	

Fonte: Construção própria, com base em Santos (2018 e anteriores).

O Quadro 2 apresenta a descrição das contas representadas em cada linha e coluna da MCS, bem como a respetiva correspondência à sequência das contas nacionais, com as discrepâncias descritas em nota.

Cada célula da MCS na forma básica, representada no Quadro 1, que é identificada com um "T" é seguida pelas iniciais das contas da linha e coluna entre parênteses, descritas no Quadro 2, que representam as transações (ou operação), tal como definidas pelo SCN. O Quadro 3, sistematiza a descrição anterior.

Quadro 2. Correspondência, descrição e discrepâncias entre as contas da MCS e nacionais

<table>
<tr><th colspan="4">Contas da MCS</th><th>Contas Nacionais</th><th>Descrição</th></tr>
<tr><td rowspan="7">Economia (interna, ou nacional)</td><td rowspan="3">Produção</td><td>f</td><td>Fatores de produção [a]</td><td>Distribuição primária do rendimento</td><td>Distribuição dos rendimentos, que podem ser necessários para fins produtivos, entre instituições e atividades</td></tr>
<tr><td>a</td><td>Atividades[b]</td><td>Produção</td><td>Transações que constituem o processo de produção</td></tr>
<tr><td>p</td><td>Produtos</td><td>Bens e serviços</td><td>Utilização dos produtos disponíveis</td></tr>
<tr><td rowspan="4">Instituições (internas, ou nacionais)[3]</td><td rowspan="2">dic</td><td rowspan="2">Corrente [c]</td><td>Distribuição secundária do rendimento; redistribuição do rendimento em espécie</td><td>Transformação do saldo do rendimento primário (rendimento nacional) em rendimento disponível, através do recebimento e pagamento de transferências correntes</td></tr>
<tr><td>Utilização do rendimento</td><td>Distribuição do rendimento disponível entre consumo final e poupança</td></tr>
<tr><td>dik</td><td colspan="2">Capital</td><td>Transações ligadas a aquisições de ativos não financeiros e transferências de capital envolvendo a redistribuição de riqueza</td></tr>
<tr><td>dif</td><td colspan="2">Financeira</td><td>Transações em ativos financeiros e responsabilidades entre unidades institucionais e entre estas e o resto do mundo</td></tr>
<tr><td colspan="3">rw</td><td colspan="2">Resto do mundo</td><td>Transações entre unidades residentes e não residentes</td></tr>
</table>

Fonte: Construção própria, com base em Santos (2018), ISWGNA (2009) e UE (2013).

Notas sobre as discrepâncias entre as contas da MCS e nacionais:
[a] (-) impostos menos subsídios à produção e importação e (+) rendimentos líquidos de propriedade;
[b] (-) impostos sobre os produtos menos subsídios aos produtos (total);
[c] (-) rendimento disponível.

As transações relacionadas com bens e serviços (produtos), incluindo ativos produzidos não financeiros, estão representadas nas células das linhas/colunas "p" e "a"; as transações distributivas são representadas nas células das linhas/colunas "f", "dic" e "dik"; e as transações financeiras estão representadas nas células da linha/coluna "dif"[2].

[2] A descrição completa das células do MCS pode ser vista, por exemplo, em Santos (2021, ou 2017).

Quadro 3. A MCS na forma básica – descrição

Recursos e … / Empregos e …		Produção			Instituições			Resto do Mundo (RM)	TOTAL
		Fatores de produção	Atividades	Produtos	Conta Corrente	Conta Capital	Conta Financeira		
Produção	Fatores de produção	0	Valor Acrescentado Bruto	0	0	0	0	Remuneração dos fatores de produção (do RM)	Rendimento Agregado dos fatores de produção
	Atividades	0	0	Produção	0	0	0	0	Valor de Produção
	Produtos	0	Consumo Intermédio	Margens comerciais e de transportes	Consumo Final	Formação Bruta de Capital	0	Exportação de bens e serviços	Procura Agregada
Instituições	Conta Corrente	Rendimento Nacional Bruto	Impostos líquidos sobre a produção	Impostos líquidos sobre os produtos	Transferências Correntes	0	0	Transferências Correntes (do RM)	Rendimento Agregado
	Conta Capital	0	0	0	Poupança Bruta	Transferências de Capital	Necessidade líquida de financiamento	Transferências Capital (do RM)	Fundos de Investimento
	Conta Financeira		0	0	0	Capacidade líquida de financiamento	Transações Financeiras	Transações Financeiras (do RM)	Total de Transações Financeiras
Resto do Mundo (RM)		Remuneração dos fatores de produção (para o RM)	Impostos líquidos sobre a produção (para o RM)	Importação de bens e serviços + Impostos líquidos sobre os produtos (para o RM)	Transferências Correntes (para o RM)	Transferências Capital (para o RM)	Transações Financeiras (para o RM)		Valor das Transações para o RM
TOTAL		Rendimento Agregado dos fatores de produção	Custos Totais	Oferta Agregada	Rendimento Agregado	Investimento Agregado	Total de Transações Financeiras	Valor das Transações do RM	

Fonte: Construção própria

Adotarei uma metodologia, habitualmente designada de *top-down*, que parte de um elevado nível de agregação, ou seja, de uma MCS na forma básica, com os "grandes" totais das contas nacionais, para outro(s), consoante as necessidades de estudo e a informação disponível, mantendo a consistência do sistema.

2.2. Abordagem Empírica

O Quadro 4, ao representar uma versão numérica da MCS na forma básica, é o ponto de partida para a abordagem empírica da atividade, no nosso caso de estudo, de Portugal em 2017. É uma versão construída a partir da sequência de contas nacionais correntes e capital (não financeiras) e financeira, fornecidas pelas fontes de informação indicadas.

Quadro 4. MCS na forma básica para Portugal em 2017

Unidade: milhões de euros

	f	a	p	dic	dik	dif	rw	Total
f		168 756					6 731	175 487
a			347 793					347 793
p		178 151	0	160 214	33 755		83 717	455 837
dic	163 016	1 988	26 344	94 338			8 535	294 221
dik				35 717	5 210		1 683	42 610
dif					3 601	17 429	9 982	31 012
rw	12 471	- 1 101	81 700	3 952	44	13 583		110 648
Total	175 487	347 793	455 837	294 221	42 610	31 012	110 648	

Nota: célula T(rw, p) = 81 739 (importação de bens e serviços) – 39 (impostos sobre produtos enviados para o resto do mundo – subsídios aos produtos recebido do resto do mundo).

Estando todas as transações medida pelas contas nacionais incluídas no Quadro 4, a partir dele, podemos obter diretamente ou calcular os correspondentes saldos e agregados macroeconómicos, nomeadamente [3]:

- Produto Interno Bruto (PIB) – ótica da despesa: consumo final [T(p,dic)] + formação bruta de capital [T(p,dik)] + exportações líquidas [T(p,rw) – (parte de) T(rw,p)] = 195 947 milhões de euros;
- Rendimento Nacional Bruto (RNB): remuneração de fatores de produção recebida pelas instituições nacionais [T(dic,f)] + impostos líquidos (de subsídios) sobre a produção e sobre os produtos, recebidos pelas instituições nacionais [T(dic,a) + T(dic,p)] = 191 348 milhões de euros;
- Rendimento Disponível (RD): RNB + transferências correntes líquidas recebidas pelas instituições nacionais provenientes do resto do mundo [T(dic,rw) – T(rw,dic)] = 195 931 milhões de euros;
- Poupança Bruta: [T(dik,dic)] = 35 717 milhões de euros;
- Capacidade (+) /Necessidade (-) líquida, de Financiamento: [T(dif,dik)] – 3 601 milhões de euros.

Conforme vimos, nas contas da MCS, o grupo "produção" é composto pelas contas fatores de produção (f), atividades (a) e produtos (p), que regista o rendimento gerado no processo de produção, mediante o envolvimento das instituições, a correspondente distribuição (primária), bem como a utilização dos bens e serviços disponíveis. Por seu lado, o grupo "instituições" é composto pelas contas corrente (dic), capital (dik) e financeira (dif), que regista a redistribuição, utilização e acumulação do rendimento. A conta resto do mundo (rw) regista as transações entre as unidades institucionais residentes e não residentes.

Para estudar os aspetos específicos da atividade económica de um país, as contas nacionais dão-nos um conjunto de possibilidades

[3] Detalhes sobre os cálculos apresentados e outros relacionados podem ser encontrados em Santos (2021).

para a desagregação das contas acima referidas, para a qual podemos também recorrer a outras fontes de informação. Na abordagem da distribuição do rendimento das instituições, a sua origem e utilização é, sem dúvida, relevante. Por outro lado, podemos identificar como objeto de estudo grupos institucionais específicos, como é o caso das famílias de baixo rendimento e das administrações públicas – as últimas, com funções redistributivas e capacidade de execução de políticas sociais tendentes à correção de desigualdades, à partida, representadas pela negativa nas primeiras. Ilustremos, pois, uma possível abordagem a tais especificidades com o nosso caso de estudo – Portugal em 2017. Para tal, além das contas nacionais, foi necessária a utilização dados do Inquérito ao Orçamento das Famílias (IOF), de 2015/16, realizado quinquenalmente e publicado pela Instituto Nacional de Estatística. No âmbito da metodologia de trabalho adotada, os dados dessa fonte de informação adicional, foram ajustados aos das contas nacionais, de forma a manter a consistência do sistema e respeitando os totais da forma básica.

Partindo da MCS na forma básica, representada no Quadro 4, com sete linhas e colunas, a intenção referida no parágrafo anterior resultou numa versão desagregada, com base na nomenclatura do SCN, com dezassete linhas e colunas, apresentada em anexo. Assim, na conta corrente das instituições (dic), foram identificados quatro grupos de instituições: as famílias de "baixo rendimento"[4], as "outras" famílias, as "administrações públicas" e as "outras" instituições, ou seja, no âmbito da nomenclatura do SCN, as sociedades não financeiras e financeiras e as instituições sem fins lucrativos ao serviço das famílias. Por outro lado, uma vez que a principal fonte do rendimento

[4] A que foram associadas estimativas baseadas no IOF – 2015/16 e em Reich e Santos (2019), nas quais o rendimento total e as despesas desse inquérito foram adaptados ao universo das contas nacionais e as "famílias de baixo rendimento" foram identificadas como sendo aquelas com rendimentos abaixo do salário mínimo nacional. Em tais estimativas, foram também adotados os seguintes pressupostos: as despesas totais são iguais ao rendimento total disponível e, por conseguinte, não existe uma poupança bruta; não existem transferências correntes de e para o resto do mundo; a distribuição da parte do rendimento nacional bruto por fatores de produção tem a mesma estrutura que o total das famílias.

agregado das instituições é o RNB, ou seja, a remuneração dos fatores de produção recebida pelos residentes, ou o rendimento gerado por eles na economia (interno) e no resto do mundo, a conta fatores de produção (f) foi desagregada em "trabalho" e "outros" (fatores de produção), com o primeiro (trabalho) incluindo a remuneração dos empregados, e o último (outros), incluindo a remuneração dos empregadores e dos trabalhadores por conta própria, no âmbito das empresas familiares não registadas, bem como a remuneração do capital, nomeadamente, os rendimentos de propriedade. De recordar que a remuneração das empresas familiares não registadas, é um rendimento misto (e designado como tal), devido à impossibilidade de separar rendimentos do trabalho e do capital, tendo em conta a pequena dimensão e o baixo nível de organização que as caracterizam.

Os Quadros 5 e 6 representam resultados daquela desagregação, no que se refere, respetivamente, aos recursos ou origem (linhas) e empregos ou utilização (colunas) do rendimento agregado, dados pelos totais da linha e da coluna "dic" do Quadro 4 (conta corrente das instituições), desagregados nas linhas e nas colunas 5 a 10 da MCS desagregada, em anexo. Muita informação sobre o rendimento agregado das instituições, cuja composição pode ser revista na subsecção anterior, com descrição sistematizada no Quadro 3, pode ser retirada dos Quadros 5 e 6, apesar do não muito elevado nível de desagregação. Realçarei, alguns dos aspetos que considerei de maior interesse, nomeadamente, para o tratamento feito na abordagem teórica, na subsecção seguinte.

Assim, no que se refere à origem do rendimento agregado das instituições, em Portugal em 2017, o Quadro 5 mostra-nos que as famílias detêm 60,2% (177 011 milhões de euros) do total do rendimento agregado (294 221 milhões de euros), com a parcela do grupo de baixo rendimento estimada em apenas 4,6% (13 469 milhões de euros). Por sua vez, as administrações publicas detêm 24,6% (72 320 milhões de euros) e as restantes instituições (sociedades não financeiras e financeiras e instituições sem fins lucrativos ao serviço das famílias) os restantes 15,3% (44 890 milhões de euros). Por outro lado, a remuneração dos fatores de produção é a principal fonte de rendimento das famílias (73,8%), com o trabalho (por conta de outrem) a representar a parte principal (48,8%). As outras fontes de rendimento das famílias são as transferências correntes das instituições nacionais (22,3%) e do resto do mundo (3,9%), com a maior parcela da primeira proveniente das administrações públicas (18,4%).

Em termos de tipo de fluxos das contas nacionais, representativos das fontes ou origem do rendimento agregado das instituições, pelo Quadro 5, ficamos a saber que 94,1% do rendimento das famílias de baixo rendimento têm origem na remuneração dos fatores de produção, com o 'trabalho' a representar 62,2% e os 'outros' fatores a representarem 31,9%. As transferências correntes são a outra fonte de rendimento deste grupo, representando 5,9% do rendimento total agregado correspondente, sendo as provenientes das administrações públicas 4,8%, do mesmo. Por sua vez, o rendimento das administrações públicas tem origem principalmente, nas transferências correntes das instituições nacionais (60,8%) em geral, e das famílias (51,4%) em particular, com uma quota estimada de 1 % para as famílias de baixo rendimento. Os impostos líquidos sobre a produção e importação, também têm uma parte significativa, de 39,2%, o que ajuda a compensar a parte negativa da remuneração de (outros) fatores de produção, devida ao elevado valor dos juros a pagar.

Quadro 5. Origem do rendimento agregado das instituições em Portugal em 2017

		Conta Corrente das instituições											
		Famílias						Administrações públicas		Outras (instituições)		Total	
		baixo rendimento		*outras*		total							
Recursos (receitas,..)		milhões de euros	%	milhões de euros	%	milhões de euros	%	milhões de euros	%	milhões de euros	%	milhões de euros	%
remuneração dos fatores produção (rendimento nacional bruto)													
Trabalho		*8 380*	*62,2*	*77 961*	*47,7*	86 341	48,8	0	0,0	0	0,0	86 341	29,3
outros (fatores de produção)		*4 301*	*31,9*	*40 017*	*24,5*	44 318	25,0	- 862	-1,2	33 219	74,0	76 675	26,1
(sub)total		*12 681*	*94,1*	*117 978*	*72,1*	130 659	73,8	- 862	-1,2	33 219	74,0	163 016	55,4
impostos líquidos sobre a produção e importação													
...das atividades e produtos		*0*	*0,0*	*0*	*0,0*	0	0,0	28 332	39,2	0	0,0	28 332	9,6
transferências correntes das instituições nacionais													
Famílias	*baixo rendimento*	*34*	*0,3*	*0*	*0,0*	*34*	*0,0*	*744*	*1,0*	*108*	*0,2*	*886*	*0,3*
	outras	*0*	*0,0*	*1 680*	*1,0*	*1 680*	*0,9*	*36 449*	*50,4*	*5 300*	*11,8*	*43 429*	*14,8*
	total	*34*	*0,3*	*1 680*	*1,0*	1 714	1,0	37 193	51,4	5 408	12,0	44 315	15,1
Administrações públicas		*650*	*4,8*	*31 843*	*19,5*	32 493	18,4	58	0,1	2 288	5,1	34 839	11,8
Outras (instituições)		*104*	*0,8*	*5 108*	*3,1*	5 213	2,9	6 723	9,3	3 248	7,2	15 184	5,2
(sub)total		*788*	*5,9*	*38 632*	*23,6*	39 420	22,3	43 974	60,8	10 944	24,4	94 338	32,1
transferências correntes do ...													
Resto do mundo		*0*	*0,0*	*6 931*	*4,2*	6 931	3,9	877	1,2	727	1,6	8 535	2,9
Total (recebido)		13 469	*100,0*	163 541	*100,0*	177 011	100,0	72 320	100,0	44 890	100,0	294 221	100,0

Fonte: Construção própria, a partir das linhas 5 a 10 da MCS desagregada, em anexo.
Nota: valores estimados em itálico.

Por conseguinte, os rendimentos provenientes da remuneração do trabalho, recebidos apenas pelas famílias, representam 29,3% do rendimento agregado total. Nesse total, as transferências correntes das famílias representam 15,1% (0,3% das famílias de baixo rendimento) e das administrações públicas, 11,8%. Aqueles três itens representam mais de metade do rendimento agregado de Portugal em 2017, o que significa que as alterações neles introduzidos terão, certamente, efeitos não negligenciáveis.

Quadro 6. Utilização do rendimento agregado das instituições em Portugal em 2017

		Conta Corrente das instituições											
		Famílias						Administrações públicas		Outras (instituições)		Total	
		baixo rendimento		*outras*		total							
Empregos (despesas,..)		milhões de euros	%	milhões de euros	%	milhões de euros	%	milhões de euros	%	milhões de euros	%	milhões de euros	%
consumo final													
.. de produtos		*12 583*	*93,4*	*109 973*	*67,2*	122 556	69,2	33 673	46,6	3 985	8,9	160 214	54,5
transferências correntes para as instituições nacionais													
Famílias	*baixo rendimento*	*34*	*0,3*	*0*	*0,0*	34	*0,0*	*650*	*0,9*	*104*	*0,2*	*788*	*0,3*
	outras	*0*	*0,0*	*1 680*	*1,0*	1 680	*0,9*	*31 843*	*44,0*	*5 108*	*11,4*	*38 632*	*13,1*
	total	*34*	*0,3*	*1 680*	*1,0*	1 714	1,0	32 493	44,9	5 213	11,6	39 420	13,4
Administrações públicas		*744*	*5,5*	*36 449*	*22,3*	37 193	21,0	58	0,1	6 723	15,0	43 974	14,9
Outras (instituições)		*108*	*0,8*	*5 300*	*3,2*	5 408	3,1	2 288	3,2	3 248	7,2	10 944	3,7
(sub)total		*886*	*6,6*	*43 429*	*26,6*	44 315	25,0	34 839	48,2	15 184	33,8	94 338	32,1
transferências correntes para o ...													
Resto do mundo		*0*	*0,0*	*1 199*	*0,7*	1 199	0,7	1 793	2,5	960	2,1	3 952	1,3
poupança bruta													
Famílias		*0*	*0,0*	*8 941*	5,5	8 941	5,1	0	0,0	0	0,0	8 941	3,0
Administrações públicas		*0*	*0,0*	*0*	*0,0*	0	0,0	2 016	2,8	0	0,0	2 016	0,7
Outras (instituições)		*0*	*0,0*	*0*	*0,0*	0	0,0	0	0,0	24 761	55,2	24 761	8,4
(sub)total		*0*	*0,0*	*8 941*	*5,5*	8 941	5,1	2 016	2,8	24 761	55,2	35 717	12,1
Total (gasto)		*13 469*	*100,0*	*163 541*	*100,0*	177 011	100,0	72 320	100,0	44 890	100,0	294 221	100,0

Fontes: Construção própria, a partir das colunas 5 a 10 da MCS desagregada, em anexo.
Nota: valores estimados em itálico.

Por sua vez, do Quadro 6 ficamos a saber que as famílias utilizam o seu rendimento essencialmente em consumo final (69,2% para o total das famílias e 93,4% estimados para as famílias de baixo rendimento) e em transferências correntes para as administrações públicas (25% para o total das famílias e 6,6% para as famílias de baixo rendimento), nas quais se incluem os impostos sobre o rendimento e as contribuições sociais. Por sua vez, as administrações públicas utilizam parcelas quase iguais do seu rendimento agregado em consumo final (46,6%) e em transferências correntes para as famílias (44,9%), nas quais se incluem as prestações sociais. Tanto para as famílias como para as administrações públicas, todos os outros itens identificados como destino (ou utilização) de rendimento têm um significado residual ou inexistente. De referir que, embora não seja tratada aqui, uma parte do consumo final das administrações públicas, assim como das instituições sem fins lucrativos ao serviço das famílias, aqui incluídas nas "outras instituições", será transformada em transferências sociais em espécie, para as famílias, o que irá contribuir para o ajustamento dos correspondentes rendimentos disponíveis.

2.3. Abordagem Teórica

Admitamos agora que, face à abordagem empírica introduzida na subsecção anterior, queremos estudar possíveis efeitos de uma medida de política social orientada para um acréscimo no rendimento das famílias de baixo rendimento. Para tal, vamos construir um cenário resultante de uma injeção de rendimento naquele grupo de famílias com origem nas administrações públicas. Assim, tendo presente a caracterização feita na subsecção 2.1, vamos construir uma versão algébrica da (nossa) MCS, representativa de um modelo de multiplicadores, na versão sistematizada nas alíneas seguintes.

a) Quatro pressupostos principais:
   a.1) as características estruturais da versão numérica, com valores medidos a preços correntes, não se alteram;
   a.2) a dotação dos recursos é dada e não existe pleno emprego;
   a.3) a tecnologia de produção é dada;
   a.4) as transações relevantes são as que são medidas pelas contas nacionais, de acordo com a definição do sistema que lhes está subjacente.
b) As contas da MCS e as operações correspondentes são organizadas em dois grupos principais:
   b.1) endógeno, se definido no processo de modelização;
   b.2) exógeno, se definido fora do processo de modelização e se exercer influência sobre o grupo endógeno.
c) Descrição e formalização da rede de ligações entre contas. Para simplificar: os recursos e as alterações no passivo e no património líquido, representados em linha, são referidos

apenas como recursos; os empregos, ou utilizações, e alterações nos ativos, representados em coluna, são referidos apenas como empregos.
As multiplicações são identificadas por ".", se não estiverem no final de uma frase.

c-1) Transações entre contas endógenas: N = matriz; n = vetor (coluna) das somas das linhas correspondentes.

c-2) Transações entre contas exógenas: R = matriz; r = vetor (coluna) das somas das linhas correspondentes.

c-3) Empregos das contas exógenas nas endógenas: X = matriz; x = vetor (coluna) das somas das linhas correspondentes.

c-4) Recursos das contas exógenos provenientes das contas endógenas ou fugas das contas endógenas para as exógenas: L= matriz; l = vetor (coluna) das somas das linhas correspondentes.

c-5) Total de injeções nas contas endógenas, provenientes das contas exógenas = total de fugas das contas endógenas para as exógenas:
$i'. x = i'. l,$ (1)
com i'= vetor (linha) unitário.

c-6) Total de recursos das contas endógenas: y_n = vetor (coluna) das somas das linhas correspondentes:
$y_n = n + x.$ (2)
Consequentemente, total de empregos das contas endógenas: y'_n = vetor (linha) das somas das colunas correspondentes.

c-7) Total de recursos das contas exógenas: y_x = vetor (coluna) das somas das linhas correspondentes:
$y_x = l + r.$ (3)
Assim, total dos empregos das contas exógenas: y'_x = vetor (linha) das somas das colunas correspondentes.

c-8) Propensões médias a gastar (ou a utilizar) das contas endógenas:
– nas contas endógenas: $A_n = N. \hat{y}_n^{-1};$ (4)

– nas contas exógenas: $A_l = L. \hat{y}_n^{-1}$; (5)
com $\hat{y}_n^{-1}$ = matriz diagonal inversa de y_n.
Portanto, a estrutura de empregos, ou o efeito inicial direto de cada unidade monetária adicional dos recursos das contas endógenas (com origem exógena) é derivada das matrizes A_n e A_l;

c-9) A partir de c-1), c-4) e c-8), podemos definir:
$N = A_n . \hat{y}_n$; (6)
$L = Al. \hat{y}_n$; (7)
com $\hat{y}_n$ = matriz diagonal de y_n.

c-10) Com base em c-6), c-8) e c-9), podemos fazer o seguinte desenvolvimento:
$y_n = n + x = y_n = A_n . y_n + x = (I-A_n)^{-1}.x = M_a . x$, (8)
com $M_a = (I-A_n)^{-1}$ = matriz de multiplicadores contabilísticos.
Esta matriz representa os efeitos globais nos recursos das contas endógenas, de acordo com a definição feita em c-3), de cada alteração (positiva ou negativa) de uma unidade monetária, com os pressupostos descritos em a);

c-11) A partir de c.4), c-9 e c-10), é também possível o seguinte desenvolvimento:
$l = A_l . y_n = A_l . (I-A_n)^{-1} . x = A_l . M_a . x$. (9)

Admitamos então um acréscimo de 10% no rendimento agregado das famílias de baixo rendimento, ou seja, de 1 347 milhões de euros, resultante um aumento nas transferências correntes provenientes das administrações públicas. Temos, pois, uma injeção no rendimento das famílias de baixo rendimento e uma fuga do rendimento das administrações públicas. Consideremos uma versão algébrica da MCS, com a conta corrente das administrações publicas (dicg, na MCS desagregada) exógena e as restantes endógenas. Assim, de acordo com a sistematização das alíneas anteriores, começamos por calcular as propensões médias a gastar das contas endógenas (matrizes A_n e A_l) e depois os multiplicadores contabilísticos (matriz M_a). De seguida, na matriz X, que neste caso também é o vetor x, fazemos a alteração acima referida, ou seja, adicionamos 1 347 (milhões de euros) à célula representativa das transferências correntes das administrações públicas para as famílias de baixo rendimento ((dich(li), dicg) na MCS desagregada) e, de acordo com a equação (8), calculamos o novo vetor de recursos das contas endógenas (y_n). A partir do último e das matrizes das propensões médias a gastar das contas endógenas, inicialmente calculadas, tendo presente o pressuposto a.1), calculamos então as novas matrizes N e L, de acordo com as equações (6) e (7) e ficamos com todos os elementos para a construção de uma MCS ajustada.

Da versão ajustada da MCS, é possível identificar efeitos macroeconómicos da referida alteração, a que pode ser associada uma medida de política social orientada para as famílias de baixo rendimento em Portugal em 2017.

O Quadro 7, reúne alguns desses efeitos, cuja análise deve ter em conta que, além da manutenção da estrutura existente (pressuposto a.1), os efeitos multiplicadores quantificados não incluem a conta corrente das administrações públicas – exógena, e daí as alterações percentuais nulas. Podemos, contudo, verificar um impacto positivo, com destaque para o grupo-alvo da política definida, ou seja, as famílias de baixo rendimento. Assim, apesar das limitações inerentes, o modelo adotado permitiu-nos quantificar de forma (relativamente) simples o efeito de alterações na rede complexa de ligações interinstitucionais, subjacentes à matriz de contabilidade social. Outros modelos podem ser adotados mantendo as características da abordagem e o potencial do instrumento de trabalho no estudo de questões relacionadas com a distribuição do rendimento, entre outras.

Quadro 7. Efeitos macroeconómicos de uma medida de política social orientada para o aumento de 10% do rendimento as famílias de baixo rendimento, em Portugal em 2017.

		Milhões de euros		%
		antes	depois	depois/antes - 1
Produto Interno Bruto (PIB)		195 947	201 396	2,78
Rendimento Nacional Bruto (RNB)		191 348	195 101	1,96
Rendimento Agregado	Total (RA)	294 221	300 562	2,16
	Famílias -total	177 011	181 182	2,36
	Famílias - baixo rendimento	13 469	15 071	11,89
	Famílias - outras	163 541	166 111	1,57
	Administrações Públicas	72 320	73 667	1,86
	Outras Instituições	44 890	45 713	1,83
Rendimento Disponível	Total (RD)	195 931	199 748	1,95
	Famílias -total	131 562	134 862	2,51
	Famílias - baixo rendimento	12 583	14 079	11,89
	Famílias - outras	118 979	120 783	1,52
	Administrações Públicas	35 689	35 689	0,00
	Outras Instituições	28 680	29 198	1,80
Consumo Final	Total (CF)	160 214	163 475	2,04
	Famílias -total	122 556	125 781	2,63
	Famílias - baixo rendimento	12 583	14 079	11,89
	Famílias - outras	109 973	111 701	1,57
	Administrações Públicas	33 673	33 673	0,00
	Outras Instituições	3 985	4 022	0,92

Fontes: Construção própria, a partir da MCS desagregada, em anexo (antes) e ajustada (depois).

3. Abordagem da distribuição da riqueza com base na distribuição do rendimento

No âmbito do SCN, a riqueza associada à atividade económica de um país, ou riqueza nacional, é identificada com o património líquido, ou seja, a diferença entre o valor dos seus ativos e passivos num determinado ponto do tempo. A sua medição é feita através das contas de património.

Assim, para quantificar a riqueza de um país no final de um determinado período, durante o qual estudámos a sua atividade económica, precisamos de conhecer o valor dos seus ativos e passivos no início desse período, e adicionar-lhe as variações registadas ao longo do mesmo.

Os ativos, entendidos (mediante determinados princípios) essencialmente como reservas de valor, podem ser financeiros ou não. Dentro dos ativos, ou instrumentos, financeiros, são identificados oito grupos: ouro monetário e direitos de saque especiais; numerário e depósitos; títulos de dívida; empréstimos; ações e outras participações; regimes de seguros, pensões e garantias-*standard*; derivados financeiros, incluindo opções sobre ações concedidas a empregados; outros débitos e créditos. Por sua vez, dentro dos ativos não financeiros, utilizáveis na atividade económica do país, distinguem-se os produzidos e os não-produzidos. Os ativos (não financeiros) produzidos incluem os ativos fixos, as existências e os objetos de valor. Os ativos (não financeiros) não produzidos incluem recursos naturais, contratos, locações e licenças, bem como compras líquidas de vendas de *goodwill* e ativos de *marketing*.

Os passivos estão associados (mediante circunstâncias especificas) à responsabilidade de pagamento, resultante de obrigações assumidas no âmbito da referida atividade económica, são financeiros e associados aos oito grupos de instrumentos de ativos financeiros, acima referidos.

As variações registadas nos ativos e passivos, num determinado período, resultam dos fluxos registados nas quatro contas de acumulação, do SCN. São fluxos que consistem nas transações, ou operações, registadas nas contas "capital" e "financeira" e tratadas na Secção 2, e noutros (fluxos), associados a outras causas (por exemplo, desastres naturais, alterações nos preços), registados nas contas "outras variações no volume de ativos" e "reavaliação".

Conforme referi na introdução, esta parte será abordada de forma muito breve. Como tal, será apenas empírica, na forma básica, dando continuidade à ilustração iniciada na secção anterior e estabelecendo a ligação devida à correspondente abordagem empírica e teórica da distribuição do rendimento. Assim, o Quadro 8, representa matricialmente as contas, património e acumulação, acima referidas, estando florescidas as células de ligação à MCS trabalhada na Secção 2. Para uma melhor compreensão e associação à descrição anterior, foram integradas linhas e colunas adicionais para ativo, passivos e património líquido. Porque no nosso caso ilustrativo não foi possível obter informação para o valor dos ativos não financeiros não produzidos no início do período, as variações correspondentes foram retiradas, nesta parte, da conta capital e apurámos, portanto, um património líquido, ou riqueza nacional no final do período sem essa componente. Por outro lado, no tratamento da distribuição institucional, que aqui apenas se apresenta para o património no final do período – Quadro 8a, não foi possível distinguir as "famílias" das "instituições sem fins lucrativos ao serviço das famílias", porque a parte financeira das contas nacionais apenas as trata em conjunto, no âmbito do grupo que designa de "particulares". É, contudo, interessante verificar, em termos absolutos e relativos, a hierarquia distributiva dos quatro grupos identificados, a nível de ativos, passivos e património líquido.

Numa perspetiva de "ponto de partida", deixo, assim, uma proposta de trabalho em que a distribuição do rendimento, tratada conforme vimos na Secção 2, é a base do tratamento da distribuição da riqueza. Deste modo, excluindo a parte dos ativos não financeiros não produzidos, no nosso caso ilustrativo, foram calculadas as rubricas principais da conta do património no final do período, adicionando à conta património no início, as variações no período, resultantes das transações, registadas nas contas capital e financeira – células florescidas do Quadro 8, e dos outros fluxos, registados na conta (conjunta) outras variações no volume de ativos e reavaliação. Tal procedimento aplicou-se ao total, apresentado no Quadro 8, e aos vários setores institucionais, de que o Quadro 8a apresenta a parte relativa ao património no final do período. Da substituição das células florescidas pelos valores resultantes na MCS ajustada, após a experiência de aumento de 10% do rendimento as famílias de baixo rendimento, realizada na Secção 2.3, resultou um aumento de 0,12% (649 milhões de euros) no valor total (de parte) do património líquido,

Quadro 8. Representação matricial básica (de parte) do património de Portugal em 2017

Unidade: milhões de euros

Ativos/Variações de .. / Passivos e Património líquido/Variações de ..		Economia									Resto do Mundo (conta rw)	*Total*
		Ativos não financeiros produzidos	Ativos/ Passivos financeiros	Conta de Património (início do período)	Contas de Acumulação: Capital (dik)	Contas de Acumulação: Financeira (dif)	Contas de Acumulação: Outras variações no volume de ativos e Reavaliação	Contas de Acumulação: *total de variações*	*Património liquido*	Conta de Património (final do período)		
Economia	Ativos não financeiros produzidos			729 149	- 98		30 963	*30 865*		*760 014*		
Economia	Ativos/Passivos financeiros			1388 073		17 429	19 814	*37 243*		*1425 316*	526 117	
Economia	Conta de património (início do período)		1388 073						*509 667*		526 117	*2423 857*
Economia – Contas de Acumulação	Capital (dik)								*3 412*			*3 412*
Economia – Contas de Acumulação	Financeira (dif)		17 429		*3 510*						10 073	*31 012*
Economia – Contas de Acumulação	Outras variações no volume de ativos e Reavaliação		19 814						*17 361*		7 527	*44 701*
Economia – Contas de Acumulação	*total de variações*		*37 243*						*20 773*		*17 599*	*75 615*
Economia	Conta de Património (final do período)		*1425 316*						*530 440*		*543 716*	*2499 472*
Resto do Mundo (conta rw)			306 635	306 635		13 583	-6 075	*7 508*		*314 142*		
Total				*2423 857*	*3 412*	*31 012*	*44 701*	*75 615*		*2499 472*		

Quadro 8a. Distribuição institucional (de parte) do património de Portugal no final de 2017.

	Ativos (não financeiros produzidos e financeiros)		Passivos (financeiros)		Património Liquido (Ativos - Passivo)	
	milhões de euros	%	milhões de euros	%	milhões de euros	%
Sociedades Não Financeiras	672 294	26,9	619 811	31,5	*52 483*	9,9
Sociedades Financeiras	825 865	33,0	821 300	41,7	*4 564*	0,9
Administrações Públicas	294 712	11,8	361 830	18,4	*-67 119*	-12,7
Particulares (Famílias e instituições sem fins lucrativos ao serviço das famílias)	706 601	28,3	166 090	8,4	*540 511*	101,9
Total	2499 472	100,0	1969 032	100,0	*530 440*	100,0

Fontes: Instituto Nacional de Estatística e Banco de Portugal.

Notas aos Quadros 8 e 8a: As células florescidas são as que representam variações também representadas na MCS, com exceção das aquisições líquidas de cessões de ativos não financeiros não produzidos, no valor de 91 milhões de euros. Na conta capital, a variação de ativos não financeiros produzidos, exclui o consumo de capital fixo, no valor de 33 854 milhões de euros. Valores totais e saldos em itálico.

ou seja, da riqueza nacional em 2017. Pelas razões acima referidas, não foi possível (para já) fazer qualquer tratamento a nível de famílias. Fica também a intenção de integração desta parte na anterior e de uma abordagem empírica, com modelização.

4. Observações conclusivas

Mantem-se a atualidade da parte das conclusões do texto de Adelman e Morris (1973), selecionado por Manuela Silva para a coletânea, intitulada "Desenvolvimento Económico e Repartição do Rendimento", que serviu de mote a este capítulo, que evoca a necessidade de utilizar "instrumentos de análise e planeamento mais adequados", bem como de "ter em conta as interdependências dentro do sistema económico" (Silva, 1983: 13). Todos os esforços para ir ao encontro de tal necessidade integram, com certeza, UM DESAFIO PARA O FUTURO. O presente capítulo, é o resultado de um trabalho (em curso) desenvolvido nesse âmbito.

O debate em torno da repartição do rendimento e das desigualdades nela identificadas é frequentemente feito em torno dos efeitos, positivos e negativos, da adoção de políticas, sociais e outras, tendentes a corrigi-las. Muitas vezes, tal debate e tais políticas sociais são orientadas para o aumento do rendimento das famílias identificadas como tendo um rendimento inferior a um determinado valor e, normalmente, definidas como pobres (com as famílias ricas, normalmente, definidas com critérios associados à riqueza, ou património líquido). A perspetiva subjacente a esse debate é, quase sempre, microeconómica. Assim, a perspetiva macroeconómica ou é ignorada, ou é fundamentada na micro.

Não há dúvida que a eficácia da orientação do debate acima referido não tem sido a melhor. Contudo, a noção da complexidade subjacente à atividade de uma sociedade, que a vida e o trabalho desenvolvido em torno do esforço da sua medição me têm proporcionado, apenas me permite enunciar alguns aspetos que (na minha perspetiva) têm contribuído para tal. Assim, em sintonia com Becker (2020), o comportamento do todo é muito mais complexo que o das partes, de cuja interação emerge um novo comportamento, não podendo/devendo, portanto, a abordagem macroeconómica ser fundamentada pela abordagem microeconómica.

Numa perspetiva mais empírica, o conhecimento da real dimensão das desigualdades na distribuição do rendimento (e da riqueza) tem sido dificultado e, por vezes, distorcido, pelo difícil acesso ao conhecimento do sistema de contas nacionais e dados estatísticos produzidos no seu âmbito. Por outro lado, a pouca articulação, conhecida e possível, entre as contas nacionais disponíveis/acessíveis e fontes adicionais de informação, necessárias para enfoques específicos, de que os inquéritos aos orçamentos das famílias são um exemplo, é outro aspeto a realçar.

O presente capítulo procura sistematizar uma proposta de método que inclui redes de ligações *inter* e *intra* setoriais, a nível da produção e institucional, capazes de captar efeitos multiplicadores. Inclui, igualmente, detalhes relativos à geração e distribuição do rendimento e sua associação com a distribuição da riqueza, no âmbito do sistema de contas nacionais. Tal método está subjacente a uma abordagem baseada num instrumento de trabalho – a Matriz de Contabilidade Social, que permite estudar, entre outros aspetos, a (parte medida pelas contas nacionais da) realidade da atividade dos países, as implicações macroeconómicas de alterações na distribuição do rendimento, bem como os seus efeitos multiplicadores e efeitos sobre a distribuição da riqueza.

Não é novo o interesse por MCS e pelos aspetos (nelas implícitos) de organização e quantificação dos factos representativos da atividade económica de um país. Com efeito, já em 1952, Hicks define contabilidade social como a contabilidade da nação, como um todo. Por sua vez, Stone, que liderou os grupos de trabalho das primeiras versões dos sistemas de contas nacionais (de 1953 e 1968), na palestra proferida quando recebeu o Prémio Nobel da Economia, em 1984, refere que com a organização dos dados sob a forma de contas podemos obter uma imagem coerente dos stocks e fluxos de variáveis que nos interessam, por exemplo para o estudo do fenómeno económico e, daí, prosseguir com a análise do sistema do qual fazem parte (Stone, 1986). Conforme referi na introdução, foi a partir da proposta do último autor, e dos seus seguidores, de organização matricial de tais contas que surgiu a proposta de abordagem baseada numa MCS que aqui é feita, cuja versatilidade permite a sua adoção no estudo da distribuição do rendimento e da riqueza. Convém não esquecer que no tratamento e análise da informação quantitativa, subjacente à presente proposta (e qualquer outra), as fontes e métodos subjacentes devem estar presentes, por forma a evitar, o mais possível, enviesamentos na análise e tratamento[5].

Por último, ainda a propósito da adoção das contas nacionais como base da proposta que faço, além da noção da sua imperfeição e não cobertura de partes que poderão ser relevantes na atividade de um país, gostaria de transmitir a ideia de que as entendo como a "melhor" fonte de informação possível e, portanto, a base adequada para o método que proponho[6]. Por outro lado, gostaria também de

---

[5] Complemento esta ideia com a seguinte citação: "*Unless we understand how the numbers are put together, and what they mean, we run the risk of seeing problems where there are none, of missing urgent and addressable needs, or being outraged by fantasies while overlooking real horrors and of recommending policies that are fundamentally misconceived*". Excerto da secção intitulada "*Measuring Progress, Measuring Inequality*", da introdução ao livro de Angus Deaton, "*The Great Escape – health, wealth, and origins of inequality*", Princeton University Press, Princeton and Oxford, 2013.

[6] Complemento esta ideia com a seguinte citação: "*... national accounts are a social construct in perpetual evolution. They always reflect the preoccupations of the era when they were conceived. ..We should be careful not to make a fetish of the published figures. When a country's national income per capita is said to be 30,000 euros, it is obvious that this number, like all economic and social statistics, should be regarded as an estimate, a construct, and not a mathematical certainty. It is simply the best estimate we have. .. National accounts represent the only consistent, systematic attempt to analyze a country's economic activity. They should be regarded as a limited and imperfect research tool, a compilation and arrangement of data from highly disparate sources*". Excerto da secção intitulada "*National Accounts: An Evolving Social Construct*", do capítulo 1 (*Income and Output*), do

lembrar que a sua adoção implica, habitualmente, a recolha e articulação da parte não financeira, trabalhada e divulgada pelos institutos de estatística (INE, no caso de Portugal), e da parte financeira, trabalhada e divulgada pelos bancos centrais (Banco de Portugal). Adicionalmente, para o tratamento das relações *intra e inter* institucionais, fundamentais para a abordagem proposta, precisamos das chamadas "matrizes de quem-a-quem", para toda a informação subjacente à mesma, o que é publicamente acessível, embora difícil de tratar, apenas no caso das contas financeiras.

Deixo, pois, esta proposta de abordagem baseada numa Matriz de Contabilidade Social, como um trabalho em curso e UM DESAFIO PARA O FUTURO, com um melhor conhecimento sobre o funcionamento da atividade dos países (nações, sociedades) e sobre a forma como os seus frutos se repartem e podem ser repartidos.

Referências

BECKER, V. A. (2020), Complexity and economics, em Becker, V.A. (ed.) *Alternative Approaches to Economic Theory. Complexity, Post Keynesian and Ecological Economics*. Routledge, London and New York, 9-18.

HICKS, J.R. (1952), *The Social Framework. An Introduction to Economics*, Oxford, Clarendon Press.

INTER-SECRETARIAT WORKING GROUP ON NATIONAL ACCOUNTS (United Nations, European Commission, International Monetary Fund, Organisation for Economic Cooperation and Development and World Bank) – ISWGNA (2009). *System of National Accounts 2008*, Series F, No. 2, Rev. 5, United Nations, New York. (http://unstats.un.org/unsd/nationalaccount/sna2008.asp)

PYATT, G. (1991), "Fundamentals of Social Accounting", *Economic Systems Research* 3(3): 315-334. (https://doi.org/10.1080/09535319100000024)

PYATT, G. (1988) "A SAM Approach to Modeling", *Journal of Policy Modeling* 10(3): 327-352. (https://doi.org/10.1016/0161-8938(88)90026-9)

livro de Thomas Piketty, "*Capital, in the Twenty-First Century*", The Belknap Press of Harvard University Press, Cambridge, Massachusetts, London, England, 2014.

Pyatt, G. e Round, J. (1985), Accounting and Fixed-Price Multipliers in a Social Accounting Matrix Framework, em Pyatt G., Round J. (eds.) *Social Accounting Matrices. A Basis for Planning*, A World Bank Symposium, World Bank (USA), 52-69.

Reich, U. e Santos, S. (2019), "Unconditional Basic Income: Who gets it? Who pays for it? A social Accounting Approach to Distribution", *Journal of Applied Economic Sciences*, 66 (4): 931-952. (http://doi.org/10.14505/jaes.v14.4(66).01)

Reich, U. (2017), *Capital, Income and Product. The Economics of National Accounting*, Metropolis-Verlag, Marburg (Germany), 271p.

Santos, S. (2021), *Matrix representations of the national accounts' transaction values*. MPRA (Munich Personal RePEc Archive) Paper No. 109488. (https://mpra.ub.uni-muenchen.de/109488/)

Santos, S. (2018), "A matrix approach to the socioeconomic activity of a country", *Theoretical Economics Letters* 8(4): 1083-1135. (http://dx.doi.org/10.4236/tel.2018.85075)

Santos, S. (2017), "Identificação e construção de cenários macroeconómicos para o estudo de impactos de medidas de política económica. Uma abordagem matricial com simulação a Moçambique". Working Paper 163/2017/CEsA (Centro de Estudos sobre África, Ásia e América Latina) /CSG (Investigação em Ciências Sociais & Gestão), – ISEG (Instituto Superior de Economia e Gestão) /Universidade de Lisboa, Dezembro, 80 p. (http://hdl.handle.net/10400.5/14494)

Silva, M. (1983, organização e prefácio), *Desenvolvimento Económico e Repartição do Rendimento*, Imprensa Universitária, Editorial Estampa, Lisboa (Portugal), 379p.

União Europeia – UE (2013), Regulamento N.o 549/2013 do Parlamento Europeu e do Conselho de 21 de Maio, relativo ao *Sistema Europeu de Contas Nacionais e Regionais na União Europeia* – Jornal Oficial da União Europeia, L174, Volume 56. (https://eur-lex.europa.eu/legal-content/PT/TXT/PDF/?uri=CELEX:32013R0549&from=EN)

Stone, R. (1986) "Nobel Memorial Lecture 1984. The Accounts of Society", *Journal of Applied Econometrics*, 1(1): 5-28. (https://doi.org/10.1002/jae.3950010103)

MCS desagregada para Portugal em 2017

			f			a	p	dic							
			l	o	total			*h(li)*	*h(o)*	h (total)	nfc	fc	g	npi	total
			1	2		3	4	*5*	*6*		7	8	9	10	
f	l	1	0	0	0	78 604	0	0	0	0	0	0	0	0	0
f	o	2	0	0	0	77 355	0	0	0	0	0	0	0	0	0
f	total		0	0	0	155 958	0	0	0	0	0	0	0	0	0
a		3	0	0	0	0	318 313	0	0	0	0	0	0	0	0
p		4	0	0	0	161 475	0	*11 710*	*102 348*	114 058	0	0	32 584	3 669	150 311
dic	*h(li)*	*5*	*7 632*	*4 167*	*11 800*	0	0	*42*	*0*	*42*	*30*	*60*	*630*	*7*	*769*
dic	*h(o)*	*6*	*71 092*	*38 817*	*109 908*	0	0	*0*	*2 056*	*2 056*	*1 470*	*2 955*	*30 877*	*320*	*37 677*
dic	h (total)		78 724	42 984	121 708	0	0	*42*	*2 056*	2 098	1 500	3 015	31 507	326	38 446
dic	nfc	7	0	23 770	23 770	0	0	*30*	*1 470*	1 500	0	331	110	0	1 941
dic	fc	8	0	5 062	5 062	0	0	*56*	*2 750*	2 806	633	1 114	28	26	4 608
dic	g	9	0	- 1 330	- 1 330	1 867	23 078	*715*	*35 021*	35 736	5 224	954	22	47	41 983
dic	npi	10	0	713	713	0	0	*15*	*756*	771	173	51	2 032	22	3 048
dic	total		78 724	71 199	149 923	1 867	23 078	*858*	*42 053*	42 912	7 531	5 465	33 698	421	90 027
dik	h	11	0	0	0	0	0	0	*6 826*	6 826	0	0	0	0	6 826
dik	nfc	12	0	0	0	0	0	0	0	0	18 129	0	0	0	18 129
dik	fc	13	0	0	0	0	0	0	0	0	0	3 826	0	0	3 826
dik	g	14	0	0	0	0	0	0	0	0	0	0	- 1 652	0	- 1 652
dik	npi	15	0	0	0	0	0	0	0	0	0	0	0	- 272	- 272
dik	total		0	0	0	0	0	0	*6 826*	6 826	18 129	3 826	- 1 652	- 272	26 858
dif		16	0	0	0	0	0	0	0	0	0	0	0	0	0
rw		17	213	12 170	12 382	- 986	71 493	0	*1 219*	1 219	92	831	2 241	32	4 415
Total			78 937	83 369	162 306	318 313	412 884	*12 569*	*152 446*	165 014	25 752	10 122	66 871	3 850	271 610

(continua)

Fontes: Instituto Nacional de Estatística e Banco de Portugal.

Nota: valores estimados em itálico.

Descrição das contas (na página seguinte)

MCS desagregada para Portugal em 2017 (continuação)

			dik						dif	rw	Total
			h	nfc	fc	g	npi	total			
			11	12	13	14	15		16	17	
f	l	1	0	0	0	0	0	0	0	333	78 937
f	o	2	0	0	0	0	0	0	0	6 014	83 369
f	total		0	0	0	0	0	0	0	6 347	162 306
a		3	0	0	0	0	0	0	0	0	318 313
p		4	5 404	18 643	- 318	4 145	577	28 452	0	72 648	412 884
dic	*h(li)*	*5*	0	0	0	0	0	0	0	*0*	*12 569*
dic	*h(o)*	*6*	0	0	0	0	0	0	0	*4 860*	*152 446*
dic	h (total)		0	0	0	0	0	0	0	4 860	165 014
dic	nfc	7	0	0	0	0	0	0	0	41	25 752
dic	fc	8	0	0	0	0	0	0	0	453	10 122
dic	g	9	0	0	0	0	0	0	0	1 273	66 871
dic	npi	10	0	0	0	0	0	0	0	89	3 850
dic	total		0	0	0	0	0	0	0	6 716	271 610
dik	h	11	0	0	452	41	0	492	0	150	7 469
dik	nfc	12	0	0	9	550	0	559	0	1 036	19 723
dik	fc	13	0	0	420	2 376	0	2 796	0	34	6 655
dik	g	14	4	248	0	0	23	275	0	1 125	- 252
dik	npi	15	0	0	14	182	0	196	0	93	17
dik	total		4	248	895	3 148	23	4 318	0	2 436	33 612
dif		16	3 975	- 1 315	6 408	- 7 918	- 583	567	878	- 7 144	- 5 699
rw		17	- 1 914	2 147	- 329	372	0	276	- 6 577		81 003
Total			7 469	19 723	6 655	- 252	17	33 612	- 5 699	81 003	

Descrição das contas (ver também Quadro 2):

Produção
- f - fatores [l (trabalho (empregados)); o (outros)]
- a - atividades
- p - produtos
- rw - resto do mundo

Instituições (internas, ou nacionais)
- dic - corrente [*h(li) (famílias de baixo rendimento)* ; *h(o) (outras famílias)* ; nfc (sociedades não financeiras); fc (sociedades financeiras); g (administrações públicas); npi (instituições sem fins lucrativos ao serviço das famílias)]
- dik - capital [h (famílias); nfc (sociedades não financeiras); fc (sociedades financeiras); g (administrações públicas); npi (instituições sem fins lucrativos ao serviço das famílias)]
- dif - financeira